Pequod

Michele Monina

Manuale di sopravvivenza alla musica demmerda

peQuod

Questo libro non esisterebbe se non esistessi io. E io non sarei la fulgida rockstar che amate idolatrare se non avessi al mio fianco una donna splendida come Marina, mia moglie, e i nostri quattro figli Lucia, Tommaso, Francesco e Chiara. Poi, è chiaro, il libro l'ho scritto io da solo.

ASCOLTATE MERDA, MILIONI DI MOSCHE NON POSSONO SBAGLIARE

Per lavoro frequento un numero piuttosto elevato di persone. A dirla tutta frequento molto raramente un numero piuttosto elevato di persone, perché ho optato per ricoprire il ruolo di quello che non c'è, e col tempo questa posizione è stata presa per buona un po' da tutti quelli che altrimenti dovrei incontrare piuttosto spesso. Comunque per lavoro frequento un numero piuttosto elevato di persone. A volte, raramente, appunto, mi capita di stare nello stesso posto con parecchie di loro. Immagino, per una questione di statistiche e un po', lo ammetto, anche dando credito a certe leggende metropolitane che girano nell'ambiente nel quale lavoro, l'ambiente, appunto, che ho scelto di frequentare di lato, che alcuni di loro sia dedito a pratiche non esattamente conformi al buon gusto o, più semplicemente, a quella che genericamente viene identificata con una condotta non patologica. Parlo di feticismi e ossessioni? Anche, ma non solo. Non è importante che io entri nei dettagli, anche perché, parlando di immaginazione e di leggende metropolitane, finirei giocoforza nel mondo delle supposizioni e delle fantasie.

Ma, poniamo il caso, possiamo presupporre che, durante una di quelle mega presentazioni che vedono radunate nello stesso luogo decine, a volte anche centinaia di addetti ai lavori, giornalisti, critici musicali, discografici, addetti stampa, artisti, promoter e chi più ne ha più ne metta, non ci sia almeno uno che, sempre per dire, si mangia la merda? O si fa pisciare in testa mentre si trova nel letto incaprettato come in una scena de *Il Padrino*? Il tutto, sia chiaro, detto con leggerezza, perché se uno ama mangiare merda e farsi pisciare in testa incaprettato, e nel dar seguito alle sue passioni non viola la libertà di nessun altro, credo, sarà ben libero di farlo.

Se dico questo, se descrivo questa situazione bizzarra e, magari, anche un po' spiazzante, è per arrivare a un assunto semplice, quasi elementare. Un assunto che riguarda il mondo della musica, ora ci arrivo.

Poniamo che siate anche voi dell'ambiente musicale e vi ritroviate in uno di quei luoghi cool dove si tengono le presentazioni dei dischi importanti, quelli con un budget importante (budget importante che, visto i tempi che stiamo vivendo, non rientrerà mai dalle vendite, ma amen). Siete in questo luogo, la ressa intorno al buffet, dove c'è gente che si abbuffa, sic., come non ci fosse un domani. Altri ne approfittano per stringere accordi, per prendere contatti, per allacciare ipotetiche connessioni future. C'è chi si fa i selfie, chi controlla cosa stanno postando gli altri. Insomma, il solito.

Siete lì, un flute in mano, che cercate di far ricorso a una tecnica zen che vi hanno insegnato anni fa in un fine settimana passato in un agriturismo in Umbria, una tecnica che vi dovrebbe teletrasportare altrove, e al momento qualsiasi altrove andrebbe bene, non necessariamente l'agriturismo in Umbria, anche una cava di marmo in Siberia. State ricorrendo a questa tecnica che, ahivoi, risulta però fallace quando un personaggio qualsiasi presente nel locale cool dice a alta voce: "Sì, proprio ieri ho mangiato una bella merda a cena. Davvero squisita. Una di quelle compatte, del tipo che in genere si fanno quando si è in viaggio da un po' di giorni e ancora non ci si è abituati al nuovo gabinetto. Davvero gustosa."

La gente intorno resta basita. Cala il silenzio. A qualcuno viene un conato di vomito che gli fa uscire lo champagnino del flute dal naso. Gli occhi dei più sono sgranati.

Il tizio però non fa un plissé. Anzi, rialza: "Che avete da guardare? I gusti sono gusti? Come si dice... De gustibus etc etc."

Ecco. Fine della storiella buffa.

Una storia del genere, cioè ritrovarsi in un contesto affollato in cui almeno uno dei presenti ami mangiare merda, potrebbe anche non essere così improbabile. Succede, se frequentate il mondo della musica vi sarà anche venuto in mente qualcuno a riguardo. L'aspetto invece non improbabile, ma impossibile, puro paradosso alla Swift, è che chi ami mangiare merda ne faccia vanto pubblico, parlando dei gusti riguardo ai quali non si può dire nulla. Questo perché, in genere, chi mangia merda sa che la faccenda non viene considerata dagli altri così naturale. La merda non la si trova nei supermercati, almeno non dichiarata, e in genere se si usa la parola merda non riferita alla merda, lo si fa per parlare di qualcosa di poco gradevole, di schifoso, una merda appunto. Non senza un motivo. Per questo chi mangia merda lo fa in privato, e in pubblico non lo ammetterebbe mai. Non so se se ne vergogni, dubito, ma quantomeno è consapevole che gli altri considerano a ragione la merda qualcosa da cagare, non da mangiare.

Fin qui, suppongo, siamo tutti d'accordo. Anche chi, magari, tra i lettori fosse dedito alla coprofagia. Viviamo in una società e ci sono delle regole di comportamento, anche regole non scritte, che in genere uno tende a seguire.

Nella musica, invece, non funziona così.

Esiste musica che è oggettivamente una merda. Senza ombra di dubbio. Lo è perché ha una scrittura, parlo di composizione e di liriche, talmente banale da sfociare nel volgare. Lo è perché ha dei suoni sciatti, tamarri, scontati. Lo è perché figlia della contemporaneità non per una urgenza di confrontarsi con l'oggi, ma perché dall'oggi è partita assumendone prima quelle che apparivano come sembianze familiari a un pubblico di massa, e poi ha cercato una via per non apparire eccessivamente uguale a tutte le altre, come di chi deve taroccare la linea di vestiti di uno stilista restandogli simili ma senza correre rischi di denuncia per plagio. Insomma, una merda.

Una merda che, però, a qualcuno piace.

Magari anche a un sacco di gente. Del resto, questo è un aspetto che con la merda proprio faticheremmo a accettare per ragioni, suppongo, più legate all'istinto che alla razionalità, l'analfabetismo di ritorno cui ci hanno sapientemente sottoposto livellando quotidianamente verso il basso il nostro livello culturale, attraverso i media e, di conseguenza, attraverso la cultura, Dio mi perdoni, di massa, ha pian piano avvicinato al sapore della merda tutto, volendo anche il cibo. Al punto che la merda sembra più buona della sana cucina biologica, perché ha quel sapore lì, che per anni e anni ci hanno detto fosse buona. Al punto che ci abbiamo creduto. Motivo per cui la merda, in musica, come nel cinema, nei libri, nella televisione, ci potrebbe anche apparire plausibile, tanto familiare da sembrarci bella, buona, sana.

Però resta merda.

Uno la mangia, ma lo dovrebbe fare in privato, e non ne dovrebbe parlare. Non ne dovrebbe fare vanto. Non dovrebbe attaccare chi non la mangia dandogli addosso come avesse detto che mangia caviale. Non direbbe mai che i gusti sono gusti, perché i gusti si educano, si sa, e perché se hai gusti orribili te lo dovresti tenere per te.

In un mondo normale funzionerebbe così.

Ma il mondo della musica non è un mondo normale.

Anche per questo è bello poterci lavorare, magari mantenendo quelle giuste distanze di cui si parlava in esergo di questo articolo. Una sorta di villaggio antropologico dove certe stranezze paiono normali. Dove il mercato ha optato per produrre merda, raccontandosi di essere tutti piccoli Willy Wonka nella fabbrica di Cioccolato. Dove, per traslato, una presentazione come quella che ho descritto sopra si trasforma, quotidianamente, in una scena scartata in montaggio delle *120 giornate di Sodoma*. Dove chi dice che la merda è merda è quello strano, mentre chi se la mangia in pubblico è quello normale. E magari hanno ragione loro.

Come direbbe Marcello Marchesi, parafrasando, ascoltate merda, milioni di mosche non possono sbagliare.

AMICI ABBANDONA LA MUSICA

C'è una notizia buona e una notizia cattiva.

Iniziamo dalle notizie cattive, perché come cantava Fossati "ho paura delle buone notizie/ perché è peggio di come si dice/ anche l'inferno di Babilonia/ fui dimenticato così".

La cattiva notizia è che stasera ritorna *Amici*. È la quindicesima edizione. Il talent più longevo al mondo, ci tengono a farci sapere, che è un po' come rivendicare di aver avuto la peggiore pagella in classe, ma va bene così.

La buona notizia, perché c'è una buona notizia, è che da quest'anno, anche ufficialmente, della musica a Maria De Filippi e a tutto l'ambaradan, non interessa più nulla.

Non che prima fosse una ossessione, ma quantomeno così ce l'hanno data a intendere, con i professori, i coach, gli incontri con gli artisti e tutte quelle sciocchezze lì.

Perché, diciamocelo, non è che fin qui i concorrenti avessero chissà quale ruolo, eh. Cioè, sul momento ce l'hanno anche avuto, addirittura dei ballerini, figuriamoci, che è un po' come dire che nella vita un'occasione ce la possono avere davvero tutti, ma una volta spenta la televisione, di tutti quei ragazzi cosa è rimasto? Chi è rimasto?

Poco o niente. Forse anche meno di niente.

Senza voler star qui a fare i conti, perché per quelli ci sono loro, che vantano sei milioni di copie vendute, in quindici edizioni di *Amici*, tra fasi eliminatorie e serali quanti concorrenti avrà avuto il talent di Maria De Filippi? Vogliamo parlare di duecento almeno? Bene. Duecento cantanti (dei ballerini, non vogliatemene, non mi occupo) immolati sull'altare dell'auditel. Di questi duecento grandi artisti, perché nei talent i giudici, coach o come diavolo si fanno chiamare usano con non chalance parole come "talento", "incredibile", "capolavoro", senza magari pensare alle aspettative che creano in questi ragazzi e anche nei ragazzi a casa, quanti ne sono rimasti?

Qui è più facile fare i conti, perché il numero che ne esce è di quelli racchiusi nel palmo di una mano. Anche se si è perso qualche dito, magari giocando coi petardi di piccoli.

Tre?

Due?

Dai, facciamo tre.

Emma, che in realtà sta vedendo eroso il suo successo musicale, mese dopo mese, Alessandra Amoroso e The Kolors.

Poi, diciamocelo, visti i precedenti, e vista la potente spinta promozionale che Rtl 102.5, radio che è al tempo stesso anche editore e discografico della band di Stash, siamo sicuri che dei The Kolors ci ricorderemo tra un paio di anni?

Vogliamo prendere a esempio i Dear Jack?

Passati dall'essere The Next Big Thing a venire eliminati brutalmente a *Sanremo*, dal televoto, e a vendere poche centinaia di copie del loro album, nonostante, anche qui, i continui passaggi sulla medesima emittente. Bye Bye Dear Jack, e adesso vedremo anche che fine farà il transfuga Alessio Bernabei, anche lui schiaffeggiato dal televoto a *Sanremo*.

Ormai è chiaro a tutti, *Amici* consuma.

Pierdavide Carone, per dire. Ve lo ricordate? Sembrava il nuovo Rino

Gaetano, così ce lo avevano venduto, e che fine ha fatto? In cartellone alla Sagra della Rana Fritta.

Valerio Scanu? Sì, c'è, ma lo si ricorda di più per i sandali di plastica esibiti in Honduras o per l'imitazione di Conchita Wurst a *Tale e Quale Show* che per le sue canzoni, per fortuna.

Marco Carta, poi? Dopo essere stato il primo fuoriuscito da un talent ad aver vinto *Sanremo* ora sta all'*Isola dei Famosi*, a farsi mangiare dai mosquitos.

Ma la lista potrebbe essere lunga. Solo rimanendo negli ultimi anni, pensate a che fine hanno fatto personaggetti come Moreno, ora costretto a creare fotomontaggi per ritagliarsi momentanei successi posticci (bello de casa, tu che apri per i Wu Tang Clan giusto nei sogni), o come Deborah Iurato, riesumata a *Sanremo* dalla Signora Caselli al solo scopo di rilanciare l'a sua volta scomparso Caccamo, per non dire di Briga, il nulla col gel che l'anno scorso è arrivato dietro i vincitori annunciati The Kolors e che, autoproclamatosi "poeta maledetto", ha compiuto l'eroica impresa di portare il rap dai centri sociali ai centri commerciali. Se lo volete vedere o sentire alzate lo sguardo dal banco surgelati, capace che è lì a presentare qualcosa.

Insomma, un bagno di sangue, sul fronte musicale. Nonostante qualche talento, magari, per sbaglio, da quelle parti ci sia pure passato, pensiamo a un Virginio, ora autore di un certo successo, o a Annalisa, che dall'aver partecipato a *Amici* sembra aver preso solo gli aspetti negativi, costretta in un ruolo non suo.

Anche per questo, si suppone, la De Filippi ha deciso di spostare solo sulla televisione l'attenzione, concentrandosi sui giudici, come del resto da tempo hanno fatto anche a *X Factor* (qualcuno si ricorda di Giosada o degli Urban Strangers?) e a *The Voice*, il talent senza talenti.

Quest'anno, quindi, niente più musica, solo televisione.

Del resto, diciamocelo, per quanto puoi essere bravo a mentire, raccontare bugie per quindici anni diventa impresa epica degna di Pinocchio. Non bastasse, la musica, ormai, non crea più nessun tipo di introito, neanche con l'indotto. Meglio lasciare direttamente perdere, spostare l'attenzione altrove e, mai come in questo caso, buonanotte ai suonatori.

Maria De Filippi, del resto, è una donna di televisione, anzi, è la Donna della Televisione, colei che, ahinoi, non sbaglia un colpo. Perché dovrebbe correre il rischio di rovinare un programma che funziona dedicando tempo e energie a qualcosa che, in fondo, ha sempre fatto da corredo, niente di più?

La dichiarazione d'intenti, come spesso succede a chi è abituata a dover spargere i momenti clou lungo una scaletta piuttosto lunga, è avvenuta durante le scorse settimane, e solo stasera verrà esplicitata apertamente al pubblico da casa. Prima c'è stato questo giochino di raddoppiare i capisquadra, mettendo Emma e Elisa, ormai amiche per la pelle, da una parte, e aggiungendo le due new entry Nek e J-Ax dall'altra. Chiaro, la notizia, in quel caso, non è stata tanto Nek, sicuramente scelta azzeccata e capace di appagare il pubblico femminile come nella scorsa stagione era successo a Francesco Renga, quanto quella di J-Ax, il perdente più vincente d'Italia (questa storia del loser, diciamocela, va bene fino al compimento del dodicesimo anno d'età, poi fa solo ridere), quello che gioca a fare l'alternativo e per farlo decide di fare sempre le scelte più banali, e che quindi, dopo aver già indossato i panni dell'anticonformista a *The Voice*, incassato il flop di *Sorci Verdi*, decide di andare proprio nel ventre della Balena, alla corte di Maria la Sanguinaria (cit.).

Poi arriva l'altra notizia, bomba, a fianco di Sabrina Ferilli, una talmente abituata a sponsorizzare poltrone e divani da essersi imbullonata al seggio di giudice di *Amici*, e di Loredana Bertè, rivelazione della scorsa edizione, arriva un'altra artista nota per il suo understatement, Anna Oxa. Solo a pensare che le due, Loredana Bertè e Anna Oxa, stiano nell'arco di un chilometro quadro avrebbe spinto chiunque, nel mondo dello spettacolo, a comprare camion di Lexotan per gestire l'ansia, ma Maria è Maria, e l'ansia non la conosce neanche di nome. Quindi eccole, Anna e Loredana sedute una a fianco all'altra, con la seconda che, alla prima occasione, sputtana la collega per la sua nota (negli ambienti) fobia dei cimiteri. Avanti si parte.

Non basta, però, siccome Maria ha questa passione per la palestra, e ama mostrare i muscoli, eccola che decide di umiliare gli avversari, e per avversari si intendono gli altri programmi in palinsesto il sabato sera e, soprattutto, gli altri talent. Così cosa fa? Semplice, prende uno che fino a ieri sparava frecce avvelenate nei suoi confronti, lo convoca, gli piazza di fronte un bell'assegno e se lo porta in trasmissione. Ecco che di colpo la "stronza", così veniva definita fino a ieri dal nuovo assoldato, diventa "il Lodovico il Moro della discografia", ecco che gli altri talent, compreso quell'*X Factor* in cui ha lavorato a lungo, diventano inutili, a vantaggio di *Amici*, unico programma veramente rivolto ai ragazzi. Insomma, anche Morgan entra nella grande famiglia di Maria, perdendo quel briciolo di credibilità che gli era rimasto.

Chiaro, qui sfoggerà le sue dotte conoscenze musicali, ma a tirare troppo a lungo la corda si finisce impiccati, dicevano un tempo, e lui, Morgan, non sforna qualcosa di artisticamente rilevante da quando ancora *Amici* non era nato, se ne renda conto.

Poi c'è anche Virginia Raffaele, rafforzata dal fortunatissimo passaggio sanremese.

Insomma, una squadra di tutto rispetto, perché a Maria non piace solo e tanto vincere, ma umiliare gli avversari, tipo la Germania col Brasile agli ultimi mondiali. Perdete e nel perdere noi vi denigriamo di fronte al pubblico.

Ma tutta questa prova muscolare dove porta? Porta al fatto che è la televisione il campo in cui si giocherà questa edizione di *Amici*, solo dentro la televisione. Pensate a *Uomini e Donne*. Pensato? Bene, togliete i truzzi sulle poltrone, togliete Tina Cepollari e metteteci J-Ax, Morgan e la Oxa, più Elisa e compagnia bella. Televisione, appunto.

Chiaramente resta quella faccenda dei concorrenti, dei ragazzi in gara, ma

saranno un po' i raccattapalle di questa partita, gente che si intravede ogni tanto, magari anche simpatica, ma poco importante per la narrazione, come sempre.
Ci sono dunque una buona notizia e una cattiva notizia, a seguire un'altra buona notizia.
La cattiva notizia è che stasera ritorna *Amici*.
La buona notizia è che da quest'anno, anche ufficialmente, della musica a Maria De Filippi non interessa più nulla.
L'altra buona notizia è che, tra un paio di mesi, *Amici* finirà. Basta solo tenere duro per un po'.

AMORE, WIFI E BENJE E FEDE

Poi uno dice che i giovani d'oggi non sono affidabili. Che non si può contare su di loro, sempre a deludere le aspettative.
Per dire, esce il nuovo album di Benji e Fede. Se non sapete chi siano ci sono due possibilità, avete vissuto dentro una campana di vetro o, in assenza di una campana, avete deciso di rimuovere dal vostro cervello la brutta musica che questa coppia di ragazzetti col ciuffo arrivati da Youtube ha già lasciato libera nell'aria, un po' come quel guru ciccione giapponese che sterminava la gente nelle metropolitane di Tokyo. Come siate riusciti a farlo è la vera pietra filosofale di questi tempi, e come tale ben sappiamo non sarete così propoensi a condividerla col resto dell'umanità, ragion per cui la musica demmerda sta ancora lì, e non possiamo che provare a decifrarla e stabilire una adeguata strategia difensiva, alzare le barricate, riempire le otri di olio bollente, appostarci dietro i merletti della torre.
Benji e Fede, dunque. Due che hanno sin qui venduto uno sproposito del loro album d'esordio, andando anche a vincere bei premi, fortunatamente senza lasciare traccia dentro il nostro subconscio, dentro la nostra corteccia cerebrale, dentro la nostra vita. Sulla carta, quindi, le aspettative che si ripone in un loro nuovo lavoro sono aspettative negative. Ma il bello della musica è che uno prende le proprie aspettative e, nel momento in cui la musica parte, come per magia, si riparte da capo, pronti per un nuovo viaggio.
Prima traccia, *Adrenalina*. La canzone è ritmata. Bene, mi dico, magari scorre via più veloce (lo so che il ritmo di una canzone non influisce sulla durata, ma è un po' come quando si va in vacanza a sud, che la strada sembra in discesa e uno pensa di arrivare prima). Comunque, parte la canzone. Prima frase: "Un'altra notte, un altro gel". In questo preciso momento afferro una penna e provo a infilarmela sotto un occhio, tentando una lobotomia sicuramente poco professionale ma molto necessaria. La musica sembra fatta con una di quelle app che ci permettono di farci suonerie personalizzate

13

per lo smartphone, solo usata molto peggio che per fare quelle suonerie. I due ragazzetti col ciuffo sanno anche canticchiare, e ci mancherebbe pure altro, cazzo volevano fare venire pure sotto casa a rigarmi la macchina? Andrà meglio con la prossima canzone, mi dico. In fondo ho quattro figli, sono costretto a essere ottimista.

È la macchina la protagonista della seconda traccia, *A casa mia*. La musica fa sempre quell'impressione lì. Una batteria elettronica suonata alla cazzo. Il testo non riesco a seguirlo bene, sarà che ho ancora una penna infilata sotto un occhio, e fa male. So che è una canzoncina che, in un mondo normale, non solo non finirebbe in un album, ma neanche la potresti fischiettare sotto la doccia, pena l'arrivo di The Rock, nudo, a riempirti di mazzate. Andrà meglio con la prossima canzone, mi dico. In fondo ho quattro figli, sono costretto a essere ottimista.

La traccia numero 3 si intitola *Traccia numero 3*. Finalmente un'idea. C'è un feat di Max Pezzali, il che fa ben pensare. Vuoi vedere che... No, niente. Fa cagare anche questa. Cita gli 883, nel testo, riguardo a non ho capito bene che teoria rispetto alla traccia numero 3 dei loro album. Ecco, questa canzone sta a quelle degli 883, come il rutto del tipo che veniva con noi alle medie (spero Max apprezzerà la metafora) che con un rutto sapeva dire Abracadabra sta a un'aria della *Lucia di Lammermoor* di Donizetti. Sul perché Max abbia fatto questa cosa non voglio interrogarmi. Ancora mi chiedo perché non abbiano mai trasmesso l'ultima puntata di *Goldrake*, mi basta un mistero assoluto per questa vita (anche questa a Max sarà piaciuta). Andrà meglio con la prossima canzone, mi dico. In fondo ho quattro figli, sono costretto a essere ottimista.

La traccia numero 4 non si intitola *La traccia numero 4*, e un po' mi dispiace. Non c'è ospite Max Pezzali, e questo mi dispiace meno. Perché io stimo molto Max Pezzali, e anche questa canzone, che è poi quella che regala il titolo all'album, è una cosa tremenda. Sempre la stessa costruzione banale, melodia scontata, il concetto di armonia, ok, dai scherzavo. Se uno non sapesse che sono canzoni diverse potrebbe pensare a un solo brano lunghissimo. E bruttissimo. Suoni che fanno rimpiangere gli anni '80, ma anche quelli di Baltimora o Dan Harrow. Testi che in confronto le risposte di Ask a base di "locu", "fisichino" e voti vari sono poesia. Andrà meglio con la prossima canzone, mi dico. In fondo ho quattro figli, sono costretto a essere ottimista.

Quinto brano. Dai, siamo quasi verso la metà. Ce la possiamo fare. Parte. C'è una chitarra acustica, probabilmente finta. La canzone si intitola *Una foto*. No. Non ce la possiamo fare. C'è un ritornello che spingerebbe Agnoletto a invocare il Tribunale dell'Aia. Prima o poi dovremo morire. Speriamo adesso, mi dico. Subito. Ma neanche muoio, e arrivo al sesto brano. Andrà meglio con la prossima canzone, mi dico. In fondo ho quattro figli, sono costretto a essere ottimista.

Parte di nuovo una chitarra. Del resto uno dei due ragazzetti col ciuffo arrivati da Youtube suona la chitarra. Una sorta di brano country. Ma suonato da mio figlio di cinque anni. Mentre dorme. E ha un incubo. Sotto ci sono dei suonini che dovrebbero dirci che siamo nella seconda decade del terzo millennio. Ma la cosa non ci dona sollievo. Anzi. Ci fa diventare luddisti, di quelli che usano le candele e si scaldano l'acqua in casa col fuoco. Il ritornello che dice: "E va bene Baudelaire ma perché non ritorni da me", spero, costerà qualcosa di paragonabile alla pena comminata a Corona. Andrà meglio con la prossima canzone, mi dico. In fondo ho quattro figli, sono costretto a essere ottimista.

Altro brano, è iniziata la discesa. Siamo alla traccia sette su undici. Oh, magari arriva la chicca e gridiamo al miracolo. C'è ospite Annalisa. È una cosa che potrebbe essere un reggaeton, credo. Non so, perché nel mentre ho iniziato a bere detersivo per piatti. Annalisa canta nel ritornello, e nonostante la sua voce, no, la canzone rimane una cosa indegna, con un riff fatto con un fischiettio che, giuro, fossi io quello che l'ha fatto mi caverei i denti da solo, per impedirmi una seconda possibilità. Andrà meglio con la prossima canzone, mi dico. In fondo ho quattro figli, sono costretto a essere ottimista.

Dai, questa si chiama *Troppo forte*. Il titolo vorrà pur dire qualcosa. Chitarra sincopata. Parte la voce. Sempre la solita melodietta da jingle delle pubblicità dell'aranciata. Amara. Ritornello che dice: "Ti amo troppo forte". Dopo dice uno perde la voglia di vivere.

Andrà meglio con la prossima canzone, mi dico. In fondo ho quattro figli, sono costretto a essere ottimista.

Questa ha un'ospite internazionale. Di grande rilievo. Jasmine Thompson. Mica si scherza. Parte con una vocina tutta pitchata, che mi fa venire in mente i Die Antwoord. Tipo per un decimo di secondo. Perché appena attacca a cantare uno dei due, finisce la magia. E inizia l'incubo. Il ritornello, in cui canta Jasmine, è l'unico momento di livello di questo lavoro. Direi un po' poco, fin qui. Andrà meglio con la prossima canzone, mi dico. In fondo ho quattro figli, sono costretto a essere ottimista.

Titolo della penultima canzone. *Quando si rimane da soli*. Se mia moglie si è accorta di che musica sto ascoltando potrò farla diventare la mia colonna sonora. È una ballad pianistica. Senza un minimo di passione. Di anima. Ma anche senza un'idea che si possa definire spendibile, non dico geniale, eh, spendibile. Una robetta da karaoke, dove però ci sono le voci dei due ragazzetti col ciuffo usciti da Youtube. Chi fa chi, vallo a capire. Andrà meglio con la prossima canzone, mi dico. In fondo ho quattro figli, sono costretto a essere ottimista.

Ultima canzone. Non è che ci siano tante altre possibilità di trovare del bello qui dentro. Ma in fondo, un po', ci spero. Si intitola *Boomeranghi*, suppongo una citazione di *Bomba boomeranga* di Piero Pelù. Un up-tempo, un po' alla *Faith* di George Michael, e voglia Dio che io non passi secoli e secoli all'inferno per questo accostamento. Perché *Boomeranghi* è una roba che in confronto la riga sulla fiancata della macchina cui si faceva riferimento prima, sarebbe una cosa gradevole. L'idea, immagino, fosse di fare una canzoncina estiva. La parola Boomeranghi dovrebbe, immagino, suonare divertente. Ho finito la bottiglia del detersivo per piatti. Non mi viene affatto da ridere. Andrà meglio con la prossima canzone, mi dico. In fondo ho quattro figli, sono costretto a essere ottimista. Ah, no, non ci sono altre canzoni. Le mie pessime aspettative sono state perfettamente assecondate. *Amore Wi-Fi* è un crimine contro l'umanità. Al momento la mia passione per la musica è incatenata in uno sgabuzzino, vestita di lattice e con una pallina da tennis in bocca. Torturata e umiliata da questo ascolto. Sarò costretto a sentirmi l'opera omnia di Frank Zappa, ma so che non basterà. Mi ascolterò pure *Purpose* di Justin Bieber, perché mica tutti i ragazzetti col ciuffo che arrivano da Youtube sono tremendi. Voi che non dovete ascoltarlo per lavoro tenetevene alla larga. Io vi ho avvisati.

ANITA PALLENBERG VS BENJI E FEDE

Proviamo a analizzare i fatti. Muore Anita Pallenberg. Tutti, giustamente, la salutano come la più famosa groupie italiana, anche se, non poteva che essere così, è stata molto di più di questo. È stata, per dire, stilista, ma tutto questo nella sua seconda vita, quella che ha faticato a far partire, proprio per quel suo essere stata la più famosa groupie italiana. Del resto, dopo aver trascorso parte degli anni Sessanta a animare le notti del Piper di Roma, che si trattasse di avere al fianco un giovanissimo Paul McCartney o un qualche artista italiano, Anita era stata colei che più di ogni altra o altro ha conteso a Marianne Faithfull il ruolo di sesto Rolling Stones. Fidanzata ufficiale, si fa per dire, di Brian Jones, proprio nell'ultima infuocata parte della sua giovane vita lo tradì per mettersi con Keith Richards, come avrebbe detto in un taglientissimo scritto Furio Colombo, il chitarrista dei Rolling Stones (così scrisse, "è arrivata Anita Pallenberg col suo fidanzato, il chitarrista dei Rolling Stones", senza neanche nominarlo). Con lui avrebbe avuto tre figli, durante una storia tormentata come solo la storia tra due teste calde come loro poteva essere. Storia, quella con Keith, fatta di sesso e droghe, più droghe che sesso, come l'eroina spesso comporta. Storia che, nonostante le premesse non esattamente solidissime, è sopravvissuta anche al tradimento di Anita con Mick Jagger, sorte, questa di essersi passata i tre leader della band, condivisa proprio con l'altra musa del gruppo, quella Marianne che l'avrebbe sempre guardata come una merda di piccione su un vestito da sposa.

Una groupie, quindi, che era poi lo stesso rapporto che l'avrebbe vista legarsi a Mario Schifano, il più rock dei nostri artisti. Una musa ispiratrice, ma molto di più. La groupie, chi ha visto *Almost Famous* di Cameron Crowe ben lo sa, e ben lo sa per essersi follemente innamorato della Penny Lane magistralmente interpretata da Kate Hudson, a sua volta musa ispiratrice e musa, all'epoca, di Chris Robinson dei Black Crowes. Insomma, ci siamo intesi.

16

Del resto il rock, almeno il rock quando si poteva ancora chiamare seriamente così, è sempre stato costellato di groupie. Da Frank Zappa ai Led Zeppelin, passando per i The Who e, ma non si dica troppo forte, gli stessi Beatles. E da noi lei, Anita Pallenberg. Un personaggio da romanzo. Da film. Da disco.

Ecco, uno pensa ai Rolling Stones e non può che pensare anche a lei. Il sesto Rolling Stones.

Un tempo i fan erano così.

E allora veniamo all'oggi, no. Proviamo a tirare un filo, a fare un discorso che porti, poi, a un confronto, a un paragone. Esistono oggi le groupie? Esistono oggi fan così fan da diventare parte integrante del progetto artistico di un nome? Così fan da entrare nel privato dell'artista? Così fan da dedicare la propria vita al piacere, anche quello sessuale, del proprio artista?

Magari non flaggando tutte le caselle, ma spiace dire che anche oggi ci sono fan che travalicano il senso della misura. Ma non si chiamano groupie. Nessun Frank Zappa, per dire, si sognerebbe mai di coinvolgerle in una vera e propria band, di quelle che poi fanno un disco, come fu nel caso delle The GTOs (al secolo Girls Together Outrageously, le Ragazze insieme oltraggiosamente). Nessuno, per altro, le esibisce come accadeva ai tempi delle varie Pam Des Barres, Cynthia Plaster Caster, Bebe Buell, o per citarne una famosa magari per i motivi sbagliati, Nancy Spungen, uccisa dal suo idolo Sid Vicious. No, oggi le groupie, ma anche i groupie, perché non solo al femminile oggi va declinato il genere, si fa chiamare Esercito, si fa chiamare Dreamers, si fa chiamare Marroncine. Oggi ci sono i fan club agguerriti, quelli che poi scatenano le shit storming contro i critici poco benevoli nei confronti dei loro artisti, quelli che votano come pazzi nei vari contest, portando i propri beniamini a vincere premi su premi, inspiegabilmente per chi si ostina a considerare la musica una forma d'arte. Questo è quel che resta del mondo delle groupie, un gruppo di fanatici intenti a mandare sms o tweet. Del resto, diciamocelo, se un tempo avevamo Anita Pallenberg e i Rolling Stones, oggi abbiamo sì le Dreamers, roba da infilarsi un ferro da lana sotto l'occhio sperando in una spartana lobotomia autoindotta, ma abbiamo anche la band che le Dreamers idolatra, vedi al nome Benji e Fede. Ogni periodo ha gli idoli che si merita. A noi è toccato di vivere in un periodo davvero di merda.

BELLO FIGO, CHI TROLLA IL TROLL?

Non si deve dare da mangiare ai troll. Questa è un regola basilare per chi si muove in rete, mai dare da mangiare ai troll. Perché altrimenti i troll prolificano, e ritornano, come succede coi piccioni quando si è seduti al parco su una panchina.

Bene, oggi daremo da mangiare ai troll, perché la storia che racconteremo, a nostro modo, è animata quasi esclusivamente da troll, seppur da troll di natura differente e che si muovono, in apparenza, in ambiti diversi. Vi sarà capitato di incappare nel nome di Bello Figo, ultimamente. È ricorso parecchio, sempre per motivi piuttosto stupidi. Magari vi sarà anche capitato di vedere la sua faccia, più o meno simpatica, il suo ciuffo colorato, vagamente richiamante alla memoria quello di Mirko dei Beehive di *Kiss me Licia*, anche se giocato su colori diversi, anche per una mera faccenda di pigmentazione dei due soggetti in questione.

Insomma, sia che vi sia capitato di sentirlo nominare e di vederlo, sia che questa sia per voi una epifania, sta di fatto che Bello Figo è uno dei personaggi del momento, nel nostro panorama mediatico attuale. Il che ci fornirebbe già sufficiente benzina per alimentare una legittima autocombustione stile bonzo tibetano, ma facciamo un passo alla volta.

Chi è Bello Figo e perché se ne parla, altrove come qui?

Bello Figo, che da questo momento, come è recentemente successo sulle pagine de «Il Giornale», chiameremo il signor Figo, è uno Youtuber di Parma di origini ghanesi che si è messo assai in evidenza per una sequela copiosa di canzoni rap che hanno letteralmente catalizzato l'attenzione prima degli internauti (sempre per dirla col Giornale) e poi degli osservatori dei costumi nazionali.

Perché? Semplice, il signor Figo (scusate, giuro che ora torno a chiamarlo Bello Figo) ha pubblicato svariate canzoni, tutte piuttosto approssimative da un punto di vista musicale e accompagnate da video piuttosto bruttini e amatoriali, in cui si spaccia per quello che è l'incubo, reale, di una importante porzione di italiani: un emigrato che sta in Italia a nostre spese, non fa un cazzo tutto il giorno e, attenzione attenzione, si fa le fighe bianche.

Chiaramente il linguaggio usato in questo ultimo passaggio è mutuato di sana pianta dalla poetica di Bello Figo, che come tutti i rapper, Q-Tip abbia pietà di noi, usa un suo slang fatto di termini ricorrenti (figa bianca è uno di questi) e di temi ricorrenti.

Quindi Bello Figo rappa, in canzoni dai titoli quali *Non pago affitto*, *Swag Berlusconi* o *Referendum costituzionale* ci racconta la storia di un migrante che sta qui coi famosi 35 euro al giorno, in alberghi a cinque stelle, non fa nulla, se non delinquere e lamentarsi per l'assenza del wi-fi e vota Renzi (ma prima ammirava Berlusconi) perché gli permette di farsi seghe o, preferibilmente, si suppone, le fighe bianche. Fin qui, quindi, uno potrebbe serenamente dire, ok. Bello Figo ce sta a cojona'. È un personaggio tipo quelli che una volta stavano a *Drive In*, che so, il Paninaro di Enzo Braschi. Tutto è palesemente finto, a partire dai video in cui appare il troll dei troll. Andrea Diprè. Però succede che il mondo della politica, o meglio, il mondo di certa comunicazione che ruota intorno alla politica, si accorga di Bello Figo, a partire da quella che sembrerebbe l'ennesima trollata del nostro, la notizia dell'annullamento di alcuni suoi concerti (chi cavolo andrebbe mai a vedere un concerto di Bello Figo?) per minacce razziste, facendo quindi assurgere Bello Figo da troll a ruolo di icona di se stesso.

Così succede che Bello Figo passi da youtube, dove ha circa ventimila iscritti al suo canale e qualche milione di visualizzazione a pezzo, dentro la televisione, a confrontarsi con suoi simili, cioè troll che però operano in settori limitrofi. Il suo passaggio a *Dalla vostra parte*, talk show politico in onda su Rete 4 e condotto da Maurizio Belpietro, in cui si scontra con il troll principe della destra italiana, Alessandra Mussolini, sta giustamente diventando virale. Perché la nipote del duce prende ovviamente sul serio il personaggio Bello Figo, dando da mangiare al suo troll in diretta tv e consentendo al medesimo troll di esemplificare pubblicamente il perché della sua esistenza, esiste gente come la Mussolini che ha dentro la sua testa tanti spauracchi con la faccia di Bello Figo e che cantano le brutte canzoncine di Bello Figo. O peggio, in realtà alla Mussolini di Bello Figo non fregherebbe nulla, non fosse che l'elettorato a cui guarda, e a cui guarda sicuramente con più presa uno come Matteo Salvini, e probabilmente cui sta guardando sempre più attentamente Beppe Grillo, ha davvero paura di uno come Bello Figo, si indigna davvero per la faccenda dei 35 euro, del wi-fi e, ovviamente, ha paura che il nero col pisello più lungo finisca per farsi le fighe bianche.

Tutta una faccenda di troll, quindi, che diventa mainstream nel momento in cui, ovviamente con deferenza e sguardo ironico, Bello Figo esce da quel contesto per finire nei salotti buoni di Fazio, è successo anche questo, o passa dal salotto da Mercatone Z di *Striscia la notizia*, tutti lì a volerci spiegare che di scherzo si tratta, ma i realtà a dare troppo mangime al troll in questione (e ai troll alla Mussolini che per combattere il troll Bello Figo esistono).

La faccenda triste, perché questa è purtroppo una storia triste, è che nel suo evidenziare una stortura, Bello Figo rischia di diventare davvero una icona. Un rapper, ruolo che in realtà non dovrebbe essere associato a lui, a meno che non sia un rapper anche Rovazzi, politicizzato al punto da finire da Belpietro a scontrarsi con i politici di destra, un rapper i cui concerti saltano per minacce razziste. Questo succede quando si mette troppo cibo nella scodella di un troll. Questo succede quando i rapper veri, o presunti tali, si concentrano troppo a parlare di fighe (non necessariamente bianche) e bamba, invece che di immigrazione e sociale.

Noi, ovviamente, stiamo a guardare, con lo sguardo divertito di chi applaudiva alla discesa in politica di Cicciolina o Moana Pozzi, e con la consapevolezza che un po' di situazionismo, volontario o meno, non potrà che fare del bene a questo paese moribondo. Solo un dubbio ci attanaglia, ma un dubbio serio. Se il messaggio di Bello Figo viene passato per vero dalla televisione, se Belpietro, Salvini, la Mussolini e compagnia cantante prendono sul serio Bello Figo, se le minacce arrivate alla Latteria Monloy di Brescia o al locale di Mantova dove Bello Figo avrebbe dovuto cantare, si fa per dire, all'ultimo dell'anno sono vere, non sarà che in una storia di troll gli unici personaggi reali siano solo i razzisti che hanno trovato in natali sul nostro patrio suolo?

BIAGIO ANTONACCI E COME AFFOGANO I CAVALLI

Hai quarantotto anni. Quindi sei decisamente un uomo di mezza età, nonostante tenda, come molti tuoi coetanei, a considerarti un ragazzo, o quantomeno a farti considerare tale dagli altri. Hai però quarantotto anni, un'età in cui, in teoria, dovresti già conoscere tutto della vita, e magari dovresti anche aver cominciato a passare quelle informazioni ai tuoi figli, in casa, e a chi, più giovane, lavora con te.

Si chiama esperienza, e condividerla è parte di un patto non scritto e non detto che si ha nel momento in cui si decide di essere parte di una società, con tutte le sfumature del caso.

Hai quarantotto anni, ho quarantotto anni, ma ancora riesco comunque a stupirmi delle cose del mondo. A conoscerne di nuove. A cercare di conoscerne di nuove. Non solo e non tanto perché io voglia mantenermi giovane, appunto, quanto perché è nella scoperta e nella meraviglia che si nasconde il segreto della pietra filosofale, non quello che ci rende immortali, perché di immortalità, nonostante quanto pensi Don De Lillo, non se ne parla ancora, ma quello che ci permette di arrivare vivi, vivi davvero, al momento in cui moriremo, ci si augura il più tardi possibile.

Ho quarantotto anni, sono un uomo di mezza età e mi sono trovato a meravigliarmi nello scoprire qualcosa che non posso trattenermi nel raccontarvi: i cavalli affogano dal culo.

Sì, avete letto bene, i cavalli affogano, come del resto capita a tantissime razze animali, umani in testa. Ma i cavalli, a differenza degli umani, non affogano solo perché inghiottono acqua dalla bocca, acqua che va a invadere le vie respiratorie, portando all'annegamento, ma perché, in mancanza di un termine scientificamente idoneo consentitemi di utilizzare ugualmente il verbo inghiottire, inghiottono acqua dal culo. Succede questo, i cavalli non sono in grado di gestire adeguatamente i muscoli dell'ano. Lo sanno fare, certo, ma non come, per dire, facciamo noi umani. Loro, i cavalli, sono in grado di trattenere quei muscoli per un tempo piuttosto limitato, come succede agli umani da piccoli, quando finisce che si cagano addosso. Uno tenderebbe a ignorare questa notizia, perché i cavalli, in genere, si cagano addosso a loro piacimento (lo fanno tutti gli animali, almeno finché l'uomo, in casi come quelli dei cani addestrati, non insegna loro a farlo in strada invece che sul divano del salotto). Ok, i cavalli si cagano addosso, direte voi, ma che c'entra la faccenda dell'affogare. O meglio, dell'annegare, perché è di questo che, tecnicamente, si tratta. Bene, i cavalli se entrano in acqua e l'acqua raggiunge la zona del culo, rischiano di annegare perché i muscoli dell'ano non possono impedire all'acqua di entrare nel loro intestino retto (sempre che si chiami intestino retto anche nel caso dei cavalli). Un po' come se il cavallo fosse un sottomarino che una volta in acqua apre i suoi portelloni, lasciando libero accesso ai flutti. Col culo dei cavalli succede così. Entrano in acqua, l'ano si apre, incapace di starsene chiuso, l'acqua inizia a entrare e il cavallo, se non si sbriga a uscire, si gonfia fino a morire. Provate a visualizzare la scena, se ci riuscite. Un cavallo che si gonfia d'acqua, pur rimanendo a bocca chiusa. Una scena raccapricciante, converrete.

Io questa cosa l'ho scoperta oggi, a quarantotto anni, mentre cercavo notizie riguardanti l'uscita discografica italiana della settimana, quella di *Dediche e manie* di Biagio Antonacci. Dopo l'uscita, circa un mese fa del singolo *In mezzo al mondo*, singolo che ha avuto vita breve nelle classifiche, giustamente, di una bruttezza talmente eccessiva da sembrare voluta, venerdì è uscito l'album, ma nessuno se ne è sostanzialmente accorto. Perché nei giorni precedenti si sono ovviamente tutti occupati di *Poetica*, il nuovo singolo di Cesare Cremonini. Un brano difficile, volutamente difficile verrebbe da dire, lungo cinque minuti e mezzo, tutto suonato anche con strumenti non esattamente canonici, oggi, come il Theremin, con un finale pinkfloydiano che ha stupito tutti, essendo *Poetica* uscito il giorno dell'apertura delle vendite dei biglietti del primo tour negli stadi del cantautore bolognese. Ripeto, operazione perfettamente riuscita, perché *Poetica*, il titolo dice già tutto, è un brano alto, che cambia struttura a ogni passaggio, difficile da cantare e memorizzare, per questo, anche per questo, riconosciuto come un brano d'autore, molto d'autore, un brano in grado di mettere d'accordo tutti, da Rockit a «TV Sorrisi e Canzoni». Ecco, prima tutti hanno parlato di Cesare Cremonini e del suo *Poetica*, e poi, quando il giorno di *Dediche e manie* è arrivato, tutti hanno iniziato a parlare di *Oh vita*, il nuovo singolo di Jovanotti. Singolo che anticipa l'album prodotto da Rick Rubin, mica Fabrizio Ferraguzzo, come per Antonacci. Singolo che riporta Jovanotti lì dove si trovava una ventina di anni fa, solo con l'esperienza di oggi, lui, come Antonacci, sopra i cinquanta. Lo ascolti e pensi, cazzo, Jovanotti con Rick Rubin, correndo con la mente a Johnny Cash e a tutti gli altri, ma escludendo, il subconscio ci ama e fa così, Vanessa Carlton o Justin Bieber. E sia come sia, dopo Cesare Cremonini con la sua *Poetica*, ecco che arriva Jovanotti con la sua *Oh Vita*, e ancora una volta di Biagio Antonacci, niente, non rimane traccia. Così ti metti lì, su Google, per vedere se magari da qualche parte qualcuno ne ha parlato. Se magari, tolti i soliti marchettari, che pur di compiacere il suo, di lui, ufficio stampa direbbero meraviglie pure di un album di Alvaro Vitali che fa scoregge, tolti i soliti marchettari, ti dici, qualcuno magari ne ha parlato. Invece niente, nessuna traccia, si parla di Tiziano Ferro che fa un duetto con Levante, di Fedez e J-Ax che tornano con il solito repack ma con cinque immancabili inediti, di Ermal Meta che duetta con Elisa, di Michele Bravi, Cristo, di Michele Bravi, ma di lui niente. Trovi la notizia che al tipo biondo dei Fichi d'India dovranno tagliare il pisello perché gli è andata male una operazione per aumentarne le dimensioni, ma di Biagio niente. Trovi più notizie utili sui cavalli che annegano dal buco del culo, ma di Biagio niente. Ecco. In effetti, ti dici, la notizia dei cavalli che annegano o affogano, non hai mai capito bene la differenza, dal buco del culo è sicuramente più interessante, al punto da chiederti come hai fatto a vivere quarantotto anni senza saperla, sta faccenda dei cavalli e del loro buco del culo. Una notizia più interessante e anche più rilevante, perché con ogni probabilità ci sono più cavalli che in questo momento stanno annegando per colpa di uno sfintere ingestibile di quante persone non stiano comprando *Dediche e manie*. Un disco prodotto da Fabrizio Ferraguzzo, il primo album di Biagio Antonacci dopo tre anni e passa dal precedente. Biagio Antonacci. Bocca inutile (cit.), ti dici.

Pensate a Biagio Antonacci.

Pensate a quei poveri cavalli.

BIANCA ATZEI, MISTERI ITALIANI

Quando ero ragazzino, nei primi anni Ottanta, il baseball arrivò nella mia città. A fare da traino era il clamoroso successo nazionale del Rimini Riccadonna, a neanche cento chilometri da noi. Noi eravamo lì a giocare a calcio nel campo in cemento armato della parrocchia quando alcuni adulti vennero da noi e ci dissero che se volevamo continuare a passare i nostri pomeriggi lì dovevamo iniziare a giocare a baseball. Avevamo tutti una vaga cognizione di cosa si trattasse, grazie a film e telefilm americani, e l'idea di avere a che fare con mazze, caschetti e tute variopinte ci prese bene. Quasi tutti pensammo, in uno strano caso di telepatia, a *I guerrieri della notte* di Walter Hill, e nel giro di neanche mezz'ora ci trovammo a essere una squadra vera e propria. Ovviamente il ruolo più ambito da noi ragazzini che del baseball non sapevamo nulla era quello del tizio tutto bardato con armature, guantoni e casco con tanto di mascherina che si trovava dietro il battitore, quello che riceveva le bordate del lanciatore, sempre che il battitore non facesse il proprio dovere e facesse un fuoricampo. Quel tizio si chiamava Catcher. Tutti volevamo fare il Catcher, lo dicemmo subito. Ma quel ruolo fu affidato d'ufficio a Simone, un ragazzino non troppo sveglio e anche piuttosto sovrappeso che però aveva una caratteristica fondamentale, era il figlio del presidente. Eravamo ancora giovanissimi, ma ci era già chiaro che essere i figli del presidente, lì come in qualsiasi altra situazione, poteva essere un'ottima credenziale.

Veniamo a noi.

Qualcuno potrebbe eccepire che dedicare così tanto spazio a una premessa che, apparentemente, con l'oggetto il capitolo che si sta leggendo non c'entra niente sia un errore. Leggo sul titolo che si parla di Bianca Atzei, perché è di Bianca Atzei che si sta parlando, e mi ritrovo a leggere dei racconti di gioventù dell'autore, in un impeto di nostalgismo e egoriferimento acuti.

In realtà, a parte che dedicare un intero capitolo a Bianca Atzei senza dover fare ricorso a espedienti narrativi che offrano materiale sufficiente a occupare qualche migliaio di battute sarebbe impresa impossibile, la lunga premessa sul baseball e su come il figlio del presidente, Simone il ragazzino poco sveglio e sovrappeso, si sia ritrovato a giocare non solo e non tanto titolare, ma addirittura nel ruolo più ambito, è proprio il fulcro del capitolo su Bianca Atzei.

Perché, fughiamo ogni dubbio, Bianca Atzei non è poco sveglia, non è assolutamente sovrappeso, anzi, direi che è semmai piuttosto magra e decisamente una bella ragazza. A scanso di equivoci non è neanche la figlia di Lorenzo Suraci, che da anni sta cercando di piazzarla ovunque, dai palchi più importanti d'Italia a tutte le trasmissioni televisive possibili, passando per il *Festival di Sanremo*, addirittura come BIG, per non dire delle tante collaborazioni prestigiose, sempre da pari a pari. Ma Bianca Atzei si è davvero ritrovata, generando uno dei misteri più clamorosi della storia della musica leggera italiana, a ricoprire il ruolo di Catcher nella squadra di baseball in cui giocavo da ragazzino, da qui in avanti RTL 102,5, senza niente che giustificasse questa condizione.

Chi è Bianca Atzei?

Se vi state ponendo questa domanda e nonostante questo siete arrivati fino a questo punto i casi sono due, o io sono davvero mostruosamente bravo a tenere il lettore sulla pagina, o non avete proprio niente da fare.

In tutti i casi resta il fatto che non sapete chi è una cantante, perché Bianca Atzei, nonostante la abbiate vista per mesi tutti i venerdì sera nel programma di prima serata di Rai1, condotto mica a caso da Carlo Conti, *Tale e Quale Show*, lì intenta a fare imitazioni di cantanti in compagnia di gente di cui onestamente non avevamo mai sentito il nome e di gente di cui non si sentiva il nome da un numero sufficiente di anni per darli per dispersi, in tutti i casi resta il fatto che non sapete chi è una cantante che vi potrebbe essere capitato di vedere negli ultimi anni in tutti i luoghi e in tutti i laghi. Perché Bianca Atzei, bella ragazza sarda dalla voce anche gradevole, presa sotto l'ala protettrice di Lorenzo Suraci, patron di Rtl 102.5 e titolare dell'etichetta discografica Baraonda (oltreché co-titolare di Ultrasuoni), si è ritrovata di colpo sotto le luci dei riflettori. Seppur nessuno si ricordi non dico tre, non dico due, ma neanche una sua sola canzone, lei è lì, che lotta per imporsi, con l'avvallo di tanti artisti che si ritrovano, supponiamo loro malgrado, a ospitarla nei propri dischi e a duettarci sui loro prestigiosi palchi.

Passi per Kekko dei Modà, che per lei ha scritto e con lei ha duettato, perché Kekko dei Modà è la più clamorosa invenzione di Lorenzo Suraci, e in qualche modo suo socio, ma a cantare con la Atzei ci si è ritrovato anche Alex Britti, non a caso finito poi nel giro Baraonda, un cavallo di razza come Niccolò Agliardi, Gigi D'Alessio, J-Ax, Loredana Bertè, Ron e chi più ne ha più ne metta.

Questo sul fronte discografico, sul fronte live la faccenda diventerebbe troppo ampia da essere esposta in un singolo capitolo, forse addirittura in un singolo libro, e francamente anche imbarazzante, perché se vogliamo togliere il fatto che Bianca Atzei, con neanche un album alle spalle, si sia ritrovata a calcare nel 2015 e nel 2017 il palco dell'Ariston nella sezione Big del *Festival della Canzone Italiana* condotti dal solerte Carlo Conti, resta altrettanto misteriosa la presenza di Bianca un po' in tutti gli eventi televisivi dal concerto *Gigi And Friends* al *Live in Arena* di Gianni Morandi, dove la nostra si ritrova a duettare con il Gianni nazionale sulle note di *In amore*, al posto della povera Barbara Cola, neanche menzionata, e, per dire, Umberto Tozzi e Enrico Ruggeri non vengono invitati nonostante la vittoria sanremese conseguita col cantante di Monghidoro sulle note di *Si può dare di più*. E tanti altri eventi, dal recente concerto all'Arena della Bertè a un po' tutti i concerti di Natale e via discorrendo, potrebbero finire in questo calderone.

Il fatto è che, se pur capendo la strategia generale di Lorenzo Suraci, patron di Rtl 102.5, radio per la quale, sia messo agli atti, lavoro, nel caso della Atzei davvero qualcosa ci sfugge.

Ok, il giochino messo in piedi dal nostro è noto. Prendo un artista, lo metto sotto contratto editoriale con Baraonda, di cui sono il titolare. Vado oltre, lo metto anche sotto contratto discografico. Poi passo i suoi brani per tutte le volte che la legge lo consente, facendolo da una parte salire in classifica radiofonica, dove in effetti la Atzei permane spesso in virtù dei soli passaggi su Rtl 102.5, e al tempo stesso incasso editorialmente per i passaggi radiofonici. Quando non posso passare gli artisti che ho sotto contratto, perché c'è un limite di passaggi giornalieri, li piazzo in bocca agli speaker, per notiziole, stuzzicherie, aneddoti, pubblicità più o meno velate, creando hype. Insomma, spingo i miei artisti e faccio contemporaneamente cassa. Siccome poi sono Lorenzo Suraci, patron di Rtl 102-5, la radio più importante d'Italia, quello che è stato anche dietro ai vari *Coca Cola Summer Festival*, che sponsorizza tutti i tour di Friends and Partners, e che quindi è dentro non solo tutti i live che vanno in onda su Rai e Mediaset, ma anche agli *Wind Award* e a *Amici*, ora dietro a *X Factor*, convinco, laddove non costringo, tanti bei nomi a collaborare coi miei, mettendo tanti bei cavalli di Caligola a fare i senatori.

Così sono nati i Modà, il grande nulla, per dire. Così sarebbero potuti andare avanti i Dear Jack se non avessero mollato Alessio Bernabei. Un giochino lecito, nel senso di consentito dalla legge, seppur non correttissimo da un punto di vista etico. Ma va bene.

Il punto è che Bianca Atzei nonostante questo trattamento è ancora lì, una bella ragazza con la bella voce di cui nessuno conosce una canzone.

Certo, sempre meglio che lavorare, dirà qualcuno, ma Bianca Atzei sembra davvero un caso di accanimento terapeutico andato un po' troppo alla lunga, o un mistero di quelli cui si dedica Giacobbo in una puntata di *Voyager*, tra un caso di cerchi nel grano nelle campagne inglesi e quello di un tizio che un giorno si è svegliato e conosceva a memoria la *Divina Commedia* in lituano.

Qualcuno, tra gli addetti ai lavori, e non sto certo parlando dei miei simpatici colleghi pronti a cantarne le lodi in cambio della solita paghetta, sostiene che sarà proprio Bianca Atzei a far capitolare Suraci, tallone d'Achille di un uomo che, in realtà, sembra non temere niente e nessuno.

Anzi, non trattandosi di sua figlia, risulta addirittura incomprensibile perché un superpotente come lui si mostri fallibile e presti il fianco a critiche e risatine, con questo suo incaponirsi a voler imporre una cantante che, evidentemente, non buca.

Resta comunque il mistero di una cantante sovraesposta che nessuno sembra apprezzare particolarmente, forse addirittura penalizzata dalla sovraesposizione. Perché, diciamocelo, Simone, il figlio del presidente della squadra di baseball in cui giocavo da ragazzino, non era mica così male a giocare, e neanche risultava particolarmente antipatico, ma a essere quello che si ritrova a fare il Catcher perché figlio del presidente si risulta decisamente poco simpatici e anche quel poco che sai fare finisce per non essere troppo preso in considerazione, in genere funziona così.

BRANDON LEE SBAGLIAVA, PUÒ PIOVERE PER SEMPRE

Immaginatemi con un trench di pelle nera. Calzoni di pelle, lo stesso neri. I capelli bagnati dalla pioggia. Perché sta piovendo di brutto. Immaginatemi che me ne sto appollaiato sul tetto di un palazzo, ma un palazzo di quelli da film americano, con le scale antincendio. Potrebbe essere New York. Ma non è New York, perché è la vostra immaginazione che sta visualizzando questa immagine, non è la realtà.

Ci sono io vestito di pelle nera, con un trench nero, i capelli bagnati e sotto la pioggia sul tetto di un palazzo di quelli con le scale antincendio. Io che dico: "Non può piovere per sempre".

E invece sì, può piovere per sempre. E anche di più.

Può piovere e ti si è rotto l'ombrello e uno tizio passa con un Hummer su una gigantesca pozzanghera e ti bagna tutto, e mentre stai lì che imprechi ne passa un altro, di Hummer, così che gli schizzi della pozzanghera ti finiscono in bocca. Insomma, ci siamo capiti.

Può piovere per sempre, e, se le notizie che cominciano a circolare troveranno conferma, c'è davvero da augurarsi che il diluvio diventi universale, così togliamo il disturbo una volta per tutte e arrivederci a tutti. O Arrivedorci, per dirla con gli Elii, che nel mentre hanno appena annunciato che dopo il concerto dell'Addio del 19 dicembre a Milano ci sarà un tour dell'Addio, e un album dell'Addio, subito dopo il Festival dell'Addio.

E proprio il Festival ha a che fare con la pioggia che non ne vuole sapere di fermarsi e con me che me ne sto quassù sul tetto di questo palazzo.

IL Festival e non solo il Festival.

Andiamo con ordine.

Stanotte Laura Pausini ha annunciato attraverso i suoi social un po' di cose. Il tutto dopo aver trionfato come Coach a *La Voz*, versione messicana di *The Voice*. Non esattamente una notiziona, questa di *La Voz*, infatti non è di questo che si parla in questo articolo. Si parla di quello che ha annunciato poi, qualcosa che mi ha spinto a salire quelle scale antincendio, nonostante la fitta pioggia, io, i miei pantaloni di pelle e il mio trench nero.

Laura Pausini sta per tornare. Questo abbiamo appreso, con sgomento. Sta per tornare con un singolo, e fin qui, sticazzi. Sta per tornare con un album, nella speranza che segua le mie indicazioni di un paio di anni fa almeno per il titolo. E soprattutto sta per tornare con un tour, che avrà in Italia la sua apertura.

Ecco, qui ha iniziato a tuonare, ma a tuonare forte. E purtroppo nessun fulmine ha poi colpito noi, che ce ne stavamo sotto la pioggia fitta.

Perché le date italiane del tour della Pausini saranno due, e fin qui Deo gratia, ma saranno le date di punta del *Rock in Roma*. Lo dirò con tutta la cautela del caso, pregando gli animi più sensibili di abbandonare la lettura, e quelli meno sensibili di leggere in tutti i casi dopo essersi messi seduti e aver messo lì, di fianco al tablet, allo smartphone o a qualsiasi mezzo con cui sta leggendo queste parole un cordiale, o nel peggiore dei casi una puntura di adrenalina tipo quella che una Roxanne Arquette tatuata e piercingata pianta nel cuore di Uma Thurman in *Pulp Fiction*, per riportarla in vita dopo l'overdose di cocaina.

L-A-U-R-A-P-A-U-S-I-N-I-F-A-R-À-N-O-N-U-N-O-M-A-D-U-E-C-O-N-C-E-R-T-I-A-L-C-I-R-C-O-M-A-S-S-I-M-O-P-O-R-C-O-C-A-Z-Z-O!

Sì, se vi siete svegliati proprio ora, una puntura infilata nel torace e Roxanne Arquette che vi guarda con l'aria scazzata, mi duole dirvi che è tutto vero, Laura Pausini sarà il 21 e il 22 luglio al Circo Massimo, come headliner del *Rock in Roma*. Dopo personaggi minori come Rolling Stones, Bruce Springsteen, Roger Waters ecco che arriva Laura Pausini.

Zeus dove cazzo sei, quando c'è bisogno di te.

Ma non basta, perché se le cose vanno male non possono che peggiorare.

E il peggioramento prende le sembianze di una voce insistente che sta circolando da qualche ora, anticipato da All Music Italia, seppure alla chetichella. Una voce che è talmente improbabile da acquisire un certo fascino, tipo Adam Clayton che comincia a sognare di portarsi a letto Naomi Campbell e finisce per fidanzarcisi.

Questa voce: il nuovo album di Laura Pausini dovrebbe uscire a metà del *Festival della Canzone Italiana 2018*. No, non per una sorta di autolesionismo della Warner, la major che lo pubblicherà, né, tantomeno, della stessa Pausini. Figuriamoci poi di Ferdinando Salzano, che del tour e delle due date al Circo Massimo è produttore e promoter e che di questo *Festival* è come più volte detto il deus ex machina. Niente autolesionismo. Anzi.

L'album dovrebbe uscire a metà del *Festival* e, trattandosi del venticinquennale della carriera di quella che viene indicata come la nostra cantante più famosa nel mondo, la nostra cantante più famosa nel mondo sarà sul palco dell'Ariston tutte le sere in veste non di superospite ma di co-conduttrice (con chi, a questo punto, non ha importanza). Ogni sera lì, a promuovere indirettamente o direttamente il suo singolo, il suo album, le due date al Circo Massimo. Fosse tutto vero un colpo da gigante per Ferdinando Salzano, Caligola che fa senatore il suo cavallo era stato meno sfrontato.

L-A-U-R-A-P-A-U-S-I-N-I-S-A-R-À-L-A-C-O-C-O-N-D-U-T-T-R-I-C-E-D-E-L-F-E-S-T-I-V-A-L-O-P-O-R-C-O-C-A-Z-Z-O!

Se solo poche ore fa ci chiedevamo come mai, apparentemente, non ci fosse stata questa invasione di artisti della scuderia nel cast del *Festival*, immaginando che li avremmo trovati nella serata dei duetti e in veste di superospiti, ecco che la realtà ci supera, e mentre ci supera ci striscia la fiancata, ci fa il dito medio dal finestrino e ci manda fuoristrada.

Stessa sorte toccata anche a tutti i concorrenti nel cast, dal momento che l'uscita dell'album della Pausini e sopratutto il lungo spot che le si potrebbe presentare davanti andrebbe a inficiare la loro presenza in gara, oscurati da un cavallo di ben altra razza.

Davvero qualcosa di fantasmagorico.

Più inspiegabile della trama di *Labyrinth*, per capirsi.

Ricapitolando, nel giro di poche ore ecco che Laura Pausini si è presa il Circo Massimo con un uno due che ambisce a collocarla al pari di giganti del rock che, diciamocelo, per quanto abbiano passato una vita a drogarsi e scoparsi le groupie non possono meritarsi niente di tutto questo, e poi il palco del *Festival di Sanremo*, andando a dar vita a uno spot promozionale fatto di ben cinque prime serate sul canale principale della televisione di stato. Roba che manco la Pravda ai tempi di Stalin, con tanto di finale in mondovisione, alla faccia del basso profilo.

Certo, a ripensarci bene, l'idea di un Festival con la Pausini nei paraggi ha anche qualcosa di morbosamente attraente. Resta solo da capire come si scende da un palazzo di quelli con le scale antincendio sotto un diluvio come questo, trench e pantaloni di pelle inzuppati permettendo.

CANTAUTORI STOCAZZO

In principio era Eros Ramazzotti. Lo conosciamo timido e impacciato a cantare di Terre promesse, quasi incapace di mettere una frase di senso compiuta dietro l'altra nelle rare interviste e di colpo lo ritroviamo cantautore, a firmare tutte le sue canzoni, con un immaginario pure piuttosto preciso. Che poi quelle medesime canzoni, da lì in poi, portassero sempre firme molto ma molto importanti, da princio quelle di Piero Cassano e di Adelio Cogliati, poi di tanti altri, fino all'ultimo lavoro che ha visto una sequenza di autori di rilievo quali Mogol, Pacifico, Bianconi, Kaballà e Federico Zampaglione, magari, potrebbe fornirci qualche indizio su come decodificare il suo essere cantautore, ma SIAE canta, Eros lo è.

Del resto, guardando a quel periodo, e anche al periodo precedente, c'erano altri illustri colleghi del nostro che erano usi farsi "aiutare" da firme di prestigio, spesso quella di Giulio Rapetti, all'epoca solo in arte Mogol. Si pensi al più cantautore dei cantauori, Lucio Battisti, si pensi a Riccardo Cocciante.

Tutti nomi, questi, d'altra parte, inclusi nel genere cantautorale ma considerati un po' spuri, perché, a differenza dei cantautori cantautori, quelli che sono proliferati negli anni Settanta e che hanno raccontato quel periodo così difficile in musica, sempre e solo propensi a raccontarci i sentimenti invece che la Storia (o la storia, fate voi).

Farà eccezione Battiato con Sgalambro, ma vuoi mai arrivare a mettere in dubbio che Franco Battiato sia un cantautore?

Osiamo di più?

Il cantautore dei cantautori dei cantautori, Fabrizio De Andrè, è uno che ha spesso, se non sempre, collaborato con cantautori più giovani e linfaticamente freschi, da De Gregori a Bubola, via via, fino a Pagani e Fossati, ma era De Andrè, uno capace di mettere il proprio timbro su tutto, perfetto e impeccabile ricettacolo di poesia. Idem Gaber, che ha avuto sempre in Sandro Luporini la propria sponda nel mondo delle parole. Un rapporto talmente simbiotico da mettere fuor di dubbio il fatto che Gaber fosse a tutti gli effetti un cantatuore. Semplicemente era un cantautore che scriveva in coppia con un paroliere. Punto.

Nei fatti per anni sono stati loro, i cantautori, a dominare la scena italiana. I soli a trovare asilo nel mercato e fuori dalle logiche piuttosto asfittiche e statiche dei vari *Festival di Sanremo* e *Festivalbar*. Sono stati loro, questo pensavamo, a ridefinire il concetto di musica popolare, di musica leggera destinata a rimanere. Cioè, mica qualcuno avrà mai pensato seriamente che nel nuovo millennio ci saremmo ricordati dei Via Verdi o del Riccardo Fogli di *Storie di tutti i giorni*?

C'erano praticamente solo i cantautori.

Poi è successo qualcosa.

Il mondo della discografia è imploso. Di colpo, senza lasciare quasi traccia di sé. Come in *Leftlovers*, la serie tv, uno si sveglia la mattina e manca una porzione di popolazione mondiale. Lo stesso, ci siamo addormentati che esisteva la discografia, e al risveglio era tutto un download, uno streaming, un ritorno imperante del vinile con cifre che un tempo non avrebbero preso in considerazione neanche per i regali di Natale alle segretarie e ai receptionist. Non bastasse, qualche genio ha pensato che la soluzione a questa carneficina fosse dentro la televisione. Non è mica un caso che il primo modo per fare cassa, quando arrivarono i fallimentari cd, fosse stato quello di aggiungere un piccolo sovrapprezzo per la pubblicità televisiva. Solo che stavolta, capito che i cd erano proprio morti, si è pensato di puntare tutto sui talent, e già sapete come è andata a finire. Nei fatti quello che era un mondo popolato di cantautori si è trasformato in un mondo di interpreti. Essendo i talent, in poche parole, una sorta di karaoke senza Fiorello e con coreografie più belle, dove tutti, compresi i suddetti cantautori, si trovano a dover cantare cover, il mercato, chiamiamolo ancora così ché si sta avvicinando il Natale, ha deciso che gli interpreti erano tornati di moda, come negli anni Sessanta, dando libero sfogo a chi pensava di avere una voce interessante. Questo fatto ha da una parte rivitalizzato il mondo degli autori, a lungo tenuti in disparte e senza lavoro, dall'altro messo in una situazione di criticità i cantautori. Non fosse che qualche editore musicale ha ben pensato di congiungere i puntini (ha fatto più danni Steve Jobs con quel discorso che la pellagra), finendo per assoldare tutti i cantautori a disposizione per far scrivere canzoni per altri. Si pensi a Diego Mancino, a Ermal Meta, più recentemente a gente come Tommaso Paradiso, Calcutta, Niccolò Contessa de I Cani, ci si pensi senza lasciarsi andare a giudizi di merito, solo come constatazione amichevole dei fatti.

Fin qui, come direbbe la voce narrante de *L'odio* di Matthieu Kassovitz, tutto bene. Si fa per dire. Perché nel mentre, trovato quello che poteva sembrare un momentaneo riparo contro le avversità atmosferiche, coloro che in teoria dovrebbero trovare le vere soluzioni, hanno ben pensato di addobbare il tunnel in cui hanno ficcato. Preso atto che dal mondo dei talent, in effetti, non stava uscendo niente di interessante, ma che solo per il fatto di aver lasciato intendere che fosse la sola via percorribile possibile praticamente tutti si stavano adeguando a quel formato, hanno ben pensato di trasformare in maniera coatta in cantautori i pochi interpreti con un minimo di successo che erano sopravvissuti. Come? Nella solita vecchia maniera, Eros Ramazzotti docet. Prendi qualche autore di prestigio e di mestiere, mettilo a scrivere per Tizio o Caio, lascia che Tizio o Caio scriva anche solo una parola, o lascia comunque che firmi il brano, e il gioco è fatto, devono essersi detti. Così di colpo sono tutti diventati cantautori o cantautrici. Emma è una cantautrice, per dire. Marco Mengoni è un cantautore. Poco importa, per fare un nome, che ci siano brani che portano palesemente l'imprinting di autori come il già citato Ermal Meta (uno che cantautore lo sarebbe davvero) o Fortunato Zampaglione, SIAE canta. Questa imbarazzante moda deve aver colto quelli che si stavano muovendo già da tempo, che di colpo si sono cantautorializzati. Qualche nome? Non servirebbe, ma anche se sembra l'argomento per una nuova serie tv fantascientifica proprio alla *Leftlovers*, anche Laura Pausini tecnicamente è una cantautrice, pensa che storia. Non bastasse, i cantautori, quelli per intendersi che hanno cominciato la loro carriera scrivendosi le canzoni da soli, come in effetti i cantautori, per loro natura dovrebbero fare, sono passati alla fase karaoke, andando a bussare alle porte di quegli stessi autori che nel mentre si erano imposti scrivendo per i ragazzi dei talent. Anche qui, citare un Tiziano Ferro, un Luca Carboni, un Marco Masini, un Francesco Renga solo per fare qualche nome, potrebbe risultare superfluo.

Un vero casino, in pratica. Perché ci sono in giro tantissimi cantautori, ma nei fatti di cantautori tout-court non se ne vedono più. Non basta, perché quando piove, in genere, c'è sempre pure l'ombrello che si rompe, lo stronzo che passa a alta velocità beccando la pozzanghera a dieci centimetri da noi e magari il tizio che approfittando della confusione fa la mano morta. Siccome i finti cantautori usciti dai talent e i veri cantautori talentizzati ricorrono spesso alle stesse firme, con un gruppetto di firme che si trova a scrivere per chiunque, seguendo mode che durano in genere giusto qualche anno (proviamo a fare una veloce lista? Eccola, prima Camba-Coro, poi Roberto Casalino, poi Dario Faini, poi Ermal Meta, poi Federica Abbate, coi vari Paradiso, Contessa e affini a fare il coro), la musica che gira intorno, tanto per citare un cantautore che era anche un grandissimo autore per altri, suona sempre uguale a se stessa.

Come finisce questa storia?

Non finisce. Forse perché è già finita, chissà. Auspicabile sarebbe che ognuno tornasse a fare il suo mestiere, gli interpreti a cantare i brani che gli autori scrivono per loro e i cantautori a scrivere canzoni per se stessi, deviando a volte sulle carriera altrui, ma prendendo bene la mira.

Per ora ci viene solo da dire che la musica è finita e gli amici se ne vanno. Cantautori stocazzo.

CANTAUTORINI INDIE, POST E CRONACA
ELEVATI A FINTA ARTE

Max Pezzali, cantante al momento impegnato come coach a *The Voice of Italy*, è tornato nei negozi col repackeging del suo ultimo album, *Astronave Max New Mission*, il nuovo nome. Una mossa astuta, ideata da vecchie volpi come Claudio Cecchetto e Pierpa Peroni. Sei esposto in tv tutte le settimane per tre mesi?, si sono detti, sfruttiamo la cosa. Nel farlo hanno deciso di arricchire il tutto con due inediti e con un cd dei suoi grandi successi in versione live. Insomma, chi ci si avvicinasse avrebbe pane per i suoi denti. Il singolo si chiama *Due anime*, e porta la firma di Max e di Niccolò Contessa. Se questo nome non vi dice nulla non è colpa vostra, anzi, potrebbe essere un vostro merito. Si tratta del titolare del progetto I Cani, negli ultimi tempi diventato particolarmente popolare presso il pubblico della cosiddetta scena indie. Una sorta di quadratura del cerchio, questa collaborazione, perché vede uno degli idoli di questa scena, Max, identificato come una sorta di aedo dei tempi post-moderni, al fianco di una delle voci più riconoscibili e seguite tra i nuovi. Il mainstream guarda all'indie, che al mainstream ha sempre guardato. Un circolo virtuoso, in poche parole. *Due anime* è una bella canzone pop. Questo ci porge il destro per affrontare la questione dei nuovi cantautori e della loro incredibile credibilità presso pubblico e addetti ai lavori.

Chi una ventina di giorni avesse assistito al *Concertone del Primo Maggio*, uno spettacolo agghiacciante nella sua quasi totalità, avrebbe notato inspiegabili paradossi nella scaletta. Da una parte Perturbazione con Andrea Mirò, Nada e Marlene Kuntz nel pomeriggio, dall'altra Thegiornalisti in prima serata.

Thegiornalisti in prima serata? Ma stiamo scherzando?

Un tempo c'era una scena underground che se l'era sudata tutta. Non c'erano i social, gli studi di registrazione costavano quel che costavano, ma loro erano lì, a farsi un mazzo tanto, a lavorare di chitarre e di voce, a scrivere canzoni, inciderle e soprattutto suonare in giro, costruirsi un pubblico, nutrire una scena. Pensate anche solo a una ventina di anni fa. C'erano nomi come Ritmo Tribale, Afterhours, Subsonica, Marlene Kuntz, La Crus, Cristina Donà. E c'erano poi i giganti come i CSI, primi ad aprire un varco nelle classifiche, e a finire in vetta. C'era una scena, o così almeno ci piaceva immaginare, e piaceva pensare a uno come Manuel Agnelli, che per anni e anni ha provato a tenerla insieme a portarla in giro, quella scena. Poi ognuno si è perso per la propria strada. Ci siamo tutti distratti e di colpo ci siamo ritrovati coi Marlene Kuntz che suonano col sole ancora alto in cielo e i Thegionalisti di Tommaso Paradiso che arrivano in prima serata tv. Intendiamoci, Paradiso, come i suoi colleghi, avrebbe pure un qualche talento. Per dire, *Luca lo stesso* di Carboni, seppur con altro testo, è anche farina del suo sacco. Solo che lui e i suoi pari, penso al già citato Niccolò Contessa de I Cani (non ho mai capito se I Cani sia da usare come alter ego o se va trattato come il nome di una band), Lo Stato Sociale, Le Luci della Centrale Elettrica, su su fino ai Baustelle, per fare un nome ormai trattato come fossimo al cospetto di una divinità di quelle incazzose, che le guardi male e ti mette incinta la donna, ti depreda casa e ti sottopone a torture inenarrabili, vuoi per assenza d'altro, vuoi per il dilagare dei talent, che ha riportato in auge gli interpreti impoverendo il parco cantautori, vuoi per quella serie di congiunture astrali che fa piovere costantemente sul bagnato, hanno attecchito sul nostro corpo ormai privo di difese immunitarie e si sono accomodati, come il peggiore dei virus.

Sono loro i cantori dell'oggi, affermatisi grazie a uno sguardo disincantato, quasi cinico, sulla realtà, fatta di testi che sembrano pagine di cronaca, ma ancor più post di Facebook (del resto, oggi, dove si fa mai cronaca se non sui social?). Dicono cose ficcanti, sagaci, anche usando le parole giuste, ma nel farlo si accompagnano a musichette che fanno rimpiangere quelle altrettanto sciatte e scopiazzate, vuoi dagli americani o vuoi dai francesi, dei vecchi cantautori.

La domanda da farsi, però, è altra. Siamo così sicuri che una poetica fatta di nulla, seppur riproposto con uno stile accattivante, da acchiappa click, sia qualcosa da esaltare? Perché, qui il dramma tocca il suo apice nel dramma, gente come Thegiornalisti o I Cani hanno un certo seguito anche nei nuovi intellettuali, tipo Christian Raimo, scrittore che non a caso guarda all'utilizzo che dei post di Facebook si può fare in narrativa con un certo interesse. Essere stonati, non saper suonare particolarmente bene, non essere in grado di pensare a una melodia non dico originale, ma non sputtanatissima, per non parlare di armonie e arrangiamenti, potrebbe essere parte di una cifra artistica nel momento in cui derivasse da un'urgenza, da una impossibilità a trovare una forma espressiva più compiuta, quando diventa compiacimento, come per certi giovani figli di papà che non si laureano e non lavorano, perché tanto laurearsi non serve e il lavoro non c'è, e se ne stanno in casa, in pigiama, la barba incolta, esempio talmente banale e sciatto da esser giustificato solo dalla volontà di chi scrive di fare il verso proprio a coloro di cui sta scrivendo, ecco, quando diventa compiacimento allora infastidisce, urtica.

Ci siamo talmente abituati a vedere film fatti alla cazzo, in cui ci sono tre fratelli interpretati da attori di tre città diverse, che parlano tre accenti diversi che ormai prendiamo per buono tutto, anche quello che andrebbe rispedito al mittente senza colpo ferire.

Hai delle buone intuizioni ma non sei in grado di realizzarle come si deve? Allora le tue canzoni te le ascolti da solo, in cameretta, in pigiama.

La poetica si chiama poetica per una ragione precisa, non la si può affrontare a cuor leggero, altrimenti i risultati saranno poco gradevoli all'ascolto.

Basta testi di canzoni costruiti su piccole boutade buone per un tweet.

Basta brutte canzoncine suonate male.

Imparate a fare qualche accordo in più dei due, tre che conoscete, studiate un po' di armonia, di composizione.

Se non siete capaci di suonare, avvaletevi di qualche turnista, li trovate anche a poco. È vero che spesso cominciate autoproducendovi, ma una canzone suonata male resta una canzone suonata male, pubblicare una foto che mostra il tinello in cui l'avete incisa non rende quei suoni meno brutti.

Proprio *Due anime* scritta da Contessa con Pezzali dimostra come, affidata a qualcuno che sa come fare il proprio mestiere, una canzone può suonare bene. La senti e ne apprezzi anche le sfumature. Suona.

Quanto ai testi. Leggetevi qualche libro. Disattivate il vostro profilo Facebook (tanto vi seguono in centomila, ma di copie di album continuate a venderne meno di mille). Non fidatevi degli intellettuali che vi esaltano, lo fanno per vezzo, come un Marco Giusti che rivaluta Nino D'Angelo o Alvaro Vitali.

Ecco, cari cantautori, siete gli Alvaro Vitali della nuova generazione, mentre mettete in scena questo mondo piccino piccino fatto di niente, pensateci. Le nuove generazioni hanno già davanti un futuro di merda, non metteteci pure voi del vostro, regalando loro una colonna sonora mimeticamente adeguata.

CARLO CONTI A RADIO RAI

Con le bufale funziona così. Siccome ormai da tempo le notizie non vengono più comunicate dalle agenzie apposite, come l'Ansa, ma arrivano direttamente a tutti, giornali compresi, attraverso i social, uno legge una notizia, che so, è morto Pinco Pallino, lascia che la cosa decanti qualche minuto, e poi va a controllare sulle prime pagine online dei giornali per vedere se è vero o se si trattava di una bufala. A volte, specie negli anni passati, le bufale finivano anche in prima pagina sui quotidiani online, perché verificare, evidentemente, era troppo impegnativo e dispendioso. Alla decima bufala pubblicata, probabilmente, si è capito che star lì poi a inventarsi una supercazzola per giustificare l'epic fail era più dispendioso che verificare le notizie o, semplicemente, aspettare quel tot di minuti per far sì che qualcuno altro verificasse al posto proprio, per cui in genere le bufale nascono e muoiono sui social, certo non senza aver mietuto un numero piuttosto cospicuo di vittime più o meno inconsapevoli.

Giovedì scorso era attesa la nomina del nuovo Direttore Artistico di Radio Rai. Campo Dall'Orto, dopo aver bivaccato nei mesi senza praticamente far nulla di rilevante se non piazzare suoi ex collaboratori in questa o quella poltrona aveva annunciato l'annuncio, da vero uomo digitale quale è, quindi era partito tutto un tam tam di "si dice" e "vedrai che" tra addetti ai lavori che ha ovviamente trovato tutti, compattamente, delusi. Non tanto per la nuova nomina, quanto per la totale assenza di Maghi Othelma in grado di azzeccare il nome. Nome che è quello di Carlo Conti. Sì, quel Carlo Conti lì, che è già direttore artistico del *Festival della Canzone Italiana di Sanremo*, nonché suo conduttore, nonché conduttore de *L'eredità*, show serale di Rai 1, nonché conduttore di *Tale e Quale Show*, nonché conduttore de *I migliori anni della nostra vita*, tutti in prima serata, su Rai 1, nonché conduttore degli *Wind Music Awards*, segnatevi questa cosa, sempre su Rai 1, nonché in passato conduttore di un fottio di altri programmi.

Quando il nome è circolato, inizialmente spoilerato dal sito de «Il Foglio», ho pensato a una bufala. Quindi non ho commentato la cosa. Poi sono passati i minuti, e la notizia ha cominciato a fare la comparsa anche altrove. Poi sono arrivati i comunicati stampa ufficiali della Rai. Poi sono passate le ore. Poi sono passati i giorni. È anche passato un weekend, e niente, la smentita non è arrivata. Non è arrivato il tipo che, con largo uso di punti esclamativi ci ha avvisato che era una bufala, che ci eravamo cascati come allocchi, che in realtà il direttore artistico di Radio Rai era qualcun altro, magari uno credibile in quel ruolo. No, il direttore artistico di Radio Rai è proprio Carlo Conti, su nomina di Campo Dall'Orto. Quindi è il caso di affrontare seriamente la cosa. Seriamente. Affrontare seriamente la nomina a direttore artistico delle tre reti radiofoniche della Rai di Carlo Conti direi che non si può affrontare seriamente, a meno che uno non voglia poi finire a parlare con altrettanta serietà di elfi, draghi e altri personaggi frutto della fantasia di qualche scrittore.

Pensiamoci se non con serietà quantomeno con calma. La Rai ha tre canali importanti, volendo potrebbe serenamente mandare a casa tutta la concorrenza dei network privati, sia per capacità di copertura, sia per potenza di fuoco. I tre canali, per altro, sono anche ben differenziati tra loro, con il primo che è quello più istituzionale, il secondo quello più pop-rock e il terzo quello più culturalmente elevato, esattamente con la stessa suddivisione che un tempo caratterizzava i tre canali televisivi (quando di canali televisivi Rai ce n'erano solo tre). Quindi c'è questo enorme potenziale, lì a doversela vedere coi vari network privati, da Rtl 102.5 a Radio Deejay, passando per 105, per Rds, per Radio Italia e tutte le altre grandi radio private. E cosa decide di fare il capo supremo della nuova Rai renziana, affida il tutto, artisticamente, a un uomo d'azienda che si è contraddistinto, nel corso di una pluridecennale carriera, certamente per fedeltà all'azienda e per indubitabili capacità professionali, ma per una "poetica" decisamente nazionalpopolare, per un gusto pop leggero, tendente verso il basso, per un appeal innato verso un pubblico di sessantenni, cioè esattamente per tutto quello che una radio che volesse provare a fare la guerra a Rtl 102.5 e affini dovrebbe rifuggire come la morte. Anche perché, non bastasse questo paradosso degno di un romanzo del miglior Philip K. Dick, la nomina di Carlo Conti apre tutta una serie di ulteriori buchi neri che potrebbero risucchiare il servizio pubblico, senza lasciare neanche macerie. Per dire, proprio parlando degli *Wind Music Awards* avevamo tirato in ballo, tra il serio e il faceto, la faccenda di come il servizio pubblico avesse in qualche modo finito per diventare cassa di risonanza per le iniziative di una società privata, la Friends and Partners di Ferdinando Salzano, che di quell'evento era organizzatrice e che aveva visto sul palco dell'Arena di Verona tutti i suoi artisti al gran completo, spesso per ricevere premi che rasentavano il ridicolo e che, chiaramente, erano una scusa per farceli salire. E avevamo anche sottolineato come lo stesso conduttore del programma in questione Carlo Conti, fosse coinvolto con Friends and Partners, visto che era Salzano il promoter del tour che il conduttore fiorentino sta per portare in giro per l'Italia con Panariello e Pieraccioni. Andiamo oltre. Già in passato Panariello, a sua volta artista di Friends and Partners, aveva avuto a disposizione un programma Rai dove aveva invitato una bella fetta di artisti della sua scuderia, da Biagio Antonacci a Alessandra Amoroso, passando per Il Volo, per Emma, per i soliti Pieraccioni e Carlo Conti. Ospite

34

inattesa Maria De Filippi. Poi c'è *Sanremo*, diretto da Carlo Conti e da lui condotto. Superospiti italiani Laura Pausini, Elisa, Renato Zero, i Pooh, Eros Ramazzotti. Tranne quest'ultimo gli artisti in questione sono tutti di Friends and Partners. Degli *Wind Music Awards* abbiamo detto. La Rai appare una sorta di succursale della Friends and Partners. Agevolata, sostiene Pereira, dal fatto che il braccio destro di Ferdinando Salzano sia Veronica Corno, un passato fugace alla corte di Riccardo Vitanza, figlia di Chiara Galvagni, a sua volta moglie di Giampiero Raveggi, l'una vice direttrice dell'area Risorse Artistiche Rai, l'altro ex Capo-struttura Rai oggi in pensione. Succede, quindi, che mamma Chiara tratti i compensi degli artisti di Friends and Partners, che in Rai come si è intuito sono di casa con la figlia Veronica, o col suo capo Ferdinando Salzano. Il tutto alla luce del sole, come appunto l'ultimo *Sanremo* o gli *Wind Music Awards* dimostrano. La domanda che chi si occupa di inchieste e non, come chi scrive, di musica e sciocchezze, dovrebbe porsi è: cosa succederà ora che a fare da direttore artistico delle tre reti radiofoniche Rai sarà Carlo Conti, artista dell'agenzia Friends and Partners e testimonial Wind (ricordiamo che gli *Awards* sono il frutto della collaborazione tra la compagnia telefonica e la Friends and Partners)?

E se chi si occupa di inchieste volesse mettere un po' più di carne al fuoco, magari, una mezza imbeccata gliela potremmo anche dare noi, ma così, tanto per farci quattro risate tra amici.

Amici, appunto.

Parliamone.

Tutti ricorderete come la presenza di Carlo Conti, proprio in concomitanza alla finale di *Ballando con le stelle*, alla puntata serale di *Amici* di Maria De Filippi avesse destate non poche perplessità. Si era parlato di una grande amicizia tra i due conduttori, ma l'infelicità della scelta di Conti di andare a dar manforte alla De Filippi proprio durante la finale del programma della Carlucci non era passato inosservato. Anche perché, diciamolo, una certa contiguità tra Maria e il suo mondo e il mondo di Carlo Conti lo si era già notato.

Facciamo un passo indietro. Volendo anche due.

Mettiamo momentaneamente da parte Maria De Filippi. Ma lasciamola lì, in penombra.

Chiunque sia capitato a Sanremo durante i giorni del *Festival* avrà notato come la radio che ha la posizione più vicina all'Ariston, anzi che si trova direttamente dentro il palazzo dell'Ariston non è di casa Rai, ma è Rtl 102.5. Rtl 102.5 che l'anno scorso è addirittura stata la radio ufficiale del *Festival*, in forza di una compatta partecipazione di suoi artisti nel cast della kermesse canora, che si tratti di edizioni o di discografia. Quando Carlo Conti nel 2015 è approdato alla conduzione e direzione artistica del *Festival* ha subito detto che il suo sarebbe stato un festival radiofonico, e in molti hanno visto nella figura di Lorenzo Suraci, patron di Rtl e anche dell'etichetta Baraonda, una sorta di consigliere spirituale di Conti. Non a caso nel 2015 furono della partita Anna Tatangelo, con brano firmato da Kekko dei Modà, di casa Suraci, Bianca Atzei, di casa Suraci, Alex Britti, di casa Suraci, Gianluca Grignani, editorialmente vicino a Suraci, Dear Jack, di casa Suraci, Annalisa, con un brano di Kekko dei Modà, di casa Suraci. Un po' meno consistente la presenza suraciana nell'edizione 2016, erano infatti ascrivibili al magico mondo di Rtl 102.5 Dear Jack, sempre loro (non più Alessio Bernabei, che lasciata la band è diventato talmente inviso a Suraci da aver, vuole la leggenda, indotto il patron a fare la voce grossa con Fedez, diventato incautamente suo manager, della serie "o lui o i tuoi brani in radio", con conseguente fulminante abbandono del management), Irene Fornaciari, con un brano di Diego Calvetti, braccio destro di Suraci, Annalisa, idem come sopra. Sempre abbastanza, a ben vederla, anche perché nel mentre Rtl 102.5 è stata la radio ufficiale di Expo ed è anche la radio in cui il premier Renzi va a rilasciare le sue dichiarazioni ufficiali, nonostante il governo abbia una sua ideale sponda in Rai. Del resto, a volerla dire tutta, anche la FIMI va a Rtl 102.5 a dare in anteprima la classifica delle vendite, perché non dovrebbe farlo Renzi?

Comunque, Suraci è stato in qualche modo un punto di riferimento ideale di Conti nel preparare il cast di *Sanremo*, ed è sicuramente coinvolto nel programma campione di incassi *Amici* di Maria De Filippi. Qui c'è poco da leggere tra le righe. Baraonda, la casa discografica di Suraci, è quella che si è presa, tra gli altri, The Kolors, dopo che si era già presi i Dear Jack, e quest'anno si è presa Chiara Grispo, non a caso unica del cast di *Amici* 2016 a partecipare ai *Wind Music Award*. Ah, sì, perché dimenticavo, Friends and Partners non è solo l'agenzia che segue Emma, Elisa, Alessandra Amoroso, The Kolors, Dear Jack, ma ha come media partner fisso Rtl 102.5 per tutti gli eventi che organizza, come del resto lo stesso *Wind Music Awards* sta a dimostrare.

Quindi, ricapitoliamo, sempre per farci quattro risate, da una parte c'è un promoter che gestisce artisti in maniera unilaterale con la Rai, per quel che riguarda la televisione, ma che del resto è strettamente legato a *Amici* e che, in tutti i casi, gestisce rapporti di partenership con Rtl 102.5, dall'altra c'è un network radiofonico che ha un rapporto privilegiato con *Amici*, quindi il programma principe di Canale 5, specie con la società che lo gestisce, la Fascino Srl in capo a RTI e alla De Filippi, ma che al tempo stesso ha un rapporto molto stretto anche con tutti gli eventi organizzati proprio da Friends and Partners. Quindi c'è un sottile filo che lega la rete ammiraglia della Rai, *Amici*, Friends and Partners e Rtl 102.5.

Su Rtl 102.5 andrebbe aperto un capitolo a parte, e lo faremo la prossima volta. Perché col fatto di essere diventata prima editore di molti cantanti italiani, poi direttamente discografica di artisti italiani, dai già citati Modà ai The Kolors e Dear Jack e tanti altri, in pratica riesce a gestire l'intera filiera, finendo per passare prevalentemente suoi artisti, e in qualche modo determinando il mercato non passando la concorrenza (si veda, appunto, la vicenda Dear Jack vs Alessio Bernabei). Finendo così per guadagnare su tutti i fronti, visto che da cinque anni la SIAE riconosce anche i passaggi sulle radio private. Ma, ripeto, di questo si parlerà in seguito.

Perché adesso torniamo a Carlo Conti neo direttore artistico delle radio Rai.

Solo un piccolo passo indietro, l'ultimo. È di poco tempo fa la notizia che Mediaset si è buttata pesantemente sul mondo della radiofonia. Radio 101 e Radio 105 sono diventate di proprietà del Biscione, con buona pace proprio di Suraci che se le voleva prendere (per ripicca a suo tempo si era preso Radio Zeta e Latte e Miele, dando vita a Radio Zeta L'Italiana, vera e propria dichiarazione di guerra a Radio Italia, il cui patron, Mario Volanti, aveva curato proprio il rilancio di Radio 101 per Mediaset). Questo, però, dicono i rumors, sta causando problemi a Maria, che non potrebbe più usare una radio extra-Mediaset come partner principale. Quindi, fuori Rtl 102.2, dentro Radio 101 o Radio 105.

Arriviamo a Carlo Conti. Lorenzo Suraci sta cercando un nuovo partner, non radiofonico, ovviamente, ma per le sue attività editoriali e discografiche. Lo stesso succede al suo media partner, Ferdinando Salzano, che avendo un enorme parco artisti da gestire, è sempre alla ricerca di nuovi sbocchi dove farli pascolare. Campo Dall'Orto deve trovare un nome per dare la propria impronta da direttore artistico alle tre radio. Chi meglio di colui che in qualche modo è legato a tutte queste entità? Amico di Maria De Filippi, lo dicono i diretti interessati. Gestito da Friends and Partners. Amico anche di Lorenzo Suraci. Così, di colpo, a indicare la direzione artistica della Rai si trova una persona molto legata all'azienda, ma anche molto vicina alla cosiddetta "triade" (De Filippi-Suraci-Salzano). Invece di perdere terreno di colpo il campo di gioco diventa immenso. Non solo Rai 1, Canale 5 e Rtl 102.5, ma anche le tre reti radio Rai. Vuoi vedere che è davvero la volta buona che Bianca Atzei diventa una star assoluta, vince *Sanremo* e inizia anche a vendere qualche disco?

CARLO CONTI E MARIA DE FILIPPI, COPPIA DI FATTO A SANREMO 2017

Era già tutto previsto. Se ne parlava proprio in queste pagine mesi fa, che questo cambiamento fosse nell'aria era sotto gli occhi di tutti, bastava semplicemente soffermarsi a guardare sotto i glitter e quella mano passata male di patina.

Tra Carlo Conti e Maria De Filippi è ormai amore dichiarato.

Amore professionale, chiaro, ma pur sempre amore.

Quella che fino a poche ore fa, pochi giorni fa era una coppia di fatto, già convivente e anche con figli, oggi è una coppia legittimamente sposata. E via lancio di riso e coriandoli.

I primi segnali si erano visti tempo fa, come quando, proprio nel giorno della finale di *Ballando con le stelle*, programma di punta della rete ammiraglia della Rai e di Rai1 nello specifico, lui, il lider maximo della rete pubblica, aveva fatto il gesto poco rituale di andare ospite della prima puntata serale di *Amici*, anzi, di andare come giudice aggiunto della prima puntata serale di *Amici*, traditore sfacciato, ma simpaticamente sfacciato, alla Carlo Conti.

E poi le tante dichiarazioni di reciproca stima, il parlare di amicizia in un ambiente, quello dello spettacolo, dove fai un attimo in tempo a girarti che ti ritrovi la schiena piena di coltelli infilati, manco fossi una versione umana del gioco del Pirata, quello che quando eravamo piccoli se ne stava dentro una botte, pronto a saltare quando mai avessimo infilato la spada nella fessura sbagliata, gli ammiccamenti a distanza.

Poi c'erano stati segnali un po' meno evidenti, forse, ma decisamente più concreti. Carlo Conti era entrato nel roster di Friends and Partners, la società di Ferdinando Salzano, da sempre molto vicino a Maria De Filippi. Non a caso gli ospiti dell'ultima edizione del *Festival di Sanremo* erano quasi tutti roba sua. Non a caso anche tutti quelli che escono da *Amici*, concorrenti e giudici, sono roba sua. Carlo Conti c'era entrato per lo spettacolo che sta ancora portando in giro, con Panariello e Pieraccioni, e del resto la vicinanza con Salzano era antica, entrambi impegnati nell'organizzazione degli *Wind Awards* (Conti all'epoca era anche testimonial della Wind, salvo poi lasciare il testimone proprio a Panariello).

Poi a inizio dicembre arrivano i nomi dei concorrenti in gara al *Festival*, e la vicinanza tra Maria e Carlo appare sempre più evidente. Nei Big ci sono il primo e la seconda classificata all'ultima edizione di *Amici*, Sergio Sylvestre e Elodie. Non basta. Un altro finalista del talent, Lele, è in gara tra i giovani. Ma Maria De Filippi può anche contare nel cast altri nomi a lei cari, da quello della sua amica e frequente ospite dei suoi programmi Fiorella Mannoia, candidata alla vittoria del *Festival* e, dicono voci di corridoio, nel prossimo cast del talent di Canale 5, o al posto della Oxa, tra i giudici, o al posto di Emma, tra i coach, a quello di Fabrizio Moro, professore di *Amici*, fino a Alessio Bernabei, ex leader dei Dear Jack, arrivati secondi a *Amici* un paio di anni fa.

Un bel gruppetto.

Insomma, tanti segnali forti.

Fortissimi.

E oggi arriva il colpo di scena. Colpo di scena anticipato dai rumors, Maria De Filippi, dopo anni dietro le quinte, decide di fare il grande passo e di salire direttamente sul palco dell'Ariston, andando a ricoprire anche il ruolo di presentatrice.

Una sorta di Armageddon, la coppia Carlo Conti-Maria De Filippi. Tutta la televisione generalista lì, in quei due nomi.

Una macchina da guerra senza precedenti.

Per chi non guarda al *Festival* con occhio benevolo, il peggio tutto nello stesso luogo.

Poi, parliamone, che alcuni dei concorrenti in gara siano direttamente riconducibili alla De Filippi, come detto, lascia un pochino spiazzati, perché mette in mostra il fianco di una macchina da guerra altrimenti inattaccabile. Così come mostra il fianco il fatto che la tanto ventilata vittoria annunciata della Mannoia, a questo punto, si fa sempre più concreta, nome assai caro a entrambi i presentatori, anche se Maria, in conferenza stampa, ci ha tenuto molto a farci sapere che lei è lì per condurre, non ha deciso nulla, non ha sentito nulla, non gliene frega nulla di nulla. Figurati.

Carlo Conti e Maria De Filippi.

Pensateci.

Due big della televisione, anzi, i due big della televisione.

Come dire, ci sarà sicuramente da divertirsi. In tutti i sensi.

Unici che se ne avvantaggeranno concretamente, su questo non ci sono dubbi, quelli che, come chi scrive queste righe, sono soliti piazzarsi nelle ultime file della Sala Stampa dell'Ariston. Con tutti i colleghi lì inchinati di fronte a tanta potenza non ci sarà bisogno di allungare il collo per seguire il *Festival*. Non è il massimo, ma meglio di niente...

CARLO CONTI MALVAGIO

Carlo Conti fa sul serio.

Quando qualche settimana fa è uscita la notizia che al presentatore fiorentino era stato dato l'incarico di direttore artistico delle quattro radio di casa Rai, Radio 1, Radio 2, Radio 3 e Isoradio, in molti avevano storto il naso, non vedendo il Conti la statura professionale per un simile incarico, ma molti avevano legittimamente pensato che si trattasse di un semplice incarico di facciata, un premio dato alla carriera di chi, per anni, aveva portato l'acqua al Mulino di Mamma Rai. Del resto, per ragionare come l'uomo della strada, quello per cui, si suppone, Carlo Conti è un mito assoluto, chi è stato il direttore artistico delle radio Rai prima di lui?

Invece Carlo Conti fa proprio sul serio.

Neanche il tempo di insediarsi che già ha chiarito la poetica della sua direzione artistica e ha iniziato a mettere pesantemente mano ai palinsesti.

Messo ben in chiaro che Radio 1 rimane la radio dei TGR, e Radio 3 quella della cultura, il lavoro di Conti si è concentrato su Radio 2 e su Isoradio. Come? Dando spazio a tanta, tantissima musica, e togliendo la parola a chi parlava, cioè lasciando sostanzialmente che a svolgere questo compito in radio sia principalmente il network radiofonico più forte in questo, Rtl 102,5, la radio della very normal people. Ma questo non basta, nel decidere che la musica tornerà sovrana su Radio 2 e Isoradio, Carlo Conti da una parte taglia programmi prestigiosi come *Babylon* di Carlo Pastore, che proprio in questo fine settimana è uscito di scena, *Mu* di Matteo Bordone, e *Sei Uno Zero* di Lillo e Greg e Alex Braga, relega *Caterpillar*, vero cavallo di razza, alle 20, cioè quando la gente in genere non ascolta la radio, toglie i live a Luca Barbarossa dal suo *Radio 2 Social Club*, un programma che sul live è principalmente basato, non si sa che farà di *Rock'n'roll Circus* e altri programmi parlati della rete e chissà che altro avrà in serbo. Nel mentre, ma qui siamo nel campo della fantapolitica, roba buona per una puntata di *House of Cards*, di *Homeland*, o magari per una interrogazione parlamentare, fa girare una circolare in cui, appunto, vengono segnalate le canzoni "amiche" da passare, e quelle "nemiche" da non passare. Tutti contenti, tranne il pubblico, che di colpo si trova in Rai quel che già c'era altrove e non trova più quel poco di buono che c'era.

Lui, il presentatore Toscano che per decenni ce l'ha menata con il suo essere nato come dj radiofonico, col suo aver mosso i primi passi con Panariello e Pieraccioni, con cui per altro porterà in giro un tour nazionale a fine estate, lui, Carlo Conti, ha preso il suo ruolo di direttore artistico delle radio Rai molto sul serio. E non poteva che essere così. Che Carlo Conti non sia estraneo a certi meccanismi musicali lo si era capito da tempo. Arrivando al *Festival*, infatti, aveva subito dichiarato di voler fare un festival radiofonico, chiamando, in sostanza, Lorenzo Suraci al proprio fianco, anche fisicamente oltre che spiritualmente, a decidere il cast. Lorenzo Suraci patron di Rtl 102,5 e di Radio Zeta L'italiana, ricordiamolo. Nel mentre il suo sodalizio con Friends and Partners di Ferdinando Salzano, produttore di quegli *Wind Awards* da lui condotto su Rai 1 da tempo, e che gli era anche valso un incarico da testimonial della compagnia telefonica, incarico da poco rientrato come avrete notato quando lo storytelling degli spot della Wind ha bruscamente subito uno stop, con Panariello tornato a vestire i panni di Jack Sparrow, come accadeva in realtà mesi fa. Nel mentre, si diceva, il sodalizio con Salzano e la sua Friends and Partners prosegue alla grande, al punto che è lo stesso Salzano a produrre lo spettacolo teatrale con Panariello e Pieraccioni cui si accennava poc'anzi. Dell'amicizia con Maria De Filippi, madrina di *Amici* e fino a oggi partner non solo di Salzano, con lei dietro al *Coca Cola Summer Festival*, ma anche di Suraci, media partner di *Amici* come del *Coca Cola Summer Festival* stesso, si è già detto in passato, quando Conti andò ospite di *Amici* proprio nel giorno in cui Milly Carlucci conduceva l'ultima puntata di *Ballando con le stelle*. Insomma, che Carlo Conti sia vicino a quella che tutti chiamano la Triade, cioè Maria De Filippi, Ferdinando Salzano e Lorenzo Suraci, vere e proprie eminenze grige della musica italiana è noto. Normale, quindi, che proprio nel momento in cui il sodalizio tra Suraci e gli altri due sembra incrinarsi un minimo, causa pesanti investimenti di Mediaset nel mondo delle radio, la Triade abbia cercato nuovi sfoghi per i propri artisti, finendo a bussare proprio in casa di Carlo Conti, neodirettore artistico delle quattro radio Rai. E Carlo Conti che fa? Apre la porta e fa accomodare chi con tanta solerzia ha bussato.

A vedere come si sta muovendo viene da chiedersi: chissà se qualcuno avrà già pensato di creare la pagina Carlo Conti Malvagio. Avete presente, no? Quando il fenomeno facebookiano di Gianni Morandi è esploso in tutto il suo fragore, a suon di "vi abbraccio", "autoscatto" e altre banalità quotidiane, sul social network di Mark Zuckerberg è spuntata la pagina Gianni Morandi Malviagio. Una pagina fake, suppongo, in cui il cantante di Monghidoro diventava crudele e perfido, scorretto e quasi delinquenziale, giusto contraltare a quello anche troppo normale della sua pagina ufficiale. Una pagina, quella del Gianni Morandi Malvagio, che ha subito avuto successo, diventando il negativo dell'altra.

Ecco, guardando alla parabola, non social ma reale, di Carlo Conti ci viene da pensare che un Carlo Conti Malvagio ci starebbe alla perfezione. Pensateci, entrambi sono famosissimi, e sono famosissimi anche per il loro apparire così comune, uomini della porta accanto. Entrambi sono simpatici, affabili, ben educati, mai sopra le righe, mai volgari, nessun doppio senso o caduta di stile. Entrambi sono nazional popolari, e entrambi hanno perennemente il sorriso sulle labbra (in passato Morandi ha anche ironizzato, in una sua canzone, su questo fatto di sorridere sempre). Carlo Conti addirittura fa battute, non divertentissime, va detto, e ne ride compiaciuto, come a voler condividere con gli altri il frutto della battuta stessa. Insomma, un Carlo Conti Malvagio sarebbe il giusto contraltare al Carlo Conti che tutti conosciamo, l'aziendalista ormai assurto a Re Mida della televisione.

Prepariamoci, quindi, a una nuova stagione a base di *Tale e Quale Show*, dove avrà asilo Bianca Atzei, nostra signora degli imbucati e da sempre pallino e tallone di Achille di Lorenzo Suraci, di *Migliori anni della nostra vita*, di un nuovo *Sanremo* da super-record, condotto e diretto da par suo, c'è da scommetterci, e di direzione artistica delle Radio Rai condotta con avvilente accanimento. Non gli rimane che partire per la conquista di altri Universi e avrà davvero fatto tutto quello che potrebbe fare un umano. Mai come in questo caso il motto "una risata vi seppellirà" suona impietosamente realistico. Sì, una sua risata ci sta seppellendo.

CHE FICO, ANCHE LA MUSICA AVRÀ
LA SUA FILIERA A KM ZERO

Un tempo c'erano le specificità. C'erano i discografici, gli editori, i manager, gli impresari, chi si occupava di radio, chi di televisione. Insomma, esistava un ambito, quello musicale, e c'erano una serie di attori specializzati in un segmento di quel mondo.

Poi quel mondo ha iniziato a generare meno economie, e i ruoli si sono cominciati a confondere. Non perché gli attori in scena abbiano cominciato a farsi altre competenze, ma semplicemente perché, sempre con la medesima fame, hanno iniziato a cercare da mangiare nel giardino dei vicini. Così abbiamo visto discografici diventare personaggi televisivi, editori radiofonici diventare prima editori e poi discografici, promoter occuparsi anche di management. Il tutto fino al passato prossimo, in cui la risibilità dei numeri ha portato davvero tutti a rincorrere i jolly, ovviamente senza quasi mai riuscirci.

Ci mancava però, in questo scenario, la figura di quello che prova a fare davvero tutto, andando a coprire tutte le caselle del mosaico, flaggando tutti gli spazi disponibili, insomma, quello che a Natale fa ambo, terno, quaterna, cinquina e anche Tombola.

Ipotizziamo uno scenario del genere, come di chi guarda un cielo e intuisce che di lì a poco potrebbero arrivare delle nuvole a oscurare il sereno, o meglio, di chi guarda una tavola imbandita e pensa che in fondo a breve tutto quello diventerà merda.

Ipotizziamo, dicevo. Da dove arrivano oggi i soldi? Volessimo essere negativi, da dove arrivano oggi i pochi soldi rimasti in circolo?

Dal live, ce lo sentiamo ripetere come un mantra. I soldi arrivano dai live. Assomusica ci ha tenuto a farci sapere che il mercato dei live è in crescita, a differenza, a occhi, degli altri.

Quindi partiamo da lì, partiamo dai live.

Il protagonista di questa storia, di questa ipotesi, è un promoter. Uno dei più importanti. Ha in scuderia un numero piuttosto rilevante di artisti, non tutti esattamente rilevanti. Anzi, molti dei suoi artisti non sono rilevanti, ma il promoter ha messo in piedi una partita di giro per cui riesce, un po' alla volta, a farli crescere, se non nei numeri, quelli no, quantomeno nella visibilità, nella reputazione. Come? Semplice, mentre continua a organizzare tour, spesso giocando sui muscoli, cioè aumentando apparentemente inutilmente il numero di date, per creare una allure di successo intorno a un determinato nome, il promoter entra dentro la televisione, e lo fa collaborando con chi la televisione la fa, e cominciando a farla a sua volta. Quindi joint venture, più o meno ufficiali, con talent e spettacoli, spesso condotti dai suoi artisti, e anche produzioni vere e proprie, magari legate a determinati marchi che il promoter si trova a gestire. Colpo di teatro, per dire, quando riesce nell'impresa titanica di piazzare in uno spot uno o più suoi artisti in veste di testimonial, facendo contenti davvero tutti, marchio, artisti, se stesso. Tutto raddoppiato, per usare uno slogan in voga in questi giorni. Ma a parte questi numeri funambolici particolarmente riusciti, resta che, con tutte le produzioni tv con cui il promoter lavora, per non dire di quelle che attua in prima persona, i suoi artisti hanno tutti una grande visibilità assicurata, si tratti dei nomi grandi o di quelli più piccoli. Non basta, con l'operazione di doping dei concerti cui si faceva cenno prima, cioè col posizionamento nel segmento superiore dei propri artisti, con quelli da locali medi che finiscono nei palasport, quelli da palasport che finiscono a fare tour di oltre venti date, per non dire di quelli che finiscono negli stadi, piazzare gli show live in televisione è gioco facile

facile. Poco conta che poi non se li guardi nessuno, quelli son soldi, sia quelli dell'emittente sia quelli degli sponsor, e aumenta la visibilità, in un circolo vizioso mica da ridere.

Pensa se poi tra i programmi da gestire, usiamo un verbo generico, ci finiscono importanti appuntamenti musicali ufficiali, che so?, il *Festival di Sanremo?*, gli *Awards* della FIMI? Insomma, quelli ufficiali, la faccenda diventa ancora più succosa. Uno potrebbe pensare davvero di essere il numero uno, il boss. Da qui a decidere di chiudere il cerchio, di prendersi tutto il piatto, è un attimo. Il promoter, che già gestisce live e tv, e che ha ottimi rapporti anche con le radio, non a caso organizza un importante festival con uno dei principali network e una prestigiosa serata di gala con un altro, decide di diventare discografico, così si fa direttamente gli album su cui poi costruire i tour.

Tutta la filiera in una sede, che FICO, per dirla con Oscar Farinetti.

Le prime mosse sono caute, esattamente come era successo per la televisione. Comincia producendo dei lavori, ovviamente legati a dei tour. Anzi, produce dei lavori che servono proprio per mettere insieme dei tour. Organizza un mega evento all'Arena di Verona, sua dependance, e poi ci tira fuori un album. Poi produce l'album dell'anniversario di una hit planetaria, legandola a un tour, con immancabile tappa all'Arena, poi produce un altro album, mettendoci dentro tanti bei nomi, come sua consuetudine, e via col tour.

Una domanda, però, deve essergli sorta spontanea. Perché cazzo devo produrre album per delle major, quando potrei tanto bene farmeli per me, senza dover dividere quei quattro spicci con nessuno e soprattutto senza dover contare sulla collaborazione di chicchessia?

Allora per prima cosa assolda un ex discografico di prestigio, uno che fino a poco fa era un potente, poi è caduto un po' in disgrazia, ma senza sputtanarsi. Già che c'è lo piazza dentro un evento nazionale di rilievo, tipo il *Festival di Sanremo*, tanto per rimetterlo in gioco. Poi, slegatosi dalla major di cui era socio, comincia a ragionare su come costruire la cosa, come chiudere il cerchio, appunto. Artisti già ne ha parecchi, di questi gestisce i live, e in molti casi, direttamente o indirettamente, anche il management. Basta solo aspettare che scadano i contratti per prendersi anche la discografia, con buona pace delle major, distratte dalla trap e dallo streaming.

Per dire, metti che si sciolgano i Modà, usiamo un nome di fantasia. Chi mai potrebbe prendersi in carico Kekko dei Modà? Escludendo Baraonda, visto che la fuoriuscita dei suddetti Modà dalla playlist di Rtl 102,5 sembra indicare chiaramente una rottura tra i due? Sicuramente non Radio Italia o Rds, vista la famosa lettera diretta a Montefusco e Volanti che Kekko ha letto presentando *Passione Maledetta*. E proprio per questo motivo difficilmente sarà una major a farsi sotto, in difficoltà poi a lavorarlo. Megli il promoter, che ha quantomeno buoni rapporti con l'unico network rimasto fuori, l'unico che potrebbe passare Kekko Silvestre, si intende. Basta solo trovare un distributore, che nello specifico potrebbe addirittura essere Medusa, distributore dei film di Mediaset, e stabilire che nome dare a questa benedetta etichetta discografica. Etichetta che andrebbe a affiancare all'agenzia organizzatrice di live, ma anche alla casa di produzione televisiva, da poco arricchitasi per la presenza di uno dei nomi più potenti della televisione italiana. Non bastasse, da gennaio il promoter potrebbe comprarsi l'altra agenzia di live fuoriuscita dalla medesima major, andando a diventare davvero una potenza senza pari nel panorama italiano. All'attuale titolare di detta agenzia non resterebbe che lo spin off che gestisce artisti in causa con il promoter protagonista di questa storia, quindi artisti che sicuramente non potrebbero confluire nel nuovo gruppo.

Insomma, qualcosa di grosso bolle in pentola, se vogliamo seguire queste ipotesi.

E visto che usare giri di parole per descrivere attori reali mi è venuto a noia, passo ai nomi veri.

Ferdinando Salzano potrebbe diventare discografico, con Massimo Giuliano a capo della sua etichetta, il tutto dopo aver chiuso con Warner, aver acquisito Vivo Concerti, questo si dice, con Clemente Zard che continuerà a gestire Fedez, in causa con Salzano, e dopo aver assunto Giampiero Solari dentro F&P. Davvero tanta roba. Toccherà solo capire se anche societariamente la nuova etichetta finirà dentro F&P o ne sarà semplice consorella.

Ma questi sono dettagli.

Il dado è tratto.

Anche la musica avrà la sua FICO, tutta la filiera a chilometro zero. Tutta in via dei Sormani 3.

FICO.

Gianni, sono ottimista…

5 NOMI SOPRAVVALUTATI DELLA MUSICA INDIE

Chiunque sia stato giovane negli anni Settanta e Ottanta si ricorderà bene della goffa e panciuta figura di Superciuk. Era il malandato supererore della serie a fumetti *Il Gruppo TNT* di Alan Ford. La sua caratteristica primaria, il nome parla chiaro, era quella di bere come una spugna. La sua missione, decisamente originale: rubare ai poveri per dare ai ricchi. Esattamente l'opposto di Robin Hood e dei suoi soci nella foresta di Sherwood.

Ecco, a poche ore dall'inizio della macchina da guerra *X-Factor*, quando tutti, chi più chi meno, staremo a commentare il talent più raffinato della televisione, presumibilmente sottolineando ancora una volta come la televisione uccida pesantemente la musica, con buona pace di Trevor Horn, vestiamo i panni di Superciuk. Invece che stilare una lista preventiva di buoni motivi per tenersi alla larga dal mondo dei talent, eccoci a indicare cinque buoni, ottimi motivi per tenersi alla larga dalla scena indie. Fare i grossi con i piccoli, rubare ai poveri per dare ai ricchi, Superciuk. Quindi quella che segue è una lista dei cinque nomi più sopravvalutati del panorama indie attuale. Cinque, in omaggio a Nick Hornby e alla sua *Alta fedeltà*.

Il primo, e non potrebbe essere altrimenti, è colui che più di ogni altro incarna la figura del cantautore indie. Uno che, per dirla con Lo Stato Sociale, nome che in questa lista non troverete, "Arriva da solo col chitarrino, chiede tremila euro, vuol dire che è bravo". Parliamo di Dente, al secolo Giuseppe Peveri da Fidenza, classe 1976. Le sue canzoncine lo-fi, fatte in casa, prima per necessità, poi per vezzo, sono sempre accennate, mai compiute, un po' come quando alla gita del liceo si provava a fare il giro iniziale di *Stairway to heaven* degli Zeppelin con la chitarra classica, azzeccando neanche metà delle note, solo che nel suo caso la cosa è voluta. Ci sono trovatine, battutine, rimine, sentimentini, ironietta, accordini. Tutto accennato, nel tinello di casa. Roba da far rivalutare i Supertramp.

Il secondo, e non potrebbe essere altrimenti, è I Cani. È I Cani o sono I Cani, difficile capire se vada raccordato l'articolo al nome o al fatto che I Cani è/sono in realtà un cantautore, Niccolò Contessa. Cantautore, adesso magari ci siamo allargati. I Cani è Niccolò Contessa, quello delle canzoni ficcanti su certi hipsterismi romani, quello che andava in giro col sacchetto di carta in testa, quello che esordisce in rete, scrive canzoni con per titolo il nome di un tipo famoso (ah, no, quello lo fanno tutti) poi passa all'esordio vero e proprio con *Il sorprendente album d'esordio de I Cani*, un po' come esordire con il proprio Greatest Hits, come faceva tipo venticinque anni fa Marco Carena. I Cani, uno che condensa in canzoni con testi che vogliono essere ficcanti, ma che inducono piuttosto l'ascoltatore a prendere la tessera di Forza Nuova o Casapound, appoggiati su musichette anche queste approssimative, fatte con giri di basso suonati maluccio, con tastiere Bontempi. Perché tanto è l'effetto d'insieme che conta. Tanto parli di San Lorenzo o del Lexotan, come non amarti? A noi.

Il terzo, e invece poteva anche essere qualcun altro, a 'sto punto, è una band, su questo non ci sono dubbi, perché di trio si tratta, ed è anche indie. Sono I Ministri, la band milanese capitanata da Federico Dragogna, produttore à la page piuttosto in voga in questo momento. La band propone un power rock sporco, con testi, tutti di Dragogna, piuttosto orientati sul politico. Chi non ricorda il loro esordio, con un euro infilato nella copertina? Chi non ricorda la hit *Diritto a un tetto*? Molti, probabilmente, ma I Ministri son qui che lottano insieme a noi. Però, se è vero come è vero che bisogna tirare noccioline a chi scimmiotta le pose da gangster e poi va a pranzo la domenica da Mammà in zona Castello sforzesco, tipo gli ex Club Dogo, è altrettanto vero che farci spiegare la via odierna al marxismo da ragazzetti di zona San Babila lascia un fastidioso retrogusto in bocca. Una volta si parlava di credibilità. Oggi pure.

Il quarto è un altro nome plurale che nasconde un nome singolo, forse. Si tratta di Le luci della centrale elettrica, dietro il quale sta Vasco Brondi, cantautore ferrarese lanciato nel 2008 dall'album *Canzoni da spiaggia deturpata*, prodotto mirabilmente da Manuele Fusaroli e da Giorgio Canali. Canzoni strane, sghembe, ruvide, in cui i testi avevano la parte del leone, con un immaginario da generazione avvilita e svuotata di speranze degli anni Zero in cui in parecchi si sono riconosciuti. Anche la musica, ovviamente, suonava bene, e con quei due produttori lì, voglio ben dire. Peccato che questa magia si sia fermata lì. Al punto che si è cominciato a pensare che, magari, il tocco magico di quel primo lavoro, se tocco magico c'è stato, non era farina del sacco di Brondi. Del resto, e qui si finisce nel banale, di gente che parla nei dischi, da Giovanni Lindo Ferretti a Emidio Clementi, passando per gli Offlaga Disco Pax, è pieno il mondo indie. Non che quando Brondi si mette a cantare le cose vadano meglio, eh, anzi, vien da invocare il coprifuoco fino a tempi migliori. Coprifuoco fino a tempi migliori, Vasco, giù le mani, che questa è roba mia, ho i testimoni.

Siamo arrivati al quinto nome, e onde evitare accuse di sessismo, è arrivato il momento di tirare fuori il nome di un'artista donna. #Escilo, si dice in questi casi. Perché è vero che il mondo del rock è da sempre ad appannaggio quasi esclusivo degli uomini. È vero che il mondo del cantautorato è da sempre ad appannaggio quasi esclusivo degli uomini. È vero che il mondo della discografia è da sempre ad appannaggio quasi esclusivo degli uomini. Ma donne che fanno indie in Italia ce ne sono, che ci vorrà mai a tirare fuori un nome sopravvalutato. Tipo... o come... oppure...

No, nomi di donne sopravvalutati non ce ne sono, perché i siti di riferimento, tipo Rockit, tanto per fare un nome, di donne si occupa una volta ogni morte di papa, e perché in effetti va pur bene rubare ai poveri per dare ai ricchi, ma andare a evidenziare le defaillance artistiche di artiste che già non hanno un minimo di attenzione da parte dei media, sarebbe più come andare a bombarare casa dei poveri per far spazio alle ville dei ricchi, costruite coi soldi rubati ai poveri stessi. Superciuk non apprezzerebbe, perché dietro quel fegato smisurato, gonfio dalla cirrosi, batte un cuore d'oro.

Quindi i cinque nomi sopravvalutati dell'indie sono quattro. Anche in questo, 'sti maledetti hipster, sono approssimativi.

COCA COLA SUMMER FESTIVAL,
IL PIÙ BRUTTO SPETTACOLO DOPO IL WEEKEND

Partiamo dalle buone notizie, con lunedì 25 luglio anche questa edizione del *Coca Cola Summer Festival* è finita e almeno fino al prossimo luglio non ne sentiremo più parlare. Non solo, viste le ultime vicende, comprese quelle che proprio in questi giorni vengono pubblicizzate sugli schermi dei canali Mediaset, molto probabile che il *Coca Cola Summer Festival* per così com'è non lo vedremo proprio più, e non ne sentiremo la mancanza. Perché, diciamolo una volta per tutta, se è vero come è vero che tutti tendiamo a ricordare con una certa malinconia certi programmi come il *Festivalbar* o come quelli che andavano in onda su MTV quando MTV era ancora il canale musicale mainstream per antonomasia, il tutto a prescindere dall'effettivo valore dei programmi, in effetti non esattamente dei capolavori e non frequentati da musica indimenticabile, ma proprio in virtù del nostro essere giovani, è anche vero che esiste un limite a quello che può essere l'affetto, e certe cose brutte restano brutte oggettivamente.

E dire che, sulla carta, ci sarebbero state tutte le caratteristiche per tirare fuori qualcosa di interessante. Dietro le quinte ci sono i colossi della musica e della comunicazione oggi, gente che fa tremare i polsi a tutti, o almeno a quelli che hanno polsi disposti a tremare, tipo Mediaset, tipo Maria De Filippi, titolare del programma con la sua Fascino, tipo la Friends and Partners di Ferdinando Salzano, già organizzatrice su RAI 1 dei *Wind Music Awards* e agenzia che cura i live di oltre trenta big della canzone italiana, tipo RTL102,5, radio partner dell'evento, la radio per la Very Normal People che, fino a pochi giorni fa, faceva vanto di essere il colosso radiofonico italiano coi suoi sette milioni di radioascoltatori al giorno. Insomma, tanti nomi importanti. Nomi capaci di far accorrere un po' tutti i cantanti in voga. O meglio, tutti i cantanti in voga che in genere appaiono a questi eventi, tipo, appunto, agli *Wind Awards*. Perché, ma guarda un po', se a organizzare un evento è una agenzia che cura i live di determinati artisti, stai certo che certi artisti, se disponibili, li ritroverai lì, dentro la tua televisione. Uno dice, ma Mediaset è una rete televisiva privata, può decidere di mandare in onda i programmi con gli ospiti che gli pare. E ci mancherebbe pure altro. Qui non si sta a parlare di illeciti, perché illeciti non ci sono, si sta a parlare di un brutto programma con brutta musica. Che però, e qui forse è la vera brutta notizia, è in buona parte la brutta musica che gira intorno, tanto per citare uno che, vista l'aria che tirava, ha ben visto di ritirarsi, Ivano Fossati. Perché se in un programma che si svolge per ben quattro prime serate, partecipano decine e decine di artisti e il livello musicale è così basso, forse il problema non è in chi organizza, ma in chi propone musica. Chiaro, tra tanta robaccia, c'è anche qualche perla, che so?, Max Gazzè, Max Pezzali, Samuele Bersani, Ron, i Tiromancino, ma per la più parte parliamo di canzoni davvero imbarazzanti, roba che se la ascolti in auto mentre stai guidando ti viene da inchiodare in mezzo alla strada, come nella scena di *Non essere cattivo* di Caligari in cui il protagonista crede di vedere, sotto effetto di allucinogeni, una pullman pieno di circensi nel bel mezzo della carreggiata. Peccato che qui non ci siano allucinogeni di mezzo, e quando si tratta di ascoltare musica come quella di Elodie Di Patrizi, de Il Pagante, di Fabio Rovazzi, dei The Kolors, solo Dio sa quanto ce ne sarebbe bisogno. Che poi uno dice, come già succede per *Sanremo*, anche qui c'è una sezione giovani che, esattamente come nella kermesse rivierasca, propone le cose più interessanti. Quest'anno erano in gara Irama, che poi ha vinto, uno da tenere assolutamente d'occhio, Ermal Meta, Artù, un gigante, Marianne Mirage, Madh e Lelio Morra. Ora, mi chiedo, come è possibile che uno come Ermal Meta, con una sua carriera già alle spalle con *La fame di Camilla* e con non so più quante hit scritte per praticamente buona parte dei partecipanti allo stesso *Coca Cola Summer Festival* sia tra i giovani e Fabio Rovazzi, quello che continua giustamente a chiedere scusa per *Andiamo a comandare*, finto brano partito dal basso, in realtà spinto pesantemente dai soliti noti, o Il Pagante, o, peggio ancora Chiara Grispo e Lele Esposito siano tra i BIG? Rovazzi ha fatto una canzone, pure parecchio brutta. Tanto basta a essere un BIG della nostra canzone? Ripeto, poi ognuno fa nei suoi programmi ciò che vuole, qui ci si limita a sottolineare come il ciò che vogliono la De Filippi, Salzano di Friends and Partners e, per ora, Lorenzo Suraci di RTL 102,5 sia davvero poca roba. Anzi, poca roba e brutta. Ma brutta davvero. Al punto che, quando arrivati alla finale, perché tanto lo sapete tutti che è un programma registrato e che alla fine ha vinto Kungs, il dj francese in capo alla Universal, per altro casa discografica tenuta debitamente in disparte rispetto alla presentissima Sony, qui con praticamente tutto il catalogo, e alla Warner, che alla Friends and Partners è legata dalla proprietà, è scoppiata la piccola bagarre sui social dovuti a un tweet stranamente irriverente della solitamente composta e algida Annalisa, data per vincitrice fino alle ultime battute, un tweet che recitava, vado a memoria, "sono stanca di queste bibite gassate che fanno solo ruttare", per un momento ci eravamo augurati ci sarebbe almeno stato un po' di sangue, qualcosa di cui discutere, qualche vaffanculo finalmente detto chiaramente, e non solo pensato. Invece niente, il tutto si è sgonfiato, appunto, come un rutto, un po' di rumore e poi basta.

Annalisa seconda, Kungs primo (con le radio e la gente sui social a decretare i vincitori, roba che manco Asimov avrebbe pensato). Vincitore tra i giovani Irama. E in mezzo una marea di musicaccia da dimenticare presto.

Resta il nodo di RTL102,5. Se vi è capitato di vedere lo spot con cui, usando il metodo comparativo, Mediaset sta lanciando il nuovo polo radiofonico, sottolineando come con Radio 105, Radio 101, Virgin e affini loro hanno qualcosa come trenta milioni di ascoltatori, contro i sette di RTL 102,5, un po' come il "ce l'hai piccolo" di Alex Drastico, vien da pensare che l'idillio tra Suraci e il magico mondo della De Filippi stia per finire. Quindi bye bye accordi vari sugli artisti che passano da *Amici*, quindi bye bye *Coca Cola Summer Festival*. Ovviamente, siamo tutti uomini di mondo, ci sarà altro modo per lavorare insieme, l'amicizia è amicizia anche in un mondo così crudele come quello della musica. Musica, si fa per scherzare, qui parliamo di Rovazzi e Il Pagante, che c'entra la musica?

COME TI CAMBIO LA MICHIELIN

Prologo
Los Angeles, studio di Michele Iorfida Canova. Entra un noto cantautore romano. Il suo prossimo album, per lui fondamentale, dovrebbe portare la firma del produttore padovano. I due si devono annusare, per capire se si piacciono. Il cantautore romano entra, spavaldo. Si guarda intorno perplesso, poi sbotta: "Aò," dice sguaiato, "ma 'ndo stanno le batterie?" Il produttore lo guarda atterrito. Non risponde. "E i bassi? 'Ndo stanno i bassi? Gli amplificatori, nun ce stanno manco gli amplificatori? Ma che studio di registrazione è?"
I due non lavoreranno assieme, è scritto nella luce buona delle stelle. Fine dell'aneddoto.

Secondo prologo
L'idea di polistrumentista è di difficile decodificazione. Se per polistrumentista si intende chi sappia appoggiare sommariamente le mani su più di uno strumento, be', il mondo del pop e del rock è pieno di polistrumentisti. Perché spesso chi si approccia alla musica leggera sa strimpellare, questo non a caso il termine che viene utilizzato nel caso in questione, almeno la chitarra e il pianoforte. A volte anche il basso, non fosse altro perché chi strimpella ha un'idea del suonare approssimativa, fatta di gesti elementari, e nella sua testa chitarra e basso sono simili. Se invece per polistrumentista si intende chi sappia, per talento personale nutrito con dedizione e anni di sudore, o anche solo per studio matto e disperatissimo, suonare bene, a volte anche benissimo, più di uno strumento, possibilmente non appartenente alla stessa famiglia, cioè non un sassofonista che sappia suonare anche il clarinetto, ma un pianista che sappia dove e come mettere le mani su una chitarra, su uno strumento a fiati, su uno a percussioni, su un legno, be', qui il cerchio si restringe parecchio. E salvo rari casi, non per nulla rammentati a distanza di decenni, pochi possono vantarsi parte di quel club. Da un Prince che ha inciso tutte le parti musicali e vocali dei suoi primi album, al suo esordio rubando il tempo al suo lavoro di inserviente nello studio di registrazione, a Terence Trent D'Arby, oggi Sananda Maytreia, che registrando il suo *Introducing*, album da quasi venti milioni di copie all'epoca, optò per fare tutto da solo, forte di un grande talento e di un ego che andava di pari passo con esso. Ecco, Prince e Sananda Maytreia sono due polistrumentisti. Astenersi perditempo.

Svolgimento

Viviamo strani giorni. La narrazione del quotidiano, come ci capita di riscontrare costantemente, si è fatta velocissima, con una capacità di permeare l'immaginario straordinaria, ma al tempo stesso con la quasi totale impossibilità di lasciare segni che durino poco più che qualche ora.

Un giorno ci infiammiamo tutti per i sacchetti biodegradabili, il giorno dopo piangiamo Marina Ripa di Meana indicandola come sorta di moderna pasionaria, poi è la volta del successivo argomento del giorno.

In questa narrazione velocissima e frammentaria chi di comunicazione si occupa per campare è costretto a procedere per passaggi basilari, ma al tempo stesso iconici. I dettagli diventano superflui, spesso scritti con caratteri troppo piccoli (siamo in area metafore, avviso ai naviganti) per essere letti e capiti.

In questa narrazione velocissima e frammentaria è finita Francesca Michielin, e ne sta uscendo ancora più sfocata del solito, manco fosse un selfie di Guè Pequeno (questa invece è una brutta citazione, scusatemi, se potete).

Proviamo a ripercorrere velocemente le sue tappe fin qui.

Appena sedicenne Francesca Michielin irrompe sulle scene portando sul palco delle selezioni di *X-Factor* una versione ruspante e credibile, cosa incredibile vista la giovane età, di *Whole Lotta Love* dei Led Zeppelin. Standing ovation. Qui, a dirla tutta, si esaurisce la parte interessante della sua carriera, perché a parte ottenere una telefonatissima vittoria nel talent di casa Sky, la Michielin comincia un tentativo quasi encomiabile, quanto a ostinazione e caparbietà, di mimesi con tutto quel che le capita intorno. Come se fosse una sorta di Zelig, il protagonista dell'omonimo film di Woody Allen, non il locale milanese e il relativo programma comico di Mediaset.

Elisa le scrive l'inedito, ecco che la Michielin diventa Elisa. Ha modo di incidere la versione italiana di un brano per il colossal *Spider Man*, ecco che diventa Avril Lavigne. Poi per un po' scompare, e la cosa non è che ci abbia creato spasmi fisici, perché tanto la giovane età ce la faceva sapere in salute e piuttosto che vedere una che ci provava a casaccio meglio del sano silenzio. Silenzio che, per nostra estrema sfortuna, si è interrotto con una doppietta mortale, infatti per ben due volte la troviamo a fianco di Fedez, proprio nel momento in cui quest'ultimo si affaccia al mainstream.

Cigno nero e *Magnifico*, questi i titoli dei due brani responsabili di questo scempio. E dopo che hai piazzato due hit, seppur involontariamente, non vuoi riproporti in prima persona?

Ecco quindi che Francesca Michielin, gestita a livello di management da Marta Donà, già manager di Marco Mengoni nonché già nipote di Claudia Mori, prodotta da Michele Iorfida Canova, vestire i panni di Marco Mengoni stesso. *L'amore esiste*, questo il nome della sua versione di *Guerriero* del cantante di Ronciglione. Stesso autore, Fortunato Zampaglione, stesso produttore, Canova, stesso mondo musicale, praticamente stessa canzone.

Ma siccome essere Mengoni non è abbastanza, ecco che la Michielin va oltre, credendo di essere diventata Lorde. Peccato che Lorde già esista, sia mostruosamente più talentuosa di lei, e per di più sia anche più giovane. Non basta, per dare un tocco di vita al suo sfortunato album, quanto a vendite, *Di20*, si presenta alla seconda edizione contiana di *Sanremo*, anno di grazia 2016.

La canzone si intitola *Nessun grado di separazione*, era stata inizialmente scritta per Laura Pausini, che avrebbe addirittura voluto intitolare così quello che poi è diventato il suo *Simili*. A sentirla bene, in effetti, si sentono echi pausiniani, sotterrati sotto eoni di lordismo. La canzone arriva seconda, dietro gli Stadio, e proprio per questa ragione ha facile accesso all'*Eurovision* (gli Stadio tanto credevano in una loro vittoria da non aver presentato la candidatura, prima del *Festival*). Qui, all'*Eurovision*, o meglio, prima dell'*Eurovision* succede qualcosa che credo abbia a che fare con le suggestioni di massa, qualcosa tipo quei fenomeni per cui di colpo una intera popolazione comincia a credere che uno che promette un milione di posti di lavoro sia affidabile. Di colpo, infatti, tutti gli addetti ai lavori, per ragioni inspiegabili, cominciano a credere che la Michielin abbia buone chance di vincere l'*Eurovision*. Cioè, in un contesto che vede artisti di tutta Europa presentarsi in situazioni al limite del circense, con fuochi d'artificio, balletti articolati, effetti speciali che neanche James Cameron nel *Titanic*, avrebbe dovuto vincere una cantante che presenta una canzone che sembra una brutta versione di Lorde, per di più con una coreografia che la vede immobile con quello che a prima vista sembra la copia in miniatura dell'*Albero della Vita* dell'Expo alle spalle.

Ovviamente non succede nulla di tutto questo, e la Michielin torna per un po' nel dimenticatoio.

Dimenticatoio da cui esce per un tour in spazi molto piccoli, perché come canta Enzo Savastano nell'immortale *Canzone Indie*, se "suoni in un locale che è una stanza, il locale è chien'e ggente, e la ggente fa tendenza".

Poi è la volta della scorsa estate. Si comincia a parlare del ritorno di Francesca Michielin, ormai ventitreenne, vai a capire se è un auspicio o una minaccia.

Il primo singolo atto a ripresentarcela porta la firma del solito Dario Faini, uno che negli ultimi anni ha firmato canzoni praticamente per chiunque, e si intitola *Vulcano*. Avete tutti presente la canzone che parla del "bar dell'indiano che profuma di te". Praticamente la cover di *Burn* di Ellie Goulding, solo che senza essere depositata alla SIAE con il nome della Goulding tra gli autori. Una canzone capace come poche altre di ridefinire il concetto di brutto. A questa canzone fa seguito un altro singolo di avanscoperta, *Io non abito al mare*, perché i numeri sembrano non essere così ottimistici e prima di uscire l'album tocca essere cauti.

Stavolta a firmare la canzone con la Michielin è un altro autore in auge, Calcutta. La canzone di Calcutta, in effetti, sembra una canzone di Calcutta, vedi alla voce Zelig. Un po' come l'erba appena tagliata che profuma di erba appena tagliata di Stefano Benni.

Neanche il tempo di dimenticarsela che arriva il nuovo album, *2640*.

L'abisso è lì, davanti ai nostri occhi, che nietzschianamente guarda dentro di noi.

Perché se avevamo lasciato mesi fa la Michielin che faceva il verso a Lorde salvo poi ritrovarla come una novella Ellie Goulding, ecco che l'operazione indie-izzazione cominciata con il brano calcuttiano *Io non abito al mare* ha il suo compimento. Al suo fianco, oltre al solito Faini, ecco lo stuolo di autori del momento da Calcutta, sempre lui, a Tommaso Paradiso dei Thegiornalisti, passando per Cosmo. Così di colpo dall'essere Elisa, poi quella che canta con Fedez, poi quella che fa Mengoni pensando di essere Lorde, all'essere Ellie Goulding, ecco che ritroviamo la ancora giovanissima Francesca Michielin a parlarci de I Cani e dei Blur nei testi delle sue canzoni. Canzoni che ci parlano di quotidianità alla maniera degli indie, e come se no?, cioè mescolando modernità (nella fattispecie si vedano i riferimenti ai videogiochi come a Fernando Alonso) e banalità varie, dai sentimenti trattati con anaffettività a quella attuale forma di inedia che tanto fa ben sperare sulla imminente fine del mondo. A fianco canzoni in classico stile electropop, con una chicca come *Due galassie*, che è sostanzialmente la riproposizione michieliniana di *Shape of you* di Ed Sheeran. Ma sono deviazioni sul percorso principale, non vi illudete. La Michielin è indie.

Ennesimo cambio di pelle.

Anche estetico.

Perché se l'ultima volta che avevamo visto la Michielin ai tempi di *Nessun grado di separazione*, era l'impersonificazione della desessualizzazione che così tanto imperversa tra le giovani popstar nostrane, asessuate come una Barbie a cui una bambina curiosa ha levato i vestiti, ora ce la ritroviamo aspirante sexy nelle immagini promozionali del nuovo lavoro, ammiccante seppur senza avere le stesse capacità zelighiane nel vestire (o svestire) i panni della Kim Kardashian de noantri.

Oggi Francesca Michielin è una cantante indie, questo ci dice il suo nuovo *2640*, titolo che richiama l'altitudine di Bogotà, per motivi sui quali preferisco non addentrarmi (spero gradirete il fatto che questo è il solo articolo dedicato a *2640* che non recita la frase "Volevo andare in Colombia, invece ho fatto un disco").

La Michielin è diventata indie, e siccome la credibilità presso un determinato pubblico uno non è che la trova sotto un albero (della vita o meno), ecco che la frammentaria e velocissima comunicazione deve mandare input che il mondo dell'indie possa recepire velocemente. L'input, nel caso specifico, è che la Michielin sia una polistrumentista. Un modo preso un po' alla larga per dire che è una artista artista, non una figlia dei talent.

Già ci avevano provato a *Sanremo*, durante il festival, quando in una delle serate le hanno fatto calcare il palco con un timpano, non amplificato, davanti. Abbastanza per far dire al pubblico narcotizzato del *Festival* che la Michielin era una polistrumentista, intendiamoci. Stavolta, però, si è voluto esagerare. Così durante la presentazione eccola suonare il basso, eccola suonare il pianoforte, eccola suonare le percussioni. Siccome alla presentazione di pubblico indie non ce n'era, ecco che i soliti passacarte di pastello vestiti si sono prestati a fare da amplificatore al tutto. Guarda come suona il basso. Guarda come suona il piano. Peccato che nell'album il basso non sia presente, ben lo sapeva il cantautore romano citato nel prologo. E peccato pure che gli altri strumenti siano stati in buona parte riprodotti da Canova e i suoi collaboratori con le macchine, vedi alla voce tastiere e programmazioni. Alla faccia della polistrumentista.

Conclusione
Il futuro ci sorride, non temete. Al prossimo soffio di vento la Michielin polistrumentista indie diventerà qualcosa d'altro, magari una cantante blues o una metallara d'antan. Si tratta solo di portare pazienza, perché per dirla col poeta "questa notte passerà, o la faremo passare".

COMPLETAMENTE SOLD OUT STOCAZZO

Questa faccenda dei sold out vi è sfuggita di mano.
Anche questa faccenda di portare a suonare artisti, chiamiamoli per convenienza retorica così, relativamente minori in posti molto più grandi di quanto potrebbero mai riempire vi è sfuggita di mano.
Esistono le tappe. Toccherebbe mettersi in cammino e raggiungerle.
La faccenda della gavetta, avete presente?
Un tempo finire a cantare all'Arena di Verona era una specie di sogno a occhi aperti, sogno che pochi poi vedevano realizzato. Oggi, basta avere un determinato promoter, quello, per intendersi, che ormai gestisce l'Arena di Verona come se fosse casa sua, portandoci praticamente tutti i propri artisti, artisti nella stragrande maggioranza di fascia medio-bassa, parlo di numeri.
Alla faccia della gavetta, dei passi da fare uno alla volta, della tappe.
Tutti a bruciarle, le tappe. Subito. Senza senso.
Senza senso…
Mhmm.
A dire il vero un senso c'è.
Ma nulla ha a che vedere con gli artisti in questione. Sicuramente niente a che fare con l'arte.
E volendo anche con la musica.
Facciamo una fotografia, cercando di non farla mossa come i selfie di Guè Pequeno.

Oggi dischi non se ne vendono più. Non è una metafora, ma un dato di fatto. Oggi si fanno album, ancora, ma poi si sta in Top 10 degli album più venduti, la Top 10 della FIMI, e dopo sei settimane di permanenza, con una settimana al primo posto e un paio al secondo, si arriva a ricevere la certificazione del Disco d'Oro, cioè le prime venticinquemila copie vendute (ventimila certificate FIMI, più cinquemila di retail, circa). Sei settimane in Top 10 = venticinquemila copie, questo l'esempio concreto di uno degli artisti del momento, Ermal Meta col suo *Vietato morire*, fatevi un'idea.

E di queste venticinquemila copie, sempre per essere pragmatici e poco poetici, ci sono anche gli streaming, conteggiati uno a centotrenta. Magari nel caso di Ermal Meta non molti, gli streaming, ma in alcuni casi unica fonte di introiti.

Zero mercato, quindi. È un dato di fatto.

Oggi dischi non se ne vendono più. Gli artisti campano coi live, si dice, ci diciamo. Ma andiamo a analizzare anche un po' questo segmento del mercato musicale.

I live, quindi.

Ci sono artisti che sul fronte live non esistono, vedi alla voce talent. C'è gente che esce da *Amici* o da *X Factor* che, in tanti anni di carriera, non è stato in grado di farsi un tour vero e proprio. In alcuni casi non è stato e non è capace di fare neanche un concerto a pagamento. Quindi li si vede nelle piazze, d'estate, o nei centri commerciali.

Poi ci sono gli artisti medio-bassi, quelli che ambiscono, legittimamente, a fare concerti in locali e palasport di media o piccola capienza. Sono la più parte di chi vive di concerti. Nomi che non può ambire agli stadi, ma neanche a arene indoor con capienze importanti, come il Forum o il Palalottomatica. Gente che, figuriamoci, non dovrebbe pensare all'Arena di Verona neanche dopo aver mangiato la peperonata subito prima di andare a dormire.

Poi ci sono i Big, quelli di fasci alta e altissima. Quelli che riempiono i grandi spazi, al chiuso e all'aperto, con eccezioni, come Jovanotti, Ligabue, Tiziano Ferro e pochi altri, nomi capaci di riempire un po' tutto.

Vasco fa un caso a sé, lo sapete.

Concentriamoci sui medio-bassi. In un mondo normale, e non è di un mondo normale che stiamo parlando, dovrebbero girare per locali di media o piccola capienza, puntando a fare magari anche tanti concerti, ma per un pubblico limitato, il proprio pubblico. Del resto, è un fatto, non vendono dischi, vivono più che altro di passaggi radiofonici, ed è noto che 99 volte su 100 i passaggi radiofonici non sono legati né al gradimento da parte del pubblico né, figuriamoci, al valore artistico del prodotto in oggetto, perché mai dovrebbero ambire a riempire le grandi arene?

Ma le grandi arene, da un po' di tempo, sono diventate casa loro. Si vedono artisti misconosciuti che, di colpo, arrivano a esibirsi in location molto più grandi di loro, molto più grandi, soprattutto, del loro pubblico. Si legga alla voce Forum di Assago, Palalottomatica di Roma, ma volendo anche San Siro, diciamolo a voce alta, e, ovviamente, alla prestigiosa Arena di Verona.

Gente che non dovrebbe essere lì, perché non ha abbastanza spettatori per ambire a riempire quegli spazi, che si trova in cartellone in quei posti. E fin qui si potrebbe semplicemente gridare all'azzardo.

Ma c'è di più.

Molto di più.

Perché molto spesso, non dico sempre ma quasi, questo azzardo sembra essere premiato da numeri grandiosi, col sold out sempre lì, pronto per essere proclamato.

Riassumiamo.

Stocazzetto viene messo in cartellone al Forum, o all'Arena di Verona, se è Stocazzo addirittura a San Siro, e di colpo, da non essere nessuno, si trova a dichiarare a gran voce: completamente sold out.

Miracolo.

Miracolissimo.

Miracolissimo doppio e carpiato.

Ma. Sì, c'è un ma anche in questa storia.

Perché esiste una nuova pratica, molto in voga presso i due promoter che hanno in carico soprattutto gli artisti di fascia medio-bassa, legati a loro volta a una delle major attive in Italia, titolare della totale proprietà o della maggioranza delle quote, per dopare i numeri.

Come dire, completamente sold out stocazzo. Appunto.

Come?

Semplice.

Partiamo dalla pratica.

Vuoi riempire il Forum?

Comincia nel renderlo più piccolo.

Come fai?

Mica ci vuole uno scienziato. Esistono trucchetti consolidati, noti un po' a tutti. Metti il palco in mezzo al parterre. Magari fallo a X, così da mangiarti un buon 40% del pubblico che avrebbe potuto calcare il parquet. Di più. Sistema le casse in modo tale da non rendere il palco visibile da una parte della platea, che so?, una porzione di curva, così già sei giustificato nel non riempirla.

Non basta? Certo che non basta. Perché se al Forum ci porti stocazzetto, mica penserai davvero di darci a bere che hai fatto completamente sold out. Allora ecco che compaiono dei bellissimi teloni neri, atti a coprire l'ultimo anello, quello in alto. Se non ci si presta attenzione neanche si vede, che tanto è buio. Ma di fatto lì sotto, in teoria, ci sarebbero dei seggiolini, pronti ad accogliere le chiappe di migliaia di fan, se solo esistessero.

Non basta ancora?

Certo che no. Allora proviamo a ipotizzare che invece che un palco a X in mezzo al parterre, ne metti uno bello grosso su un lato, magari sul lato lungo, così da giocarti addirittura una tribuna, e metti sul parterre dei posti a sedere. Hai voglia a riempirlo, specie se i seggiolini li metti belli larghi. E fin qui siamo nel campo degli effetti speciali, certo, ma pratici. Poi c'è una sorta di vero e proprio doping, che i titolari delle due agenzie ben conoscono, essendo il titolare di una delle due agenzie l'inventore della pratica. Avete tutti sentito parlare del secondary ticketing.

Non è una domanda, ma una affermazione. Perché dopo il famoso caso tirato fuori dalle *Iene* tutti ne hanno parlato, manco si trattasse del Watergate. Un caso, va detto, che a oggi non ha portato a nulla, se non alla messa al bando ipotetica della sola Live Nation, per altro al momento ancora più forte di prima, visto che ha acquisito Indipendente nelle scorse settimane e che Roberto De Luca è andato in America a fare una potentissima campagna acquisti e porterà in Italia nei prossimi mesi un bel numero di giganti del rock. Ecco, a fianco di quel fenomeno, cioè della rivendita a prezzi altissimi di biglietti tolti proditoriamente dal mercato dagli stessi promoter, c'è un fenomeno altrettanto simpaticissimo, di cui in queste lande si è parlato esattamente un anno fa, quello dei biglietti venduti a prezzi irrisori, se non addirittura regalati.

Andiamo con ordine.

Esistono due formule collaterali ai biglietti regolarmente venduti. Quelli omaggio, che possono essere pari al 5% del numero di biglietti erogati, e che hanno una tassazione agevolata, e i così detti biglietti promozionali. Cosa sono? Semplice, si tratta di biglietti venduti al prezzo di 50 centesimi o un euro, in genere immessi in un mercato simile a quelli del secondary ticketing, più spesso, quasi sempre, regalati a aziende sponsor degli eventi, che a loro volta li regaleranno ai propri dipendenti o ai propri clienti. Per questi biglietti non c'è un tetto. E su questi la tassazione è pari alla tassazione dei biglietti normali. Come dire, se vendo duemila biglietti a 50 centesimi, pagherò alla SIAE, incaricata dallo Stato di fare da esattore, il 20% del prezzo dei biglietti, cioè duecento euro. Come dire, un po' pochino.

Qualcuno dirà, va bene, ma si pagano poche tasse perché si incassano pochi soldi.

Vero.

Ma vero fino a un certo punto. Perché se li si vende a sponsor, magari, si fa un accordo per cui quei biglietti promozionali, poi regalati a dipendenti o clienti, viene pagato di più. Oppure, semplicemente, quei biglietti si vendono a 50 centesimi, ma portano al prodigioso sold out per cui il promoter poi si fa pagare dagli altri sponsor cifre più alte, perché si tratta di sponsorizzare un sold out al Forum, ipotizziamo.

Non basta.

L'artista che ottiene il completamente sold out finto, di colpo sale di fascia, e da uno che potrebbe suonare all'Alcatraz, per dire, diventa uno che fa sold out al Forum.

Posizionamento diverso, profilo più alto.

Questo, va detto, fa comodo anche al promoter, che lavora appunto sui profili dei suoi artisti, non più di fascia medio-bassa ma media (nel caso degli stadi, magari, si passa da fascia media a fascia alta, si veda a certi concerti farlocchi a San Siro). Questo, nel momento in cui Ticketone non avrà più il monopolio della prevendita, acquista un certo valore.

Come dire, tutti felici e contenti.

Gli artisti che diventano famosi senza esserlo.

I discografici degli artisti diventati famosi senza esserlo, perché si ritrovano in scuderia nomi con un peso specifico più alto, anche se in realtà del tutto fake.

I promoter, che incassano e pagano tasse bassissime, riposizionano i propri artisti con profili più alti e possono andare a trattare con chi si metterà sul mercato per la vendita online dei biglietti con un peso maggiore.

Le location come l'Arena di Verona, che da essere destinata a ospitare lirica e musica classica, da qualche anno a questa parte, è diventata casa di chiunque canti e abbia avuto un singolo in airplay in radio.

In realtà non tutti sono contenti.

No, no.

La Siae non può esserlo, perché coi biglietti promozionali incassa molto meno. Lo Stato Italiano ancora di più, perché entrano meno tasse del dovuto.

Gli sponsor anche, o almeno quegli sponsor che pagano per essere presenti a eventi venduti come sold out, ignorando che in realtà sono tali, cioè sold out, solo perché qualche altro sponsor quei biglietti li ha comprati a niente e poi regalati.

Gli spettatori, o almeno quegli spettatori che hanno pagato un biglietto normale e si trovano seduti di fianco a qualcuno entrato gratis o quasi.

Tutto molto bello, quindi.

Pensateci la prossima volta che vi lamentate perché vedete i biglietti dei Coldplay a tremila euro su qualche sito. A fronte di quello c'è uno stocazzetto che riempe per finta il Forum dichiarando: completamente sold out.

Sì, completamente sold out stocazzo.

COMUNISTI COL ROLEX,
QUANDO LA MERDA D'ARTISTA È SOLO MERDA

Chi ha avuto la ventura di assistere all'era berlusconiana ben se lo ricorda, c'è stato un momento, in un passato che oggi sembra lontanissimo, superato da paradossi ancora più stringenti, in cui lui, il Presidente del Milan, di Fininvest, l'inventore della tv commerciale, cercava di carpire voti non solo sfruttando tutti i suoi successi imprenditoriali, ma vendendosi per qualcosa che, ovviamente, non poteva essere. Su tutti spiccava un manifesto che tappezzò per un certo periodo le città italiane che ce lo mostrava con un caschetto da operaio in testa. Lo slogan che accompagnava questo manifesto era appunto "Il Presidente Operaio", un concetto talmente postmoderno e massimalista da lasciare senza fiato, non fosse che si trattava di campagna elettorale e non di un gesto dadaista. Il paradosso che inscenava era tutto lì, lui che era probabilmente uno degli uomini più ricchi d'Italia, non ancora conosciuto ma solo intuito per il suo pagano e godereccio life of style arcoriano, ma sicuramente riconosciuto da tutti come un uomo potente e vincente lì a impersonare il gradino più basso della scala lavorativa, quella dell'operaio (parliamo, ovviamente, di immaginario, perché è noto che l'essere operaio è sempre stato visto come uno status di sinistra, incarnazione del proletariato, come appunto il Potere Operaio di nannibalestriniana memoria attesta). Un doppio salto mortale, quello che Berlusconi metteva in atto, che scatenò le ire dei più, per altro sortendo l'effetto opposto da quello voluto, perché se da una parte non spostò un solo voto a sfavore del nostro, dal momento che chi non lo avrebbe votato per le più degne ragioni non si sarebbe certo fatto fregare da un manifesto elettorale, dall'altra ce lo confermò come un arguto uomo di comunicazione, capace con un solo manifesto di concentrare su di sé tutte le attenzioni, show man fatto e finito.

Veniamo all'oggi. Berlusconi non è più lui, è noto, e lo scenario politico è quello postapocalittico che ben conosciamo, abitato e frequentato da figuri che, a confronto di Berlusconi, sembrano fumetti. Assistiamo a campagne referendarie che ci parlano di "scrofe ferite", di "accozzaglie" e che vedono nomi importanti dello stesso partito, il PD, parlarsi l'un l'altro come se fossero protagonisti di un western di serie Z. In questo scenario, ma non poteva che finire così, la cosiddetta intellighenzia è praticamente scomparsa. Chiamata per sua natura a dileggiare il potere, vediamo in realtà registi, cantanti e attori tutti intorno al padroncino, contenti prendere parte alla mensa, o magari convinti che la tavolata diventerà col tempo ancora più imbandita. In questo coro greco che accompagna ogni mossa del protagonista con plausi e inni da stadio sembrano assenti le voci di dissenso, se non quelle congeniali al coro stesso, atte a fare da contrappunto alle gesta del nostro.

È in questo panorama che dobbiamo inserire, dramma nella tragedia, l'annuncio del primo album che vedrà l'uno a fianco all'altro due delle voci che il dissenso sembra aver identificato come propri portavoce, Fedez e J-Ax. Capisco che, a questo punto, in molti avrete abbandonato la lettura, perché non può essere serio un capitolo di un libro in cui si parli di apocalisse e politica e che veda comparire a un certo punto i due giudici di *X Factor* e *Amici*, quelli di *Vorrei ma non posto*, brano feticcio per gli sponsor, infarcito come era il video di product placement sfacciati, quelli che si chiamano "zio" tra di loro, che hanno fatto del calambour la propria cifra. Ma così è, dramma nella tragedia. I battibecchi dei due soggetti in questione con Gasparri, per fare un nome, sono noti a tutti, riconosciuti come interlocutori non solo e non tanto da Rudy Zerbi o Arisa, evidentemente, ma anche dal vicepresidente del Senato. Dramma nella tragedia, appunto.

L'annuncio del loro album, sicuramente destinato al successo, è davvero una ventata mefitica, già a partire dal titolo, *Comunisti col rolex*. Un titolo che più belusconiano non si potrebbe. Perché è stato lui, Berlusconi, a innalzare il conto in banca a status quo (ricordiamo che è stato Berlusconi il coniatore del "rosiconismo", quella aberrante idea che chi sia contrario a un'idea politica, ma semplicemente a un'idea, lo sia per invidia), e di conseguenza a identificare nei suoi oppositori a suo dire fintamente "poveri", come se l'essere di sinistra fosse determinato, appunto, dal conto in banca, un paradosso più stringente del suo. Se infatti è sempre esistita la Gauche caviar, è noto, lui è andato oltre contrapponendo il Presidente Operaio a quelli che lui chiamava, più pane e salame, comunisti col portafogli a sinistra. Ecco, comunisti col portafogli a sinistra e, di conseguenza, rosiconi perché il suo di portafogli era più gonfio, è diventato un modo per azzittire chi provava a contestare il suo strapotere, come se tanto bastasse a azzerare idee politiche.

Oggi il portafogli a sinistra è diventato Rolex, per altro con un non Rolex lì in copertina, e a intitolare il loro album così sono due che si vendono esattamente per quello, per outsider.

È noto come il mantra preferito dallo "zio", cioè da J-Ax, uno che ha superato da tempo i quarant'anni, per essere chiari, sia l'autodefinirsi un "loser", cioè un perdente. Mantra, questo, detto prima dagli scranni di *The Voice*, programma che ne ha sancito la rinascita, e poi da quelli di *Amici*, non esattamente da una cassetta buttata sullo Speaker's Corner di Londra. Come dire, un ingranaggio bello grosso della macchina che si finge perdente e fuori dai giochi che dice a qualcun altro di essere comunista, sì, ma col Rolex al polso. Bella storia.

Chiaramente, dirà qualcuno, queste sono dietrologie, o forse avantologie, perché si giudica qualcosa a partire dalla copertina, dal titolo.

Tutto vero. Diciamo, però, che già dall'uscita dei primi due brani, ahinoi, la storia è apparsa peggiore del trailer. Perché con due sole canzoni, *Vorrei ma non posto*, singolo dell'estate 2016, e *Assenzio*, uscita a seguire, ci sono tutti gli elementi per caricare il fucile a pallettoni (metaforici) e fare fuoco. Il primo singolo, infatti, era chiaramente l'incarnazione di quel modus operandi lì, quello di *Comunisti col Rolex*. I due, infatti, per una canzone che è un concentrato di luoghi comuni e con un video che è uno spot continuo, dall'Algida in giù, attaccano chi vive sui social. I due che sui social ci hanno praticamente preso la residenza. Con la nuova canzone, poi, c'è stato un passo avanti, o indietro, a seconda da che prospettiva si guardi al tutto. Sempre su una base ben fatta da Takagi e Ketra, produttori del momento, i due si danno a un sentimentalismo d'accatto in compagnia di due personaggi che, a onor del vero, trovano spazio nella canzone molto forzatamente. Come se le canzoni fossero tre, quella rap in gestione ai Clik e Clok, quella del ritornello cantato dal primo ospite, e quella robetta che fa la seconda ospite, utilizzata per un vocalizzo con autotune, per uno special di nove secondi, e per volteggiare nel video come una figura angelica. Il contenuto della canzone, non me ne vogliate, non credo meriti neanche una battuta, ma è il modo in cui la canzone viene proposta e viene costruita che è una perfetta strategia di marketing, al pari di quella del Presidente Operaio.

Facciamo un passo indietro. Anzi, a lato.

In un passato che ormai pare lontanissimo c'erano i cantautori, coloro preposti a beffeggiare con le loro canzoni il potere. Poi sono arrivati gli artisti underground, sempre con la stessa missione. Oggi abbiamo gli indie. Tanto basterebbe per incamminarsi verso isolati iceberg a cercare la morte come fanno gli eschimesi anziani. Perché è ormai chiaro a tutti che l'indie non esiste, è solo il pop mainstream che non si caga nessuno, ma vaglielo a spiegare a quelli di Rockit o a chi affolla il *Mi Ami Festival*. Di fatto le notizie recenti ci dimostrano che anche l'indie è moribondo, non perché di colpo i suoi alfieri comincino a vendere, eh, tranquilli, ma solo perché, pur di emergere, alcuni di loro si stanno prestando a operazioni sulla carta non tanto azzardate, quanto realmente suicida.

Qualche esempio? Purtroppo in un sol colpo si possono cogliere due nomi piuttosto significativi della scena, Calcutta e Levante.

Potremmo dire che i due nomi in questione sono i più rappresentativi, al momento, di quel mondo, declinati al maschile e al femminile.

Bene, entrambi i nomi in questione sono coinvolti in prima persona nel progetto di Fedez e J-Ax.

Prima è uscita la notizia del coinvolgimento del cantautore laziale, attraverso i social di Fedez (vorrei e posto), autore di diverse tracce del disco. Del resto, proprio recentemente, il nostro ha anche duettato con Francesca Michielin, eseguendo dal vivo *Del Verde* e *Nessun Grado di Separazione*, per poi andare a scrivere per Nina Zilli e per la stessa Michielin, a voler dimostrare che Freak Antoni aveva ragione, quando si è toccato il fondo si può sempre cominciare a scavare. Calcutta, dimostrazione cantante che bastano due minuti di successo per perdere la lucidità. Non bastasse, appunto, ecco che arriva il singolo *Assenzio*, che vede la partecipazione di Levante e di Stash dei The Kolors.

Esce quindi *Assenzio* che vede nello stesso brano e di conseguenza nello stesso video, video che deve molto a *Pure Morning* dei Placebo, Fedez, J-Ax, Stash e Levante. Questa la notizia.

Notizia, questa, che spiega già il titolo del brano, essendo l'assenzio la sola possibilità di uscire dall'ascolto del medesimo con un briciolo di voglia di vivere.

Sul perché Levante abbia deciso di duettare non tanto o non solo coi due rapper, quanto con il titolare del "Uo-oh-oh-oh" del jinge Vodafone, Stash dei The Kolors, facile capirlo. Al momento dell'uscita di *Assenzio* Levante è un nome che gira da tempo, ma non ha mai venduto niente, e probabilmente si è stancata di fare solo l'artista cool, optando per un più rassicurante ruolo mainstream. Poi, che il suo coinvolgimento non vada molto oltre l'"Uo-oh-oh-oh" di Stash è cosa ormai tristemente nota, e il fatto che i suoi vocalizzi con l'autotune potrebbero inficiare quanto di buono fatto fin qui pure. Di lì a poco, del resto, la si vedrà fare ben di peggio, e di questo parleremo in debito capitolo.

Ma nei fatti J-Ax e Fedez si dimostrano giusti eredi di Franco Godi, non a caso dietro il successo del primo e in parte anche del secondo. Puro marketing, zero contenuti, zero arte. Brutta musica, rivolta a un pubblico di ragazzine e ragazzini, certo, ma anche di ragazzi e ragazze che potrebbero pure pensare che i loro testi veicolino messaggi.

Comunisti col Rolex, Santo Iddio.

Fedez e J-Ax, ci pensate?

Comunisti col Rolex.

Comunisti.

Loro.

Dai.

Loro sono perdenti che vincono.

Altroché comunisti col Rolex.

Sono il sistema che ci mette in guardia dal sistema. E per farlo ben vengano i luoghi comuni, l'assoldamento della fanteria indie, l'utilizzo di figure retoriche usurate ancor prima di vedere la luce del sole.

Datemi dell'assenzio, un iceberg, quel che è, ma lasciatemi in pace.

Esce *Comunisti col Rolex*, l'album più atteso dalla comunità dei bambini italiani da tempi della sigla dei Puffi cantata da Cristina D'Avena e mi accingo a parlarne. Nel farlo mi dico, la cosa più scontata che posso fare è ironizzare sul pubblico di riferimento di questa operazione, perché se da una parte è evidente che messi insieme i fan di Fedez e J-Ax non raggiungono l'età sufficiente per guidare uno scooter, dall'altra è ovvio che non sottolineare come questo lavoro sarà uno degli album di maggior successo di questo 2017, a riprova che è vero che col 2016 non sono morti solo un sacco di importanti esponenti del mondo musicale, ma è morta proprio la musica, sarebbe davvero poco onesto e prova di malafede.

Quindi tocca ricominciare da capo.

Dicendo che esce *Comunisti col Rolex*, l'album destinato a riscrivere il concetto di imbarazzo, non solo e non tanto per la squisita bruttezza delle canzoni contenute nella tracklist, una galleria degli orrori che avrebbe mandato letteralmente fuori di testa uno come James B. Ballard, convincendolo a lasciar perdere con incidenti stradali, star dello spettacolo e condomini alienanti per dedicarsi anima e corpo e penna al mondo che fu del rap, ormai convertitosi al pop usa e getta, tutto costruito per portare product placement nei video più che per inseguire non dico l'arte, ma almeno la piacevolezza leggera e spensierata nell'ascolto.

Ma anche questo, in fondo, non è un buon incipit, perché sembra pregno di pregiudizi, di quelli che poi spingono gli haters a dirti che sei un intellettualoide, uno che si definisce critico musicale, e gli artisti, anche se in questo caso di artisti non ce ne sono, a dirti che dovresti farti un bagno di umiltà, fatto che ti induce a riprendere la lettura in lingua originale di *Giles ragazzo-capra* di John Barth, maledicendo il giorno in cui hai smesso di occuparti di massimalismo americano per andare a scrivere di canzonette, ché va bene essere leggeri, ma essere coglioni no.

E proprio gli haters, in effetti, sono il motore di questo progetto, una sorta di trollata troppo lunga e prodotta per essere solo una trollata, come se invece di farti uno scherzo telefonico, un amico, magari un amico a cui hai soffiato la ragazza, rigato la macchina o fatto fare una figura di merda davanti a tutta la compagnia, decidesse di organizzarti una situazione come *The Game* di David Fincher, esempio questo che, al pari di *Giles ragazzo-capra* di Barth, capiranno in quattro, lo so, probabilmente gli stessi quattro di *Giles ragazzo-capra*, ma almeno ho chiarito una volta per tutte che io non sono quello di *Comunisti col Rolex*, non fatevi fregare dal fatto che sto qui a parlarne.

Perché Fedez e J-Ax, cioè un poppettaro molto basso di statura, e no, non parlo solo di statura artistica, e J-Ax, uno che dopo essere stato deriso per anni da quanti facevano rap negli anni Novanta ora viene deriso da quelli che facevano rap negli anni Novanta, e qui si chiude il suo reale rapporto col rap, Fedez e J-Ax, dicevo, hanno deciso di uscire con un album comune, tanto il loro pubblico è lo stesso, i bambini di cui sopra, e lo hanno fatto mettendo le mani avanti nei confronti degli adulti, sparando un titolo che i bambini, che non sanno cosa sia il comunismo, non posso capire, e mettendo in scena una sorta di immensa operazione di marketing tutta volta a spiegarci che no, non è che loro hanno venduto il culo al sistema, siamo noi che non ci siamo riusciti, che no, non è che loro fanno musica di merda, siamo noi che non siamo in grado di farne neanche di merdissima, che no, non è che aver messo in fila una galleria di ospiti che farebbe venire gli incubi al tizio pelato e col cerone di *Strade perdute* di Lynch dimostra come, in effetti, il concetto di brutto è relativo e si può sempre fare peggio, loro sono solo artisti pop e noi no.

Ora, preso atto che per scrivere questo capitolo, come buona parte del resto del libro, ho dovuto rinunciare alla sana abitudine di leggere al cesso, perché usando il metodo Stanislavskij, o più semplicemente, da scrittore, volendo emulare William T. Vollmann che per parlare di puttane va a puttane, ho voluto farlo seduto sulla tazza, voglio dire una volta per tutte che nei confronti di questo album avevo tutti i pregiudizi del mondo.

E voglio anche dire che tutti questi pregiudizi erano più che ben riposti. Perché ci ho provato, lo giuro, a mettermi qui, con calma, e a ragionare su una analisi di critica musicale seria, pezzo per pezzo, tecnica, ma poi mi sono detto che per parlare di merda non è necessario essere tecnici, dici "è una merda" e hai detto tutto quel che c'era da dire.

Comunisti col Rolex non è un album degno di nota, se non per il fatto che starà in classifica per mesi, che i due ne trarranno chissà quanti singoli e che ogni due per tre tireranno fuori una qualche polemica per farne parlare. Io ho abboccato all'amo e son qui, seduto sulla tazza, a parlarne, per la cronaca non tanto sulla tazza come nel noto selfie di Arisa girato sui social, quanto come la nota foto di Frank Zappa, così per puntualizzare, ma senza citare neanche una canzone, così volendo diranno che non l'ho neanche ascoltato, che parlo così perché non sono ricco, perché non sono famoso o semplicemente perché sono alto un metro e settantacinque senza tacchi. La merda è merda. Altro non mi sento di dire a riguardo. Questa non è neanche la merda d'artista di Manzoni, né una operazione come quella della zuppa Campbell di Warhol. Questa è merda e basta. Gillo Dorfles, mi auguro, non sarà mai informato della sua esistenza, ha 106 anni, è sopravvissuto a due guerre mondiali, Achille Bonito Oliva e la Transavanguardia e le scarpe senza calzini di Cattelan (ma forse era quell'altro Cattelan), non diamogli noi il colpo di grazia.

CONCERTO DEL PRIMO MAGGIO 2017

Stiamo vivendo un momento particolarmente nero, per quel che riguarda il mondo del lavoro. Disoccupazione giovanile al 40 e rotti per cento. Inoccupazione meglio non parlarne. Precariato che soppianta il posto fisso come niente fosse, con praticamente nessuna speranza, per le nuove generazioni, di fare progetti futuri, da una casa a un figlio. Davvero un periodo di merda. Quindi, il primo maggio, Festa dei Lavoratori, avrebbe ottimi spunti su cui riflettere. Da tempo immemore, il primo maggio, è anche il giorno del *Concertone dei sindacati*, a Piazza San Giovanni, a Roma. E da tempo immemore è anche il giorno di uno degli eventi musicali con la più alta potenzialità di rompimento di coglioni. Elio e le Storie Tese ci hanno fatto su un pezzo molto divertente, nel suo cinismo, sottolineando come ci siano realtà musicali che vivono praticamente solo su quel palco, realtà che si muovono goffamente tra musiche balcaniche, rock stonato e sghembo, Belle ciao e violini tzigani. Negli ultimi anni l'organizzazione è cambiata, ma va detto che il risultato finale è sempre piuttosto agghiacciante, come se, per una strana questione di mimesi le canzoni proposte sul palco dovessero rappresentare in tutto e per tutto il periodo oscuro che stiamo vivendo, nel lavoro e nella società. Nessuna speranza, stando a quel che si è susseguito sul palco almeno per buona parte del pomeriggio, solo disperazione, precariato e voglia di darsi alla droga e all'alcol. Perché, diciamocelo, come fai a non stringere il laccio emostatico sul braccio e spararti in vena eroina se ascolti Rocco Hunt, vestito come fosse nato nel Bronx, che fa la cover di *Tu vuò fa' l'americano* di Carosone? Come fai a non spararti l'eroina direttamente in una aorta, se senti Teresa De Sio devastare la musica di Pino Daniele. Cazzo, qualcuno le regali un autotune o la inviti a andare a *Ballando con le stelle*, che tanto hanno già il cognome nei camerini. Già la partenza con gli Après la classe ci aveva

63

tolto ogni voglia di vivere. Una musica trita e ritrita, senza classe e senso. Le band e i cantanti usciti dal contest che portava dritti dritti all'anteprima del *Concertone*, poi, erano stati una specie di condanna a morte per quel residuo di lucidità che ancora eravamo riusciti a tenere con noi. Musica di una tale bruttezza da lasciare abbacinati. Se questo è il futuro, cazzo, forse non è che guardare al domani come a una necessità è così intelligente come ci siamo sempre detti. A salvarsi il solo Geometra Mangoni, con una notevolissima Eleviole ai cori, e Braschi, che almeno sanno come si scrive una canzone, ma non è che sia abbastanza. Tra i cosiddetti Big, che annoverano anche nomi come Mario Cavallaro, corrispettivo tarantesco di "stocazzo", o il jazzista Guidi, che ci presenta una esecuzione talmente basilare di uno standard da far pensare a una gag, si salvano in pochi, pochissimi, da una gigantesca Marina Rei, accompagnata dalla band dei Paolo Benvegnù (lui, Paolo Benvegnù è assente perché ha avuto recentemente un malore), Artù, cantautore romanesco assolutamente da tenere d'occhio, e pochi altri. Per il resto, musica per punkabbestia con birretta in mano e cani sporchi appresso, e uno conta che almeno la birra riesca a intontirci abbastanza per farci sopportare tanta sciatteria musicale, tanto pressapochismo, 'sta musica inascoltabile.

Senti gli Ex-Otago cantare "i giovani d'oggi non valgono un cazzo" e ti viene da dar loro ragione, a partire dalla musica di merda che hanno portato a Roma. Anche qui, azzeccare ogni tanto una nota, sappiatelo, non è un peccato mortale. Provateci.

Del resto, il ritornello degli Ex-Otago va benissimo per Motta, uno dei casi di sopravvalutazione più clamorosa degli ultimi anni (anche lui stona come una campana, va detto). Qualcuno faccia una moratoria per impedire l'uso del violino nel rock, sembrate tutti gli Afterhours senza esserlo. Anzi, va bene per un po' tutti. Tristi cantautori indie e depressi, tipo Le luci della centrale elettrica di Vasco Brondi, che almeno ha fatto dell'essere stonato la propria cifra, e porta a casa il suo senza deludere nessuno, stonato è su disco, stonato è dal vivo, gli altri fanno semplicemente di tutto per imitarlo, riuscendoci. Sia detto per inciso, poi, se non sai cantare e non sai suonare, magari, potresti anche cercare un'altra forma d'arte per esprimerti, che la musica potrebbe non essere cosa per te.

Per il resto, Levante sembra una che a *Tale e Quale Show* imita Meg ai tempi dei 99 Posse, solo molto più stonata e coi coretti "sei bellissima" in sottofondo (ma guai a dire che deve fare l'instragramer, è). Maldestro è uno che in futuro potrebbe dire qualcosa di interessante, ma che per ora non ha ancora detto abbastanza per stare lì, non fosse che ha il suo discografico tra gli organizzatori. Discografico che è il manager di Fabrizio Moro, quantomeno con una carriera più significativa per giustificare la sua presenza nella parte alta del cartellone. Sfera Ebbasta non c'è, per questioni di salute, almeno questa Iddio ce l'ha risparmiata. Samuel no, lui c'è stato, evidentemente Dio aveva altro cui pensare.

Discorso a parte per Editors, che fanno apparire nani i nani che in effetti li hanno preceduti, giganteggiando, e però c'entrano in quel contesto come il parmigiano sulla pasta con i frutti di mare.

Roba da farti rivalutare i talent, se questa è l'alternativa. No, dai, stavo scherzando, molti di questi ne sono semplicemente la versione "vorrei ma non posso", la vera musica scorre altrove. Qui di sicuro no. Infatti uno finisce per abbruttirsi, drogarsi, ubriacarsi, al punto che quando sul palco compaiono i Ladri di carrozzelle gli sembra di sentirli gridare "stravedo per la figa", invece del più canonico "stravedo per la vita". La roba e l'alcol, viene da pensare, lo hanno fatto girare i fonici di palco, perché un livello tecnico così basso manco alla sagra del Bombarello di Sirolo.

Diciamo le cose come stanno, non è che sotto il cappello del lavoro si possa far passare per buona la qualsiasi. Anzi, proprio il fatto che ci siano problemi legati al lavoro, forse, dovrebbe indurre gli organizzatori, Carlo Gavaudan di Ruvido Produzioni, e Massimo Bonelli di iCompany, a puntare su altra musica, distante da questo stereotipo ormai abusato. Magari solo sul sano pop, se questa è la cosiddetta musica d'autore, i La Rua, che potevano apparire fuoriposto, sono tra i pochi a essersi salvati (oltre a essere tra i pochi intonati), mentre Francesco Gabbani e Ermal Meta hanno fatto meglio di buona parte degli artisti blasonati presenti nel cast, sia tecnicamente che a livello di feedback da parte del pubblico in piazza.

A parte loro si salvano Lo Stato Sociale, surreali ma a fuoco, musicalmente inesistenti, ma sicuramente dotati di personalità e con testi che nel loro essere "a post-it" arrivano, e Brunori SaS, sempre più in uno stato di grazia e azzeccato in un concerto che ambisce a guardare al sociale. Anzi, Brunori SaS forse proprio oggi ha fatto definitivamente il suo ingresso tra i grandi della canzone italiana, e non era affatto scontato. Ad accoglierlo Bennato, anche lui in splendida forma. Non se ne accorge solo la Rai che va in pubblicità in mezzo alla sua performance, scandalosa.

Per quel che le storie che si alternano tra una canzone e l'altra, che dire?, roba da far passare il libro *Cuore* per un saggio di anti-retorica. Senti parlare il primo avvocato africano iscritto al Foro di Milano, Mohamed, che è passato per una brutta esperienza di caporalato e ti viene voglia di iscriverti alla Lega o a Casapound (quando senti Camila Raznovich dire che Bombino ha suonato con grandi artisti internazionali come i Rolling Stone e Jovanotti, invece, ti iscrivi direttamente al Ku Klux Klan al grido di "Jimi Hendrix a casa sua").

Esiste un modo di raccontare le storie, ragazzi, sappiatelo. Pagate un autore, iscrivetevi a un corso di storytelling, ma cambiate registro.

Così non va.

Quando alle 19 è arrivato il telegiornale abbiamo accolto Mattarella che ha parlato con la sua solita verve di lavoro e disoccupazione come fossero i partigiani per le strade di Milano, nel 1945, una boccata d'ossigeno, un refolo di speranza.

Così poi si finisce per non seguire più con interesse quel che si svolge sul palco, e ci si perde magari anche qualcosa di buono, sempre che c'è stato. Non è colpa nostra, abbiate pietà, mica è colpa nostra se siamo rimasti schiacciati sotto tutto questo orrore.

È il primo maggio e devi lavorare. Piove. Ascolti le canzoni strappalacrime, ascolti le storie strappalacrime e poi corri a mettere sul piatto i Joy Division, sperando di trovare nella voce lancinante e lancinata di Ian Curtis un po' di gioia di vivere. Sempre che non sia troppo tardi. Così non va, se in Italia manca il lavoro non è certo colpa nostra, non potete farcela pagare così…

DALLA MERDA NASCONO I FIORI: A PROPOSITO DEL SINGOLO DI DI VAIO

Uno dice, ma perché parli sempre di musica brutta? Non faresti prima a non ascoltarla proprio, e dedicare le tue poche energie rimaste a spingere quello che di meritevole c'è in giro?

Tutto vero. Tutto sacrosanto. Esiste il bello, e andrebbe evidenziato. Ma il problema è che il brutto è molto di più. E soprattutto il brutto te lo tirano addosso manco fossero gavettoni a Ferragosto.

Allora, come se fossimo stati chiamati da Dio attraverso un raggio di sole che perfora il rosone di una chiesa metodista, mentre James Brown celebra una messa gospel, eccoci pronti a farci carico della missione definitiva: eliminare dalla faccia della terra la monnezza, così che i fiori, per colpa di De Andrè adesso c'è chi cerca nel letame, possano tornare a far bella mostra di sé.

E visto che parliamo di monnezza, è il caso di partire da un singolo che si è palesato nel corso di un quanto mai infausto 2017. Un singolo che ha per titolare Mariano Di Vaio, e per titolo *Wait for me*. Se non sapete chi sia Mariano Di Vaio significa che, forse, una speranza di sopravvivere all'apocalisse l'avete, e non sarò certo io a negarvi questa possibilità. Vi basti sapere che si autodefinisce fashion blogger, influencer e che ha bazzicato Selfie. Come dire, l'anticristo di questa nostra crociata. Di Vaio, per il suo compleanno, ha deciso di chiedere ai suoi follower di spingere in alto con i download e le visualizzazioni il suo singolo *Wait for me*, prova provata che l'estate sarà pure la stagione più bella, quella del sole, del mare, delle vacanze, ma è anche quella in cui i tossici lasciano le periferie per assieparsi nei bar del centro, in cui, mentre siete in vacanza, qualcuno vi scassina la porta di casa, vi si fa l'oro della nonna e poi vi caga sul letto, e in cui la vostra lei o il vostro lui trova qualcuno più in forma di voi, lasciandovi da soli a finire il Sudoku. L'estate è tutto questo e una serie di singoli di merda che neanche la mente più contorta e viziata potrebbe pensare.

Una mente viziata e contorta ha però pensato questa canzone qui, che il fashion blogger Mariano Di Vaio ha deciso di cantare, perché, evidentemente, a lui di dirci come vestirci e come non vestirci non basta, deve proprio venirci a rompere il cazzo porta a porta.

Ora, se Fabrizio De Andrè avesse ragione, su questa canzone dovrebbe nascere un'orchidea meravigliosa e bellissima, perché, fidatevi, siamo a livelli massimi di merditudine.

Prima di lasciarvi, però, direi che è il caso di provare a rendere questa lettura propositiva. Quindi, dopo avervi consigliato, se siete in grado di hackerare qualcosa, di attaccare in massa i social del fashion blogger, magari rubandogli qualche foto in cui si vedono smagliature e doppiomento, perché Di Vaio deve essere punito a casa sua per quel che ci ha fatto con questa canzone, vi consiglio qualche album che, invece, merita la vostra attenzione. Nello specifico, per disinfettarvi le orecchie da tanto brutto, non potete che passare dal bello contenuto nel densissimo doppio album *Forze elastiche* del cantautore Fabio Cinti, nei brani poeticamente corrosivi di *Tornano sempre* di Angela Baraldi, o in quelli semplicemente perfetti di *H3+* di Paolo Benvegnù. Non credo sarà sufficiente a liberarvi il cervello dall'abisso intravisto con *Wait for me* di Di Vaio, ma per quello potete sempre contare sul vostro subconscio o, a mali estremi, su una lobotomia autopraticata infilandovi un ferro da lana sotto l'occhio destro.

DARK POLO GANG E IL BLACK HOLE DELLA TRAP

Sono consapevole che per quello che sto per scrivere meriterei una di quelle tornature che nei film western del passato, quelli in cui i nativi americani erano chiamati indiani e erano immancabilmente cattivi, torture tipo un gancio infilato nello scroto e poi legato a un cavallo imbizzarrito, ma oggi intendo parlare della Dark Polo Gang e più in generale di quella musica di merda chiamata trap (parlo nello specifico del trap italiano), a partire da due libri. Operazione che può apparire filologicamente errata, perché niente è più distante dall'idea di libro della Dark Polo Gang e della trap italiana, ma che, se avrete la pazienza di seguirmi, ha un senso.

Per spiegare cosa sia la Dark Polo Gang, senza però indurvi automaticamente a lasciare momentaneamente la lettura per correre a visionare un loro video su Youtube, metterò momentaneamente da parte il mio intento di spiegarvelo attraverso due libri, ricorrendo a un aneddoto personale.

È Ferragosto, sono all'ombra del Monte Conero, presso il lido Il Libeccio di Marcelli. Questo non tanto per sottolineare che sono marchigiano, quanto per dirvi che ho deciso di passare uno dei giorni più caotici dell'anno sì nella calca, ma nella calca che può esserci in un posto di suo poco caotico, fuori dalle rotte massificanti del turismo balneare.

Sono steso su una sdraia, all'ombra, perché oggi deve essere un giorno di vero relax. Intorno a me la famiglia e gli amici, nel frigo sotto la sdraia il pranzo e le birre. Arrivano due ragazzi, avranno diciotto, massimo venti anni. Si siedono l'uno di fronte all'altro su un lettino. Uno al sole, l'altro all'ombra. Tirano fuori un mazzo di carte da Uno, e il tizio all'ombra inizia a mescolare le carte. L'altro tira fuori un cellulare e fa partire una canzone. Questa scena, i due ragazzi seduti uno di fronte all'altro che giocano a Uno mentre dal cellulare escono canzoni mi accompagnerà, mio malgrado, per tutto il giorno. O almeno per quella porzione d giorno che passerò sotto l'ombrellone, steso sul lettino. Andrò più volte a fare il bagno, anche per colpa loro, che invece non si muoveranno di lì, se non per andare a mangiare al bar del Lido. La musica, se così vogliamo chiamarla, che esce dal cellulare, lo smartphone, è trap, della Dark Polo Gang per essere precisi. Tutto il giorno. Fino a oggi, Ferragosto 2017, il mio rapporto con la trap e più nello specifico la musica della Dark Polo Gang, è stato saltuario. Li ho ascoltati quel tanto che basta per farmi dire che non li voglio ascoltare. Perché è vero che sono un critico musicale, ma è anche vero che sono sufficientemente vecchio per potermi giocare la carta dello snob nostalgico che schifa tutto quel che è di appartenenza alla sfera dei millennials. Oggi, però le cose vanno mio malgrado diversamente. Ascolto la Dark Polo Gang e ho una epifania. Brutta. Nel senso che ho sì questa manifestazione visionaria davanti agli occhi, ma quel che i miei occhi vedono (le mie orecchie sentono) è di una bruttezza rabberciante. Affascinante, a suo modo, per quello stesso fascino che ci costringe a fissare certe pustole o cicatrici, manco fosse la linea perfetta che scorre tra due chiappe. Musica prodotta male, ma non volutamente male, semplicemente male, senza perizia, senza ricerca dei suoni, senza l'intento di creare un suono o di ricreare un suono, ma semplicemente usando mezzi spicci e usandoli con imperizia. Flow inesistenti, come di chi provasse a fare Free style senza sapere l'abc della metrica e del tempo. Assenza totale di un immaginario, sempre che non si voglia prendere per immaginario l'assenza di immaginario, privo di intenti nichilisti o nichilistici, semplicemente come presa d'atto che è quel che passa il convento. Niente spirito punk del Do It Yourself. Niente spirito hip-hop del rimarcare la propria superiorità artistica o, fosse vero, la propria consapevolezza (consciousness). Niente, solo musica demmerda.

Fine dell'aneddoto personale, vi sia di conforto sapere che a una certa i due tipi hanno ceduto al caldo e se ne sono andati, mentre noi tardoni nostalgici abbiamo levato le tende che era già buio. South Will Rise Again.

La Dark Polo Gang e i due libri, si diceva.

Bene. Il primo libro cui sono dovuto ricorrere per farmi una ragione della Dark Polo Gang e del trap tutto, è *Come funziona la musica*, di David Byrne. Riprenderlo in mano è sempre esercizio utile, e già le prime pagine nelle quali spiega, con la genialità che tutti gli riconosciamo, come nel tempo sia stato il modo in cui si fruisce la musica, e anche il dove, a aver influito nella scrittura della musica stessa, comincia a fornirci strumenti utili per la nostra opera improba. Questo seppur Byrne, il cui libro è stato scritto quattro anni fa, ma partendo da idee precedenti, fatichi a decodificare la scrittura al tempo dell'MP3 (quindi della musica fatta per essere suonata su dei lettori MP3), che a mio avviso è la vera chiave di volta del fenomeno trap.

Nel momento in cui il supporto fisico ha lasciato spazio al download, prima, e allo streaming, oggi, la scrittura non poteva che fare i conti con la compressione. Prendete il passaggio di *Come funziona la musica* in cui con parole quantomai semplici Byrne ci spiega come certa musica rap sia concepita per l'ascolto in auto, con determinati impianti audio (nel libro addirittura mostrati fotograficamente). Una modalità, quella, che richiede una scrittura che utilizzi musicalmente solo bassi potenti, e alti, spesso reiterati, lasciando che sia la voce del rapper a riempire tutto il resto dello spazio sonoro, lì dove in passato c'erano gli strumenti quali le tastiere, le chitarre, gli archi. Ecco, con passaggio all'odierno, cioè all'ascolto attraverso gli smartphone, tutto questo ha subito una accelerazione verticale, esponenziale. La musica da compressa, come era avvenuto con il passaggio agli MP3, si è fatta addirittura distorta, tanto è schiacciata, e il Low-fi che lo strumento porta con sé ha fatto sì che neanche si tenti più una rifinitura, dando per assodato che tutto suona male. L'accelerazione che la fruizione in rete, lo streaming, ma anche Youtube, ha portato come dote, è poi una ulteriore frammentarietà dell'ascolto medio, con una soglia di attenzione sempre più bassa, la logica delle playlist a costruire il gusto personale e una conseguente estinzione del concetto di fidelizzazione.

E qui arriviamo al secondo libro, che apparentemente con la musica trap nulla ha a che spartire, *History* di Giuseppe Genna. Un libro molto importante e anche molto complesso, di cui non intendo parlare nelle poche righe che rimangono di qui alla fine di questo articolo. Quel che però è nodo centrale del libro di Genna è il testo, e più nello specifico la presa di coscienza di come il testo inteso per come lo conosciamo noi, per come è da secoli in Occidente, è destinato a finire con l'ultima generazione nata e formatasi nel Novecento (quella di Genna e di chi scrive). Questa consapevolezza porta Genna a mettere in discussione l'assunto di Bauman sulla società liquida, portando lo scrittore milanese a parlare di società nebulosa. Ecco, in questa idea di nebulosità, quindi di frammentarietà senza forma, in movimento ma senza un corso, di densità variabili e più in generale indefinibili, rientra perfettamente la musica della Dark Polo Gang e più in generale del trap. Una musica che non ha un testo (non si sta ovviamente parlando di assenza di parole, ma di testo inteso come narrazione lineare) e che ha rinunciato, scientemente o meno, a creare o anche solo a avere un immaginario, rincorrendo semmai una estetica. Assenza totale di poesia, ma anche di consapevolezza di come in fondo sia la poesia a farci rimanere uomini. La Dark Polo Gang, quindi, ben incarna, ma stiamo parlando di una incarnazione simbolica, perché di incarnazione di qualcosa di nebuloso, e quindi privo di sostanza corporea si tratta, alla perfezione la musica dell'oggi, quella fatta per suonare sugli smartphone, non atta a ballare, come buona parte della musica popolare del Novecento, né per socializzare.

Se poi tutto questo discorso vi è parso troppo complesso e artificioso, potete semplicemente continuare a considerarla musica demmerda, non sbaglierete comunque.

DA SOLA/ IN THE NIGHT,
L'ALDILÀ LO VEDONO SOLO I MARTIRI

Mettetevi seduti.

Anzi, no. Prima prendete un bicchiere d'acqua, e appoggiatelo di fianco a dove vi sedrete.

Ora mettetevi seduti. Respirate con calma. Se conoscete delle tecniche yoga o che facciano riferimento a una qualsiasi disciplina orientale utilizzatele. Me ne sarete grati, fidatevi.

Respirate con calma.

Bevete.

Bene.

Possiamo cominciare.

C'è questa setta guidata da una vecchia cattivissima. La vecchia vuole scoprire cosa c'è nell'aldilà, perché ci sono delle persone ricchissime, anche loro anziane, che lo vogliono sapere, per prepararsi alla morte.

Se state pensando che chiamare una vecchia vecchia sia politicamente scorretto, sappiate che si chiama mimesi, cioè chi scrive sta volutamente usando un termine disturbante per creare disagio in chi legge. Quindi tutto regolare, passate oltre.

La vecchia, che oltre a essere vecchia è evidentemente non tutta centrata, non a caso ha dato vita a una setta, è convinta che solo i martiri possano sapere cosa succede dopo il trapasso, per questo mette in piedi una clinica dove tiene recluse delle persone che martirizza, proprio al fine di arrivare alla conoscenza. I martìri vengono protratti nel tempo, dilanianti, terribile. Tra le vittime della vecchia c'è anche questa ragazza, che è la vera protagonista di questa storia. La ragazza che alla fine viene scuoiata viva, come fosse un coniglio.

Ecco, immaginate un coniglio scuoiato, ma con un certo sadismo che, in genere, chi scuoia i conigli tutti i giorni non ha, o non dovrebbe avere. Poi immaginate di essere vegani. Ma non di quei vegani vagamente filosofi, che hanno un loro senso etico ma anche la convinzione che rompere i coglioni agli altri non serva a niente, anzi, finisca spesso per ottenere l'effetto contrario a quello desiderato, tipo che vuoi convincere qualcuno a non mangiare più carne e dopo aver parlato con te quello va a farsi una grigliata di arrosticini. No, un vegano di quelli che vivono il loro essere vegani come una missione totalizzante, e che passano le giornate a cercare di convincere gli altri delle loro ragioni.

Ci siamo. Pensate a un coniglio scuoiato con sadismo davanti a un nazivegano. Questo è l'effetto che fa la ragazza mentre viene scuoiata nella clinica. Ovviamente molto peggio, perché non è un coniglio, ma una ragazza.

Respirate con calma.

È un film, *Martyrs* di Pascal Laugier.

Solo un film, ma talmente disturbante che, quando è uscito nelle sale, dieci anni fa, le persone che hanno resistito fino alla fine sono state molte meno di quelle che sono dovute uscire durante la proiezione, spesso su di una lettiga, svenuti. *Martyrs* è considerato, a ragione, il film più disturbante della storia del cinema. Una sorta di snuff movie concettuale.

Se andate su Youtube, preavvisati degli effetti che queste scene hanno avuto sugli spettatori al cinema, potete vedere le scene salienti, compresa quella dello scuoiamento della ragazza.

Respirate con calma.

Se serve bevete un altro bicchiere d'acqua.

Fate mosse Tai Chi, tipo "l'uomo che coglie le albicocche".

Bene.

Forse siete pronti, perché in fondo nessuno è mai pronto all'orrore.

Perché la scena finale di *Martyrs* di Pascal Laugier è niente in confronto all'effetto disturbante che proverete se avrete l'ardire, anche qui preavvisati degli effetti a cui andrete incontro, magari iniziate a preallertare il 118, di ascoltare il nuovo singolo di Takagi & Ketra, featuring Tommaso Paradiso e Elisa, *Da sola/ In the Night*. Qualcosa di talmente brutto e disturbante da farvi augurare di essere voi la ragazza scuoiata viva, perché seppur dopo atroci sofferenze alla fine per la ragazza arriva la morte, mentre è capace che se continuate a vivere almeno per sbaglio vi capiterà di riascoltare questa canzone.

Canzone che in tre minuti e dieci riesce a distruggere quanto di buono è stato fatto per rivalutare gli anni Ottanta da gente come Simon Reynolds in anni di trattati di musicologia e critical studies.

Perché *Da sola/ In the Night*, secondo brano che vede la coppia di produttori del momento nelle vesti di titolari di un brano dopo *L'esercito dei selfie*, è una canzone che in tutto quanto di brutto, anzi di orribile è stato fatto negli anni Ottanta non solo affonda le radici, ma si rotola goduriosamente, come un maiale cui sia permesso di sollazzarsi nel fango (maiale alla Babe che però, sia messo agli atti, diventerà braciole e insaccati, dopo atroci sofferenze, pure lui).

Prendete una base che in confronto *Tarzan Boy* di Baltimora andrebbe esposta al MOMA di New York come opera d'arte, con quelle tastiere di plastica, si suppone di volutamente di plastica, e quella batteria elettronica incalzante che sembrano un inno all'edonismo reaganiano di D'Agostino, con quarant'anni di ritardo e Reagan che neanche uno come Trump ha fatto rivalutare agli occhi del mondo. Metteteci su un testo che di quel vuoto esistenziale che così bene ci è stato raccontato da gente come Brett Easton Ellis e Jay McInerney è involontario manifesto, perché loro volevano raccontare quel vuoto, *Da sola/ In the Night* no, shakerate con la voce stonata di Tommaso Paradiso e quella ormai imbarazzantemente lontana dagli esordi bijorkiani di Elisa e avrete una vaga, vaghissima idea di quello che i martiri, solo i martiri riescono a vedere dopo le loro sofferenze, stando almeno a quanto ipotizzato dalla vecchia del film di Pascal Laugier.

Cioè, per dire, intorno al minuto due e ventotto, circa, c'è pure un assolo di batteria elettronica, lì a anticipare lo special in cui Elisa, Elisa benedetto Iddio, sciorina le banali parole del ritornello sulla base spoglia di suoni.

Ora, se questa canzone fosse uno scherzo, qualcosa tipo Le Coliche che fanno il verso a Levante chiamandola Ponente ci sarebbe pure da ridere, seppur con quell'imbarazzo misto a ansia di chi, in fondo, capisce che si scherza e si ride ma la realtà non mica tanto diversa dalla finzione.

Ma qui non siamo di fronte a una gag, a uno scherzo, ma di una canzone vera. Il nuovo singolo di Takagi e Ketra, che dopo aver devastato Arisa e Fragola, sempre che qualcosa da devastare ci fosse, decidono di devastare anche Tommaso Paradiso e Elisa.

Anzi no, perché la sensazione, anche vedendo le foto promozionali in cui il cantante, chiamiamolo così, dei Thegiornalisti si presenta vestito da tennista con occhiali da sole molto alla Luca Carboni negli medesimi anni, e Elisa che si abbraccia, molto fashion, è che i due ci credano davvero.

O che semplicemente non abbiano mai creduto in altro, e che quindi chiunque abbia mai pensato che Paradiso fosse qualcosa di diverso da quello che ama farsi fotografare con Jerry Calà, quello la cui massima aspirazione era fare la colonna sonora di un cinepanettone (sfiga ha poi voluto che il cinepanettone per cui ha scritto la colonna sonora sia quello di Brizzi, *Poveri ma ricchissimi*, il film meno curriculabile della storia del cinema italiano), quello che non ha nessuna difficoltà dal passare dal cantare *Pamplona* e *Riccione* al mettere la propria voce in una canzone che eleva Taffy al livello di Diamanda Galas, ha preso una cantonata clamorosa. Così come chi avesse mai dubitato che la vera Elisa non sia quella vista su Canale 5 mentre cuoce l'uovo al tegamino in una sfida infuocata con Emma, giudice supremo Carlo Cracco, quella che va a fare le imitazioni della Caselli da Fazio, ridendo unica e sola di qualcosa che non farebbe ridere neanche qualcuno che abbia deciso di testare una qualche droga sintetica dopo aver assunto antidolorifici e Coca Cola, altro che *Alleluja* di Leonard Cohen, yodel e collaborazioni con Howie B, be', chiunque abbia anche per un secondo dubitato di ciò è un credulone, di quelli che appena gli citofona uno sconosciuto dicendo che è lì per leggere il contatore del gas per conto dello stato gli apre anche se ha la faccia lombrosianamente troppo simile a Charles Manson (la svastica tatuata in mezzo alla fronte potrebbe essere utile come indizio, uno badasse ai dettagli), magari indicandogli pure dove tiene nascosto l'oro e i soldi contanti.

Ascoltando *Da sola/ In the Night* di Takagi & Ketra, featuring Tommaso Paradiso e Elisa, accovacciato nel buio di una stanza sporca, come un novello colonnello Kurtz (con più capelli e un po' meno di pancia), si ha quasi la sensazione che dietro ci sia altro. Pensando alla parabola discendente della carriera di Elisa, passata dall'essere una sorta di nostrana Alanis Morrisette all'essere una che potrebbe serenamente essere uscita dalla scuola di *Amici*, ma soprattutto pensando a uno come Tommaso Paradiso, che non solo ci ha ammorbato l'estate con le varie hit scritte per sé e per gli altri, dalle già citate *Pamplona* e *Riccione*, a *Mi hai fatto fare tardi* di Nina Zilli, *L'esercito dei selfie*, *Partiti adesso* di Giusy Ferreri e sicuramente qualcun'altra che un subconscio amorevole al momento ha rimosso dalla mia memoria breve, ora lancia l'attacco finale con questa roba qua, risulta impossibile pensare che dietro non ci sia un progetto. Non dico qualcosa come la setta di *Martyrs*, ma almeno la volontà di provocare a tutti i costi, come il cavallo morto esibito in una mostra da Damien Hirst.

Ma siccome l'idea che ci sia un parallelo col film di Pascal Laugier ci piace, e in fondo se si decide di fare i critici musicali in questi anni significa che un po' si deve essere autolesionisti e provare piacere nel sottoporsi a certe torture, prima di trapassare voglio che tutto questo non sia vano, consegnandovi finalmente il segreto tanto cercato dalla setta guidata dalla vecchia sadica. E nel farlo userò le parole del Franco Funari portato a teatro e in televisione da Corrado Guzzanti, visto che quel che succede nell'aldilà è alla fin fine l'unica sensata domanda che l'ascolto di *Da sola/ In the Night* può giustificare.

"Avete presente la luce che si vede in fondo al tunnel nel momento del trapasso? Occhio, è a carico vostro".

DE ANDRÉ AL TEMPO DEI CANTAUTORINI (UNA DISTOPIA)

Alcuni giorni fa «Dagospia» ha cercato di riaprire una vecchia diatriba riguardo a Faber. Riprendendo un interessante articolo di Alessio Lega uscito per il nuovo bimestrale «Vinile», un articolo in cui il cantautore anarchico affrontava con piglio filologico e l'amore del fan tutta la discografia deandreiana evidenziando tributi più o meno espliciti a altri autori, collaborazioni varie, da De Gregori a Bubola, passando per Pagani e Fossati, quasi sempre cannibalizzanti e totalizzanti (uso i toni dagospiani, intendiamoci). Ora, sbollita la sterile polemica scatenatasi online, è forse il caso di fare un ragionamento, proprio a partire dall'interessante scritto di Lega. Un ragionamento che verte non tanto su De André, autore scomparso e la cui analisi viene già ampiamente affrontata da altri critici, quanto sulla realtà del cantautorato italiano.

Sul fatto che Fabrizio De André sia stato un eccelso intercettatore di talenti nessuno ha dubbi o qualcosa da ridire. Capace come nessun altro, in Italia, di attirare a sé voci uniche, capaci poi di dare al suo fianco, quasi sempre, il meglio di loro, il cantautore genovese è stato in grado, nel corso di una lunga carriera di mettere in evidenza talenti incredibili, riuscendo attraverso di loro a spostare la propria ispirazione altrove, posizionando il proprio piano di ricerca su territori differenti, dall'America di Spoon River affrontata con la Pivano al Mediterraneo di Pagani. Chiaramente sminuire il valore autoriale di De André per la scelta, cosciente, di collaborare con altri è accusa pretestuosa e ridicola, va invece riconosciuto una ulteriore cifra del cantautore genovese, saper trarre il meglio da chi aveva intorno, spesso prima di chiunque altro, si veda Massimo Bubola o il giovane Francesco De Gregori, in tutti i casi sempre al massimo. Poi, altrettanto chiaramente, va detto che la poetica deandreiana è talmente ben definita da non poter trascendere da De André stesso, nell'affrontarla, prova ne è l'incapacità, spesso, degli autori con cui si è confrontato di toccare gli stessi vertici in sua assenza.

Ora, il ragionamento che vorremo fare in questa sede, non per cavalcare la polemica, altrimenti l'avremmo fatto a ridosso dell'uscita di «Dagospia», ma proprio per affrontare ulteriormente lo stato dell'arte attuale del panorama musicale italiano, è con chi, fosse ancora vivo, oggi si sarebbe mai potuto confrontare Faber.

Esiste, in sostanza, oggi, un cantautore non ancora emerso del tutto, o in cerca della consacrazione definitiva (si tratti di consacrazione nel mainstream o in ambito indie) che potrebbe ambire a essere attirato come una falena dalla luce al cospetto di un mostro sacro come De André?

Stiamo ragionando per assurdo, un po' come se fosse possibile aprire una delle tanto note sliding doors e gettare lo sguardo su una realtà parallela. Ma il nuovo cantautorato, in effetti, credo sia affrontabile solo con piglio fantascientifico, anzi, con spirito distopico.

Perché, diciamocelo chiaramente, il solo pensiero che un De André avrebbe dovuto guardare alla produzione dei nuovi cantautori per orientarsi o anche solo per scegliere con chi collaborare mette i brividi. Ve lo vedete Faber lì, nella sua casa in Sardegna, mentre ascolta con un vecchio stereo con ancora il vinile, che so?, I Cani? Cosa avrebbe potuto pensare? Che il futuro non è nei suoni provenienti dalle varie tradizioni folkloristiche dei paesi del mediterraneo, come gli era capitato di fare in passato, al fianco di Pagani, e poi di Fossati, ma nell'uso infantile delle pianole, tipo Bontempi suonata con tre dita? Oppure ve lo immaginate intento a studiare le canzoni di Dente? Subito dopo lui, il ciuffo a coprire il viso segnato, intento a cancellare i suoi versi dal quaderno dove era solito appuntarli, troppo lunghi, troppo profondi, troppo poetici. Meglio qualcosa di decisamente più superficiale, giovanilistico. Magari, ispirandosi a qualche post su Facebook, usando frasi che sembrano slogan buoni per intitolarci poi una commedia sentimentale con Raoul Bova. Discorso valido, questo, per un po' tutta la nuova scena cosiddetta indie. Da Lo Stato Sociale a Thegiornalisti, da Calcutta a Le luci della centrale elettrica. Ecco, magari in alcuni casi il talento è più visibile, seppur seppellita dietro barbe lunghe e maglioni a strisce orizzontali, ma l'attitudine di fondo appare sempre la medesima. Zero approfondimento sul fronte melodico e armonico. Zero, ma forse anche sotto zero, approfondimento sul fronte arrangiamenti, con una sciatteria di fondo davvero avvilente. Il lo-fi, depotenziato dalla reiterazione e dalla decontestualizzazione, scorciatoia per superare a destra mancanze artistiche piuttosto evidenti. Prendete il più urticante spirito punk e imborghesitelo, ma sempre con l'effetto "questo non ha mai imparato a fare il barré", ecco, questa la situazione che si troverebbe di fronte. Niente world music, quindi, niente ballate francesi, niente poesia delle praterie americane. Chitarre calanti e pianole, tali da far suonare il kazoo che entra nel secondo special de *La domenica delle salme* come la sezione d'archi dell'Orchestra Filarmonica di Londra. Ecco, proprio un brano come quello, ma l'elenco potrebbe quasi essere infinito, dimostra come non è l'eccessivo utilizzo di strumenti a sancire la differenza tra un capolavoro e una canzoncina destinata, si auspica, alla prossima dimenticanza. Una chitarra arpeggiata ossessivamente, da quel mostro di Michele Ascolese, un violino vagamente zigano che entra nel primo special, un kazoo che entra nel secondo, entrambi ad opera di Mauro Pagani, su tutto la sua voce, profonda come la notte, un testo che da solo potrebbe valere la bibliografia di uno dei tanti scrittorini attuali, non a caso così infatuati dalla cifra della nuova scena musicale italica, una faccia una razza. Una canzone, questa, ma ripeto l'elenco sarebbe lungo e quasi imbarazzante, che suona oggi attuale e tragicamente incisiva come quando uscì, e sono passati ventisei anni. Ecco, se ci riuscite, provate a immaginarvi come suoneranno tra ventisei anni brani come *Mi sono rotto il cazzo* de Lo Stato Sociale, per altro una delle loro migliori, o *Promiscuità* dei Thegiornalisti, o anche *Kurt Cobain* di Brunori Sas o *Cara Catastrofe* di Vasco Brondi. Provateci, poi correte in cucina, aprite la dispensa dove tenete i detersivi e abusate di Nelsen Piatti, non vi farà benissimo, ma almeno avrete altro a cui pensare, almeno per qualche ora.

In questa catastrofe generale, perché anche le belle intuizioni di un Calcutta, tipo *Frosinone*, al confronto con un mostro sacro come De André suonerebbero agghiaccianti, c'è forse un solo nome che potrebbe salvarsi. Nome che sta lì, al confine tra questa generazione di neocantautorini con chitarrine e quella più seria dei cantautori veri e propri, rimasto, per dire, fuori dal pezzo sulla scena romana per mera questione anagrafica, classe 1979. Parlo di Alessandro Mannarino, un artista con una sua cifra interessante, una penna originale, una lingua fintamente sporca, ricercata. Chiaro, a vederlo col cappellino in testa, i baffi folti, viene voglia di prenderlo a pizze in faccia, ma se esiste una speranza per questa nuova generazione, è sicuramente lui. Sarebbe bello, oggi, sentire il suo pop-rock dalle pesanti venature folk, tra Roma e la Spagna, confrontarsi con una produzione seria, adulta. Vederlo abbandonare ulteriormente i sicuri lidi fin qui affrontati, magari andando a bagnarsi altrove, un po' come è capitato a Vinicio Capossela nel corso della sua lunga carriera.

Ecco, per chiudere il giochino distopico messo in scena, un incontro tra Fabrizio De André e Alessandro Mannarino ci sarebbe piaciuto, sicuramente in un bar, del Pigneto come di Tempio Pausania, in Gallura. Magari il tutto sarebbe finito solo in una generosa bevuta a base di vino consumato in quei bei bicchieri squadrati da osteria, ma almeno ci avrebbero provato.

DE GREGORI, GUARDA CHE NON SEI PIÙ TU

Piccola premessa, penso che *Guarda che non sono io*, brano contenuto nell'ultimo, fortunato (per i tempi che corrono) album di studio di Francesco De Gregori, *Sulla strada*, ci racconti, nella finzione narrativa tipica dei brani che pretendono di essere realistici e autobiografici, più di una verità.

Ma andiamo con ordine.

Se guardo indietro, al mio passato, posso dire che Francesco De Gregori c'è sempre stato. Intendiamoci, non sono così giovane da poter dire di essere nato quando già le sue canzoni erano in giro, come invece potrei fare con il suo coetaneo Claudio Baglioni, ma da che ho memoria di me senziente sì, De Gregori era lì. Sarà che ho un fratello maggiore di otto anni, con una certa passione giovanile per il cantautorato, ma fatico a pensare una sola porzione della mia vita passata, diciamo almeno fino agli albori delgi anni Novanta, che non sia stata accompagnata da una canzone di De Gregori, non necessariamente da una canzone del vecchio repertorio di De Gregori. Per dire, quando nei primi anni Novanta ero solito annullare la scheda elettorale, non mi limitavo a disegnarci su falli o roba del genere, ma ci scrivevo il testo de *La storia*, senza sapere che un giorno il Pd di Veltroni l'avrebbe fatta propria, devastando per sempre i miei ricordi postadolescenziali.

Nel mio passato De Gregori c'è sempre stato, comunque sia.

Detto così, immagino, a un orecchio disattento, la cosa potrebbe anche suonare come un complimento. Una vita segnata dalla musica di un artista. Ora, a prescindere che la mia sia stata o meno una bella vita, questo credo poco vi interessi, suppongo che il dettaglio che vi sarebbe dovuto balzare agli occhi è piuttosto quello legato agli anni in cui De Gregori è stato parte importante della mia colonna sonora, e quelli in cui ha smesso di esserlo. De Gregori ci ha lasciato, credo per sempre, con l'album *Canzoni d'amore*, nel 1992. Lo dico col rispetto che da sempre provo per una fetta importante del mio passato, non fosse per quello che in genere tendo a tributare a chi ha contribuito a scrivere la nostra musica popolare e leggera. De Gregori ha scritto alcune della canzoni più belle della nostra storia musicale, non credo sia necessario sciorinarle in questa sede, ma da troppo tempo non è più capace di fare due cose secondo me essenziali: scriverne ancora o smettere del tutto di scrivere. Ora, uno potrebbe dire: ma chi sei tu per lanciarti in un simile attacco? Premesso che questo non è un attacco, ma una critica, e premesso che, se state leggendo questo blog sapete chi sono, sopra c'è scritto il mio nome e c'è pure una mia fotografia, vi basti sapere che se una cosa fa male, nel sentire, per dire, le ultime tracce di *VivaVoce*, raccolta in cui il cantautore romano si cimenta con il proprio repertorio, grandi successi e brani minori, è la consapevolezza che sarebbe bastato così poco per non rovinare tutto, che so, ritirarsi e godersi i diritti d'autore, darsi alla letteratura, godersi il lungomare di Senigallia. Invece De Gregori non ha mai staccato la spina, ha continuato a pubblicare album, infilando una catena ineguagliabile di album dal vivo nel tempo, in cui costantemente è riuscito nell'impresa di rovinare il frutto del suo stesso ingegno, ma tirando fuori, neanche troppo di rado, anche album di inediti, mai all'altezza del suo passato e nemmeno all'altezza del suo presente (perché se è vero che, per dirla con parole sue, i nuovi cantautori scrivono spesso canzoni banali e poco interessanti, se ne facciano una ragione, è anche vero che i vecchi cantautori non necessariamente devono puntare al ribasso, come sta facendo lui). Siccome essere un artista è condizione privilegiata, e chi scrive non è annoverato nel Club esclusivo, potrei anche limitarmi a supporre cosa spinga un talento a mettere in mostra con tale costanza la propria vena aurea oramai essiccata, qualcosa che potremmo chiamare, impropriamente, "voglia di esserci ancora". Ma non credo che De Gregori sia artista che continua a scrivere solo per esserci, non sono così meschino nei suoi confronti. Non credo neanche che, al pari di certe signore che, desiderose di essere per sempre giovani, o semplicemente affette da quello che in psicologia si chiama Dismorfismo corporeo, De Gregori non si renda conto che le sue nuove composizioni, o le nuove versioni delle sue vecchie canzoni da poco giunte nei rari negozi di dischi ancora rimasti, altro non siano che un trattamento di botox, l'ennesimo, che lo sta trasformando in qualcosa di simile a un *Re Leone* della canzone italiana, mostro deforme dalla vaghissima somiglianza al se stesso di un tempo, sempre più simile ai suoi simili, un tempo in verità piuttosto differenti da lui. No, penso piuttosto che De Gregori, il cui carattere da sempre è oggetto di leggende metropolitane degne di finire prima o poi in un libro dal titolo *Il libro nero del Pop Italiano*, abbia colto come il suo essere un vecchio brontolone, un vecchio brontolone che era anche da giovanissimo, come un piede di porco per continuare a entrare nelle nostre case. O quantomeno nel nostro immaginario. Va in televisione, da un Fazio, e fa l'antipatico, lo scostante, quello che schifa il suo pubblico. Racconta del suo rapporto con Dalla, qui omaggiato in uno strano mix tra la sua *Santa Lucia*, canzone tanto bella da indurmi ancora oggi alle lacrime, e *Come è profondo il mare*, ma non riesce neanche in questa occasione a far trapelare alcunché di umano, nemmeno ricordando il collega e, si suppone, amico scomparso. Addirittura tira fuori un singolo, il già citato *Guarda che non sono io*, in cui

77

palesemente prende le distanze dai tanti fan che sono soliti, in un mondo di selfie e starrie, fermarlo per chiedere un autografo, una foto, per dare una propria interpretazione del proprio brano preferito, finendo per proiettare sul cantante la propria immagine del cantante medesimo. Insomma, De Gregori sembra aver trovato un modo per trincerarsi dietro la propria ruvidità d'animo per giustificare una certa aridità compositiva, tanto ha un bel passato, un gran repertorio. *Guarda che non sono io*, quello che non ti frega e che non ti tradisce. Bella canzone, *Guarda che non sono io*, insieme a *Cardiologia*, contenuta in *Calypsos*, una delle pochissime che si salvano in un paio di decenni di scempi. Canzone che forse avrebbe dovuto far propria, ripensando alla sua carriera recente, e spingerlo a smettere, perché, no, in effetti non è lui quello che duetta con Ligabue in *Alice*, non è lui quello che devasta le sue vecchie canzoni, ultimi ricordi di qualcosa che ha contribuito a smontarci anno dopo anno, live dopo live. Guardasse a cosa ha fatto il suo ex amico e collega Venditti (a lui è dedicata *Vecchi amici*, ascoltare per farsi un'idea), per dire, uno che ha smesso di avere qualcosa da dire una vita fa e che, almeno, ha anche smesso di provarci, limitandosi a tirare fuori un album di inediti ogni morte di Papa, tutti altrettanto puntualmente brutti. Oppure fai tue le parole dell'altro tuo amico, Lucio, "quanta poesia nello stare zitti se non si ha niente da dire". A Frà, fallo per noi, fallo per te, goditi il lungomare di Senigallia, datti alla letteratura, guarda che non sei (più) tu.

DE GREGORI, TU DA CHE PARTE STAI

Ci sono storie d'amore destinate a durare in eterno.

Ce ne sono altre che toccano il loro apice, poi si sbriciolano, senza possibilità di ricomporsi.

Cioè, magari può essere un ritorno di fiamma, illusorio, ma quel che si è perso si è perso, e il ricordo di quel che c'è stato è talmente alto, siderale quasi, da impedirci di accettare la minestra riscaldata che ci troviamo di fronte.

Non esiste, va detto, una regola ferrea, un canone al quale attenersi. Per intendersi, non è dato sapere quanti ritorni di fiamma si possono accettare prima di alzare le mani e arrendersi all'evidenza. Non è stabilito da una legge, né da una consuetudine.

Uno se lo sente, si dice in questi casi. Lo capisce da uno sguardo, da una questione di pelle.

Ecco, mi sa che la mia storia d'amore con Francesco De Gregori sia definitivamente andata. Arrivederci amore, ciao.

Perché se con l'uscita di *Francesco De Gregori canta Bob Dylan* tutto quel che avevo sopportato negli ultimi anni era come passato di colpo, dimenticato per quei meccanismi che appunto solo l'amore rende possibile, vederlo lì, ospite di Maria De Filippi e Sabrina Ferilli, a *House Party* è stato troppo, l'ennesimo paio di corna messo in pubblico, l'affronto di un segno di rossetto sul bordo della camicia, neanche nascosto, la risata di scherno di troppo della conoscente al supermercato, lei che sa e io no. Perché uno non è che pretenda che ci sia un'adesione totalizzante alla figura di Dylan cantata appunto nell'ultimo album, ma almeno qualcosa che ci somigli anche vagamente, santo Iddio. Dylan vince il Nobel e non risponde per un mese. Dylan alla fine accetta, ma non commenta. Dylan dice che non andrà alla premiazione, perché ha un non ben precisato impegno precedente. E Dylan in effetti non va, perché ha altre priorità. Invece lui, De Gregori, il ruvido cantautore che ha sempre trattato gli altri con distacco, quasi antipia. Anzi, il cantautore ruvido che si sulla distanza tra sé e il pubblico ci ha pure scritto una canzone, uno talmente radical chic, e Dio mi perdoni per aver usato questo orribile concetto, da aver rivendicato la propria superficialità, ecco, De Gregori non salta più un appuntamento, cascasse il mondo. E non si tratta di appuntamenti come il Nobel, per capirsi, perché De Gregori il Nobel non l'ha ovviamente vinto. No, lui viene invitato a *Amici*? Eccolo che arriva. Lui viene invitato al concerto all'Arena de Il Volo, eccolo. Lui viene invitato a *X Factor*, zac, eccolo lì. Lui viene invitato a *House Party*, il nuovo programma di Maria De Filippi, in compagnia della signora Cattaneo, e eccolo lì. In ottima compagnia di altri ospiti della levatura di Alessandra Amoroso, Emma, Elisa, la ringiovanita Fiorella Mannoia, Giorgio Panariello, Gianni Morandi, tutti rigorosamente del buon Ferdinando Salzano, titolare di Friends and Partners e della quasi totalità degli ospiti televisivi di chez De Filippi e chez Carlo Conti, a sua volta con F&P, nonché del prezzemolino Roberto Saviano, domani sera a presentare il suo ultimo romanzo a cena a casa vostra, e del Pupone Francesco Totti, uno che ultimamente staziona più spesso dentro la televisione, tra programmi e spot, che in campo, e il bel Patrick Dempsey, il dottor Shepperd di *Grey's Anatomy*.

Vederlo lì, in quel programma che eleva il trash a emulazione fallita di una emulazione fallita, triplo salto mortale che il buon Tommaso Labranca fortunatamente si è perso, è qualcosa che strugge l'anima. Perché manca una spiegazione logica. Come era mancata a vederlo all'Arena di Verona per festeggiare il suo *Rimmel*, per il quarantesimo anniversario, in compagnia di gente come Fedez, Giuliano Sangiorgi o Checco Zalone.

Non sei un cantante pop, Francesco. Non lo sei mai stato. Non è che se ci dici che in realtà sei superficiale ti crediamo, eh. Abbiamo ascoltato le tue canzoni, non le abbiamo capite, a volte, ma le abbiamo ascoltate. Sappiamo a memoria tutto quel *Rimmel* che hai deciso di dare in pasto ai porci, e va bene. Sappiamo a memoria un sacco di altre tue canzoni, a dire il vero, anche se quasi mai si tratta di canzoni recenti, perché sono anni che non ci regali capolavori in grado di reggere il confronto con una *Buffalo Bill*, una *La donna cannone*, sì, citiamo anche la canzone più scontata, parlando di te, una *Generale*, una *Pezzi di vetro*. Sappiamo che dal vivo ti piace farle a pezzi, proprio come Dylan, perché in fondo ti piace darci fastidio, risultare inesorabilmente stronzo. Ma non sei un cantante pop.

Non sei Alessandra Amoroso, e ci verrebbe da augurarci che non sia tua ambizione diventarlo o guardare al suo pubblico di ragazzini, come invece sembra voler fare la Mannoia. Non sei Emma, non sei Fedez, non sei Benji e Fede o Il Volo, ospiti della seconda puntata di *House Party*. Sei Francesco De Gregori, quello che se lo incontri per strada sotto la pioggia ti canta "guarda che non sono io".

Questo passaggio è inteso forse come qualcosa di promozionale?

Cioè c'è un solo essere vivente che, guardando De Gregori lì, ospite della De Filippi in questo trionfo di bruttezza può essere spinto a comprare anche una sola canzone di De Gregori su iTunes? Perché a me, personalmente, vedendolo lì viene voglia di rigare tutta la sua discografia con un chiodo arrugginito, cantando brani di Mimmo Locasciulli all'incontrario.

C'è un solo fan della Amoroso che, vedendolo lì, deciderà di mollare definitivamente la cantante pugliese per diventare fan del Principe? Che sostituirà nella playlist dello smartphone *Vivere a colori* con *Povero Me* o *La valigia dell'attore*? Perché, citando proprio *Povero me*, a vederlo lì a me viene proprio voglia di menare le mani. Perché mi sento vagamente preso per il culo, non tanto per quel che De Gregori sta facendo oggi, cioè svilirsi e svilirci con passaggi televisivi discutibili, quanto per quel che credevo facesse in passato, cioè promuovesse un'idea alta di musica. Ecco, ho usato la parola "alta", per cui adesso arriverà qualcuno a parlare di "pseudo-intellettualismi" (pochi, fortunatamente, perché se uno si offende perché ho parlato male della Amoroso, con buona probabilità, si impunterebbe prima di aver finito la parola pseudo-intellettualismi), o di "radical chic" (chi di spada ferisci…), ma il punto è proprio questo: vedere De Gregori flirtare con la De Filippi, o quantomeno renderla credibile, riconoscerla come una propria interlocutrice, equivale a sdoganare l'idea di pseudo-intellettualismo. Equivale a dire che essere colti è qualcosa di inutile, di risibile. Equivale a dire che in fondo va bene anche il basso, senza però far riferimento, corretto, all'umiltà, ma solo ed esclusivamente al trash. Niente a che vedere con una rivalutazione del popolare, qualcosa di pasolinianamente vicino alla verità che spesso alberga solo lontano dall'accademia, ma semplicemente equivale a dire che non c'è più distinzione tra bello e brutto, e che anche chi fino a ieri sembrava dedito solo alla ricerca del bello è disposto a sposare il brutto, vai a capire perché.

Questo ai miei occhi appare davvero troppo. Non solo essere traditi, ma essere traditi con qualcuno che nulla ha a che spartire con noi, e farlo senza vergogna, senza pudore, sfrontatamente.

Poi, magari, un po' come è successo per l'evento all'Arena e il disco su Bob Dylan, De Gregori sfrutterà l'essere passato da *House Party* per tirare fuori una gemma, perché per potersi permettere qualcosa come *Amore e Furto*, è chiaro, De Gregori ha dovuto cedere su quell'altro fronte, ma per me è un tradimento di troppo, l'ultimo paio di corna.

Tocca schierarsi, Francesco, decidere da che parte stai. Tanto i fan della Amoroso continueranno a scegliere lei, e anche quelli di Elisa, sempre che esista una qualche differenza tra queste due entità. Tu da che parte stai? Dalla parte di chi ruba nei supermercati o di chi li ha costruiti rubando? Per dirla col poeta...

DEL PERCHÉ ASCOLTO ROVAZZI
E MI VIENE VOGLIA DI DROGARMI

Lavori tutto l'anno. Sogni le ferie come non ci fosse un domani e se le parole scritte da Paolo Conte nell'incipit di *Azzurro* fossero il vostro mantra. Finalmente arrivano. Ti metti in macchina insieme a tutti i tuoi compatrioti. Risultato, arrivi al luogo delle tue vacanze dopo qualcosa come dieci ore di auto, per coprire una distanza di poche centinaia di chilometri. Lì ti aspetta tua suocera. Pensi, non può piovere per sempre, e mentre lo pensi ti rammenti che Brandon Lee, che interpretava *Il Corvo* e ha reso celebre quella frase, non è che abbia fatto una bella fine. Comincia a piovere. E non smette per i primi giorni. Giorni che passi tappato in camera. Finalmente arriva un barlume di sole. Salti in auto, direzione mare. E lì commetti l'errore fatale, quello che manda a puttane l'ultimo residuo di speranza che avevi di fare una vacanza come Dio comanda, accendi l'autoradio. Lo sapevi, che dalla radio non sarebbe potuto arrivare niente di buono, ma il fatto che tu sia nato in un'epoca in cui, magari, dalla radio passava anche bella musica ti ha sempre fottuto, e stavolta non fa eccezione. È estate, sei in vacanza, e parte uno dei tormentoni che ogni anno arrivano a tormentarci, appunto. Nello specifico, nell'estate 2016, il tormentone è una canzone, chiamiamola così, che è la prova provata che Dio esiste, ma che voi gli state profondamente antipatici. È una roba che difficilmente riusciremmo a classificare, ma che proprio dovendolo fare definiremmo rap su base EMD. Si intitola *Andiamo a comandare*, e la canta/rappa uno tizio coi baffeffi che abita di fronte a casa mia e che si chiama Fabio Rovazzi. Uno che, appena la canzone è esplosa, senza possibilità di ritorno, si è giustamente precipitato a chiedere scusa ai colleghi, commettendo un errore di mira. Non era ai colleghi che doveva chiedere scusa, ma agli ascoltatori. Perché i colleghi hanno sì avuto la sventura di ascoltare questa cagata, ma siamo soprattutto noi, anzi, siete soprattutto voi che ascoltate la radio che state pagando pegno.

Andiamo a comandare è uno scherzo, ci dice Rovazzi, che si definisce un comico, non un cantante. Una sorta di *C'è da spostare una macchina* di Enzo Salvi, solo che fa il verso al pop-rap dei vari Guè Pequeno o Fedez, e ha un testo che ribalta i cliché dei pop-rappettari, cioè che fugge dai vizi a vantaggio di presunte virtù.

Niente droghe e mito dei soldi, quindi. Tutto bello, si trattasse di una gag televisiva, invece è una canzone.

Brutta.

Molto brutta.

Una roba oscena.

Fatta da uno che non fa musica.

E endorsata, termine talmente brutto che in questo caso calza a pennello, dallo stesso Fedez, un altro non musicista che fa musica di una bruttezza imbarazzante.

Musica molto brutta che incontra il plauso dei ragazzini, anzi, dei bambini, il pubblico che oggi spinge le canzoni in alto in classifica. La domanda che di solito accompagna i soliti scritti sui tormentoni estivi, come questo, è: perché? Stavolta la domanda è duplice, perché se da una parta ci si interroga sul motivo per cui una canzone oggettivamente brutta diventa virale, altro termine decisamente brutto, nello specifico ci si interroga sul motivo per cui una canzone oggettivamente brutta scritta da uno che rivendica di essere arrivato alle canzoni quasi per sbaglio debba trovare modo di diventare un tormentone. È una tassa che dobbiamo pagare?

Una pena che dobbiamo scontare?

Non basta la sabbia che finisce dentro il costume o l'ustione di terzo grado che prendiamo perché abbiamo confuso la crema Nivea con la crema solare?

I tormentoni sono canzoni che si inchiodano alla testa e faticano a uscirne, è noto, un po' per la loro natura di tormentoni, la loro orecchiabilità, la semplicità della loro struttura melodica, a volte anche la familiarità che l'essere scritta sui soliti accordi porta con sé, ma a questo va anche aggiunto che se tutti i media spingono un determinato tormentone è assai difficile che questo non ci si inchiodi alla testa, esattamente come funziona con certi refrain dei comici alla Zelig. Avete presente, no? I vari, "chi è Tatiana?" o "Frengo, oh, Frengo", e nel citare questi due esempi già potete intuire quanto anche quel tipo di programmi mi abbia abbondantemente sfinito.

Nel caso di tormentoni come *Andiamo a comandare* c'è un'ulteriore aggravante, siccome il tipo, Rovazzi, si è autocertificato uno di passaggio, diventando automaticamente simpatico a buona parte di chi, in un mondo giusto, lo avrebbe lapidato in pubblica piazza, dire che *Andiamo a comandare*, e poi *Tutto molto interessante*, e poi *Volare*, ci fa cagare sembra quasi sostenere che dare delle cicciottelle alle tiratrici con l'arco è cosa buona e giusta (non lo è, sto praticando l'arte del paradosso).

Se osi dire che questa canzone è lo Zeitgeist dell'Italia nel 2016 vieni automaticamente equiparato a Alberto Arbasino o a Tom Wolfe che se ne va a spasso di bianco vestito nelle campagne del nord della California (non è vero, perché chi ascolta *Andiamo a comandare* non sa chi siano Arbasino e Tom Wolfe). Ti si taccia di essere un radical chic, di essere uno snob, di non avere più il polso della situazione, di aver perso ogni contatto con i giovani. In genere a dirti questo è un qualche tuo coetaneo, possibilmente anche qualcuno più vecchio di te, che pensa che indossare le Hogan voglia dire nascondere rughe e pancetta, e soprattutto un grado di deficienza pari solo alla bruttezza della canzone da cui questo ragionamento è partito, e dalle Hogan, ovviamente.

Ecco, se dire che *Andiamo a comandare* è uno dei tormentoni più orribili usciti negli ultimi decenni e che, quindi, se questo è il termometro della nostra nazione, be', ragazzi, prepariamoci a correre sparando in testa agli zombie, se dire tutto questo equivale a essere dei radical chic e degli snob, gente che vuole isolarsi dalla contemporaneità perché vede nella contemporaneità solo cose brutte, come chi inneggia ai trattori in tangenziale dando vita poi a una serie di altrettanto orribili meme con l'aereo uscito di pista a Orio al Serio.

Insomma, se dire che *Andiamo a comandare* è una cagata equivale a essere radical chic, io mi proclamo radical chic.

Di più, ambisco a finire in una comune come un Richard Brautigan o un Ken Kesey strafatto di acidi, e se non sapete chi sono, be', evidentemente avete passato davvero troppo tempo incollati alla radio a bere acqua minerale. Drogatevi come tutti i vostri coetanei e non rompete i coglioni, ragazzini, perché altrimenti toccherà che a drogarci saremo noi, della parodia di chi già è in sé una parodia possiamo serenamente fare a meno.

DISCO SUBURRA,
L'EPICA TRAGEDIA DELLE CLASSIFICHE FIMI

Prologo
Sono nato sul volgere degli anni Sessanta, sono quindi stato un bambino più o meno felice negli anni Settanta. Vivevo in Ancona, gli anni di piombo mi limitavo a sentirli dentro la televisione o a sentirli gridare in piazza, quando raramente mi capitava di incappare, accompagnato mano nella mano da mia madre, in gente urlante che parlava di fascisti carogne che se ne dovevano tornare nelle fogne. Negli anni Settanta, quindi quando ero un bambino, in Italia ha fatto irruzione il Subbuteo, di cui, come buona parte dei miei coetanei, mi sono appassionato. Piccolo iconoclasta in potenza, ho iniziato a tifare Genoa proprio per spirito da bastian contrario, visto che tutti volevano giocare con le squadre della Samp e della Juventus.

No, non è di Subbuteo in quanto Subbuteo che voglio parlarvi. Ma il Subbuteo mi serve per introdurre l'argomento in essere. Le regole del Subbuteo erano abbastanza complicate, specie per i più piccoli. C'era questa cosa del Back, delle mosse da fare senza possesso palla, per difendersi da chi lo aveva. C'erano, anche per questo, tutta una serie di trucchi, dal mettere piccoli pesi da pesca e colla dentro la base dei pupetti del Subbuteo al passare sotto detta base sciolina o LegnoVivo, per farli procedere velocemente sul panno verde da gioco. Insomma, in piccolo era qualcosa di non troppo diverso dal calcio vero e proprio, per vincere toccava allenarsi, avere talento, essere bravi. Poi cera chi, la maggior parte della gente, si faceva le sue regole, più semplici. C'era chi non applicava le contromosse, chi non usava il fuorigioco, chi in sostanza si faceva il suo Subbuteo.

Io, per parte mia, ero in grado di giocare secondo le regole ufficiali, ma non disdegnavo di adeguarmi a quelle del gruppetto dei miei amici, per così dire semplificate. Mai mi sarei sognato di dire, e con me tutti quelli che giocavano a Subbuteo, che le regole semplificate fossero in realtà le vere regole del Subbuteo.

Il mio Genoa vinceva contro squadre assai più forti, ma era il nostro Subbuteo, non la realtà.

Anche se eravamo bambini avevamo un sufficiente buonsenso per saper distinguere le microregole della nostra comunità da quelle del mondo reale, sapevamo che esistono certi codici comprensibili solo per un numero limitato di persone e che per potersi far capire anche dagli altri tocca usare una lingua comune. Il fuorigioco esiste, che ci piaccia o meno.

Poi sono cresciuto, ho messo nel soppalco le mie squadre di Subbuteo, rigorosamente dipinte a mano, il panno verde, ho continuato a tifare Genoa e, benché anarchico, mi sono adeguato alle leggi dello stato nel quale mi sono ritrovato a vivere. Funziona così, mi è sempre stato detto, e mi sono adeguato. Da adulto, però, sono incappato nella FIMI e nella sua gestione delle classifiche di vendita dei dischi e ho capito che qualcosa nel mio ragionamento non tornava.

Svolgimento
La festa che è da poco cominciata è già finita, gli amici se ne sono andati tutti via.

Questo pezzo potrebbesarebbe potuto cominciare così.

O anche: era già tutto previsto...

Sì, la voce che da tempo circolava è finalmente diventata una notizia e non più una voce, dal primo di gennaio 2018 lo streaming gratuito non verrà più preso in considerazione per i rilevamenti delle classifiche FIMI, il tutto, con un tempismo che lascia attoniti, nella settimana in cui Shazam viene acquisito dalla Apple per 400 milioni di dollari, indicando come il futuro sia decisamente più orientato verso il traffico che verso il fisico.

Fermi tutti, questo non è un pezzo tecnico, in cui si entra nei meandri dello show business, qui si parla d'altro, di musica, di mercato, di traffico dati, di neuroni lasciati scorrazzare in libertà nell'aia, come polli.

Ricorderete tutti due passaggi recenti della storia della nostra mesta discografia. Dal primo di luglio anche lo streaming è entrato nei rilevamenti del mercato. Ciò ha comportato, faccio la casalinga di Voghera, che gente come Sfera Ebbasta, Ghali, Coez, ce ne fossero di Ghali e Coez, ma anche Rkomi e Ernia, potessero serenamente ambire a entrare in vetta alla classifica e rimanerci a lungo. Per contro, dopo mesi e mesi di permanenza in Top 5, la premiata ditta Mina/Celentano è scivolata in fondo alla Top 100, devastata da chi, appunto, di streaming campa.

Sapete come funzionano le cose, non credo sia necessario spiegarvelo. Esiste un mondo, quello degli adolescenti e anche dei bambini, che ascolta musica solo in determinate maniere, Spotify e affini, più spesso Youtube. Ascolti ossessivi, magari le stesse canzoni per giornate intere. Sempre, come sottofondo di qualsiasi cosa. Queste, con un meccanismo che neanche l'ultimo *Sanremo* di Fazio, sono entrate nel paniere della FIMI. Siamo nel 2017, si sono detti Enzo Mazza, il Tavecchio del mercato musicale, e i presidenti delle major che nel direttivo siedono, sarebbe ingiusto lasciare che un Rovazzi non entri in classifica solo perché non schioda una copia neanche se te la tirano dietro mentre cammini per strada. A decretare il successo deve continuare a essere la classifica di vendite, alla faccia del traffico, e così sia.

Peccato che questa cosa sia arrivata a metà anno inoltrato, rendendo questo 2017 qualcosa di spurio, di anomalo. Perché a fine anno, quando si conteggeranno gli album più venduti, ce ne saranno di album fisici (o semifisici, con cd e download conteggiati) e altri fisici e liquidi (con gli streaming conteggiati a fianco dei cd venduti) e addirittura di soli liquidi. Faccio un esempio concreto, nella famosa settimana in cui Cristina D'Avena è finita al primo posto, davanti a Biagio Antonacci, le copie vendute dalla cantante bolognese sono state poco più di diciottomila, quelle vendute da Biagio poco più di undicimila. Coez, che permane in classifica da sei mesi, ha venduto meno di mille copie, ma è sempre lì in virtù di milioni di streaming. Contare mele e pere insieme, in sostanza.

Da gennaio tutto questo dovrebbe finire.

Le capre torneranno a essere capre, e i cavoli cavoli.

Non basta. Qualcuno ricorderà il vero fiore all'occhiello della gestione Mazza, le certificazioni durate un paio d'ore. Si era da poco entrati nel nuovo regime quando di colpo attraverso l'istituzionalissimo mezzo di Twitter, la FIMI ha cominciato a informare cani e porci del fatto che stano arrivando certificazioni di varia natura, dischi d'oro e di platino come se piovesse. Il tempo di gioire e di imbastire un discorso degno della *Notte degli Oscar*, citazione non casuale, e ecco che ariva la smentita. C'è stato un errore. Sono stati conteggiati gli streaming non della settimana, ma dall'inizio dell'anno. Quindi niente certificazioni, sorry. Nessuno ha vinto niente. Col che, e qui sta la vera sorpresa, è sopraggiunto un silenzio omertoso di qualche giorno da parte degli organi competenti, giusto il tempo di rifarsi quel minimo di faccia tosta per tornare a parlare di numeri come se nulla fosse.

In un mondo non dico giusto, ma normale, sarebbero seguite dimissioni e scuse pubbliche, ma figuriamoci, niente di tutto questo. Paradosso su paradosso, e andiamo a comandare.

I risultati son quel che sono, ma visto la squadra in campo non è che si poteva certo pensare di vedere un bello spettacolo.

Pensateci, a fine anno ci sarà una classifica dei dischi più venduti, e si usa appositamente un termine vintage come disco, in cui ci saranno una serie di artisti che di dischi non ne hanno proprio venduti, ma che saranno lì, in alto, in virtù degli streaming. Ci sarà gente che è uscita a inizio anno che sarà magari più in basso perché avranno potuto contare solo su chi si è comprato un cd o scaricato un download, mentre ce ne saranno alcuni che avranno lasciato che il tutto avvenisse via streaming, con lo smartphone in casa, gratuitamente, secondo logiche assai diverse dalla vendita (col che, non siate superficiali, non voglio dire che lo streaming valga meno delle copie fisiche, sto dicendo semplicemente che è una faccenda diversa, cavoli e capre, appunto). Poi da gennaio, via, tutto come prima. Conteranno solo gli streaming a pagamento, corrispettivo digitale di stocazzo.

Gli stessi che avevano gridato al miracolo a luglio oggi gridano al miracolo, nella difficoltà, suppongo, di capire di volta in volta cosa tocca dire per far contenti i padroni. Lo stesso Mazza ne parla come di una rivoluzione, esattamente come faceva a luglio nel momento in cui lo streaming era entrato in scena invece di uscire.

Chi scrive ha sempre detto e continua a dire che mischiare vendite e traffico non ha senso. Che ha senso, ovviamente, guardare con interesse al traffico, anzi, forse oggi ha più senso guardare al traffico che alle vendite, praticamente ridicole, destinate probabilmente a scomparire, ma si tratta di due argomenti diversi, impossibili da mischiare senza dar vita a paradossi. Chi scrive, però, non ha un ruolo istituzionale, quindi non può che prendere atto che chi quel ruolo ce l'ha può fare esattamente il cazzo che gli pare, senza colpo ferire.

Stessimo giocando a Subbuteo, per dire, la FIMI di Enzo Mazza ha deciso per un po' di far giocare senza il fuorigioco, anzi, inventandosi proprio regole ad minchiam, salvo poi tornare sui propri passi.

Epilogo
Da gennaio si tornerà a vedere la vecchia guardia in vetta alla classifica, con buona pace per trapper e rapper d'antan. Chiaro, i vari Riki continueranno a vendere tanto, complice la tv e le decine di firmacopie.

L'unico che continuerà a non arrivarci, sembra, è Biagio Antonacci, ma quella è una faccenda diversa, lì si tratta proprio di brutta musica, sia che la si ascolti in cd che la si ascolti in streaming gratuitamente. Forza Genoa. Alè.

Finale apocalittico, come nei film catastrofici anni '80
La faccenda, ovviamente, non finisce qui. Non può finire qui.
Perché non è che uno fa una cazzata e bon, morta lì.
No, la cazzata, se si tratta di mercato, ha delle implicazioni, e neanche troppo leggere. Queste. Per cinque mesi il mercato discografico, grazie alla

scelta di FIMI, certo influenzata da una decisione globalizzata che già stava prendendo campo nel resto del mondo, ha deciso che lo streaming l'avrebbe fatta da padrona. Del resto, dentro il direttivo FIMI ci sono i presidenti delle major, che a loro volta gestiscono anche il più dello streaming. Niente di strano. Ora si torna indietro. Solo che c'è un problemino di fondo. Per cinque mesi sono fioccati dischi d'oro e di platino, tutti o quasi frutto dello streaming, non delle vendite reali. E lo streaming, si sa, non frutta tanta economia diretta quanto la vendita. Il che implicherà che nel primo semestre disponibile, quindi a gennaio 2018, arriveranno le rendicontazioni di questi streaming, e tutti quelli che hanno avuto dischi d'oro e di platino si vedranno recapitare assegni, metaforici, di poche centinaia di euro, forse in qualche caso addirittura sopra i mille euro. Niente, in sostanza. Dischi d'oro e di platino, quindi, ma zero cash. Da farci su una canzone trap. Peccato che i contratti, generalmente, i contratti discografici intendo, si facciano tenendo conto anche delle certificazioni. Se ho preso un disco di platino, o d'oro, parlando di singoli, posso ambire alla pubblicazione di un album. Se ho ricevuto un disco d'oro o di platino per un album posso ambire a un anticipo equiparabile a chi l'ha ricevuto per i cd venduti. Anche in assenza di una reale vendita, e quindi di una reale economia generata. Questo si troveranno a gestire i presidenti delle major. Orde di ragazzi che hanno ricevuto riconoscimenti ma che non riceveranno soldi, e orde di ragazzi che chiederanno anticipi che i discografici non si possono permettere di dar loro, perché con la nuova regolamentazione delle classifiche non se ne parlerà più, manco in sogno, e perché il traffico non genera quel tipo di economia, non in Italia e non con gli accordi che le major italiane hanno avvallato fin qui.

Tutto molto interessante, per dirla col poeta. Io ho già fatto incetta di pop corn e me ne sto qui a guardare lo spettacolo...

DUE O TRE COSE SULLA TELEVISIONE DI MERDA

Credo sia arrivato il momento di andare oltre. Di passare dal concetto di voi la pensate in un modo, noi in un altro, al facciamo due comunità diverse. Dividiamoci in squadre, tanto siete abituati a quel tipo di cifra lì, una delle poche che riuscite a comprendere. Voi da una parte, noi dall'altra. Voi dalla parte di chi pensa che far passare per normale una molestia sessuale in luogo di lavoro, noi dalla parte di chi, vedendo quella scenetta, per altro affatto divertente anche fosse stata dichiaratamente finta, si indigna, di più, prova raccapriccio. Raccapriccio che si estende anche a chi, vedendo quella scenetta, non prende posizione, non si dichiara indignato, non si sposta da questa parte del prato, non indossa la felpa della nostra squadra, giornalisti in testa. Voi dalla parte di chi ha reso la musica qualcosa di accessorio, privo di cuore, mera sequenza di note, con tanti nomi importanti lì a dare avvallo a una visione da karaoke dell'arte più immediata del mondo, performance prive di vita di chi, in fondo, di vita nulla sa e nulla potrebbe dire, noi dalla parte di chi non capisce perché lamentarsi dei locali che ormai ospitano solo cover band quando grazie a voi è la cover l'unica forma di musica con diritto d'asilo. Voi dalla parte di un mondo fatto di nomi senza cognomi, di vestiti tutti uguali, di interpretazioni tutte uguali, di cori circensi di un pubblico in grado di capire solo gli addominali dei ballerini e i "ciaone" dei coach, noi dalla parte di chi ruba nei supermercati.

Tocca dividersi in squadre perché a furia di farsi passare tutto sotto il naso, a furia di rivedere al ribasso la realtà, a furia di turarsi il naso e far buon viso a cattivo gioco si finisce per non prevedere fisicamente che ci siano picchi verso l'alto, col risultato che poi va bene pure sentire un ragazzetto qualsiasi, uno che si crede stocazzo solo in virtù di una felpa con su un logo, dire che *Hey You* dei Pink Floyd non gli piace, il tutto senza che qualcuno pensi di punirlo corporalmente, a frustate con la cinta come Mario Brega in *Borotalco*, di stigmatizzare l'accaduto, magari anche di prendersi qualche responsabilità, perché a furia di parlare di artisti e di talento in presenza di gente che, in un mondo normale, starebbe chiusa in cantina a studiare su uno strumento, schiaffoni in faccia a ogni errore, si finisce per crederci davvero, e un Roger Waters o un David Gilmour finiscono per essere sminuiti a favore di un brano inedito dell'autore di punta del momento (autore che, si suppone e si spera, un po' di vergogna per questo lo prova, e corre in bagno a lavarsi la bocca con la candeggina). Stiamo di fronte a un paesaggio che prevede solo discese, senza mai modo di rialzarsi, il baratro, l'abisso lì in fondo che ci aspetta con i denti appuntiti. Con questo menu che presenta solo piatti a base di merda come potremmo mai pensare che di fronte a un piatto sano e saporito la gente non provi spaesamento, se non addirittura disgusto, troppo abituata alle 50 sfumature di merda cui trenta e passa anni di televisione e di brutta televisione ci hanno abituato?

Allora, come in certi film di fantascienza, dobbiamo mettere su una banda di ribelli, vivere a bordo del sistema, prevedendo di entrare nel sistema, come un virus. Crearci i nostri spazi, guardare verso l'alto, resistere, resistere, resistere. Sottolineare quando la merda è merda. Sempre, senza fare sconti. E al tempo stesso provare a mettere in piedi una rivoluzione, ricostruire le fondamenta. Colpire l'immaginario di chi non ha immaginario a suon di bellezza. Noi di qua e voi di là. Ma noi anche di là, in culo. Rispondere colpo su colpo. Merda? Oro. Merda? Oro. Sempre, giorno dopo giorno. Oro vs Merda.

Ma come, in concreto, possiamo indossare i panni del Neo di turno e provare a mandare a puttane la Matrice? Come possiamo entrare nei tessuti di Mr Smith e farlo implodere? Innanzitutto essendoci, ma dire questo è pleonastico. E poi essendoci con una visione ben chiara, vivida, inghiottire la pillola rossa e restare nel paese delle meraviglie a vedere quanto è profonda la tana del Bianconiglio.

E lì, nella tana del Bianconiglio di Meraviglie se ne trovano e quando le si trovano vanno esibite, come gli occhiali da sole nei primi giorni di primavera, quelli in cui Luca Carboni e i suoi amici scivolavano a Riccione a bordo di un cabriolet.

Partiamo da qui, quindi. Dai raggi di sole, quelli che ci sono, rigenerano e dimostrano, sempre che i raggi di sole debbano e possano dimostrare qualcosa, che in fondo non sarebbe così difficile cercare una strada magari meno dritta, ma decisamente più panoramica, il cielo sopra la testa, l'aria pulita. Ci state dicendo che non c'è altro che questo torpore? Che è normale, Dio Santo, normale che un ragazzino che vuole fare il cantante, che si autodefinisce e che voi definite artista non sappia chi sono i Pink Floyd, o peggio li consideri scarsi? Ecco, allora partiamo davvero dall'ABC, e da chi questo ABC decide di portarlo in giro, facendo arte e al tempo stesso facendosi testimonial di un patrimonio musicale che sembrerebbe non essere più a disposizione dei più giovani, proprio oggi che con la rete avremmo in teoria tutta la musica a portata di click.

Partiamo quindi da Simona Molinari. La cantautrice aquilana da qualche anno a questa parte ha ripreso a occuparsi di jazz, per dirla citando il titolo del suo ultimo album, un album di cover jazz, appunto, casa sua. Lo ha fatto dopo aver dato alle stampe quattro album in quattro anni, dal 2009 al 2013, *Egocentrica*, *Croce e delizia*, *Tua* e *Dr.Jeckyl e Mr Hyde*. Quattro lavori in cui aveva dimostrato, in un crescendo costante, importante, come il pop, perché è questo l'ambito nel quale la Molinari si è sempre mossa, agilmente, potesse serenamente flirtare con il jazz, lo swing, la musica colta. Eleganza, quindi, rimandi a una tradizione d'oltreoceano che però ha anche avuto nei nostri lidi esponenti di primo livello, da Franco Cerri a Lelio Luttazzi, tanto per fare due nomi presenti nella musica della cantautrice. Perché, e qui sta un'altra peculiarità tutta sua della Molinari, si può essere cantautrici, quindi avere una propria cifra compositiva, una propria poetica lirica, e al tempo stesso rifarsi al passato dello swing e del jazz, linguaggi cui evidentemente tocca saper dare del tu. Anche perché se la tradizione è presente nel rispetto e nella partecipe attitudine con cui le armonie, il ritmo e la melodia si susseguono negli spartiti, la modernità e contemporaneità non è da meno, con un uso mai pretestuoso dell'elettronica, a riprova che macchine e legni e ottoni possono convivere perfettamente, in sintonia. Quattro lavori, con le collaborazioni prestigiose di nomi come Ornella Vanoni, madrina del suo primo passaggio sanremese, nelle Proposte, anno 2009, Fabrizio Bosso o Peter Cincotti, con cui Simona ha collaborato nel 2013, tornando a calcare tra i Big il palco dell'Ariston. Quattro lavori che hanno poi lasciato spazio a un ritorno alle origini della nostra, con l'album *Casa mia*, nel quale la Molinari ci ha mostrato gli arredi del suo personale ghota musicale, accompagnata dai suoi sodali della Mosca Jazz Band e dalla Roma Sinfonietta, orchestra sinfonica di Ennio Morricone, jazz, swing, brani entrati di diritto nella storia musicale del Novecento, secolo al quale evidentemente la cantautrice guarda con culto e fascinazione.

E, per venire ai giorni nostri, Simona Molinari sta portando in giro un tributo a Ella Fitzgerald, insuperata interprete jazz di cui proprio in questi giorni ricorre il centenario della nascita. Uno spettacolo importante, proprio perché confronto con la tradizione, non didascalico ma divulgativo nel suo essere un sincero omaggio. Ecco, oggi, in un periodo di musica bidimensionale usa e getta c'è un'artista che decide di percorrere l'Italia con appresso la propria band per divulgare un verbo, quello del jazz, e per farci vedere che la musica è capace di fare quello in cui spesso gli uomini non riescono, scavallare i secoli, parlare una lingua che suono attuale e antica al tempo stesso. Un'artista, una donna, capace di portare questo suo essere donna e artista sul palco, con la naturalezza di chi conosce il proprio talento (talento reale, non ipotetico).

Però, anche in questa storia c'è un però, sono ormai quattro anni e rotti che Simona Molinari non tira fuori sue nuove composizioni. Vuoi per questo suo giocare con le sue radici, con casa sua, vuoi perché nel mentre ha avuto una figlia. Quattro anni, di questi tempi, iniziano a essere tanti. Troppi, vista l'asfissia che ci attanaglia. Quindi, Simona, questo è un appello pubblico, non ci lasciare soli. Continua a omaggiare Ella, Dio te ne renda grazia, ma sbrigati a tornare in studio e quindi sul mercato con roba nuova. Qui è partita una guerra tra bande, noi da una parte, loro da un'altra. Tocca fare una rivoluzione, cominciamo da un paio di scarpe tacco tredici, un vestito in paillettes e un po' di jazz nell'aria, io sto qui con lo zippo in mano.

EDOARDO BENNATO IL ROTTAMATORE

Ecco che arriva Edoardo Bennato. Che sia diventata una moda? Stiamo ai fatti. Sergio Caputo una manciata di giorni fa si scaglia senza se e senza ma contro un sistema, quello discografico/radiofonico italiano, reo, a suo dire, di privilegiare solo i propri autori e artisti e di ostracizzare, emarginare, boicottare quanti non fanno parte del solito giro, anche quelli, come lui, che hanno fatto la storia della musica leggera italiana. Boom. Se ne parla. Se ne discute. Il suo album nuovo, probabilmente, diventa un po' più visibile, seppur ancora fuori da quei circuiti. Uno non fa neanche in tempo a tirare il fiato che ecco che arriva un altro bastimento pesante, Edoardo Bennato, che ci mette sopra il carico da mille. Intervistato dal collega Gianni Poglio di «Panorama», infatti, il cantautore napoletano lamenta il suo essere tenuto a bordo campo, nonostante un album bello e finito. Ovviamente, non essendo né Caputo né Bennato due principianti, né dei piangina, la faccenda non è così semplice come l'ho descritta in queste poche righe, atte più che altro ad attirare la vostra attenzione. Bennato, è di lui che si parla oggi, racconta di come ci sia un album di canzoni inedite, a suo dire decisamente valide, lì nel suo cassetto. Racconta di come i discografici, indicando nelle tre major ancora in pista, lo abbiano ascoltato e gli abbiano sostanzialmente proposto come unica ipotesi percorribile quella di andare a *Sanremo*, in gara. Racconta di come, piuttosto che andare a *Sanremo*, preferisca tenersi le canzoni ancora lì nel cassetto, con buona pace sua e dei suoi fan.

Ora, facciamo un passo indietro. Edoardo Bennato ha contribuito da par suo alla scrittura della storia della musica leggera italiana. C'è stato un periodo, diciamo a cavallo tra gli anni Settanta e gli anni Ottanta, in cui ogni sua uscita risplendeva di luce propria. Anzi, risplendeva di una luce tanto fulgida da illuminare il nostro paese. Bennato è stato il primo italiano, così tanto per fugare dubbi, ad aver riempito San Siro, ben prima di Vasco, Jovanotti e Ligabue (e via via tutti gli altri). Ora Bennato è lì, a bordo campo. Ha uno stile suo, magari sempre quello, potrebbe replicare qualcuno. L'ultimo brano suo che ha veramente lasciato il segno è *Le ragazze fanno grandi sogni*, che risale a circa venti anni fa, potrebbe aggiungere. Tutto vero.

Ma, c'è un ma. Il fatto che Bennato stia fermo per assenza di una major a supportarlo e per la loro proposta di andare al *Festival* tradisce due realtà avvilenti. Primo, che Bennato continui a guardare alle major come sola possibilità di pubblicare e di divulgare la propria musica. Secondo, che le major stanno ancora ferme all'idea che per promuovere musica tocchi passare da *Sanremo*. Questo nonostante i numeri dimostrino da anni il contrario. Non volendo prendere in considerazione l'ultimo *Festival*, troppo recente per poter dare un'analisi serena dei numeri, guardando al 2014 è evidente che la partecipazione e anche la vittoria non abbia in alcun modo influenzato le vendite. Arisa, la vincitrice, non è arrivata al disco d'Oro. L'unico ad aver venduto bene è stato Renga, che però ha avuto dalla sua un fortunato tour nei teatri e una poderosa promozione, come non se ne vedeva da tempo (il suo essersi ricollocato al centro della scena è attestato non solo dall'imminente concerto all'Arena di Verona, come per altro auspicato in un post di qualche mese fa dal sottoscritto, ma dal suo essere assoldato da Maria De Filippi come giurato di *Amici*).

A Bennato, come è normale che sia, stanno cominciando a affiliarsi altri artisti, meno blasonati, ma comunque con un loro passato.

Allora viene da fare una proposta ad alta voce, tanto per non lasciare che questa situazione svilisca nel patetico e diventi, invece, qualcosa di costruttivo. Non ci sono le major, ok. Non ci sono i network radiofonici, va bene anche questo. Ma c'è la rete, che fa rimbalzare le notizie con una frequenza un tempo impensabile. E c'è, ovviamente, la musica. Perché invece di stare a bordo campo e di lamentarsi non si pensa a una strada alternativa a quella tradizionale? Nel senso, siamo sicuri che uno come Edoardo Bennato avrebbe vantaggi a farsi pubblicare da una delle tre major? Siamo sicuri che uscire, senza poi avere la giusta promozione, farebbe la differenza? Perché non seguire l'esempio di altri colleghi, penso a Enrico Ruggeri, con la sua *Anyway*, farsi le cose in solitaria, con cura e perizia, con la possibilità poi, come nel caso del suo prossimo album *Pezzi di vita*, di tornare in seno alla Sony, mantenendo comunque autonomia artistica e grande dignità? Parlare di una consorteria farebbe ridere, perché gli artisti sono spesso isole (che ci sono), ma magari usare la propria voce, ascoltabile non fosse altro che per quanto ha già regalato a tutti quanti, per farsi promotore di una via alternativa all'autostrada, valida per chi c'è stato e tanto ha dato, ma anche per qualche giovane che stando le cose come stanno non ha altra possibilità che passare da un talent, potrebbe non essere male. Basterebbe già solo cominciare a affiancare a dischi nuovi la reincisione dei vecchi brani, con nuovi arrangiamenti, tanto per andare contro alla brutta usanza delle suddette major di tirare fuori compilation su compilation a costo zero, per fare un po' cassa e per rendere il tutto un po' meno utopistico di quanto non sembrerebbe sulla carta.

Qui garantiamo spazio per raccontare qualsiasi tipo di iniziativa in tal senso.

Le idee, come la musica, sono leggere, ma magari messe una di fianco all'altra possono acquistare un certo peso specifico, chissà...

ELISA ON

Guardi il gattino puccioso in copertina di *On* e pensi che si tratti tutto di uno scherzo. Sì, Elisa, la nuova Elisa, quella che di colpo è diventata estroversa, che non solo non disdegna di andare in televisione, ma praticamente ci vive, dentro la televisione, quella che adesso si mostra pure sexy sulle cover dei magazine torna con un nuovo album, *On* appunto, e ha voluto trollare tutti quanti, pensi, ha tirato fuori una finta copertina del suo nuovo album, pronta a farci il più bel pesce del Primo Aprile con una settimana di anticipo.

Poi però arriva l'album, e la copertina col gattino puccioso è lì, sul serio.

Provi sgomento.

Provi rabbia.

Provi una sorta di spaesamento, come quando ci capita di svegliarci la notte, e chi soffre di cervicale ben lo sa, con un braccio addormentato. Ti svegli, lo guardi ma non lo senti, come se fosse il braccio di qualcun altro attaccato al tuo corpo.

Spaesamento, appunto.

Un gattino puccioso fa capolino nella copertina del nuovo album di Elisa.

Allora pensi che quel gattino puccioso, quella grafica e quei colori così stucchevoli, roba da Richard Clayderman, ma forse anche peggio, devono nascondere un sottotesto. Un sottotesto che, nonostante le decine, le centinaia, le migliaia di libri che hai letto in vita tua, non riesci a decodificare, sulle prime, ma deve essere lì, magari tra le tracce del disco. E quindi ti metti a sentire le canzoni con particolare attenzione. Del resto le note che lo accompagnano, l'album, dicono cose altrettanto spaesanti. Si parla reiteratamente di pop. Sottolineando come sia una cosa un po' nuova, per Elisa, il pop. Di una sperimentazione pop (e visto che si parla di pop, di una sperimentazione verso il basso). Ci sono un sacco di parole, nella scheda di presentazione, come di chi vuole mettere le mani avanti, spiegarti qualcosa che, trattandosi di musica, non si dovrebbe affatto spiegare, dovrebbe essere già tutta lì, nota dopo nota, parola dopo parola, suono dopo suono.

Siccome la tua fama ti precede, l'ufficio stampa ci ha tenuto a dirti che dovresti ascoltare l'album più volte, manco fosse un inedito di John Coltrane. Ti dice anche di farlo ascoltare a tua moglie e alle tue figlie, perché questo è un album che piace molto alle donne. Il tutto nel 2016, cioè nell'anno di uscita di *On*, il 2016, quando l'argomento più cool del momento è la fluidità sessuale, tutti siamo tutto, uomini, donne, e altro. Ti dice pure, l'ufficio stampa, che il suo capo ha ballato parecchio ascoltando una delle tracce, la quarta, *Love Is Kinda War*. Dice che magari se ci riesce lo filma di nascosto, ma poi questo video non arriva, e allora ti limiti a fidarti di lei, dell'ufficio stampa, e ad ascoltarti più volte l'album, concentrandoti, leggendo e rileggendo le note di accompagnamento, in compagnia di moglie e figlie, evitando, se possibile, di guardare il gattino puccioso, anche se sai che la spiegazione è lì, basta solo saperla trovare. I gattini lo sanno.

E arrivato al decimo ascolto in una settimana, da solo o in compagnia, arrivi alla conclusione che, in fondo, era la medesima del primo ascolto, perché la musica, a volte, arriva alla testa passando dalla pancia, altre si ferma alla pancia, altre ancora, ed è questo il caso, non arriva da nessuna parte, si limita a stazionare tra le palle.

Sì, perché *On* è l'album pop di Elisa, la nuova Elisa etc etc, ed è un album davvero brutto.

Pop, certo, ma pop brutto.

Ti fa venire in mente il tuo vecchio amico Corrado, che quando tu facevi l'università anche lui faceva l'università, solo che nel mentre lavorava. Tu facevi la vita da studente, lui da lavoratore e la sera studiava. Una merda, in pratica. Poi, una volta finita l'università, l'università stessa gli ha proposto di fare il ricercatore, e lui di colpo si è trovato a studiare per lavoro, e quindi a fare la stessa vita che tu avevi fatto in precedenza, solo pagato per farlo. Quindi eccolo, Corrado, che comincia a uscire tutte le sere, per di più in compagnia degli studenti dei primi anni, abbastanza più giovani di lui. Eccolo fare le partite di calcetto. Eccolo andare a giocare a freccette al pub. Questo condividendo una stanza con un ragazzo di appena vent'anni, proprio come uno che è appena uscito dalla maturità. Lo guardi e non capisci, ma è lui che te lo spiega: "Ora comincio a vivere anche io", ti dice, e in effetti ha proprio ragione. Elisa è così, ti dici, ha sfondato che era una ragazzina. Ha fatto dischi, tour, dischi e tour, ha studiato, si è applicata, ma non ha fatto la vita da ragazza. Poi ha capito che esisteva altro, oltre i dischi e i tour, ed è finita alla corte di Maria De Filippi, che è un po' come scoprire che esiste il sesso per caso, finendo a letto con Valentina Nappi e Rocco Siffredi, ha incontrato un successo televisivo che sicuramente per lei è una novità.

Ci ha preso gusto, a star lì a fare le flessioni per far vincere la sua squadra, o a cucinare l'uovo in tegamino sotto lo sguardo severo di Carlo Cracco (un altro che ha scoperto che ci si poteva divertire decisamente fuori tempo massimo). Ha sbroccato e ha fatto l'Emma di turno, con Emma di fianco, provando a innalzare Emma al suo livello di cantautrice e non riuscendoci, e quindi abbassandosi al suo. Ecco, Elisa oggi vuole fare Emma, vuole mostrarsi leggera, volendo anche senza sovrastrati. Ma non ci riesce. Perché le canzoni di *On*, nonostante quello che ha scritto sulle note, lei o chi per lei, non sono sempre pop, e quando non sono pop funzionano bene, girano. Quando invece provano a essere pop crollano, come il mio amico Corrado che andava a giocare a freccette coi ragazzetti di dieci anni più giovani di lui (con la differenza che lui, Corrado, reggeva benissimo).

On è un disco irrisolto. A metà strada tra Elisa e Emma. Un disco brutto, perché irrisolto. E un disco brutto, perché prodotto male, e per questo irrisolto. Un disco brutto perché brutto.

Ci sono bei brani, come quello che avrebbe ballato il capo dell'ufficio stampa, nel suo ufficio (anche se io il video non l'ho ancora visto), ma ci sono anche canzoni orribili come le due in italiano, cacofonie di suoni, di cori, con Elisa che si fa accompagnare dal solito Giuliano Sangiorgi, ma anche dalla stessa Emma. Roba che la senti e vai al pub, quello dove Corrado gioca a freccette, a scolarti tre pinte di doppio malto sperando di dimenticare. Ma non dimentichi, no, non dimentichi mai.

Poi c'è una bella canzone, una, una soltanto, ma scopri che è la sola che non ha scritto Elisa, ma Jack Savoretti, che giustamente se la canta nella sua quasi totalità. Si intitola *Waste Your Time On Me*, ed è una bella ballata, questa sì risolta. Per il resto è un via vai di Elisa che fa Adele, di Elisa che fa Kate Bush, di Elisa che fa Emma, appunto, addirittura di Elisa che fa The Kolors, e solo per questo, ti auguri, qualcuno pagherà, pagherà tutto e pagherà caro.

Lei, si capisce dalle note, si è divertita a suonarlo e cantarlo, e questo ti fa piacere, tu non ti sei divertito ad ascoltarlo. Anzi, è stato doloroso ascoltarlo. E siccome a pagare per ascoltarlo sei tu, non lei, ti senti un po' preso per il culo. Ed ecco che capisci il senso del gattino pucciòso in copertina, la trollata, hai pagato per far divertire Elisa.

La prossima volta, magari, se ti avvisa prima, eviti di perdere tempo a ascoltarlo e vai direttamente al pub, se ti dice bene ci trovi Corrado, che nel frattempo ha quarant'anni, ma continua ancora a fare il ragazzino, beato lui.

EMMA, ADESSO

Dispiace. Sì, anche se chi scrive non rientra, per questioni legate all'anagrafe, principalmente, e una educazione musicale un po' più che elementare, nel target di Emma e della sua musica, dispiace vedere come *Adesso*, suo album uscito nel 2015, in qualche modo sia una bella occasione sprecata. Lo si era già capito dai singoli, che avevano anticipato questo lavoro sulla lunga distanza, *Occhi profondi* e *Arriverà l'amore*, tutti un po' fuori fuoco, imprecisi nelle intenzioni come nella realizzazione, e lo si capisce appieno nel momento in cui *Adesso* è diventato un album alla mercé dell'ascoltatore.

L'impressione, forte, è che Emma si sia lasciata andare a una sorta di egoriferimento un po' ottuso, qualcosa che le ha fatto credere di poter fare tutto da sola, di saper fare tutto da sola, finendo per incappare nei più classici errori di chi "fa da sé" e non sapendo fare, cade e si fa male. Sarebbe ingeneroso fare esempi, ma dalla penultima Malika Ayane ai Negramaro, tanto per fare due nomi, è storia già vista, sempre coi medesimi mediocri risultati.

Nel cd Emma, infatti, appare come produttrice al fianco di Luca Mattioni, non esattamente un cavallo di razza, e l'assenza di un produttore vero si sente, eccome si sente. Manca una guida, e una macchina, seppur potente, senza un pilota capace, non arriva lontano.

Dispiace, perché Emma sa cantare, e da *Schiena* ha anche imparato a modulare la voce, sgrezzandola dai suoi esordi, incamminandosi, ci eravamo illusi, verso una china rock, magari ancora lontana da raggiungere. Una china che, invece, è assente oggi. O meglio, è assente nell'essenza, pur essendo evocata da certi giannananninismi canori che lasciano onestamente il tempo che trovano.

Le canzoni portano la firma della stessa Emma, evidentemente strabordante, anche autrice, oltre che produttrice, e di tutti i nomi che ci si attende di trovare in quello che doveva essere uno dei blockbuster del 2015. Ci sono i Diego Mancino e Dario Faini di *Quando le canzoni finiranno*, ballatona di maniera, a *Il paradiso non esiste*, Faini che poi firma *Occhi profondi* con Ermal Meta, a sua volta con Matteo Buzzanca su *Arriverà l'amore*. Immancabile Giuliano Sangiorgi, qui autore di *Finiamola qui*, dove la maniera lascia il posto allo stucchevole, e Giuseppe Anastasi, autore di tutti i successi di Arisa, che con Amara, Cheope e la stessa Emma firma *Per questo paese*, brano che almeno prova a essere qualcosa di diverso, pur non riuscendoci appieno. Poi c'è il vincitore dell'ultimo *Sanremo Giovani*, Giovanni Caccamo, che firma *Finalmente*, qualcosa che si muove dalle parti della canzone d'autore, ma si muove piano. Chiudono il gruppo folto di autori Zibba, con *Io di te non ho paura*, con Giulia Anania e Marta Venturini, brano da cui, confesso, mi aspettavo di più, Alessandra Naska Merola, autrice di *Che sia tu* e *Argento adesso*, e i fratelli Verrienti, autori di *In viaggio* e *Poco prima di dormire*.

Di queste canzoni, dovessimo salpare verso la famosa isola deserta, non ne porteremmo con noi neanche una. Ci sono, ovviamente, cose da salvare, come il già citato tentativo di *Per questo paese*, sorta de *L'Italia* di Marco Masini versione 2.0, l'intuizione del brano *Argento adesso*, in cui Emma parla di sesso, stranamente senza scivolare nel grossolano, ma sono minuzie, nell'insieme piuttosto irrilevante. La faccenda, a voler essere piatti, è semplice. Emma ha una bella voce. È intonata, fatto da non prendere troppo sottogamba, e sa usare la voce. Ma per questioni inspiegabili tende a imitare Gianna Nannini. Chiaro, il confronto oggi la mette in evidente vantaggio sul modello di partenza, perché la Nannini, per dirla con parole sue, fa spesso "un troiaio" quando si tratta di cantare, specie dal vivo, ma la Nannini, in Italia, c'è già stata. Questo da una parte, per quel che riguarda lei come interprete. Per quel che riguarda le canzoni che interpreta, invece, la faccenda è ancora più complicata, perché non riguarda solo lei, ma un po' tutti i giovani interpreti. Il gusto nazionalpopolare si è plasmato su un modello basso, tendendo a abbassare ulteriormente gusto e aspettative. Da qualche anno a questa parte è come se fossimo tornati indietro nel tempo, molto indietro nel tempo. Come se Domenico Modugno non fosse mai nato, e la nostra canzonetta fosse ancora ferma all'epoca delle melodie ariose, leggere, belle, eh, ma quella roba lì. Come se invece che *Volare*, la nostra canzone più famosa fosse una di quelle scritte da Armando Trovajoli. Belle melodie, intendiamoci, ma vecchie. Suonate coi suoni di oggi, o meglio, trattandosi di produzioni italiane, spesso di ieri, in rincorsa sui suoni che andavano all'estero ieri, ma con melodie che non sanno dell'esistenza dei due veri rivoluzionari della nostra canzone, Modugno, appunto, e Battisti.

Ecco, Emma canta Trovajoli come fosse una Gianna Nannini in forma orfana di Modugno e Battisti.

Invece è convinta di essere una ragazza dei nostri tempi, magari anche una mezza rockettara. Potete ben capire che, da qualche parte, c'è stato un corto circuito.

Emma, chiaramente, è giovane, e se qualcuno che le vuole bene le fa capire che essere una cantante di talento non equivale anche a essere un bravo produttore o un autore di canzoni degne di essere chiamate con quel nome, magari potrà riprendere il cammino che con *Schiena* sembrava voler cominciare a fare. Lo stesso qualcuno, per il suo bene, dovrebbe spiegarle che essere un personaggio televisivo di successo non sempre lascia spazio per una carriera artistica di rilievo. Lo dimostra, ce ne fosse bisogno, lo scollamento della fanbase più radicale, che già all'uscita dell'ultimo singolo l'ha lasciata scivolare, dopo poche ore dall'uscita, dal primo al quarto posto in classifica di iTunes, discesa che è proseguita inesorabile nelle ore e nei giorni successivi. Lo dimostrerà di lì a breve l'andamento claudicante del tour.

Emma deve decidere cosa vuole fare da grande, e decidere anche chi vuole intorno. Altrimenti, dispiace, certo, ma ce ne faremo tutti una ragione.

EMMA FONDA UNA COVER BAND DEGLI U2

Cambiando l'ordine dei fattori il risultato non cambia, recita la proprietà commutativa, chiunque abbia un minimo di memoria ben lo ricorda dai tempi delle elementari. Potremmo partire da qui.

O volendo, anche perché il soggetto in questione sfiora i due metri d'altezza, potremmo anche buttarla più semplicemente sul musicale, tirando in ballo il progetto che Roberto Angelini da anni porta avanti col suo sodale Pier Cortese, *Discoverland*, andando a trovare in quelle riletture d'autore fatte dai due l'involontaria citazione non dichiarata, quasi al limite del plagio.

Sia come sia, non se ne esce, arriva negli store digitali, nei canali di streaming e sul tubo il nuovo singolo di Emma Marrone, *L'isola*, a firma tra gli altri proprio di Roberto Angelini, e lo si affronti dal punto di vista della scrittura, dell'interpretazione e della produzione, vedi la proprietà commutativa, il risultato finale è sempre lo stesso e davvero imbarazzante, quasi quanto il titolo del singolo stesso, battuto, forse, se possibile, solo da quello annunciato dell'album, in uscita a fine mese, *Essere qui*.

Ma andiamo con ordine.

Emma decide di approfittare della notte di capodanno per annunciare attraverso i social data e titolo del suo singolo, *L'isola*, fuori dal 5 gennaio, e del suo album, *Essere qui*. A produrre, ahinoi e ahilei, anche stavolta lei medesima e il suo fonico di fiducia, Luca Mattioni. Dettaglio, questo, non da poco, come vedremo a breve.

Sono mesi che stanno uscendo notizie alla spicciolata, e quasi tutte vertono su una serie di professionisti apparentemente distanti dal mondo emmiano, musicisti sbandierati ai quattro venti, si immaginava, proprio per indicare un cambio di rotta dopo il passo falso di *Adesso*, album decisamente irrisolto che si è dimostrato un passo indietro, artisticamente e commercialmente, rispetto a *Schiena*. Leggere reiteratamente i nomi di Ninja, batterista dei Subsonica, di Paul Turner dei Jamiroquai, e di Adriano Viterbini, ex Bud Spencer Blues Explosion ora titolare di una propria carriera solista nell'indie, fossimo tra quanti si fanno impressionare dalla pratica del turnismo, cioè di quanti suonano nei dischi di coloro che li pagano per suonare nei propri dischi, ci avrebbe impressionato. Nei fatti ci aveva semplicemente indotto a pensare che, magari, vista la pochezza artistica del lavoro precedente, stavolta la signora Marrone avesse finalmente deciso di affidarsi a altri per la produzione, perché ognuno dovrebbe fare il proprio mestiere, e quello di produttore, i fatti dicono questo, non è la cosa che riesce meglio né a Emma né a Mattioni.

Solo che poi esce *L'isola*, e se mai uno avesse riposto delle aspettative su di un singolo di Emma, non è il nostro caso, la delusione sarebbe stata cocente, perché *L'isola* altri non è che una cover non dichiarata di *Where the Streets*

Have no Name degli U2, uscita trentuno anni fa. Non esattamente qualcosa di innovativo, quindi. E neanche di revivalistico. Niente nostalgia e Simon Reynolds da tirare in ballo, qui. Semplicemente una cover non dichiarata. Quelle operazione furbettine che, in epoche di Shazam, già fanno ridere se operate nei confronti di brani minori, ma quando, come in questo caso, vengono applicate a hit planetarie, ci inducono semplicemente a perdere l'ultimo residuo di fiducia nel genere umano.

L'isola si basa su una semplice idea, quella che all'epoca *The Edge* sotto la guida sapiente di Brian Eno e Daniel Lanois applicò sul riff di chitarra della ballad contenta in *The Joshua Tree*. Niente di più e niente di meno. Certo, siamo nel 2018, qui trova asilo qualche Synth in più, ma l'esile canzone non ha altri punti di interesse. Chi si aspettava qualcosa che avesse a che fare con il funk, temo, sarà rimasto con la stessa espressione di Peter Griffit quando la moglie gli controlla la cronologia del computer. E il fatto che Emma la canti spingendo meno sulla potenza e un po' più sull'intensità non fa che confermare la matrice coveristica della canzone, a tutti gli effetti *Where the Streets Have no Name* degli U2. Anche la tonalità è la stessa, neanche lo sforzo di cambiarla per allontanarsi dall'originale.

Ora, a guardarla da tutte le angolazioni, anche volendo cercare una giustificazione situazionista di quelle care a Stewart Home e a chi ha fatto del copiare una vera e propria arte, ma non mi sembra questa l'intenzione della mostra, *L'isola* risulta non solo un passo falso, visto che è in qualche modo il primo singolo pop che esce in questo anno che, se tanto ci dà tanto non potrà che essere terribile, ma addirittura una sorta di suicidio artistico. Perché se stai ferma due anni per trovare una idea che sia una, se sbandieri al mondo che stai lavorando con super professionisti, e poco conta sapere che il bassista dei Jamiroquai che hai assoldato è arrivato nella band nel momento in cui la band di Jason Key ha perso la sua allure e soprattutto la propria identità di band, e poi tiri fuori una canzone che si poggia tutta sull'idea di qualcun altro, idea per altro conosciuta anche dai sassi, be', allora Houston abbiamo un problema. E il problema non è solo e tanto nel fatto che Emma si arroghi il diritto di farsi da produttrice senza averne le capacità, affiancata da chi evidentemente o non ha a sua volta capacità o non ha abbastanza forza da far capire all'artista l'errore che sta per commettere, ma che Emma dimostri di essere anche piuttosto ignorante in materia musicale, finendo quindi per andare a pescare in un mare nel quale hanno pescato già in molti e pesci che sono già finiti nei piatti di troppe persone per passarla liscia.

Poi, è chiaro, l'Italia è un paese di poeti, navigatori, santi e marchettari, per cui abbiamo avuto modo di assistere sui social agli sdilinquimenti di giornalisti musicali in cerca di cuoricini e di colleghi e colleghe del tutto intenzionati a ritagliarsi un posticino in una delle prossime puntate di *Amici*, ma nei fatti *L'isola* resta una canzone esilissima tutta appoggiata su una idea di trentuno anni fa, pure abusata.

Facendo quindi una di quelle profezie da ipermercato, buone per l'Oroscopo di un giornale diretto da Sandro Meyer, verrebbe da pensare che se questo è il singolo incaricato di creare aspettative sull'album *Essere qui*, il medesimo album non potrà che essere anche peggio, i titoli stanno lì anche per dare idea del contenuto e *Essere qui* è davvero un brutto titolo. Una sorta di copia incolla di idee altrui, messe al servizio di canzoncine che lasciano il tempo che trovano. Qualcosa di geniale, se dietro ci fosse il disegno politico di un Bill Drummond e di un Jimmy Cauty. Ci aspettiamo quindi che anche Emma, come i KLF dia vita a un momento provocatorio potente, bruci migliaia di euro in pubblica piazza (ma forse questo l'ha già fatto producendo da sola il disco, a spese della Universal) o tirando su pipponi anticapitalisti in grado di far arrossire Diego Fusaro. Così fosse, sia chiaro, saremmo i suoi primi sostenitori, pronti a tatuarci la sua faccia sul bicipite destro e a difenderla da tutti i critici che osano raccontarci come il solo luogo in cui le sue canzoni hanno un senso è negli studi Elios di Maria De Filippi. Se così non sarà ci limiteremo a consigliarle nuovamente di affidarsi a dei professionisti capaci di indicarle la strada da seguire.

Per ora, da qualsiasi parte la si guardi, *L'isola* resta una canzoncina esile, tutta basata su un'idea copiata dagli U2. Buon 2018 a tutti, anno che già tra una settimana ci presenterà il nuovo singolo di Takegi e Ketra, featuring Tommaso Paradiso e Elisa, e la successiva il nuovo singolo di Laura Pausini, anno presumibilmente davvero di merda.

EMMA, IL SANGUE E LE CORNA

C'è un vecchio detto, una voce popolare, che vuole che l'ultimo a sapere delle corna sia il cornuto. Probabilmente, in genere, c'è un fondo di verità, e suppongo che a ciascuno di noi sarà capitato di sapere prima del diretto interessato di un tradimento. Magari è capitato direttamente a qualcuno di noi, e in caso la faccenda è un pochino più fastidiosa. In genere, però, la faccenda funziona così: l'ultimo a sapere delle corna è il cornuto.

Ci sono eccezioni. Anche piuttosto eclatanti. Ci sono corna che vengono messe pubblicamente. Ci sono corna che diventano non solo oggetto di chiacchiere di massa, ma addirittura spettacolo. Ci sono corna che in qualche modo passano di prepotenza dalla sfera privata a quella pubblica, finendo per diventare parte della carriera dei diretti interessati.

Chiarito questo passiamo a parlare d'altro. Dell'ultimo tour di Emma Marrone, nello specifico.

Dopo l'uscita di *Adesso*, attesissimo seguito del megasuccesso *Schiena*, uscita non esattamente seguita dai risultati sperati, con quel primo posto in classifica mai conquistato, a discapito di un lancio imponente da parte della sua casa discografica, Emma ha occupato militarmente la televisione, presenziando con la sua eleganza il salotto buono di Maria De Filippi, *Amici*, e passando di ospitata in ospitata nei live dei colleghi. Questo ha portato *Adesso* al platino, troppa grazia, e ha dato vita all'imminente secondo platino, corrispettivo moderno di Godot, visto che la certificazione tarda ad arrivare. Sia come sia Emma si è data da fare parecchio. Ha prodotto Elodie, ha prodotto Antonino Spadaccino, come a voler condividere con altri la sorte toccatale di produrre se stessa. Ha preso le sue solite gaffes sui social, rispondendo alla sua maniera a chi le sottolineava i numeri non esattamente edificanti. È finita in un numero cospicuo di magazine, spesso per argomenti extramusicali. Insomma, c'è stata. Questo avrebbe dovuto garantire al suo tour, partito in terra abruzzese e poi spalmato per ventidue date in giro per l'Italia, un successo almeno dal vivo. Così sembra non stia succedendo. Ci sono state due doppie date importanti, a Milano e a Roma, dove di pubblico ce n'era parecchio, ma dove la coda per andare a ritirare gli accrediti e i biglietti omaggio era talmente lunga da aver impedito a alcuni spettatori di assistere a parte del concerto, poi una serie di date in provincia decisamente meno seguite. Anche lì, biglietti omaggi a gogo, ma le platee di Genova, di Ancona e di altre tappe erano comunque mezze vuote. Succede, verrebbe da dire. Ma non dovrebbe succedere. Perché un tour imponente, che per altro presentava a Milano e Roma un'imponenza magicamente rimpicciolita nelle date successive, costa molto e richiede, quindi, un alto numero di biglietti venduti. Se i biglietti li cedi cambio merce ai marchi che ti sponsorizzano, se li regalano radio locali e centri commerciali, se le liste con diritto di accredito diventano più lunghe delle liste d'attesa dell'ufficio di collocamento, la faccenda prende contorni complicati. Si comincia a parlare di bagno di sangue, nulla a che vedere quello nel latte esibito dalla collega Pausini, per intederci. Mostrare i muscoli, andare cioè a replicare il tour di *Schiena*, album che al momento è attestato a vendite più che doppie rispetto a *Adesso*, sembra essere stato un azzardo, e anche i diritti ceduti alla televisione dal buon Ferdinando Salzano, titolare della Friends and Partners, agenzia che ha prodotto il tour, poco potranno per tappare la falla. E allora ci si comincia a porre delle domande. Emma è una cantante con una voce interessante, un'immagine da donna vincente, forte. Una che ragiona, più o meno, con la sua testa, che si autoproduce e addirittura produce altri giovani artisti, una che ha dimostrato a *Amici* di essere una leader, al punto da aver emmizzato Elisa, sua socia in quel contesto, ottendendo, quindi, il risultato contrario cui, si suppone, avevano pensato convocando in quel contesto la cantautrice friulana. Insomma, avrebbe tutte le carte in regola per dominare un panorama, quello del pop italiano, palesemente a corto di nomi. Perché, quindi, non riesce a portare a casa i risultati sperati?

Torniamo indietro nel tempo, al momento in cui Emma è passata da essere quella che aveva vinto, stando a molti immeritatamente *Amici* su Loredana Errore, un po' svalvolata ma dalla cifra artistica decisamente più marcata, a essere Emma, la sola, sembrava, in grado di uscire da quel talent e tenere il passo alla vera regina di *Amici*, cioè Alessandra Amoroso. Alessandra Amoroso che è esattamente il suo opposto, zero tv, zero ospitate, zero presenzialismo, niente *Sanremo* da concorrente, niente *Sanremo* da conduttrice, nada de nada. Ecco, Emma è diventata Emma nel 2012. Cioè, Emma si era già messa in mostra, aveva sfiorato la vittoria al *Festival* in compagnia dei Modà, con *Arriverà*, aveva toccato la vetta della classifica con *Sarò libera*, però il momento esatto in cui Emma è diventa la popstar Emma è quando tutti hanno saputo delle corna che il suo fidanzato Stefano Di Martino le aveva messo con Belen Rodriguez, chiamata da Maria De Filippi alla sua corte. Proprio questo fatto, vedersi sfilare il fidanzato pubblicamente non da una ragazza qualsiasi, ma proprio dalla sex bomb Belen, e il fatto che il tutto avvenga poi dentro le televisioni degli italiani, tramite *Amici*, mica un programma qualsiasi, ha automaticamente portato tutto il pubblico a empatizzare con lei, a discapito di Di Martino e Belen. Cioè, Belen ha ovviamente monetizzato anche questo, come tutto quel che la riguarda, ma è stata proprio Emma a aver sfruttato, involontariamente, meglio di chiunque altro questo paio di corna pubbliche. Di colpo ha avuto dalla sua tutto il pubblico, che l'ha coccolata e sostenuta. Tutte le sue canzoni seguenti, quelle di *Schiena*, sono state lette in quella chiave, come è stata letta in quella chiave la precedente partecipazione di Emma a *Annozero* di Santoro, proprio per parlare del ruolo della donna nella nostra società contemporanea.

Poi, come è giusto che sia, la storia delle corna è stata metabolizzata, Emma ha vinto il *Festival*, ci è tornata da presentatrice, è entrata in pianta stabile a *Amici*, come caposquadra, è diventata una popstar assoluta. Ma è anche diventata troppo popstar per avere dalla sua il pubblico, in assenza di un repertorio forte, da solo capace di prendersi quell'empatia in precedenza passata dal gossip.

Oggi Emma è una donna vincente, ma la sua carriera stenta. Guai a farglielo notare, ché scatta subito la risposta piccata.

Lungi da me dare indicazioni a una popstar, ma io una riflessione a tal riguardo la farei. Certo non le consiglierei un altro paio di corna, ma magari rivedere un pochetto il modo di raffrontarsi con il pubblico, quello sì. Oh, a mali estremi un tradimento non si nega a nessuno, eh, basta solo farlo sapere a tutti.

EMPIRE E LO STATO DI SALUTE
DELLA NOSTRA DISCOGRAFIA

La domanda è semplice, perché vi accanite contro di noi? Cosa vi abbiamo fatto di male? Durante le vacanze estive di qualche decennio fa qualcuno di noi si è trombato le vostre fidanzate? Vi abbiamo fregato il posto in fila mentre aspettavate diligentemente il vostro turno agli Uffizi? Il conto dell'albergo nella vostra ultima visita al nostro paese è stato molto più caro di quanto vi avevano detto via mail?

No, lo chiedo perché dopo aver visto la prima puntata del tanto acclamato serial tv *Empire* mi sembra evidente che, ancora una volta, autori e registi dei telefilm americani lavorino quasi esclusivamente per umiliare noi italiani, per deriderci, denigrarci, far passare le nostre già piatte vite per qualcosa di ancora più piatto, noioso, mortale.

La storia che è andata in scena, infatti, è qualcosa che, senza tante fantasie, potremmo chiamare, come mezza stampa del mondo, una versione afroamericana della *Dinasty* di jaoancollinsiana memoria, con una gigantesca Cookie, l'ex moglie del boss dell'Empire del titolo, Lucius Lyon, destinata a entrare negli annali delle serie tv come uno dei personaggi femminili cattivi e agguerriti meglio riusciti di sempre. C'è un ex rapper di grande talento e dal passato (e presente) fumoso, che coi soldi del narcotraffico, si intuisce, mette su con la moglie un colosso discografico. Proprio nel momento in cui il tutto sta per approdare in borsa Cookie, che si è fatta diciassette anni di galera per proteggere il marito, torna in scena, andando a scombinare le carte. Su tutto i loro tre figli, il narciso, l'artista gay e il cazzone rapper.

Dinasty, ripeto.

Ma a fare da sfondo, si fa per dire, c'è una etichetta discografica, sulla falsa riga della Def Jam, o di una di quelle realtà americane che hanno per protagonisti i vari Jay Z, P.Diddy e via discorrendo.

Quindi, da una parte c'è una colonna sonora da paura, curata mica dall'ultimo scemo che passava di lì, ma da un gigante del genere black come Timbaland. Dall'altra c'è una icona gigantesca come quella della casa discografica sorta su basi non limpidissime ma sostenuta da un genere, quello black, che sia R'n B o Rap. Roba che sin dai tempi del gangasta rap, NWA in primis, ci è arrivata come qualcosa di più punk del punk.

Pensateci. Siamo abituati a pensare alla discografia come a qualcosa di farraginoso, che procede per logiche e meccanismi che sfuggono ai più. Non ha successo che merita, ci ripetiamo, allenatori musicali, ma ciò che qualcuno decide che avrà successo, lasciando spesso il meglio nei cassetti. Poi ci sono i *Festival di Sanremo*, o forse c'erano, e i Talent, quelli sì che decidono e dettano regole. Vediamo talenti inespressi ovunque, e senza talento pure.

L'idea che ci si possa arrangiare da soli è lì, nella testa di molti, ma difficile da realizzare. Anche oggi. Chiaro, c'è la rete che accorcia il gap tra artisti e pubblico. Ma la rete è rete per tutti, quindi in realtà l'offerta è tale da rendere quel gap, se possibile, ancora più profondo. Così tocca dedicare tutte le proprie energie a farsi vedere, più che a farsi ascoltare.

Ma c'è la possibilità che uno svolti, faccia i soldi, e, anche oggi, anche con iTunes alla portata di chiunque, mettere insieme una casa discografica, volendo anche un colosso, seppur con soldi non limpidi.

Uno vede *Empire* e respira la creazione di una hit, il lavoro vero della discografia, la ricerca del talento, del giusto suono, della giusta interpretazione. Ci sono, infatti, tra un fanculo tra moglie e marito e un rapporto difficile coi figli, scene in studio di registrazione che riappacificano col mondo della discografia. Le vedi e capisci che, a prescindere dallo scempio che è stato ordito da molti discografici nei confronti di questa industria, il momento in cui una hit viene creata è uno di quei momenti magici che difficilmente si possono intuire, se uno non lo ha visto coi propri occhi, non l'ha vissuto sulla propria pelle. Uno vede *Empire* e poi guarda al cortile di casa propria, e di colpo gli scende la catena. Si sente inappropriato, umiliato e offeso. Vede che le esperienze passate e presenti di autarchia hanno spesso se non sempre fallito, troppo legate ai nomi che le hanno ideate più che all'idea di autarchia stessa. Si pensi per il fronte live alla vicenda del Tora! Tora! (con le date rette tutte dalla presenza dei blockbuster indie, Afterhours, Marlene Kuntz e affini), o per la discografia, a Newtopia, con J-Ax e Fedez che spaccano, circondati da figuranti (e loro spaccherebbero ovunque, a prescindere dall'autarchia). Allora uno, io nello specifico, decide che dopo aver passato mesi, da agosto a oggi su queste pagine, ma da una ventina d'anni in generale, a picconare il mondo della discografia italiana, cercando di analizzarne le più varie sfumature, dall'aver demandato lo scouting ai talent al non aver capito come funziona la rete, dal rapporto malato con la radiofonia all'aver guardato all'indie come qualcosa di diverso da quel che era, uno decide di rendere tutto questo lavoro più schematico. Sì, se vogliamo provare anche solo a pensare a una serie come a *Empire*, mi dico, dobbiamo partire dalle basi. Ripensare alla discografia per com'era, e quindi andare a incontrare chi l'ha fatta, la storia della discografia, guardare alle figure degli autori, vere Carneadi dei giorni nostri, degli editori, pensare a chi, per lavoro, analizza dati e lavora sugli influencer, a chi produce, a chi arrangia, a chi lavora ai video. A tutta la filiera, insomma. Questo proverò a fare, prometto. Smettendo di rompere le scatole a tutti col mio piglio critico. Che tanto poi a rimangiarsi una promessa non ci vuole niente…

EROS RAMAZZOTTI E LA SINDROME DI LINO BANFI

Eros Ramazzotti ha appena pubblicato il suo nuovo album, *Perfetto*, ma mai come in questi giorni le cose sembrano girargli maluccio. Intendiamoci, se ne faccia una ragione Papa Raztinger, il tutto va letto relativamente a Eros Ramazzotti. Avere un disco che in tutti i casi vende, e un tour mondiale che non sta facendo sfaceli in fatto di prenotazioni ma è in partenza significa vivere un periodo non proprio felice, professionalmente, se sei un numero uno, perché di artisti di minor successo che darebbero un rene per trovarsi nella sue condizioni ne esistono a milioni.

Nei fatti, però, Eros Ramazzotti è Eros Ramazzotti, e le cose non gli stanno andando come uno poteva prevedere. E cioè, così. Sono ormai anni che Eros ha perso il suo smalto, è un fatto. Non vorrei essere impietoso, ma a un non fan come me, l'ultima canzone azzeccata che viene in mente è *Più bella cosa*, e stiamo parlando di un brano che ha diciannove anni. Poi, è chiaro, ci sono stati altri successi, ma che non sono entrati nell'immaginario collettivo come quello o i precedenti, quelli che vedevano Piero Cassano dei Matia Bazar al suo fianco. Arrivando più vicino a noi, poi, gli album si sono succeduti con sempre minor successo, e sempre minor resa. Uno non è destinato a avere sempre qualcosa da dire, si afferma in questi casi, ma il penultimo lavoro, *Noi*, primo con la Universal, non ha convinto praticamente nessuno. Tra addetti ai lavori, qualcuno ha pensato bene di addossare le colpe a Luca Chiaravalli, storico autore del pop nostrano, stavolta anche nei panni del produttore. Infatti stavolta Chiaravalli non c'è. Peccato che nel mentre Chiaravalli sia andato a fianco di Nek e abbia sfornato un album che, piaccia o non piaccia, ha fatto il botto. Insomma, Eros si trovava nella posizione di tornare a sfondare, o magari di rivedere la propria posizione di popstar assoluta, iniziando a scivolare nelle seconde linee. In molti, sempre tra addetti ai lavori, hanno pensato e supposto che Eros si sarebbe rivolto a Cassano, per ridar vita a una coppia artistica che ha fatto sfaceli, invece Eros ha spiazzato tutti, andando a mettere insieme un dream team che, sulla carta, non ha eguali. Alla produzione ha chiamato Claudio Guidetti, proprio quello di *Più bella cosa*. E già sembrava una mossa azzeccata. Ha poi chiamato a raccolta il gotha degli autori di testi in circolazione, nomi davvero impressionanti, visti lì, uno di fianco all'altro. Che nomi? Mogol, Francesco Bianconi, Kaballà, Pacifico e Federico Zampaglione dei Tiromancino. Delle musiche, invece, si è occupato lui e Guidetti, con la sola eccezione di *Buon Natale (se vuoi)*, che vede i due affiancati da Gary Kemp degli Spandau Ballet. Insomma, ripeto, un vero e proprio dream team. Lui, il ragazzo nato ai bordi di periferia, per una volta, ha puntato in alto, non nel senso della vetta della classifica, ma del colto, del raffinato, del ricercato. Ve lo immaginate Bianconi, leader e voce dei Baustelle che scrive per Eros? O Pacifico, passare dai testi di Malika a quelli di Eros? Mogol, poi, dopo Battisti e Cocciante (va be', anche la Tatangelo)? Insomma, ci siamo capiti. Tutti, saputi i nomi, ci siamo detti: stavolta anche la critica sarà dalla sua. Lui che ha sempre ostentato un atteggiamento da spaccone nei confronti di chi era chiamato a giudicarlo, forte del riscontro del pubblico, nel momento in cui il pubblico ha cominciato a diminuire sempre più ha deciso di rivolgersi proprio a chi di musica scrive, andando a mettere insieme penne di primo livello. Poi però è uscito il primo singolo, *Alla fine del mondo*, e tutti questi ragionamenti hanno cominciato a vacillare. La canzone, un country, nelle intenzioni, piuttosto imbarazzante, portava la firma, nei testi, di Bianconi e Kaballà, ma di questi due artisti, in realtà, nelle parole non vi era traccia. Il video, poi, una sorta di traslazione in chiave western della storia di *Guerriero* di Mengoni, non faceva che sottolineare la pochezza della canzone. Paura. Arriva l'album, e tutte le certezze contenute nelle righe qui sopra crollano, come neve al sole. Una serie di brani destinati a non lasciare traccia, con testi, anche quelli, che a leggerli senza musica sotto inducono alla depressione, mentre ascoltati nelle canzoni spingono all'autolesionismo. Traccia dei vari Pacifico, Bianconi, Zampaglione e soci nemmeno l'ombra. Come se, di colpo, tutti questi parolieri di prestigio avessero deciso di mettersi talmente tanto al servizio dell'artista per cui stavano scrivendo da prenderne la forma, da mimetizzarsi con la sua, scusatemi, poetica, andando ad abbassare di colpo tutto il loro sapere, la loro arte. Traslo. Pensate a Diego Abatantuono o Lino Banfi. Sono partiti facendo film comici non propriamente elevati, a suon di "ecceziunale veramente" e "porca puttenola", poi hanno cercato, con successo, di fare altro. Abatantuono ha fatto *Regalo di Natale* di Pupi Avati, Banfi ha fatto tantissima televisione, certo non Strehler, ma almeno senza dover dire "e che checcio" ogni due minuti o guardare Edvige Fenech dal buco della serratura. Se Diego Abatantuono o Lino Banfi fossero stati Eros Ramazzotti, ecco, sarebbe successo loro che, sotto la regia di Pupi Avati, si sarebbero ritrovati al tavolo da gioco con Delle Piane dicendo "Eccezziunale veramente" o nei panni di Nonno Libero dicendo "porca puttenola". Invece che contaminati dagli altri, fonte di contaminazione, di erosramazzottizzazione senza precedenti. Bianconi che canta "nato ai bordi di periferia", Pacifico che dice "più bella cosa non c'è". A andargli bene. Poi, chiaro, Eros resta uno che vende sempre tanto, nonostante venda meno di un tempo, e io resto uno che per i fan è un rosicone che non è andato a letto con la Hunziker.

Piccola chiosa, obbligatoria, sulla Partita del cuore. Bypasso a piè pari la stupidità di Moreno, che fa lo sciocco con Nedved, umiliandolo con tunnel e saluto con la mano, e anche sulla idiozia di Nedved, che da Pallone d'oro non ha certo bisogno di vendette sul campo per dimostrare alcunché. La faccenda ha riguardato anche Eros e Luca Barbarossa, è noto. Solo una domanda, il fatto che nella Nazionale Cantanti, al suo posto, giocasse proprio Moreno ha in qualche modo influito sul suo nervosismo in campo? Chiaro, lui è quello che giocava con Nedved e Del Piero, io quello che si limita a giocare dopocena con gli amici al campetto della parrocchia, ma anche questo frangente è parso poco Perfetto.

ESCE IL NUOVO DISCO DI RICK RUBIN.
OOPS, NO, DI JOVANOTTI, SCUSATE...

"Anche io vorrei andare in ufficio senza scarpe".
Partiamo da qui.
E partiamo confusamente, a zonzo, senza una meta precisa, e addirittura senza una strada su cui camminare, con o senza scarpe.

Le scarpe. Chi ha visto il film *Steve Jobs*, sul padre della Apple, si ricorderà come Steve Jobs amasse andare in giro scalzo, a piedi nudi. Anche in assenza di una igiene personale definibile come tale. Steve Jobs sicuramente è uno di quei personaggi che potevano finire nel testo di *Oh, vita*, singolo eponimo del nuovo album di Jovanotti. È di Jovanotti e di *Oh, vita* che si parla qui, non di Steve Jobs, e lo si fa esattamente seguendo il suo flow, il suo flusso narrativo. Si chiama mimesi. Scrivo di Tizio e ne scrivo esattamente come se fosse Tizio a scriverne. Così faccio io. Jovanottizzo.

Steve Jobs, si diceva, sarebbe potuto serenamente finire nel singolo di Jovanotti, o in una qualsiasi altra sua canzone compilativa, di quelle canzoni in cui infila uno dietro l'altra nomi, citazioni, concetti più o meno intellegibili, città, etc etc. Perché Steve Jobs non è solo l'inventore della Apple, ma è anche quello che al famoso discorso ai laureandi ha detto quella cosa di "essere folli e essere affamati" che fa così tanto Jovanotti e quel suo modo di disegnare il mondo. Poetica, non avesse scippato questa parola Cremonini, che poi rientrerà in scena in questo scritto, dovremmo dire che Steve Jobs e la sua frase sull'essere folli e essere affamati fa parte della poetica di Jovanotti.

Il fatto è che è uscito il nuovo album di Jovanotti e vi sarà forse capitato di intuire che a produrlo sia Rick Rubin. Per chi abbia avuto l'occasione di seguire la diretta streaming della sua conferenza stampa, conferenza stampa ospitata nello JovaShop di Milano, temporary shop sito in Piazza Gae Aulenti, proprio per il lancio dell'album prodotto da Rick Rubin, avrà sentito nominare Rick Rubin circa duemila volte, o lo avrà addirittura visto, scalzo, negli spezzoni di video tratti dal suo film, un film che andrà nei cinema tra qualche giorno, per il lancio dell'album *Oh, vita*, prodotto da Rick Rubin. È uscito *Oh, vita*, prodotto da Rick Rubin e l'ascolto è stato quantomeno spiazzante. Perché Rick Rubin è probabilmente uno dei produttori musicali più famosi al mondo, togliete quel probabilmente, e sicuramente è quello che più ha influenzato la generazione di cui Jovanotti e io facciamo parte, con i suoi lavori fatti col rap, sua l'idea della Def Jam, e col rock, dai Red Hot Chili Peppers a Johnny Cash, per non dire del pop, da Shakira a Justin Bieber. Insomma Rick Rubin è Rick Rubin, e per la prima volta ha lavorato con un artista italiano, Jovanotti. Ma nel farlo ha aiutato Jovanotti a tirare fuori il suo album meno jovanottiano, poi spiegherò cosa intendo con questo, e sicuramente il suo album meno contemporaneo, almeno in apparenza, e altrettanto sicuramente il suo album con meno hit. Qualcosa di spiazzante, appunto. Perché *Oh, vita*, l'album di Jovanotti prodotto da Rick Rubin, è un album composto per nove quattordicesimi di canzoni in cui Jovanotti praticamente canta accompagnato da un solo strumento, otto volte su nove la chitarra acustica. Negli altri cinque episodi siamo più dalle parti del Jovanotti di una ventina d'anni fa, tra rap e quella roba lì che fa Jovanotti. Come dire, fanculo a Canova e al lavoro sull'electropop fatto negli ultimi dieci anni, ma questa è ovviamente una lettura semplice, non da critica musicale. Rick Rubin ha preso la sovrastrutturazione delle canzoni di Jovanotti, i tanti suoni, i tanti spunti musicali, e li ha buttati nel cesso, riducendo all'osso, come John Gardner con Raymond Carver, direbbe lui dopo aver consultato Wikipedia. Giorni fa vedevo un documentario sul «National Geographic». Era un documentario sulle zebre. A un certo punto la voce neutra che accompagna le scene ha raccontato di come le zebre abbiano una sovrapproduzione di spermatozoi, in determinati periodi dell'anno. Al punto da non riuscire a espellerli tutti attraverso le modalità convenzionali, cioè le eiaculazioni. Per questo, e mentre la voce raccontava le scene in onda dentro il mio televisore facevano vedere la cosa, non proprio gradevolissima, le zebre tendono a mordersi lo scroto, così da far uscire parte del liquido seminale attraverso a ferite che si autoprocurano.

Ecco, ascoltando *Oh, vita* è questa la scena che mi è venuta in mente, una zebra che si morde lo scroto affinché non gli esplodano i testicoli. Solo che a mordere, nello specifico, è stato Rick Rubin, mentre la zebra è Jovanotti.

Rick Rubin ha tolto. Ha tolto strumenti. Ha tolto suoni. Ha tolto tracce. Lasciando che fossero pochi strumenti e pochi suoni a riempire le canzoni. Lasciando che emergessero melodie e parole, seppur parole per lui incomprensibili. E lasciando poi a quelle cinque canzoni ritmate il compito di eiaculare.

Risultato, un album che non ha singoli. Un album da ascoltare con attenzione, poco immediato. Un album in cui le assenze suonano più delle presenze, nonostante le tantissime parole usate da Jovanotti. Un bell'album fuori dal tempo, a suo modo anche rivoluzionario. Un bell'album che in streaming presumibilmente non farà numeri, perché non flirta con la trap o con la musica che in streaming funziona.

Un album che pone delle domande.

Queste.

Perché farlo uscire a un mese esatto dall'uscita di scena, in classifica, proprio dello streaming gratuito? È noto che da gennaio verranno conteggiati dalla FIMI solo gli ascolti premium, cioè quelli fatti dai quattro gatti che pagano per usare Spotify e affini, uscire oggi con un album del genere davvero lascia perplessi.

Altra domanda, durante la conferenza stampa, esattamente come era successo una settimana prima con Cremonini, è stato evocato Alessandro Massara, CEO della Universal, e esattamente come una settimana prima si è detto di come questi siano album fatti per il gusto di fare musica, inseguendo un proprio pensiero personale, non condiviso con la casa discografica. Per dirla alla Jovanotti, "E chi se ne frega se poi non ci sono hit radiofoniche". Questa la domanda: Massara, hai da poco nominato un nuovo responsabile degli A&R, è normale che gli artisti di punta della vostra azienda palesino un così chiaro disinteresse nei vostri confronti? Nel senso, siete così alti da potervi permettere di non occuparvi anche di mercato o magari la situazione vi è un filo sfuggita di mano? Non era meglio mettere lì qualcuno che fosse in grado di infilare uno dietro l'altra le uscite senza che, in uno sgradevole effetto domino, i vostri artisti non finissero per scalzarsi a vicenda dalla vetta della classifica, magari mettendo qualche settimana tra l'una e l'altra? E soprattutto, ma chi cazzo è Jacopo Pesce?

E torniamo ai piedi senza scarpe da cui siamo partiti. La frase in questione è stata appunto pronunciata da Alessandro Massara, dopo che Jovanotti, imitandolo, aveva detto che, durante i giorni precedenti all'ascolto delle canzoni fatte con Rick Rubin (abbiamo smesso di nominarlo ma voi continuate a ripeterlo, come in un mantra) il CEO della Universal gli aveva detto "Ma che ci frega di come andrà. Stai lavorando con Rick Rubin, potresti vendere anche solo mille copie e già avresti fatto la storia" (vado a memoria). Una frase bella, che pone la musica al centro della scena. Fanculo il mercato. Peccato che subito dopo Massara ci abbia tenuto a sottolineare come lui debba rispondere ai suoi capi internazionali. E, di conseguenza, di come i numeri siano importanti, certo non lesinando parole di stima e lasciando intendere scenari positivissimi, molto jovanottiani. E peccato che abbia poi concluso con quella frase: "Anche io vorrei andare in ufficio senza scarpe". Come dire, piacerebbe anche a me fregarmene delle convenzioni, del mercato, del sistema. Ma è grazie al sistema che campo e che, parole non dette ma presenti nell'aria, che tutto questo è possibile.

Tutto questo cosa?

L'uscita di *Oh, vita,* album prodotto da Rick Rubin, in primis. Ma non solo. E qui veniamo all'altro paradosso wellsiano cui ha assistito chiunque fosse presente alla conferenza stampa di lancio di *Oh, vita,* album prodotto da Rick Rubin (scusate, mi sono lasciato riprendere la mano) o la abbia seguita in streaming. Il paradosso di chi, zebra, si è lasciato mordere lo scroto per non esplodere, parafrasando, il paradosso di chi ha dichiarato di aver fatto un album solo per amor di musica, ma di chi al tempo stesso lo ha lanciato parlando sotto una gigantografia della copertina dell'album, gigantografia che lo ritrae, sotto una scritta dorata che recita a lettere cubitali JOVANOTTI, dentro un temporary shop che si chiama JovaShop e che è tappezzato di gadget con su il nome Jovanotti, dagli zainetti ai libri (sì, perché è uscito anche un libro dal titolo *Sham,* con Jovanotti in copertina). Insomma, uno che professa di aver posto la musica al centro della scena, al punto da fregarsene del mercato, ma che al tempo stesso si autocelebra come neanche Kim Jong Un.

A questo punto qualcuno, il solito cagacazzi, si starà chiedendo cosa io, in fondo, pensi di *Oh, vita,* l'album prodotto da Rick Rubin. Penso che ci siano delle belle canzoni, come il brano per piano stonato e voce con autotune *Amoremio,* almeno una ottima canzone, Quello che intendevi, una sorta di *Walk on the Wild Side* jovanottiana. Un album discontinuo, perché i brani veloci poco sono attinenti con quelli lenti. Un album che conteneva la canzone dei mondiali, *In Italia,* sorta di *Maracanà* di Emis Killa per il 2018, se solo l'Italia fosse andata ai mondiali. Un album che scalzerà *Scenari paralleli* di

Cremonini dalla vetta della classifica, ma che poi verrà scalzato a sua volta da *Modena Park* di Vasco Rossi, con Coez e Riki sempre lì a dar filo da torcere a tutti. A me piace, ma a me piace sia Gianni Togni che i Richmond Fontaine, non faccio testo. Mentre scrivo queste parole, volutamente sconclusionate, sono scalzo, per dire. Io posso.

FABRI FIBRA VS NESLI, COSA NON SI FA PER LA PROMOZIONE

Questa potrebbe essere una triste storia di mobbing. Se non si trattasse di artisti, di nomi noti. Se non si trattasse, qui la faccenda si fa ancora più delicata, di panni sporchi da lavare in casa, leggi alla voce: affari di famiglia. Questa potrebbe essere la storia di un'azienda, una multinazionale, che decide di usare una vicenda privata per pubblicizzare un proprio prodotto, finendo non solo per gettare nel pattume un proprio altro prodotto, ma per ledere la dignità di un suo altro "dipendente", coinvolto in prima persona e nei suoi affetti in questa vicenda. Ripeto, non si trattasse di nomi noti, di artisti noti, sarebbe catalogata come una triste vicenda di mobbing, e se la vedrebbero, con buona probabilità, in un tribunale.

Ma questa è una faccenda un po' diversa. Perché i nomi coinvolti sono noti. E perché, essendo nomi noti, a metterci bocca, con una certa leggerezza, leggerezza ingiustificabile, sono stati anche altri "attori", che hanno finito per rendere quella che, si suppone, doveva essere solo una furba operazione di marketing, qualcosa di più serio, di più grave, di più triste.

Questi i fatti. Fabri Fibra e Nesli sono fratelli. Niente di nuovo. Lo si sa praticamente da sempre, e per sempre si intende da quando i due nomi in questione sono divenuti popolari. Fabri Fibra e Nesli non si parlano da anni. Anche questo è noto. Cazzi loro, funziona così, a volte, nelle famiglie. Non si parlano tra loro ma si mandano a dire cose, anche questo succede, sia nelle famiglie comuni sia in quelle di artisti, si veda la nota vicenda della famiglia Muccino.

Fabri Fibra e Nesli sono entrambi artisti in capo alla Universal, prima multinazionale nel campo discografico al mondo.

Nesli, è noto, ha partecipato all'ultimo *Festival della Canzone Italiana*, e per vicende che sono già state raccontate, è uscito piuttosto malconcio dalla kermesse canora. Ma Nesli aveva in canna un colpo piuttosto buono per rilanciare il suo ultimo lavoro, *Kill Karma - La mente è un'arma…*, la partecipazione alla prima edizione italiana di *Celebrity Mastechef*, girata in autunno, quindi addirittura prima di sapere di essere entrato nel cast di *Sanremo*. Una partecipazione piuttosto fortunata, non solo per un meritato secondo posto raggiunto, ma anche perché, complici i momenti in cui i protagonisti del programma hanno modo di parlare, di interagire tra loro e con gli chef, Nesli ne è uscito come un personaggio complesso, articolato, quale in effetti è e quale, magari, non sempre traspare al primo ascolto dalle sue canzoni, volutamente pop anche se decisamente profonde.

Bene, archiviamo questo primo fatto.

Fabri Fibra sta tornando sul mercato con un nuovo album, anche piuttosto riuscito, *Fenomeno*. Un gran bel lavoro, sotto il profilo artistico, dove il nostro tenta, con successo, di evolvere la propria scrittura, da una parte asciugandola da cervellotici tripli salti mortali lessicali, dall'altra confrontandosi con tematiche sempre più personali, quindi andando a scavare in luoghi in cui, in genere, i rapper non amano soggiornare (fatta eccezione per alcuni nomi, Rancore su tutti). *Fenomeno* è un album importante nella carriera di Fibra, anche perché arriva dopo *Squallor*, lavoro ostico per sua natura e per scelta dello stesso artista, per niente benevolo nei confronti dell'ascoltare, neanche accompagnato dalla promozione. Un gran bel ritorno.

Bene. Fin qui nessun problema, anzi. Due carriere che sembrano ritrovare la luce. Due fratelli che non si parlano e si stanno anche piuttosto sul cazzo, vero, ma a noi, in fondo, delle loro vicende personali non dovrebbe fregare nulla.

Non dovrebbe, appunto.

Perché succede questo. *Fenomeno*, il singolo di lancio dell'omonimo album, esce il giorno dopo la prima puntata di *Celebrity Masterchef*. Viene presentato il giorno del lancio del programma, quindi. Il brano attacca, con ironia pungente, proprio il mondo dei programmi culinari in uno dei suoi passaggi più riusciti. "non chiametimi chef/ sì, chef". Attacca ironicamente quel mondo, ma al tempo stesso attacca chi va in tv per farsi vedere e amare, il mondo effimero dello spettacolo. In molti, legittimamente, hanno letto il tutto come una faccenda tra lui e Nesli. Del resto Fibra è noto per i suoi dissing, gli attacchi tipici dei rapper ai colleghi e ai personaggi del mondo dello spettacolo. Il fatto che stavolta tocchi a Nesli potrebbe solo attestare che il fratello minore non è più così minore. La canzone funziona, gira bene, il programma tv pure. Tutti contenti. Specie in Universal, si suppone.

Poi il programma va avanti, Nesli brucia le tappe, sboccia e arriva in finale. La sua rinascita dopo la batosta di *Sanremo*, nella quale chi scrive potrebbe anche essere tirato in ballo, è vero, ma nella quale la Universal ha più di qualche colpa, non avendo minimamente sostenuto due artisti di casa propria, lui e Alice Paba, dall'attacco scellerato della stampa, spesso finita sul personale.

Si avvicina il giorno della finale, poi vinta da Roberta Capua. A fare il tifo per Nesli sarà la madre, oltre che i suoi collaboratori. La cosa è nota, perché parliamo di un programma registrato mesi fa.

Bene, anzi, male. La Universal decide di sfruttare la cosa. Come? Fa uscire l'album di Fibra, *Fenomeno*, il giorno dopo la finale di *Celebrity Masterchef*, e fin qui potrebbe semplicemente trattarsi di un passo falso. Ma fa ben di peggio. Fa uscire l'album anticipandolo con un pezzo di Andrea Laffranchi sul «Corriere» in cui si parla in modo particolare delle ultime due tracce dell'album, sia detto senza se e senza ma, da un punto di vista artistico le migliori del lavoro. Le due tracce in questione, *Nessun aiuto* e *Ringrazio*, sono un attacco violento e diretto a Nesli (anche viscerale, quindi, in parte, comprensibile, quasi commovente, e lo dico seriamente) e soprattutto alla famiglia di Fibra, cioè alla famiglia anche di Nesli. In modo particolare a uscirne a pezzi è la madre, nota commerciante di Senigallia, la cittadina marchigiana da cui i due cantanti sono partiti alla volta di Milano. Cittadina dove questo attacco è diventato, non poteva essere altrimenti, argomento sulla bocca di tutti. Fibra in sostanza racconta di una famiglia di facciata, piena di ipocrisie, un ambiente violento (si parla di sangue, di sigarette fumate in faccia, e di molto altro), fisicamente e psicologicamente, dal quale è scappato di corsa. Laffranchi, nel raccontarlo, accetta per buone le parole di Fibra, senza premurarsi di informarsi se ciò risponda o meno al vero. Ascoltando il brano, in molti, hanno pensato a Eminem che a suo tempo ha regolato i conti con la madre. Solo che lì c'erano cinque denunce e relativi arresti per questioni inerenti alla droga e alla violenza domestica. Nel caso in questione l'attacco di Fibra è supportato dalla sua parola. La questione, in una situazione normale, potrebbe risolversi a tavola, in strada o, magari, in tribunale. Però succede che qui c'è un'aggravante. La Universal, che ha organizzato tutto questo, è l'etichetta non solo di Fabri Fibra, ma anche di Nesli. Cioè, una multinazionale decide di sfruttare delle accuse piuttosto pesanti di un proprio artista nei confronti della madre, non tenendo conto la madre in questione è la madre anche di un proprio altro artista. Non bastasse, anche lo stesso Nesli è attaccato da Fibra in un brano. Faccenda complicata, lo abbiamo detto all'inizio, da cui escono tutti malconci. Anche perché l'uscita dell'album il giorno della finale, con Nesli tornato "vincente", la madre al suo fianco, è stata chiaramente gestita come una ricerca furba di scandalo. Come dire, nel momento in cui Nesli sale, ecco che il fratello lo abbatte, prendendosi la luce, e gettando lui nell'oscurità. Sponsored by Universal, avrebbero detto a MTV.

La domanda, legittima, è come Jacopo Pesce, neo-direttore artistico della Universal, arrivato a ricoprire quel ruolo anche per i suoi successi ottenuti nel mondo del rap (destino che in verità lo vede seguire a distanza le orme del collega Pico Cibelli, sua versione più glamour in casa Sony), lui che in passato ha collaborato con parecchi degli artisti nel roster dell'etichetta, compreso lo stesso Fibra, abbia potuto permettere che tutto ciò accadesse. Anche perché, ripetiamo, *Fenomeno* è un gran bel disco che non necessitava certo di questo rumore di fondo per farsi apprezzare. La sua presenza, di Pesce, in quel ruolo potrebbe indurre a pensare che abbia deciso di mettersi da una parte specifica in una querelle familiare, ma tutto ciò cozza col suo ruolo istituzionale.

Del resto, lo stesso Pesce aveva piazzato uno appresso all'altro *Santeria* di Gué Pequeno e Marracash e la prima edizione di Nesli, in qualche modo azzoppando il secondo, con un seguito meno potente dei primi due, con forze raddoppiate dall'unione. Altra scelta bizzarra che ai tempi lasciò perplessi molti (anche perché d'estate, in genere, di uscite ce ne sono poche, gestirle con avvedutezza non era così difficile). Ignoriamo come la faccenda si svilupperà. Se la famiglia Tarducci prenderà provvedimenti nei confronti di Fibra e nei confronti del «Corriere della Sera», che ha dato risalto a una campana senza tenere contro della controparte. Nei fatti quello che poteva essere un duplice successo si è trasformato in una brutta vicenda aziendale, una brutta vicenda familiare. Una brutta vicenda.

FABRI FIBRA E TIZIANO FERRO, COSA NON SI FA PER LA FIGA

Prologo

Quando ero giovane, negli anni Novanta, vivevo in Ancona, città nella quale sono anche nato. Era il periodo del grunge, quindi chi in città suonava, tendeva a emulare quelle sonorità, spesso anche quel caratteristico look fatto di cappelli di lana, camice di flanella a quadretti, felpe con sopra una t-shirt. Un gruppo di miei amici, i Bali's Kitchen, hanno per un po' di tempo provato a farsi largo in un circuito per altro piuttosto intasato di nomi proponendo canzoni che, nella loro testa, sarebbero potute tranquillamente finire nella tracklist del prossimo album dei Pearl Jam o dei Soundgarden. A loro vantaggio, va detto, la presenza in line-up del mio amico Roberto, praticamente il sosia di Chris Cornell, indicato dalle ragazze anconetano come il più bello in città.

Nonostante i tanti tentativi, le gig fatte nei centri sociali e nei pochi locali dove si suonava dal vivo in zona, nonostante i demo fatti su audiocassette da far circolare tra gli amici, niente, i Bali's Kitchen non riuscivano proprio a imporsi, neanche nella più ristretta scena cittadina. Outsider tra gli outsider. La svolta, almeno momentanea, avvenne con una canzone che con tutto il resto della loro produzione non c'entrava nulla, né per sonorità, decisamente più pop-rock sguaiati anni Ottanta, e soprattutto per le tematiche trattate nel testo, stranamente in italiano. Se fino a quel momento le liriche vergate dai Bali's Kitchen ruotavano immancabilmente intorno a un esistenzialismo al limite del depresso, con qualche piccola apertura verso il sociale che non usciva dall'imbuto del "moriremo tutti, e male", stavolta l'essenzialità del messaggio era perfettamente fotografato già nel titolo, poche parole molto ma molto chiare. La canzone che per qualche tempo ha donato una certa fama ai Bali's Kitchen si intitola *Cosa non si fa per la figa*, brano che intendeva raccontare, è facile intuirlo, come l'uomo sia per sua natura propenso a sottoporsi a ogni tipo di prova, anche umiliante e contronatura, pur di raggiungere l'obiettivo prefissato, la figa, appunto. Ancora oggi, a distanza di oltre venticinque anni, in città se la ricordano, giustamente.

Svolgimento
Abbandoniamo gli anni Novanta, i Bali's Kitchen e la figa. Passiamo all'oggi. Stasera Fabio Fazio officerà, infatti, col suo solito modo frizzante l'incontro tra due artisti che, sulla carta, difficilmente avremmo potuto immaginare l'uno a fianco all'altro anche solo qualche settimana fa. Diciamo prima dell'uscita della prima canzone d'amore di uno dei due, uscita per altro dopo che l'artista in questione ha deciso di prestare la propria immagine a un discutibile spot che, questo si è detto in giro, ha notevolmente minato la sua credibilità, forse anche più di *Pamplona*. Sì, perché uno dei due artisti in questione è Fabri Fibra, al secolo Fabrizio Tarducci da Senigallia. Essendo anche lui delle mie parti, per altro, probabile che si ricordi di *Cosa non si fa per la figa*. Anzi, capace che, non avesse deciso per questa svolta mainstream, prima o poi avrebbe usato un campione di quella hit indie per una sua canzone. Del resto, non dimentichiamolo, lui è anche stato quello di *Mr. Simpatia*, album del quale si parlava con una certa abilità di mongoloidi, di ragazze da scopare mentre dormono ubriache, possibilmente con le mestruazioni, così da poter venire loro dentro senza correre il rischio di metterle incinta. Rispetto a quei testi *Cosa non si fa per la figa* risulta quasi edulcorata, come una *Stavo pensando a te* ante litteram.

L'altro artista, e qui si apre il corto circuito che solo il placido Fazio potrà conciliare, è Tiziano Ferro, lì dentro la televisione proprio per proporre una versione inedita di *Stavo pensando a te*. Sul motivo di questo incontro non aleggiano dubbi, i rispettivi repackeging dei rispettivi album non stanno facendo sfaceli, e un po' di pubblicità in prima serata su Rai 1 non potrà certo guastare, in vista del Santo Natale. Il singolo del brano, guarda il caso, sarà in vendita nei canali digitali in concomitanza con l'evento televisivo. Amen.

Uno a questo punto si chiederà, ma cosa c'entrano i Bali's Kitchen e *Cosa non si fa per la figa* con Fabri Fibra e Tiziano Ferro, il tutto senza necessità di lasciarsi andare a beceri doppi sensi (non siamo dentro un testo di Fabri Fibra periodo *Mr. Simpatia*, qui).

Ci arrivo.

Fabri Fibra è un artista che nel corso si una ventina d'anni è riuscito a imporsi, anche su un mercato mainstream, facendo un po' il cazzo che gli pare. Quel piglio anarcoide, tipicamente marchigiano, misto a una misantropia piuttosto accelerata, lo ha portato a cristallizzare una poetica spigolosa e ostile, al limite dell'osceno (e lo si legga sia da un punto di vista morale che da un punto di vista artistico, dove l'oscenità non è certo perseguibile, anzi, andrebbe premiata). Forte di un consenso enorme, con una serie piuttosto lunga di album portati direttamente al primo posto, consuetudine iniziata oltre un decennio fa con *Tradimento*, Fibra ha optato nel caso del suo penultimo album per una promozione inesistente. Nessuna intervista. Niente dichiarazioni. Un cazzo. Fuori l'album, senza neanche un minuto di preavviso, e fanculo a tutti quanti. Tutto molto figo. Pura iconoclastia.

Poi però succede qualcosa, qualcosa che non conosciamo, e fatichiamo anche a immaginare. Così, nel giro di pochi mesi, eccolo prima tirare fuori un bell'album come *Fenomeno* tutto in chiave anti-familiare, con attacchi anche piuttosto gratuiti alla madre più i soliti attacchi al fratello. Fatto, questo, che prima o poi mi deciderò a raccontare svelando alcuni dettagli interessanti. Poi la pubblicità della Wind, al fianco di Panariello, lui, quello di *Mr. Simpatia*, a fare il cazzone giocando sul nome Fibra e la fibra. Non basta, nel mezzo *Pamplona* coi TheGiornalisti, canzone che doveva essere il tormentone dell'estate e che invece ha finito per essere il trampolino di lancio per Riccione di TheGiornalisti, una delle più immani cagate sentite negli ultimi anni a firma del solito Tommaso Paradiso. Quando uno pensa che ormai le abbiamo viste tutte ecco che esce *Stavo pensando a te*, l'*I Need Love* di Fibra, canzone che però non ha la levatura delle canzoni decisamente di altro genere tirate fuori in tutti questi anni, e ora questo. Un duetto con Tiziano Ferro.

Uno a questo punto si chiederà, ma perché, Fabri Fibra non può duettare con Tiziano Ferro? E Tiziano Ferro non può duettare con Fabri Fibra?

Certo che possono.

Se in un impeto di autolesionismo sintonizzerete i vostri televisori su Rai 1 li vedrete alla corte di Fabio Fazio, tra un Marzullo e un Fabio Valo, passando per De Luigi e Orietta Berti.

Tutto è lecito, ci mancherebbe altro. Anche essere incoerenti.

E qui torniamo ai Bali's Kitchen e alla loro *Cosa non si fa per la figa*. Fugando, ce ne fosse bisogno, il dubbio che sia la figa ad aver mosso questo inedito connubio, questo duetto, sembra infatti evidente che Fabri Fibra e lo stesso Tiziano Ferro abbiano deciso di mettere da parte i loro rispettivi ideali pur di portare a casa la pagnotta, la figa di chi si muove nello show business.

Se infatti non è un segreto per nessuno, anche perché ce lo ha ripetuto in tutte le salse, forse anche un filino più del necessario, che Tiziano Ferro sia omosessuale, è altrettanto evidente che, per motivi che magari possono rientrare più in cliché del genere praticato che per vero e proprio intimo sentire, Fabri Fibra abbia avuto in passato qualche problema con gli omosessuali. Se da anconetano ho sempre sorriso al fatto che, a differenza dei suoi colleghi del nord, Fabri Fibra dicesse nelle sue canzoni "recchione" invece che "ricchione", meridionalismo assunto per proprio dai milanesi, conscio che il rap è infarcito di queste pose machiste che non necessariamente hanno implicazioni morali, è anche vero che Fibra è stato condannato per fatti concernenti all'omofobia, nel corso del processo per diffamazione intentatogli da Valerio Scanu, processo che lo ha visto condannato a una pena pecuniaria di duecentomila euro. Pena che Fibra ha preferito farsi comminare pur di non chiedere scusa a Scanu, colpito nel brano *A me di te*, alla faccia del linguaggio filologicamente coerente col genere.

Ora, precisato che, in quel caso, si stava senza se e senza ma dalla parte di Fibra, perché la diffamazione per una canzone rap non la si può proprio sentire, il corto circuito sovviene nel momento in cui colui che viene considerato a ragione l'alfiere dei diritti omosessuali, per il suo coraggioso coming out e per le sue innumerevoli dichiarazioni successive, decida di bypassare problemi di origine morale pur di un passaggio in prima serata su Rai 1.

Del resto il nostro aveva già superato ogni remora quando un paio di anni fa aveva deciso di duettare con l'altro rapper Briga, nel corso di *Amici di Maria De Filippi*. Andando a memoria, quel caso era ancora più stridente, perché Briga non aveva tanto fatto una battuta omofoba, ma la aveva fatta proprio su di Tiziano Ferro, salvo poi trovarsi a duettare con lui.

Ripeto, la coerenza non è certo virtù necessaria per gli artisti. Anzi, sembra proprio essere una zavorra da cui è bene liberarsi al più presto.

Serve duettare con chi prende per il culo gli omosessuali?

Zac.

Serve duettare con chi si è in qualche modo preso per il culo?

Zac.

Les jeux sont faits.

Gran finale

Come dicevano i miei amici Bali's Kitchen, *Cosa non si fa per la figa*. Sono passati venticinque anni e siamo sempre lì.

FERDINANDO SALZANO HA PISCIATO QUI

Prologo

Sui social gira da tempo un meme. Una foto che viene condivisa, perché è simpatica. È una targa di metallo, presa da un bagno non si sa bene dove, e la targa recita così: "Al Capone ha pisciato qui". La targa funziona, fa ridere, per più motivi. Innanzitutto perché richiama alla mente le tante targhe che qui in Italia troviamo in palazzi più o meno storici, roba tipo "Giuseppe Garibaldi ha dormito qui", "Alessandro Manzoni qui ha ambientato un capitolo de *I Promessi Sposi*", declinando il tutto alla maniera di Al Capone. Poi perché, sempre in riferimento a noi italiani, ci fa sorridere come gli americani siano costretti a far ricorso alle pisciate di Al Capone per avere qualcosa da commemorare, privi di storia come sono. Infine, ma già ce ne sarebbe a sufficienza, perché umanizza e rende simpatico, questo suo malgrado fa la satira, un personaggio che di umano e simpatico ha avuto poco, un gangster. Un gangster, non è possibile citarlo senza menzionare quanto vado a menzionare, che ha pagato per i suoi crimini solo dopo essere stato arrestato per una mera faccenda di evasione fiscale.

Qui però, concedetemi una variazione antropologica, a me preme sottolineare come il meme in questione evidenzi l'aspetto animalesco, predatorio del nome in questione, come il pisciare di Al Capone equivalga, in poche parole, a segnare il territorio, seppur contaminando quel medesimo territorio col proprio piscio.

Svolgimento

Veniamo a noi. *Ferdinando Salzano ha pisciato qui.* Questo il titolo scelto per questo capitolo. Titolo da maneggiare con cura, per svariati motivi che vado a elencare (per altro giocandomi la carta di chi evidenzia i propri punti deboli per renderli giocoforza perni su cui fare leva più che pertugi da cui far entrare il nemico).

Perché questo titolo è pericoloso?

Innanzitutto, non nascondiamoci, perché mette il nome di un imprenditore, Ferdinando Salzano, chief di Friends and Partners, uno dei principali operatori italiani nel campo del booking e della produzione di live, a quello di un gangster. Ora, fugato ogni dubbio sul fatto che Ferdinando Salzano non sia un gangaster, l'intento di chi scrive era chiaramente quello di dargli i galloni di boss, di capo, di leader temibile.

E qui arriva la seconda fragilità apparente di questo titolo, la stragrande maggioranza della gente non sa chi sia Ferdinando Salzano. Non è nome che ricorre spesso, al limite ricorre quello della sua società, e piazzarlo addirittura nel titolo, un titolo così forte, rischia di spiazzare il lettore. Tutto vero, ma se è vero come è vero che si intende dare a Salzano quel che è di Salzano, e cioè riconoscergli il ruolo di capo supremo della musica italiana, be', la forzatura andava fatta, senza se e senza ma.

Quindi arriviamo al vero nodo di questo capitolo, Ferdinando Salzano è il vero boss della musica in Italia, oggi. E lo è perché, animalescamente, ha pisciato in tutti gli angoli, delimitando il territorio, prendendosi tutto, non lasciando agli altri che le briciole. Ecco, questo capitolo è l'inchino della statua del santo fatto sotto casa sua, la resa incondizionata di fronte a chi ha vinto, umiliando l'avversario. La storia di una vittoria netta.

Perché dico che Ferdinando Salzano ha vinto? Semplice, perché così sono andate le cose. Gradualmente. Anno dopo anno. Fino a oggi. Tutti, chi più chi meno, hanno dato la notizia che Claudio Baglioni è diventato il nuovo direttore artistico del *Festival della Canzone Italiana di Sanremo.* Tutti hanno anche raccontato che, in qualche modo, Claudio Baglioni sarà sul palco, capitano di una squadra di conduttori. Ecco, se Claudio Baglioni è il capitano di questo *Festival*, notizia che potrebbe anche essere vista con piacere, visto che la carriera di Baglioni è sotto gli occhi di tutti, appare piuttosto evidente che Ferdinando Salzano sarà l'armatore di questo *Festival*, senza neanche più bisogno di star troppo sotto traccia come nelle ultime edizioni, quelle targate Carlo Conti. Baglioni è artista F&P, è cosa nota, e non ha decisamente il know how per organizzare una kermesse come quella sanremese, sicuramente da solo. Per dirla con il linguaggio d certi impresari, lui è un artista. Salzano, per contro, ha passato gli ultimi anni portando avanti due percorsi, da una parte si è accaparrato buona parte della scena italiana, spesso arrivando non solo alla gestione dei live, ma anche del management degli artisti, per mezzo della còllocazione nel ruolo manageriale di persone a lui vicine, esecutori più che uomini di polso, dall'altra ha lavorato alacremente con la televisione, andando a prendersi sempre più spazio, pisciando, appunto, negli angoli. Ne abbiamo già parlato annunciando l'uscita di Maria De Filippi dall'ultima edizione del *Wind Summer Festival*, divenuto a tutti gli effetti una sua creatura (Suraci già era stato fatto fuori dopo l'arrivo delle radio in Mediaset), e nella contigua esperienza degli *Wind Awards*, sempre in mano sua e stavolta appaltati a Rai 1. Ma sono soprattutto le tantissime prime serate organizzate nelle reti ammiraglie di Rai e Mediaset a stupire, i tanti, tantissimi concerti portati in prima serata, fare l'elenco sarebbe impossibile, l'ultimo proprio l'altroieri con Elisa all'Arena di Verona. E sempre all'Arena di Verona si è tenuto solo poche settimane fa il *Power Hits Estate* di Rtl 102,5, che aveva Friends and Partners come organizzatore, e che, se possibile, ha sancito una ubiquità superiore a quella di Padre Pio da parte di Salzano, capace di essere al tempo stesso su Rai 1, Canale 5 e sul principale network radiofonico sempre con lo stesso cast, avuto per altro, in tutti questi casi ma soprattutto in radio, a costo zero grazie al gioco del piazzare i brani in heavy rotation, merce di scambio per la presenza sul palco del nuovo *Festivalbar*. La location dell'evento, ovviamente, l'Arena di Verona, un tempo tempio della bella musica, oggi sua personale dependance. Del resto, avere in gestione un luogo dove praticamente ogni giorno hai uno show ha sì dei costi, ma ti dà anche modo di ammortizzarli, il palco rimane lo stesso, per dire, che si tratti di Zucchero, Elisa o, appunto, del *Power Hits Estate*.

L'atteggiamento di Salzano negli ultimi tempi è paragonabile all'ingordigia della Germania che va a vincere i Mondiali contro il Brasile, volere tutto e volere di più. Del resto Salzano si stava già prendendo tutto, prova ne erano stati gli ospiti delle ultime edizioni proprio del *Festival*, quasi tutti targati F&P, come del resto era targato F&P Carlo Conti.

La filiera salzaniana è ormai diventata un canone, anche se nessuno sembra in grado di poterla replicare. Da una parte si firmano artisti e li si rende di posizione alta organizzando tour lunghi e in location prestigiose, dall'altra si vendono le date più prestigiose alla televisione, per speciali in prima serata. Un modo per fare cassa e alzare ulteriormente il prestigio. Nel mezzo il piazzare artisti e tour a sponsor, sfruttando le tante date e anche la successiva messa in onda in tv. Non solo, in tutti gli eventi tv dei suoi artisti, compreso *Sanremo*, ospiti gli altri suoi artisti, con conseguenti cachet e hype. Una filiera perfetta, autosostenibile, almeno finché reggerà la faccenda dei tour trionfali che tanto trionfali non sono. Manca giusto iniziare a produrre direttamente gli artisti che gestisce e di cui organizza i tour e il cerchio sarebbe chiuso. I primi passi in questa direzione li ha già mossi con *Duri da battere*, singolo di Max Pezzali che vede ospiti Nek e Francesco Renga e che darà vita al tour congiunto dei tre, ovviamente marchiato F&P. Lo ha raccontato Claudio Cecchetto in conferenza stampa del tour, è stata di Salzano l'idea del tour e quindi di partire da una collaborazione discografica, in questo caso in casa Warner (Pezzali del resto è il solo non della sua scuderia dei tre).

Diamo tempo al tempo.

Intanto, provare a fare un riassunto di questa storia è impresa degna di Omero. Prime serate in Rai e Mediaset, da Renato Zero a Zucchero, da *Capitani Coraggiosi* di Baglioni e Morandi a Emma, da Laura Pausini a Elisa, da Fiorella Mannoia a Laura Pausini, sempre lei, con la Cortellesi, ai Pooh, da *Amiche in Arena* a Alessandra Amoroso. Non basta. *Wind Music Awards* su Rai 1. *Wind Summer Festival* su Canale 5. *Power Hits Estate* su Rtl 102,5. E ora anche il *Festival della Canzone Italiana di Sanremo*. Ah, i ragazzi di *Amici*, quei pochi che vivono anche dopo la trasmissione, lavorano con lui (ultima arrivata in casa F&P e a *Amici*, come coach, Paola Turci). Ma sono dettagli. Tacche sulla carlinga di chi ha dimostrato, senza urlare, senza neanche farsi troppo notare, aspettando che i competitor cadessero da soli, di riuscire nell'impresa di fare ambo, terna, quaterna, cinquina e ovviamente tombola.

Cosa dobbiamo aspettarci quindi al *Festival*? Una bella infornata di artisti targati F&P, ben spartiti tra concorrenti in gara e superospiti. In pratica come negli ultimi anni, solo senza bisogno di usare il *Manuale Cencelli*. Del resto non ci sono più altri partiti con cui usarlo. La musica, come recitava l'inciso, batte sempre sul due.

Gli assenti non si disperino, ci sarà sempre un *Wind Award* o una prima serata su Italia 1, basta portare pazienza.

Mi inchino di fronte a Ferdinando Salzano, quindi. Il boss della musica italiana. Il capo supremo. Quello che ha pisciato anche su *Sanremo*, poveri fiori.

FRAGOLA A MILANO

Solo gli stupidi non cambiano idea. Andare a un concerto carico di seppur legittimi pregiudizi e rimanere sorpresi è una bella sensazione, sempre più rara, ti dici.

Arrivare in un locale come l'Alcatraz, pieno di ragazzine e bambine, tu unico esemplare di maschio adulto nell'arco di due chilometri in linea d'aria e capire che oltre la popstar fuoriuscita dalla televisione, il timido figlio dei talent, c'è un artista tridimensionale, qualcuno capace di veicolare emozioni anche a chi ha smesso da tempo di usare Topexan e si appresta a passare a breve a Prostamol, è per te una boccata di ossigeno in un momento storico come questo, in cui hai la sensazione che la musica sia veramente finita.

Pensare di trovarti di fronte una brutta, bruttissima copia di Ed Sheeran, e trovare invece qualcuno che ha buone chance di passare la nottata, arrivare a un secondo album e magari gettare le basi per un futuro duraturo, che vada oltre la prossima Partita del Cuore, è la dimostrazione che, nonostante gli anni passati a scrivere di musica, la barba che ti si è tinta quasi tutta di bianco, la noia che a volte ti coglie di fronte all'ennesimo potenziale teen idol usa e getta, esiste ancora un po' di benzina per tirare avanti, per continuare a crederci, per sentirti contemporaneo e non nostalgico, Dio, che brutta parola Nostalgia.

Solo gli stupidi non cambiano idea, ti ripeti, ma, Santo Dio, non è certo il concerto di Fragola che potrà farti cambiare idea.

Se *1995*, l'album di esordio del vincitore dell'ultima edizione di *X-Factor*, presentato dopo la tempestiva partecipazione a *Sanremo* ti era parso poca cosa, canzoni messe lì per fare massa, senza un progetto artistico, il concerto non fa che confermarti l'impressione, una teen star che lascia intravedere un barlume di talento, sempre nascosto da mosse da poseur e letterine spedite sul palco.

A questo punto dovresti dire una frase che spiazza, non dico capace di ribaltare la situazione, ma quantomeno consolatorio, qualcosa tipo, "la voce c'è", che risponderebbe a realtà. Ma poi pensi a Bob Dylan, a Lou Reed, che per altro ti ha evocato proprio per questo suo improbabile look, alla *Rock'n'roll Animal*, e ti immalinconisci, cominci a perdere entusiasmo.

Ecco, proprio il pensiero rivolto a Lou Reed si insinua in te, e cominci a dire che non è mica vero che la musica è musica, che qualsiasi canzone può dire qualcosa a qualcuno, in un determinato momento. O meglio, qualcosa dicono queste canzoni, e non è qualcosa di bello, qualcosa che vorresti sentire.

Ascolti una folla di ragazzine festanti cantare ripetutamente in coro "#fuoriceilsole" e hai voglia di morire.

Poi pensi che morire a un concerto di Fragola, no, è troppo, al limite sarebbe meglio reincarnarsi in un fan de Il Volo, andare a un concerto de Il Volo, col rischio di trovartelo lì Fragola, come ospite, anche se in versione mora, e sopravvivi. Ma il resto del concerto è tutta questa cosa qui, canzoni che nulla hanno di originale, che occhieggiano a roba già sentita, vorrei ma non posso, che ti leva forza vitale e tempo, e lo sta levando a queste ragazzine, che potrebbero ascoltare altro, potrebbero fare altro, e invece stanno qui e sembrano divertirsi tanto, cantano parola per parola, e gridano e si fanno i selfie, ridono delle chiacchiere di Fragola tra una canzone e l'altra, tante chiacchiere, perché le canzoni in scaletta sono poche, e tocca tirare notte.

E a proposito di selfie, constati che prima hanno acclamato Madh, il primo vip arrivato nell'apposita area dell'Alcatraz, isolata e sopraelevata. Lo hanno acclamato manco fosse Madonna. Poi hanno acclamato la Youtuber Sofia Viscardi, manco fosse la Madonna. Youtube batte *X-Factor* cento a uno. A seguire altri vip presenti, da Ron a Chiara Galiazzo passando per Lodovica

119

Comello, altrettanto acclamata della Viscardi, e pensi che sì, tra Violetta e Fragola c'è poca differenza, forse nessuna. Stesso pubblico, stessa musica. Un tassello nella crescita di questa generazione di adolescenti, dopo Emis Killa e prima di Marco Mengoni. Musica senza futuro per il futuro della nostra società. E anche qui, ti immalinconisci, mentre sotto passano le canzoni, che fatichi a riconoscere, prive di nerbo, di sostanza, nonostante la band che lo accompagna, di seri professionisti come Osvaldo Di Dio o Phil Mer. Ti immalinconisci anche per loro, perché la vita sa essere matrigna.

E cerchi di distrarti, ma la musica è sì insignificante, ma anche sufficientemente brutta da tenerti lì, e realizzi che domani, che poi sarebbe oggi, tutte queste ragazzine felici, belle nel loro essere giovani, ti odieranno per queste tue parole. Verranno a cercarti su Facebook o Twitter e ti insulteranno, si saranno dimenticate i motivetti sciocchi e orecchiabili e diventeranno portatrici di odio, alla faccia di #fuoriceilsole.

La scaletta procede, e ti chiedi quanto manchi alla fine di questa agonia. Perché è vero, come ripete Fragola, che questo è il suo primo tour, e che uno dovrebbe essere bonario nei confronti di chi è al primo tour, è anche vero che Fragola ha messo sul piatto una piccola macchina da guerra, come la presenza del presidente di Sony lì, a bordo campo, sta a dimostrare, quindi la bonarietà solitamente dedicata agli emergenti è malriposta. Anzi, sarebbe un non prendere sul serio chi sul serio intende agire. Il problema non è la mancanza di esperienza dell'artista, che anzi dimostra di aver già capito bene come tenere il proprio pubblico, quanto quello che propone, le sue canzoni.

La scaletta procede e dopo una supercazzola degna del Mascetti ecco che Fragola decide che non c'è niente di male a fare una cover di *E penso a te* di Lucio Battisti. Lo fa così, come se tutto fosse possibile. Come può, pensi, uno con le sopracciglia fatte dall'estetista manco fosse un cantante cantare *E penso a te* di Battisti, e poi tornare a fare le sue canzoni, come niente fosse, senza chiedere scusa, senza chiederti scusa. E in fondo speri, dici con l'unico altro eterosessuale maschio adulto presente in sala, un tuo collega che tenta di annegare uno spleen tardoadolescenziale in una birra annacquata, domani la vedova Battisti lo querelerà e giustizia sarà fatta. Del resto il concerto era iniziato con una versione a capella di *Che cosa sono le nuvole*, brano di Modugno scritto con Pasolini presentato a *X-Factor*. Una cosa che voleva essere intensa ma che Fragola ha interrotto di colpo, urlando "Milano!", cosa potevi mai sperare. Infatti lui, impietoso, continua, e pensi che il primo che ti dirà "Eh, ma in fondo anche Jovanotti ha iniziato con *Gimme five*" lo prenderai a testate in faccia, perché invece Valerio Scanu, che sicuramente ha percorso la stessa strada di Fragola, ha proseguito a sembrarti sempre uguale, un uguale che non ti piace. Pensi che più che Jovanotti, al limite, potrebbe evocare Eros Ramazzotti, avesse anche solo un minimo del suo talento, che non ha. Anche lui è sempre rimasto lì, al suo posto, ma il suo posto, seppur lontano mille miglia dal tuo gusto, è sicuramente superiore a tutto il repertorio di Fragola. Prova ne è un brano eseguito dal cantautore siciliano per allungare il brodo, la cover di *Take Me to Church* di Hozier. Una cover anche ben eseguita, seppur distante anni luce dall'originale per interpretazione e intensità. Una cover che dimostra come il repertorio di Fragola sia davvero poca cosa di fronte a veri brani, a vere hit, a musica degna di rispondere a questo nome. E da questo momento tutto diventa impossibile da affrontare, per te, continui a ripeterti che se anche mai il ragazzo si dovesse fare, per ora non ha fatto nulla di prescindibile, nulla capace di lasciare un segno. Arrivano gli altri bis, ma stai già pensando di tornare a casa, speranzoso che il tuo subconscio, amorevole, domattina cancelli tutto.

FRANCESCA MICHIELIN: PERCHÉ LO FAI?

Piccola premessa: un tempo funzionava così, le case discografiche trovavano un artista e decidevano di investire su di lui. Costruivano su di lui un progetto, facendo lavoro di studio, lavorando sui live, lo testavano sul mercato una, due, tre, fino a cinque volte. Se l'artista c'era, in genere, entro i primi tre album trovava una propria dimensione, una propria scrittura, una propria voce, e quindi un proprio pubblico. Non sempre andava così, perché a volte non c'era l'artista o più semplicemente perché a volte non c'era il pubblico di riferimento. Pazienza, ci abbiamo provato.

Oggi le cose vanno diversamente. La discografia è sostanzialmente morta, e ha appaltato alla televisione tutto il lavoro di scouting e di progettualità. Quindi, sostanzialmente, se c'è qualcuno che possa anche vagamente somigliare a un artista lo si prende e lo si butta sullo schermo. Si cerca di costruirci una narrazione intorno (vedi alla voce: storytelling), gli si costruisce direttamente un pubblico, lavorando sia sull'immagine che sulla familiarizzazione. Poi, una volta che si è creata una fanbase, fanbase basata solo e esclusivamente sul personaggio, non certo sul repertorio o sul talento, si lavora a un progetto discografico, spesso tirato via piuttosto velocemente, perché è il prodotto che serve, non certo l'opera d'arte, e si testa il mercato partendo già da un venduto assicurato. Chiaramente, nel mentre che un artista, chiamiamolo così, è uscito, un talent avrà sfornato un altro personaggio, per cui parte del pubblico si sarà distratta su quello nuovo, a discapito del vecchio. Così succede che ci sono personaggi che durano una stagione, altri che durano un po' di più, perché magari trovano nuove strade, vedi altri programmi televisivi, come *L'isola dei famosi* o *Tale e quale show*. Altri, ancora, che azzeccano una canzone, spesso casualmente, perché le canzoni vengono prodotte in serie da un numero ristretto di autori, sempre quelli, Fortunato Zampaglione, Roberto Casalino, Dario Faini, Ermal Meta, Federica Abbate, tanto per fare qualche nome, autori che scrivono senza sapere chi poi interpreterà le proprie canzoni, quindi mantenendosi su un mood neutro. Per dire, *L'essen-*

ziale di Mengoni, canzone che ha sostanzialmente salvato una carriera che stava andando a picco, era già stata proposta a diversi altri artisti, tipo Noemi o Francesco Sarcina, *Nessun grado di separazione*, per venire a noi, a Laura Pausini, che addirittura sembra volesse intitolare così il suo ultimo album, poi uscito come *Simili*.

Esiste, infine, un terzo stadio, quello in cui un talento, in effetti, potrebbe anche esserci, ma questa modalità usa e getta non ha dato modo di metterlo in evidenza, allora succede che qualcuno, un manager, un A&R, si ostini a provare a tenerlo in vita, lavorando sulla comunicazione, sui social, sempre tenendo l'arte lontana come fosse la peste.

È successo con Mengoni, e ora stanno provando a farlo accadere per Francesca Michielin.

In entrambi i casi si è passati dal *Festival di Sanremo*, nel caso di Mengoni con la vittoria che poi l'ha portato a presentarsi elegantemente vestito da Armani all'*Eurovision*, e nel caso della Michielin con un secondo posto alle spalle degli Stadio, fatto che la porterà a sua volta a *Eurovision*. In entrambi i casi la canzone ha fatto il botto in radio, aprendo possibilità che sembravano sopite. Perché, diciamocelo, l'uscita dell'album di Francesca Michielin, solo pochi mesi fa, non aveva portato praticamente nulla in cascina. *Di20* si era rivelato un flop, nonostante il buon esito del singolo *L'amore esiste*. E proprio quel singolo aveva in qualche modo aperto dibattito, perché in molti avevano ravvisato una somiglianza, quantomeno di intenzione, con *Guerriero* dello stesso Mengoni. Fatto assai strano, visto che medesimo era l'autore, Fortunato Zampaglione, medesimo il produttore, Michele Canova, e medesima anche la manager dei due, Marta Donà. A nulla era valso il fatto che *L'amore esiste* risultasse depositato in Siae assai prima di *Guerriero*, essendo quest'ultima uscita prima all'ascolto del pubblico, tutti avevano accusato, chi più apertamente chi meno, la Michielin di aver voluto seguire un trend vincente. In realtà, ascoltando l'album intero, di questo si parla in questa sede, ben altri sono i problemi. Perché di problemi ce ne sono, anche in vista della partecipazione della nostra a *Eurovision*. I problemi sono, fondamentalmente, che ancora una volta ci troviamo di fronte a un bel raccontino, non supportato dall'attrice prescelta per interpretare il ruolo. Si parla di una polistrumentista assai giovane, di talento, capace di confrontarsi coi suoi pari grado internazionali. Tante volte ce lo siamo sentiti ripetere. Anche a *Sanremo*, se ci pensate, con Francesca messa a suonare improbabilmente un timpano, timpano che poi fortunatamente non si sentiva. Lo stesso accade nei live, dove questo aspetto di polistrumentista moderna, che fa tutto da sola, con la loop station (roba che in realtà abbiamo già visto anni e anni fa, ma siamo italiani, e va bene anche arrivare ultimi in questo), viene reiterato a beneficio di un pubblico superficiale. La Michielin sarà anche una brava polistrumentista, ma di tutto questo non vi è traccia nelle sue canzoni. I brani sono sempre farina di sacchi altrui, nonostante lei co-firmi, a volte, i brani che interpreta. Le canzoni non si reggono certo sui suoi interventi musicali, a dimostrazione che avere un bravo produttore come Canova, uno più affezionato alle macchine che ai musicisti, porta vantaggi ma anche svantaggi.

Le canzoni, soprattutto, suonano sì vagamente internazionali (l'idea del titoli in inglese, supportato da un solo ritornello cantato in quella lingua mette un po' malinconia, invece), ma solo perché la Michielin, e chi per lei, sta sempre sulla scia lunga di qualche altra artista, inseguendo laddove, vista anche la giovanissima età, ci si aspetterebbe una fuga. Della serie, che senso ha portare a *Eurovision* una che fa Lorde quando già esiste Lorde, che canta in inglese meglio della Michielin, è titolare di quel particolare genere di pop e soprattutto ha successo verso un pubblico così vasto? Il discorso, volendo rimanere in casa nostra, sarebbe già applicabile a Elisa, che chiaramente è uno dei punti fermi di chi sta costruendo lo storytelling di Francesca Michielin, e in questo l'unica sponda è offerta da un cambio di rotta decisamente più pop e scanzonato della cantautrice di Monfalcone. Chiaramente il team che sta lavorando sulla Michielin è abile nel promuovere, si veda quanto fatto con Mengoni, quindi il fatto che la Michielin sia questo piccolo prodigio potrà anche passare in casa nostra, ma a occhi anche solo un po' smaliziati tutto questo appare un Marco Mengoni 2.0 (anche lì, ricorderete l'esibizione ridicola di quest'ultimo a *X-Factor*, di fronte a un pianoforte mai toccato). Vero è che squadra che vince non si cambia, ma ogni tanto, piccolo suggerimento, diversificare sarebbe d'aiuto. Diversificare trama, quindi. Ma anche diversificare squadra di autori, di produttori, lavorare un po' di più sul talento che si ha sottomano, se talento c'è. Non basta un tamburello a fare di una ragazzina una grande artista. Non basta un singolo che funziona nelle radio italiane a farne una popstar con ambizioni internazionali.

Perché poi l'esperienza internazionale si è rivelata per un flop mica da ridere. Come si dice in certi casi, sembra non esserci mai fine al peggio, davvero. Per dire, quando ho visto l'esibizione della Michielin all'*Eurovision*, competizione molto folkloristica che in Italia non si caga, legittimamente, nessuno se non chi voglia farsi quattro sane risate guardando il circo, ecco, quando ho visto l'esibizione della Michielin all'*Eurovision*, competizione etc etc dove è finita in virtù del ritiro degli Stadio, vincitori di *Sanremo* e quindi legittimi partecipanti al circo di cui sopra, quando ho visto l'esibizione della Michielin all'*Eurovision*, sulla cui partecipazione si è pontificato in tutti i luoghi e in tutti i laghi, con tanto di auguri da parte di Adriano Celentano sui social, si suppone dovuti al fatto che sia lo zio della sua manager, con tanto di copertina di «TV Sorrisi e Canzoni», insomma, con una pompa magna che manco avesse vinto i Mondiali di calcio col Ghana contro l'Argentina di Messi, ecco, quando ho visto l'esibizione della Michielin all'*Eurovision* ho pensato: ma lo sai che mi ricorda tanto, ma proprio tanto tanto l'*Albero della Vita*. Sì, dai, sarà stato il vestito color *Albero della Vita*, sarà stata la scenografia naturalistica, sarà stato questo suo muoversi come se le avessero infilato dei tubi innocenti nelle maniche e in altri pertugi, sia come sia è all'*Albero della Vita* che ho pensato. Certo, lì si sentivano musiche originali composte dal maesro Cacciapaglia, qui sempre la solita canzone che continua a cantare ostinatamente da febbraio, anche se stavolta eseguito con lo stesso appeal di un termosifone di ghisa, ma la similitudine mi si è stampata in mente senza possibilità di lasciare spazio a altro. E dire che nel mentre si era visto di tutto, dai dervisci rotanti alle Britney Spears balcaniche, passando per nani e ballerine (no, i nani li avevo visti su *Atlantic*, quando ho girato per riprendere fiato e vedermi un pezzetto di *Twin Peaks*). Per il resto solo ed esclusivamente l'*Albero della Vita*, con il grande, grandissimo vantaggio di non essere assalito, nel mentre, da miliardi di zanzare assetate di sangue, del mio sangue, e del non essermi dovuto fare qualcosa come tre chilometri a piedi in mezzo alla calca per raggiungere un luogo che si chiama Padiglione Italia, non esattamente un luogo esotico. Perché, diciamocelo una volta per tutte, la Michielin, che ormai si aggira dentro i nostri televisori da anni, non è che abbia acquisito, col tempo, naturalezza e spigliatezza. Presentatasi alle selezioni di *X-Factor* con *Whole Lotta Love* dei Led Zeppelin, è andata via via sempre più irrigidendosi. E se inizialmente la sua presenza sul palco incuriosiva, perché c'era una ragazzina che cantava il rock a sedici anni, poi c'è stata una ragazzina, oggi di anni ne ha venti, che canta il pop, e converrete con me, una che canta il pop a venti anni non è che sia in sé il massimo dell'originalità.

Poi, è chiaro, uno dice l'anno scorso se si voleva tifare Italia all'*Eurovision* toccava farsi piacere Il Volo e allora vale davvero tutto. Per dire, io ho continuato a tifare le Polacche che si erano presentate l'anno prima, quelle che si sono presentate sul palco vestite da contadine e hanno simulato la preparazione del formaggio, arrivando a farmi apprezzare le tette grosse nonostante stiano circolando in rete una serie di articoli che parlano di come gli uomini intelligenti preferiscano le donne col seno piccolo.

GHALI È GHALI NONOSTANTE LO STREAMING

Immaginate la scena finale del film *Suburra*. Che ovviamente andrò ora a descrivere, compiendo il più classico degli spoiler, forte del fatto che parliamo di qualcosa ormai di dominio pubblico da tempo, e se non l'avete visto, converrete con me, non è certo colpa mia.

È notte. E piove. Ma la pioggia non ce la farà, non potrebbe farcela neanche si trattasse di un nuovo Diluvio Universale, a lavare tutto lo sporco che abbiamo visto nel corso del film.

Comunque piove.

Il capo degli zingari è stato da poco sbranato dal suo pitbull. Il politico corrotto ha capito che è finita, nel momento in cui è stato rimbalzato come uno qualsiasi dal premier, per altro dopo aver affrontato vis à vis la ggente, fatto che quantomeno gli ha fatto attribuire un minimo di carattere. Il protagonista viene ucciso, nella pioggia, dalla tossica. Lui steso in una enorme pozzanghera è l'ultima immagine.

L'armageddon, verrebbe da dire, ma senza Liv Tyler che piange mentre suo padre canta come solo lui sa fare, in sottofondo.

Bene.

A guardare cosa sta succedendo oggi nella musica italiana sembra di essere esattamente in quei frame lì. A scelta. O nella gabbia del pitbull che si sbrana il proprio padrone. O nel viso disperato di Favino che vede la sua imminente fine, mentre la folla inferocita lancia monetine. O in un cadavere caduto in una pozzanghera. Piove. È notte.

Perché per arrivare a tutto questo, almeno per un po', tutte quelle facce lì, sotto il sole, hanno fatto un po' quel che volevano, nell'omertà e nella sfacciataggine. Hanno abusato del proprio piccolo potere. Hanno esagerato. Hanno pensato, invogliati dal silenzio degli altri, che tutto fosse possibile. Così è stato. Così, al momento, sembra non essere più. Così, si suppone, presto tornerà a essere.

Cosa sta succedendo, vi chiederete legittimamente, perché in fondo si sta parlando di musica, mica di Ostia e dei Casamonica. E non stiamo neanche parlando di un mercato sufficientemente ricco da dar adito a dinamiche malate e anche divertenti come quelle che vedevano John Travolta e Uma Thurman muoversi nel film *Be cool*, qui siamo in Italia e stiamo parlando della periferia delle periferie dell'impero.

Succede che al momento l'anarchia è scoppiata e, lo scrive un anarchico, la cosa ci fa rimpiangere una dittatura ferrea, di quelle che prenderebbe gente come chi scrive e lo manderebbe ai lavori forzati alle cave di Carrara.

Dopo che per qualche mese, forse un anno buono, ci è stato detto che tutto era cambiato, che lo streaming dimostrava come anche da noi, in Italia, nell'Italia di *Sanremo* e di Mina e Celentano, la musica era cambiata, col trap a dettarla da padrone, con la Dark Polo Gang a fare le scarpe a Zucchero, con Ernia a soffiare il primato a Biagio Antonacci (magari non era Ernia, ma Izi, o Mostro, o Rkomi, ma ci siamo capiti), ecco che un colpo di spugna ordito dal Tavecchio della discgorafia italiana, Enzo Mazza, CEO della FIMI, ha riportato le cose come stavano. Come se invece che alla guida dell'associazione dei discografici il nostro guidasse il Tardis, e fosse quindi capace, come Doctor Who, di tornare indietro nel tempo. Colpo di cancellino, immagine decisamente indietro nel tempo in un'epoca di LIM, e eccoci con Mina e Celentano che tornano in Top 5 e la Dark Polo Gang che fa il suo esordio in settima posizione (il precedente era balzato dritto in prima), per poi scivolare al diciannovesimo posto già alla seconda settimana. Nel mentre, è chiaro, su Spotify succede ben altro, visto che lì si parla di traffico e non di vendite. Andando poi a impattare su di un nome, uno dei pochi, come Salmo, per altro della stessa scuderia, capace di mettere d'accordo acquirenti del fisico (o del digitale, ma non del liquido liquido) e quelli dello streaming, leggi alla voce Nitro Wilson, capace di piazzare undici brani nei primi venti di Spotify e di sfilare di mano il primato in FIMI alla Michielin, lì in una terra di nessuno che non primeggia né sul fisico né altrove. Ma è una eccezione riconosciuta come tale. Nel mentre, e due, album che per tutta la seconda metà del 2017, cioè in quella fase in cui lo streaming gratuito pesava nelle charts, come *Album* di Ghali, o anche il fenomenale, per numeri, *Faccio un casino* di Coez, scivolano in classifica FIMI, non solo e non tanto per il passare delle settimane, quanto perché sostenuti prevalentemente, se non esclusivamente, da Spotify.

Così ci troviamo a guadare due classifiche, FIMI e Spotify, che mostrano andamenti assai differenti, l'una più anziana, l'altra più illusoriamente giovanilista. Intendiamoci, anziana se non si tengono in conto i vari figli dei talent, che a volte ottengono buoni risultati, si vedano i vari Riki e Måneskin, grazie a una serie ininterrotta e capillare di firmacopie, che li portano a vendere al dettaglio migliaia di copie, in cambio di un bacio e un selfie.

Ma non basta, perché poi c'è anche la classifica dei passaggi radiofonici. E qui torniamo alla scena finale di *Suburra*.

La notte.

La pioggia.

Per anni abbiamo assistito alle radio che spadroneggiavano in discografia. Se non passavi per certi network non esistevi, eri letteralmente morto, bye bye. Al punto che in molti hanno guardato all'indie proprio come a una speranza, perché quei nomi lì, sembrava, stessero vivendo di vita propria, lontano da quelle logiche (dico sembrava perché poi sono finiti tutti in quegli ingranaggi, per altro ben felici di finirci). Inutile raccontare ora questa faccenda già nota e arcinota, i radiofonici sono diventati prima editori e poi discografici, hanno iniziato a tenere in casa tutta la filiera, finendo per fare il mercato, o quantomeno per influenzarlo pesantemente. Come se solo dalle radio potesse uscire un successo, potenza dell'etere.

Bene, Spotify ha vestito i panni di Elio Germano, ha preso la radio e l'ha infilata nella gabbia del pitbull, lasciando che la sbranasse. Così succede che le radio, i network, arrivino a nomi che nel mentre hanno milioni di views, di streaming e di followers, fuori tempo massimo. Spesso non ci arrivano proprio, cieche. E allora vediamo nomi in alto nelle classifiche di passaggi radiofonici, ma quei nomi non compaiono né nelle classifiche FIMI né in quelle di Spotify, come se si stessero giocando tre partite differenti, e non lo stesso campionato. Si vedono tentativi, goffi, di provare a parlare linguaggi sconosciuti, come se uno decidesse di lavorare in rete, ma poi finisse per stampare le schermate per guardarsele di carta.

In tutto questo sfugge dove sia il business. Lo streaming, che a livello di numeri è quello che muove sicuramente più interazioni col pubblico, anche perché gratuite, non genera economie al momento rilevanti. Le vendite si contano ormai sulle punte delle dita, letteralmente. Il download è un po' come il BlueRay, buono neanche per i mercatini dell'antiquariato la domenica mattina. Come dire, le classifiche iTunes sono naif, buone giusto per farci un post sui social, ma non sono in realtà testimoni di nulla, come del resto gli addetti ai lavori seri si sono detti già da anni. Le radio fanno un loro discorso, che però sembra scollato dalla realtà. Per fare un esempio di cui si è già detto altrove, *L'isola* di Emma. Uscito il 5 gennaio, è entrato in vetta alle classifiche di iTunes, facendo gridare al miracolo. Però presto è iniziato a scivolare, al punto che, a due settimane, è praticamente uscito dai primi centocinquanta. Su Spotify si è mosso subito male, e infatti è oltre i duecento, visibile solo a chi è dotato di occhiali a raggi infrarossi, di quelli che si vendevano con certe rivistine Pulp con la garanzia che ci avrebbero permesso di vedere le nostre compagne di classe nude. Nella classifica FIMI è entrata al settimo posto, non certo un successone, ma è poi scivolata al novantaduesimo posto dopo una settimana, pronta a interpretare il ruolo di zombie nella prossima stagione di *The Walking Dead*. Nonostante tutto questo sfacelo, nella classifica dei passaggi radiofonici *L'isola* è quarta, come se niente fosse, come se ci fosse, più che altro, un pubblico interessato a sentirla (pubblico evidentemente interessato a sentirla solo in radio, vista la catastrofe in corso nelle altre classifiche).

Insomma, lo sfacelo. L'armageddon. La scena finale di *Suburra*, con tutti che muoiono nella pioggia. Di notte. Noi, asciutti e al sicuro, siamo dall'altra parte dello schermo, i pop corn ormai finiti e le birre un po' calde. Ma almeno siamo vivi. O così crediamo.

GHALI, LAURA E I MIEI QUATTRO FIGLI

Prologo
Quello che state per leggere è un articolo in cui l'autore, cioè io, controverrà a una delle prime regole del giornalismo, entrare in prima persona dentro i propri scritti. Non solo usare la prima persona singolare, quindi, ma mettere se stessi in scena. Io, appunto. Questo, ovviamente, altro non è che un espediente narrativo, uno dei tanti a nostra disposizione. Se dico "io" immediatamente abbatto una patina di distanza tra chi scrive e chi legge, patina per altro già abbattuta da anni di social e di uno vale uno. Creo immediatamente simpatia e antipatia e, dettaglio non da poco, illudo il lettore di conoscermi veramente. Tutto finto, ovvio. Perché il me stesso che va in scena è appunto un espediente narrativo, supportato dal me stesso che magari qualcuno pensa di conoscere perché mi ha intercettato sui social. Non lasciatevi ingannare da me. Non confondete voce narrante e narratore. Non siate degli allocchi.
Fine al prologo.

Svolgimento

Ho quattro figli. Lucia di sedici anni e mezzo, Tommaso di dodici anni e mezzo, e Francesco e Chiara, due gemelli di sei anni e mezzo (sì, in casa si tende a partorire d'estate, di qui tutti quei "e mezzo"). Tutti avuti dalla donna che amo da trent'anni a questa parte, mia moglie Marina.

Per intendersi, e poi giuro che smetto di entrare e uscire dallo scritto che sto scrivendo, la frase che avete appena letto è vera. Ma è al tempo stesso oggetto di finzione. Perché si trova qui per un motivo preciso, oltre a introdurvi i personaggi che utilizzerò per accompagnarmi nel mio ragionamento, cercare di smorzare la sincera antipatia che avrete provato per il mio tono professorale esibito poche righe sopra, dove dopo il pippone sugli escamotage narrativi vi ho anche dato degli allocchi. Azione, quella di creare empatia utilizzando mia moglie e i miei quattro adorati figli, immediatamente uccisa da questo intermezzo.

Ritorniamo al mio ritratto familiare.

Per introdurre l'argomento oggetto di questo articolo parto da mio figlio Tommaso.

Giorni fa eravamo a cena a casa di amici. Tommaso stava giocando con il figlio della coppia che ci ospitava, di undici anni. Mentre noi si chiacchierava di Cristiano Malgioglio, succede, a un certo punto abbiamo sentito arrivare dalla cameretta una brutta musichetta. Su questa brutta musichetta, tempo pochi secondi, hanno iniziato a rappare, anche piuttosto bene, Tommaso e il suo amico. Così di colpo sento mio figlio Tommaso, quello che l'anno scorso ha preso dieci in condotta, quello sempre ligio al dovere, quello che mi chiede a giorni alterni se non sia il caso di tagliarmi i capelli e di cominciare a vestirmi come tutti gli altri padri dei suoi compagni di classe, rappare frasi come "Non toccare me e la mia famiglia/ Sto tranquillo che fumo vaniglia", poco dopo ci arriva qualcosa come "Soldi in mano/ no assegni" (in realtà è Tre assegni, ma poco cambia). Dopo un primo istante di preoccupazione generale, noi adulti siamo scoppiati a ridere. Neanche il tempo di asciugarci le lacrime e una dei commensali, lo smartphone in mano, ha detto "Stanno rappando una canzone della Dark Polo Gang, *Sportswear*". La prima, lo dico io, è *Giovane fuoriclase* di Capo Plaza. Inutile dire come le giornate passate a fargli ascoltare Robert Wyatt da piccolo mi siano sembrate vane. "Ha dodici anni," ho chiosato saggio, "poi gli passerà". Subito dopo hanno attaccato con *Cara Italia* di Ghali, uscita neanche ventiquattro ore prima ma già imparata a memoria.

Continuate a seguirmi, fidatevi di me.

Il giorno dopo, a pranzo, ho raccontato l'episodio a mia figlia, Lucia, sedici anni e mezzo. Pronto a veder crollare definitivamente il castello che pensavo di aver costruito, come nella famosa scena di *Inside Out* in cui Gioia riesce a mettersi in salvo grazie all'estremo sacrificio di Bing Bong, e mai come in questo momento l'idea della perdita dell'infanzia oggetto di quel film mi si stava parando davanti agli occhi in tutta la sua agghiacciante sincerità. "Tu non ascolti Capo Plaza e la Dark Polo Gang, vero?" le ho chiesto, pronto a vedere lei, la luce dei miei occhi, sotto la sinistra ombra di chi scopre di avere in casa uno dei bacelli de *L'invasione degli ultracorpi*, citazione, questa, che mi identifica definitivamente come un vecchio, perché anche la versione di Robert Rodriguez è ormai di quasi venti anni, a occhio (un vecchio snob, che infatti citava en passant Robert Wyatt, ma un vecchio anche un po' patetico, di quelli che per passare per giovani, vedi il citare Rodriguez, usano parole come "matusa" o "simpa").

"Figurati," mi ha risposto, "io ascolto i Canova".

Andiamo avanti.

Neanche poche ore e mio figlio Tommaso, quello che "fumo vaniglia/come gli spacciatore" se ne sta in sala a guardare *Uncle Grandpa* con i gemelli. In un episodio, se mai sia possibile raccontare la trama di un episodio dei cartoni animati di nuova generazione senza aver fumato vaniglia, si parla di altezza. Ecco che scatta una lite furiosa tra i gemelli. Gemelli che in quanto tale sono attaccati in maniera inspiegabile, ma quando c'è da picchiarsi menano come fabbri. Tommaso continua a guardare la tv del tutto inconsapevole di quel che gli succede intorno, beata innocenza. Li fermo io. Chiedo loro le ragione di questa lite. Risponde Francesco: "Chiara mi ha detto che ero basso". "Vero," ha aggiunto Chiara, "io sono più alta di lui".

Misurano rispettivamente un metro e ventuno e un metro e ventidue. Vero, quindi, Chiara è più alta. Anche se tutto è relativo, avrei voluto aggiungere pensando al fatto che, proprio la sera della cena con gli amici, si parlava di loro chiamandoli nani (io no, sia detto per inciso, perché dopo il mio incontro con David Lynch fatico a guardare ai nani con serenità).

Ci siamo.

Siamo arrivati, e se uso il plurale è solo perché quello che sto scrivendo riguarda sia voi che me, al momento delle spiegazioni. Ho scritto a lungo, molto a lungo, troppo a lungo della mia famiglia, o della rappresentazione della mia famiglia che ritenevo utile per raccontarvi qualcosa che ha a che fare con la musica. Ora è il momento di spiegare di che si tratta.

Come è noto dopo cinque mesi di interregno la classifica di vendita italiana, quella gestita dalla FIMI, ha deciso che era il caso di togliere lo streaming gratuito, cioè quello che non prevede un abbonamento e quindi un esborso economico, dal conteggio delle copie vendute. Per i cinque mesi di interregno c'è stato un meccanismo macchinoso che stabiliva che uno streaming valesse quanto 1300 download. Il motivo che ha spinto la FIMI, capitanata da Enzo Mazza, il Tavecchio della discografia italiana, a questo passo indietro è stata la massiccia presenza in classifica, appunto, di gente che risponde al nome di Ernia, Izi, Mostro e affini nella Top10, a discapito di gente come Mina/Celentano, Zucchero, Tiziano Ferro. Probabile, vien da supporre, che questi nomi altisonanti abbiano velatamente protestato. Con successo. In molti, quindi, hanno legittimamente pensato a un ritorno al passato, e a un conseguente sdoppiamento della realtà, da una parte i dischi (termine usato

129

non a caso) dei BIG d'altri tempi, dall'altra gli streaming di trapper e indie. Il repentino ritorno in top10 proprio di Mina e Celentano sembrava dimostrarlo. Così come l'ingresso solo al settimo posto in FIMI della Dark Polo Gang, che in precedenza si era piazzata direttamente in vetta.

Tutto regolare, verrebbe da pensare. Tutto è bene quel che finisce bene, direbbe il vecchio snob di cui sopra.

Però. Sì, perché ovviamente c'è un però. E il però è che succede che esce il nuovo lavoro di Sfera Ebbasta. E il nuovo lavoro di Sfera Ebbasta ci regala un paradosso temporale di quelli tanto cari a Wells. Perché da una parte il nostro si porta a casa qualcosa come una media di circa otto milioni di streaming al giorno, diventando per altro il primo artista italiano a finire in Top 100 di Spotify mondo. Dall'altro, dopo aver preso il primo posto in classifica a Nitro, uno che fa sì rap, ma che lo fa alla maniera della Machete, quindi andando a lavorare sodo anche sul fisico, piazza anche undici pezzi nei primi dodici dei singoli, dove ancora lo streaming vale, portando a casa ancora un altro record. Ma non basta, perché a distanza di poco più di una settimana la stessa FIMI gli tributa il disco di platino, per le cinquantamila copie vendute. Tavecchio è Tavecchio mica per caso. Poi arriva Ghali e conquista in dieci minuti il primo posto su Spotify, andando quindi a mettere il cappello sulla prossima Charts singoli della FIMI. Boom.

Voi direte, ok, ma la tua famiglia?

Ecco che ci arrivo.

Cercando di superare l'imbarazzo di chi sa di aver cresciuto un figlio che fa al karaoke la Capo Plaza e la Dark Polo Gang ho provato a sondare i gusti musicali di mio Tommaso, col terrore di scoprirlo a rispondermi "Bufu" o una di quelle minchiate che tanto vanno di moda tra i trapper. Lui mi ha rassicurato che non ascolta la Dark Polo Gang, e tanto meno Sfera Ebbasta, perché sono maleducati (ve l'ho detto, ho in casa un piccolo milord). Ho anche capito che, ancora lontana l'adolescenza vera e propria, non abbia idea di cosa sia lo sciroppo di cui parla Sfera Ebbasta, né le caramelle citate dalla DPG, né la vaniglia che rappava di star fumando. "Di tutti quelli mi piace solo Ghali" ha aggiunto. Ciò statisticamente non prova nulla, ma conferma una analisi condivisa dalla critica, che vuole il pubblico della trap prevalentemente nei bambini, spesso incapaci di decodificare il senso dei testi dei trapper. Si dovrebbe però porre una questione di lessico, perché anche con le canzoni i più giovani se lo formano, ma la speranza è sempre che poi si passi a qualcosa di più maturo, che sopperisca alle mancanze iniziali.

Chiaramente la risposta tranchant di mia figlia da una parte prova la correttezza di questa analisi, dall'altra dimostra come l'ottimismo di noi genitori sia malriposto, i Canova, Cristo Santo…

Più interessante è infine leggere come il mercato tradizionale stia reagendo a questa piccola rivoluzione, cioè l'impossibilità di arginare il mare con uno scoglio, per dirla col poeta.

Venerdì scorso è uscito il nuovo singolo di Laura Pausini, il cui titolo per non urtare la sensibilità di voi lettori mi guarderò bene dal citare. Proprio poche ore fa la stessa Pausini si è vantata alla sua maniera, cioè fingendo umiltà, di aver toccato in un giorno il milione di views. Lei, ovviamente, sempre con la stessa umiltà ce lo ripete ogni due per tre, ha un pubblico sparso in giro per il mondo. Un milione di views in ventiquattrore in giro per il mondo, quindi. Ghali ha tirato fuori lo stesso giorno *Cara Italia*, rendendo canzone il jingle che per settimane ci ha accompagnato nelle nostre visioni televisive, colonna sonora dello spot Vodafone. Bene, nel giro delle prime ventiquattro ore ha portato a casa oltre cinque milioni di views, in Italia. Ghali è più alto di Laura, e stavolta non solo di un centimetro.

I CONCERTI SALVERANNO LA DISCOGRAFIA, NON NOI

Fuori ci sono quasi quaranta gradi. Anche solo l'idea di muoverci ci fa sudare. In tre parole, siamo in estate. Normale che si torni a parlare di tormentoni. Succede sempre, ogni anno, e ogni anno succede come se fosse una cosa nuova, un po' come per i servizi su come gli anziani devono affrontare il suddetto caldo, bere tanto, mangiare tanta frutta, eccetera eccetera. Ma se uno ci pensa bene, e pensare bene con questo caldo è in effetti difficile, il vero tormentone degli ultimi tempi, quello capace, si immagina, di competere con ever green come *I Watussi* o *Abbronzatissima* non è una canzone, ma uno slogan, uno slogan che ha però molto a che fare con le canzoni, con la musica. Il vero tormentone del nuovo millennio è il refrain "a salvare la discografia sono i live", un refrain che viene ripetuto ossessivamente, come si fa con i mantra, forse nella speranza non tanto di convincere gli altri ma di convincere noi stessi. A salvare la discografia saranno i live. E in effetti, stando a vedere non solo la proposta di concerti che, specie in estate, ci arriva quotidianamente, anche in location che, un tempo, erano disertate dalla musica dal vivo come se fosse Eboli per il Cristo di leviana memoria, ma anche la costanza con cui se ne parla in tutti i luoghi e in tutti i laghi, verrebbe quasi da dire che è tutto vero. I concerti sono, nel mondo reale come in quello virtuale, l'argomento di discussione principe di chi parla di musica. Non solo degli addetti ai lavori, anzi, parlo della very normal people, quella, appunto, che un tempo comprava cd e ora, stando alle chiacchiere, corre ogni santo giorno su e giù per l'Italia, per le arene, gli stadi, le piazze, i parcheggi di fronte alle piazze e in ogni diavolo di posto dove qualcuno ha pensato di organizzare un concerto. Specie nei social, che sono diventati il vero mondo reale, ammettiamolo, non passa festival internazionale che non parta la gara a postare foto, selfie, video, frasi ad minchiam, di tutto e di più. Non c'è evento live di un qualche rilievo che non si corra, alla medesima maniera, a postare frasi del cantante in questione, a decretare il suo successo o, in qualche caso, anche a cantarne il requiem. È successo recentemente, non può esservi sfuggito, con Bruce Springsteen. Con ben due date a San Siro, rispettivamente sesta e settima volta in carriera alla Scala del clacio, il Boss è tornato in Italia e ha chiamato a sé il suo popolo. Il tour, anche questo non può esservi sfuggito, era dedicato all'album *The River*, e in effetti in USA il doppio album è stato riproposto nella sua interezza. Da noi no, e nonostante qualcosa come tre ore e tre quarti di concerto, ricordiamolo, tenuti da un signore nato a Freehold, nel New Jersey, qualcosa come sessantasette anni fa, in non pochi hanno storto il naso. Storcere il naso, nei tempi dei social, si fa digitalmente, sproloquiando in rete. E, a differenza con quel che succede coi nasi reali, gli storcimenti di nasi virtuali diventano virali. Uno storce il naso, e, neanche il tempo di riacquistare una posizione nasale naturale che ne parlano in chissà quanti. Così, a quelli che sono andati a San Siro e sono rimasti delusi, in realtà, si suppone, una minima parte, si sono aggiunti quanti a San Siro non sono andati, perché magari non sono interessati a Bruce Springsteen e ai suoi concerti, o perché, caso ancora più frequente, si direbbe, perché Bruce Springsteen sta loro profondamente sulle palle e poter dire che ormai è morto, che è finito, che sono almeno quindici anni che non fa più niente di rilevante non è parso loro vero. Questo, in effetti, è accaduto, dando vita a non poche discussioni e anche alla riflessione che segue.

I concerti salveranno la discografia, si diceva in esergo. Il tormentone degli anni duemila.

Non è vero. Non è affatto vero. Per più di un motivo. Primo, perché i concerti c'erano anche quando la gente andava a comprare i vinili, prima, e i cd, poi. Secondo, perché la discografia, da un punto di vista pratico, è l'industria della produzione di dischi (cioè oggi di musica digitale e di cd, per quei pochi che ancora si stampano) e quindi coi concerti, in realtà, c'entrano solo tangenzialmente. Terzo, perché se è vero che di dischi (ci siamo capiti) se ne vendono sempre meno, ma in maniera pesantissima, è anche vero che parlare di boom di concerti non risponde esattamente al vero. Quello che un tempo era il consumo di musica incisa, quindi la vendita di album, oggi è stata sostituita da streaming (un tempo dal free download illegale), da una parte, e dai vari canali video, tipo Youtube, dall'altro. Quindi a suo modo, seppur con numeri che sono molto spesso irrilevanti, un mercato discografico esiste ancora. La percezione che il mercato del live sia aumentato è, invece, appunto una percezione, come direbbe Quelo, sbagliata. Concerti ce ne sono, come festival, ma la gente che accede ai concerti non ha affatto sostituito la gente che un tempo comprava musica incisa. Si è semplicemente perso una fetta del mercato musicale, per ottusità da parte di chi ci lavora, incapace di capire che la rete avrebbe cambiato tutto, lasciando quindi che fosse qualche nerd brufoloso a fare i soldi laddove avrebbero dovuto e potuto essere loro a mettere il cappello sul download e lo streaming. Per contro, e qui arriva la parte che rasenta il delirio, a fronte di chi dà del morto a uno gigante vivo e vitalissimo come Springsteen, questo apparente fiorire di concerti in tutti i luoghi e in tutti i laghi altri non è che la parcellizzazione del pubblico dei concerti, che di fronte a una offerta multipla, non potendo usufruire del dono dell'ubiquità, semplicemente si divide. Così capita di andare a vedere, che so?, I Floating Points e di trovarsi di fronte il corrispettivo di una partitella scapoli ammogliati, dove gli scapoli e ammogliati, per uno strano caso del destino, hanno tutti la barba lunga e le t-shirt a righe orizzontali. Magari capita anche di andare a vedere I Cani di fronte a duemila persone, ma il Boss, non per fare il pignolo, di persone ne raduna in due date circa centoventimila, strano caso di morto in grado di radunare le folle.

Insomma, non lasciamoci ingannare, i cantanti sfigati, anche se fanno concerti, sfigati rimangono e suonano di fronte a un pubblico che, volendo, potrebbero accontentare anche se suonassero dentro il loro furgoncino. Altro che salvare la discografia. Una cosa è certa, visto che gente come Brian Wilson decide di portare in giro *Smile* dal vivo, ma ovviamente snobba l'Italia, se dobbiamo accontentarci di andare a vedere Ligabue a Monza, be', allora è vero che se la discografia verrà salvata dai live, a farne le spese saranno le nostre palle, immolate sull'altare della noia mortale.

I DECIBEL SONO ANCORA PUNK PIÙ DI VOI

Che questo è stato il *Festival della Canzone Italiana* che, finalmente, ha ricollocato la canzone al centro della scena lo abbiamo ormai assunto come un dogma, tante le volte che ci è stato ripetuto nell'ultimo mese. Merito a Baglioni, ovvio, e a cbi ha deciso di affidare a lui la direzione artistica della kermesse.

Durante le lunghe ore di diretta televisiva, in effetti, di canzoni se ne sono sentite tante, tantissime, spesso anche all'interno di situazioni che dalle canzoni partivano per arrivare altrove, in quella zona grigia in cui in teoria si sarebbe dovuto ridere, ma che spesso ci ha fatto non dico piangere, ma quantomeno provare un senso di disagio che sconfina con l'imbarazzo. Scenette degne di una recita scolastica anni '80, quando i bambini erano solo bambini, non aspiranti futuri protagonisti di un qualche talent di varia natura. C'era Baglioni che si metteva a cantare o suonare, e spesso la situazione sfociava nell'arrivo di un ospite, dalla Leosini alla Sciarelli, o nell'intervento improvviso dei suoi due partener in crime, Michelle Hunziker e Pierfrancesco Favino.

In questo copione che si è ripetuto più volte tutte e cinque le serate del *Festival*, a qualcuno potrebbe essere sfuggito un gesto che, in effetti, ha realmente portato la musica al centro della scena. Un gesto semplice, naturale, ma che in un contesto di innaturalità è sembrato ai pochi occhi degli attenti come qualcosa di epico, come il ragazzo cinese che ferma il carrarmato in piazza Tienanmen.

Nella sera di venerdì, quando il *Festival* aveva in cartellone la "serata dei duetti", a un certo punto era prevista l'esibizione dei Decibel, riformata band degli esordi di Enrico Ruggeri, in compagnia di Silvio Capeccia e Fulvio Muzio, con la loro *Lettera dal Duca*. Loro ospite, per l'occasione, un gigante della new wave inglese, quel Midge Ure che si è preso briga, ormai una vita fa, di ridare vita agli Ultravox orfani di John Foxx, regalando non solo un pregevole secondo tempo a una delle band più importanti del rock inglese, ma se possibile rendendo quella già fondamentale storia ancora più fondamentale. Un nome, ahinoi, divenuto da noi piuttosto popolare poco più di venti anni fa, quando una sua hit, *Breathe*, divenne colonna sonora dello spot dello Swatch, cult di quel decennio.

Torniamo però a *Sanremo*. Sul palco dell'Ariston ci sono i Decibel e in mezzo a loro questo uomo magro e attempato che imbraccia una chitarra elettrica. La canzone parte, accompagnata dall'orchestra diretta dal maestro Roberto Rossi, quando Enrico Ruggeri si avvicina al microfono e chiede a gran voce di interrompere la performance. Non si sente la chitarra di Midge, e come lo stesso Rouge fa notare, non ha senso averlo fatto arrivare da Glasgow se poi non lo si può sentire.

Un gesto semplice, naturale, che di per sé non dovrebbe essere portato a nulla di esemplare, o addirittura iconico. Se quando si suona non si sente uno strumento è evidentemente un problema, e i problemi se identificati vanno risolti.

La cosa, ovviamente, è passata praticamente inosservata, pronta a essere metabolizzata in un'altra esibizione, o, peggio, in un altra gag che proprio da un disguido tecnico parte.

Il fatto è che i Decibel, come pochi altri tra i tanti artisti in gara in questa sessantottesima edizione del *Festival*, hanno deciso di portare avanti una loro battaglia, magari da considerare fuori dal tempo, superata, antica e forse anche antiprogressista, quella di chi fa musica suonando e vorrebbe che venisse fatta una distinzione netta tra chi suona e chi fa finta di farlo. Un po' come succede nei ristoranti, almeno in quelli di un certo livello, dove il menu deve riportare metodicamente ogni qualvolta il cibo presentato alla carta non è fresco ma surgelato. Sarebbe bello, questo l'auspicio di Ruggeri e soci, che chi scrive di musica si sentisse in dovere di sottolineare chi, dal vivo, per dire, suona tutti gli strumenti e chi, invece, ricorre a plug-in, a basi registrate, a tappeti anche vocali preimpostati. Niente di grave, intendiamoci, c'è anche chi ricorre direttamente all'half-playback o al playback totale, ma sarebbe bello che la gente ne prendesse coscienza. Perché la musica dei Decibel, e a *Sanremo* anche di alcuni altri artisti, da Enzo Avitabile e Peppe Servillo a Red Canzian, passnado per Ron, è essenzialmente musica scritta e composta per essere suonata dal vivo, suonata interamente. Non è possibile avere tre chitarre perché sul palco i chitarristi sono due? Bene, la canzone deve prevedere che ci siano solo due tracce di chitarra, senza sovraincisioni. Idem per le tastiere, sempre e costantemente due alla volta, perché due sono le mani del tastierista. Non si sente Midge Ure, che con la sua classe anglosassone poco ha aggiunto alla canzone, ma quel poco è stato, a detta anche degli stessi Decibel, fondamentale? Bene, si ricomincia da capo. Perché la musica è anche questo, interazione tra i musicisti che stanno sul palco, arte che si fa sostanza nel momento in cui viene suonata. Geoff Dyer, avesse assistito, avrebbe presumibilmente scritto un nuovo capitolo al suo *Natura morta con custodia di sax*, seppur tradendo il suo canone jazzistico. Ma non è solo questo, che ci spinge a parlare dei Decibel, a qualche giorno dalla fine del *Festival*. È infatti uscito il 16 novembre il loro secondo album dopo la reunion, avvenuta con il pregevole *Noblesse oblige* per festeggiare i sessant'anni di Ruggeri. Il nuovo lavoro, anticipato dall'omaggio dei tre a Bowie portato al *Festival*, si intitola *L'Anticristo*, titolo quantomai spiazzante per chi ha conosciuto Ruggeri solo come cantore del mondo femminile in tante e tante canzoni. In verità, la storia dei Decibel già quarant'anni fa sta lì come promemoria, Ruggeri e soci sono stati, in Italia, antesignani di quell'attitudine punk che per noi italiani così tanto all'Inghilterra è legata. Iconoclastia, la loro, spesso relegata solo alla montatura ingombrante degli occhiali sfoggiati da Rouge in quegli anni, ma in realtà ben presente nei loro primi lavori, e in quasi tutti i lavori che, nel corso dei decenni a seguire, hanno accompagnato la carriera del cantautore milanese. Come una sorta di nostrano Elvis Costello, l'aver costantemente sperimentato le varie fogge della forma canzone, da quella più squisitamente pop a quella che flirta con la canzone francese, passando per il rock, la new wave e chi più ne ha più ne metta, ha forse relegato l'attitudine punk del nostro in secondo piano, seppur negli anni una costante critica anarchica a quel che la società ci ha di volta in volta propinato come la norma è stata presente nelle tracklist dei suoi album. Un anarchismo, il suo, che in qualche modo gli è costata una messa al bando da un certo ambiente colto e radical chic, si veda il paradosso di non aver mai ricevuto una nomination alle Targhe Tenco, lui che viene da tutti indicato come uno degli alfieri della canzone d'autore, spesso al servizio di chi poi le targhe le ha vinte davvero.

Torndando a *L'Anticristo*, album che vede i tre Decibel interpretare dei manager con gli occhi da rettiliani in uno scenario da alta finanza, con tanto di T rovesciate nella scritta del titolo, le canzoni che compongono la scaletta di questo lavoro compongono una fotografia lucidissima di una realtà allucinata e allucinante. Una società in cui in una apparente libertà assoluta siamo in realtà semplici comparse delle nostre vite, distratti e felici di esserlo, o quantomeno convinti che non si possa che esserlo. Un album estremamente politico, duro nei suoni, costantemente riferiti a certo rock che affonda negli anni Settanta, la new wave e a volte anche il prog a fare da sfondo, dai King Crimson agli Stragglers, dai Roxy Music iniziali agli Sparks, e ancora più duro nelle liriche, ricercate e taglienti.

L'album di un gruppo di ex compagni di scuola ormai oltre i sessanta, i Decibel appunto, che con uno stile elegante e un po' fuori dal tempo, si veda l'omaggio estetico ai Kraftwerk nella seconda serata, quando hanno sfoggiato cravatte nere su camicie rosse, ha deciso di infondere un po' della propria attitudine punk alla attuale musica italiana. In un'epoca di rassegnato disincanto, con i nuovi artisti che si affacciano alla scena che si mostrano reclinati sul proprio ombelico, incapaci di farsi altoparlante di una rabbia che evidentemente non è più così presente come dovrebbe, sono proprio i Decibel a suggerirci stimoli di rivoluzione. Una sorta di chiamata alle armi in musica, una critica volendo anche snob, perché permeata della consapevolezza di essere ormai quanto di più vicino ai compositori classici del passato, destinati a un pubblico di cultori. Alti, quindi, e popolari al tempo stesso. Alti, ma non per questo meno incazzati.

I Decibel, appunto.

Gente che quando va in giro a suonare suona davvero, e già solo il fatto di sottolinearlo sembra un'eresia.

Gente che è stata punk prima di noi, e che anche oggi, superati i sessanta, continua a esserlo.

IL CASO DI LIVE NATION E IL SECONDARY TICKETING

Una distesa di sabbia. Dune mosse, caotiche, senza vita. Si potrebbe dire un deserto, se non fosse che a lato arrivano feroci le onde del mare, a cambiarne i contorni, a rendere ancora più caotica quella aridità. Sempre e comunque senza vita. In fondo a quelle dune, a quel desolato paesaggio, una anomalia, che rende tutto questo paesaggio apocalittico. Un simbolo di libertà, di accoglienza, di speranza spunta dalla sabbia. Quella che era una porta verso un futuro migliore che si fa segno di un passato ormai fatto maceria, rovina, devastazione.

Le riconoscibili immagini del finale de *Il pianeta delle scimmie*, avrete riconosciuto la descrizione, potrebbero oggi far pensare alla perfetta metafora della nuova era Trump, non fosse che addentrarsi in analisi degli scenari futuri della politica internazionale sarebbe sicuramente prematuro.

Non è invece difficile prevedere che questa scena sia presto la chirurgica descrizione di quel che resterà del mondo della musica italiana alla luce di quanto da mesi andiamo raccontando e da quanto nelle ultime ore è emerso grazie all'ormai famosissimo servizio di Viviani de *Le Iene* su Live Nation.

La storia è ormai nota, ma merita di essere raccontata. Settimane fa viene annunciato il tour mondiale dei Coldplay, con tappa in Italia. Vengono messi in vendita i biglietti su Ticketone, società da tempo detentrice della vendita online dei biglietti di quasi tutti i concerti, e dopo pochi istanti risulta essere tutto sold out. Non fosse che, abitudine ormai da tempo consolidata, neanche il tempo di disperarsi e i biglietti tornano magicamente in vendita nei siti di secondary ticketing, ovviamente a prezzi assai aumentati. Si arriva a assurdità oltre le migliaia di euro. Scattano le proteste, i dubbi, le indignazioni. La piaga del secondary ticket è da tempo nota. Questi che apparentemente sono siti che dovrebbero fungere da bacheca per chi, entrato in possesso di un biglietto, si trova nell'impossibilità di usufruirne e rimette in vendita il proprio tagliando mettendolo a disposizione di chi ne è rimasto senza, si sono quasi subito trasformati in altro. I biglietti in vendita risultano sempre essere molti, in alcuni casi anche migliaia, e i prezzi aumentano sempre a dismisura, diventando qualcosa di simile al "bagarinaggio". Il fatto che ciò accada quasi sempre in contemporanea alla messa in vendita su Ticketone dei biglietti di un determinato tour o concerto ha sin da subito fatto pensare a qualcosa di strano, come se di mezzo ci fosse una delle aziende coinvolte nella vendita ufficiale dei biglietti, il promoter, quindi, o la stessa Ticketone.

In altri casi, di cui ci siamo occupati in prima persona, del resto, il fatto che ingenti quantità di biglietti venissero acquisiti direttamente dagli organizzatori per poi essere regalati a aziende sponsorizzatrici ha spinto molti a pensare che non fosse Ticketone l'azienda legata a questa partita di giro.

Le Iene hanno indagato a tal proposito, entrando in contatto con una talpa di uno di questi siti di secondary ticket, aprendo definitivamente il vaso di Pandora. Perché Viviani, fatture alla mano, è venuto a sapere che sono le stesse aziende che organizzano concerti a vendere i biglietti a questi siti (alcune di queste aziende, ovviamente, non tutte, almeno stando al servizio de *Le Iene*), ricaricando di cifre che arrivano addirittura a dieci volte il reale valore iniziale dei biglietti. A domanda diretta è però arrivata una risposta shockante, a guadagnare pesantemente da questo giochino non sarebbero tanto i siti di secondary ticket, ma i promoter, che da contratto pretenderebbero addirittura il 90% di quanto guadagnato in questo modo. Stando sempre a quanto ricostruito dal programma di Italia 1 i biglietti di questo giro non sarebbero poche decine o centinaia, ma in alcuni casi, si suppone relativi a concerti negli stadi, addirittura a decine di migliaia. Il che, ovviamente, non sarebbe solo una truffa nei confronti di Ticketone, titolare di un contratto di esclusiva per la vendita dei biglietti online, ma soprattutto del pubblico, che si trova così a pagare molto di più i biglietti dei concerti dei propri beniamini per volontà diretta di chi questi concerti li organizza.

Fin qui tutto male.

Solo che a questo punto Viviani è andato da Roberto De Luca, presidente di Live Nation Italia, chiedendo ragione di questa situazione, e De Luca ha rilasciato un'intervista piuttosto singolare. Dopo aver inizialmente negato la conoscenza di questa situazione, infatti, De Luca ha ammesso, più o meno candidamente, lo stato dei fatti, arrivando però a dire che a richiedere questa situazione siano gli stessi artisti. Il tutto è avvenuto inizialmente in maniera poco ortodossa, perché De Luca non era a conoscenza di essere registrato. Ma in un secondo momento, a intervista terminata, De Luca ha richiamato Viviani e ha rilasciato una sorta di dichiarazione ufficiale che ribadiva esattamente lo stesso concetto: succede così per volontà degli artisti, cui vanno i guadagni.

Boom.

Devastazione.

Macerie.

Desolazione.

Perché ovviamente, neanche il tempo di rivedere il video, ecco che arrivano le prime reazioni. Il primo a muoversi è Vasco Rossi, artista che molti hanno pensato di riconoscere nella situazione descritta, in quanto nome più grosso tra quelli nel roster Live Nation Italia e capace da solo di riempire stadi. È dalla sua pagina Facebook che Vasco fa sapere che la sua collaborazione con Live Nation è al momento sospesa.

"Dopo aver appreso dal servizio televisivo de *Le Iene* di un possibile coinvolgimento di Live Nation nella rivendita 'secondaria' di biglietti per i concerti in Italia – si legge nella pagina ufficiale dell'artista – Giamaica management comunica di avere attualmente sospeso ogni rapporto commerciale con Live Nation e si riserva di agire per vie legali essendo totalmente estranea a quanto emerso dal servizio giornalistico. Giamaica ritiene che l'attività di secondary ticketing, altamente speculativa, è da tempo riconosciuta come dannosa non solo per il pubblico ma anche per gli artisti che a loro insaputa e loro malgrado si ritrovano per errore coinvolti."

Ariboom. Si può ipotizzare una storia da circa dieci milioni di utile che se ne vanno, anche in vista di quel megaevento previsto per il 2017 a Modena, per festeggiare il quarantennale del Blasco.

Chiaramente anche le altre reazioni non si fanno attendere. Tutti, più o meno, prendono le distanze da De Luca, anche senza potersi allontanare da Live Nation, causa prevendite di biglietti già iniziate dei prossimi tour, nel caso di Mengoni, addirittura alle porte. Il primo a proporre una sua lettura dei fatti è Tiziano Ferro: "Sono sconcertato, amareggiato e fortemente indignato a causa dei recenti avvenimenti che coinvolgono Live Nation Italia.

Vorrei concedermi alla rabbia e all'istinto del momento ma la verità è che non posso.

La mia priorità sono le circa 150.000 persone che hanno già deciso di esserci durante il mio prossimo tour.

Mi è stato assicurato e garantito che Live Nation non ha mai, oggi come in passato, immesso miei biglietti sul mercato secondario.

Detto ciò prendo le dovute distanze da chi ha sbagliato, per loro ci saranno di certo conseguenze ma adesso ho solo una priorità: questo tour e i miei fan.

Non possiamo fermarci, nonostante tutta la bruttezza che ci sta investendo.

Tiziano"

Il secondo è Marco Mengoni, sempre attraverso Facebook: "Lavoro con Live Nation dal 2014 e né io né il mio management abbiamo mai avuto alcuna evidenza di irregolarità nella vendita dei concerti. Siamo sconvolti dall'accusa mossa da De Luca secondo cui gli artisti imporrebbero la pratica di vendita illegale di biglietti e dichiaro la mia assoluta estraneità ai fatti. Attraverso i nostri legali stiamo facendo le opportune indagini per la tutela dei diritti del pubblico e per verificare la massima trasparenza sullo svolgimento dei fatti" A questo punto interviene direttamente Live Nation, con un comunicato, va detto, piuttosto intempestivo: "In riferimento al servizio andato in onda ieri sera 8 novembre all'interno del programma televisivo *Le Iene*, Live Nation precisa e puntualizza che le affermazioni contenute nel servizio si riferivano unicamente a pochi Artisti internazionali e che nessuno degli Artisti italiani ha mai chiesto di assegnare biglietti dei loro spettacoli al mercato di vendita secondario.

Ugualmente Live Nation garantisce di non aver spontaneamente immesso sul mercato secondario quantitativi di biglietti dei concerti di Tiziano Ferro, Giorgia e Marco Mengoni, attualmente in vendita.

Live Nation Italia".

Proprio Giorgia ha ripreso questo comunicato dicendo la sua a riguardo, o meglio, lasciando al suo team modo di dire la sua: "Confermiamo in toto l'estraneità di Giorgia e di chi la rappresenta alla partecipazione di questa TRUFFA dichiarata dal presidente di Live Nation Italia, operata da Live Nation riguardante il 'secondary ticketing': MAI da qualcuno del suo staff, management o altro vicino a lei o dall'artista stessa è stata fatta richiesta per operare in questa maniera disonesta; e stiamo verificando che anche per il passato non siano state commesse irregolarità per quanto riguarda Giorgia. Giampaolo Tabacchi MICROPHONICA"

Quindi, in sostanza, tutti prendono nettamente le distanze da Live Nation e, di conseguenza, da Roberto De Luca. Chi andandosene come Vasco, il nome cui tutti hanno pensato in relazione al servizio delle Iene, in quanto solo in Italia a riempire senza problemi stadi, chi stigmatizzando l'accaduto e parlando di provvedimenti futuri come nel caso degli altri artisti, tutti al momento in prevendita per i futuri concerti (quindi impossibilitati a mollare Live Nation in corsa). Uno scenario piuttosto grave, per Live Nation, e che al tempo stesso mette in crisi l'azienda principe di un mercato che, non nascondiamoci, al momento è il solo in grado di mantenere vivo il mondo della musica. Chiaramente se una nave affonda, le altre navi in porto, sua concorrente, non possono che farsi avanti. Il primo a farsi sotto è Claudio Trotta di Barley Arts, primo a denunciare questa pratica, mesi fa, e comparso in prima persona anche nel servizio delle Iene. Neanche il tempo di sbollire che ecco arrivare una lettera aperta a Assomusica: "Caro presidente e cari membri del consiglio direttivo e cari associati a seguito delle dichiarazioni di Roberto De Luca durante il servizio delle Iene vi comunico quanto segue:

1) Sto verificando insieme ai miei legali se esistano i presupposti per una azione giudiziale collettiva da parte di Assomusica e/o degli Associati che reputino di volerla sottoscrivere e di altre componenti della Filiera della Musica dal Vivo nei confronti di Live Nation per gravi danni di immagine e di credibilità a tutta la categoria.

2) Sto verificando con i miei legali i termini di una causa per Concorrenza Sleale da parte di Live Nation nei confronti di quei produttori e promoter che non adeguandosi alle pratiche emerse dalle dichiarazioni dispongono ovviamente di risorse inferiori.

3) Reputo che il Presidente ed il Consiglio Direttivo di Assomusica a prescindere dalle procedure di routine che coinvolgono il Collegio dei Probiviri, debbano immediatamente prendere posizione chiara dissociandosi da quanto emerso e dichiarandosi contro queste pratiche cancerogene che sono dannose per i nostri consumatori, i nostri lavoratori ed i nostri artisti.

È evidente che non mi è possibile restare in questa Associazione ancora un secondo qualora l'Associazione stessa non prenda i provvedimenti logici e conseguenti a quanto inconfutabilmente emerso dal filmato delle Iene. Cordiali saluti, Claudio Trotta".

A seguire, ecco che arriva velocemente la conferenza stampa di Friends and Partners di Ferdinando Salzano, accompagnato per l'occasione da Maioli, manager di Luciano Ligabue. Conferenza durante la quale Salzano prende decisamente le distanze da questa situazione, stigmatizzando il tutto, dichiarandosi a più riprese contrario a questo approccio, in qualche modo tirandosi fuori da un pantano che, a questo punto, sembrerebbe riguardare solo De Luca e Live Nation. Di più. Nel parlare del malessere provocato dall'apprendere di questa situazione, sia Salzano che Maioli chiedono alle altre mele marce di autodenunciarsi, perché se ci sono tumori è bene estirparli da un corpo per il resto sano. Il che, detto da chi attacca De Luca per non aver fatto i nomi degli artisti che avrebbero avvallato la pratica in questione è singolare. O si fanno i nomi o non si fanno, giusto?

Non bastasse arriva anche un esposto in procura da parte della Codacons che chiede di porre sotto sequestro il servizio del *Le Iene* e di aprire una indagine a riguardo del secondary ticketing.

Insomma, una situazione di devastazione piuttosto desolante, che è anche peggio di come potrebbe sembrare. Perché un aspetto dovrebbe essere piuttosto evidente a tutti, e forse è il caso di sottolinearlo: se davvero il mondo dei live dovesse crollare, partendo da De Luca, stando a quanto emerso durante la conferenza stampa, interrogato a riguardo dalla Guardia di Finanza, e, immaginiamo, aprendo ombre anche sulle altre agenzie che si occupano dei live, perché nonostante le decise prese di distanza operate da Ferdinando Salzano, da un David Zard, che non ha usato mezzi termini riguardo De Luca e Live Nation (riguardo il primo ha parlato di scarsa lucidità, riguardo ai secondi ha sottolineato come per la casa madre dell'azienda, americana, il secondary ticketing sia dichiaratamente indicato come il futuro), dallo stesso Trotta, è evidente che nel momento in cui si va a fondo della gestione dei live in Italia potrebbero saltare fuori situazioni davvero interessanti, da quelle cui lo stesso Zard ha fatto cenno degli ingaggi superdopati agli artisti a quella dei biglietti omaggio che magicamente rendono sold-out concerti altrimenti da considerare flop, ecco, se il mondo del live dovesse crollare a pagarne le conseguenze sarebbero in molti. Quante sono, infatti, oggi le produzioni che proprio sui live campano? Esisterebbe un Marco Mengoni se non ci fossero i Live che lo portano ciclicamente in giro per l'Italia? Esisterebbero i tanti nomi di artisti le cui carriere discografiche non esplodono, ma le cui performance dal vivo finiscono poi per diventare eventi televisivi in prima serata, manco stessi parlando di grandi classici della musica leggera? Esisterebbero, volendo scendere più rasoterra, carriere anche di seconda fila, non ci fossero poi le serate con cui far cassa, modo spiccio per portare fieno in cascina nel momento in cui, anche con quattro, cinquecento copie si finisce in Top 10? Piaccia o meno Roberto De Luca è un imprenditore che, negli ultimi venti anni, ha investito con la sua azienda fior di milioni di euro in tante carriere, comprese le carriere dei tanti che oggi ci tengono a prendere le distanze. Gente che, è noto, andava a farci le vacanze insieme e che finisce per parlarne per mezzo di comunicati sui social come di un conoscente alla lontana, uno con cui si ha avuto a che fare loro malgrado. Mettere in discussione l'ultimo baluardo dello show business in Italia potrebbe davvero implicare la fine di un'epoca, senza con questo necessariamente dire che la faccenda sia da guardare come a un peccato. Per dirla con le parole di Taylor, protagonista de *Il pianeta delle scimmie*: "Voi uomini l'avete distrutta! Maledetti, maledetti per l'eternità, tutti!!!"

IL CORPO ESPOSTO DI NOEMI

Il corpo svelato di Noemi.
Bene.
Prendiamola larga.
Partiamo da qui. La voce calda, i capelli rossi, la risata contagiosa, l'aria di chi ama farsi i fatti propri, nel senso di non farsi troppo influenzare da chi le sta intorno, la voce calda.
Ecco, dovessimo pensare alle cinque parole da inserire in una carta del gioco da tavola Taboo da riferire a Noemi, quelle cinque parole che non si possono dire perché se no tutti capiscono di chi stiamo parlando, mi verrebbe da dire queste cinque parole. E lo so che due definizioni coincidono, la prima e l'ultima, ma in fondo Noemi è prevalentemente la sua voce calda, dalle venature blues, si dice in questi casi, non nascondiamoci dietro un dito.
La voce ancor prima delle canzoni, non perché le belle canzoni non le abbia cantate, in questi nove anni di vita professionale, e si intenda per vita professionale quella cominciata a ridosso della sua partecipazione alla seconda edizione di *X-Factor*, della quale fu indiscussa vincitrice morale, seppur non insignita della vittoria reale, capitata a tal Matteo Becucci. L'ultima can-

zone, l'ultima di un certo rilievo, è *Non smettere mai di cercarmi*, presentata sul palco dell'Ariston alla sessantottesima edizione del *Festival della Canzone Italiana di Sanremo*, diretto da Claudio Baglioni. Una canzone che le ha dato modo, ce ne fosse bisogno, di mettere in mostra proprio quella sua voce graffiante, scura, una canzone infatti con un ritornello che proprio per mettere in mostra quella voce sembra sia stata scritta.

No. Non va bene. Non siamo qui per parlare di *Sanremo*, e neanche di *Non smettere mai di cercarmi*, anche se in qualche modo il *Festival* farà irruzione in questo articolo.

Proviamo a parlare dell'ultimo album di Noemi, *La luna*, e di altro. Prevalentemente di altro. I titoli non si trovano lì per caso.

Partiamo da *La luna*, ultimo album della cantautrice e interprete romana. *La luna* è un album che prova, con ottimi risultati, a mettere insieme un paio delle anime di Noemi, una che, si guardi solo il taglio di capelli con cui si è presentata al *Festival* nelle sue cinque partecipazioni, sicuramente di anime ne ha parecchie. Le due anime in questione sono anime sonore, il che per un musicista è come dire l'essenza.

Da una parte c'è l'anima blues, quella che ama i suoni acustici, quelli che provengono dal legno, soprattutto, i suoni e le note che guardano verso il basso, dall'altra quella contemporanea, quindi elettronica, una maniera di fare il pop che fa i conti con l'oggi, con le macchine.

Due anime che, nel corso di circa un decennio, si sono rincorse negli album che Noemi ha pubblicato, a volte guardando più a un mondo, a volte più all'altro. Oggi arriva *La luna*, e viene da dire che Noemi sta mettendo a fuoco il suo mondo, sempre che non l'abbia già fatto. Si lasci momentaneamente da parte il brano sanremese, adatto allo scopo di far sentire agli spettatori le capacità di Noemi, certo, e al tempo stesso capace di veicolare un sentimento preciso, ma brano minore rispetto alle due canzoni che andremo a prendere ora in considerazione. Si lasci momentaneamente da parte il brano sanremese, quindi, e si prendano *La luna storta* e *Porcellana*. A sentire queste due canzoni, nell'ordine che si vuole, si assiste a un'epifania: davanti ai nostri occhi si palesa un'artista fatta e finita, un'artista che ha due anime e che è riuscita, almeno stavolta, a metterle in mostra senza filtri, è riuscita a metterle e a mettersi a nudo.

La luna storta è una canzone che gioca sul blues, sui bassi, appunto, una canzone sporca, nell'incedere come nel porsi, che sarebbe potuta essere parte del repertorio di Loredana Bertè nei suoi anni d'oro se mai Tricarico, che con Noemi l'ha scritta, fosse stato attivo come autore all'epoca. E del resto è quello un riferimento che non possiamo non avere sotto gli occhi pensando a Noemi oggi, poi vedremo anche per quale altro motivo, Loredana Bertè.

Porcellana è un brano in cui i suoni sintetici accompagnano una melodia altrettanto sporca, a suo modo classica.

L'una più storta, l'altra più dritta, ma due canzoni che insieme ci mostrano due facce della stessa luna, figura che da millenni incarna la femminilità, mica a caso, Noemi appunto.

E siccome stavolta la ciambella doveva riuscire col buco, ecco che nell'album è presente un brano che queste due canzoni sintetizza, e che quindi riesce a far toccare le due anime di Noemi, perfetta sintesi di quanto fatto fin qui. Si tratta, in realtà, di una cover rivista di un brano dei La Rua, *I miei rimedi*, scritto in compagnia di Dario Faini e Roberto Casalino, qui prodotto come il resto dei brani da Diego Calvetti. La versione proposta da Noemi è decisamente più riuscita e con un testo lievemente modificato. Nel brano dei La Rua, meno incisivo sia nell'incedere che nell'attitudine del canto, era presente un chiaro riferimento sessuale, una semplice frase in cui si parla di "quando togli i pantaloni per far sesso", divenuto un più rassicurante "Quando pensi che ti sia tutto concesso". Eppure, nel nono brano in scaletta, *Bye Bye*, Noemi parla a un lui in maniera decisamente disinibita, quando gli dice "Arrivi tu/ che non ti accorgi neanche quando vado giù", ricordando *I Oughta Know* di Alanis Morrissette, per proseguire poi con un neanche troppo misterioso "L'unica cosa che adesso ho da dirti è bye bye/ spengo la luce che ho di meglio da fare, bye bye". Del resto il flirtare con un genere come il blues non può che comportare un rapporto diretto con il sesso, o quantomeno anche con la sessualità. Cantare blues significa ingaggiare un corpo a corpo con la musica, si parla di sudore, di umori, di contatto fisico, mica solo di lacrime e sospiri. Così è oltreoceano, e si fatica a capire perché così non sia sempre anche da noi.

"Il problema è che da noi si corre il rischio di essere giudicate," mi dice Noemi, interpellata a riguardo "proprio a partire dalle donne, che sono sempre le prime a puntare il dito. Allora una si fa le paranoie, e preferisce non affrontare proprio la faccenda." La domanda era stata esplicita: perché nelle canzoni italiane è assente il sesso, manco sotto il vestito aveste la calotta di plastica come Barbie? "La frase del brano dei La Rua, in effetti, l'ho voluta togliere proprio io, perché mi sembrava troppo esplicita. Forse sono proprio io la prima a censurarmi..."

E dire che Noemi ha messo il suo corpo in scena come poche altre cantanti italiane, almeno poche cantanti giovani. Ne ha fatto uno strumento, proprio al pari della voce, che in effetti è la parte del corpo che noi umani utilizziamo per fare musica in assenza di strumenti.

Lo ha fatto, per dire, nel brano che Vasco e Gaetano Curreri le hanno regalato, quel *Vuoto a perdere* che affronta in maniera decisamente diretta il tema dell'invecchiamento, cioè quel preciso momento in cui il corpo, femminile nel caso specifico, perde quella che per i canoni moderni è la perfezione. Una scelta coraggiosa, tanto più perché messa in bocca a una ragazza, e non, per dire, a una donna matura, che so?, una Fiorella Mannoia, che invece recentemente tende più a affrontare tematiche care agli adolescenti. E non paga di aver cantato l'imperfezione, o meglio, la bellezza dell'imperfezione e della presa di coscienza del nostro essere imperfetti, Noemi ha deciso di andare oltre, e di mettere in mostra il proprio corpo con quella libertà che, in genere, è preclusa alle artiste di casa nostra. Chiaro, un tempo Loredana

Bertè poteva apparire nuda in copertina su «Playboy» o nel video di *Acqua* e nessuno avrebbe battuto ciglio, ma erano altri tempi, ma oggi la faccenda sembra diversa.

"La mia generazione è stata fregata da quelle precedenti. Prima ci sono stati gli anni Settanta, di grandi libertà. Poi gli anni Ottanta, ancora più liberi. A noi è toccato questa forma di bigottismo. O punti sulle canzoni, o sull'aspetto, ma se ti mostri in qualche modo sembra che tu stia minando la tua credibilità."

Questo in teoria.

Rewind.

Palco dell'Ariston, il luogo in apparenza meno deputato alle rivoluzioni. Noemi si presenta in scena con un vestito particolarmente scollato, sicura, per dirla con parole sue, di un seno non certo prorompente. E proprio per questa sua sicurezza Noemi incautamente si inchina mostrando quel che la scollatura provava a nascondere, in Eurovisione, e in una delle edizioni più seguite di sempre. Signore e signori, ecco le tette di Noemi.

Un gesto naturale, perché in fondo il corpo è la cosa di più naturale che abbiamo, più semplice da comunicare di un sentimento, perché sotto gli occhi di tutti, e perché presente in tutti gli esseri umani, ma decisamente meno raccontato nelle canzoni.

Evviva Noemi e la sua naturalezza. Evviva il corpo svelato di Noemi.

Chiaramente la cosa non passa inosservata. Anzi.

"Vedi, il giorno dopo che ho mostrato le tette, tutti parlavano di quel fatto, nessuno della canzone, quindi forse è per questo che tendiamo a tenere la sessualità repressa, perché o si parla di canzoni o si parla e si mostra altro. Certo che siamo davvero indietro, eh…"

E sì, siamo davvero indietro, perché le tette di Noemi non hanno certo sminuito il suo passaggio musicale al *Festival*. Né hanno reso le canzoni del suo album *La Luna* meno potenti. *Porcellana*, canzone che non è stata portata al *Festival* perché conteneva la parola "puttana", ci ha detto Noemi, rimane una potenziale hit che non deve far altro che arrivare alle radio, così come *La luna storta* rimane, al pari delle passate *Sono solo parole*, *L'amore si odia* o *Idealista*, per lei scritta da un Ivano Fossati ormai ritiratosi dalle scene, un classico contemporaneo.

Noemi è queste canzoni, certo, è quella che ha duettato al *Festival* con Paola Turci, lei al piano, la collega alla chitarra, in una versione moderna di Wendy and Lisa, ma è anche le tette mostrate involontariamente durante un inchino. Una voce calda, certo, una risata contagiosa, ma anche un corpo che cresce e che sta lì, mica è sempre necessario nasconderlo. Neanche mostrarlo, chiaro, ma e che cazzo, potrà pur essere lei a decidere cosa fare, come e quando vuole. "Sai che non ci avevo mai pensato, a questa faccenda della sessualità nelle canzoni? Adesso mi toccherà ragionarci su," dice Noemi a riguardo, "dovrò scrivere una canzoni sulle chiappe e comparire in un video completamente nuda," ride, "Ma voglio che sia una canzone in cui i bassi tornano a farsi sentire potenti, come nei dischi di Kendrick Lamar, moderni ma che non si sono fatti fregare da questa smania di dover assecondare il fatto che le canzoni si ascoltano ormai più spesso in streaming che con lo stereo." Io me lo sono segnato, Noemi. E ormai è chiaro, dovessero mai metterti nelle carte del Taboo, le cinque parole da non dire sarebbero: La voce calda, i capelli rossi, la risata contagiosa, l'aria di chi ama farsi i fatti propri, nel senso di non farsi troppo influenzare da chi le sta intorno, le tette.

IL MESTIERE DI VIVERE DI TIZIANO FERRO

Tiziano Ferro è tornato a pubblicare un nuovo album. In questa frase c'è un errore. No, non è vero. Non c'è un errore, non state lì a cercarlo, non siamo nella «Settimana Enigmistica». Né su un Meme di Facebook. Ma *Il mestiere di vivere*, album che esce sul volgere di un anno che si è portato via alcuni tra i più grandi nomi del panorama musicale mondiale e che, al tempo stesso, ha definitivamente chiarito che il livello della nostra musica leggera sta inesorabilmente planando verso il basso, pronto a schiantarsi contro una scogliera, ecco, *Il mestiere di vivere* di Tiziano Ferro non è un nuovo album. Intendiamoci, la release è 2 dicembre 2016, quindi tecnicamente lo è, ma in realtà, permettetemi di giocare un minimo con le parole (almeno io non ci metterò dentro errori grammaticali intenzionalmente, come vezzo o come cifra, quindi se ne troverete saranno errori veri), in realtà è un album vecchio. Di almeno un paio di anni.

No, questo incipit non funziona. Troppo incasinato. Troppo contorto. Rewind.

Ci riprovo.

Il 2 dicembre del 2016 esce il nuovo lavoro di studio di Tiziano Ferro, *Il mestiere di vivere*. Un album prodotto da Michele Iorfida Canova e anticipato dal singolo *Potremmo ritornare*, di cui si è parlato tempo addietro. Ecco, partiamo da lì. Nel recensire quel singolo ero stato piuttosto duro, enfatico nel sottolinearne la bruttezza, la totale mancanza di originalità, anzi, la intempestività nel riproporre un cliché che nel frattempo è diventato usurato, superato, una matrice che sembra quel che è, una matrice, appunto. Bene, le canzoni che compongono questo lavoro sono quasi tutte così. Vecchie. Roba già sentita. Già sentita, per altro, non altrove, non si sta ancora una volta cercando chi avrebbe copiato Tiziano Ferro, vezzo anche quello per cui il nostro è piuttosto noto, ma ripescato dal suo stesso repertorio. La mossa, si direbbe fossimo nel varietà. Ecco, Tiziano Ferro fa la mossa, qualcosa che sa piacerà al suo pubblico, perché gli è già piaciuto negli anni passati. Quando si dice andare sul sicuro. Ma non basta, e trattandosi di Tiziano Ferro non può bastare. Le canzoni di *Il mestiere di vivere* sono anche gradevoli, seppur in assenza di un capolavoro come quelli che in passato Tiziano ha sfornato. Chiaro, c'è qualcosa che al capolavoro si avvicina come *Il confronto*, brano che ce lo mostra in compagnia con una inedita Carmen Consoli, ma, anche qui, siamo in piena ballad Tiziano Ferro, roba già sentita mille volte, da lui e non solo da lui.

Ma anche qui, non basta. Perché sentirlo fare il verso a se stesso in chiave R'n'B, a se stesso in chiave marziale, a se stesso in chiave ballad, a se stesso che gioca coi suonini orientaleggianti, a se stesso in chiave mid o up-tempo. Insomma, sentire tutto il repertorio tizianoferriano riproposto come fossimo di fronte a una sorta di Bignami di Tiziano Ferro medesimo lascia perplessi. E lascia ancora più perplessi se consideriamo che l'album di Tiziano Ferro presenta due caratteristiche dell'ultimo periodo del suo produttore, Canova, che a sua volta rende questo lavoro meno originale di quanto ci saremmo aspettati. Le due caratteristiche sono le stesse che abbiamo trovato, per dire, nell'ultimo di Francesco Renga e nell'ultimo di Giorgia: grandissimo utilizzo della voce, con più tracce che si inseguono, i bassi messi più in risalto degli alti, ma basi davvero di merda. Roba davvero dozzinale, quasi mai suonata davvero, cosa che in un non musicista come Canova potrebbe anche non sorprendere. Ma il punto è un altro. Siamo di fronte, qui, a suoni che abbiamo già sentito. Chiaro, se il problema del nostro pop è sempre questo, siamo derivativi, è vero che qui siamo di fronte a una derivatività più recente, della serie: gli altri propongono suoni di quattro anni fa, qui siamo al 2014 o 2015, quindi qualcosa di più recente, ma sempre di derivatività si tratta. Niente di originale. Prendiamo un esempio concreto, così non ci si potrà dire che restiamo sul vago. The Weeknd. Lui si è imposto, negli ultimi anni, come uno di coloro che hanno contribuito a riscrivere la black music. Non abbiamo citato un Frank Ocean o un Kendrick Lamar perché non vogliamo essere impietosi, che già citare The Weeknd, lo sappiamo, è giocare un po' sporco, ma Tiziano Ferro guarda al mondo e con il mondo deve fare i conti. Ecco, prendete *Starboy* di The Weeknd feat Daft Punk e paragonatela all'inizale *Epic* di Ferro. Uno dice, va be', ma qui paragoni Paletta a Messi. No, The Weeknd non è Messi, e Ferro non è Paletta. Se la potrebbero anche giocare. Volessero. Invece no, Ferro va sul sicuro. Anche The Weeknd ci va, ma porta a casa un risultato che, nello stesso campo di gioco, bullizza Ferro, lo umilia, lo fa sembrare un nano, quale in realtà Ferro non è. I suoni scelti dai produttori di The Weeknd nel suo ultimo *Starboy* non sono poi troppo evoluti rispetto a quelli del precedente *Beauty Behind the Madness*, ma quantomeno il lavoro fatto è stato di aggiornamento di qualcosa che già era la contemporaneità. Ferro, invece, per andare sul sicuro, non sposta di una virgola il suo suono. Anche nel momento in cui chiama Tormento al suo fianco, siamo in pieno ambito vintage, déjà-vu al 100%. Niente che stupisca. Mai. Niente che osi. Pappa pronta. Black music, melodie italiane, miscelare, metterci quel tocco cupo di tizianoferrismo. Ci siamo capiti. Per di più pappa pronta ma non la migliore, perché Ferro ha fatto cose molto più ispirate e belle di queste.

Non c'è una nuova *Sere nere*, qui. Non c'è una nuova *Non me lo so spiegare*. Ma non c'è neanche una nuova *Xdono* o *La differenza tra me e te*. Niente capolavori. Roba media. Piacevole, intendiamoci. Non esageratamente piacevole, ma piacevole. Uno dei, ma i testi... No, scusa, ma con questa scusa che Tiziano Ferro fa testi nei quali si riconoscono in tanti non è che possa far passare anche la sbobba. Non è accettabile. Scrivesse un libro di poesie, a questo punto. Queste sono canzoni carucce. Niente di più. Solo che un nuovo album di Tiziano Ferro non può accontentarsi di questo. Di chi è la colpa? Non è dato saperlo. Forse dello stesso Ferro, che evidentemente ha perso un po' ispirazione, al punto di cercare aiuto in collaboratori non sempre (quasi mai) alla sua altezza passata. Forse di Canova, che sta decisamente peccando di arroganza nel momento in cui non riesce a produrre qualcosa che lasci il segno da tempo immemore, riciclatore di se stesso. Nei fatti *Il mestiere di vivere* è una grande delusione. Un album che fosse uscito dieci anni fa, forse, ci sarebbe anche piaciuto. Forse. Ma che oggi passa in cavalleria. Senza lasciare traccia, se non un po' di fastidio. Peccato.

IL PREZIOSO SECONDO TEMPO DI RED CANZIAN

Com'è quella faccenda degli indizi e delle prove?
Due indizi fanno una prova, se non sbaglio.
Bene, nel caso che andiamo a affrontare in questo articolo abbiamo addirittura tre indizi, quindi il discorso dovrebbe filar via liscio.
Prima indizio, la canzone *Ognuno ha il suo racconto* è stata, senza ombra di dubbio, la più orecchiabile della sessantottesima edizione del *Festival della Canzone Italiana*. Quella, in sostanza, che risponde alle tipiche caratteristiche che un tempo erano richieste alle canzoni in gara alla kermesse rivierasca. La ascolti una volta e ti ritrovi a fischiettarla e canticchiarla, doccia o non doccia. Chiaramente, un riff vocale che omaggiava *Mrs Robinson* di Simon & Gartfunkel, un tiro power rock magari un po' troppo anni Novanta, ma decisamente vitale in un festival altrimenti molto ballad-oriented, e una melodia pulita in grado di rendere onore a una voce notevole come quella di Red Canzian hanno fatto il resto.
Sì, è vero, ancora non lo avevamo neanche citato, è di Red Canzian che stiamo parlando, il titolo ve lo aveva già detto. Di Red Canzian e del suo nuovo lavoro di studio, *Testimone del tempo*, vera e propria ripartenza dopo la chiusura dell'avventura dei Pooh.
Secondo indizio, la terza traccia dell'album in questione, la ballad *La notte è un'alba*, il cui testo è stato scritto da un ispirato Ermal Meta, si legga il passaggio "La notte è un'alba con gli occhi chiusi/ Se aspetti un po' li riaprirà" per credere, è impreziosito da un solo al fretless bass di quelli che ti ricon-

ciliano con la musica suonata. Un vezzo, quello del tipico modo di suonare di Jaco Pastorius, cui i fan dei Pooh sono stati abituati negli anni, ma non per questo meno suggestivo oggi, in epoca di musica compressa da ascoltare con le cuffiette nel cellulare. Musica compressa che, in genere, rinuncia proprio al suono del basso, inascoltabile con quei supporti. Un regalo per chi ama i dettagli, ma più semplicemente per chi ritiene che le canzoni siano fatte non solo dalla linea melodica, dall'armonia, dal ritmo, dalla dinamica, ma anche dai suoni.

Terzo indizio, la canzone *Eterni per un attimo* comincia con un arpeggio di sitar. In Italia in pochi maneggiano lo strumento a corde di origine indiana. Pochissimi lo maneggiano a alti livelli. Uno di questi è Aldo Tagliapietra, fondatore e a lungo leader de Le Orme, una delle nostre eccellenze musicali nel mondo. È lui a suonare il sitar in questa canzone che ci racconta dell'epoca in cui Red e lo stesso Aldo muovevano i primi passi nel mondo della musica e della cultura, o meglio, muovevano i primi passi nel mondo. È lui a entrare al canto nella seconda strofa, non a caso citando "Ginsberg, Kerouac e Hemingway", evocati dall'autore del testo Fabio Ilacqua come icone di uno spirito libero e puro che oggi si fatica a ritrovare. Un album del 2018 che non solo presenta un vero sitar, ma che ha come featuring il cantante di una band che quest'anno festeggerebbe i cinquant'anni di vita. Primi a aver pubblicato un album dal vivo, per dire. Tanta roba.

Tre indizi. Più che una prova.

Ma servisse un quarto indizio, eccolo: *Cantico*, il brano finale dell'album, è una suite prog di circa nove minuti, arrangiato da Phil Mer, batterista in svariate formazioni italiane, da Ruggeri agli stessi Pooh, nonché figlio dello stesso Red, orchestrato da Renato Serio, con un testo di Renato Zero e Vincenzo Incenzo. Una sorta di piccola opera pop che ci parla della Terra e dell'uomo, tanto per gradire. Musica d'altri tempi, ma talmente eterna e classica da andar bene, anzi, benissimo, anche oggi.

Quattro indizi sono decisamente tanti, ben più dei due indizi che fanno una prova citati in esergo.

E i quattro indizi ci dicono tutti la stessa identica cosa, che Red Canzian ha tirato fuori un album importante, non solo e non tanto per la sua carriera, quanto per la musica italiana. Perché ha tirato fuori un album che mette traccia dietro traccia un principio che oggi sempre non tanto raro quanto introvabile, la cura per i dettagli, per i suoni, per gli strumenti che devono essere quelli giusti, e quelli veri, fregandosene apertamente delle regole non scritte del nuovo mercato. Quel mercato che tende di sua natura alla sciatteria di chi sa suonare solo il computer, che ricorre ai plug-in, invece che ai turnisti, che cerca soluzioni alla moda, i soliti suoni di moda, anche se spesso di moda un paio di anni fa, che pensa di proporre qualcosa di contemporaneo solo perché così suonano le hit che passano in radio, tutte giocate su tre accordi e sulle quattro linee melodiche che su quei tre accordi girano.

Red Canzian è un uomo del Novecento, su questo non ci sono dubbi, e ha deciso che per presentare al pubblico la sua carriera solista, il suo secondo tempo, non poteva che mettere una dietro l'altro le tredici canzoni che compongono la tracklist di *Testimone del tempo*. Brani di cui Red è compositore, fatta eccezione per *Reviens moi*, uscita dalla penna di Busbee, autore tra le altre di *Try* di Pink, e di *Meravigliami ancora*, di D.J. Ford, con parole prestate da amici di vecchia e nuova data, da Enrico Ruggeri, a Miki Porru, passando per Ivano Fossati, Fabio Ilacqua o Ermal Meta. Rimasta nel cassetto, in attesa di poter vedere la luce oggi.

Prendiamo proprio *Eterni per un attimo*. A sentirla non si può che pensare ai Beatles, questo ci dicono i suoni messi in campo, questo ci dice la melodia aperta.

Ecco, lo dico, se vi siete sballati come chi scrive ascoltando *Amico di ieri* de Le orme, e poi avete avuto un orgasmo cerebrale con *Sowing the seeds of love* dei Tears for Fears, brano in cui Roland Orzabal e Curt Smith celebravano nell'arco di circa cinque minuti tutto l'universo bealtesiano, bene, con *Eterni per un attimo* non potrete che godere profondamente. Perché questa canzone è quanto di più vicino a quel mondo che vi possa venire in mente oggi. Una canzone a suo modo nostalgica, ma con la serenità di chi sa di essere sì invecchiato, ma per il semplice fatto di aver vissuto.

Nessun rimpianto per il tempo che è passato quindi, ma la percezione che quel tempo passato sia ancora tutto qui, sotto i nostri occhi.

Ecco, Red Canzian a sessantasei anni è ancora qui, nonostante un passato musicale anche ingombrante, nonostante, soprattutto, una malattia che qualche anno fa ha rischiato di farlo morire. È ancora qui e ha deciso di mettere ancora una volta la musica al centro. Partendo dagli strumenti, si legga la cura con cui nel booklet specifica a ogni traccia che strumento, rigorosamente vintage, ha usato. Partendo da messaggi semplici ma al tempo stesso universali come quelli raccontati nelle canzoni, da una visione pacificamente vegana e etica dell'approccio al rapporto con la natura a uno sguardo sui sentimenti, amorosi e non, appunto rasserenato.

Due aspetti fondamentali, cura per la musica e semplicità dei messaggi, entrambi da tenere bene a mente.

Cura per la musica. Qualcosa che oggi, in epoca di "casalinghitudine" per scelta, non certo per necessità, sembra una scelta estetica fuori tempo massimo, ma che invece dimostra come l'amore per la musica sia uno dei capisaldi su cui la nuova classicità, anche in ambito pop, non può che fondarsi. Materie prime pregiate, ricette testate nel tempo, cura nella preparazione, quel tocco personale che solo il talento mischiato al mestiere consentono, fossimo in cucina è chiaro che staremmo parlando di alta cucina, normale quindi che si guardi al pop di *Testimone del tempo* come a un pop alto, da maneggiare con cura e amorevolezza.

Semplicità dei messaggi. La cura nella ricerca delle parole attuato dagli amici chiamati a scrivere per lui, e al tempo stesso la semplicità a volte anche solo apparente dei messaggi è qualcosa che oggi, in epoca di haters e di polemiche un tot al chilo, di stranezze messe una dietro l'altra più per vezzo che per stile, sembra aria pura, di quelle da inalare con la mascherina mentre si è in mezzo al traffico, chiusi dentro la nostra macchina Euro 3. Semplicità dei messaggi, infatti, non implica banalità, tutt'altro. Le parole adatte alle liriche sono quelle giuste, perfette per appoggiarsi sulle melodie, capaci di veicolare messaggi e di raccontare le storie che Red ha voluto mettere dentro l'album. Semplicità come quella di un contadino che sa come si maneggia la terra, più facile a dirsi che a farsi, provare per credere.

So che questo sembra l'ennesimo discorso luddista, da vecchio brontolone nostalgico, di quelli che si stava meglio quando si stava peggio. Ma sentite la voce cristallina di Red, poi pensate al primo coglione che passa che usa l'autotune. Sentite l'organo simil-Lowrey alla *Lucy in the sky with diamonds* che accompagna il sitar di Tagliapietra in *Eterni per un attimo*, poi pensate ai "synthi" delle canzoni indie, scusate la citazione dotta. Sentite come Red scandisce ogni singola sillaba, senza sbagliare gli accenti, senza tradire, quindi, l'origine geografica, proprio come si insegnava una volta, quando la discografia era una cosa seria.

Ecco, è come se Red soffrisse di una strana forma della sindrome di Tourette, che invece che fargli dire parolacce e parole a raffica, lo spinge costantemente a sottolineare come la musica possa ancora oggi essere una cosa seria, di qualità pur rimanendo leggera, profonda e al tempo stesso semplice.

Testimone del tempo non è una fotografia dell'oggi, forse. Ma è una proiezione di cosa l'oggi dovrebbe essere. Una visione partorita da un sessantaseienne, certo, ma un ottimo messaggio in bottiglia per le nuove generazioni. Un testimone, appunto, come quello delle staffette. Nella speranza che ci sia qualcuno con abbastanza fiato nei polmoni per prenderlo e proseguire la corsa.

IL VERO PROBLEMA DI SPOTIFY

Cadere dal pero. Un'espressione piuttosto vecchia per indicare chi si trovi a vivere una condizione di estremo spiazzamento, di sorpresa improvvisa, qualcosa, appunto, che ti fa cadere dal pero. Sul perché sia un pero l'albero in oggetto dal quale cadere non ho notizie di prima mano. Sul perché, nel 2018, si utilizzi una immagine così poco vicina al nostro vissuto pure. Sul perché io, iniziando un articolo che parla di streaming e di legalità abbia deciso di utilizzare questa immagine, invece, ho le idee piuttosto chiare, volevo mettervi di fronte a qualcosa di fuori dal tempo. Come il mio pensiero, probabilmente. Perché, lo sapete tutti, è successo che di colpo Spotify è salito agli onori delle cronache. E è successo perché, da un giorno all'altro, Spotify, impegnata nella quotazione in borsa, ha deciso di chiudere tutti i profili crackati, cioè di quanti utilizzavano la versione Premium senza aver pagato i dieci euro di abbonamento mensile. Un po' come ai tempi successe per Sky, intorno alla quale gravitava tutto un mondo di tessere tarocche. Apriti cielo (altra espressione non proprio da terzo millennio). Sui social scatta la rivolta. Tutti a urlare allo scandalo, perché di colpo una cosa illegale è diventata impossibile. Tutti a dire che chiedere di pagare per un servizio del genere è eticamente scorretto, perché la gente non arriva alla fine del mese, figuriamoci se si può permettere un abbonamento per ascoltare musica in streaming. E via ai botta e risposta, da una parte loro, i protestatari, dall'altra quelli che li attacano, perché la musica non è il pane, e se uno non può permettersi un abbonamento Premium che si accontenti di quello gratuito, o ascolti la musica su youtube o dove cazzo gli pare. E tutti a dire che quelli che protestano contro Spotify sono quelli che poi inneggiano alla politica onesta, indicando quindi nei grillini l'oggetto del pubblico ludibrio, un po' come da moda del momento.

Non mancano, ovviamente, i complottisti. E via di "se è gratis la merce siamo noi".

Mancano giusto le scie chimiche.

A me, personalmente, nato nel Novecento, uomo di mezza età, ascoltare la musica in streaming fa letteralmente cagare. Mi chiedono di farlo, per lavoro, e se non riesco a trovare la stessa musica in donwload, al limite anche in download illegale, se magari si tratta di un album non ancora uscito ufficialmente, download che mi fa ugualmente cagare, ma un po' meno, lo faccio, cosciente che sia un ascolto di musica davvero di merda.

Perché lo streaming prevede una compressione della musica innaturale (tutta la musica incisa, del resto, tende all'innaturale). Niente bassi, acuti che distorcono, frequenze tirate verso l'alto, compresse appunto, niente dinamica. Queste le regole base, quelle intorno alle quali si compone la musica destinata allo streaming, oggi, quelle che rendono l'ascolto di musica non pensata per lo streaming uno scempio.

Non ho nulla a favore di Spotify, quindi, né degli altri canali di streaming, ma qui parliamo di Spotify. Non ho nulla a loro favore e di conseguenza non è mio interesse difendere questa azienda. A prescindere dal fatto, che mi sembrerebbe pure rilevante, che gli artisti dallo streaming non ricavano più che quattro becche. Mi repelle l'idea dell'ascolto in streaming, fosse per me Spotify potrebbe serenamente chiudere. Nessuno ne piangerebbe. Ma così non è e lo accetto, esattamente come accetto l'idea di vivere in democrazia o l'esistenza di Fedez.

Abbie Hoffman aveva intitolato un suo libro *Rubate questo libro*, perché sosteneva che la cultura non dovrebbe essere pagata, o quantomeno la controcultura. Come l'arte. Potrei anche essere d'accordo. A riguardo c'è una vera e propria letteraura, si pensi al più recente CopyLeft. Il punto è però che in quel caso si parlava di "rubare" arte o cultura, non musica di merda.

Quindi fanculo Spotify.

E pure chi lo cracka.

Quello che però mi chiedo è: come è possibile che fino a oggi Spotify non abbia fatto niente contro i profili crackati? Nel senso, non ne erano a conoscenza? Perché in caso erano gli unici a non saperlo. Come direbbe Salmo, un cornuto non guarda mai nell'armadio.

Chiunque abbia una frequentazione anche minima con gli adolescenti sa che tutti o quasi utilizzano questi sistemi crackati o illegali per ascoltare musica. Al punto che anche oggi, giuro, ho sentito di un nuovo modo per crackare Spotify. Se invece la cosa era nota e non è stato fatto nulla per intervenire, perché magari non era così importante, visto che in tutti i casi Spotify è abbondantemente in perdita da sempre, la domanda che mi pongo, e che più semplicemente pongo al Tavecchio della discografia italiana, Enzo Mazza, CEO della FIMI, è: perché si è deciso di rivedere le classifiche e, di conseguenza, le certificazioni, mettendo a fianco della vendita del fisico e del download solo i profili Premium dei canli di streaming? E perché si è anche detto che detti profili erano in aumento?

Nel senso, chiedere a chi non paga di contribuire all'andamento delle classifiche e delle certificazioni era proprio quello che con il nuovo regolamento si voleva impedire. Lasciando che il tutto continuasse per due mesi si è permesso qualcosa di bizzarro, se non di truffaldino. Classifiche falsate. Certificazioni farlocche.

Poi, si dirà, la percentuale dei profili crackati è minima, allora perché dare così risalto alla loro chiusura e perché sui social sembra che nessuno abbia mai sganciato un centesimo per ascoltare musica in streaming?

La sensazione, neanche troppo vaga, è che chiedere di pagare qualcosa che si è fatto passare per gratuito sia un'impresa epica, degna di un eroe mitologico.

Far pagare, poi, un servizio così di merda, addirittura qualcosa di fantascientifico, tanto più che si paga non per acquistare un vinile, un cd o un file in download, ma per poterlo ascoltare in qualcosa che sembra un comodato d'uso.

Si ha un bel daffare a dire che la creatività va pagata, quando poi chi usa siti illegali è il primo a non riconoscere non solo il diritto d'autore, ma neanche il peso specifico di un mercato come quello musicale (il discorso, del resto, vale anche per il cinema).

Io continuo a ascoltare musica come si deve, rifiutandomi di prendere in considerazione un falso progresso come quello dello streaming e considerando buona parte della musica di riferimento di questo metodo al pari del metodo stesso: merda.

E continuo a chiedermi perché la discografia permetta a uno come Mazza di presiedere la FIMI.

Ora mi aspetto, inguaribile romantico che non sono altro, che vengano dichiarati quanti sono i titolari di profili Premium reali e quanti sono stati i profili Premium crackati chiusi, così da rivedere le classifiche degli ultimi due mesi e, magari, anche le certificazioni assegnate.

Se il futuro che ci attende è solo questo, lo dichiaro pubblicamente, andrò a comprarmi su Amazon (eh sì, proprio su Amazon) un clavicembalo, e le canzoni me le suonerò dal vivo in casa, come succedeva prima che la musica venisse incisa. Sarà anche quella musica di merda, ma almeno i miei vicini avranno modo di capire che vita di inferno ho dovuto fare io con tutte quelle ore di lezioni di violino che mi sono dovuto sorbire, maledette pareti sottili.

IL VOLO ALL'ARENA, LA FALLA DELLA MATRICE

I tre tenorini de Il Volo, dopo aver vinto il *Festival di Sanremo* hanno sbancato anche l'Arena di Verona. Questa è una notizia. Non fosse che nel mentre, in quel luogo un tempo dedicato alla lirica, sono passati in parecchi, dai Dear Jack a Fioella Mannoia, passando per una finale di *Amici*, Francesco Renga, De Gregori e il Circo Barnum, si potrebbe dire che di coronamento di un cammino intrapreso con dedizione si tratta. In realtà la location ha perso molto del suo smalto, ma pur sempre di un'arena importante si tratta, e il fatto che il tutto fosse ripreso dalle telecamere di Rai 1, che ha prontamente trasmesso il tutto ieri sera col titolo *Il Volo – Un'avventura straordinara*, non può che confermare la cosa.

Il Volo, accompagnati da orchestra di ottantatré elementi, ha messo in piedi uno spettacolo perfetto, in cui le canzoni della nostra tradizione italiana sono state eseguite in maniera impeccabile dai tre ragazzi, al secolo Ignazio Boschetto, Gianluca Ginoble e Piero Barone, in alcuni frangenti accompagnati da ospiti illustri, da Giancarlo Giannini a Lorenzo Fragola, legittimamente accolto tiepidamente dal pubblico dell'Arena, da Francesco Renga, che li ha accompagnati ne *L'immensità* e che ha scritto per loro il nuovo singolo, *L'amore si muove*, precedentemente intitolata *Nel nome del padre*, a Francesco De Gregori. Il tutto condotto da Carlo Conti, che del resto li aveva in qualche modo già presentati al grande pubblico durante l'ultimo *Festival di Sanremo*. Ecco, vedendo uno spettacolo del genere, con un'orchestra decisamente più imponente di quella che si può ormai ammirare in qualsiasi teatro italiano, una presenza del palco sicura, da vecchi professionisti scafati, la voce sempre intonata, tranne qualche sbavatura di troppo di Ignazio Boschetto, il più debole dei tre, potrebbe far pensare a una prova muscolare capace di azzittire le tante, troppe critiche piovute addosso al terzetto di tenori proprio dopo la vittoria di febbraio. Ma, c'è un ma. Avete presente la famosa scena del gatto nero in *Matrix*? La riassuomo per chi non la conoscesse. Matrix è una realtà di facciata che i robot hanno costruito per gli umani, che si convincono di vivere una bella vita, in realtà se ne stanno dentro dei bozzoli a fare da batterie umane per le macchine. Alcuni uomini sono in grado di decodificare questa realtà di facciata. Un modo è accorgersi di falle nel sistema. Neo, il protagonista del film, a un certo punto vede per due volte la stessa immagine, un gatto nero che attraversa una porta, un déjà-vu. Scatta l'allarme, perché un déjà-vu è una falla del sistema, un alert. Ecco, a vedere i tre tenorini cantare sicuri di loro stessi all'Arena, trattando Francesco De Gregori o Giancarlo Gianni da pari, ostentando sicurezza tanto quanto commozione, è come se avessimo avuto modo per un'ora e mezza di vedere le falle della Matrice, il gatto nero che attraversa la porta. Il Volo, i tre ragazzi del Volo, sono brani, ma sono finti. Bravissimi tecnicamente, non sanno trasmettere emozioni, peggio, non sanno che dovrebbero e potrebbero trasmettere emozioni. Parlano di belcanto, e saprebbero anche maneggiarlo, ma sfugge loro che la musica è un perfetto vettore per le emozioni, e privata di quella caretteristica nulla rimane, se non note eseguite meccanicamente, anche alla perfezione. In molti hanno scherzato, durante il *Festival*, sull'occhietto che Gianluca, il belloccio dei tre, fa sempre durante le canzoni, guardando il pubblico in camera. Ecco, è come se ieri avessimo assistito a un'ora e mezzo di occhietti, compiaciuti, ma credibili solo per chi li fa, non certo per chi li riceve. Quanto alla scelta di Francesco De Gregori di prendere parte a questa faccenda, seppur giustificato dal suo essere in zona per i 40 anni di *Rimmel*, andati in scena la sera del 22, che dire? A guardarlo lì, che cantava con loro, impacciato ma lì, chi scrive ha pensato si trattasse di uno dei concorrenti di *Tale e quale*, complice la presenza di Carlo Conti in zona. Ecco, fosse stato Pino Insegno, magari ne avremmo riso e avremmo battuto le mani. Avremmo anche fatto i complimenti ai truccatori, guarda come assomiglia al De Gregori vero. È finzione, è televisione, niente di male. Invece era proprio De Gregori, e stava lì a cantare con tre ragazzi incapaci, un po' come lui recentemente, di veicolare altro che canzoni, sempre uguali. Perfetta incarnazione di quel che i talent stanno facendo alla musica, quindi, trasformare in un karaoke fatto alla perfezione il mondo della nostra canzone, alla faccia del belcanto. Tutto ben cantato, ma privo di anima, di vita.

Un capitolo a parte meriterebbero gli inediti proposti da Il Volo, perché eseguire *O Sole mio*, se in possesso di una bella voce, può anche essere esercizio facile da portare a casa. Ecco, a sentire i brani scritti appositamente per Il Volo sembrerebbe quasi si trattasse di gente che ha perso una scommessa, e che deve per forza tirare fuori roba che mai vorrebbe vedere collegata al proprio nome. Poi, è chiaro, qualcuno leggendo queste parole dirà che intanto loro vendono centinaia di migliaia di copie in giro per il mondo, riempiono l'Arena di Verona e hanno successo. Chi scrive citerà il grande successo dei Big Mac, lasciando intravedere sullo sfondo la differenza tra il junk food e l'alta cucina. Perché non è solo questione di distinguere tra qualità e quantità, tocca proprio prestare attenzione ai déjà-vu, se vedete un'occhiolino di troppo, o due gatti neri identici che attraversano una porta, sapete che siete dentro la Matrice.

IL VOLO PORTA IN SCENA I TRE TENORINI

L'occasione è ghiotta. I Tre Tenorini, leggi alla voce Il Volo, decide di gettare la maschera, e di indossare i panni dei Tre Tenori andando a replicare il famoso concerto tenuto alle Terme di Caracalla. Da una parte, quindi, loro, i tre miti, Luciano Pavarotti, Placido Domingo e Josè Carreras dall'altra i tre bimbiminkia prestati al bel canto direttamente da Antonella Clerici, impacchettati prima da Tony Renis e poi da Michele Torpedine, il Vinnie Finestra della discografia italiana, e poi santificati da Santo Carlo Conti dal palco dell'Ariston di Sanremo, con la vittoria acclamata di *Grande Amore* all'edizione 2015 del *Festival della Canzone Italiana*. Un confronto, quello tra i big della lirica mondiale e i tre cantanti in erba incaricati di rappresentare la canzone italiana per gli italiani all'estero, che, sulla carta, sembrava talmente improbabile da aver spinto i diretti interessati a prenderne a lungo le distanze, con la tipica metodologia italiana. Lanciati come i Tre Tenorini i Tre Tenorini si sono trovati spesso a chiarire di non essere Tre Tenorini, semmai Due Tenorini e un Sopranino, ma più che altro hanno sempre specificato di non avere studi classici seri alle spalle e di non avere, quindi, nulla a che spartire con cotanti esempi. E a sentirglielo dire, magari, qualcuno ci ha anche creduto, dimenticando che erano stati proprio coloro che li avevano confezionai come Il Volo a chiamarli i Tre Tenorini. Poi, capito che il repertorio originale che passava il convento non era all'altezza dei grandi classici, delle arie d'opera, delle vecchie canzoni italiane, quelle che in tutto il mondo conoscono, ecco la retromarci, i Tre Tenorini decidono di omaggiare i Tre Tenori. E come lo fanno, nel modo più diretto possibile, riproponendo un momento epico di Pavarotti-Domingo-Carreras, andando a replicare pedissequamente il concerto delle Terme di Caracalla, stavolta a Firenze. Con tanto di partecipazione di Josè Carreras, ci auguriamo pagato a sufficienza per questa imbarazzante marchetta. Perché una cosa va detta, a scanso di equivoci, magari all'estero questo spettacolo potrà anche fare un bell'effetto, ma a vedere lo spettacolo che ha trasmesso Canale 5, dal titolo *Una notte magica*, viene davvero una malinconia cosmica addosso. Perché quel che i Tre Tenorini hanno dichiarato, mettendo clamorosamente le mani avanti, nel presentare il doppio cd che porta lo stesso titolo dello show televisivo, è proprio vero, la lirica e certi standard classici non sono esattamente la loro cosa. I tre ragazzini ci hanno tenuto a dire che, nell'affrontare il repertorio che fu dei Tre Tenori, hanno potuto rendere solo un quindici, venti per cento, e in effetti così è. Ora, ci viene da chiederci, perché noi dovremmo ascoltare qualcuno che dichiara già in partenza di aver dato molto meno di quel che avrebbe potuto o voluto? Perché dovremmo comprare un cd, o vedere uno spettacolo se già chi l'ha fatto ammette di essere stato scarso? Lo abbiamo comunque fatto, per quella forma di fascinazione per il brutto che ci spinge a guardare certe cicatrici o che causa le file in autostrada quando la gente rallenta per vedere gli incidenti, ma è stato davvero un brutto spettacolo. Perché i Tre Tenorini non sono i Tre Tenori, cantano decisamente peggio, senza essere in grado di trasmettere uno straccio di emozione, e, per contro, senza avere la stessa tecnica vocale delle matrici. Unica cosa che accomuna i titolari del progetto ai tre piccoli cloni, il pubblico, perché è al pubblico di Pavarotti e soci che Il Volo sta guardando con cupidigia, come del resto in passato ha già fatto Bocelli. Quindi via, da *Nessun Dorma* a *Granada*, passando per *My Way* e *Non ti scordar di me*. Presenza di scena importante, da vecchi infilati a forza dentro il corpo di tre ragazzini, e tutto quel che ci si può aspettare da chi ha passato più tempo su un palco che su un campetto da calcio o in cameratta a montare i Lego. Spettacolo perfetto in assenza di emozioni e anche in assenza di bella musica, con buona pace dei loro fan.

Ora, a show televisivo andato in onda, gentilmente offerto, guarda il caso, dalla solita Friends and Partners di Ferdinando Salzano, monopolista coreano della musica in tv, a doppio cd approdato nel mercato discografico, resta la speranza che, almeno all'estero, abbocchino a quella che potremmo definire The Great Lyric Swindle, la Grande Truffa della Lirica. Sì, la speranza è che Il Volo parta per una lunghissima turnée mondiale, così almeno per un po' ce li siamo tolti dalle palle.

I MANESKIN LIVE NEI LOCALI ROCK, DIO AMA LA TECHNO

Sono quello che faccio o faccio quello che sono? Questa potrebbe essere la domanda uscita dall'ultima edizione di *X-Factor* (quella roba che andava in onda su Sky fino a una settimana fa e che ha incoronato vincitore il tizio belloccio e con la barba di cui presto avremo legittimamente dimenticato il nome, azione qui agevolata dal fatto che neanche lo nomino).

O anche: ma davvero esiste un animale chiamato Minchia di mare?

In realtà, volendo essere un po' pragmatici, a guardare quel che sta succedendo in questi giorni prenatalizi, sembra che tutto ruoti sull'idea che sia in effetti la domanda a generare il mercato, e non viceversa. Perché questa è la notizia di queste ore: Måneskin, i quattro coattelli de Roma che non hanno vinto contro il tizio belloccio con la barba di cui sopra, partiranno a febbraio per un tour nei locali italiani e hanno praticamente bruciato buona parte dei biglietti nelle prime ore di prevendita. Un tour con biglietti a venticinque euro, seconda notizia contenuta nella prima notizia. Un tour in locali solitamente a appannaggio delle band che frequentano il circuito indipendente. Viper, Santeria, Hiroshima Mon Amour. Un tour sold out in prevendita, quindi, ma in locali che vanno dai quattrocento ai mille posti, per essere precisi, nel caso qualcuno pensasse a San Siro.

Comunque sold out, per gente che fino a ieri era stocazzo non male, verrebbe da pensare, non fossero loro il male, o la sua esternazione, come vedremo a breve. Torniamo ai fatti. Parte la prevendita. I biglietti vanno via come il pane e subito si è scatenata la solita querelle web. Da una parte le milfone che difendono a spada tratta la band di Damiano David e i suoi tre amici, dall'altra gli appassionati di genere che in un solo colpo hanno visto vanificarsi l'essenza del loro nemico pubblico numero uno per un nemico pubblico ancora peggiore, in sostanza non possono al momento lamentarsi dei locali che cercano solo e soltanto le tribute band perché nel mentre i locali che di solito ospitano le band vere e proprie si sono votate al Grande Nulla.

La domanda genera il mercato, si diceva poco fa. E così si dovrebbe rispondere a chiunque abbia qualcosa da eccepire sul fatto che i Måneskin, forti di un disco d'oro con li loro *Chosen* abbiano la possibilità di uscire a 25 euro in locali in cui in genere si esibivano band tipo gli Afterhours o i Marlene Kuntz (tempo fa, è vero, ma ci siamo capiti). Il problema, però, è la domanda, e chi questa domanda ha portato a porsela, Manuel Agnelli, di qui in avanti Il Traditore. Perché dato per assodato che i Måneskin non siano in grado di fare un tour per tutta una serie di motivi che sembra quasi inutile elencare, dal fatto che, quando non hanno suonato su basi o accompagnato da altri musicisti hanno dimostrato tare incredibili, con una sezione ritmica da ballo delle medie e un chitarrista che anche in suddetto ballo non lo lascerebbero neanche a sorvegliare i cappotti al guardaroba. Non solo, perché hanno sì sfornato un EP, ma sono tutte cover, a parte quella cagatella di inedito, e un concerto dovrebbe durare almeno un'ora e mezzo, specie se lo fai pagare 25 euro. Non solo, perché il tanto decantato disco d'oro per *Chosen*, quello in virtù del quale c'è già chi parla della band come di una realtà fatta e finita, in tempo di streaming non lo si nega a nessuno, provate a fissare la classifica l'ultima settimana di questo cupissimo 2017 e a riguardarla nei primi giorni del 2018 per credere.

Dato per assodato tutto questo, preso per buono che Vivo Concerti non è certo tenuta a fare una valutazione artistica di chi manda in giro per locali, cazzo gli frega se poi chi la musica la fa perché sa farla, perché ha qualcosa da dire, perché ha studiato e si è fatta il mazzo per farla si ritroverà a fare le cover in un qualche pub di provincia, loro battono il ferro finché è caldo, e il ferro dei Måneskin è caldo adesso, con i giornali femminili a parlare di Damiano David manco fosse Mick Jagger e delle loro ridicole esibizioni a *X-Factor* come se fossero musica e non televisione neanche troppo ben fatta.

Insomma, messo da parte tutto questo, resta il fatto che Manuel Agnelli, lo stesso omino con le doppie punte che in passato si batteva, almeno così diceva, per mettere in evidenza il buono che si muoveva nell'underground, quello che si è portato dietro a *Sanremo* il meglio del suddetto underground, sacrificando l'idea commercialmente più forte di sfornare un album adatto al pubblico mainstream del *Festival*, quel Manuel Agnelli lì ha deciso di dar via il culo e donare quel residuo di credibilità che ancora aveva a un gruppo di pischelletti senza talento. Per altro giocando tutte le carte del caso, dal parlare di rock in contesti che col rock nulla hanno a che fare, al citare le parole personalità e carattere a sproposito, perché un conto è la personalità un conto leccare pali in shorts, senza oltretutto evitarci il becero giochino del sessismo, perché se mai a leccare il palo fosse stata Camilla dei Ros avreste tutti gridato allo scandalo (io no, ho scritto *Venere senza pelliccia* mica per caso). Come dire, vogliamo fare davvero i rocker? Vogliamo andare contro le regole, proviamo a giocare sulla sessualità femminile oggi, in piena era Weinstein/Brizzi. A fare gli alternativi giocando sulla fluidità sessuale son buoni tutti, Manuel, tu stesso copiando Frank Zappa vestivi da donna trent'anni fa, non scherziamo.

Ora, seppur fugando il pericolo di passare per i Michele Placido della situazione, lì a dire "Ma che te balli?" a quattro ragazzetti che altra colpa non hanno di aver incontrato sulla loro strada uno che ha votato la propria vita alla musica salvo poi buttarla nel cesso pur di conoscere quel successo di massa (la massa che guarda *X Factor*, che è un po' come dire che hai scalato un monte perché una volta ti sei andato a fare una granita al bar in cima al Monte Conero), e senza paura di passare per rosiconi, perché in tutta onestà nella vita ho sempre tentato di fare quel che sto facendo, e leccare pali non è mai rientrato nelle mie aspirazioni, mi sento di dire una cosetta a tutti quelli che ripetono come un mantra che "la domanda genera il mercato".

Le cose non stanno esattamente così. Perché quella gigantesca, per sforzi, ricerca di mercato a spesa degli abbonati Sky e a vantaggio della Sony che è *X Factor* non insegue una domanda, ma tende a crearla, certo assecondando i gusti di chi quel programma guarda, ma anche eliminando ogni possibilità di concorrenza, occupando militarmente spazi e pertugi dedicati alla musica, con buona pace di chi non accetta di passare per quelle forche caudine. Eliminazione degli spazi che, con il concerto dei Måneskin nei locali solitamente destinati a chi la musica tende a farla fuori dai talent, chiude il cerchio, finendo per mangiarsi completamente tutto il mercato. Il tutto a discapito del bello, ripetiamolo. E ritorniamo anche sulla faccenda che vuole chiunque critichi qualcuno anche vagamente sfiorato dal successo come un rosicone. Ora, intendiamoci, le cose non stanno così. Non possono stare così. Perché indicare il brutto come brutto non è un atto di rosicamento, ma un atto di giustizia. E non è che se si è giovani ma pompati dai media del caso allora si è immuni da essere portatori sani del brutto e di conseguenza in salvo rispetto a feroci critiche. No, se porti avanti il brutto sei coreo di uno scempio e vai stigmatizzato, punto e basta. Sei responsabile, e se lo sei involontariamente o inconsapevolmente, pazienza, avrai modo di capire il male che hai fatto più vanti, speriamo pentendotene, intanto però le critiche devono essere lì, a sottolinearlo. Essere giovani non è un merito, non è una colpa, ma non è neanche una giustificazione. Fare musica demmerda è invece una colpa, giovani o vecchi che si sia. Per dirla con Savonarola, o col Savonarola di Troisi: ricordati che devi morire.

Nel caso dei Maneskin, poi, la musica demmerda che veicolano non è solo la loro, è quella di X Factor, che così giovane e innocente non è. Hai la televisione, hai i social, forse anche più della televisione, crei un pubblico di riferimento e fai assumere a chi a quel pubblico si rivolge le pose che quel pubblico dimostra di gradire, hai anche le radio a tua disposizione, e ora ti prendi anche i locali dove suonare, per altro alzando i prezzi dei biglietti e contando sulla eco mediatica che ancora ti viene concessa, anche da me, porco cazzo. Eh, sì, perché a star qui a criticarli faccio il loro gioco, non ce n'è. Senza neanche averne avuto benefici economici come Manuel (ma anche senza essere stato costretto a vestirmi come un divano, diciamolo con orgoglio). Ha ragione il mantra, la domanda genera il mercato. Solo che, per dirla con Quelo, la domanda è malposta.

INNO ALLA MUSICA DEMMERDA

La nostalgia per quando eravamo giovani, ma giovani davvero. Troppo semplice sbrigarsela così. Ma se avete avuto l'ardire di parlare dell'oggi, che si tratti della musica, come nel mio caso, come della società o della politica, con toni critici, vi sarà capitato chissà quante volte di sentirvi apostrofare con un classico "non è che nel passato le cose andassero tanto meglio". Così, come se si stesse commentando un pezzo luddista di un Cazzullo qualsiasi, o se si fosse di colpo introiettati dentro la testa calva e rossiccia di Gramellini.

Certo, la nostalgia per quando si era giovani c'è, e la moria delle tante icone che quella gioventù hanno punteggiato non fa che acuirla, ma sbolognare la faccenda così è troppo semplice. E comodo.

Partiamo da un accadimento di cui molto si è parlato nei social, la foto che vede ritratti insieme Fabio Rovazzi, il suo autore Danti e Tommaso Paradiso dei TheGiornalisti. La foto, pubblicata su Instagram dal comico milanese è stata ripresa, commentata, è diventata oggetto di dibattito e, in molti casi, presa a spunto per indicare qualcosa di simile all'apocalisse della musica italiana. Non solo e non tanto perché Rovazzi viene legittimamente identificato come il Ground Zero di detta musica, espressione più becera del BubbleGum pop fatto a tavolino per una precisa fascia di mercato (i bambini o gli adulti che non sono stati informati del naturale incedere del tempo), quanto perché inspiegabilmente Paradiso viene considerato l'alfiere della novella musica d'autore, identificata altrettanto inspiegabilmente col nome indie (da non confondersi con le Indie). La foto lascia presagire il già chiacchierato prossimo duetto tra i due, Danti sta lì solo perché ambirebbe a essere fermato per caso da qualcuno che non voglia solo chiedergli "hai una cartina", ma sembra aver detto molto altro agli internauti, che nella più parte dei casi ha gridato allo scandalo.

A questo punto dovrei fare una pausa tattica, e buttare lì una frase che prepari il campo al passaggio successivo, quello in cui calo la mannaia come il boia del Campo della mostra. Qualcosa tipo "premesso che a me Paradiso e Rovazzi stanno simpatici, e che non ho mai guardato al pop con sospetto", frase vera solo in parte, perché mentre Paradiso mi sta in effetti simpatico, non fosse altro perché ha messo come post di accompagnamento alla sua assai più iconica foto con Jerry Calà la semplice didascalia "Tom & Jerry", Rovazzi, cresciuto nel palazzo esattamente di fronte a casa mia, mi sta decisamente antipatico, e a certo pop non ho guardato con sospetto ma con schifo. Dovrei, ma non voglio. E non voglio perché non intendo usare la mannaia. Non credo sia necessario farlo.

Rovazzi è Rovazzi, e in un mondo giusto uno come me che scrive di musica neanche dovrebbe sapere della sua esistenza (nel mio caso sarebbe semplicemente il ragazzo coi baffi che abitava nel palazzo di fronte). Non state a tirare in ballo Pippo Franco che canta *Mi scappa la pipì* o *Che fico* o Salvi col suo *C'è da spostare una macchina*, perché quelle erano le derive canzonettistiche di personaggi che facevano la televisione, qui il futuro regista e attore Rovazzi ha usato, bene, anche se a nostro discapito, la rete e poi un paio di brutte canzoni per diventare abbastanza famoso da ambire a un ruolo da regista, percorrendo esattamente la strada opposta. Rovazzi è Rovazzi, andate a vederlo al cinema, se avete coraggio.

Paradiso, invece, non è Paradiso. O meglio non è il Paradiso che ci siamo immaginati fino a qualche mese fa, anche grazie al suo modo di raccontarsi fin lì. L'iscrizione al registro degli artisti indie, infatti, se con indie si intende quei cantautori o gruppi che ambiscono a portare avanti, seppur modernizzandola, la canzone d'autore un tempo ad appannaggio di nomi troppo importanti per essere spesi in una frase che evochi personaggi come Dente o Colapesce, risulta in effetti assolutamente fuori fuoco, anche guardando solo al passato. Tommaso Paradiso è un bravo autore di canzoni pop. Ultimamente un bravo autore di brutte canzoni pop, ma questa è faccenda che poco c'entra con la foto in questione. A lui, sembra evidente, della musica d'autore in quanto tale, non frega nulla. E fa bene. Non solo Tommaso Paradiso è anche uno che ha ben capito come funzionano questi tempi e come funziona la comunicazione in questi tempi, e ha deciso di usare i social e le sue canzoni per diventare quel che oggi è, il tipo con la barba che si fa i selfie con Jerry Calà e Rovazzi, quello che scrive le colonne sonore per i cinepanettoni e Verdone e quello cui riesce, caso più unico che raro, a sopravvivere artisticamente, mi si lasci usare una parola azzardata, dalla firma con la Universal Publishing come autore. Anzi, il solo, al momento, a esserne uscito artisticamente rafforzato. Perché se da un punto di vista meramente economico firmare con le edizioni Universal oggi come oggi può risultare un affare, son capitati lì mica a caso tutti gli ultimi hitmaker, da Federica Abbate, capitaci in verità per caso con la vittoria del contest Genova per Noi, a Roberto Casalino, da Diego Mancino al re delle hit, Dario Faino, da Alessandro Raina a, appunto, Tommaso Paradiso e Calcutta, tutta gente che ha firmato le canzoni dei fuoriusciti dai talent di più o meno successo, ma che poi è arrivata a collaborare anche con mostri sacri come Luca Carboni o Eros Ramazzotti, tanto per fare un paio di nomi, da un punto di vista artistico arrivare in via Crespi significa per quasi tutti mettere la propria carriera in soffitta, dediti anima e corpo a scrivere canzoni per gli altri, spesso poi costretti a lasciare gli scarti per se stessi, sempre che un se stesso rimanga.

Con questo non si vuole certo accusare Klaus Bonoldi, lui l'uomo dietro queste firme, di mettere il giogo intorno al collo di questi personaggi, ma i fatti parlano chiaro, una volta firmato quel contratto la carriera solista o di gruppo diventa una chimera. Paradiso fa eccezione. E fa eccezione anche perché, a differenza di un Mancino, uno dei cantautori più validi della sua generazione, o di un Calcutta, che qualcosa ha promesso ma non ancora mantenuto, lui è al pop, anzi, al pop di cassetta che ha sempre guardato. Toglietegli questa estetica anni Ottanta dietro la quale si è sempre nascosto, lui sì nostalgico del passato, fatta di citazioni di Verdone o del cumenda Zampetti, toglietegli quei suoni da Venditti minore o Umberto Tozzi fuori tempo massimo, toglietegli anche quel continuare a tirare in ballo il Vasco del periodo *Bollicine* (dopo *Anima fragile* martoriata con Elisa a Verona ci si augura che almeno questa parte del suo immaginario costruito a nostro beneficio voglia rimuoverlo, viva Dio), sotto questa patina plasticosa, ben disegnata, ci mancherebbe altro, ma patina, appunto, restano canzoni leggere, orecchiabili, pronte per le radio e le autoradio. Non dimentichiamolo, perché chi dimentica è colpevole, ma Paradiso è quello di *Partiti adesso* di Giusy Ferreri, di *Mi hai fatto fare tardi* di Nina Zilli, de, Cristo santo, *L'esercito dei selfie* di Takegi e Ketra, cantato da Fragola e Arisa. Poi è anche quello di *Riccione*, non esattamente *La conduzione di un amore* di Fossati o *Up patriots to arms* di Battiato. Pop di cassetta, ben fatto e decisamente brutto. Del resto, ripetiamolo che magari serve, a lui aver firmato quel contratto è servito. Perché è grazie a quel contratto che è arrivato a cantare una canzone non sua con Fabri Fibra, firmata dal suo socio in canzoni Dario Faini (uno che per capirsi poi cerca di ricostruirsi l'imene artistico facendo musica ambient sotto il nome Durdust), *Pamplona*, brano che ha alzato la palla per *Riccione*, dando vita a un incredibile paradosso discografico. Sì, perché per una volta nella vita la Unversal, che ha come core business il catalogo discografico, si è trovata a avere di più come editore di un disco uscito per la Carosello, per loro pubblicano i Thegiornalisti di Paradiso, notoriamente appoggiata più sulle edizioni che sui dischi. Senza la spinta di *Pamplona*, che doveva essere il tormentone dell'estate, non ci sarebbe stata *Riccione*, il tormentone dell'estate. E senza *Riccione* non ci sarebbero stati i cinepanettoni e Rovazzi, probabilmente neanche i selfie con Jerry Calà.

Nessuno scandalo, dunque, nel vedere Rovazzi fare le pose di fianco a Paradiso, e viceversa. Tutto molto normale. Tutto molto interessante.

Di musica demmerda ce n'era parecchia anche quando ero giovane io, negli anni Ottanta, spiace solo che dovendo guardare al passato, qualcuno abbia deciso di tirare fuori dal cassetto dei ricordi solo quella.

JARVIS VS X FACTOR 10

Patto Leonino: "Patto con il quale si stabilisce che uno o più soci sono esclusi da ogni partecipazione agli utili o alle perdite."

Contratto Capestro: "Contratto nettamente sbilanciato, nelle clausole che lo compongono, a favore di una parte e a discapito di un'altra."

Consuetudine: "1.Modo costante di procedere, o di operare; abitudine, costume, usanza, tradizione. 2.Fonte di diritto costituita dalla ripetizione costante di un determinato comportamento da parte della generalità dei soggetti, accompagnato dalla convinzione della sua obbligatorietà giuridica."

Inculata: "1.Atto di sodomia. 2.Figurato: Buggerata, fregatura."

Iniziamo.

Cerchiamo di fare chiarezza.

Una settimana fa abbiamo raccontato la versione dei Jarvis sulla loro esclusione dai Live di *X Factor*, per bocca del loro manager Larsen Premoli. La faccenda non è passata inosservata, la notizia ha fatto il giro della rete e non solo. Il Codacons ha chiesto indagine alla Procura e verifica all'Autorità per le telecomunicazioni dei comportamenti che potrebbero essere a danno dei giovani e degli utenti radiotelevisivi per coloro che pagano l'abbonamento alla pay-tv per assistere al talent di Sky. "Se i fatti così come espressi nell'articolo citato sono veri," dice l'esposto, "al pubblico è stata data una rappresentazione falsata della gara con diritto degli abbonati ad essere risarciti". A questo punto il presidente della Sony Andrea Rosi ha dato una risposta d'ufficio, come anche il CEO di Fremantle Media, che arriva a citare il regolamento messo online dalla Rai per l'edizione 2010. I social se ne sono occupati a lungo, giustamente.

Domani comincia il programma nella sua versione Live Show, magari in questo bailamme non ce ne siamo neanche accorti, ma ci sono ancora un paio di cose da chiarire, o sulle quali chiedere chiarezza.

Partiamo, come sempre, dai fatti.

Domenica 23 ottobre, con un lieve ritardo sui fatti, arriva online, nel sito di *X Factor*, un link dove è possibile scaricare un documento che si intitola *Regolamento di X Factor*. Si tratta, parola più o parola meno, del regolamento dei tempi della RAI. Manca giusto il riferimento ai 300mila euro di budget per la realizzazione dell'album del vincitore (rimane invece la dicitura "gold", che priva di budget lascia abbondantemente il tempo che trova), sarà l'aria di crisi.

Il documento, se date un'occhiata al link di Youtube che trovate qui sotto, è stato redatto giovedì scorso, 20 ottobre 2016, e prevede la firma per accettazione dei concorrenti. Stando a quanto c'è scritto, per poter partecipare a una qualsiasi fase del programma tocca leggere, capire e firmare, infatti. I Jarvis, senza andare lontano, non l'hanno né visto né firmato, invitiamo Fremantle Media a provare il contrario. Del resto, come avrebbero potuto vedere un documento che è stato messo online a programma già cominciato? Chiaro, magari metterlo lì poteva lasciare intendere che già ci fosse, ma mica davvero qualcuno crederà che non sia possibile verificare la presenza o meno di un link in un sito? Oggi come oggi?

Non scherziamo.

Passiamo oltre.

Andrea Rosi, il presidente della Sony, una volta scoppiata la querelle che vedeva i Jarvis contrapposti alla versione del "motivi personali" portata avanti da Alessandro Cattelan durante l'ultima puntata degli *Home Visit*, si è sentito in dovere di rispondere così: "Tutto questo è paradossale. Da sempre, a tutela della professionalità dello show e dei ragazzi che partecipano, ai 12 concorrenti che approdano ai live, non solo al vincitore, viene chiesto di firmare un contratto con noi. Regole precise e note a tutti, e uguali in tutti i Paesi in cui viene trasmesso *X Factor*. In 10 anni non si è mai lamentato nessuno. Se qualcuno non vuole firmare è libero di andarsene e i Jarvis semplicemente non hanno voluto sottoscrivere il contratto".

Ne prendiamo atto.

A questa dichiarazione ha fatto da contraltare quella di Gabriele Immirzi, CEO della Fremantle Media, che dice queste parole qui: "La prova che si è sempre fatto così è che il regolamento di *X Factor 2010*, ancora disponibile sul sito della RAI, prevedeva la stessa identica regola. I ragazzi conoscevano il regolamento e sapevano a cosa andavano incontro. Il motivo per cui vige questa regola è che, al momento della firma del cotnratto, che avviene prima dell'inizio dei Live Show, tutti i dodici finalisti sono potenziali vincitori, quindi devono firmare lo stesso documento".

Buono a sapersi anche questo.

Quindi, ricapitolando, ci viene detto dal presidente di Sony, la major che pubblicherà il lavoro del vincitore (e che ne gestirà quindi la parte discografica, il management, il catalogo editoriale, il booking e probabilmente anche la scelta dei programmi da vedere la sera in tv) e il CEO di Fremantle Media, la casa di produzione di *X Factor* adottano questa tesi: è sempre stato così, c'è un regolamento che lo dice, i Jarvis non hanno firmato, pazienza, arrivederci e grazie.

Sulle pagine social del programma, addirittura, arrivano a fare i propri in bocca al lupo ai ragazzi, con tanto di punto esclamativo a chiudere la frase conciliatoria.

Tutto è bene quel che finisce bene.

Forse.

O meglio, no, non proprio tutto bene.

Per niente.

Tutto male.

Perché succede questo. Abbiamo già detto di come Sky, Fremantle Media, Sky o chi per loro abbia deciso di provare a mettere una pezza a colori alla faccenda, mettendo online il regolamento il giorno 23 ottobre 2016, a programma già cominciato. Già farebbe sorridere. Ma questa non è una faccenda simpatica. E ovviamente non è una faccenda comica. Questa è una tragedia. E a rendere questa una faccenda ci sono prove che dimostrano come quel che viene racconato da Immirzi e Rosi sia quanto meno opinabile (ed è noto, quando un fatto è opinabile farlo passare come la Verità diventa un filo più complicato, se si esce dal recinto ristretto dei Dogmi).

Quali?

Una simpaticissima lettera di diffida con la quale, in data 8 agosto 2016, quindi a squadre per i Live Show già formate e con i Jarvis in quella di Alvaro Soler, ma in assenza di un contratto firmato, Fremantle Media intima ai quattro componenti dei Jarvis di firmare il contratto che verrà loro sottoposto per accedere ai Live Show, pena una richiesta danni da parte della stessa società di produzione. Non esattamente un "ognuno è libero di fare quel che crede", men che meno un sincero "In bocca al lupo, ragazzi". Si parla di "adempiere all'obbligo di sottoscrizione del Contratto da Finalista di cui agli Accordi Fasi Successive entro il termine previsto dall'art. 1454 c.c., conb espressa avvertenza che, in mancanza, Fremantle procederà alla citazione in giudizio dei suommenzionati per il ristori di tutti i danni subiti e subendi, senza ulteriore avviso."

Quando si dice essere conciliatori.

Chi scrive ha avuto il piacere, si fa per dire, di visionare il documento, insieme ai vari contratti firmati strada facendo dai ragazzi.

Roba grossa, direi, alla faccia di "amici come prima".

Del resto, tanto per non farci mancare niente, nel contratto di precasting ai ragazzi, come a tutti gli altri concorrenti, è stato chiesto di indicare se fossero sotto contratto con un manager, indicando che, in caso contrario, fosse diritto della major o di Fremantle prendersi carico di questa mansione (si parla di un contratto di opzione per il management che potrebbe andare avanti per quattro anni, non esattamente uno scherzo). Poi, ci sono ore di registrazioni audio che chi scrive ha potuto ascoltare e riascoltare, registrazioni fatte in Sony, perché è della Sony che si parla, dove il direttore artistico della casa discografica Roberto Rossi ha specificato al manager Larsen Premoli come nel contratto di opzione fosse previsto anche il management.

Ma non basta. Sempre in dette registrazioni viene spiegato come il contratto non verrà lasciato ai ragazzi prima della firma, c'è appunto lì un legale a raccontarlo loro, un legale incaricato da Fremantle Media e Sony. Non è infatti permesso loro neanche di farlo leggere al loro manager, o a un loro legale.

E viene detto come questo contratto preveda l'opzione, esercitabile unilaterlamente solo da Fremantle e Sony, per quattro album, ciascuno della durata di un lasso di tempo tra i dodici e diciotto mesi, tutti con le medesime condizioni della firma. Come dire, se fra quattro album Pinco Pallino che firma oggi, passerà dal suonare nei pub al suonare negli stadi, continuerà a percepire sempre la stessa cifra. Queste caratteristiche mi sono state confermate anche da alcuni ex concorrenti, che hanno messo a mia disposizione i loro contratti, in effetti con caratteristiche simili. Niente di nuovo sotto il sole, niente di buono sotto il sole.

Nei contratti di precasting si fa chiaro riferimento al fatto che nulla è dovuto per la partecipazione ai talent, perché ai partecipanti viene data visibilità, stando ai contratti proposti anche dopo poco o nulla verrà dovuto, forse sempre in vista di una presunta visibilità. Come dire, sei giovane, ti faccio giocare in serie A, ma invece di riempirti di soldi ti regalo visibilità e il fatto di giocare in serie A, non ti lamentare.

Ma di cose, in quelle registrazioni, se ne sentono tante, comprese le pressioni fatte al manager per rescindere il proprio contratto coi ragazzi, nonostante la presenza di un manager sia prevista proprio nei precontratti della fase casting.

Uno a questo punto potrebbe dire, spinto dal buon senso, ma i contratti si possono rinegoziare.

Certo, verissimo. In genere i manager servono anche a questo, a tutelare gli interessi di un artista. Ma cosa succede se un unico referente è al tempo stesso discografico, editore, manager e incaricato del booking? Chi farà gli interessi dell'artista? Andiamo sul pratico, come farà la Sony a rinegoziare con la Sony il contratto di Pinco Pallino?

Mica è un caso che in genere i ruoli siano distinti. Lo si fa proprio per tutelare tutte le parti in causa. Qui non è così.

Ecco, ritorniamo alle due definizioni poste in esergo a questo articolo. Patto leonino. Contratto capestro. Consuetudine. Quell'altra roba lì.

I Jarvis non hanno voluto firmare questi contratti svantaggiosi. Hanno sì firmato contratti precedenti dove si impegnavano poi a firmare quelli successivi, in caso andassero avanti nel programma, su quelli si è fatta leva poi, superati gli Home Visit, ma non conoscendone le caratteristiche nessuno può permettersi di chiedere loro i danni per non aver accettato.

Ma nessuno può neanche permettersi di dire che la faccenda è legata a scelte personali.

Né che è stata chiusa amichevolmente.

Andrea Rosi, presidente di Sony, usa come espediente retorico il concetto "In 10 anni non si è mai lamentato nessuno".

Ecco, diciamo che in virtù della visione di un documento intitolato *Obbligo di riservatezza* in cui Fremantle Media, in data 5 agosto 2016, cioè dopo che Alvaro Soler o chi per lui aveva scelto i Jarvis per entrare ai Live Show, per conto anche di Sony e Sky impone, o prova a imporre ai quattro componenti dei Jarvis e al loro manager un vincolo di riservatezza assoluta riguardo tutto quel che concerne *X Factor*, sottolineando in alcuni passaggi l'obbligo a non parlare con giornalisti, o, per dire, l'utilizzo di qualsiasi social, la faccenda prende una piega differente. Visto che il documento si chiude con questo passo "Nell'ipotesi di inadempimento, anche parziale, di uno qualsiasi degli obblighi di riservatezza e tutela della reputazione di cui agli artt. 1, 2 e 4, il Contraente sarà tenuto a pagare a Femantle, entro 30 giorni dalla contestazione della violazione da parte di Fremantle, una somma pari a Euro 40000 a titolo di penale non esaustiva del maggior danno", dubito che un concorrente si lasci andare a commenti negativi sul programma a cuor leggero. 40000 euro (a testa, quindi 200000 euro in totale, tra i quattro Jarvis e il manager) non sono esattamente bazzecole. Possono far paura, converrete.

Poi si dirà, eh, ma lo sanno tutti che i talent funzionano così. Certo, chi scrive ha letto anche i contratti di *The Voice*, in effetti non troppo diversi da questi, e quelli di *Amici* sono praticamente inaccessibili. Lo sanno tutti, e oggi lo sanno tutti un po' meglio, anche grazie a questa vicenda, e il fatto che una faccenda sia nota non significa che sia ben fatta, che sia eticamente corretta, o anche solo legalmente corretta.

Serve specificare come anche quando si è parlato, per dire, del doping nel calcio, o del calcio scommesse in molti hanno detto: era tutto noto? Chiaro, qui non siamo nell'illegale, ci mancherebbe altro che stiam parlando di musica, ma sicuramente la situazione è assai poco gradevole, e mal si sposa con l'aura di coolness che da sempre circonda *X Factor*. Come hanno sottolineato quelli del Codacons, c'è di mezzo una rete con dei clienti a pagamento, ci sono di mezzo dei giovani concorrenti.

Per la cronaca, al momento i Jarvis non sono in attività. Le pressioni subite, compresa quella della diffida di Fremantle Media, hanno avuto i loro effetti. I ragazzi sono spaventati, e al momento invece di approfittarne per uscire con qualche nuova canzone o fare concerti preferiscono starsene appartati in relax, a ragionare sul futuro prossimo, nel caso qualcuno interpretasse la faccenda come un modo per farsi pubblicità gratuita.

Concludo: vogliamo raccontarlo al pubblico di *X Factor* come sono andate le cose? Niente "motivi personali", dai, giochiamo a carte scoperte.

KOLORS, TALENTI DI CARTONE

The Kolors vincono *Amici*. No, questa non è una notizia. Stash dei The Kolors vince *Amici*, visto che gli altri neanche sono mai stati chiamati per nome. No, non è una notizia neanche questa. Stash dei The Kolors vince *Amici* e di colpo tutti, anche quelli che hanno passato l'ultima porzione della loro vita con l'indice alzato contro i talent, veri e propri colpevoli dell'omicidio della discografia, sono lì a parlare di "vero talento", di salvatori della patria, di gente capace di scalare le classifiche anche estere. Perché una cosa è certa, The Kolors ha scalato già quelle nostrane, il che dimostra che il brand *Amici* funziona eccome, e che le accuse di cui sopra sono tutto fuorché infondate. Ma procediamo con ordine.

Anzi, facciamo un passo indietro, di una quindicina, ventina d'anni. Chi scrive non aveva ancora cominciato a scrivere di musica. Ma si guardava intorno. Nella cultura popolare, di cui la musica è parte importante se non fondamentale, ha cominciato a spopolare la moda dei calendari delle star. No, non i calendari e basta, ma i calendari sexy. In pratica c'erano queste starlette televisive, Paola Barale, Alessia Marcuzzi, Sabrina Ferilli, e poi a seguire un po' tutte, lì, a tette e culo per aria. Niente di nuovo, sia chiaro, perché prima bastava fare un salto dal barbiere o dal meccanico e si potevano ammirare i corrispettivi di avvenenti signorine semplicemente meno famose, ma di colpo erano le conduttrici dei programmi televisivi a mettersi in mostra, molto in mostra. Niente lasciato all'immaginazione, per capirsi. Io ne scrissi, e questa cosa mi procurò il mio primo contratto con un magazine di musica, «Tutto Musica». Scrissi un racconto dal titolo *Il tiracapezzoli*, che parlava di colui che, sul set di questi calendari, era incaricato, appunto, di preparare le attrici per le foto, e il tutto venne apprezzato dalla direttrice della rivista, che mi aprì una carriera. Ma questa digressione, cui siete abituati, immagino, non è per farvi partecipi dei fatti miei, ma per dirvi che dalla prima tetta e chiappa esibita, che una tetta e una chiappa in realtà era, tale e quale a quella di chiunque altra, tutte le star televisive hanno cominciato a fare distinguo: "nude sì, ma solo per foto artistiche". Le foto artistiche, in realtà, erano foto. Punto.

Arriviamo a The Kolors. Una band di ragazzi che hanno fatto la gavetta, ci hanno detto. Gente che ha calcato i palchi di tutta Italia, hanno aggiunto. Gente pronta, hanno sottolineato. Gente che si rifà in maniera pesante agli anni Ottanta, come fosse una novità il revival degli anni Ottanta, hanno esclamato. Gente che si può permettere un look eccentrico, riferendosi al trucco e al ciuffo di Stash, perché degli altri, ripeto, non si ha traccia, hanno sussurrato, facendo l'occhietto. Gente che fa musica in inglese, mica in italiano, e che per questo potrebbe sfondare all'estero. Gente…

No, fermi tutti. Forse è il caso di dire un paio di cose, prima di tacere per sempre. The Kolors sono la quintessenza del mondo dei talent, fatevene una ragione. E se vi fa schifo il mondo dei talent, dire che The Kolors sono però bravi è come per un vegano dire che però, in fondo, gli arrosticini abruzzesi sono squisiti (cosa che per altro sono disposto a sottoscrivere in ogni momento). Spiego perché. Maria De Filippi e i suoi partner, che non citerò onde evitare di farmi ulteriori nemici, non è una che dorme in piedi, lo avrete notato. Di più, è una capace di cambiare l'impostazione di un programma in corsa, se si accorge che qualcosa non funziona. Avete visto *Amici*, lo sapete. Ha iniziato proponendo una versione musicale di *Uomini e Donne*, con la querelle amore/odio tra Emma e Briga (uno che oltre *Uomini e Donne* non può andare anche volendo), salvo poi cambiare e spostare l'attenzione su Loredana Bertè, vero pilastro di questa quattordicesima edizione. Maria sa il fatto suo, quindi, non c'è certo bisogno che lo dica io. Quindi quest'anno, a *Amici* ormai col cerino corto, come la storia di Debora Iurato (una che ha quasi fatto impallidire l'ectoplasma di Gerardo Pulli) ha dimostrato, ha deciso di alzare il tiro, puntando su un nome più adatto all'uopo. Quindi una band vera, che poi ha immolato sull'altare della competizione, che mettesse in risalto tutti i dettagli che, fuori, nel mondo vero, chi si occupa di musica in effetti cerca. Quindi talento, sì, carisma, e anche una sonorità vagamente più internazionale. Solo che *Amici* è un programma televisivo, non una fucina di talenti, quindi per mettere in scena tutto ciò hanno dovuto tirare fuori dal cilindro qualcuno che somigliasse a questo personaggio, una controfigura, perché chi ha davvero un sound intarnazionale, carisma e talento col cavolo che sta lì a gareggiare contro Briga, a vedere Emma e Elisa che fanno a gara cuocendo uova al tegamino e indicando i muscoli con la vernice sotto gli occhi di un basito Luciano Onder e altre amenità del genere. The Kolors hanno talento? Un po' sì, lo concediamo, ma niente di eccezionale. Hanno chance fuori dall'Italia, solo se li spingeranno a dovere, e non certo per meriti. Ma li vedete The Kolors, per dire, fare una comparsata in una serata in cui suonano i Maroon 5, tanto per citare una band che scimmiottano malamente? Avete sentito le stecche che Stash prende senza l'ausilio delle macchine, quelle macchine che, ripeto, venivano usate, meglio, negli anni Ottanta? Roba da mettersi le mani sul ciuffo e poi scappare per la vergogna.

Ora, non prendete queste parole per sfoggio di crudeltà. Solo che dire che Stash e i suoi soci hanno talento, quindi sono diversi dagli altri che partecipano ai talent è come prendere le distanze da qualcosa che non ci piace per giustificare il fatto che in realtà ci piace. Era nudo, ma artistico, come no. Inutile, per citare una petizione che gira online in questi giorni, chiedere di dare spazio agli indipendenti, quando si fa il tifo per una band che in un mondo giusto non durerebbe due giorni che ha però dietro gente come Maria De Filippi e la corazzata di RTL 102.5, radio che in questo caso svolge anche funzione di casa discografica.

Pensate che i talent siano la morte del talento? Bene, allora non parlatene proprio. Io ho fatto un'eccezione. Ma su The Kolors non tornerò più. Se voglio sentire un cantante che fa ottimo pop internazionale, funky, con riferimenti chiari agli anni Ottanta mi sento Adam Levine, altro che Stash.

LA CADUTA DI X FACTOR

Succede.

Non ci puoi fare niente.

O meglio, potresti lavorarci un po' su, perché nella vita non è che le cose capitano per caso e uno le deve prendere a scatola chiusa. Puoi, anzi, devi reagire, prendere la situazione in pugno, provare a piegare gli eventi. Ma in fondo succede. Per quanto ci provi succede. Sei lì che fai tutte le cose giuste. Le azzecchi tutte. Ci metti un po', magari, fatichi a prendere le misure ma alla fine ce la fai, sei perfetto, gli altri ti guardano e non possono che convenire sul fatto che finalmente hai quadrato il cerchio. E proprio in quel momento pensi di poter fare tutto, ti senti onnipotente, diventi superbo, volendo anche un po' arrogante, e fai un capitombolo davanti a tutti che manda allegramente a puttane quanto costruito fino a quel momento.

Prendete *X Factor*. Dopo una partenza col botto, con Giusi Ferreri, versione Rai 2, il programma sembrava non ingranare. Cioè, la gente se lo vedeva pure, ma dei vincitori non c'era traccia (Aram Quartet? Matteo Beccucci? Nathalie?) e anche degli altri concorrenti non è che fossero piene le classifiche. Un po' meglio coi giudici, ma anche lì, chi emergeva era per qualità proprie, non certo per il programma. Mara Maionchi è un gigante, ma lo era già come discografica. Morgan. Dai, siamo seri, Morgan è sempre stato Morgan, anche quando era nei Golden Age. Comunque, edizione dopo edizione *X Factor*, inteso come produzione, autori, insomma, come programma, ha preso le misure. Il passaggio a Sky è poi stato vitale. Perché Cattelan si è dimostrato molto bravo. Perché le puntate più brevi hanno giovato. Perché a Sky sanno fare il loro lavoro. Chiaro, di musica non se n'è mai vista, ma questo è un dettaglio, quando si parla di un programma musicale. Fortunatamente c'è stato Mengoni, uscito quando ancora erano in Rai, che in qualche modo ha sollevato il marchio, dimostrando che qualcosa di buono da lì c'è uscito. Poi si potrebbe spiegare che Mengoni è diventato Mengoni proprio quando si è scrollato di dosso l'ombra di *X Factor*, ma queste sono sottigliezze. Tutto sembrava filare liscio. E quelli di *X Factor*, una macchina ormai lanciata su un'autostrada deserta, si sono distratti. Hanno fatto gli arroganti, non hanno guardato la strada, e si sono andati a schiantare contro il Jersey che divide le corsie. Un vero botto.

La storia un po' la sapete. Magari vi mancano i dettagli. Ve li raccontiamo noi. Siam qui per questo, no?

Durante le audizioni è saltato fuori il casino dei montaggi. C'è stato questo ragazzo, Danilo D'Ambrosio, che ha accusato il programma di averlo volutamente messo in ridicolo, facendo passare la sua audizione per un insuccesso, mentre tutto era filato più che bene. Dimostrare che nel montaggio avevano falsato la realtà è stato per lui semplice, perché Arisa aveva due abiti diversi, uno all'inizio e uno alla fine della sua esibizione. Il video in cui

169

D'Ambrosio lancia il suo j'accuse ha fatto milioni di visualizzazioni, mettendo un po' nei guai *X Factor*, che ha risposto peggio di quanto non avessero fatto i montatori. Invece di dire, "Scusa, ci è venuto male il montaggio" si sono lasciati andare a una sorta di supercazzola, col risultato che si sono beccati migliaia di insulti nei social. Funziona così, oggi, fidatevi di chi ci passa quotidianamente. Uno dice, ok, ho avuto una brutta esperienza ma ne ho fatto bagaglio e cerco di migliorare. Di non sbagliare più. Invece *X Factor* è riuscito a fare anche peggio. Ma molto peggio. Questa la storia, raccontata dalla viva voce di uno degli involontari protagonisti. Alle audizioni, se avete seguito il programma ben lo ricorderete, si è messa in evidenza una band di ragazzini milanesi sul brit-pop. Si chiamano i Jarvis, e hanno eseguito una versione di Mrs Robinson di Simon e Gartfunkel, versione Lemonheads. Durante le audizioni si è sentito Alvaro Soler parlare per primo, tra i giudici, e dire che gli piaceva solo il bassista, gli altri dire che erano "verdi", intendendo acerbi, ma che piacevano e passavano il turno. In rete, se cercate bene, trovate la versione reale di quella audizione, coi commenti di tutti i giudici e quello di Alvaro che arriva alla fine, ripreso con uno smartphone dalla platea, lì tutti sono concordi nel riconoscere il talento dei ragazzi. Poi li si è visti ai Bootcamp, finire tra i sei destinati alla successiva tappa, quella degli Home Visit. A guidare le band proprio Alvaro Soler, che però è apparso più volte in balia di un non ben precisato demone interiore. Il fatto che tutti i giudici avessero le capsule che fungono da cuffie potrebbe spiegare più che qualcosa a riguardo.

Un passo indietro, il loro manager, Larsen Premoli, mi racconta che la loro partecipazione a *X Factor* non è stata una loro idea. Un redattore del programma li ha avvicinati al Rock'n'Roll di Milano, storico locale dove si tengono live in zona Stazione Centrale, fingendo di trovarsi lì per caso e invitandoli a presentarsi alle audizioni. Il ragionamento espresso dall'autore, dice il manager, è stato semplice. Gli ultimi artisti che hanno funzionato tra quelli usciti dai talent sono state band maschili, dai Dear Jack di Alessio Bernabei ai The Kolors. *X Factor* non ha mai fatto nulla di rilevante, a riguardo, questo sarebbe potuto essere l'anno giusto. I ragazzi partecipano. Firmano un faldone di contratto con la produzione che li impegna, successivamente, a firmarne uno per i Bootcamp, e poi uno per gli Home Visit. Nel caso di ingresso nei Live il contratto con la Fremantle, casa di produzione cui Sky ha affidato il programma, prevede l'impegno a firmare un nuovo contratto, pena l'esclusione dal programma.

E qui succede il fattaccio. I ragazzi volano a Barcellona, da Alvaro Soler (che per altro sembra sia nel programma a carico di Sony Spagna, cioè solo ed esclusivamente per promuovere se stesso). Qui passano il turno, in compagnia di Daiana Lou e Les Enfants. Baci, abbracci, complimenti, ci si vede a Milano. Peccato che i nodi vengono al pettine. I ragazzi, ci racconta il manager, vengono convocati in Sony per firmare un megacontratto onnicomprensivo, che riguarda ovviamente tutta la parte televisiva, con tanto di schede mediche approfondite, ma anche con una opzione discografica importante. Cinque album più uno, con 12/18 mesi ciascuno. Come dire, potrebbe arrivare a durare quasi dieci anni. La parte televisiva era prevista, la seconda no, essendo in effetti la firma di un contratto con Sony in realtà il premio per la vittoria finale di *X Factor*. Vincolarsi per così tanto tempo, per altro unilateralmente, visto che la Sony può serenamente decidere di non esercitare l'opzione entro quarantacinque giorni, è una sorta di suicidio, per chi ha venti anni e magari non è così convinto che la faccenda abbia preso la piega giusta. Inizia un braccio di ferro. Braccio di ferro si fa per dire. Perché i ragazzi, come tutti gli altri concorrenti, vengono sostanzialmente separati, e forzati a firmare. Del resto, la firma del primo contratto era stato ancora più singolare, come già si era evinto dalle testimonianze di concorrenti alle edizioni precedenti. A fronte di un papiro di qualche centinaio di pagine i concorrenti si ritrovano a dover apporre firme sul momento, senza poter leggere, ma alla presenza di un legale fornito dalla produzione (c'è, è vero, un'elezione di un legale di fiducia, ma viene scelto in una rosa di tre nomi, offerti tutti dalla produzione, come dire: scegli questo mio legale, quest'altro mio legale e l'ultimo legale, sempre mio?). Nessuna lettura. Nessuna possibilità di confrontarsi con un parente, un amico, un manager, appunto. Il contratto prevede una scrittura artistica con Fremantle, un contratto di opzione discografica per cinque album più uno con Sony (eventuali Ep o lavori con meno di nove tracce fuori dal contratto), contratto di edizioni musicali con Sony Publishing, contratto di management con Sony, e contratto di Booking delegato a Sony, in attesa di successivi accordi. Il tutto ovviamente forti del fatto che i concorrenti, anche quelli che verranno eliminati, sono sotto vincolo di riservatezza, a differenza, per dire del manager, presente in tutte queste fasi e nostra guida in questa vicenda. Si rinuncia a ogni vincolo manageriale precedente, e ci si lega per qualcosa che potrebbe risultare lungo per un ragazzo molto giovane, cinque anni. I Jarvis, che sono passati, che prima erano stati invitati a partecipare, che sanno di essere una priorità del programma, perché questa cosa è stata più volte ripetuta loro, non accettano. Volano parole grosse. Partono lettere di diffida. Minacce di richieste danni ingentissimi, perché adesso arriva il problema: a Barcellona Alvaro Soler ha scelto loro, mica i Soul System, che verranno ripescati al posto loro.

Una bella tegola. Che per di più viene anticipata online per un ennesimo errore della produzione. Qualcuno carica la pagina di *X Factor* nuovo su Wikipedia. Coi concorrenti che andranno ai live. Ci sono errori, in tutte le squadre, ma il nome dei Jarvis non c'è. Peccato che il manager, abilitato a modificare pagine dell'enciclopedia online più famosa della rete, intervenga e sottolinei come i Jarvis fossero stati scelti e poi si siano ritirati proprio per non voler firmare un contratto non previsto e capestro. La cosa non sfugge ai più attenti. Si va di screenshot. Si va per social.

A questo punto ci si chiede, come la racconteranno nella puntata dedicata agli Home Visit? Cosa faranno, diranno tutto per come è andato, certo, ma come?

Va in onda la puntata incriminata, e già subito dopo l'esibizione dei Jarvis si capisce che piega sta prendendo la faccenda. Alvaro ne parla in maniera tiepida, quasi negativa. Arrivano i sostituti, i Soul System, gruppo di veronesi di origini africane, e invece è tutto un sorriso del cantane spagnolo. No, non ditemi che volete cambiare tutto in montaggio, senza raccontare la faccenda come è andata...

Non vorrete trasfomare un Talent Fiction?

In rete già gira la versione reale dei fatti.

Colpo di scena, Alvaro prende e elimina i Soul System. Colpo di scena, i Jarvis sono dentro. Tutto come è andato in realtà.

A fine puntata arriva Cattelan che dice che questi sarebbero stati i gruppi in finale, ma i Jarvis, "per motivi personali" hanno deciso di non accedere ai live.

Oops.

Per motivi personali.

Bene. Ora sapete i motivi personali. I Jarvis non hanno voluto firmare un contratto non previsto con la Sony. Hanno ricevuto lettere di diffida che facevano riferimento a un impegno preso con un contratto a firmare, sostanzialmente in bianco, un futuro contratto, di cui non conoscevano il contenuto, una volta che fossero stati presi ai live. Hanno richiesto di poter leggere il contratto in anticipo, ma non ne hanno avuto modo. Hanno semplicemente chiesto del tempo, e la possibilità di fare le cose secondo criterio. Così non è stato. Per questo sono stati sostituiti.

Nessun motivo personale. Non ci sono motivi personali nel non voler firmare un contratto al buio. Non ci sono motivi personali nel non voler firmare un contratto discografico vincolante per cinque anni, questo mi sottolinea il loro manager, Larsen Premoli.

Torniamo all'inizio di questo articolo.

Peccare di superbia, essere arroganti non paga. Perché i tipi di *X Factor* sono stati disattenti, sicuri di poter fare come volevano. Hanno cambiato le regole in corsa, e sono stati smascherati. La rete, si suppone, farà il resto. Nella risposta data a Danilo D'Ambrosio la conclusione parlava di come per *X Factor* la regolarità e rispetto dei contratti fosse principio primario. Ecco, la sensazione è che le cose non stiano esattamente così.

Ora partirà la gara, per altro in clamorosa assenza di quei talenti che così tanto erano stati sbandierati durante le audizioni. Per dire, Manuel Agnelli, a squadre già chiuse, ha rilasciato a «Vanity Fair» un'intervista in cui dichiarava: sto cercando il nuovo Lou Reed. Pensa forse che uno dei suoi tre concorrenti possa essere il nuovo Lou Reed? Se così è, temo, o lui o noi non abbiamo capito qualcosa.

Sia come sia, quella che sembrava una macchina lanciata in autostrada, bella, fiammante, coi sedili nuovi con ancora su il cellophane si è schiantata contro il Jersey che divide le corsie. Invece che il programma dei talenti ci sembrava il programma dei Giudici, ma si è dimostrato il programma degli autori. Distratti. Peccato. Ce ne faremo una ragione.

LA COMMOZIONE DI CHI ASCOLTA LA RADIO
NONOSTANTE LA RADIO

Fosse ancora vivo Herbert Pagani, uomo di parole e musica, ma anche di radio, sarebbe da chiedergli di riadattare il testo della famosissima *Teorema* di Marco Ferradini, frutto della sua penna, a quel che sta succedendo da un po' di tempo nel mondo della radiofonia italiana. Non passa divulgazione dei dati radiofonici, infatti, quelle del famigerato TER, Tavolo Editori Radiofonici, che non ci capiti di leggere sempre tutto e il contrario di tutto, nelle dichiarazioni degli attori di questa messa in scena, i patron delle varie emittenti nazionali oggetto di queste indagini.

Da una parte c'è chi, righello in mano, forse addirittura metro in mano, si vanta della lunghezza del proprio parco ascoltatori.

Dall'altra c'è chi mette in discussione che una cosa eterea come il mondo delle radio sia realmente rilevabile, seppur dovendo poi convenire che sono questi dati, nei fatti, quelli sui quali si mette in piedi una raccolta pubblicitaria.

O almeno così si faceva fino a qualche tempo fa, appunto, cioè finché a flirtare con le radio non è arrivata Madama Televisione, lasciando scendere nel campo di gioco la possibilità, mica da poco, di vendere pacchetti che contemplino non solo e non tanto le emittenti radio ma anche quelle televisive. Compri uno e prendi due. Nello specifico, visto che si tratta di Mediaset, inutile girare intorno ai nomi, le radio capitanate da Paola Salvaderi sono Radio 105, Virgin Radio, Radio Subasio e R 101, cui vanno aggiunte le reti generaliste Mediaset e tutte le altre presenti sul Digitale Terrestre e su Premium (Mediaset non è presente su Sky, è noto, per i dissidi con la rete di Murdoch relativi ai diritti tv del calcio). Tanta roba. Tanta roba che fa gridare a Salvaderi and Co una vittoria che, guardando i dati, sfugge in realtà a tutti gli altri. Perché da una parte è sì vero che sommando gli ascolti delle quattro radio si arrivano a numeri importanti, così come è vero che, come sottolinea lo stesso Salvaderi, le radio del gruppo hanno riportato ottime performance nel giorno medio e anche nei sette giorni della settimana, ma nei fatti a vincere nella classifica degli ascolti è ancora una volta Rtl 102,5. Per di più andando a aumentare significativamente il numero di chi si identifica con la Very Normal People della radio capitanata da Lorenzo Suraci. Sono infatti 8.326.000 gli ascoltatori di Rtl 102,5, con un distacco rispetto la seconda degna del

Real Madrid dei tempi d'oro. RDS, che sembra patire il non essere presente anche in tv, è infatti seconda con 5.697.000. A seguire c'è Radio Italia con 5.191.000, anch'essa presente pure con la tv, e solo quarta Radio Deejay, con 5.171.000. Quinta, e qui entriamo nel paradosso che ci ha fatto sospirare per la prematura dipartita di Herbert Pagani posta in esergo di questo articolo, Radio 105, con 4.963.000.

Cioè il gruppo che ha come punta di diamante Radio 105 vanta un primato che, stando alla classifica finale, vede il proprio fiore all'occhiello solo quinta, distaccata, per altro, da oltre 3 milioni e 300.000 ascoltatori e con una crescita percentuale di circa 4,9 contrapposta a un 19,7% di Rtl 102,5.

Del resto siamo sotto campagna elettorale, l'idea di sentire, fra una trentina di giorni, poco più, tutti dichiararsi vincitori, non dovrebbe affatto stupirci.

Così succede che i dati del secondo semestre 2017 del TER, il Tavolo Editori Radiofonici, si trovano a confermare quanto già specificato, suppergiù nella stessa misura, dai tanto bistrattati dati del primo semestre 2017. Ricorderete, usciti appena due mesi fa, con notevolissimi ritardi, i dati erano stati in qualche modo disconosciuti da una parte di coloro che a quel tavolo si siedono, i signori di casa Mediaset, nello specifico, proprio per i numeri all'apparenza giganteschi relativi a Rtl 102,5, che passava da quasi sette milioni oltre otto. La metodologia messa in atto era stata considerata inadeguata, e si è deciso, non senza qualche spargimento di sangue, con riunioni di cui, tra addetti ai lavori si favoleggia ancor più di quanto non accada rispetto ai gossip da camera da letto, di trovare una soluzione.

Soluzione che conferma esattamente gli stessi numeri. Della serie, rifate i conti che sono sbagliati. Ah, no, non erano sbagliati. Riecco gli stessi numeri.

Numeri che, per chi voglia lasciarsi andare a dubbi e a facili teorie complottiste, sembrano in effetti eccessivi. Numeri che, però, vengono riconosciuti come credibili tra le parti in causa, seppur con qualche mugugno da parte di chi si trova a perdere pubblico o, semplicemente, a non guadagnarne, e tanto basta. Nei fatti, lo dico da titolare di una rubrica proprio a Rtl 102,5, la musica trasmessa nella quasi totalità dei principali network radiofonici, a partire proprio da quella di Lorenzo Suraci, è di una tale bruttezza che il pensiero che ci siano così tanti milioni di persone disposte a seguirle quasi commuove. Solo l'amore per la radio, all'apparenza un mezzo di comunicazione superato dalla rete, incapace di agilità che uno Spotify può invece permettersi, si veda il ritardo con cui tutte le radio, appunto, intercettano i nuovi fenomeni di massa, solo l'amore per la radio, si diceva, può giustificare il farsi andar giù brani come *Fortuna che ci sei* di Biagio Antonacci o *Cinema* di Gianna Nannini, non c'è altra spiegazione.

Tornando invece ai dati, quello che appare più pragmaticamente inquietante, in questo quadro altrimenti più che ottimistico per chi fa radio, con un po' tutti i network e i marchi in ascesa, seppur non omogenea, è il crollo verticale delle emittenti di casa RAI. Rispettivamente al sesto, ottavo, quindicesimo e sedicesimo posto nella classifica, con Rai 1, Rai 2, Rai 3 e Isoradio, fatta eccezione per quest'ultima, che ottiene addirittua un 27% in più rispetto all'anno precedente, le altre tre emittenti perdono tutte, come colpite da una emorragia interna.

Radio Rai 2, quella che forse più di ogni altra ha patito, l'impostazione data in passato da Carlo Conti, in veste di Direttore Artistico, perde addirittura il 9,3%, un vero bagno di sangue. Controbilancia la mestizia di sapere che le radio di parole, quindi di contenuto, cadano a pezzi, mentre le radio di canzoni, di brutte canzoni, vanno avanti, è il dato più che positivo di Radio 24, che con un 8,5% in più di ascoltatori arriva a 2.205.000.

Sia come sia, in radiofonia, come in amore, non esistono leggi. Questo il quadro che abbiamo davanti. Una sorta di mix tra il finale di *Teorema*, appunto, e lo spot che Corrado Guzzanti aveva ideato per la Casa delle Libertà, quando lo vedevamo pisciare sul divano di casa sua facendo proprio lo slogan "Nella Casa delle Libertà facciamo un po' come cazzo ci pare".

Tutti vincono.

Gli altri hanno tutti perso.

L'erba del proprio giardino è, almeno qui, più verde di quella del vicino.

A rimetterci solo noi, che poi quelle radio le dobbiamo ascoltare.

LA FIGA LA PORTA JANELLE MONAE

La ricerca è finita.

No, non è vero.

La ricerca non sarà mai finita.

E la ricerca oltreoceano non è neanche mai realmente iniziata, perché non ha senso cercare qualcosa che è lì, in evidenza, sotto gli occhi di tutti. Sai che grande caccia al tesoro, se il tesoro è appoggiato sul tavolo della sala, invece che nascosto in qualche posto introvabile e misterioso.

Però ogni tanto, e oggi è il caso, fa piacere poter dire che abbiamo quel che stavamo cercando, perché per quanto l'artista in questione non sia nuova a questo tipo di situazioni degne di nota, è pur vero che noi, qui in Italia, situazioni del genere non possiamo che vederle di importazione. Al limite, ma proprio se siamo dotati di ottimismo o di fantasia, immaginare come potrebbe suonare, è una metafora, qualcosa del genere messa in bocca a una artista italiana, mostrata da una artista italiana.

Pura fantascienza.

Il fatto è che è uscito *Pynk*, terzo singolo di lancio dell'album *Dirty Computer* di Janelle Monáe, e finalmente la ricerca, simbolica, è finita.

Finalmente sappiamo che la figa la porta Janelle. E non è una metafora.

La canzone in questione, sempre di ottima fattura, come tutta la non troppo generosamente offerta produzione dell'artista afroamericana, parla proprio di questo, della figa. Lo fa in maniera esplicita, perché l'ambiguità non è necessaria laddove a supporto di un testo esplicito si trovi una musica di qualità e una artista capace di reggere il peso della propria provocazione, e il video, se possibile, anche di più.

Rosa.

Questo il punto di partenza di Janelle Monáe. Parlare di un mondo rosa come la figa. E di un mondo rosa dove è bello muoversi, piacevole ritrovarsi, un paradiso, ci dice. Oggetto del gossip per una sua liaison, non solo sentimentale, certo, ma anche sentimentale oltre che artistica con Prince, Janelle ha già affrontato serenamente la propria bisessualità nella precedente hit *Make Me Feel*, seconda traccia incaricata di lanciare il nuovo lavoro, *Dirty Computer*. Nuovo lavoro, terzo album di studio, che arriva a distanza di cinque anni dal precedente *The Electric Lady*, e a otto dall'esordio *The ArchAndroid*. Era proprio in quell'occasione, cinque anni fa, che Prince e la nostra collaborarono, nel brano *Givin' em what they love*. Nel mentre anche il suo esordio al cinema, nel 2016, con due film che assai ottimamente si sono mossi, anche in casa Oscar, *Moonlight* e *Il diritto di contare*.

Insomma, una artista piuttosto talentuosa e complessa, Janelle Monáe. Un nome che chiunque ami la musica black, ma più in generale la musica, non può che tenere in conto, come dovrebbe fare con nomi quali Kendrick Lamar e Frank Ocean, per citare due colleghi americani.

Pinky è una canzone sulla figa, quindi. Una sorta di *Map of Tasmania* di Amanda Palmer in chiave black/r'n'b. Ma forse etichettare un brano come questo, come del resto tutta la produzione della Monáe, è operazione sterile, perché a tutto andrebbe anteposto un "alt", un po' come succede con altre artiste, quasi sempre donne in effetti, internazionali. Penso a FKA Twigs, alla stessa Amanda Palmer, a quella Grimes che in *Pynk* fa un featuring. Un "Alt" che sta per "alternative", ma che potrebbe serenamente stare per "altro". Perché Janelle Monáe è altro rispetto a un po' tutto. È sicuramente una artista, su questo non corrono dubbi, ma non è pop, almeno stando ai canoni statuinetensi, pur essendolo profondamente nei risultati. Non è R'n'B, anche qui stando ai canoni fissi del genere, la voce troppo variabile, a volte flautata, a volte giocata sui bassi, Prince santo subito, a volte rappata. Sensuale, certo, ma in maniera meno sboccata e espilcita di una Nicki Minaj o della più recente bomba della classifica Cardi B, e anche meno strana di un Brooke Candy.

La figa che Janelle Monáe racconta, invece, è proprio lei, la figa, appunto. Nel video lo si capisce anche meglio, per noi italiani, di quanto non succeda solo ascoltandola (visto mai che qualcuno pensi che si parli, appunto, di rosa inteso solo come colore). I pantaloni indossati da Janelle e dalle altre ballerine non lasciano dubbi, intendono dar vita proprio a un figa, le grandi labbra lì, belle esplicite. Così come il costumino che Janelle indossa, anche questo categoricamente rosa, seppur con una sorta di peluria fucsia a fare da contorno.

Tutto molto chiaro. Come è chiaro il riferimento alla hit di Amanda Palmer *The Map of Tasmania* nel momento in cui la nostra indossa attillatissimi pants con su scritte eplicite e da cui fuoriescono peli in eccesso (la campagna contro la depilazione, invero, è propria della cantautrice di Boston, non della Monáe). Un video, questo, che in certi passi richiama alla memoria i tipici video hip-hop, quelli di artisti maschi/macho, con culi in bella vista e tutto il resto del repertorio.

Tove Lo, artista svedese che ha fatto di una figa stilizzata, infilata a forza nel proprio nome al posto di una delle O del suo nome, il proprio logo, ne sarebbe davvero orgogliosa. Anche se lei, a differenza di Janelle Monáe è sulle tette che sta puntando tutto, diversificazione dell'immaginario.

Ecco, Janelle Monáe sta lì, in un macrogruppo di artiste che stanno a loro modo ridefinendo il concetto di musica leggera americana, dando alla parola leggera una accezione alta, altissima. C'è lei, Halsey, Tove Lo, Nicki Minaj, Iggy Azalea, la tessa Grimes, FKA Twigs, volendo anche Jessie J. Insomma, nomi pesanti che giocano coi cliché, o meglio, prendono i cliché e li decostruiscono, per poi farne nuove fondamenta. Stesso lavoro fatto sull'immaginario, si veda il video di *Pynk* per credere. Un video, una canzone, sulla figa, lo ripeto. Meno disturbante di una canzone di Peaches, certo, ma non per questo meno chiara e esplicita.

Noi che abbiamo lanciato la campagna sanremese del #LaFigaLaPortoIo, atta a reclamare più spazio alle donne in un constesto mainstream come quello del *Festival della Canzone Italiana*, quest'anno quasi totalmente al maschile, non possiamo che gioire. Anche per il suo essere volutamente fuori dai generi sessuali, per questioni di orientamento. Nascondersi dietro finti snobismi da "sono contrario alle quote rosa", in questo contesto è fuoriluogo, perché chi scrive è un uomo, e perché chi scrive è un uomo che da sempre cerca di dare spazio e parte della sua credibilità e visibilità a chi di visibilità ne ha oggettivamente assai poca, visto che il mondo della musica è un mondo di uomini.

Quindi largo a Janelle Monáe, *Dirty Computer* si candida visti i primi tre singoli a essere una vera e propria bomba, altro fondamentale tassello nella ridefinizione dei canoni pop. E soprattutto ora e sempre, viva la figa.

LA LOBBY DEI CUORICINI

Primo capitolo

A metà degli anni Novanta c'è stata un'epifania. Dentro le nostre televisioni è arrivata una nuova serie tv destinata a cambiare la grammatica del settore, *E.R., medici in prima linea*. Una roba potentissima, ritmata, con più trame che si intrecciavano nella puntata e nelle puntate, tutta una serie di trovate cinematografiche spostate per la prima volta in una serie tv. E con una scrittura di qualità indubbiamente superiore, che avrebbe poi spinto l'asticella verso l'alto, regalandoci tante altre serie tv degne di nota, al punto che per un po' si parlerà di questo come della nuova letteratura.

Bene, in quell'epifania c'era un'altra epifania. Uno dei personaggi, Kerry Weaver, ci è arrivato dritto in faccia come un pungo. Un personaggio, almeno nelle prime serie, davvero sgradevole, cattivo, cinico, disumano. Con due caratteristiche piuttosto evidenti: era zoppa e costretta a muoversi con le stampelle, e era lesbica. Boom. Mai, a mia memoria, una serie tv aveva mostrato un villain, un personaggio cattivo, che presentasse delle caratteristiche che lo facessero rientrare in una qualche categoria così detta debole. Mi spiego. Da quando, viva Dio, non erano più gli afroamericani o gli italiani a interpretare necessariamente i cattivi nei serial polizieschi, per una qualche filosofia politicamente corretta, le case di produzione avevano portato avanti una modalità per cui chiunque potesse in qualche modo essere rappresentante di una categoria vessata, per questioni razziali, religiose, sessuali, di orientamento sessuale, era tenuto a debita distanza dai ruoli già di per sé stigmatizzati. Sei un cattivo? Bene, non posso farti cattivo e nero, se no la gente dirà che sono razzista. Sei cattivo? Non posso farti cattivo e gay, perché se no la gente dirà che sono razzista. E via discorrendo.

Kerry Weaver mandava tutto questo all'aria. Per un principio sanissimo, in natura esistono i cattivi, esistono i portatori di handicap, esistono gay e lesbiche, esistono le persone sgradevoli, e a volte tutte queste caratteristiche abitano nella stessa persona. Un vero shock. Anche perché negli stessi anni, suppergiù, da noi si era fortunatamente usciti dal pantano della macchietta frufrù di Lino Banfi che faceva i gay come se fossero personaggi da circo, ma eravamo scivolati in quello ancora più stucchevole del gay necessariamente bravo, simpatico, sensibile e buono. Si pensi al personaggio gay interpretato da Franco Castellano in *Commesse* per averne un'idea. Chiunque di noi, immagino, avrà conosciuto persone con tutte queste caratteristiche, ma a me, per dire, è capitato più spesso di conoscerne con anche difetti.

Ecco, diciamo che Kerry Weaver è un pochino meno razzista, come personaggio, del gay di *Commesse* (personaggio talmente labile da non aver lasciato un nome nella memoria collettiva). Esistono, ovviamente, gay insensibili. Esistono gay che usano la propria omosessualità come una divisa. Esistono gay stronzi. E ci mancherebbe pure altro.

Secondo capitolo

Il mondo del giornalismo musicale è una sorta di microcosmo. Piuttosto agghiacciante. Perché se un tempo c'erano firme rilevanti, non necessariamente illuminate ma rilevanti, gente che con una recensione poteva decidere la fortuna o la sfortuna di un album, stante l'autorevolezza della firma, col tempo quei nomi sono stati sostituiti da altri decisamente meno rilevanti, seppur altrettanto visibili. A fronte di firme importanti, per essere più chiari, sono arrivati in massa personaggi che hanno fatto del presenzialismo la propria cifra, andando quindi a sostituire con la forma la sostanza. Niente più critica o informazione, ma veline. Niente più voci autorevoli, ma megafoni per comunicati stampa. Il tutto condito da ospitate varie, vezzi diventati marchi di fabbrica, dai maglioncini pastello ai calzini con Topolino. Su tutto selfie di pass, avvicendamento ai buffet, stazionamenti a bordo piscina. Una sorta di coro in cui tutto quel che viene cantato è sempre a una sola voce, quella del padrone. Del resto, e non poteva che essere così, tutte quelle firme ambivano a finire dentro il sistema, più o meno comodamente, e nel sistema sono finite, chi con un programma radio, chi con un sito legato alla televisione da gestire, chi con un ruolo in un qualche talent, sempre e comunque in posizione prona, in ginocchio o a quattro zampe.

Di fronte a questo paesaggio non apocalittico, ma circense, la speranza era tutta rivolta alla rete, luogo libero per antonomasia e dove stavano cominciando a emergere nuove firme. Vuoi vedere che arriva finalmente qualche nuova voce solista, ci siamo detti in molti.

Qui però la situazione ha preso pieghe davvero paradossali, trasformando una situazione circense in una farsa. Perché salvo rari, rarissimi casi, e penso a nomi come Mattia Marzi, sicuramente destinato a diventare un punto di riferimento per la critica musicale del futuro, quello che fino a ieri è stato una sorta di marchettificio malfatto e talmente palese da diventare paradossale si è trasformato in chiacchiericcio pieno di cuoricini e dichiarazioni di idolatria nei confronti dei cantanti, quindi ancora un marchettificio solo più puccioso. E qui torniamo al primo capitolo di questa storia triste. Sì, perché la nuova generazione di giornalisti musicali è animata prevalentemente da un gruppetto di blogger che hanno fatto del proprio orientamento sessuale, aspetto che in genere non frega e non dovrebbe fregare a chi scrive né a chi legge, una cifra che permetta marchette ancora più smaccate, perché apparentemente inattaccabili. Cioè, se i cinquantenni frequentatori di buffet e di bordi piscina si sono trovati a dover interpretare il ruolo di portavoce ufficiali di quel che di brutto passava il mercato, usando toni enfatici per gli Antonino di turno, personaggi (la parola artisti, converrete, la usiamo per chi merita) che in un mondo normale starebbero in fila all'ufficio di collocamento, i nuovi blogger hanno compiuto la quadratura del cerchio, ammantando di "amore incondizionato" quella che un tempo veniva chiamata critica musicale. Così leggiamo tweet e post su Facebook (di articoli, viva Dio, ne leggiamo pochi dalle loro penne) in cui i nostri dichiarano amore, idolatria, passione sfrenata più per i personaggi che per la loro musica. Esce un singolo di Mengoni, eccoli lì tutti a dichiararsi innamorati del cantante di Ronciglione, giocando appunto su uno sbandierato orientamento sessuale per far passare per grande chi e cosa grande non è. Idem con Tiziano Ferro, e con tanti altri nomi che, per motivi che sfuggono a chi non fa del proprio orientamento sessuale una bussola con la quale orientarsi nel mondo musicale, dovrebbe rientrare in una certa estetica gay. Nel senso, non è ipotizzabile seriamente che una Ivana Spagna, e faccio volutamente un nome tra i tanti del passato ormai passati nell'archeologia, venga considerata una pietra miliare della nostra musica pop. Non lo è stata musicalmente, non credo lo sia stata neanche a livello di immaginario. Non è ipotizzabile che lo stesso accada oggi a gente come Benji e Fede, o Emma Marrone.

Ma il discorso trascende i singoli nomi. Non è ipotizzabile che un giornalista musicale si dichiari innamorato di un cantante (o di una cantante che viene assurta al ruolo di icona).

Non è ipotizzabile che si tirino in ballo gli ormoni parlando di cantanti, non lo si può fare, non lo si deve fare.

Perez Hilton, che si suppone sia il punto di riferimento di questa genia di blogger, è Perez Hilton, e per altro ha fatto più danni della pellagra nel secolo scorso.

Sarebbe come se un critico eterosessuale (per altro, ha senso davvero ostentare il proprio orientamento sessuale? Mah), recensisse le cantanti solo in base al loro charme, alla loro bellezza fisica, parlasse di ormoni invece che di suoni, giudicasse gli album per la figaggine di chi li canta. Immaginatevelo, le accuse di sessismo pioverebbero a secchiate.

Non bastasse questo paradosso, che ha reso ancora meno credibile una categoria cui i frequentatori di buffet e di bordi piscina avevano già inferto colpi mortali, sta in qualche modo provando a far passare per buona una estetica davvero deprecabile. Il riconoscersi nei testi di Tiziano Ferro, santo Iddio, non può essere usato come mezzuccio per incensare canzoni banali e ripetitive, né dovrebbe esserlo per giudicarlo. Chi se ne frega se anche tu hai passato quel che ha passato lui, cazzo, non sei un adolescente che cerca di trovare il proprio posto nel mondo, sei un critico musicale, un giornalista musicale.

Non è della vita del critico che si parla, ma delle canzoni, quando si fa critica musicale.

Ora, immagino, qualcuno dirà che questo ragionamento è sessista, razzista e omofobo. Ma vi sfido a provare questa tesi analizzando riga per riga quel che ho scritto. Smettetela di mettere i cuoricini su Tweet in cui ci dite quanto questo o quel cantante vi smuova gli ormoni e iniziate a occuparvi di musica, giovani blogger.

Nel mentre mi metto comodo coi popcorn, perché l'attesa sarà lunga e sfiancante.

Capitolo finale

Dice, ok, hai fatto una carrellata di come, negli ultimi anni, la critica e il giornalismo musicale sia diventato in buona parte un concentrato di marchettari, chi per un verso chi per l'altro, tutti lì a battere le mani, ma tu? Tu che ruolo hai? È mai possibile che critichi quasi tutto quello che esce in

Italia? Nel senso, è vero, i frequentatori di buffet e di bordi piscina parlano sempre bene di tutti, come i giovani blogger gay, ma tu fai esattamente il contrario. Sembra quasi una presa di posizione.

Bene.

Chiariamo questo punto.

Vi sarà prima o poi capitato di andare a mangiare nel ristorante sbagliato, dove la qualità del cibo è tutta scadente, i piatti cattivi, il servizio pessimo. Quando ne siete usciti che avete fatto? Suppongo ne avrete parlato male con amici e parenti. Avrete sconsigliato di andare a mangiare lì. A nessuno di voi sarà venuto in mente di dire, che so?, la pasta era scotta e il ragù fatto con la carne in scatola di pessima qualità però in fondo non sono morto intossicato, perché se vai al ristorante pretendi almeno cibo di una certa qualità. Pretendi professionalità. Nessuno, suppongo, vi avrà risposto: ma queste non sono critiche costruttive. Oppure, ma è mai possibile che non ti piace niente. Perché se ti mettono merda nel piatto tu dici che c'è merda nel piatto. Senza essere costruttivo se non nello spingere gli altri a stare alla larga da quel ristorante e nello spingere il ristoratore a smetterla di mettere merda nel piatto. Nessuno avrà anche detto, eh, ma il ristoratore mi svuove gli ormoni, lo amo, cucina esattamente come il/la mio/a ex, condendo il tutto con cuoricini e micetti.

Tutto questo per dire che se scrivo male di buona parte della musica prodotta in Italia è perché buona parte della musica prodotta in Italia è fatta male. E se non sono costruttivo, termine che mi genera imbarazzo anche solo a pensarlo, è perché io sono un critico musicale, non un missionario o un consulente musicale.

LA MORTE DEI DIRETTORI ARTISTICI

La notizia di qualche tempo fa che la HBO non produrrà la seconda stagione di *Vinyl* è stata una vera mazzata per tutti gli appassionati di musica, specie di musica rock, non è una novità.

Il fatto è che, oltre a essere scritta e girata da Dio, *Vinyl* ha rappresentato, almeno per le poche puntate della prima stagione, una finestra su un mondo che tutti, ma proprio tutti tutti gli appassionati di musica hanno vagheggiato, su cui hanno letto libri, hanno sentito fumosi dj parlare di notte alla radio, quando c'erano fumosi dj che raccontavano storie alla radio, hanno spulciato articoli. Insomma, *Vinyl* è stato, per il poco che è durato, la discesa in terra della figura divina del discografico che vive la propria vita nel pieno spirito del rock'n'roll, che scova talenti e li fa diventare rockstar, che brucia velocemente, lasciando però segni indelebili nella cultura dei nostri tempi.

Quante volte vi sarà capitato di sognare quel che deve essere successo in determinate stanze quando, ah, i bei tempi, i miti del rock, ma anche del pop, si trovavano a incrociare le proprie strade. Pensare alla prima volta che si è ascoltato il provino di un brano poi diventato un classico. Ideare una determinata campagna pubblicitaria, studiare un determinato look, pensare a connessioni e contaminazioni prima neanche immaginabili. Insomma, è la magia del music business, e *Vinyl*, che di quel mondo raccontava una specifica e ristretta finestra temporale, ce l'ha fatto vivere per qualche ora.

Tutto vivido. Tutto bellissimo, nel suo essere torbido e anfetaminico. Tutto vero. Tutto finito.

Sì, finito per sempre. Almeno da noi. Perché da noi è arrivato *Andiamo a comandare* di Fabio Rovazzi.

Fermi tutti, questo non è un capitolo che stigmatizza il successo di Fabio Rovazzi e del suo *Andiamo a comandare*. Qui si parla di *Vinyl*, di discografia e di morte della discografia. *Andiamo a comandare* di Fabio Rovazzi è semplicemente un evento, un evento che in qualche modo segna il passaggio da un'epoca a un'altra epoca. Per dire, la Scoperta dell'America, 12 ottobre 1492, segna per gli storici il passaggio dalla Storia Medievale alla Storia Moderna, Storia Moderna che poi finirà con la Rivoluzione Francese, nel 1789, dando vita alla Storia Contemporanea.

Ecco, il successo di *Andiamo a comandare* di Fabio Rovazzi sancisce la fine della discografia per come ce la ricordavamo, o meglio, per come amavamo credere che ancora fosse, e la nascita di una nuova forma di discografia, ancora non decodificata con un nome specifico (difficile immaginarlo, confesso).

Succede questo. Per circa mezzo secolo, anche di più, la discografia si è mossa grazie a figure simili, almeno ipoteticamente, a quella di Richie Finestra, il protagonista di *Vinyl*. Chiaro, figure spesso e volentieri molto meno drogate di Richie Finestra, ma altrettanto arse dalla sacra passione per la musica, dalla necessità quasi fisica di scoprire un talento, una hit, un sound. Pensate a tante case discografiche, più o meno grandi, con tanti Richie Finestra, e avrete quella che è stata l'evoluzione della musica leggera dalla metà degli anni Cinquanta fino a pochi anni fa. Si lavorava su due piani contemporaneamente, da una parte si cercavano le hit, canzoni capaci di scalare le classifiche e fare cassa, dall'altro si provava a sperimentare, inerpicandosi per sentieri ancora non battuti da altri alla ricerca di nuovi suoni, di nuove soluzioni, si cercavano nuovi artisti che aprissero strade che poi sarebbero state battute da altri. Questo lavoro poteva anche prevedere anni, ma il mercato era sufficientemente vivo da permettere anche dei passi falsi. Nei fatti da una parte c'erano i bestseller, dall'altra si puntava alla sperimentazione. Chi poi aveva già conquistato una fetta di mercato, rimaneva in casa, magari erodendo in parte il proprio pubblico di riferimento, ma contribuendo a fare repertorio, quello che in editoria viene chiamato il catalogo (anche in discografia, ma mi piaceva fare quello colto).

A tenere le fila di tutto ciò erano delle figure, i Richie Finestra di cui sopra, che vengono tuttora chiamati A&R. Una sigla mitologica, questa, che sta, traduciamolo, per Aristi & Repertorio. Una cosa che, per chi non è addentro all'ambiente, è un mix di talent scout, dirigente discografico, uomo d'affari e, al tempo stesso, direttore artistico. Chi, come me, lavora in questo settore, ne conosce diversi. Ecco, diciamo molti simpatici ragazzi, una o poco più ragazze, ma nessun Richie Finestra, nel bene e nel male.

Gli A&R hanno per compito proprio quelle attività lì, scovare nuovi talenti, gestire il repertorio, e provare anche a trovare nuove strade musicali, aprire percorsi che possano essere fatti anche da altri. Tutto molto bello, sulla carta. Spettacolare, quasi.

Ma c'è un problema. Un problema serio. Un problema serissimo. Gli A&R, negli ultimi anni, si sono ammalati tutti. Hanno preso una malattia tipo quella che l'anno scorso aveva colpito gli ulivi, impedendo quasi totalmente la produzione di olio in Italia. Di colpo in bianco te la becchi e zac, sei finito. Peggio di quella degli ulivi. Una roba irreparabile. Tipo in quei film catastrofisti, che arriva un virus che ammazza l'umanità, fino alla fine stai lì a fare il tifo per i protagonisti, che sembrano salvarsi, ma nell'ultimo fotogramma capisci che no, moriranno anche loro.

Ecco, gli A&R hanno preso questo virus. Hanno iniziato a guardare a quel che succedeva nel mondo con sempre meno lucidità. Ma non per gli eccessi raccontati da *Vinyl*, Richie Finestra lì che si strafà in ogni fotogramma, proprio per assenza di acume, per incapacità di decifrare la contemporaneità. Quando è arrivata la rete loro stavano lì che guardavano ad altro. Quando ormai l'MP3 stava diventando obsoleto hanno iniziato a pensare ai download, ma nel mentre c'era lo streaming, e loro l'hanno capito a Deezer, Spotify e tutto il resto già sul mercato. Ma del resto non è di questi aspetti che si occupano gli A&R, questo è più compito di chi le aziende dove gli A&R lavorano le dirigono, loro si devono occupare di artisti e di musica. Bene, anche su questo fronte la loro lucidità è pari a quella dimostrata da Arisa nel corso delle prime puntate live di *X Factor*. Non riuscendo a azzeccare un artista da tempo immemore (l'ultimo grande nome, Tiziano Ferro, se lo sono cuccati due grandi vecchi come Mara Maionchi e Alberto Salerno, certo non gente di primissimo pelo), faticando anche molto a gestire i nomi già presenti in casa, si pensi alle immani cagate tirate fuori da artisti come Eros Ramazzotti, Laura Pausini, Elisa e affini negli ultimi tempi, ecco che gli A&R hanno iniziato a sentirsi la terra venire meno sotto i piedi. Nel mentre è successo che le televisioni, per intuito di gente come Simon Cowell e, da noi, Maria De Filippi, abbiano intuito della grande potenzialità di fare dei loro programmi, i cosiddetti talent, una sorta di indagine di mercato a spese dei telespettatori, con tanto di fanbase bella e pronta prima ancora di avere un vero prodotto da proporre loro (e solo in base a un personaggio testato dai programmi medesimi), così ecco che gli A&R, cuor di leone, hanno iniziato a mettersi a quattro zampe al cospetto di chi quei talent gestisce. Perché dover faticare a cercare talenti quando c'è chi li cerca per te? Peccato che Simon Cowell e

Maria De Filippi facciano televisione, quindi non sia esattamente la musica il loro core business, per dirla con le parole di chi si occupa di queste faccende. Risultato, la qualità delle uscite discografiche è andata via via abbassandosi, arrivando ben sotto il livello del mare. Anche perché, sempre loro, gli A&R, mentre dicevano troppi sì a artisti affermati che proponevano robaccia, nel mentre cominciavano a proporre a loro volta la stessa robaccia a altri artisti, più o meno affermati, dando vita a un circolo vizioso e poco virtuoso.

Abbassa che ti abbassa, però, succede che il mercato entra in agonia, boccheggia, si avvia verso una dolce fine. Succede quando punti tutto su una Michielin, o quando pensi che Emma sia una artista. Succede, ancora di più, quando emmizzi Elisa, quando la Mannoia usa gli stessi autori di Giusy Ferreri, succede quando Eros guarda ai Club Dogo più che a Cassano.

E proprio quando tutti stanno ormai cominciando a mettere le loro cose negli scatoloni, pronti a sbaraccare e cercarsi un nuovo lavoro, ecco il miracolo. Miracolo che, però, miracolo in realtà non è. Il virus potrebbe avere una cura miracolosa, e la cura si chiama *Andiamo a comandare* di Fabio Rovazzi.

Immaginatevi la scena. Gente disperata, pronta a prenotare un appuntamento dal parrucchiere per riportare i capelli a una tinta decente, costretta a immaginarsi non più apocalittici ma finalmente integrati, che di colpo si trova una canzone pagata zero euro in vetta alle classifiche. Un brano apparentemente partito dal basso, lo abbiamo già raccontato, ma sicuramente non partito dall'intuizione di loro A&R, ma dal genio di Fedez e J-Ax (artisti dello scouting e del marketing, non certo musicali). Un brano che è vissuto e ha proliferato praticamente unicamente in rete, prima di viralizzare e diventare, come tutti i virus, pervasivo e invasivo. Di colpo loro, gli A&R, hanno guardato a questa cosa, che era già successa, prima come a una salvezza momentanea, e poi come a una via di scampo futura.

Così ecco la genialata. Contrordine compagni, da oggi solo progetti alla Rovazzi, one shot poco costosi, ma molto remunerativi. Se funzionano, bene, se non funzionano, le perdite sono contenute.

Tutto è bene quel che finisce bene.

Cioè.

Quasi.

Anzi, no.

Tutto bene un cazzo.

Perché succede che il nome A&R perda prima quella A, legata all'artista. Rovazzi non è un artista. Nessun artista lavorerebbe a progetti one shot. Un tempo c'erano persone, nelle case discografiche, che si occupavano solo di progetti one shot, non a caso. Un artista deve avere un progetto di ampio respiro. Per poter poi planare a quella R, al Repertorio.

Faccio un esempio, prendiamo una qualsiasi major. Come campa? Buona parte proprio col repertorio. Esempio? La Nike vuole fare uno spot. Gli serve una canzone dei Beatles, faccio un nome a caso, chiama l'editore, che è parte di una major, gli chiede la canzone e in cambio dei diritti sgancia qualche milione di euro. Oppure succede per un film. Per la sigla di una serie tv. Repertorio, appunto.

Se non ci sono più artisti non ci sarà più repertorio. Pensate che la Nike del 2030 andrà dalla casa discografica di Rovazzi a sganciargli qualche milione per i diritti di *Andiamo a comandare* per uno spot? Dai, facciamo i seri.

Mandiamoli in pensione i direttori artistici, cantava Battiato nel 1980, ma è andata a finire molto peggio di così.

Niente artisti.

Niente repertorio.

La discografia è morta.

Ha abdicato prima all'intuito di qualcun altro, che si trattasse del ragazzino di Napster, a Steve Jobs o a chi ha inventato Spotify, nel mentre ha calato le braghe con Simone Cowell e soci, e poi ha definitivamente allargato le terga di fronte a chi, in fondo, non fa musica.

Niente A&R, quindi.

Niente A.

Niente R.

Resta solo la &.

Andate in pace.

LA MUSICA È FINITA, GLI AMICI SE NE VANNO

Mi hanno invitato a tenere una lezione in diretta tv ai ragazzi di *Amici*.

Non andrò a tenere una lezione in diretta tv ai ragazzi di *Amici*.

Perché sono contrario all'idea di talent. La trovo deleteria. E perché sono anche contrario all'idea di andare a bullizzare chi, per sua scelta, per pigrizia, perché magari, ingenuamente, ci crede davvero, ha optato per entrare in un meccanismo che, i numeri lo dicono, non porterà niente di buono.

Il fatto è che i talent mi sembravano il male assoluto già quando erano apparentemente vincenti, cioè quando dai talent uscivano prodotti, di questo si tratta, capaci di incidere sul pubblico che gli stessi talent aveva predisposto durante le varie puntate trasmesse in tv, mettendo in atto una sorta di gigantesca indagine di mercato a cielo aperto. Indagine che trovava il suo coronamento con la messa in vendita non tanto delle canzoni, spesso fatte in fretta e furia, senza star troppo a badare ai dettagli, robetta che risponde al nome di scrittura, composizione, arrangiamento, produzione, interpretazione. Un nome, perché i talent tendono ad annullare la personalità di chi vi prende parte, vuoi togliendo il cognome, vuoi omologando l'estetica a suon di felpe di due colori o di look e coreografie che rispondono più all'ego dei direttori artistici che a quella dei ragazzi che si affacciano sul mercato, non certo un repertorio. E proprio riguardo al repertorio, in effetti, il lavoro di appiattimento è stato ancora più scientifico, pari, forse, solo a quello che le televisioni commerciali hanno fatto sul gusto e sull'alfabetizzazione degli italiani in circa quarant'anni di esistenza, un pezzetto di cultura scalfito al giorno, fino a ritrovarci a camminare a cavallo sulla spiaggia per incontrare la testa della statua della libertà che spunta dalla sabbia. Chiaro che parlare di talent così, senza citare di che talent stiamo parlando potrebbe suonare pretestuoso, e anche eccessivamente vago, ma è chiaro che essendo noi italiani, e parlando in questo articolo di talent non si può che far riferimento a *Amici*, già citato in esergo, e a *X Factor*, cioè i soli due talent con una lunga storia alle spalle, una storia lunga e continuativa, e i soli due talent che, a dispetto dei numeri, sono ammantati da un'aura di successo, sia di auditel, nel caso di *Amici*, che di reputazione, nel caso di *X Factor*.

Ecco, entrambi questi format hanno nel tempo affidato a un manipolo di persone la responsabilità di sviluppare il repertorio dei concorrenti.

Senza andare troppo indietro nel tempo, ma volendo è esercizio semplice da mettere in pratica, lo potete serenamente fare da casa, basti guardare alle ultime edizioni per capire come ci siano stati degli equilibri non dissimili nei due format televisivi, con un gruppo ristretto di autori che hanno lavorato sugli inediti di buona parte non solo dei concorrenti usciti nelle ultime edizioni, ma anche di coloro che grazie ai talent campano, usufruendo del medesimo trattamento, per loro fortuna e loro sfortuna, visto che poi fuori da quel mondo non hanno praticamente vita, da Emma a Levante, tanto per fare due nomi su tutti, ma anche Alessandra Amoroso, Francesca Michielin o Marco Mengoni, che al mondo dei talent non sono più direttamente legati ma che, in virtù del loro esserci passati e anche del loro averli vinti, continuano a essere spinti anche al di fuori dei reali meriti, a dimostrare che i talent sono in grado di produrre successi, veri o presunti.

Ci sono dunque questi autori, sempre quelli, quasi tutti sotto contratto con la Universal Publishing, e ci sono questi artisti, quelli di *X Factor* per contratto, quelli di *Amici* spesso per scelta, che firmano con la Sony, il cui Chief degli A&R, cioè dei direttori artistici, è Pico Cibelli, ex A&R proprio della Universal. E poi c'è anche il direttore artistico di *X Factor*, Fabrizio Ferraguzzo, che in passato ha lavorato anche con diversi artisti usciti da *Amici*, in veste di produttore. Ecco, ci sono queste tre realtà che finiscono per lavorare costantemente insieme, non producendo per altro successi, ma semplicemente movimento. Una canzone editorialmente della Universal Publishing finisce dentro un disco della Sony, prodotto dal direttore artistico di *X Factor*. Un'altra canzone editorialmente della Universal Publishing finisce dentro un altro disco della Sony, prodotto ancora una volta dal direttore artistico di *X Factor*. Così ad libitum. Senza però incappare mai nel gusto del pubblico. Nessun successo degno di rilievo. Nessun blockbuster. Solo un numero impressionante di produzioni di canzoni che generano un mercato senza numeri.

Facciamo un passo indietro nel tempo, quando già era iniziato questo giochetto dei tre cantoni, o delle tre carte, o delle tre scimmiette, o dei tre tre.

Mentre il mondo dei talent sta tirando fuori stocazzo, nel mentre succede altro. Ad avere successo presso i giovani non è più un Marco Carta o un Valerio Scanu qualsiasi, ma è il mondo indie, sembra. C'è gente come Thegiornalisti, o Calcutta, o I Cani, o Cosmo, che ha un folto seguito tra i più giovani, almeno tra quelli in età compresa tra i quattordici e i trent'anni, quelli che poi vanno ai concerti nei locali, purché a prezzi calmierati. Ecco quindi che Claudio Bonoldi, l'uomo di punta delle edizioni Universal, li assolda e li mette in catena di montaggio, a scrivere pezzi per Emma, per la Michielin, per Nina Zilli e per chiunque ne abbia fottutamente bisogno. La quadratura del cerchio sembra trovata. Poco importa che le loro carriere soliste subiscano una frenata, il mercato ha bisogno di linfa e loro sono la linfa.

Tutto è bene quel che finisce bene.

Non fosse che succede ancora una volta qualcos'altro, come nella famosa massima di John Lennon.

Tutti si concentrano sull'indie e arriva la trap.

La discografia se ne accorge, sempre col tragicomico ritardo. Le major li firmano in massa. Ma. Sì, ma la trap, ahiloro, non prevede che ci sia tutto questo utilizzo di autori. Né di produttori mainstream. Forse neanche di discografici, a dirla tutta.

Per cui succede che la discografia, corre dietro anche alla trap, non capendo che si sta impiccando con le proprie mani. Perché di colpo le major cominciano a mettere sotto contratto tutti i trapper o i rapper o come cazzo li volete chiamare possibili. Così, senza una precisa logica. Tutti dentro, come nell'omonimo film. Anche perché questi dischi costano praticamente poco o niente, fatti in casa con un computer.

Solo che poi questi dischi funzionano, entrano in classifica, fanno dischi d'oro, fanno dischi di platino. I protagonisti diventano personaggi. Offuscano gli indie. Ma non solo, fottono i primi posti in classifica ai non indie, per i quali gli indie scrivono, cioè ai cantanti per i quali i discografici di cui si parlava sopra hanno messo in atto la già descritta stecca.

Esce la Michielin con le canzoni di Paradiso e Calcutta? Arriva Nitro e gli scippa da sotto il naso il primo posto in classifica.

Esce Emma? Arriva Sfera Ebbasta e la devasta, andando non solo a prendersi il primo posto in classifica degli album, ma anche tutta la top 10 dei singoli.

Esce la Pausini? Insomma, ci siamo capiti. Sangue lavato col mocho.

Uno dirà, va bene, i trapper vendono, ma gente come Riki o i Måneskin hanno in qualche modo invertito una tendenza che girava da qualche tempo, cioè quella di vincitori dei talent senza arte né parte. Da una parte i Gio Sada, i Soul System, dall'altra le Deborah Iurato, i Sergio Sylvestre, le Elodie.

Diciamo che, eccezion fatta per i The Kolors, era da anni che non c'era qualcuno di successo che usciva da un talent. E il successo dei The Kolors, per altro, ha anche una precisa emittente radiofonica sotto la voce: motivo del successo.

Sia come sia Stash e soci ce l'hanno fatta, poi il grande sonno, finché sulle scene non irrompono Riki e i Måneskin.

Ecco, analizziamo la cosa.

The Kolors, Riki, i Måneskin. Piacciano o meno, e a chi scrive non è che facciano esattamente impazzire, ma sono tutti artisti, Dio mi perdoni, che si scrivono le loro canzoni. Non hanno bisogno di autori, Bonoldi se ne faccia una ragione. Stavolta basta Cibelli, da solo.

Giusto i The Kolors vi sono dovuti ricorrere, usando Davide Petrella che è un po' il cavallo di punta del momento, in compagnia di Alessandro Raina e Dario Faini, tutti e tre sempre della medesima edizione, ma è stata più una scelta dall'alto che loro.

E proprio il passaggio dei The Kolors a *Sanremo*, dove hanno presentato un brano con la firma di uno dei soliti autori del solito giro, o della solita stecca, ci offre lo spunto per allargare il discorso anche all'altro estremo del bastone. Perché se dal basso succede questo, vedi alla voce trap, oggi, e indie, ieri, dall'alto succede che Claudio Baglioni abbia intenzionalmente deciso di operare esattamente in quella direzione, per altro dando vita al *Festival* che ha premiato proprio due cantautori che, dopo aver scritto canzoni per tanti, anche per tanti dei talent, oggi hanno deciso di puntare fortemente sulla propria carriera, e fanculo a *Amici* o *X Factor*, Ermal Meta e Fabrizio Moro.

Sì, perché Baglioni ha messo su un *Festival* tutto orientato verso una certa canzone d'autore, e decapitando il mondo dei talent. Nessun fuoriuscito da lì, quest'anno, se non da anni, come per Annalisa, Noemi e gli stessi The Kolors. Una grande iniezione, invece, di cantautori, gente che si scrive le proprie canzoni, ma che per produrle si affida a produttori veri.

Quindi, mentre Madman scalzava Sfera Ebbasta dalla vetta, sancendo in realtà la definitiva fine di Emma, tutti e tre della medesima major, ma con la sola cantante salentina in possesso di una megaproduzione evidentemente non abbastanza mega da arrivare in vetta alla classifica, Ermal Meta e Moro vincevano il *Festival* di Baglioni.

Coez, per non saper né leggere né scrivere, nel mentre conquistava con due sold out consecutivi il Palalottomatica, alla faccia dei filotti tra major.

E i talent?

I talent sono ormai incapaci di intercettare i gusti della gente. O quantomeno si limitano a seguirli, senza più dettarli. Prima costruivano dei prodotti preparando il pubblico a seguirli aseticamente, fidelizzandoli televisivamente ma poi riempiendo il contenitore "cantante da talent" di canzoni che generassero economie sempre per i soliti tre gatti, adesso si limitano a adeguarsi a quel che funziona, senza mettere becco: bye bye stecca.

A dimostrazione della lungimiranza degli addetti ai lavori in questione, nel mentre, la Sony sta costruendo uno studio di registrazione all'interno della nuova sede di Via Imbonati, studio la cui gestione verrà affidata allo stesso direttore artistico di *X Factor*, appena cacciato dall'Isola di Eros Ramazzotti.

Come dire: una cosa non funziona, invece che cercare di capirne i motivi meglio rialzare il piatto.

Per contro Maria ha inserito nel team del suo talent un gruppo di autori, solo in parte riconducibile al giochino di cui sopra: Roberto Casalino, Amara, Daniele Magro, Federica Abbate, Davide Simonetta, Giulia Anania, Gianni Pollez, Cheope e Giuseppe Anastasi. Autori chiamati a collaborare direttamente coi ragazzi. Ma sembra la classica situazione dei buoi e della stalla con la porta da troppo tempo aperta.

Quindi.

Mi hanno invitato a tenere una lezione in diretta tv ai ragazzi di *Amici*.

Non andrò a tenere una lezione in diretta tv ai ragazzi di *Amici*. Perché dovrei raccontare loro questa storia che avete appena letto. Parola per parola. Una storia che però, detta lì dentro, suonerebbe come chi va a parlare del morto in casa dell'impiccato.

Non andrò a tenere una lezione in diretta tv ai ragazzi di *Amici*.

Probabilmente neanche lo guarderò, quest'anno, *Amici*.

Preferisco vivere, per citare uno slogan caro al marito di Maria De Filippi.

Non andrò a tenere una lezione ai ragazzi di *Amici*, mi limiterò a sedermi in riva al fiume, a pescare con Drupi.

LA MUSICA IN TELEVISIONE NON FUNZIONA

Esistono luoghi comuni talmente potenti che, reiterati nel tempo, finiscono per diventare credibili o, peggio, creduti. Che fare il bagno subito dopo mangiato al mare comporti congestioni e addirittura la morte. Che non ci sia niente che disseta come l'acqua. Che stare a ascoltare Paolo Crepet che parla di qualsiasi cosa abbia un senso. Nel mondo della musica il luogo comune diventato nel tempo dogma è senza ombra di dubbio uno: la musica in televisione non funziona. Ce lo siamo sentiti ripetere sin da quando eravamo giovanissimi e non abbiamo potuto non crederci. Anche quando, giovanissimi, Baglioni teneva undici milioni di persone davanti al piccolo schermo (allora la tv era piccola, fidatevi) con il concerto del tour di *La vita è adesso*. O quando su Rai 2 andava in onda ogni giorno *DOC*, un programma geniale condotto da Monica Nannini e Gegè Telesforo e ideato da Renzo Arbore che ospitava davvero il meglio della musica italiana e mondiale, dal vivo. La musica in televisione non funziona, amen.

Poi succede che torniamo dalle vacanze, depressi e disperati, e i palinsesti televisivi di Rai 1 e Canale 5 sono una sorta di ininterrotto concerto. I mega concerti, li chiamano, con gente come Laura Pausini, Modà, Zucchero, Pooh e via discorrendo a cantarcele e suonarcele da questo o quello stadio. Difficile capire quando si è sulla rete ammiraglia del servizio pubblico e quando su Mediaset, un po' come di colpo fossimo piombati dentro la televisione della Corea del Nord di Kim Jong-un. Del resto, a aguzzare lo sguardo, si vede una sola mano dietro tutte queste operazioni, per altro sempre la solita di Ferdinando Salzano e della sua Friends and Partners, di cui ci siamo già occupati qui e qui. Ogni due, tre giorni un concerto. Riprese standard, scaletta standard, a un certo punto una sorpresa, sempre la stessa, arriva Emma Marrone o Elisa a duettare. Visto che anche Emma Marrone e Elisa saranno protagoniste di prossimi mega concerti in televisione la sola curiosità che ci alberga è capire se, a un certo punto, si sdoppieranno per andare a duettare con loro stesse, ma tale è la disistima nei loro confronti che dubitiamo riusciremo a sorbirci il loro concerto per vedere come andrà a finire.

Il fatto è che stando a quel che si è visto in questo settembre 2016, la musica in televisione c'è quantomeno tornata. Anche il lancio di *X Factor* è stato pompato a dismisura, con parole e elogi (specie a Manuel Agnelli) che solitamente si riservano ai capolavori, non certo alla solita zuppa scaldata.

Proviamo però a analizzare la cosa con un minimo di obiettività. Cosa ci sta passando Salzano su Rai 1 e Canale 5, con, si suppone, mamma Maria dietro a gestire la cosa con la sua Fascino, presenza evocata ma non dichiarata, e Rtl a ricoprire il ruolo di radio partners di tutto? Concerti di nomi popolari, che richiamano davanti al grande schermo i fan dei suddetti più una platea pigra che non si sposterebbe da quei canali manco se glielo obbligasse Bruno Vespa da *Porta a Porta*. Picchi massimi di quattro o tre milioni e mezzo di spettatori, quando in tv c'è Renato Zero o Zucchero, ma a volte anche molti meno, come il neanche milione e mezzo dei Modà dimostra. E perché mai dovrebbero essere di più? I Modà, in un mondo non dico giusto, ma anche solo normale, non dovrebbero andare in televisione. Al limite potrebbero comparire in una puntata di *Chi l'ha visto?*, quando, finalmente, di loro tracce nelle classifiche non ci sarà più traccia. Invece sono lì, col placet delle reti generaliste disposte a sacrificare una buona porzione di pubblico per fare da volano a artisti che, in buona parte, non hanno nulla da dire, o non hanno più nulla da dire da tempo.

Ultimo in ordine di tempo, infatti, è stato Renato Zero. Dall'Arena di Verona. Titolo, questo almeno simpatico, *Arenà*, giocando appunto tra location e il romanesco A Renà. Il concerto è stato uno spettacolo imbarazzante. Perché il fatto che Zero sia oggi un artista reazionario, laddove in passato è stato, per quanto con le tipiche contraddizioni di chi nasce cattolico e prova a andare controcorrente, un rivoluzionario. Proprio la presenza di un brano come *Rivoluzione* in scaletta, ma già di per sé nel repertorio del nostro basterebbe a intristire, ma il vedere i vecchi classici, pietre miliari della nostra musica leggera, al fianco delle tante brutte canzoni tirate fuori negli ultimi decenni (diciamo da quando aveva annunciato il ritiro, nel 1991, salvo poi tornare indietro), salvo rarissime eccezioni come *I migliori anni della nostra vita*, è davvero troppo. Poi vederlo duettare con Emma, e addirittura affidarle una canzone di Gabriella Ferri, così, senza colpo ferire, tradisce come, a volte, l'incedere del tempo sia davvero impietoso. Limitati a fare il tuo vecchio repertorio, Renà, e non costringerci, per la tipica pigrizia del sabato sera, a vedere 'sta roba. Perché alla fine, stavolta, il concerto lo abbiamo anche visto, ma ci è rimasto in bocca un brutto sapore, la sensazione di aver ricevuto uno sfregio da uno di famiglia. No, non lo zio strano, quello che ci ha abituato a colpi di genio e stravaganze durante il pranzo di Natale, più l'amico dei nostri genitori che, in ascensore, molla un peto che rende l'aria irrespirabile.

Da qui alla fine del mese sono previsti tanti altri mega concerti. Tutti targati Friends and Partners. Tutti su Rai 1 o Canale 5. Tutti con ospiti Emma e Elisa.

La musica in televisione non funziona, ci hanno sempre detto. Bene, adesso abbiamo anche le prove.

LA NATURA PUÒ ESSERE CRUDELE, GUARDA SANREMO 2018

Per motivi che mi sfuggono ormai passo le giornate a ricevere, e di conseguenza a guardare video di animali che fanno cose strane. O meglio video di animali che fanno cose ai nostri occhi di umani strane. O meglio ancora video di animali che fanno cose ai miei occhi di umano a cui degli animali frega poco o niente strane.

L'ultimo, e mi rendo conto che tirarlo in ballo proprio ora potrebbe sembrare poco pertinente, è su una otaria. O un'otaria maschio, per essere più precisi. E su un pinguino.

Il motivo per cui io stia qui a parlarvene è altrettanto strano, probabilmente, ai vostri occhi, ma è da manuale base di psicologia capire che certe cose vanno condivise e raccontate, per privarle del loro potere distruttivo, per disinnescarle.

Nel video in questione, se cercate su Youtube ne troverete diverse versioni, c'è questa gigantesca otaria in una spiaggia si suppone selvaggia. Dico si suppone perché il fatto che qualcuno fosse lì con lo smartphone a fare un video smentisce l'idea in questione. Comunque c'è questa spiaggia in apparenza selvaggia e in primo piano, al centro della scena c'è una otaria, di qui a breve scopriremo che è un'otaria maschio. L'otaria, per chi non lo sapesse, è una specie di foca, solo più grande. E a questo punto, lo dico dopo aver visto il video, anche piuttosto più cattiva. L'otaria sta lì, ritta sulle zampe posteriori, la testa rivolta verso l'alto. Intorno ci sono altri animali, pinguini, appunto, altre otarie. Ma è lui il protagonista della scena. L'otaria che se ne sta ritta al centro della scena. Si muove poco, a ragione veduta direi il giusto. Sembra che stia assestando colpi di reni, ritmici, ma piuttosto radi. Se, come chi scrive, vedrete il video sullo smartphone, dovete aguzzare lo sguardo, concentrarvi sui dettagli, perché altrimenti vi sfuggirà la vera essenza della scena. Scena che è questa: sotto l'otaria maschio, quella che si erge sulle zampe posteriori, la testa rivolta verso l'alto, quella che assesta colpi di reni, si intravedono le alucce nere e il becco giallo di un pinguino. Il fatto che sia un pinguino, lo confesso, l'ho appreso dal titolo del video, perché non sono Gerrard Durrell e non saprei riconoscere un pinguino dal becco e dalle ali. E anche perché, ma su questo anche gli esperti di animali mi sembra di capire hanno manifestato sorpresa e perplessità, non sapevo che le otarie fossero solite inchiappettarsi i pinguini. Perché questo sta avvenendo nel video, una otaria maschio sta sostanzialmente stuprando un pinguino. Lo sovrasta con la sua mole gigantesca, e da come muove le alucce, sembra che la cosa non gli faccia un gran piacere. Se si tratti di pinguino maschio o femmina non abbiamo riscontro. Del fatto che si tratti di un fenomeno avvenuto in più occasioni di recente sì, ne hanno scritto anche diverse riviste scientifiche del settore. Otarie che stuprano pinguini. In un caso, ma questo video, giuro, non ho voluto vederlo, sembra che l'otaria, finito quel che stava facendo, si è pure sbranata il pinguino (o la pinguina, direi che il dettaglio è poco rilevante). E dire che le otarie sembrano placidi mammiferi, anche un po' tonti. Magari è proprio quel loro apparire placidi, unito a una stazza notevole, a permettere loro di fare il bello e cattivo tempo, uno le tratta con sufficienza e come niente se lo trova in culo, citofonare pinguino per i particolari più scabrosi. Dettaglio che rende il tutto, se possibile, ancora più agghiacciante, in primo piano, quasi impallando la scena, ogni tanto passa un gabbiano, che assiste al tutto incurante, fossi in grado di decifrare l'atteggiamento di un gabbiano, mi verrebbe da dire anche divertito.

Ora, voi vi starete chiedendo, ma perché qualcuno si sente in diritto/dovere di mandare a Michele un video di una otaria maschio che stupra un pinguino? E soprattutto perché Michele si sente in diritto/dovere di metterci a conoscenza di questa pratica animale ancora neanche decifrata da parte di chi gli animali li studia, mestiere di cui, al momento, vi sfugge e mi sfugge il nome? E, infine, qual è mai la metafora che questa immagine raccapricciante potrà mai rappresentare, sempre che ce ne sia una e che non sia piuttosto il solito pretesto per bullizzare qualcuno?

Ecco, se aderite alla tipologia di persone che si è posta l'ultima domanda vi invito a smettere di leggere qui, in questo punto preciso. Qui. Se non l'avete fatto, sbattendovene dei miei suggerimenti, vi invito ora a andare a fare in culo, perché io, personalmente, non bullizzo nessuno e non pratico l'arte della metafora pretestuosamente. Mi limito a aggirarmi per le spiagge selvagge dello show business a riprendere quel che succede, non sono mica io l'otaria (e fortunatamente non sono neanche il pinguino).

Per gli altri, invece, è ora di abbandonare il mondo animale e, con questa scena piuttosto agghiacciante ancora davanti agli occhi, addentrarci nel magico mondo dello spettacolo. Della musica, nello specifico.

Cosa sta succedendo, in queste ore? Nel senso, cosa sta succedendo nelle poche ore che ci dividono dal momento in cui ce ne sbatteremo il cazzo di tutti e tutto e ci metteremo a tavola con i nostri cari, del tutto intenzionati a abbattere i nostri record personali di abbuffata a base di cappelletti in brodo e costolette di agnello fritte?

Succede che mentre Coez ritorna in vetta alla classifica di Spotify Italia, con tutti i distinguo del caso, mentre Calcutta incassa, si fa per dire, visualizzazioni e stream come se non ci fosse un domani con la sua *Orgasmo* (evidentemene talmente apprezzata dai ggiovani, da aver spinto il giovane Head of A&R della Sony, Pico Cibelli, a condividerla sui social proprio nell'attimo in cui Alessandro Cattelan ci informava della vittoria a *X Factor* di Lorenzo Licitra, destinano, appunto, a firmare un contratto con la Sony stessa), mentre succede tutto questo, o forse non succede nulla, la farraginosa macchina del *Festival della Canzone Italiana* si muove con la stessa agilità di una otaria maschio verso Sanremo. E muovendosi non ha pietà dei pinguini che trova sul suo cammino.

Se infatti, a una prima lettura, ci eravamo detti sorpresi per come la narrazione (Dio mi salvi dal parlare di storytelling) avesse in qualche modo simulato una linearità e una purezza che non ci saremmo aspettati, visti gli attori in scena, ecco che le prime crepe appaiono a rovinare il quadro, con la spettacolarità e la naïveté di chi quelle crepe si trova a mettere in evidenza.

Così, da una parte c'è Loredana Bertè che ci fa sapere come la sua presenza, data sostanzialmente per certa, al *Festival* sia stata resa ostaggio dall'accettare di provinare al volo, giovedì su venerdì, una canzone di Biagio Antonacci, una canzone che lei aveva già rifiutato un paio di settimane prima. Alla faccia di Baglioni che sosteneva che quest'anno erano stati premiati gli artisti che si presentavano con un progetto musicale. Eco che arriva alla Bertè, in altra forma e con altra visibilità, da tutta una serie di voci che vogliono nelle medesime condizioni anche altri artisti di nome, su tutti i Nomadi. O c'è gente come Gatto Panceri, in passato più volte ospite della kermesse, in prima persona o in veste di autore (lui, per intendersi, è quello che ha scritto *Vivo per lei*, una delle nostre canzoni più famose al mondo, e per nostra intendo di noi italiani, non di noi noi, porca della puttana), che dichiara di aver ricevuto chiamate, sms e messaggi piuttosto espliciti che lo davano assolutamente dentro, salvo poi essere escluso, racconta, perché un discografico di una major, non la sua etichetta, avrebbe fatto irruzione durante un incontro con Baglioni, screditandolo per il suo aspetto fisico (lui che è ingrassato in seguito a una malattia e ha perso tutti i capelli). A corredo di tutto ciò i messaggi più o meno criptici di artisti come L'Aura e Morgan, che lasciano intendere una amarezza più consistente di chi semplicemente ci ha provato.

Questo sul fronte artistico.

Dall'altra c'è questa faccenda che gira riguardo alla possibile co-conduzione, a questo punto sembra quasi certo al fianco di Favino e della Hunziker, da parte della Pausini, artista che proprio in quei giorni dovrebbe uscire con un album targato Warner, major fino a poche settimane fa in larga parte azionista di Friends & Partners, e nella quale ha a lungo militato col ruolo di presidente Massimo Giuliano, braccio destro di Claudio Baglioni, e presumibilmente di Ferdinando Salzano, in questa edizione del *Festival*. Artista che proprio in quei giorni si troverebbe non solo a poter promuovere la sua nuova creatura con un lungo spot di cinque prime serate sui canali della televisione di stato, per di più nel principale programma televisivo dell'anno, vista l'assenza dell'Italia ai mondiali di calcio, ma anche a promuovere il suo prossimo tour mondiale, che partirà con due date a luglio a Circo Massimo, tour prodotto e organizzato proprio da quella Friends & Partners di cui sopra. Friends & Partners di cui già si è detto riguardo alcuni dei partecipanti, ma che da ieri è ufficialmente anche la promotrice del tour d'addio di Elio e le Storie Tese, nome sorpresa del cast baglioniano. Tour d'addio che segue il concerto d'addio tenutosi ieri sera a Milano, in un caso non limpidissimo di ultimo concerto cui ha seguito un tour, fatto che ha fatto incazzare non pochi fan accorsi a Milano da tutta italia, e che ricorda non poco l'infinito tour d'addio dei Pooh, guarda caso sempre targato Friends & Partners. E ancora non sappiamo neanche chi sarà superospite o semplicemente ospite nella serata dei duetti, che se tanto mi dà tanto ne vedremo davvero delle belle.

Ecco, se uno mi chiedesse cosa penso oggi riguardo all'imminente *Festival della Canzone Italiana*, non tanto per le canzoni, che non ho avuto modo di ascoltare se non in minima parte, ma per quello che sembra essere il mood di chi lo sta mettendo in piedi, non ho dubbi riguardo cosa rispondere: la penso esattamente come fossi un gabbiano che cammina su una spiaggia selvaggia. Guarda, probabilmente sorride sotto il becco e passa oltre.

L'APOCALISSE DELLE CLASSIFICHE

Partiamo da un presupposto, stiamo parlando di zombie. Di non vita. Di gente che si muove scomposta, lo sguardo spento, cercando esseri umani da sbranare, per poter continuare a muoversi scomposti, lo sguardo spento, etc etc.

Questo lo scenario.

Questo lo scenario da un po' di tempo a questa parte.

Ma come le tante serie tv, film, libri che parlano di zombie ci hanno insegnato, anche nel mondo dei non vivi esistono sfumature. Da George Romero a oggi ne abbiamo viste di tutti i colori.

Bene, lo scenario dei non vivi oggi ci appare assai chiaro, e non è un bello spettacolo.

Chiaro che partire da *Sanremo* per parlare di zombie potrebbe suonare di per sé sinistro, ma in discografia (è di questo che stiamo parlando) *Sanremo* rimane un appuntamento importante, prova provata che di non vita si tratta. Il punto è che questo *Festival* ha evidenziato una situazione che a ben vedere già si intuiva da tempo, di umani ce ne sono rimasti pochi, e sono disposti a vendere cara la pelle, anche se con ogni buona probabilità alla fine perderanno.

Cosa è successo?

Niente, e questo è già un segno della fine imminente.

Ma questo niente ci dice alcune cose, brutte, specie se sei un discografico.

Primo risultato, evidente, neanche la metà di quanti hanno partecipato al *Festival* aveva un album pronto, a partire da chi ha vinto, Francesco Gabbani.

Per il resto alcuni repackeging e qualcosa di nuovo, ovviamente non piazzato bene in classifica, nella quasi totalità dei casi.

Ma andiamo con ordine.

Nei fatti, questo che doveva essere l'anno della Sony, a *Sanremo* con undici artisti su trenta in gara, tra big e giovani, per la major è stato un bagno di sangue. Su tutti i punti di vista. Guardi i primi cinque posti e non ne trovi neanche uno loro. Certo, Gabbani fa parte del gruppo, ma è artista Bmg, che è come dire che siccome giochi nel Genoa è un po' come se fossi nella Juventus, tanto i Club sembrano apparentati. C'è la Mannoia al secondo posto, è vero, ma a parte aver perso un *Festival* che aveva in tasca da mesi, per di più contro la canzone dello scimmione, va anche detto che la Mannoia è distributiva Sony, non artista Sony. Non basta. Al quarto posto, sorprendentemente, Michele Bravi, il giovane ex vincitore di *X Factor* ora in forza alla Universal International (International, badate bene).

La storia di Bravi ormai la sapete tutti, perché la sta ripetendo ossessivamente da giorni, avendo per altro abbondantemente rotto il cazzo. Lui ha vinto *X Factor* anni fa, la Sony gli ha tirato fuori un album che è andato male, nonostante firme importanti dentro, su tutte Tiziano Ferro. Poi un discografico, tutti noi addetti ai lavori sappiamo chi, gli dice: "Sei morto", certificandogli, a diciannove anni, la prematura fine della sua carriera. Ora, a prescindere dall'aver confuso morti e zombie, il concetto era chiaro. Solo che lui, Bravi, si è reinventato come Youtuber e uscito dalla finestra è rientrato dalla porta. Chiaro, aver fatto coming out una settimana prima del *Festival* ha aiutato, parecchio. Aver passato il *Festival* a piagnucolare pure. Aver portato una orribile canzone alla Mengoni anche. Nei fatti Bravi è arrivato quarto, sopra tutti gli artisti Sony e sopra tutti quelli arrivati da *X Factor*, quelli sì morti. Perché questo *Sanremo* certifica un fatto, già noto, *X Factor* è morto anni fa. Forse non è neanche mai nato. Guardiamo alle ultime edizioni, che fine hanno fatto i vincitori? E i vinti? Niente, morti tutti, per dirla col discografico Sony. A *Sanremo* non c'era Giò Sada, impegnato a doppiare un cane in un cartoon per bambini. C'erano, come ospiti di Sergio, altro artista Sony vincitore di *Amici*, i Soul System, che per altro hanno rimediato una clamorosa figura di merda andando fuori tempo su un brano dal titolo *Vorrei la pelle nera*, cover di Ferrer che proprio sulla capacità tutta propria dei neri di avere il ritmo nel sangue giocava. C'era invece Chiara Galiazzo, che dopo i successi negli spot della Tim non ha azzeccato un brano manco per sbaglio. Ecco, lei è la prova provata che *X Factor* non è mai nato. In Sony insistono, si accaniscono, ma lei niente, non c'è. Quest'anno hanno provato a rivitalizzarla con la cura "Arisa", cioè l'hanno affidata come successe ai tempi de *La notte* a Arisa, a Mauro Pagani. Però il miracolo non è avvenuto. Succede anche a Pagani. Non se ne sono accorti solo i due critici de «La Repubblica», i Gianni e Pinotto della critica musicale, quelli che hanno passato tutte le puntate di *X Factor* a seguire su Twitter la gara, facendo la diretta social. Roba che uno poi dovrebbe andare in giro con un sacchetto di carta in testa per la vergogna, marchetta delle marchette, e invece loro niente, come se fosse la cosa più naturale del mondo. Il fatto che uno sia il fidanzato della giovane ufficio stampa di Chiara potrebbe spiegare la cosa, non bastasse che il Gruppo L'Espresso è media partner di *X Factor* e che non ci sono più gli uomini liberi di una volta. Per loro Chiara è brava, ma l'impressione è quella dei dipendenti dell'azienda di Fantozzi che la mattina si inchinavano di fronte alla statua della madre del Direttore Naturale Combran. Mai una gioia.

Altri artisti *X Factor* niente, morti e sepolti. Idem per gli artisti Sony. Una ecatombe. Non che altrove stiano meglio, eh. Vogliamo parlare di Universal?

Non fatevi ingannare da qualche bella critica portata a casa da Elodie, per dire, o dallo stesso Sergio, loro di casa *Amici*. Se a scriverle sono quei critici in casa WittyTv la situazione è chiara, sono a busta paga di chi produce anche il talent della De Filippi, provaci tu a parlare male del padrone. A tal proposito, come si diceva mesi e mesi fa, appare chiaro che Mediaset è diventata avida. Ora oltre le tv ha le radio, quelle comprate al gruppo Fineco, e si dice stiano facendo colloqui a discografici di lungo corso per mettere in piedi qualcosa di simile a quanto fatto in passato da Ultrasuoni. Vedere Rete 105 come media partner di F&P per il tour (tour, dai, siamo seri) di Elodie ci dice qualcosa.

Del resto, di cosa stiamo parlando? Di album venduti? Niente, o poco più di niente. La Mannoia, la più alta piazzata dopo il *Festival*, si è portata a casa circa quattromila copie nella prima settimana. Gabbani ne ha perse sicuramente di più non essendo sul mercato, e a ridere è solo la Mescal di Valerio Soave che ha piazzato Ermal Meta finalmente tra i Big.

Sarebbe bello, ora, che si dicesse una volta per tutte che i talent non servono a nulla. Che la vittoria di Gabbani, un trentaquattrenne arrivato da tutt'altra strada, lo dimostra. Sarebbe bello leggere un po' di ammissioni di colpa da parte degli addetti ai lavori: non ci abbiamo capito un cazzo.

Perché Gabbani si è fatto da solo.

Ermal Meta idem.

Michele Bravi è risorto grazie alla rete e a una sapiente campagna di marketing e Paola Turci, che a parere di chi scrive è stata la migliore della covata sanremese, è riuscita a tirare fuori un album solo perché è passata di lì, se no bye bye (infatti anche lei non è ancora uscita).

La discografia è morta.

I talent che la hanno uccisa sono morti.

Noi arrotoliamo filo spinato intorno alle mazze da baseball, come Negan e la sua Lucille. Non ci avrete, maledetti zombie, venderemo cara la pelle, bastardi.

LARGO AI GIOVANI, TRE VECCHI CHIEDONO SANREMO

Intendiamoci, a dire che si stava meglio quando si stava peggio si fa sempre del bene, perché oggi siamo in un periodo di decadenza che Dio ce ne scampi e liberi. Però, a voler essere un pochino più razionali, e a guardare le cose per come stanno, a sparare nel gruppo senza prendere bene la mira si rischia a volte di dire cazzate, finendo, se possibile, di prospettare una realtà peggiore pure di quella che stiamo vivendo.

Ora, fatto salvo che stiamo parlando di canzonette e non di economia internazionale, è il caso di dire che la petizione che Mogol, Mario Lavezzi e Franco Mussida, con a cascata tutta una serie di altri insigni personaggi della nostra canzone d'autore hanno presentato è una emerita cazzata.

Questi i fatti, venerdì 31 marzo i nomi di cui sopra indicono una conferenza stampa, con una certa urgenza, fanno sapere. Il motivo, apparente, è appunto una petizione il cui tema è il *Festival della Canzone Italiana di Sanremo*, o meglio una richiesta di modifica del regolamento del suddetto festival, e la petizione, che ha come titolari i nomi di cui sopra, cui vanno aggiunti quelli altrettanto insigni di Alberto Salerno, Cheope, Gianni Bella e tanti altri, è diretta alla Rai, al Comune di Sanremo e addirittura al Ministro della Cultura Dario Franceschini.

Cosa ci sarà mai di tanto urgente da comunicare, per cui si indice una conferenza stampa che fa slittare in avanti quella già fissata per il lancio del nuovo album di Levante? Semplice, Mogol, Lavezzi, Mussida and company hanno guardato alle ultime edizioni del *Festial*, quello per intendersi che sotto la guida di Carlo Conti ha fatto ascolti da televisione bulgara, e sono giunti alla conclusione, boom, che non è più il festival della canzone ma degli interpreti. Notiziona, eh. Però il Sanremo ospita in teoria il *Festival della Canzone Italiana*, e i nomi di cui sopra sono nomi legati al mondo dell'autorato, quindi, ecco la seconda notiziona, hanno deciso di lanciare una petizione per cui il regolamente dovrebbe cambiare radicalmente, tornando in sostanza alle

sue origini. Ogni anno una commissione, presieduta dal direttore artistico, dovrebbe selezionare una ventina di brani d'autore. Scelti i brani la commissione presieduta dal direttore artistico dovrebbe assegnare i venti brani a venti interpreti, presentati da case discografiche e management.
Ora, fermiamoci.

Stiamo vivendo quelli che potremmo serenamente definire anni di merda, per la musica leggera italiana per un semplice motivo, da che esistono i talent sono tornati in auge gli interpreti. Non interpreti qualsiasi, ma interpreti che escono dai talent, quindi giovani anche bravi tecnicamente, ma fondamentalmente anaffettivi e del tutto incapaci di trasmetter altro che fastidio. Non basta. I giovani, che come si sa si trovano a vivere per qualche mese sotto i riflettori, diventando famosi ben prima di avere un prodotto da mettere nel mercato, una volta finiti i talent cui partecipano, si trovano in quattro e quatt'otto a sfornare lavori in cui, giocoforza, interpretano canzoni che gli autori hanno scritto senza sapere esattamente per chi. Funziona così, ci sono alcuni autori, un gruppetto limitato, sempre quello, che scrivono per questi ragazzi. Dario Faini, Roberto Casalino, Alessandro Raina, Ermal Meta, faccio i primi nomi che mi vengono in mente. Loro scrivono, spesso insieme, poi gli editori li passano alle case discografiche, e avviene l'incontro tra l'interprete X e la canzone Y. Risultato, nove volte su dieci ci sono canzoni anonime cantate da interpreti fuoriluogo. Di questo, giustamente, ci si lamenta. Anche a gran voce. Nessuno scrive più come faceva, per dire, un Ruggeri per la Mannoia, o un Fossati per Mia Martini. Si scrive e poi qualcuno canterà, amen.

Qual è quindi, di fronte a questo brutto sistema, la soluzione proposta da Mogol, Lavezzi e Mussida? Semplice, spostiamo questo meccanismo di merda anche a *Sanremo*. In barba al fatto che, proprio loro, Mogol, Lavezzi, altri firmatari come Alberto Salerno o Gianni Bella, hanno sempre lavorato a stretto contatto con gli interpreti dei loro brani, cucito canzoni su di loro, lavorato come bravi sarti per far calzare bene i brani a chi li avrebbe dovuti cantare. Non solo, tutto questo manda anche a puttane quel simpatico fenomeno che si chiama cantautorato. Io sono un cantautore, firmo un mio brano, lo mando al direttore artistico del *Festival* e magari si trova a cantarlo Lo Strego, da poche ore eliminato dalla sedicesima edizone di *Amici*. Che faccio? Mi sparo, ovvio.

Non fosse che in coda a detta conferenza stampa Mogol, Lavezzi e Mussida hanno rilanciato un concorso per giovani under 25, di cui non faremo il nome tanto per non passare da coglioni che abboccano al primo amo lanciato in mare, verrebbe da dire che i suddetti personaggi si siano rincoglioniti. Che, con atteggiamento luddista, per combattere il progresso abbiano pensato a costruire una macchina del tempo per tornare nel passato.

Ecco, senza voler dire che a una certa età è bene farsi da parte, perché nomi come questi meritano rispetto e perché siamo certi che potrebbero ancora tirare fuori grandi canzoni, viene da dire che, magari, sarebbe il caso un po' di mollare la presa. Mogol, Lavezzi, Mussida, scrivete belle canzoni, ne abbiamo bisogno, ma non provate a fare la rivoluzione, perché tornare al passato non è una rivoluzione, è solo tornare al passato.

Una volta si diceva che per emergere era necessario ammazzare i padri, qui si tratta di ammazzare i nonni, e francamente la cosa mette in imbarazzo. La vera rivoluzione per il *Festival* sarebbe un'altra, che però non può certo passare da una petizione e da una conferenza stampa, che si scelgano belle canzoni e bravi interpreti, fuori da consorterie e favoritismi. Venti belle canzoni cantate da venti bravi artisti. Quella sì che sarebbe una rivoluzione, con o senza scuole per cantanti o concorsi per giovani artisti da pubblicizzare.

LA RIVOLUZIONE STA ARRIVANDO, PURTROPPO

Per palare di *La rivoluzione sta arrivando*, nuovo atteso album dei Negramaro, assenti dalle scene con un lavoro di inediti da cinque anni, prendo in prestito lo stile di Matt Groenig, autore de *I Simpson*. No, non intendo fare un articolo ironico e comico, intendo proprio usare il suo modo di procedere nella narrazione. Avrete tutti presente, ogni puntata de *I Simpson* comincia parlando di un argomento che ruota attorno alla famiglia gialla di Springfield, e poi, di colpo succede qualcosa e la trama affronta tutta un'altra storia.

Ieri c'è stata la conferenza stampa di lancio di *La rivoluzione sta arrivando* dei Negramaro. Ecco, io voglio partire parlando di Campovolo 2015, il concerto con cui Ligabue ha festeggiato i suoi 25 anni di carriera. Non vi sarà sfuggito che, una volta terminata quell'esperienza, i social sono esplosi di odio nei confronti del cantautore di Correggio. Tutti lì ad accusarlo di non saper suonare, di essere in grado di scrivere canzoni con solo due, massimo tre accordi, come se fosse facile scrivere canzoni con pochi accordi o come se fosse un difetto usare pochi accordi, in barba alla storia decennale del rock e del blues. Tutti a dirgli che le sue canzoni sembrano tutte uguali.

A un certo punto appare su Facebook un meme. Recita: se vi lamentate che le canzoni di Ligabue sono tutte uguali, provate a ascoltare quelle dei Negramaro.

Fine dell'incipit.

Succede qualcosa.

Inizia la storia vera e propria.

La rivoluzione sta arrivando.

Questa parte dell'episodio de *I Simpson* che state leggendo inizia con le prime parole del comunicato stampa che lo accompagna, che recita, letteralmente, "Dire che sia già un classico potrebbe sembrare presuntuoso, eppure è proprio così che si presenta… il nuovo lavoro dei Negramaro."

Partiamo davvero, adesso.

Esce *La rivoluzione sta arrivando*, quinto album di studio della band salentina. Sono passati cinque anni da *Casa69*. Ormai la band viene riconosciuta come una delle più importanti realtà di casa nostra, nonostante un palese boicottaggio da parte di una buona porzione dei network radiofonici (questo prima che il patron di Rtl lasciasse l'AFI e si affiliasse alla Caselli in PMI, con conseguente pace tra i due, arrivo di Elisa a *Amici*, etc etc).

Ha una scrittura, quella di Sangiorgi, e un suono, quello della band, riconoscibilissima, su tutto poi la voce del cantante.

Il comunicato che l'accompagna parla di classico, e in effetti qualcosa che potrebbe far pensare alle caratteristiche dei classici c'è, nelle dodici canzoni della tracklist, tredici con la ghost-track. Le canzoni di questo nuovo atteso album, registrato, ci dirà Sangiorgi coi suoi pard durante una conferenza stampa tenutasi al Museo Della Scienza e della Tecnica di Milano, in giro per il mondo, a partire dalla natia Puglia, passando per Milano, Nashville, New York e Madrid, suonano esattamente come uno si immagina dovrebbe suonare un album dei Negramaro. O meglio, suonano come le canzoni dei Negramaro devono suonare se non passano per le cure di Corrado Rustici e Dave Bottrill, produttori dei precedenti lavori, quindi più asciutte, meno elettroniche, a metà strada tra pop e rock. Le canzoni sono scritte come uno si immagina dovrebbero essere scritte le canzoni di Giuliano Sangiorgi, che del resto le canta esattamente nella maniera in cui uno si immagina dovrebbero essere cantante da Giuliano Sangiorgi.

Questa faccenda del dovere, al posto del potere, non si trova tra queste righe per caso, poi ci torno.

Un classico, quindi, se non fosse che la qualità delle canzoni non giustifica i cinque anni passati, né l'averli registrati in giro per il mondo, a meno che i viaggi di cui sopra non fossero diversivi per gli artisti. Gli ingredienti del tipico Negramaro style sono tutti presenti, dalle ballad storte e acustiche di *L'ultimo bacio*, o elettriche alla *Ma quale miracolo*, a quelle un po' meno storte come *Attenta* e *Lo sai da qui*, ai rockoni elettronici, coi synth a fare le chitarre elettriche, come in *Danza un secondo*, passando per le classiche canzoni pop alla Negramaro, dal singolo *Sei tu la mia città*, probabilmente una delle canzoni meno interessanti prodotte fin qui da Sangiorgi, *Tutto qui accade*, *Le onde* e la stesso title-track, ai pezzi marziali, come *Il posto dei santi* o *Se io ti tengo qui*. La chiusura è affidata a *L'amore qui non passa mai* e alla ghost-track, senza titolo. La prima è una ballad con tanto di cello in bella evidenza, è forse una delle canzoni migliori della covata, vagamente rinogaetaniana in certi passaggi, sofferta come la voce di Sangiorgi sa essere. Il cantante salentino ci ha detto, in conferenza, che è un brano che parla dell'amicizia tra loro sei Negramaro, e ha anche azzardato qualcosa riguardo la rivoluzione che il credere nell'abbattimento di muri tra umani l'esistenza di una band come loro dovrebbe comportare. La parola rivoluzione, così come le parole vita, morte e ironia, sono ricorse molto, in conferenza stampa. Ne prendiamo atto. La ghost è una ballad per piano, con una fisarmonica in sottofondo, un po' slabbrata, casalinga, quasi, come una ghost track si può permettere di essere. Ecco, il finale regala il meglio. Forse. È difficile dirlo, perché tutte le canzoni sono ovviamente di pregevole fattura, ben scritte e ben eseguite. Non c'è più Rustici, né Bottrill, ma a parte una minore presenza di tastiere, alla base di un piccolo contenzioso tra band e il produttore campano (chi ha influenzato chi?, si chiedevano ai tempi dell'uscita contemporanea de *La finestra*, *Ferro e cartone* di Renga e *Primo tempo di Ligabue*, tutti suonati alla stessa maniera, oggi è chiara la risposta, la matrice di quel suono era Rustici), poco si nota. I Negramaro sono ormai una band capace di fare il proprio lavoro, di portare a casa la pagnotta e farlo bene. I Negramaro sono i Negramaro.

Ma basta questo? Servono cinque anni per fare il proprio, per non spostarsi di un centimetro oltre il proprio limite compositivo e interpretativo?

Parlando il titolo di rivoluzione, e parlandone anche i diretti interessati in conferenza stampa, ci saremmo aspettati qualcosa di più, qualcosa di diverso. Non dico qualcosa di sconvolgente, ma spacciare per rivoluzionario un suono pop-rock, mi sembra un po' bluffare.

Nessuno ha osato, qui.

Nessuno ha corso rischi, si è messo in discussione.

So calciare perfettamente di destro, tiro solo di destro.

È stato fatto tutto quello che si doveva, quasi nulla di quello che si poteva.

Sangiorgi ha elogiato pubblicamente la Caselli, per aver insistito per una loro produzione. Ma proprio la produzione sembra il punto debole, perché la scrittura c'è, e forse c'è stata, da quel punto di vista, almeno nei testi, una lieve crescita.

Chiaro, il fatto che un gruppo di amici del Salento siano riusciti a mettere insieme qualcosa di importante, per certi versi unico, raccontato con gli occhi lucidi, vuole pur dire qualcosa, ma i Negramaro erano i Negramaro anche cinque anni fa, anche l'altro ieri. Nulla è cambiato.

Qui si parlava di un album nuovo che porta quello che lo stesso Sangiorgi ha definito un titolo ambizioso, *La rivoluzione sta arrivando*.

Niente sorprese, niente delusioni, ma niente sorprese.

La rivoluzione russa, non svegliatela, diceva una battuta scema di quando ero ragazzino, in anticipo di decenni su Spinoza. Vuoi vedere che tanto scema non era?

LASCIATE CHE I BAMBINI RESTINO PER I CAZZI LORO

"Bisognerebbe essere schiavi della propria arte e non datori di lavoro del proprio talento."

Bella frase.

L'ho sentita l'altra sera per bocca di Vasco Brondi, ospite di Manuel

Agnelli a *Ossigeno*. È una citazione di Andrea Pazienza, uno che sicuramente se n'è andato troppo presto, lasciandoci senza il suo sguardo.

Parole sante, si dice in questi casi, non fosse che la santità è quanto di più distante possa venirci in mente. Intendendo con la santità, va detto, qualcosa che ha a che fare con un'idea decisamente sbagliata di perfezione umana, di adesione a un'idea di perfezione umana, di ancoramento a un'idea di perfezione umana, cioè qualcosa che poco o nulla ha a che spartire con la vertigine della creazione artistica, la ferita pulsante della creazione artistica, insomma, ci siamo capiti.

"Bisognerebbe essere schiavi della propria arte e non datori di lavoro del proprio talento," dice Vasco Brondi, e a sentirlo cantare, pardon, parlare nelle sue canzoni verrebbe da dire che lui, suppergiù, sta facendo di questa massima una sorta di manifesto. Zero concessioni al mainstream, ostile e spigoloso, specie quando prova a inoltrarsi nel magico mondo della melodia. Una poetica, se possibile, più ostile e spigolosa della parte musicale. Insomma, arte che rende schiavi, più che talento al lavoro. Poi, però, ci viene in mente che Vasco Brondi è anche quello che ha scritto con Lorenzo Cherubini, in arte Jovanotti, *L'estate addosso*, hit radiofonica che è poi diventata un film di Gabriele Muccino. E il cortocircuito prende vita, lasciando giocoforza cadaveri in terra. Perché, ma magari questo è un pregiudizio di quelli che ti spingono poi a tirare in ballo metafore animali per descrivere con quanta più ferocia possibile l'irresolutezza di un lavoro di studio, nello specifico una zebra che si morde le palle, *L'estate addosso* non mi sembra proprio un brano di quelli che ti scappano mentre insegui l'ispirazione. Urgente, per intendersi. Sembra più un brano paraculo, di quelli in cui metti frasi come "Ricordi di un futuro già vissuto da qualcuno" o "le stelle se le guardi / Non vogliono cadere", belle eh, ma che a pensarci bene non significano un cazzo. Specchi per le allodole, o forse specchi per gli allocchi, dove gli allocchi siamo noi che le canticchiamo, queste canzoni, e finiamo per farle nostre. Ecco, Vasco Brondi, quello de Le luci della centrale elettrica, quello di *Canzoni da spiaggia deturpata* (altro che *L'estate addosso*), quello di *Cosa racconteremo di questi cazzo di anni zero* (altro che *L'estate addosso*), di colpo scrive con Jovanotti *L'estate addosso*, canzone destinata a diventare un film di Gabriele Muccino. Seguano ingiurie.

Il discorso non può ovviamente fermarsi qui. Anzi, da qui parte. È successa questa cosa, per certi versi inspiegabile. Un tempo c'erano i generi musicali, rigidamente divisi. O stavi da una parte o dall'altra, e in genere se stavi da una parte l'altra era il resto del mondo. L'underground era underground, e se flirtava col mainstream diventava un caso, qualcosa di cui discutere, su cui, se eri nell'underground, fare dibattito. Volendo anche emettere sentenze definitive, tipo epurazioni e esili.

Facciamo un esempio?

Facciamo un esempio. Quando Jovanotti, sempre lui, la mantide religiosa del pop italiano, ha chiamato i CSI di Zamboni e Giovanni Lindo Ferretti a aprire i suoi concerti, ai tempi di *Tabula Rasa Elettrificata*, ormai oltre venti anni fa, da una parte ci fu un entusiasmo quasi folle, perché di colpo il punk o quel che i CSI rappresentavano per la scena aveva un riconoscimento non solo dalle classifiche di vendita, si ricordi il primo posto in Top 10, ma anche da artisti di chiara fama, dall'altra si gridò allo scandalo, perché anche se Jovanotti non era più il Jovanotti di *Un Due Tre Casino* restava pur sempre Jovanotti, quello di Radio Deejay.

Lo stesso, in altro contesto, quando i Subsonica andranno al Festival con *Tutti i miei sbagli*, poi seguiti da Afterhours, Marlene Kuntz e altri artisti di stessa provenienza. Una contaminazione che divise la scena, già divisa di suo, l'insuccesso ideologico del *Tora! Tora!* era stato sotto gli occhi di tutti.

Poi la storia la conosciamo tutti. L'underground non si è mai del tutto integrato, pur non essendo più apocalittico, e più che altro è invecchiato male, sostituito suo malgrado dall'indie.

Indie che non ne era affatto versione più giovane, non poteva esserlo per carenza di carisma e di talento da parte dei protagonisti e anche per il fatto che nel mentre era cambiato il mondo intorno, non c'era più una scena, non c'era più un pascolo intorno a cui costruire uno steccato. L'indie è diventato a sua volta un genere, modo idiota di chiamare una non-scena. Una musica slabbrata, sciatta, piccolina, con un pubblico di riferimento abbastanza preciso, giovane, diciamo tra le superiori e i primi anni dell'università, un budget per i live piuttosto ristretto, un look di riferimento fatto di barbe e camicie a scacchi, non di flanella. Chiaro che stiamo semplificando, non è la storia della musica leggera italiana che va di scena in queste righe. L'indie si impone con una prima generazione, coi vari Dente, le stesse Luci della centrale elettrica, Brunori SAS, Mannarino, gente, in parte, confluita proprio nel progetto di Manuel Agnelli *Il paese è reale*, portato a Sanremo nel 2009, di supporto alla partecipazione della band milanese. Neanche il tempo di provare a fare i conti con quella scrittura in parte irrisolta, casalinga, che di colpo arrivano altri artisti, ancora più piccolini, i vari Calcutta, I Cani, Thegiornalisti, Cosmo, Motta. Stesso iter, successo fatto più di live che nel mercato. Grande identificazione da parte del pubblico, specie quello giovane. Un nuovo miracolo italiano. Che va di pari passo con quello del rap, altra lingua in grado di parlare alle anime degli adolescenti e dei postadolescenti italiani. Nomi che presto vengono inglobati nel mercato, e a cui si susseguono altri nomi, magari non capaci di sostituirli, ma di affiancarli. Quindi ecco i Canova, i Gazzelle, i Frah Quintale, volendo anche Carl Brave X Franco 126.

E qui torniamo al discorso iniziale.

"Bisognerebbe essere schiavi della propria arte e non datori di lavoro del proprio talento."

Perché succede che la discografia si accorga di questo mondo col solito colpevole ritardo. Ma se ne accorge. Addirittura prima del mondo dei media, almeno di quello mainstream, quotidiani e network radiofonico. Succede che se ne accorga e decida di fare quello che un tempo avrebbe dato vita a un clamoroso "vaffanculo collettivo", cioè li ingaggi come ingranaggi della macchina.

Come?

Firmandoli come autori.

Basta andarsi a fare un giro per le pagine Facebook delle Edizioni delle principali major, la Universal Publishing su tutti, per capire di cosa stiamo parlando. Quelli che un tempo avrebbero parlato di Tiziano Ferro o Zucchero oggi stan lì a citare Calcutta o Carl Brave.

Di più.

Non si limitano a filmarli, li fanno lavorare con autori che con quel mondo indie nulla hanno a che fare. Li poppizzano, sempre che non siano sempre stati pop. Li fanno scrivere per artisti, Dio mi perdoni per questa parola, che con quel mondo, ma soprattutto quel pubblico nulla hanno a che fare. Da Fedez a Francesca Michielin, per dire un paio di nomi, con risultati che, Dio vede e provvede, rasentano e spesso superano in volata l'imbarazzo.

Ma a lavorare sono oggi prevalentemente loro, l'esercito degli indie.

Tommaso Paradiso sembra il nuovo Re Mida del pop, si veda l'ultima estate, quella giustamente incorniciata da Salmo nel singolo *Estate dimmerda*. Calcutta non è da meno. E via a scendere.

Tra gli altri autori, quelli di prima dell'indie, di poco prima dell'indie, gira un volantino: indiezzatevi. Tradotto, sei uno che scriveva canzoni pop per i vari interpreti sulla piazza, anche con un certo successo, bene, lascia perdere il tuo stile. Lascia perdere anche un ipotizzabile stile dell'interprete per cui devi scrivere. Imita Frah Quintale, un nome su tutti. Imitalo come se non ci fosse un domani.

Poi, succede, il mercato reagisce anche male, perché quel pubblico non è poi così allocco come la discografia crede. Quindi se ci sono migliaia, decine di migliaia di adolescenti che si riconoscono nel buco esistenziale messo in musica da Niccolò Contessa de I Cani, per dire, o da quello cantato da Calcutta. Se pensano di spararsi in testa come l'ultimo Gazzelle, o si lasciano andare a un romanticismo malinconico come i Canova, lo fanno per le voci di questi artisti, per la loro credibilità, non certo e non solo per le loro canzoni. Quel mix magico che si crea tra un cantante e una canzone. La Michielin che canta Cosmo non rende come Cosmo che canta Cosmo, prendiamone atto. Fedez e J-Ax che intonano Calcutta idem. Quel minimalismo. Quell'esistenzialismo. Quello splin che agli orecchi di un uomo di mezza età suona sciatto e malriuscito, sarà esattamente lo splin che un giovane ventenne starà cercando, inutile metterlo in bocca a un fuoriuscito da un talent che a oggi non ha vissuto un cazzo e che un cazzo riuscirebbe a comunicare. Prova ne è il fatto che i tour dei vari Gazzelle o Canova sono sold out, quelli della Michielin no.

"Bisognerebbe essere schiavi della propria arte e non datori di lavoro del proprio talento," ha detto Andrea Pazienza una vita fa.

Lo ha ripetuto in tv Vasco Brondi, quello de *L'estate addosso*.

Prendere i giovani artisti e metterli in catena di montaggio a scrivere canzoni in cui non credono per cantanti che non saprebbero donargli vita è prendere il talento e dargli un datore di lavoro. Pure stronzo. Signori editori musicali, provate a non rovinare anche questo ultimo barlume di speranza. Lasciate libera l'arte di schiavizzare questi artisti, fatevi da parte e andetevene affanculo. Ora.

LASCIATEVI TRACHEOTOMIZZARE DA BEATRICE ANTOLINI

"Io già lo so, morirò così, scrivendo canzoni. Riversa sul pianoforte, scena molto romantica, bohemien. Quando sono lì lì per chiudere un album non vivo più, non esco più, non vedo nessuno che non abbia a che fare col mio disco. Vado a letto tardissimo, non dormo per niente, sto sempre a pensare a quello che devo fare, a come mixare un determinato pezzo, che ordine dare alla scaletta. Mi assorbe completamente. Sono votata alla musica."

Beatrice Antolini è nell'occhio del ciclone. E per una volta si dia a questa espressione una valenza più che positiva. Si trova a Milano per promuovere il suo ultimo album, il concept *L'AB*, ma è balzata agli onori delle cronache solo pochi giorni fa, quando Vasco ha bruciato tutti i lanci stampa con un suo classico post su Facebook in cui annunciava il cambio di line-up della sua band con appunto l'ingresso della polistrumentista Beatrice Antolini.

"Io ho saputo che se ne poteva parlare proprio da te, quando mi hai scritto chiedendomene notizia. Non sapevo che sarebbe stato dato l'annuncio e la cosa mi ha davvero sorpreso piacevolmente. Come mi ha sorpreso di essere chiamata a entrare nella band. Per il resto non ti dirò nulla, ma già lo sai."

Eh, già, per citare Vasco, non siamo certo qui per parlare della scaletta dei concerti del rocker emiliano. Anche se è evidente che questa notizia non si possa non menzionare in un articolo che intende presentare al pubblico di Rolling Stone il nuovo lavoro della cantautrice marchigiana di stanza a Bologna.

"La concomitanza di questa notizia con l'uscita dell'album mi sembra davvero una grande congiuntura astrale. Considera che il lavoro era praticamente pronto già un anno fa, ma che alla fine, per tutta una serie di ragioni che non ti sto a spiegare, dal tour con Emis Killa a questioni meramente discografiche, siamo usciti adesso. E sono davvero felice. Perché ancora una volta il mio progetto è stato sposato dalla mia etichetta, La Tempesta Dischi, con la stessa leggerezza con cui è nato ogni singolo passaggio della mia carriera".

Carriera che è iniziata ormai parecchi anni fa, per altro subito incontrando ottimi riscontri con *Big Saloon* del 2006 e *A due* del 2008, e che è stata per la prima volta cristallizzata da Manuel Agnelli e gli Afterhours al Festival di Sanremo del 2009, quando ti hanno tirato dentro il progetto *Il paese è reale*, una fotografia di quella che voleva essere la scena alternative del nostro paese. Una fotografia che sembra non avere nulla a che fare con quella che si potrebbe fare oggi.

"Diciamo che in questi anni è davvero successo di tutto, e che forse oggi il paese è più reale di allora. Mi spiego, rispetto a quel periodo, in cui Manuel ancora una volta dava vita a una sua visione, come in precedenza aveva già provato col *Tora! Tora!*, oggi una scena esiste davvero. C'è un pubblico di riferimento, anche importante, cosa che allora non c'era, il *Tora! Tora!* questo aveva evidenziato dimostrando che il pubblico accorreva quasi esclusivamente per seguire i nomi più forti come gli Afterhours o i Marlene Kuntz. Poi possiamo discutere se la scena attuale ci piaccia o meno, possiamo analizzarne il valore artistico, ma quantomeno quella visione si è fatta reale."

Una scena, per altro, esattamente come quella immaginata da Manuel, in cui voi donne non avete praticamente spazio, siete inesistenti. Ne *Il Paese è reale* c'eri solo tu...

"Sì, siamo pochissime. Penso a Maria Antonietta, per dire, ma davvero siamo pochissime. Credo dipenda dal fatto che fare questo mestiere è durissimo, forse non reggiamo fisicamente. Come ti dicevo, so che io ci resterò secca facendolo. L'ho messo in conto."

Passiamo a parlare di *L'AB*, allora, prima che tu mi svenga davanti agli occhi. Un concept disc in tempi di streaming...

"Esatto, qualcosa magari di atipico. Ma volevo raccontare quello che sto vedendo oggi. Non giudicarlo, ma raccontarlo. Una analisi più che una critica. E per farlo ho deciso di scrivere un concept, in cui tutto, a partire dai titoli della canzoni nella tracklist alle accoppiate di canzoni, perché tutte le canzoni simili sono fianco a fianco. Poi, chiaro, se magari ascoltandole in download la scaletta va a farsi benedire pazienza, il senso resta lo stesso. Per come la vedo io si dovrebbe cominciare con *Insilence* e *Forget to Be*, ma qualsiasi ordine va bene, purché lo si ascolti con attenzione".

Anche perché, ancora una volta, hai seguito tutto tu. Hai suonato praticamente tutti gli strumenti, giocando ovviamente sulla contemporaneità, ma di certo non omologandoti a certe soluzioni scontate.

"Cerco di ascoltare di tutto, anche se non sono particolarmente affascinata dalle mode. Per dire, adoro Kendrick Lamar, seguo la trap. Ma anche sapendo che c'è gente che si ascolterà il mio cd con lo smartphone, non ho certo scelto soluzioni che guardassero alle cuffiette tagliando fuori chi invece lo ascolterà con lo stereo. Si tratta di provare a fare qualcosa che funzioni ovunque, partendo dalle canzoni, non certo dagli strumenti di ascolto. In questo sono davvero una nerd. Studio musica da quando sono piccolissima, sono addirittura stata una sorta di bambina prodigio, facevo concorsi in giro per l'Italia. Oggi studio ancora musica e studio anche come renderla al meglio nei miei dischi."

E *L'AB*, il tuo ultimo disco, oltre a suonare molto contemporaneo nelle sonorità, suona molto contemporaneo, decisamente, per le tematiche affrontate, l'idea dell'identità multipla, la percezione che il mondo ha di noi, le nuove dinamiche che guidano la società oggi. "Qualcuno, scrivendone, ha parlato di critica al mondo dei social. Non è così. Io sto nei social e li uso, noi stessi ci siamo conosciuti attraverso i social, prima che di persona. Io mi limito a dire che oggi il nostro modo di rapportarci agli altri è cambiato. Io sono per mia natura iperattiva, non riesco a non far nulla, non riesco neanche a stare in casa a guardare la tv, una sera, per dire. Per cui guardando a quel che mi circonda, questa forma di pigrizia sociale che ci spinge un po' a starcene isolati seppur nel mondo, mi sorprendo. E lo racconto con le mie canzoni, fatte di liriche, ovviamente, ma anche di musiche."

Ecco, *L'AB*, questo non può essere certo Beatrice Antolini a dircelo, è un album importante. Perché rappresenta un unicum nel nostro panorama, come del resto sempre è stato con i lavori della cantautrice marchigiana. La ricerca dei suoni, la cura nell'estetica, non solo quella dell'immagine con cui la Antolini si presenta, ma di ogni suo singolo lavoro, la morbosa, sì morbosa, attenzione con cui sceglie negli arrangiamenti, mai scontati, mai simili, seppur così potentemente riconoscibili, fanno del lavoro di Beatrice qualcosa di incredibilmente potente. Come se Tori Amos, tanto per usare la scorciatoia degli accostamenti, si mettesse a flirtare con St. Vincent.

Malinconica, disturbante, sensuale, la musica di *L'AB*, arrivato a cinque anni dal precedente album *Vivid*, è la penna con cui qualcuno ci fa una tracheotomia di emergenza mentre abbiamo le vie aeree occluse da un boccone andato di traverso, stesi sul pavimento di un ristorante. Salvifica e destinata a lasciare un segno.

LA TRAGEDIA DELLE BLACK BALLADS

Le mode sono mode. Non c'è una motivo specifico per cui esplodono, e se c'è, chi contribuisce a farle esplodere si guarda bene dal condividere questo segreto col resto del mondo. Spesso ci entusiasmano, salvo poi svanire nel nulla e, viste ex post, sembrarci imbarazzanti, o quantomeno inutili.

La musica è spesso, se non sempre, vittima delle mode, e lo è in maniere piuttosto variegate. Si va da certi ritmi, che caratterizzano certi periodi e che poi scompaiono nel nulla o finiscono nel campo del vintage, per passare a certi suoni, le tastiere e le batterie elettroniche degli anni '80, le chitarre distorte e grunge dei primi '90, e via discorrendo, e via discorrendo.

In provincia, in genere, le mode arrivano con un piccolo ritardo rispetto al resto del mondo, e attecchiscono in maniera anche più violenta, come se l'essere periferici costringesse le persone a dimostrare qualcosa di più, così i dark erano più dark e i tamarri più tamarri in provincia che nelle metropoli, per dire.

L'Italia è la periferia dell'occidente, la provincia dell'occidente, forse non fa neanche parte dell'occidente.

Da noi le mode spesso riguardano suoni e autori. In certi periodi tutti ricorrono a quel determinato produttore, perché è il migliore, perché ha fatto gli album migliori, e di colpo sentiamo decine di dischi che suonano tutti uguali (anche gli altri produttori, ovviamente, per cercare un po' di lavoro, tendono a imitare il produttore del momento, finendo per esserne surrogati a miglior prezzo). In certi periodi tutti ricorrono a quel determinato autore, perché è il migliore, perché ha scritto i brani migliori, etc etc.

Qualche esempio? No, dai, non fatemi essere impietoso. Non fatemi dire come, negli anni zero, tutti o quasi ricorressero ai servigi di Corrado Rustici, colui che stava dietro al successo di Zucchero Sugar Fornaciari e Elisa, uomo italiano di stanza a Sausalito. Così, anche solo a ripensarci mi vengono i brividi, ecco che escono fuori i singoli nuovi di Ligabue, Negramaro e Renga, e sembrano suonati tutti dalle stesse persone, con gli stessi strumenti e gli stessi effetti, e durante la stessa sessione. Col suono di Rustici a farla da padrone sul resto, omologando e omogeneizzando tutto.

Idem per gli autori, e qui i nomi da fare sono diversi, a periodi, con inspiegabili sparite di scena di cui, poi, andrò a parlare più approfonditamente più avanti, da Federica Camba e Daniele Coro a Roberto Casalino, da Dario Faini e Diego Mancino a Ermal Meta, da Fortunato Zampaglione a Kekko Silvestre dei Modà.

Ora, questo discorso, che può suonare un po' vago, generico, teorico, mira in realtà a qualcosa di quantomeno terreno, due brani che si sentono in questo periodo. Brani che suonano sinistramente simili, per non dire uguali. Stesso incedere, stessi suoni, stesso mood, stessi accordi. Uno l'originale, l'altro la cover, non fosse che escono entrambi come inediti, e con titoli diversi.

Sto parlando, l'avrete capito, di *Guerriero* di Marco Mengoni e *L'amore esiste* di Francesca Michielin. Sentiteli, vi dico, e potrei chiudere già qui il mio pezzo. Non ci fosse un piccolo inghippo la cosa finirebbe probabilmente in tribunale, con la classica causa di plagio, e morta lì.

Però c'è un inghippo e a farne le spese, sempre che si possa parlare di farne le spese anche in questi casi, è solo il pubblico pagante.

Guerriero è un brano che è uscito poco tempo fa, di grande successo, singolo di lancio di un album a sua volta di grande successo. Vai su Youtube e vedi che ha avuto già oltre diciotto milioni di visualizzazioni. *L'amore esiste* è un brano nuovo, che ci ripresenta la Michielin forte del megasuccesso di *Magnifico*, brano che la vedeva ospite di Fedez.

Le due canzoni sono identiche. Non solo come trama e tessitura, ma anche come suoni. Sembrano proprio l'uno la prosecuzione dell'altro.

E perché non ci sarà una denuncia per plagio?

Perché entrambi escono per la medesima casa discografica, innanzi tutto.

Perché entrambi suonano uguali come suonano uguali a decine di altri brani prodotti dal produttore del momento, quello cui ricorrono tutti, da

Ferro a Jovanotti, passando per Renga e Mengoni e la stessa Michielin, Michele Canova.

Perché entrambi sono stati scritti dall'autore del momento, Fortunato Zampaglione, che ha scritto *Guerriero* per e con Mengoni, ma che ha scritto anche *L'amore esiste* per la Michielin, oltre che per tanti altri.

Un caso?

Non credo.

Il frutto di una moda? Forse. Ma anche qualcosa di più. Un tentativo, riuscito, di cavalcare un'onda. Di omologare un suono. Di rendere tutto simile a se stesso. Senti la Michielin e il suo brano ti suona familiare, te lo senti subito tuo. Poco conta che ti suoni familiare perché in effetti ti è familiare, lo hai già sentito, nei suoni, nella musica, in un'altra canzone, l'importante è che ti piaccia a prescindere, che ti rassicuri, che tu sia in grado di canticchiarlo già al primo ascolto. Magari che ti emozioni pure, proprio perché lo associ a un brano che già ti ha emozionato.

Nessuno si fa male.

Nessuno si autodenuncia.

Basta solo attendere il nuovo singolo del prossimo artista prodotto da Canova, scritto da Fortunato Zampaglione.

In cucina i gusti omologati vengono chiamati fast food, se fatti con materie prime non eccelse si parla di junk food.

Queste sono fast song o junk song?

LA TRIADE A SANREMO, A UN CENTIMETRO DALL'APOCALISSE

Carlo Conti sta per tornare a Sanremo. Il suo secondo Festival della Canzone Italiana. Un rischio, quando, come l'anno scorso, si sono portati buoni, ottimi risultati. Il suo trucco, ci ha spiegato l'anno scorso, a caldo, è stato il guardare al mondo delle radio. Le famose canzoni da cantare sotto la doccia, orecchiabili, pronte da finire in heavy rotation, questo il metodo con cui aveva selezionato le canzoni in gara l'anno scorso, e in effetti le canzoni, in radio, si sono sentite. Ovviamente c'è un però. Funziona sempre così. In molti, l'anno scorso, avevano storto il naso. Perché più che guardare all'orecchiabilità dei brani, infatti, sembrava che Conti avesse guardato direttamente alle radio, e a certi interessi acclarati (e legali) che le vedevano legate alle canzoni in gara. E si usa il plurale tanto per fare, perché in realtà la radio è RTL 102.5, che l'anno scorso aveva davvero la parte del leone nel cast sanremese, per vie dirette e indirette. Facciamo un veloce excursus, tanto per non dimenticare. Venti concorrenti in gara. Tra questi, direttamente legati a RTL 102,5, di proprietà di Lorenzo Sucari, alcuni. Guardando alla classifica finale. Annalisa, piazzatasi quarta, era in gara con un brano della gallina dalle uova d'oro di casa Ultrasuoni, etichetta che ha in RTL 102,5 uno dei titolari, Kekko Silvestre. Dear Jack, piazzatisi settimi, sono sotto etichetta Baraonda, di totale proprietà della radio. E poi, Gianluca Grignani, sotto edizione con loro. Alex Britti, idem. Bianca Atzei, sotto etichetta e con brano scritto da Kekko, e grande mistero della discografia italiana, considerata BIG senza aver praticamente fatto nulla da BIG, s, e Anna Tatangelo, sempre con brano scritto da Kekko. Poi, ma qui si finisce nella fantapolitica, c'erano quelli i cui tour sarebbero poi stati organizzati dalla Friends and Partners di Ferdinando Salzano, che con Suraci ha uno stretto rapporto di collaborazione, visto che RTL 102,5 è spesso il mainsponsor dei concerti, a partire da Il Volo, e volendo si potrebbe tirare in ballo anche la De Filippi, nostra signora della televisione, perché *Amici* è gestito dalla Fascino, dentro la quale c'è il buon Settepani, uomo di Suraci, e in questo cono d'ombra va inserito sicuramente Moreno, oltre che gli stessi Dear Jack, di lì passati. Insomma, un bel gruppetto. Il festival delle radio, aveva detto Conti, e aveva detto il vero.

E quest'anno? Le cose sono andate diversamente?

Altri venti concorrenti in gara.

Quanti ascrivibili all'area RTL 102,5, e volendo anche Friends and Partners e De Filippi, la triade della musica italiana oggi?

Andiamo in ordine alfabetico, seguendo l'elenco diffuso dalla RAI.

Si inizia con la coppia. Deborah Iurato e Giovanni Caccamo. Ecco, Deborah Iurato ha vinto *Amici*. Nel giro della triade, per altro, c'è chi vede aleggiare anche la Caselli, discografica di Caccamo. Avete presente Elisa a *Amici*? Ecco, diciamo che non sarebbe un caso. Ma andremmo fuori tema. La Iurato è lì. E uno. Terzo nome in scaletta, Alessio Bernabei, ex Dear Jack. Anche lui uscito da *Amici*, quindi, e ex Baraonda, etichetta di Suraci. Ma i due si sono lasciati male, dirà qualcuno. Può darsi, ma Bernabei ha firmato con la Warner, che è l'editore che gestisce le edizioni di Baraonda, quindi proprio male male no, dai, non scherziamo. Proseguiamo. Anche Arisa è Warner, ma qui si finisce davvero a pensar male. Già va meglio con Annalisa, perché il suo brano lo firma Diego Calvetti, che di Suraci è braccio destro, quindi ci siamo perfettamente. Irene Fornaciari, invece, si suppone faccia parte del pacchetto Zucchero. Lui a settembre sarà per dieci date all'Arena, in un progetto firmato Friends and Partners e sponsorizzato da RTL 102,5. Il suo brano lo ha scritto Calvetti, anche qui, vedi a pensar male. Sarebbe quasi da scommettere su un salto di papi a Sanremo, magari per la serata delle cover, ma ci auguriamo davvero di no, per il bene di Irene.

Poi c'è Scanu. Vabbè, lui ha vinto *Amici*, ed è un fatto, e il brano glielo ha scritto Fabrizio Moro, che quest'anno siederà tra i professori.

Quindi ci siamo di nuovo. Altri artisti che ruotano in area Suraci-De Filippi-Salzano. Senza contare le edizioni, ancora non rese note. Niente di illegale, ripetiamo, ma una domandina sull'opportuinità che la RAI guardi con tanta attenzione a una radio privata, magari, sarebbe il caso di farsela.

LAURA PAUSINI E LA SUA IDEA DI FRAGILITÀ

Scienze delle comunicazioni è stata a lungo trattata come Carrie, il personaggio dell'omonimo romanzo di Stephen King, prima che si incazzasse al famoso Ballo di fine anno della scuola. Forse anche a ragione.

Un'università un po' del cazzo, di quelle che faticheresti anche a inquadrare ma se pensi a chi l'ha frequentata, poi, ti viene davvero voglia di fare il bullo e di rifilargli coppini durante tutta la lezione, e magari fargli anche un gavettone di sangue sul più bello della festa, anche se poi si sa come va a finire.

Ciò nonostante è indubbio che oggi, in un'epoca di iperconnettività, di bulimia social, di notizie che girano alla velocità della luce e durano il tempo di una scoreggia fatta all'aria aperta in una giornata ventosa avere qualcuno che di comunicazione se ne intende, ha studiato, se apre bocca sa quel che dice, in discografia, potrebbe far comodo.

Perché siamo non solo nell'epoca dell'iperconnettività etc etc di cui sopra, ma anche in un periodo in cui di dischi non se ne vendono più. Il che comporta, per intendersi, il semplice fatto che gli artisti che erano abituati a viaggiare su cifre milionarie, con uno staff di qualche decina di persone appresso, l'aereo privato, la limousine e chi più ne ha più ne metta, ora si trovano a dover fare i conti con il concetto di modestia, da non intendersi come l'opposto dell'arroganza, ma dello sfarzo.

Per questo, volendo, l'idea di basare la comunicazione per l'uscita di un disco di una popstar oggi, mentre la gente arranca, o per dirla con Maria Antonietta, ha fame, con un concetto come: "Fatti sentire per superare le fragilità, i momenti di sconforto e affrontare la vita con il coraggio di essere sempre se stessi, senza ansie di dover piacere per forza a tutti" sembra davvero una ottima idea, da tesi in Scienze delle comunicazioni. Non fosse che si è evocata la fragilità verrebbe da dire una idea vincente.

Un album, quindi, che pone la fragilità al suo centro. E il fatto che nel presentarlo si parli di una immagine pubblica spesso considerata di donna forte, cui corrisponde in realtà una donna insicura, come tutti, renderebbe il tutto ancora più potente, anche qui permettetemi un termine poco "fragiloso".

Tutto bene, quindi. Almeno per una volta.

Scienze delle comunicazioni o non scienze delle comunicazioni ecco una ottima campagna di lancio di un lavoro, *Fatti sentire* di Laura Pausini, è del lancio di questo album che stiamo parlando. Si vedrà poi se all'ottima idea di lancio corrisponde anche un ottimo lavoro musicale, sono dettagli, in fondo.

Tutto molto bene.

Almeno, così sarebbe potuto andare.

Non fosse che la donna fragile, insicura, costretta nei panni della femmina alpha mentre nella realtà sarebbe un essere intriso di insicurezze, tipo Cenerentola mentre parla in soffitta con GusGus e gli altri topini, ha optato per sposare il concetto di fragilità e di insicurezza con uno dei gesti più plateali e cafoni che la discografia rammenti negli ultimi anni.

Non che in precedenza la nostra non avesse già abusato in cafonaggine e spavalderia, sia chiaro. Se mai dovessimo inserire il lancio di *Fatti sentire* in una classifica di promozione trash, beh, diciamo che se la dovrebbe vedere proprio con quella di *Simili*, che ha regalato al mondo i "pool guys", giornalisti invitati a spese della cantante in quel di Miami, lei stessa ci tenne a sottolinearlo, autofotografatisi a bordo piscina nel lussuoso resort scelto per loro dalla Divina e poi, ovviamente, elogianti in maniera un filo sospetta nei confronti di un disco che, nei fatti, ha ridefinito il concetto di brutto come neanche l'uomo panciuto di Ciprì e Maresco era riuscito a fare.

Al terzo posto, perché *Fatti sentire* merita il secondo, tanto per non farsi mancare niente, la presentazione dell'album natalizio sempre della Pausini, a Disney World, in un clima, qualcuno interdica l'uso dei social ai giornalisti troppo marchettari, al limite dello zuccheroso.

Una roba da far impallidire la villa con le finte statue greche degli zingari di Ostia in *Suburra*, per intenderci, parlando del lancio.

Fatti sentire, l'album della fragilità e dell'insicurezza di Laura Pausini, in apparenza donna forte, nei fatti oggetto di ansie e incertezze, dicevamo. Proviamo a immaginare il momento in cui tutto è nato.

Siamo in Warner, la casa discografica della Pausini, o in Goigest, la agenzia di comunicazione di Dalia Gaberscik che da tempo si occupa della Laurona nazionale.

"Allora," dice qualcuno, magari Marco Alboni, CEO della Warner, "dobbiamo pensare a come lanciare l'album di inediti della cantante italiana più famosa al mondo, non perdiamo di vista questo punto..."

Ecco, già ci dobbiamo fermare. Perché solo l'idea che nel mondo un italiano venga associato alle canzoni della Pausini non è che sia roba da prendere tanto alla leggera. Nel senso, passi essere quelli che potrebbero avere Di Maio o Salvini come premier, passi essere quelli che hanno regalato al calcio, recentemente, campioni come Mario Balotelli o Pellè, ma pure le canzoni della Pausini, beh, sembra davvero accanimento del destino.

Tant'è.

Torniamo all'ipotetica riunione.

"Serve qualcosa che possa veicolare l'idea di debolezza, seppur affrontata con coraggio e determinazione. Ma al tempo stesso qualcosa di fiero, perché non c'è niente di male nell'essere deboli, insicuri, fragili."

Stavolta a parlare non è Alboni. No. Non sarebbe credibile mettergli in bocca queste parole, lui è quello che sta puntando tutto su Benji e Fede o su

Alessio Bernabei, non scherziamo. Di lui, del resto, la Pausini in conferenza dirà solo che le "ha un po' rotto il cazzo", cito testualmente, a andarle sempre contro, non lasciandogli mai modo di intervenire. Manco fosse stato lui a pagare tutto questo ambaradan.

A parlare quindi non è lui, manco nella finzione. Magari è la stessa Dalia, o volendo la Pausini.

"Cosa possiamo associare a questi concetti?"

Sì, è la Pausini a parlare. Con la sua voce squillante, elegante e equilibrata come sempre.

Silenzio.

Non vibrasse ancora nell'aria la sua voce si potrebbero sentire gli ingranaggi dei cervelli di tutti i presenti alla riunione. Tic tac tic tac. I cervelli di chi lavora in discografia fanno così.

Qualcuno alza la mano, timoroso. L'idea della donna fragile, diciamo, non ha attecchito manco coi suoi collaboratori, figuriamoci per gli altri.

Qualcuno alza la mano, però.

Tutti lo guardano.

"Affittiamo un volo Alitalia Milano-Roma. Carichiamolo di giornalisti e critici musicali. Poi tappezziamo Linate e l'aereo di foto promozionali del disco. Foto ovunque, come nella Romania di Ceausescu. Di più. Facciamo fare a Laura Pausini la hostess, così tutti condivideranno lei che passa col carrello nel corridoio, servendo acqua e salatini ai giornalisti. All'arrivo piazziamo un bel numero di Van brandizzati Laura Pausini e *Fatti sentire* direttamente in pista, manco fosse il viaggio pontificio di Bergoglio, e partiamo da lì diretti al Circo Massimo, dove saranno in attesa i giornalisti romani. L'aereo con le immagini di Laura. Tutti a condividere le foto sui social. La città attraversata dalla fila di Van. Il Circo Massimo. Pensa che effetto figata."

Applausi a scena aperta.

Tutti sono d'accordo.

Così sarà.

Aereo.

Aeroporto tappezzato.

Hostess.

Volo.

Giornalisti che condividono stories e selfie.

Van direttamente sulla pista.

Sfarzo.

Nani e ballerine.

Selfie a non finire.

Circo massimo.

Recensioni osannanti.

Sì, certo, anche fragilità raccontata. Debolezza. Insicurezza. Manca giusto Alvaro Vitali vestito da Pierino che da fuoco alle scoregge e il trash è stato rappresentato tutto nei minimi dettagli.

Roba da auspicare l'autocombustione come il protagonista di *Poltergeist*, o alla combustione indotta, come Ian Palach. Però noi non siam qui a occuparci di costume, ma di musica. Eh sì, perché la presentazione sarà stata pure una cagata pazzesca, ma poi c'è l'album, *Fatti sentire*, e le quattordici canzoni inedite che lo compongono, prima parte di un lavoro più complesso del solito, in parte introspettivo in parte effervescente, in parte lento in parte ritmato, in parte forma in parte sostanza.

Canzoni che vedono un nutrito gruppo di autori, anche validi, si pensi a Virginio, Niccolò Agliardi, la neoentrata Giulia Anania, il giovane Tony Maiello, Nigiotti, con una canzone che girava già un paio di anni fa e che hanno ricicciato per nuova, Cheope e Paolo e Joseph Carta, cioè il signor Pausini e il di lui figlio.

Canzoni che partono, è stata la stessa Pausini a raccontarlo, in volo, da storie arrivate alla nostra in lettere, mail o messaggi scritti dai suoi fan. Storie vere, personali, che gli autori e la Pausini hanno reso universali, dal particulare all'universale, per dirla alla Guicciardini. Storie di vita quotidiana, di chi oggi sente di non dover più accontentare a tutti i costi chi è in ascolto, ma semplicemente essere se stessa.

Certo, in mezzo c'è anche un reggaeton come Nuovo, la dimostrazione che per quanto uno ci provi, si impegni, si confronti con gli altri, studi, faccia leva sull'orgoglio di ribaltare le aspettative negative e al tempo stesso si lasci andare all'istinto, a quella capacità che gli artisti dovrebbero avere di tirare fuori il bello anche da una intuizione banale, ecco la dimostrazione che quanto uno ci provi etc etc una canzone di merda resta una canzone di merda.

Nuovo, appunto, roba da far rimpiangere *Innamorata* dell'album di inediti precedenti, sempre se sia possibile stabilire una graduatoria di canzoni di merda.

Certo, ci sono suoni imbarazzanti, come quelli di E.STA.A.TE.

Certo, c'è tutto questo, per il resto, però, c'è la Pausini, quella che intercetta la gente comune con la sua voce cristallina e le sue canzoni dirette, semplici, come a volte solo la poesia sa essere. Non è questo il caso, ovvio, ma ci siamo capiti. Un album, *Fatti sentire*, che vuole far conoscere al mondo, a noi e ai sudamericani che si erano appassionanti perché la teneva come todas e gliela faceva vedere nello specifico, una Laura Pausini rinata. Fragile e fiera al tempo stesso. Insicura ma coraggiosa.

Una bella sorpresa, qualcosa capace di mettere d'accordo tutti, chi nella musica cerca solo disimpegno con chi cerca qualcosa di alto, di intellettualmente appagante, qualcosa capace di spiazzare chi era partito per l'ascolto con un bastimento carico di pregiudizi, magari pregiudizi legittimati da tanti anni di musica oggettivamente brutta, un lavoro maturo, forse definitivo, di quelli che se uno dovesse pensare a che musica resterà di questi anni, cosa si salverà dalla frammentazione culturale di questo nuovo millennio, non potrebbe non prendere in considerazione, un album oggettivamente bello, ben fatto, ben scritto, ben cantato, finalmente anche ben prodotto, verrebbe da dire. Non fosse altro che per non doversi ogni volta ripetere.

Ma in realtà *Fatti sentire* è la solita immane cagata della Pausini, coraggiosamente insicura, fiera della sua fragilità e tutto, ma capace di tirare fuori musica demmerda come pochi altri in circolazione.

LAURA PAUSINI: "POTEVI INTITOLARLO 'A CAZZO DI CANÈ"

Come fosse Antani. In queste tre parole, anche piuttosto note, l'immaginario e la poetica del nuovo lavoro di Laura Pausini, arrivato a due anni dal *Greatest Hits* atto a festeggiare il ventennale di carriera e a quattro dal precedente lavoro di inediti *Inedito* (no, non è un gioco di parole, giuro). Il concept dell'album è che non c'è un concept. Il che dimostra anche una certa genialità. Manco un designer di interni al Fuorisalone di Milano, fino a oggi, aveva osato tanto. Come fosse Antani, appunto.

Simili, questo il titolo del lavoro, sta lì a indicare come le canzoni scelte da Laura Pausini per questo nuovo lavoro siano in realtà tutte uguali e diverse al tempo stesso. Simili, appunto.

L'idea, ci fa sapere Laura, le è venuta mentre era a fare i documenti per poter lavorare negli USA, guardando le impronte digitali in questura. Suppongo sia un po' come star lì a guardare le nuvole cercando di riconoscere profili di animali. Toh, un elefante, un ghiro, un cane. Ce la possiamo immaginare, Laura Pausini che si tormenta, perché ha messo insieme un repertorio che non sta insieme, perché si gioca tanto, non tutto ma tanto con un album di inediti, dopo i numeri erosi dai precedenti lavori, e l'idea di cantare le vite degli altri, dovuta al fatto che le canzoni gliele hanno scritte altri autori, lei che è una interprete, onestamente è un po' debolina. Chiaro, una potrebbe fregarsene e non dire proprio niente, limitarsi a un "ecco le mie nuove canzoni", ma se quest'una è Laura Pausini, no, non basta. Lei deve mettere d'accordo tutti, avere tutti ai suoi piedi, tutti a dirle quanto è brava, quanto è bella, quanto è solare e simpatica. Quindi un'idea ci vuole, qualcosa che quadri il cerchio. Così ecco che a guardare delle impronte digitali Laura scopre che noi esseri umani, come direbbe Mengoni, siamo tutti uguali e diversi tra noi, tutti simili. Ecco l'idea. Così le quindici canzoni della tracklist prendono un senso, le dice il marito e co-produttore Paolo Carta. Così anche stavolta la sfanghiamo. Del resto come potrebbero essere legate tra loro le canzoni di un progetto che metta insieme le penne di Giuliano Sangiorgi, un brano che evoca le nuvole (Dio, ti imploro, prima che io muoia regalami una canzone di Giuliano o Kekko che non evochi un fenomeno meteorologico), Lorenzo Jovanotti, Biagio Antonacci, L'Aura, Tony Maiello e Nicolò Agliardi? Tratti di scrittura troppo distanti tra loro, seppur uniti da quella mano di coppale che è il canto della stessa Pausini, quello sì in grado di uniformare tutto, e non lo si legga come un complimento.

Passiamo alle canzoni.

Del primo singolo estratto da *Simili*, *Lato destro del cuore* ho già avuto il piacere di scrivere, col plauso dello stesso autore, eviterò quindi di tornarci. *Simili*, brano che regala il titolo all'opera, è un pop-rock alla Laura Pausini che ci racconta proprio il concept-non concept dell'album. Il fatto che qualcuno, Nicolò Agliardi e la stessa Laura, in compagnia di Edwyn Roberts per la musica, si sia preso briga di scriverci su una canzone è encomiabile. Del resto c'è gente che costruisce in soggiorno plastici su cui far viaggiare trenini elettrici o altri che si mascherano da Sailor Moon, di gente encomiabile perché dedita a azioni inutili per il solo scopo di farlo ce n'è parecchia. In realtà stavo scherzando, *Simili* è una bella canzone, di classe. Peccato per l'arrangiamento e per l'interpretazione. Contiamo, prima o poi, di sentirla cantata meglio da qualcun altro.

200 note l'ha scritta Tony Maiello, il tipo belloccio che dopo essere stato alla prima edizione di X-Factor ha vinto Sanremo Giovani, una vita fa. Una ballata delicata, con una quantità di parole assai poco pausiniana. Del resto è il primo brano che scrive per lei, magari non lo sapeva. Molto pausiniano il modo di cantarlo, come se si fosse al mercato e ci si dovesse far sentire nel frastuono dei venditori di uova o di pesce. Del resto, frastuono ce n'è nell'arrangiamento, con un arrangiamento orchestrale degno di una colonna sonora da film Disney. Se si decide di prodursi da soli il rischio della stucchevolezza è lì, dietro l'angolo.

Innamorata è un reggaeton. Finalmente Laura Pausini è se stessa, quella che la tiene come todas, che è baciata dal successo presso un pubblico sudamericano, che è orgogliosamente tamarra. Per esserlo, se stessa, era necessario un brano di Jovanotti, a occhio qualcosa che stava lì nei cassetti da tempo. Una canzone del Jovanotti meno introspettivo, quello che scrive sui social, non quello che gira il mondo zaino in spalla. La canzone ce la immaginiamo ascoltata da un gigantesco Ghetto Blaster, mentre ragazzini giocano bagnandosi con l'acqua di un idrante rotto. Purtroppo, invece, la ascolteremo nelle nostre radio, ora che Laura ha chiarito che era tutto un fraintendimento e che lei le ama e loro amano lei.

Chiedilo al cielo è un'altra canzone di Agliardi che porta la firma anche di Laura. Agliardi, che è uno dei nostri autori giovani (si è giovani fino a cinquant'anni, sia messo agli atti) più importanti e interessanti. Uno con tratti fossatiani, quando scrive per sé, che poi è in grado di mimetizzarsi come pochi con la poetica di gente come Laura Pausini, con la quale, viene da pensare, a parte la firma alla SIAE, poco ha a che spartire. Ecco, io lancerei la campagna Salvate il soldato Agliardi. Lui è bravo anche in queste occasioni, perché riesce a arginare i danni, a buttare del bello nel piattume, ma i miracoli no, non può farli. Salvate il soldato Agliardi. Perché saperlo in ostaggio di queste canzoni, un po', ci immalinconisce.

Malinconia che diventa quasi rabbia nel brano successivo. Ho creduto a me è una ballad che, la cantasse il suo autore, potrebbe anche avere un senso. Questo è un limite dello scrivere canzoni per altri. Poi uno se le immagina per sempre cantante con quella voce lì, con quell'intenzione lì, con quell'interpretazione lì. Bella canzone. Buttata via. Magari la salva il karaoke. Nella porta accanto è un brano della Laura Pausini cantautrice. Il commento potrebbe fermarsi qui, buttandola sull'ironia. Ma qui c'è poco da ridere. Se avendo letto i credits prima dell'ascolto avevo pensato che probabilmente dietro c'era un ghost writer che non aveva poi firmato il brano, ascoltandolo la malizia ha lasciato il posto alla sconcertante realtà. Davvero ha scritto la Pausini, non ci sono dubbi, purtroppo.

Il nostro amore quotidiano è un altro brano pianistico, sempre di Agliardi. Che dire, gran bel testo. Con parole ricercate, come sempre Agliardi sa e può fare. Parole che poi diventano meno ricercate una volta che a cantarle è la Pausini. Succede. Facciamocene una ragione. O magari no. Salvate il soldato Agliardi, torno a dire.

Tornerò (Con calma si vedrà) è di Biagio Antonacci. Stavolta niente Ruzzle. Stavolta è il Salento. Tutti scalzi intorno al fuoco. La speranza è che ci sia parecchia sangria, ecco. Prosit.

Colpevole, della premiata ditta etc etc, è un pop rock un po' di mestiere, e quasi ci fa piacere, perché almeno culliamo l'illusione che Agliardi sia riuscito a piazzare anche qualcosa che aveva già nel cassetto, qualcosa che reputava poco interessante da mettere in un proprio album. Un po' come hanno fatto Jovanotti e Sangiorgi, per capirsi. Notevole lo special, perché Agliardi è sempre Agliardi, anche quando non si impegna.

Io c'ero (+ amore x favore) è un brano dance scritto in compagnia di Paolo Carta e L'Aura. Ancora la Laura Pausini tamarra. Pure più di prima. Fosse sempre 'sta roba qui finirebbe pure per starmi simpatica.

Sono solo nuvole l'ha scritta Kekko dei Modà. No, scherzo, ci sono le nuvole ma non l'ha scritto Kekko, l'ha scritta e prodotta l'altro appassionato di meteo, Giuliano Sangiorgi. La Pausini ha paragonato la scrittura a quella di Modugno. Ma è a Miami, lì fa piuttosto caldo e il ventilatore sembra l'abbia regalato a un giornalista poco gradito. Una canzone di Sangiorgi che sembra una canzone di Sangiorgi, solo cantata dalla Pausini. A volte più che le nuvole ci vorrebbe una coltre di nebbia, o di neve, tipo labirinto di Shining.

Per la musica, brano pop-rock del solo Agliardi, sarà una hit. Non fosse che sarà il brano Simili a svolgere questo ruolo, potrebbe essere la sigla della prossima serie di Braccialetti rossi. Stesso incalzare. Epico. Alla canzone hanno collaborato fan da tutto il mondo, suonando a distanza. Nel testo si torna a parlare di uguaglianza e diversità, e si comincia a rivalutare Salvini.

Lo sapevi prima tu è una canzone che L'Aura, probabilmente la migliore cantautrice italiana uscita negli ultimi anni dal mainstream ha scritto con suo marito Simone Bertolotti e la Pausini. Sul perché preferisco sorvolare. L'Aura ha scritto decisamente di meglio, ma stavolta era al servizio della Pausini, non gliene possiamo fare una colpa. Come nel caso di Agliardi si sente una penna importante. Si sente cosa potrebbe fare lontano dalla voce della Pausini. Speriamo almeno serva a farla tornare in pista, perché il sacrificio è stato davvero alto. Salvate la soldatessa L'Aura, già che ci siete.

Ultima canzone, grazie a Dio, è *È a lei che devo l'amore*, scritta da Biagio e che vede la partecipazione di Paolo Carta, il compagno della Pasuini, alla chitarra, e di Paola, la loro bambina, alla voce bambinesca. Le ultime tre canzoni, del resto, compongono una specie di sezione a se stante, l'unica in cui la Pausini canta se stessa e non gli altri (ricordate Antani). La prima dedicata alla musica, la seconda al papà Fabrizio, la terza a Paola. Di canzoni dedicate ai figli è piena la storia della musica leggera, da *Avrai* a *Futura*, passando per *Sarà un uomo* e *Peppino*. Poi c'è questa cosa qui.

Nell'insieme *Simili* nulla aggiunge a quanto fin qui la Pausini ci ha fatto sentire. Se non il fastidio di altre quindici (quindici!!!) canzoni. In realtà la promessa che tutte le canzoni fossero simili è stata mantenuta solo fino a un certo punto. Alcune canzoni sono simili a quelle del vecchio repertorio, sì. Altre sono migliori, nonostante l'interpretazione della Pausini e gli arrangiamenti. Altre, ancora, sono di una bruttezza quasi imbarazzante. Quindi uguali e diverse, sì, ma anche no. Del resto, ci è andata anche bene, perché se avesse voluto essere più attinente al concept del disco, questo lavoro avrebbe potuto tranquillamente intitolarsi *A cazzo di cane*, e allora avremmo avuto difficoltà a trovare una chiosa al pezzo.

Da domani faranno il giro del mondo, e nel mondo ci rappresenteranno, come popolo italiano. L'idea di essere associato a *Innamorata* o *Io c'ero* (+ *amore x favore*), lo confesso, mi inquieta. Chiaro, all'estero uno può sempre far finta di essere spagnolo o greco, una faccia una razza. Da domani *Simili* se la vedrà col giudizio del pubblico. Sia come sia, ricordatevelo: Salvate il soldato Agliardi.

LE COSE CHE NON HO

Una cosa in comune io e Marco Mengoni ce l'abbiamo, crediamo negli esseri umani. Non è poco, per cominciare. Oggi come oggi anche solo credere in se stessi sembra impresa epica, degna di essere fermata in romanzi orali da tramandare alle generazioni future, figuriamoci credere negli altri. Crede negli esseri umani Marco Mengoni, e ci credo anche io. A parte questo, temo, altre cose in comune non dovremmo averne, a parte dettagli prescindibili come la nazionalità, il sesso e la barba. Ah, no, scusate, entrambi adoriamo Sia, ma questo credo ci accomuni al resto del genere umano, e entrambi abbiamo ricevuto in regalo una canzone inedita di Giuliano Sangiorgi. No, scherzo, a me il frontman dei Negramaro, almeno fino a oggi, non ha ancora mandato nulla, magari non conosce il mio indirizzo mail, chissà. Venendo però al vero oggetto di questo articolo, l'uscita del nuovo lavoro discografico del cantante di Ronciglione, *Le cose che non ho*, seguito di *Parole in circolo*, uscito solo dodici mesi fa, credo che l'ascolto abbia evidenziato più di ogni ragionevole dubbio che io e Mengoni non abbiamo nulla in comune, almeno a livello di gusti musicali. Le undici tracce che compongono quello che, scegliendo decisamente parole sbagliate, era stata definita anzitempo una "playlist in divenire", non girano, o continuano a girare sempre dalle stesse parti, parti che oggi uno storytelling perfettamente costruito vorrebbe essere il vertice dell'attuale produzione d'autore, ma che in un tempo lontano e giusto, sarebbe stata trattata per quel che è, musica leggera e di superficie. Non girano, no. O meglio, girano, ma girano esattamente come se fossero le canzoni atte a chiudere una "playlist in divenire", buone da essere acoltate con lo smartphone.

Le parole, in circolo o meno, sono importanti. Quando le si spende, gratis o meno che sia, tocca poi farci i conti.

Credo negli esseri umani e playlist in divenire, mi spiace, ma non possono andare d'accordo. Credo negli esseri umani e finire per essere un prodotto di marketing, campione dei social, personaggio di un romanzo collettivo ideato da chi crede meno negli esseri umani e più nella spinta salvifica della comunicazione coatta, mi spiace, ma no, non va bene. Non vanno d'accordo. Come non può andare d'accordo l'idea di mettere sullo stesso piano cantautorato e pop mainstream solo spolverato d'autorialità.

Faccio per dire, chi avrebbe mai preso sul serio Riccardo Fogli che cantava *Storie di tutti i giorni*? Nessuno. Figuriamoci, non prendevano sul serio Gianni Togni o Edoardo De Crescenzo, perché avrebbero dovuto prendere sul serio uno il cui picco creativo era l'essere il compagno di Viola Valentino? Lo si accettava come cantante pop, ma tale era e tale rimaneva, senza dargli aure o aureole.

Così dovrebbe essere per Marco Mengoni. Uno la cui carriera era praticamente finita, per mancanza di identità, finché non gli è capitata lo scarto di altri colleghi, *L'essenziale*, scritta inizialmente per Noemi, da lei scartata e poi finita nel cestino del computer di altri nomi, usciti dai talent e non. Da quel momento, la sua casa discografica, la Sony, il suo management, la Live Nation, hanno deciso che Mengoni, se rimesso a lucido, poteva funzionare, e Mengoni ha cominciato a funzionare. Rendiamo onore alla professionalità di quelle strutture e di chi ci lavora.

La formula? Semplice. Dagli con un po' di eleganza. Dagli con quello sguardo un po' triste un po' piacione che attira un pubblico di cultrici puramente teoriche, milf evidentemente stanche di correre sempre dietro solo a Biagio Antonacci. Dagli con una campagna di guerrilla marketing, con la nascita e la diffusione di uno dei fanclub più attivi sui social (credete che i fanclub nascano per propria volontà? Occhio alle scie chimiche e ai rettiliani, allora), un vero Esercito. Insomma, dagli con l'operazione Marco Mengoni.

Col passaggio all'Eurovision, in cui Armani era il marchio che veniva contrapposto a Conchita Wurst, alle tettone delle ballerine polacche e a tutta la caciara degli altri concorrenti. E via con questa aria da intellettuale malinconico, uno umile, che guarda sempre con la coda degli occhi, salvo poi aprire bocca e far rimpiangere Riccardo Fogli. Ora, poi, ecco il nuovo attesissimo album, quello capace di fare cassa, subito, mandando a casa tutte le altre uscite delle ultime settimane, dal flop Pausini a Emma, passando per i Modà. Chiaro, c'è Adele, ma un secondo posto è già una ambizione per uno che dice di avere come solo difetto quello di puntare sempre più in alto, alla faccia della modestia.

Ma le canzoni?

Ecco, le canzoni.

Le cose che non ho ci è stato presentato come l'ennesimo passo avanti in una carriera senza eguali, ultimamente.

In realtà, l'impressione, ascoltando le nuove canzoni di Marco Mengoni, come quelle del precedente lavoro, è che su di lui si stia facendo un lavoro egregio, ma che sia un lavoro di cui sta beneficiando un artista non in grado di supportare col talento una tale macchina da guerra. Uno dice, ma almeno c'è la voce. La voce c'è, è vero, ma non può certo essere quello a giustificare l'entusiasmo che sembra accompagnare questo artista che, ripeto, un tempo sarebbe stato sbolognato velocemente come il nuovo Riccardo Fogli. Stavolta, dopo essere partito con l'ormai solito cliché Fortunato Zampaglione/Canova/ballad cupa, col primo singolo, Marco si fa affiancare anche da altri artisti, come gli ormai classici Ermal Meta e Dario Faini, compresa la già citata Sia, qui venduta come una sorta di conquista. Sia è senza dubbio la più grande autrice pop in circolazione, in questi anni dieci. Unica. Ma come tutte le autrici se la paghi bene ti dà un brano, specie se sei della sua stessa etichetta discografica. A sentire *Rock bottom*, unico brano in inglese, perché Sia è intraducibile, sia per impossibilità di scrittura che, si suppone, per contratto, l'impressione è che la cantautrice australiana abbia tirato fuori un bel brano, che spicca nel mazzo, ma solo perché il mazzo è il disco di Mengoni, perché fosse finito in un album di Rihanna o della stessa Sia, probabilmente *Rock bottom* sarebbe stata una B-Side. Discorso diverso per Giuliano Sangiorgi, qui rivenduto come uno dei più grandi autori in circolazione, nonché presente anche in viva voce. Ora, a parte che essere autore di un brano anche per la Pausini e per Emma, visti i risultati dei rispettivi album, non sembra proprio la migliore credenziale, al momento, ma la domanda è: quale sarebbero le hit sfornate da Sangiorgi negli ultimi anni? Perché, prolificità a parte, l'impressione, forte, è che il leader dei Negramaro non ne stia azzeccando una da tempo, da troppo tempo. Così è sicuramente stavolta. Brano irrilevante. Le due voci, insieme, stanno anche bene, ma con una canzone canzone avrebbero sicuramente fatto meglio.

L'insieme delle canzoni, ascoltate nella notte, visto che l'ufficio stampa ha cortesemente declinato l'invito dello scrivente a mandargli l'album in preascolto come si fa solitamente, fatto che ha sicuramente ben disposto lo scrivente all'ascolto medesimo, sembra poca cosa. Roba destinata a non passare. C'è questa aura di eleganza, ma non è che basta farsi la riga da una parte per suonare elegante. C'è questa aura di modernità, dovuta si suppone a Canova, ma anche lì, non è che fare suoni che sei mesi fa erano contemporanei altrove significhi essere contemporanei, significa, semmai, arrivare con sei mesi di ritardo. Le cose che non so è un album che funzionerà, ma funzionerà solo perché chi di dovere ci crede, e chi è atto a passare le veline racconta che ci si deve credere. Quotidianisti, Fabio Fazio, X Factor, tutti lì a battere le mani, qualcosa vorrà pur dire.

Parole in circolo diventerà la nuova *Esseri umani*, esattamente come *Ti ho voluto bene veramente* ambisce a diventare la nuova *Guerriero*. Marco Mengoni ha come difetto di puntare sempre più in alto, e probabilmente ci arriverà, avesse come difetto di formarsi una personalità, per dire, o una poetica, magari, noi ascoltatori ce ne avvantaggeremmo di più, ma mica si può pretendere troppo.

Le possibilità sono due, o punti agli occhi o al cuore, per ora si è scelto gli occhi, puntati su uno smartphone, e lo smartphone, opinione personale, non è esattamente l'esternazione più viva dell'essere umani.

Perché sì, Marco Mengoni crede negli esseri umani.

Io credo negli esseri umani.

La sua etichetta discografica crede in Marco Mengoni.

Io non credo in Marco Mengoni.

Io credo nel suo social media manager e nel suo A&R.

Decidete un po' voi a chi credere.

LE DEVA, IL PUNK E LA FIGA

Succede sempre così. Ogni volta che mi capita di scrivere da qualche parte che sono punk, o meglio, che come cantava Enrico Ruggeri "sono stato punk prima di te", spesso declinato in un più consono "voi", arriva sempre qualche coglione a puntualizzare. E le puntualizzazioni sono quasi sempre le medesime, puntualizzazioni che vertono sul fatto che io, a vedermi e a leggere quel che scrivo, la musica di cui mi occupo, nello specifico quella che spingo con passione, non sono affatto punk. Non rientro nell'estetica punk, perché tendenzialmente ho i capelli parecchio lunghi, la barba lunga, vesto sportivo, ma senza utilizzare i soliti cliché del punk, e più in generale spingo musica che rientra nei canoni del cantautorato, spesso anche del pop. Ovviamente queste puntualizzazioni rientrano nel novero delle cazzate che, ahinoi, sui social da tempo trovano ampia diffusione. E rientrano in quel novero non solo perché partono da una pedestre interpretazione di quanto affermo, ma

221

anche perché è evidente che chi le esprime sia totalmente all'oscuro di cosa sia in effetti, e anche sia stato, il punk.

Siccome sono uso adoperare i social network, Facebook in primis, un po' come fosse il retro del bar in cui Tyler Durden e gli altri membri del *Fight Club* se le davano di santa ragione, quando leggo queste puntualizzazioni non lascio correre. Intervengo. E lo faccio senza girarci intorno, a gamba tesa, io a torso nudo a prendermi a cazzotti in faccia con perfetti sconosciuti. Sono stato punk prima di loro, in effetti, e lo sono ancora, me lo posso permettere.

Perché, mi sembra evidente, ma altrettanto evidentemente non è così per tutti, il punk è stato un perfetto mix di due aspetti, l'attitudine di chi quel genere l'ha vissuto in prima persona e l'ha seguito, qualcosa a metà strada tra l'essere anarchicamente senza regole e l'affrontare avidamente la vita, e l'iconoclasta scelta di far business sovvertendo un sistema dall'interno, un po' UK Subs e un po' Malcolm McLaren e Vivienne Westwood. Quando quindi scrivo quel che scrivo e nel farlo sottolineo il mio essere stato punk prima degli altri lo faccio in virtù di questi aspetti, l'attitudine e l'iconoclastia. Se poi servissero referti e prove fotografiche, Dio non voglia, passate pure e sarete accontentati.

Del resto, ma anche star qui a sottolinearlo mi immalinconisce come un assolo di Gary Moore, sappiatelo, il farmi i cazzi miei, ma il farmeli in pubblico, raccontandovi delle mie idiosincrasie e delle mie passioni, l'essere costantemente enfatico, in positivo come, e so che questo è quel che più balza agli occhi, in negativo. Questo mio essere ruvido, sboccato, sempre che si possa considerare sboccato un linguaggio estremo anche nel momento in cui è usato con perizia, sapendo esattamente che leve andrà a toccare, ma al tempo stesso questo mio continuo raccontarvi dei miei figli, di mia moglie, questo mio essermi fatto paladino del cantautorato femminile, manco fossi Erica Jong, questo mio aver raccontato delle triadi, aver devastato i talent, aver preso a calci in culo, metaforici e non, i grandi nomi, il mio mostrarmi in selfie a fianco di gente che avevo bastonato pesantemente, o lo stare alle terme, in costume, di fianco a cantanti, il mio andare alla finale del DopoFestival con la t-shirt dei Faith No More o dei Dead Kennedys, tutte queste cose fanno di me un punk ben più di quanto non lo farebbero il tagliarmi il petto con delle lamette o l'infilarmi una spilla da balia in una guancia.

Per questo, suvvia, non potete venirmi a cagare il cazzo nel momento in cui passo nella stessa settimana dal cantare le lodi di *Vivere o Morire* di Motta e *Deluderti* di Maria Antonietta, o dello spettacolo *L'impero crollerà* di Mannarino al tessere le lodi del live di debutto de Le Deva, quartetto femminile titolare dell'album 4, e da adesso in concerto in giro per l'Italia per ColorSound. Quartetto femminile composto da tre ex partecipanti a talent, Roberta Pompa, da X Factor, Greta Manuzi e Verdiana Zangaro, ex di *Amici*, alle quali si è aggiunta la cantautrice Laura Bono. Le Deva, appunto. Il tutto mentre attacco sfrontatamente, parlando di pisciare sulle ferite che vorrei procurare con scudisciate o di televisori da lanciare dalla finestra, i Maneskin e la partente nuova edizione di *Amici*.

Non potete cagarmi il cazzo perché sono stato punk prima di voi, e perché, a differenza di buona parte dei miei colleghi io mi espongo costantemente, fregandomene degli equilibri che i miei articoli possono rovinare, delle inimicizie che i miei articoli possono generare. E nel mio espormi vado dritto al punto, senza farmi fregare dai paletti e dai recinti, e cosciente che se sto parlando di un album rock è quello l'ambito nel quale andrò a giudicare, così come se affronto un lavoro che si rifà al pop.

Quindi vanno benissimo Maria Antonietta e Motta, va benissimo Mannarino, e vanno benissimo Le Deva. E vaffanculo ai Maneskin e a *Amici*. Questo come punto di partenza. Nello specifico, poi, visto che di Motta, Maria Antonietta, *Amici* e i Maneskin ho parlato altrove, qui vorrei affrontare il discorso "live de Le Deva", il tutto dopo aver preso parte alla data zero del loro tour, al Memo di Milano.

Ora, non perdete mai di vista la faccenda della punkitudine, il progetto de Le Deva ve l'ho già raccontato nel momento in cui il loro album d'esordio è uscito. Le ho anche citate recentemente, in un articolo in cui auspicavo un nuovo singolo estivo, buttando lì un featuring con Baby K, tanto per ipotizzare nuove traiettorie. In quelle occasioni ho raccontato come il progetto fosse, appunto, un progetto. Qualcosa di pensato, come del resto spesso capita alle band o ai gruppi vocali. Che, in sostanza, dietro ci fosse un team piuttosto complesso, team che non intendo ricitare oggi, non per pigrizia o mancanza di volontà, ma perché se cliccate sul link qui sopra trovate tutto quel che ho già scritto.

Tutto questo per dire che, nel progetto Le Deva, tutto ha un suo perché, dalla scelta del nome, che è la fusione della lettera D di Donna e del nome della prima donna, Eva, appunto. Così come ha una sua spiegazione la faccenda dell'essere quattro, e non tre, come le Destiny's Child, o cinque, come le Spice Girls, nel loro caso quattro, come i quattro elementi della terra: aria, acqua, terra e fuoco. Anche il modo in cui si posizionano sul palco, seppur un palco più votato a una situazione intima, acustica come quello del Memo, ha un senso, con un'alternanza non tanto vocale quanto legata all'altezza, e quindi alla fisicità, da sinistra verso destra, Roberta, Laura, Greta e Verdiana. Tutto ha un senso. Ma a me, adesso, qui, di raccontarvi questo senso non frega nulla. Anzi, vi confesso che, da narratore, quel senso mi sembra superfluo. Di più, mi sembra distolga dal vero senso de Le Deva. Perché, ascoltatele cantare ieri al Memo, la cosa che più balza alle orecchie è che le quattro ragazze in questione, altro che elementi della terra, insieme cantano davvero bene. Sono amalgamate come in genere capita solo a chi suona e canta insieme da una vita, e non è il loro caso. Armonizzano, faccenda che ultimamente sembra sottovalutata, si alternano dosando potenza e note blue, con una naturalezza che vanifica, e viva Dio, quella progettualità così ben studiata. Le Deva sono una band pop femminile, a prescindere da quel che ci hanno raccontato per giustificarne l'esistenza. E dal vivo sono micidiali nel proporre un pop al femminile ben scritto e molto ben interpretato. E l'aspetto della femminilità, lo ribadisco anche stavolta, non è da tenere di poco conto, nel loro caso, perché i testi di questo parlano, ci mostrano una via femminile alla vita, spostando, se possibile, il femminismo lontano dagli acquitrini nei quali si è autoghettizzato, e finendo per lanciare un messaggio di consapevolezza e di autostima che andrebbe insegnato nelle scuole, tanto sembra ancora poco di moda nella nostra società. Sentirle cantare a quattro voci *Tutte le notti*, un vero e proprio inno all'autodeterminazione della donna, al coltivare l'amor proprio, al riconoscersi come belle, sempre e comunque, è dover riconoscere come questo sia uno dei gesti più sinceramente vicini al fare politica in musica oggi. Visto che il tutto avviene a lato del mercato, indipendenti realmente in un mondo di finti indie, e visto che avviene per bocca e cuore di quattro donne, a suo modo un gesto punk, anarchico e iconoclasta. Il resto, l'estetica, azzeccata, sia chiaro, così come lo storytelling che le accompagna, è in questo discorso superfluo. Bastano loro quattro che cantano e loro quattro che cantano le loro canzoni. Ottimo concerto, davvero.

Chiaro, visto che si sta parlando della data zero di un tour che le vedrà andare in giro per l'Italia nei prossimi mesi, ma di data zero avvenuta in un contesto più intimo di quanto non accadrà presumibilmente altrove, mi sentirei di dare alcuni suggerimenti, volti proprio a evidenziare quanto di ottimo già c'è. Tipo che metterei un po' di distanze tra loro e il pubblico. Chiaro, ieri era una data zero con una folta presenza in sala dei loro fanclub, ma da chi può ambire a essere una popstar è bene aspettarsi una certa irraggiungibilità, volendo anche un po' di mistero. E qui veniamo al secondo suggerimento, parlare meno. Una popstar non deve necessariamente essere simpatica, e loro lo sono, sanno anche arrivare a strappare sorrisi. Parlano già da sole le canzoni, e anche la loro presenza, perché dover raccontare con discorsi quello che è già lì, sotto gli occhi di tutti. Ultimo suggerimento, assolutamente non richiesto, lo so, ma darne fa parte del mio mestiere, in fondo, osare di più. Lungi da me riaprire discorsi che ho già fatto più e più volte in tante sedi differenti, dal libro *Venere senza pelliccia* a non so più neanche quanti articoli, ma fossi in Roberta, Greta, Verdiana e Laura tenderei a usare di più la propria sensualità. Siete quattro belle ragazze, caspita, giocateci un po' sopra. Roberta, sbottona quella giacca, Greta, Laura, via quel kimono e quei calzoni di pelle, le luci dei riflettori fanno già sufficiente caldo, Verdiana, gioca ancora di più sulle trasparenze. Osate. Buttate l'occhio a quel che all'estero fanno le vostre colleghe, da Beyoncé a Rihanna, passando per Tove Lo o FKA Twigs. In un mondo di uomini, come quello cantato da James Brown, voi, mi cito, portate la figa, fatelo fino in fondo, il vostro modo di cantare, le vostre canzoni vi permetterebbero di farlo senza essere tacciate di aver imboccato scorciatoie, come invece hanno fatto i Maneskin, coi loro pali da lap dance e lo scotch sui capezzoli. Lo so che se a dirlo è un uomo, come in questo caso, la faccenda diventa delicata, ma mi piace entrare a gamba tesa, l'ho detto, non sarà certo la pruderie di certi lettori a fermarmi.

Ecco, in alto i capezzoli, ragazze, siate anche voi punk, in questo mondo grigio abbiamo un gran bisogno di iconoclastia.

LE FINTE LACRIME DI FEDEZ

Non scopriamo niente di eccezionale. Nel senso, quello che state per leggere non è uno scoop, e neanche una inchiesta, ma un semplice constatazione dei fatti. Le *Iene*, perché è delle *Iene* che stiamo parlando, le conosciamo bene, hanno questa tendenza, anche giustificata dalla cifra stilistica che negli anni hanno deciso di mettere in atto, di andare avanti per tesi, ideologicamente. Lo hanno fatto smascherando situazioni che avrebbe dovuto smascherare la magistratura, a voler guardare il bicchiere mezzo pieno, ma anche prendendo cantonate clamorose, il caso Stamina su tutti. Solo la grande credibilità, miracolosamente conquistata negli anni ha permesso al programma di sopravvivere alle cantonate, consentendo quindi alle *Iene* di andare avanti sempre sui medesimi binari. È un po' il caso del secondary ticketing, e lo si che nel dirlo sto pestando una merda di dimensioni planetarie. Perché che la faccenda del secondary ticketing fosse da portare a galla ce lo si diceva da tempo, tra addetti ai lavori, e va riconosciuto alle *Iene* di aver trovato le carte per farlo senza star lì a parlare di aria fritta. Sicuramente li avrà aiutati il potere economico di risarcire le fonti, e in questo una produzione televisiva è sicuramente avvantaggiata rispetto a una testata giornalistica, però, insomma, bene così. O almeno, bene così in partenza. Perché la faccenda del secondary ticketing in sé è complessa, lo si sa, e se a raccontarla è chi ha carte e fogli ovviamente tutto parte molto bene. Succede, però, che a oggi la questione ha riguardato solo una parte, Live Nation, con una prospettiva che lasciava aperti parecchi interrogativi. Tipo, dietro questa bomba c'è un mandante?

Perché sappiamo bene che a evidenziare da tempo il tutto è stato Claudio Trotta di Barley Arts, con tanto di esposti alla procura, ma i primi due servizi su Viviani alle *Iene* lasciavano intendere che si sarebbe scoperchiato il Vaso di Pandora, che sarebbero stati smascherati in tanti. Ricordiamo bene le parole di Ferdinando Salzano alla conferenza all'indomani del servizio, "Chi è colpevole si costituisca, perché le *Iene* sanno tutto", andando a memoria. Perché era evidente che c'era altro. Incuriosiva capire come facesse Salzano a sapere che materiale era in mano a Viviani, ma magari stava semplicemente andando a intuito.

Poi più niente, o quasi.

Un servizio in cui si tirava in ballo Vivo Concerti, nella gestione di Rizzotto, quindi pre Clemente Zard, uno, più recente che ci mostrava De Luca al parco di Modena, intento a fare sopralluoghi, lasciando intendere, arbitrariamente, che quest'ultimo fosse ancora in ballo nell'organizzazione del mega evento previsto il primo di luglio con Vasco Rossi, il più grande concerto a pagamento di tutti i tempi. Ovviamente è arrivata la smentita da parte dei diretti interessati, che hanno spiegato come De Luca stesse finendo lavori già commissionati, e morta lì. Apparentemente. Perché una cosa era chiara, le *Iene* intendevano insidiare qualche dubbio. Lasciavano intendere, poco importa che la cosa non avesse supporti, intanto lasciavano intendere. Il che lasciava magari pensare che l'intento potesse essere stato, sin dall'inizio, non solo e non tanto smascherare una truffa, quanto colpire una parte, o addirittura più parti, Live Nation, quindi, e Vasco Rossi.

L'altro giorno, poi, è andato in scena un nuovo servizio, sempre di Viviani, che ha lasciato perplessi gli addetti ai lavori. Il famoso scherzo fatto dalle *Iene* e J Ax a Fedez. Sapete la storia. Ax si presta a fare da spalla alle *Iene*, mettendo su un finto scandalo di secondary ticketing ordito ai danni dello stesso Ax da Clemente Zard, organizzatore del tour delle due popstar, e dello stesso Fedez. Un fatto che da una parte avrebbe portato i due a esibirsi di fronte a palasport vuoti, essendo i biglietti venduti finti, dall'altra Fedez sputtanato dalle *Iene*, arrivati sul luogo del delitto con tanto di documenti, ovviamente falsi trattandosi di uno scherzo. Sapete come è andata a finire. Fedez dapprima implora Viviani di credergli, poi, scoperto lo scherzo, scoppia in lacrime come una mammoletta. Tutto è bene quel che finisce bene, Clemente Zard non ha ordito truffe ai danni dei fan, Fedez è onesto, tutti vissero felici e contenti. Perché questo esce da questo servizio, che c'è chi è onesto e chi no. Una marchetta? Esatto. Per di più una marchetta che tende a sottolineare ulteriormente come invece Live Nation sia il male. Il solo male di un settore, quello dei live.

Magari è tutto frutto del caso.

Magari questa lettura dei fatti è solo una suggestione.

Nei fatti, non si è voluto sottolineare come Vasco Rossi, che era stato tirato in ballo in maniera velata dalle *Iene*, abbia messo su un mega evento da duecentoventimila biglietti, con tanto di SIAE a controllare, ma si è scelto di parlare dell'onestà di Clemente Zard e Fedez.

Raccontare solo un pezzo di realtà è sicuramente molto spettacolare, ma possibilmente non scambiamo tutto questo per giornalismo d'inchiesta.

LETTERA APERTA AI DIRETTORI DELLE TRE MAJOR

Scrivere una lettera aperta rivolta a persone cui potresti tranquillamente scrivere in privato è un atto preciso, pubblico, quasi politico. Si scrive a Tizio ma al tempo stesso si scrive anche a tutti gli altri, per far sapere che si scrive a Tizio. Solo che Tizio, sapendo che uno gli ha scritto e sapendo che anche tutti gli altri ne sono a conoscenza, in qualche modo è costretto a prendere in considerazione quello che riceve, in teoria anche a rispondere.

Quindi, se si scrive una lettera aperta a qualcuno cui si potrebbe tranquillamente scrivere in privato si compie quasi una forzatura, si mette il proprio interlocutore nella non simpatica condizione di avere di fronte una platea, volente o nolente, e nel farlo ci si espone, perché si mette in moto un'iniziativa che potrebbe cambiare qualche equilibrio.

È con questa consapevolezza che mi appresto a scrivere questa lettera pubblica, non rivolta a una sola persona, ma a tre. E non a tre persone qualsiasi, ma ai tre presidenti delle major discografiche operanti in Italia, Marco Alboni di Warner, Alessandro Massara di Universal e Andrea Rosi di Sony, persone che conosco di persona, che mi capita di incontrare per lavoro, che mi capita anche di andare a trovare per lavoro.

Il motivo di questa mia lettera pubblica, signori presidenti, è semplice. Per lavoro mi occupo di musica, lo sapete. Tra le altre cose, quindi, ahimé, mi occupo anche di tenere monitorate le radio italiane, per capire che musica gira intorno, tanto per citare uno che qualche hit nella vita l'ha scritta. Quell'ahimé esprime già a sufficienza il mio giudizio sullo stato attuale dell'arte, ma forse è il caso di andare un po' più in profondità. Lasciando perdere le realtà locali, che spesso agiscono fuori dalle mere logiche imposte dal mercato (spesso ma non sempre), concentrandosi quindi sui principali network nazionali, il quadro che ci si può fare riguardo lo stato di salute della musica italiana è davvero agghiacciante. Innanzitutto si nota, anche senza voler essere troppo pignoli, un numero assai ristretto di canzoni in rotazione. Uno si immagina, o dovrebbe potersi immaginare, che la molteplicità di offerta in qualche modo consenta una pluralità di scelta. Invece niente. Facendo ascolti random per tutti i network principali si ascolta, con qualche sporadica eccezione, praticamente sempre la stessa musica. La stessa brutta musica. L'eccezione è data, in alcuni casi, dalla specificità di alcuni nomi, tipo i brani di matrice rock in un contesto come Virgin Radio, la dance su M2O, o una musica di orientamento adulto in realtà come Radio Montecarlo e Capital, ma per il resto davvero poca scelta, poco più di trenta brani in heavy rotation, sempre gli stessi. Parlo di brani che passino in radio con una certa frequenza, ma questo lo avevate già capito, ovviamente. Chiaro, fa eccezioni Rtl 102.5, perché in quanto titolare dell'etichetta Baraonda, co-titolare dell'etichetta Ultrasuoni, e editori di tutta una serie di artisti italiani, orienta i propri palinsesti nella reiterazione dei propri artisti, cercando, fortunatamente non sempre riuscendoci, di imporre nomi altrimenti assenti nelle altre frequenze. Inutile fare esempi, già li conoscete.

Ma non è certo di The Kolors, Modà, Chiara Grispo o Bianca Atzei che voglio parlarvi, non vi riguarda, non vi interessa, se non, magari, per un lievissimo conflitto di interessi che potrebbe spingervi a alzare un pochino la voce. No, a me interessa più porvi una semplice domanda riguardo alle canzoni che passano un po' tutti, le poche canzoni cui facevo cenno prima, quelle destinate a diventare hit radiofoniche.

La domanda è questa: perché?

Nel senso. Perché permettete tutto questo?

Perché lasciate che siano altre persone a dettare le linee del vostro lavoro?

Perché demandate ai direttori artistici, Santo Iddio, i direttori artistici delle radio, la scelta su quello che passerà o non passerà, andando in sostanza a sostituire quello che, a ben vedere, dovrebbe essere il lavoro di voi discografici, magari non proprio voi presidenti, ma i vostri A&R?

Non vi basta aver appaltato ai talent, Santa Maria De Filippi e il suo *Amici*, gestito non a caso dalla Fascino in combutta proprio con Rtl 102.5, innanzitutto, e a seguire *X Factor*, il compito di fare scouting (questo, va detto, toglie momentaneamente dai destinatari della mia missiva il presidente della Sony, che con *X Factor* ha direttamente a che fare), non vi accontentate neanche delle briciole e lasciate alle radio quel che resta della torta?

Non dico che dovete essere come il protagonista di *Empire*, che si compra direttamente le radio, ma almeno di non farsi tappetino per chi le radio già se le è comprate.

Mi spiego meglio.

Calma e sangue freddo.

Col vostro lavoro, parlo della musica italiana, ovviamente, fornite quotidianamente materia prima alle radio nazionali. Materia prima essenziale, perché senza la materia prima non si vive, è noto. Materia prima di cui, però, loro, le radio nazionali, fanno un po' quel che vogliono. Decidono se vanno bene o meno, vi prendono le edizioni, impongono imbarazzanti featuring e connessioni, falsano il mercato a loro piacimento, ignare del fatto che, volendo, oggi ci sarebbe quel simpatico giocattolino chiamato internet, che si è presa di forza una intera generazione, i tanto ambiti millennials, alla faccia delle radio e anche delle televisioni. Ma tornando alle radio, loro stanno lì che fanno la voce grossa, fanno e disfano, senza se e senza ma. Alla fine, magari, voi avete investito decine di migliaia di euro per un singolo, seguendo per altro quelle che sono le indicazioni dei direttori artistici delle radio e loro, le radio, decidono di non passarlo. Cambiano idea. Cestinano quello a cui tenete, impongono quello che per voi è irrilevante. Impongono, o così credono e vi lasciano credere, un immaginario che diventa giocoforza quello dominante, perché non c'è niente come il ripetersi una cazzata per farla diventare reale.

Ecco, Marco Alboni, Alessandro Massara, Andrea Rosi, questa è la domanda per voi: perché?

Siete o non siete voi a fornire la materia prima alle radio?

Siete o non siete voi a pagare la benzina che manda avanti il motore col quale la radio viaggia?

Siete o non siete voi a produrre la fetta più importante del mercato musicale?

Lo siete, allora iniziate a trattare gli uomini delle radio come gente che necessita della vostra materia prima, smettetela di seguire i loro diktat.

Vi dicono che una canzone senza cassa dritta non funziona? Voi fategli sentire *Non me lo so spiegare* di Tiziano Ferro o *Feel* di Robbie Williams e mandateli a cagare.

Vi dicono che questo o quell'argomento nel testo no, non lo dovete mettere, e voi fate esattamente il contrario, mostrate i muscoli e metteteli in un angolo.

Non lasciate alle radio (e alla televisione) il veto su quello che può o non può essere prodotto oggi in Italia.

Fate come vi pare, voi e i vostri collaboratori.

Tanto, oggi come oggi, non sta succedendo niente di rilevante, e come risultato avete solo prodotto tanta brutta musica.

LETTERA APERTA A LUCA TOMMASSINI

Caro Luca, mi trovo qui a scriverti. Mi trovo qui a scrivere quella che, tecnicamente, potrebbe rivelarsi come la lettera aperta più breve della storia delle lettere aperte.

Una lettera, infatti, mossa da un solo semplice interrogativo: perché?

Ma siccome è pur vero che il mondo della rete si basa spesso su testi brevi e agili, ed è altrettanto vero che la soglia di attenzione, in questa epoca di iperconnessione, si abbassa a pochi secondi, ma è pur vero che il minimalismo non fa parte della mia cifra stilistica, mi urge spiegare un po' meglio quello che, suppongo, ti sarà già ben più che evidente.

Luca, nel corso dei tuoi anni da personaggio pubblico sei riuscito nell'improbabile impresa di costruire una carriera prevalentemente sulla credibilità. Certo, hai un curriculum impressionante, di quelli che ti fanno cadere la mascella come neanche una pasticca con la faccia di Clarence proveniente da Amsterdam riuscirebbe a fare. Un curriculum talmente denso che, oggi, anche solo ricordare i tuoi video con Madonna sembra superfluo, superato, e stiamo parlando di Madonna, Cristo Santo.

Sei stato, e almeno per oggi sei ancora, la transustanziazione della coolness nel mondo del pop, prima, e della televisione italiana, poi. Tutti, anche chi come me ritiene che il mondo dei talent sia il male, qualcosa di vicino a Darth Vader che ti toglie il fiato solo alzando una mano guantata, riconoscono come *X Factor*, una volta lasciato il canale di stato, sia diventato fighissimo. E tutti riconoscono a te il merito di aver saputo vestire di figaggine quel format sulla carta consumato ancora prima di nascere.

Le tue coreografie, il tuo modo di presentare sul palco cantanti che, in un mondo normale, non avrebbero diritto di cantare neanche sotto la doccia, da soli, il tuo tocco pervasivo, dai giochi di luce ai balletti di accompagnamento, è stato il vero e solo segno distintivo di *X Factor*, ancor più delle presentazioni simpaticissime di Alessandro Cattelan o del successo intempestivo di Marco Mengoni, a oggi il solo ex concorrente a aver palesato un minimo di Fattore X.

La musica, del resto, è sempre stato evidente a tutti, di quel format era optional neanche troppo importante, tipo il porta bicchiere sul cruscotto di certe auto superaccessoriate.

Hai portato un po' di Hollywood a Sky, e non era affatto scontato.

Hai saputo far diventare invasivo l'immaginario di un programma con meno spettatori di una partita notturna di biliardo su Rai3. Hai talmente tanto illuso i concorrenti di quel talent che poi la vita reale sarebbe stata fatta di fuochi d'artificio e luci laser da indurne parecchi a cure pesanti di psicofarmaci, quando i palchi su cui si sono ritrovati a cantare sono stati quelli delle sagre di paese o dei pub dove la gente era accorsa per bere birre triplo malto e assistere alla sfilata del concorso Miss Maglietta Bagnata.

Hai talmente tanto innalzato la soglia di spettacolarizzazione di *X Factor*, contrapposto certo alle coreografie di Peparini a *Amici*, dove però lo sfoggio di felpe bicolore è altrettanto caratterizzante da aver ingoffito anche chi in effetti avrebbe potuto ambire non dico ai lustrini, ma quantomeno a una pettinatura decente, a una scollatura, a un minimo di senso estetico, da aver concesso ai tipi di Sky e di Fremantle quel certo coefficiente di cazzonaggine che solo chi si sente migliore degli altri, seppur senza adeguato riscontro di pubblico, può permettersi. Siamo di nicchia, ma Dio come siamo belli.

Hai, ripeto, reso le tue collaborazioni con le popstar internazionali, anzi, le Popstar internazionali, da Michael Jackson a Madonna, due righe sul tuo curriculum, il curriculum di un Numero Uno Assoluto.

Hai anche rivendicato il tuo esserti riuscito da solo, contro tutto e tutti. Legittimamente. Con l'amor proprio di chi se l'è sudata. Di chi ha sovvertito un destino in apparenza baro.

Poi, però, qualche settimana fa hai lanciato in rete una sorta di proposta a Maria De Filippi, indossando una felpa con su scritto SFIDA, una di quelle orribili felpe atte a anestetizzare le personalità degli alunni della scuola di *Amici*, pari forse alla privazione del cognome, come nella famosa clinica di Merano in cui si svolgeva una delle scene epiche di Fantozzi, quella in cui si sarebbe sottoposto, suo malgrado, a una dieta a base di frustate e privazioni. "Tu mancia?".

Tutti siamo rimasti basiti, come se di colpo un Tom Wolfe, lì nel suo vestito immacolato, si fosse messo a mangiare sguaiatamente un cono al cioccolato, lasciandolo gocciolare sulla giacca bianca e sulla pochette ton sur ton.

Poi, diciamocelo, vederti in giuria a *Dance Dance Dance* ci ha lasciato ben sperare. Perché eri ancora in Sky, quindi magari si trattava solamente di uno scherzo. Crudele, certo, ma pur sempre uno scherzo.

Solo che ieri è arrivato l'annuncio ufficiale. Sei il nuovo Direttore Artistico di *Amici*. Bye bye *X Factor*, ne consegue.

Ora dovrai portare Hollywood ai ragazzi dalle felpe Bianche e Blu. Ti troverai a dover rendere eleganti e credibili Emma e Elisa mentre cucinano un uovo al tegamino davanti agli occhi di Carlo Cracco per decidere chi delle due avrà diritto di cominciare la gara. O magari durante una bella gara a chi sopporta meglio la ceretta. In bocca al lupo, Luca, stavolta l'impresa è davvero dura. Dovrai ammantare di stile le telepromozioni di Maria De Filippi, dotate della neutralità che in passato solo Max Headroom si era potuto permettere dentro la televisione. Insomma, anche tu sei finito dentro quella macchina infernale. Dopo i tanti cantanti che hanno vestito e vestono i ruoli da giudici, coach, vocal coach, professori, ora è anche il tuo turno. Noi ti vedevamo come il Connor MacLeod della televisione, ma non sarai tu l'ultimo a rimanere, l'Highlander.

E pur sospettando che la risposta abbia a che fare più con un bonifico particolarmente generoso che con qualcosa con la coolness e l'arte, torno alla domanda iniziale, quella che avrebbe potuto essere in realtà il semplice testo della lettera aperta più breve della storia delle lettere aperte.

Perché?

Attendo tue, abbracci, resistere, resistere, resistere,

Michele Monina

PS
Se la risposta, caro Luca, è in effetti legata a un bonifico particolarmente generoso, ti prego, fatti ambasciatore senza pene del sottoscritto. Questo il breve testo da recapitare a Maria, come fossi uno di quei goffi personaggi che si aggirano in bicicletta dentro *C'è posta per te*, vestiti da postini (nella speranza che prima o poi non ti vedremo anche in quella veste, Dio non voglia): "Maria, si scherzava, ricordati questa massima: nessuno è incorruttibile. Fai serenamente la tua mossa come se non ti avessi mai scritto l'articolo "La musica è finita, gli Amici se ne vanno" e sarò pronto a vestire i panni di Iva Zanicchi e dirti, Ok, il prezzo è giusto."

LEVANTE, FIGHT CLUB E LA MAGIA DELLA MUSICA

Prima regola del Fight Club, non parlare mai del Fight Club.
È vero. Ma questo non è esattamebte il Fight Club. E io vengo pagato per parlare, mica per fare il mimo.
Quindi eccomi qui a parlare, a raccontare.
Domenica 4 marzo, tarda serata. Cominciano a girare, carbonari, i primi Exit Poll. Se possibile sono anche peggio degli ultimi sondaggi, quelli che non sono stati pubblicati ma che hanno comunque girato tra giornalisti.

Roba paragonabile al risultato iperbolico di Italia-Inghilterra della famosa scena di Fantozzi, quella della Corazzata Potemkin, non fosse che si sta parlando del nostro futuro prossimo. Lega al 17%, Movimento 5 Stelle al 34%. L'apocalisse.

Mi devo sfogare.

E quando un uomo di mezza età si deve sfogare, Chuck Palahniuk prima e David Fincher poi ce l'hanno raccontato bene, non c'è che il Fight Club. Esci, vai nel retro di un bar, ti togli giacca o maglione e ti pesti a sangue con qualche sconosciuto, ci si ferma solo quando il sangue ha fatto da tappeto al suolo.

Ma è domenica sera, a Milano, e i bar della mia zona, Città Studi, sono tutti chiusi.

Allora decido di alzare ulteriormente il tiro, facendo mia la lezione di Franco Begbie, il pazzo furioso magistralmente interpretato da Robert Carlyle in *Trainspotting*. Devo andare in un luogo molto affollato e puntare il più grosso, sperando poi in una rissa che coinvolga tutti.

In città c'è il primo dei due concerti di Levante.

Io a un concerto di Levante è un po' come essere gettati nell'arena dei gladiatori, con i leoni e tutto il resto. Abbiamo avuto degli screzi, in passato, i suoi fan mi hanno attaccato in tutti i luoghi e in tutti i laghi, cosa meglio di andare a un suo concerto per sfogare la rabbia che sta salendo?

Del resto, mi dico, sarà uno spettacolo talmente basso da annichilire ogni residuo di raziocinio in me, chiodo schiaccia chiodo.

Non ho dubbi, vado.

Entro al Teatro Del Verme, e arriva subito la prima sorpresa. Nessuno mi insulta. Il pubblico è composto da gente tra i venticinque e i trent'anni, con picchi verso l'alto e verso il basso. Studenti universitari, giovani lavoratori (o disoccupati), molti vestiti secondo la moda degli hipster, una ampia porzione della comunica LGBT milanese. Ci si scambia sorrisi, come in ascensore.

Il palco è praticamente attaccato alla prima fila di poltroncine, come nei campi da calcio della Premier League. C'è giusto un telo a dividere i fan dalla band.

Si spengono le luci, dopo che un altoparlante ha diffuso l'augurio di passare una buona serata da parte di "Rtl 102,5" media partner del tour. Anche questo un po' mi innervosisce di Levante. Questo suo essere diventata mainstream grazie a canzoni brutte come *Pezzo di me*, infausto duetto con Max Gazzè. Come il suo essere andata a *X Factor*, il suo vivere costantemente collegata ai social, Instagram in testa, nonostante poi sia lei la prima a cantare una certa alienazione dovuta all'uso eccessivo della tastiera in *Non me ne frega niente*. Ripasso i miei cavalli di battaglia, mentre la band prende posizione.

Inizia il concerto. Comincia Levante alla acustica. Voce notevolissima, come già si intuiva su disco. Ma molto più di impatto a teatro, accompagnata dal legno della sua chitarra. Inizia con *Caos*. Poi è la volta di *Alfonso*, cantata in coro anche da tutto il pubblico. Poi *Diamante* e *La rivincita dei buoni*. E di colpo resto senza parole.

Ammutolito.

Alla quarta canzone cado a tappeto. Parte il conto alla rovescia. Knock Out.

Il sound della band, che segue la sua voce, a tratti simile a quella di Mina, complice un sound anni Sessanta che ne mette in risalto le sfumature malinconiche, è di quelli che non stonerebbero affatto di fianco a una Emmylou Harris, a una Linda Ronstadt. Batteria, basso e contrabbasso, chitarra, violino, violoncello e pianoforte/tastiere, con Levante a rinforzare le acustiche. Un vero portento. Un sound che rimanda al rock e volendo anche al country, senza ovviamente le venature più roots americane. Qualcosa capace di prendere le canzoni di Levante, canzoni che, confesso, in studio non mi hanno mai particolarmente colpito, e donarle di un colore a metà strada tra il blu e l'ebano, legno e metallo che si fondono insieme.

Brani come *Io ti maledico*, *Le lacrime non macchiano*, *Cuori d'artificio*, *Memo*, *Io ero io* diventano di colpo degli ever green, che danno modo alla cantautrice siciliana di regalare al pubblico presente interpretazioni emotivamente elevate e tecnicamente impeccabili, un mix rarissimo oggi come oggi. La stessa *Non me ne frega niente*, spogliata di quei suoni electropop, diventa una vera bomba, con Levante che balla sul palco, si accartoccia su se stessa.

Ecco, la fisicità di Levante, la stessa che ho criticato sui social, perché l'ho sempre identificata come una pericolosa fonte di distrazione per l'artista rispetto a quello che deve essere il suo focus, qui ricopre un ruolo centrale. Levante si mangia il palco, e lo fa danzando, cantando inginocchiata, portando il microfono fin davanti ai suoi stivaletti glitterati, come a voler fare esercizi ginnici. Un vero animale da palco, che a volte diventa crooner, a volte blueswoman, a volte, semplicemente, veste i panni di cantautrice, una chitarra in braccio, un plettro sfilato dai capelli e una voce che spettina il pubblico in sala.

Così, per circa due ore, venticinque le canzoni cantante tra scaletta, quattro bis e la ripresa finale di *Alfonso*, la realtà scompare, e resta la musica. Scompare il brutto, perché la bellezza, in musica come in generale nell'arte, è capace di questo miracolo.

E scompare, tanto per non dar adito a fraintendimenti, anche quanto di brutto Levante ci ha regalato negli ultimi tempi, i suoi monologhi un po' stucchevoli nel ruolo di giudice del talent targato Sky, certi post sui social non esattamente equilibrati. Ecco, Levante che canta batte Levante che parla mille a uno, e nei concerti Levante non parla praticamete mai. Giusto il tempo di ringraziare la sua band, il pubblico presente, di spiegare il perché, nel primo bis, *Ciao per sempre*, decide di scendere tra il pubblico e portarsi sul palco un ragazzo, cui canta vis a vis la canzone. Un modo per abbracciare uno per uno il pubblico, dice, e per una volta la retorica ci può anche stare.

Per il resto è magia.

Magia che ricorda, a chi è uomo del Novecento, e c'era in tempi passati, il sound blueseggiante degli Hothouse Flowers o dei The Waterboys del periodo di Fisherman's Blues, non filologicamente, ma per intenesità e capacità di seguire negli interstizi la voce della cantante, nel prodigio di avvolgere gli ascoltatori nei suoni acustici che sanno anche di rock.

Il secondo bis, *Duri come me*, in questo è emblematico. Un microfono panoramico, tutti in acustico, e via, a cantare come se si fosse in un pub, proprio alla Mike Scott e soci. Grande musica, anche magari più di quanto la canzone in sé permetterebbe.

Ecco il miracolo di Levante dal vivo, in questa versione teatrale, sempre per la direzione artistica di Antonio Filippelli, il riuscire a creare uno spettacolo praticamente perfetto, senza sfumature, pur non avendo un repertorio già così potente. Quando si è in stato di grazia funziona così.

Finito il concerto, poi, la magia ci accompagna mentre uscendo iniziamo a seguire i veri Exit Poll, che sono anche peggio del previsto.

Il mio Fight Club personale è stato un fallimento, e volendo anche il mio essere stato così ostile a Levante fin qui. Torno a casa senza lividi addosso, il che forse è un bene, ma con la consapevolezza di aver assistito a un grande spettacolo dal vivo. Il tempo di scrivere questo articolo, la voce di Mentana che certifica l'orrore che ci aspetterà.

Per fortuna che c'è la musica, verrebbe da dire.

E per fortuna che domani è lunedì, i bar del quartiere saranno tutti aperti. Basterà andare sul retro, togliersi la giacca e pestarsi a sangue con uno sconosciuto.

LEVANTE INSTAGRAMER

Levante, tesoro, ti abbiamo perdonato *Assenzio*, e Dio solo sa se ci è costato sacrificio farlo, perché, diciamocelo apertamente, è una delle canzoni più brutte e sconclusionate che essere umano abbia avuto la sventura di ascoltare, figuriamoci di cantate. Ti abbiamo perdonato *Assenzio* perché l'abbiamo interpretato, credo molto correttamente, come un tuo tentativo di scrollarti di dosso quella patina indie che ha accompagnato il tuo percorso discografico fin qui, tu che di indie, a dirla tutta, non hai nulla. Ti abbiamo perdonato *Assenzio* perché, per una serie di ragioni che, a rivederle oggi, hanno meno logica del calcio mercato messo in atto da Preziosi negli ultimi dieci anni, si è iniziato a parlare di te come una delle poche speranze non passate dai talent o da Sanremo negli ultimi anni, quando lo sanno tutti, tra addetti ai lavori, che non sei passata da Sanremo solo perché non ti hanno presa e se non fosse stato per Radio Deejay che ti ha passato *Alfonso* probabilmente dentro un talent ci saresti pure finita. Ti abbiamo perdonato *Assenzio* perché, in fondo, la tua *Non me ne frega niente* non era poi così male, e poteva lasciar intendere, forse intendere no, diciamo intuire, che qualcosa di interessante sarebbe pure potuto arrivare con il tuo album, nei confronti del quale si era creata un'attesa spasmodica, perché come si dice "in tempo di guerra ogni buca è trincea". Ti abbiamo perdonato *Assenzio*, ma Cristo santo, abbiamo sbagliato, perché *Nel caos di stanze stupefacenti*, in fondo, è un album che, non ci fosse stato tutto quanto scritto sopra, non avrebbe lasciato segno nelle nostre esistenze, neanche momentanee. E in effetti segni non ne lascia, se non quelli che ci autoprocuriamo mentre cerchiamo un modo per distrarci dalla noia, tagliandoci con lamette le braccia, torturandoci i capezzoli, perché, e qui sta il nocciolo della questione, tu, Levante, non solo non sei una cantautrice indie, come erroneamente ti hanno venduta per anni, ma probabilmente non sei neanche una cantautrice, in quanto stai fiorendo, giorno dopo giorno, come una perfetta instagramer. Anzi, la perfetta instagramer.

È sul social network dedicato alle fotografie, infatti, che Levante, condedetemi di non parlare più a lei ma a voi, lettori, si sta sempre di più imponendo, diventando non solo influencer, ma una vera e propria icona di un mondo fashion che le si addice molto di più di quanto non succeda, a livello di credibilità, con quello della cantautrice. Del resto, diciamolo, l'unica certezza di *Nel caos di stanze stupefacenti*, è la bellezza della copertina, che ce la mostra riversa a terra, a guardarsi in uno specchio, sensuale versione 2.0 della Alice lewiscarrolliana. Le canzoni, arrangiate da Antonio Filippelli, produttore del lavoro, con Dario Faini, autore di buon successo, ascolto dopo ascolto vanno svanendo, supportate, ahiloro e ahinoi, da suoni leggeri, poco a fuoco, electropop e tendenti al cantautorato al tempo stesso, né carne né pesce, nei fatti, scelta che sulle prime è sembrata coraggiosa, ma che, all'ennesimo ascolto, sembra solo sbagliata, come di chi non sapendo come vestirsi per una serata, invece di optare per l'eleganza o per il casual, si veste semplicemente a cazzo di cane.

Fatta eccezione proprio per *Non me ne frega niente*, supportata da un buon ritornello che, con quei suonini lì, usciva bene, per il resto, come accadeva ai ricordi felici in *Inside/Out*, le canzoni che compongono la tracklist spariscono a ogni passaggio, invisibili e intangibili. Rimane, invece, la Levante che si fa scatti con colori forti, le sue tazzine di caffè, la sua pancia tonica, forse troppo magra, i suoi dettagli delle stanze d'albergo, la sua faccia telegenica, le sue scarpe. Quelle, giorno dopo giorno, diventano più presenti, più calcate, più marcate. Del resto, facendo due conti in tasca alla stessa Levante, è evidente che è quello il suo core business, perché una settimana in top ten, oggi, con Ermal Meta che arriva alle 25mila copie del disco d'oro dopo un mese e mezzo tra i primi cinque della classifica FIMI, non consentirebbero neanche di pagare una di quelle stanze d'albergo immortalate, siamo onesti. Allora, senza voler dare consigli radicali, Levante punti sempre più decisamente su questi aspetti, un po' come sta facendo Fedez con la Ferragni. Si lanci, che almeno quella piccola nicchia dedicata alla musica d'autore al femminile andrà a chi, magari, in quello spazio ci si muoverebbe in maniera più credibile e convinta. Chiaramente, lo sappiamo, questa estate ci toccherà sentire *Pezzo di me*, con Max Gazzè, pronta a vedersela con *Pamplona*, dell'altrettanto improbabile accoppiata Fabri Fibra e Thegiornalisti. Insomma, ancora per un po' ci tocca la Levante cantautrice indie prestata al pop, invenzione strampalata non si sa bene di chi. Portiamo pazienza e continuiamo a metterle tanti cuoricini su Instagram, almeno le aziende della moda, gli alberghi, i fabbricanti di scarpe continueranno a sponsorizzarla facendo di lei una instagramer di prima grandezza, troppo distratta dai social per continuare a cantare.

LIBERATO

L'uomo è un animale strano, per certi versi incomprensibile anche ai suoi simili. Tende, per dire, a creare realtà alternative, spesso in solitaria o in micro-comunità, finendo poi per crederci al punto di dare per scontato che anche gli altri esseri umani comprendano tic, entusiasmi, disperazioni, insomma, il linguaggio e le posture che solo chi a quella micro-comunità appartiene, in verità, può decifrare.

Pensateci, tornate alla gita della terza media. C'eravate voi, consci che dall'anno successivo la faccenda sarebbe in qualche modo cambiata, sparpagliati fuori dal quartiere, in scuole diverse, con gente diverse. Consci, si fa per dire. Avevate intuito che la faccenda sarebbe cambiata, ma ancora non ne conoscevate bene le dinamiche, gli equilibri. Comunque quella era la vera ultima occasione per divertirvi coi vostri amici, con quelli coi quali avevate conosciuto l'adolescenza, con tutto quello che ciò comporta. Avevate quindi, inconsapevolmente, deciso di dar vita a dei tormentoni usa-e-getta, roba buona solo per i corridoi dell'albergo e per le ultime file del pulmann che vi aveva portato da Ancona a Trani, ogni riferimento è puramente casuale. Dicevate una certa frase e via, tutti a ridere, anticipando di anni, decenni addirittura, quello che poi sarebbe stato *Zelig*, tanto voi avevate *Drive In*. Bene, nel mio caso c'era il compagno di classe casinista, Giampiero, che sapeva dire Abracadabra con un rutto, ben prima del Wyoming di *Ovosodo*. Ruttava Abracadabra e via, tutti a ridere. E tutti a provare a fargli il verso, senza per altro riuscirci. Ma grandi risate matte. Poi, ovviamente, una volta finita la gita, una volta tornati a casa, tutti a provare a ruttare a tavola Abracadabra, di fronte ai nostri cari agghiacciati da questo gesto ridicolo, se non schifati. E noi lì a spiegare loro che si trattava di una cosa divertentissima. Così non era, se non per noi, quelli della gita Ancona-Trani, delle ultime file del pullman.

Ecco. Torniamo a un discorso più generale. Le micro-comunità tendono a cantarsele e suonarsele da sole. E coi social tendono a cantarsele e suonarsele da sole, ma di fronte agli altri. Magari ad altri che li stanno pure a sentire, che credono loro. Arriviamo al cuore della faccenda. La scorsa settimana è andata in scena la grande gita di terza media dell'indie italiano che risponde al nome di Mi Ami, all'Idroscalo di Milano. Un festival che imperversa da anni, a in cui passano tutti quelli che, in un modo o nell'altro, sono diventati o stanno per diventare nomi che contano di quella scena, che proprio al Mi Ami si autoalimenta. Per altro inscenando meccanismi perfettamente simili al mondo che in qualche modo indica, o almeno indicava finché i protagonisti dello stesso Mi Ami non hanno cominciato a tenere i piedi nelle tradizionali due paia di scarpe, come il mondo a loro alternativo, se non antagonista, quello dei talent. In sostanza, ti racconti che Tizio è un talento, un artista, una star. Fai girare il nome, lo gonfi, ne impari tic e ritornelli, finché Tizio non diventa una talento, un artista, una star. La differenza è solo nei numeri, ovviamente, e in alcuni casi nell'incidentale talento di chi transita, in un mondo più frequentemente che nell'altro. Ma la storiella è la medesima, che si tratti di "Rockit" o di Maria De Filippi.

Quest'anno la gita della terza media del Mi Ami aveva come suo picco di interesse lo svelamento del mistero Liberato. Chi è costui? A saperlo. Nei mesi scorsi sono usciti due singoli di questo rapper/cantante presumibilmente napoletano, Liberato. *9 maggio*, prima, e *Tu t'e scurdat' 'e me*. Due canzoni anche carucce, melodie tipicamente partenopee, suoni contemporanei, roba interessante. Ma niente di eccezionale. Per dire, *Anna se sposa* del primo Gigi D'Alessio aveva un testo decisamente più interessante, con quel potentissimo ritornello "Anna si è 'o vero t spuse / cu nato int'a chiesa faje scem'a Gesù / Nun te scurdà quaa vote 'e pregato pe' mme / Chillo s'incazza all'inferno si more / decide che t'ha da mannà / e manco chiù in Paradiso cu me mano a mano te pozzo tenè", è molto più sperimentale e letterario di Liberato. Ma Liberato ha dalla sua una carta, nessuno sa chi è. Non nel senso che nessuno se lo caga, anche. Ma nel senso che è un personaggio misterioso. Non sappiamo il suo vero nome, la sua faccia. Così cantandosela e suonandosela ecco che i tre o quattro gatti che animano la scena fanno crescere l'hype del progetto Liberato. Ne parlano, ne fanno parlare. Non tanto, intendiamoci, ma abbastanza perché dopo averne parlato "Rockit" e "Rolling Stone", come dire tre dei quattro gatti, ne parli anche Radio Deejay, che passa quei brani. Madonna, manco fosse stato a cantare alla finale del Superbowl, tutti i soliti quattro gatti a parlare di tormentone, di fenomeno. Ripeto, proprio come in un talent. Sia come sia, arriviamo al Mi Ami, e Liberato è in cartellone. Chi sarà mai sto cazzo di Liberato? Arriva la serata, e cosa succede, sul palco a cantare salgono Calcutta, Izi, Priestess, con alla consolle Dj Shablo. *Playback* di Calcutta? Forse. Autotune? A manetta. Trollata o Liberato è davvero un progetto collettivo senza neanche un napoletano in line-up? Non è dato saperlo.

Nei fatti il mistero non è svelato.

Ma il mistero vero resta perché si debba parlare di fenomeno per un cantante o quel che è che ha sfornato due canzoncine carine, ma niente di che, con novemila follower su Facebook, neanche mezzo milioni di visualizzazioni su Youtube, e un paio di passaggi a Radio Deejay.

La trollata, è chiaro, è idea carina, ma non esattamente una novità, state leggendo uno che se ne intende, e più in generale gli Spinal Tap sono ancora lì che ridono.

A me, personalmente, fa ridere come si tenda a dar credito al primo che passa. A pensare davvero che basti un paio di canzoni per fare un artista, e che però se l'artista è Alvaro Soler è una merda, se invece è Levante o Liberato si tratta di grandi artisti.

Siete ancora alla gita della terza media, ragazzi, e state ridendo di Giampiero che dice Abracadabra con un rutto. Voi ridete e provate a imitarlo, ma gli altri vi guardano come foste dei cretini che ruttano.

ABRACADABRA.

L'OGGI NON SI MERITA LA MUSICA

Mancano pochi giorni alle elezioni. No, tranquilli, non voglio parlare di politica. Da tempo ormai non mi occupo delle cose di questo mondo. Ma di musica sì. E di musica e politica pure. Perché che quello che stiamo vivendo sia un periodo un po' del cazzo direi che è sotto gli occhi di tutti. Quella a cui stiamo assistendo, direi, è la peggiore campagna elettorale di sempre. Nessun contenuto. Solo slogan più o meno vuoti, e la tendenza a contrapporsi agli altri su piani che tutto sono fuorché politici. Siamo i meno ladri. Siamo i meno corrotti. Siamo quelli che hanno sbagliato meno. A fronte di questo, ma la china era già stata intrapresa anni fa, l'innalzamento della soglia della paura, sapientemente alimentata dai media, sempre abili nel seguire i trend utili e comodi. E via di Prima gli Italiani, w la sicurezza, porto d'armi per tutti e via discorrendo. Insomma, il grande nulla. Al punto che i media hanno cominciato a occuparsi di aspetti che, direttamente, con la politica nulla avrebbero a che spartire, almeno con l'analisi politica che alla gente viene proposta. Servizi su come i leader politici usano i social, su come i leader politici usano il proprio aspetto fisico, su come i leader politici interagiscono con la piazza virtuale.

E la musica?

Ecco, in uno scenario così apocalittico la musica è la grande assente. Tanto era stata protagonista nel momento in cui la prima repubblica aveva abdicato, più o meno volontariamente, per la seconda repubblica, con la scena dei centri sociali che fronteggiava l'ascesa della nuova destra a suon di rap e sound system, e con l'underground, oggi erroneamente considerato antesignano dell'indie, a prestare alcuni dei suoi protagonisti alla voce del dissenso, tanto oggi di politica non si sente niente nelle canzoni, sia che si parli di rap (o della sua nuova corrente, erroneamente chiamata da noi "trap"), sia che si parli, appunto, dell'indie, nella sua quasi totalità concentrato a controllarsi la lanuggine prodotta dall'ombelico, più che a guardare al sociale. Niente Assalti Frontali. Niente 99 Posse. Neanche niente CCCP poi CSI, e vista la parabola di Giovanni Lindo Ferretti, sempre più in bilico tra Lega e Fratelli d'Italia, viene quasi da guardar alla notizia con sollievo. Niente Modena City Ramblers o Gang. O meglio, quasi tutte queste realtà ci sono. Ci sono ancora. Ma sono sempre loro. Tutti sopra i cinquanta. In alcuni casi anche i sessanta. La stessa rabbia appena affievolita dai capelli grigi, dalle stempiature, dalla pappagorgia. Ma niente di nuovo sul fronte occidentale. Dopo certe proteste del Teatro degli Orrori e dei Zen Circus, ma tocca davvero sforzarsi per ricordarsi di loro oggi, in questo magma di cantautorini con chitarrina scordata e voce stonata, niente di nuovo. Giusto Lo Stato Sociale, che però non sono esattamente la voce del dissenso, quando dello scherno rassegnato, del disagio metabolizzato. Il rap, invece, ha lasciato spazio a altro. Niente sguardo rivolto agli ultimi, ma semmai sguardo annebbiato dagli sciroppi per la tosse e ammirazione neanche troppo malcelata per la nuova ricchezza, quella ostentata delle griffe. Niente, di conseguenza, amplificazione del malessere delle periferie, parlando di rap italiano sicuramente una costante negli anni Novanta, niente analisi, magari anche sommaria, degli scenari internazionali. Meglio parlare di caramelle e di bibero, sembrano dirci i vari Sfera Ebbasta e Dark Polo Gang. Non che il cantautorato stia molto meglio. Archiviata la generazione degli ormai cinquantenni, quella dei vari Silvestri che cantava di Cuba o del suo nemico, Silvio, e dei Fabi che cantava di come si sentisse offeso nell'essere nella nostra società oggi, non è rimasto nulla di rilevante, almeno su questo fronte. Ci sono, certo, sacche di resistenza, ma sono nicchie piccolissime, insignificanti, parlando di numeri, incapaci, quindi, di formare una forma sonora di resistenza che non sia quella dell'ultimo giapponese rimasto sull'isola dopo la fine della guerra.

Manca la presa di coscienza, sembra, o magari la presa di coscienza c'è, ma manca la forza di reagire, la rabbia per reagire. Se anche una canzone come quella di Meta e Moro, fresca vincitrice di Sanremo, viene considerata una canzone politica, con quella retorica leggera, incapace di graffiare, significa che manca, oggi, la canzone realmente politica. Ha vinto lo sguardo rivolto verso la camera da letto, la cameretta. E forse è anche giusto così, perché manca pure la piazza, se non quella dell'odio verso il diverso, di destra, quindi incapace di produrre nulla più che odio, zero espressività artistica, e quella della protesta nichilista di chi si sente in dovere di mandare a casa chi ha sbagliato, senza avere una soluzione alternativa, perché tanto peggio è difficile (ma possibile).

Forse, però, è bene non ci sia una colonna sonora adeguata a questo sfacelo. È bene che l'apocalisse sia muta, senza le distorsioni delle chitarre elettriche, senza le ritmiche incalzanti del rap di protesta, senza canzoni da gridare in cortei che, in fondo, non ci sono più.

Chi, come me, è cresciuto con le canzoni dei Clash, prima, e della versione marchigiana dei Clash, poi, la Gang dei fratelli Severini, con Militant A e Zulu a fare da contraltare, forse è bene continuare a guardare al passato, magari anche a quando Jello Biafra irrideva il potere con la sua lingua tagliente e il suo immaginario irriverente. L'oggi non si merita questo, tanto quanto noi non ci meritiamo l'oggi.

LO STATO SOCIALE E L'ELUSIONE DEL DISAGIO

"Odio il capitalismo non significa che vivo appartato, non facendo parte di questo sistema, ma che vivo con disagio il fatto che il capitalismo esista".

Potremmo partire da qui.

O potremmo partire, più cinicamente, da altro. Tipo: "Checco, mi vuoi sposare?"

Tutto vero. Entrambi i contesti. Entrambe le partenze, nessuna delle due false, per altro.

È sabato pomeriggio. A Milano è il sabato del carnevale ambrosiano, e di conseguenza il sabato del ponte scolastico, quello della settimana bianca.

La Feltrinelli di Piazza Piemonte è piena come un uovo, magari una delle tante uova di Pasqua che da domani, metodicamente, sostituirà le frappe di carnevale nei supermercati.

Sei, settecento persone, a occhio, giunte fin qui per incontrare i loro idoli, in alcuni casi i loro nuovi idoli, Lo Stato Sociale.

La storia recente la conoscete tutti, arrivati a Sanremo in quota indie, loro che anni fa hanno pubblicato la canzone *Sono così indie* proprio per perculare il genere e soprattutto il pubblico di riferimento e gli artisti di questo genere, ne sono usciti mainstream che più mainstream non si può. Non solo un secondo posto che ha del clamoroso, citofonare SNAI per credere, ma anche un primo posto nella classifica dei passaggi radio e un sesto posto in classifica FIMI che, vista appunto la gigantesca affluenza al firmacopie meneghino, potrebbe diventare anche qualcosa di più.

Firmacopie si fa per dire, perché i cinque ragazzi bolognesi, proprio per la frase con cui questo articolo partiva, vivono con evidente disagio, misto certo a un chiaro divertimento, il loro essere diventati improvvisamente popstar, ragion per cui decidono di trasformare un firmacopie qualcosa di diverso, facendolo antecedere da un concertino acustico misto a domande di circa un'ora.

Un firmacopie, per chiunque sia nato nel secolo scorso, è quella bizzarra attività che negli ultimi anni, diciamo da che il download, prima, e lo streaming, poi, ha in qualche modo affossato le vendite fisiche, ha sostituito la più tradizionale presentazione. Funziona così. Si accede in una libreria, oggi che i negozi di dischi non esistono praticamente più, ci si mette in fila esibendo il cd dell'artista o della band che è in zona per il firmacopie, e si aspetta il proprio turno per l'autografo e soprattutto per il selfie. Niente cd niente diritto a incontrare l'artista o la band di turno. Due cd, doppio giro. So che messa così sembra assurda, ma c'è gente che di cd, in alcuni casi, ne compra anche tre o quattro, perché un fan è un fan, e più tempo passa col proprio idolo più è contento. Suppongo oggi non accadrà, perché Lo Stato Sociale non fa parte di quel range di artisti, Dio mi perdoni per aver usato a sproposito questa parola, che dispensano baci e facce intrise di passione, come a esempio un Riki di *Amici*.

Lo Stato Sociale, quello che canta di odiare il capitalismo, non ce la fa a fare un firmacopie normale, e prima vuole parlare, e soprattutto cantare. Sul fatto che cantino, va detto, durante Sanremo se ne sono dette e sentite parecchie. Perché Lodo e soci, non è un segreto, non sono esattamente le persone più intonate del mondo, in questo veri rappresentanti di quel mondo indie da cui, sembra, tendono a prendere il più possibile le distanze. Non lo sono anche per altri aspetti, per altro, e forse per specificarvi il motivo della mia presenza a questa presentazione dovrei aggiungere dei dettagli necessari a farvi un quadro più chiaro e esaustivo.

Non sono uso andare per firmacopie. Perché non ho quindici anni, probabilmente, e più in generale perché non sono interessato alle firme di altri che non siano in assegni, e anche perché, questo è il mio mestiere, se devo incontrare un artista, una band o uno che si trovi per sua fortuna a vestire i panni dell'artista pur non essendolo, lo incontro in separata sede, senza l'ammennicolo dei fan festanti e urlanti. Se oggi sono qui è perché mia figlia Lucia, quasi diciassette anni, segue da tempo Lo Stato Sociale e voleva incontrarli. Anche io seguo da tempo Lo Stato Sociale, per altro senza il solito fastidio che provo in genere quando mi interfaccio con una musica e delle canzoni che sembrano ostentatamente scritte e cantate per non arrivare a uno come me, un quarantottenne che segue la musica con passione ma anche per mestiere. La scena indie, le nemesi funzionano così, è quella nella quale mia figlia va quasi sempre a pescare le canzoni che fanno da colonna sonora delle sue giornate, e visto che viviamo nella stessa casa, anche delle mie giornate. Canzoni quasi sempre depresse, è l'adolescenza baby, ascoltate con tutta la bassa fedeltà che uno smartphone può offrire. Ecco, in questo ambito oscuro e solitario, fatto di gente che vuole scomparire, di solitudini lancinanti, di malessere e inadeguatezza, Lo Stato Sociale è una specie di Unicorno colorato, tipo MiniPony. Loro non sono depressi, anche quando giocano a farlo, e soprattutto sembrano avere una coscienza politica che, seppur seppellita sotto quella inevitabile coltre, inevitabile per una questione anagrafica, credo, dell'ironia che così bene è stata cristallizzata e forse anche resa innocua, chissà, da David Foster Wallace, prima di prendere atto del proprio reale male di vivere.

La presentazione di *Primitivi* de Lo Stato Sociale, quindi, mi ha visto arrivare in Feltrinelli con mia figlia Lucia, sorpreso, in parte, da tutta quella giovane platea, ma anche curioso di vedere come una band che non ha mai fatto segreto del proprio disagio nei confronti di un sistema del quale fanno parte ogni giorno di più avrebbe declinato il proprio nuovo ruolo di popstar.

Lo hanno fatto sottolineando quel divertito disagio. Parlando, per come è possibile farlo di fronte a una giovane platea, in parte arrivata qui dopo solo una settimana di ascolti, prodigio che solo Sanremo sembra riuscire ancora a compiere. Quindi ironia e simpatia, certo, ma anche un certo fil rouge politico, con riferimenti ai "nani e ballerine" di craxiana memoria, con la citazione dei cinque operai licenziati a Pomigliano d'Arco, portati sul palco dell'Ariston attraverso a una coccarda adesiva, con quel modo così letterario di infarcire ogni singola frase delle canzoni, canzoni che il pubblico ha cantato a memoria, mia figlia Lucia in testa, di riferimenti altri. Niente esistenzialismo battistiano alla Calcutta. Niente depressione cameristica alla I Cani. Niente malinconia alla Gazzelle. Lo Stato Sociale è una band, cinque ragazzi che sembrano ben sopportare la debordante verve di Lodo, voce portante del gruppo, ma sicuramente uno dei cinque negli equilibri interni, che porta uno sguardo appunto sociale e politico nelle camere dei nostri figli. Manca la rabbia, questo sì. Manca quello spirito punk che, in altri decenni, avrebbe spinto una generazione a uscire da quelle camerette e a fare una rivoluzione. In questo, forse, l'ironia ha davvero fatto i danni che David Foster Wallace ipotizzava, col suo solito sguardo chirurgico. Non sono punk, i ragazzi de Lo Stato Sociale. Non danno fuoco alle macchine durante le manifestazioni, suppongo. Però istillano dubbi, stigmatizzando comportamenti che si possono iscrivere nell'immaginario comune, e facendoli diventare, loro malgrado, luoghi comuni.

In uno scenario depresso come quello della musica indie, in effetti, questo atteggiamento così poco intimo appare davvero politico, un po' come accadde ai tempi per i cantautori impegnati. Una forma diversa di disagio, la loro, nei confronti di un sistema che appare ai loro occhi sbagliato, e per certi versi fallimentare, ma che è comunque il contesto in cui vivono e, parlando di musica, nel quale si trovano a vivere, Festival di Sanremo compreso. La canzone *Una vita in vacanza* parla di questo, anche se molti ci hanno solo riso su, vedendo la vecchietta volteggiare. Una canzone tragica mascherata da canzone leggera. Un modo anche centrato di eludere il disagio.

Per loro fortuna mia figlia non ha chiesto loro di sposarli, si è limitata a farsi autografare un cd e a fare foto di rito. Avrei dovuto dimostrare loro che quelli della mia generazione, quelli che si sono trovati a vivere il fascismo di ritorno, con Fini ministro, non si limitavano certo a ironizzare. L'augurio che faccio a questi ragazzi è di non passare mai alla fase del disincanto, e se possibile, ogni tanto, di incazzarsi davvero. I fiori lanciati nel famoso murales di Banksy non sempre sono efficaci, a volte servono proprio le molotov vere.

LO STRANO CASO DEL DISCO FANTASMA
IN VETTA ALLA CHARTS

Le classifiche di "Billboard" sono, storicamente, le classifiche. Anche da questa parte dell'Oceano si guarda a quel nome con un rispetto e una fede quasi dogmatica. Se un artista finisce in Top 200 della classifica "Billboard" è da tenere d'occhio. Se finisce in Top 20 è da tenere molto d'occhio. Se finisce in Top 10 è una sorta di sicurezza, come la pioggia il primo giorno di vacanza.

Così almeno era fino a questa estate, che ha segnato, complici i nuovi modi di ascoltare musica, una sorta di baco, un Billboard Bug, che potrebbe fungere da precedente e che, quantomeno, ha fatto divertire parecchi addetti ai lavori. Ne ha parlato per primo il "New York Times", ma a chi guarda a quelle classifiche con attenzione e dedizione la faccenda era già saltata agli occhi. Succede che da tempo, e questa non è una novità, la musica non la si acquisti più fisicamente. Prima ci sono stati i download e poi gli streaming. "Billboard", come un po' tutte le classifiche al mondo, ne ha preso atto e ha cambiato le proprie regole. Che suppergiù sono queste. Ogni 10 downloads di brani contenuti in un album equivalgono a un album venduto fisicamente. E fin qui ci sta. Dieci è il numero medio di canzoni contenute in un album. Questo, ovviamente, potrebbe voler dire che sono stati acquistati dieci singoli contenuti in un unico album, ma è un modo approssimativo ma legittimo di considerare il download come qualcosa di molto vicino all'acquisto fisico di un album. Con lo streaming la faccenda è un po' diversa, quantomeno a livello di numeri. Ogni millecinquecento download nelle varie piattaforme, da Spotify a Tidal, passando ovviamente per Apple Music, equivale a un album venduto. Questa già sarebbe una notizia. Perché per fare un album ci vogliono millecinquecento streaming. Ma non è di questo che si vuole raccontare qui, perché di Spotify e affini si è già parlato e parlato. No, la notizia è che, per "Billboard", che in qualche modo ha dovuto fare i conti con queste nuove tipologie di ascolto, se tre brani sono contenuti in una playlist, una playlist che abbia quantomeno la parvenza di un album, quindi con una copertina, un titolo, eccetera, anche se poi un album vero e proprio non esiste, e se questo album inesistente non è quindi in vendita da nessuna parte, bene, se tre brani sono raccolti sotto un titolo e con una copertina questi tre brani danno vita a un album virtuale, con buona pace di chi era abituato a ragionare alla vecchia maniera. Così succede che la Epic Records, marchio storico in capo alla Sony Music, tiri fuori la compilation *Epic AF*, dentro le quali sono state tatticamente piazzate le hit estive *Lockjaw* di French Montana & Kodak Black, *Don't Mind* di Kent Jones e *Pick Up the Phone* di Travis Scott & Young Thug, più un paio di pezzi da novanta di DJ Khaled. Risultato, nel mese di luglio la compilation *Epic AF* ha stazionato costantemente nella Top 10 di Billboard 200, anche se l'album è fisicamente inesistente. La faccenda è ovviamente saltata agli occhi di tutti, in verità per colpa di uno degli artisti di punta contenuto nella compilation fantasma, DJ Khaled, uscito col proprio attesissimo (nel mondo dell'hip-hop) album *Major Key* il 29 luglio. L'album è balzato immediatamente al numero uno della classifica, come era da aspettarsi, ma ha in qualche modo defenestrato la compilation che, fino a quel momento, ospitava i precedenti due singoli del nostro, *For Free* e *I Got the Keys*, poi confluiti nel nuovo lavoro di studio dell'artista e producer. *Epic AF*, persi i numeri relativi a quei due singoli, è passata dal numero cinque al numero trentadue della classifica, stabilendo, appunto, il baco della faccenda. Curiosamente, se oggi uscisse un nuovo album, contenente sempre quei due singoli, potrebbe praticare lo stesso servizio a *Major Key*, travasando dati all'infinito. Ovviamente, lo Streaming Bug, chiamiamolo così, è stato troppo evidente per non lasciare cicatrici evidenti, così "Billboard" ha cambiato in corsa le regole, e ha in qualche modo stabilito che i brani non siano conteggiabili per più opere. Ma di fatto l'estate 2016 è stato, anche, quello del successo incredibile della compilation fantasma *Epic AF*. Vatti a fidare delle classifiche...

LO ZEN E L'ARTE DELLA COSTRUZIONE
DEL VASCELLO PIRATA DEI LEGO NINJAGO

Ho quattro figli. Due di questi quattro figli sono gemelli, Francesco e Chiara. Francesco, sei anni, è appassionato di Lego. Francesco, sei anni, è molto appassionato di Lego. Francesco, sei anni, è troppo appassionato di Lego.

Questo ha fatto sì che io abbia passato una consistente porzione degli ultimi due giorni a montare il Vascello dei NinjaGo della Lego che gli ha portato Babbo Natale. Qualcosa che ha a che fare con l'autolesionismo, dal momento che io sono Babbo Natale (nello specifico lo ha impersonato mio padre, ma solo perché se mi fossi assentato per vestire i panni del vecchio vestito di rosso e col pancione avrei dato troppo nell'occhio, ma nei fatti quello che ha comprato il Vascello dei NinjaGo della Lego sono io, con mia moglie Marina). Una consistente porzione degli ultimi due giorni che potremmo quantificare in circa nove, dieci ore. Nove, dieci ore nel corso delle quali, seguendo un manuale di trecentodieci pagine (trecentodieci pagine, porco cazzo), eseguendo cinquecentoventicinque azioni (cinquecentoventicinque azioni, porco cazzo) e montando un numero imprecisato, ma decisamente sopra le migliaia di unità, di mattoncini di varia foggia e misura sono arrivato a montare un Vascello dei NinjaGo della Lego partendo da uno scatolone contenente diciassette buste numerate con i rispettivi pezzetti. Qualcosa che, più che con l'essere padre amorevole, suppongo, ha a che fare con lo Zen. E parlando di NinjaGo ci può pure stare. Tipo, Lo Zen e l'arte del montare il Vascello dei NinjaGo della Lego, alla faccia di Robert M. Pirsig.

Pensatemi, se ci riuscite, mentre sto lì a cercare di capire le immagini del manuale di istruzione, confondendo ovviamente un pezzetto con un altro e dovendo ricominciare da capo. Pensatemi. Io che comincio col sole, sempre che sole si possa chiamare quello di Milano a gennaio, ancora alto e che finisco a notte tarda, rimandando le ultime fasi alla mattina successiva, perché la vista a una certa ora vacilla, le palle pure.

Pensatemi, se ci riuscite. Poi pensate a me che pubblico questo articolo su "Rolling Stone Italia". Articolo che sancisce il mio esordio col nuovo editore di "Rolling Stone Italia", avendo io collaborato con l'edizione italiana della più importante rivista musicale al mondo nei primi anni zero, quando arrivò in Italia. Articolo che sancisce la mia collaborazione con il sito di "Rolling Stone Italia" sotto la guida della neodirettrice Selvaggia Lucarelli, approdata proprio in questi giorni in via Richard e responsabile del mio ingaggio in questa nuova testata. Articolo che ha scatenato, sembra non potesse che essere così, visto il livello di bimbominkismo dei suddetti, l'ira funesta dei fan di Emma Marrone, già in passato protagonisti di una vera shit storming nei miei confronti, quando raccontai sulle pagine de "Linkiesta", giornale per il quale continuo per altro ancora a scrivere, di come il suo tanto decantato tour completamente sold out in realtà non fosse affatto sold out. Ira funesta che si è palesata sotto forma di reiterati insulti sui social, da parte soprattutto di ragazzini appena usciti da scuola, l'articolo è uscito verso ora di pranzo. Gente incapace anche solo di scrivere una frase senza sbagliare almeno una consecutio, per non dire dei congiuntivi o della punteggiatura. Gente che prima ti insulta poi, se gli rispondi, ci rimane male, e non trova di meglio di darti del vecchio che risponde a quelli che potrebbero essere loro figli. Il tutto ovviamente in un italiano discutibile, a volte addirittura incomprensibile anche a Google Traduttore. Gente che pensa, temo, seriamente, che la musica di Emma sia buona musica, e che se parli male di Emma, o meglio della musica di Emma, perché a me non interessa affatto parlare di Emma, è perché sono invidioso di non ho ben capito cosa, dal momento che non sono una cantante e che nel mio campo non ho diciamo al momento necessità di inculare l'arrangiamento di nessuno per tirare fuori un singolo.

Pensatemi, quindi, mentre leggete questo articolo, mentre andate sui social a leggere la merda che mi è arrivata contro, pensatemi anche citato in una vera e propria girandola di messaggi, molti dei quali, magicamente, poi finiscono sul mio whatsapp, screenshottati dalle Scimmie Spaziali, messaggi di addetti ai lavori, inconsapevoli promotori del mio lavoro, manco li pagassi per diffondere il Verbo, e poi pensatemi mentre costruisco, pezzetto dopo pezzetto il Vascello dei NinjaGo della Lega.

Solo dopo aver fatto uno per uno questi gesti, come seguendo un manuale di istruzioni di trecentodieci pagine (trecentodieci pagine, cazzo) come quello del Vascello dei NinjaGo della Lego, ringraziando Iddio che però non siamo cinquecentoventicinque azioni (cinquecentoventicinque, cazzo) come per il Vascello dei NinjaGo della Lego, ma solo tre, quattro azioni, tre, quattro semplici azioni, ecco, solo dopo tutto questo pensate a me che cazzo me ne può fregare di quello che pensate di me.

Sono un asceta che costruisce Vascelli dei NinjaGo della Lego, io. Baciatemi il culo.

MANESKIN, MORITE PURE DA RE
(ARTISTICAMENTE, MA MORITE PRESTO)

Piccola premessa, dovuta.

In Texas esiste un tipo di lucertola speciale. Quando si trova davanti a un predatore, infatti, la lucertola del Texas non si dà alla fuga, come le altre creature di fronte a un predatore. Sapendo che il predatore è più veloce, e sapendo anche che difficilmente un predatore mangerebbe un animale morto per morte naturale, quando si trova in estremo pericolo si accascia, colta da spasmi, e schizza fiotti di sangue dagli occhi, fingendo infine di essere morta.

Il predatore, a quel punto, la lascia lì, andandosi a dedicare a altre prede, vive. Come dire, a volte sanguinare dagli occhi ti può salvare la vita.

Ora parliamo di musica.

Si fa per dire.

Mettiamo subito da parte inutili rumori di fondo. Operazione che per altro si potrebbe serenamente applicare a tutti gli articoli che vi capita di leggere a mia firma.

Non rosico. Trovo anzi il verbo rosicare davvero sgradevole, da un punto di vista estetico e fonetico. Ci sono parole brutte, che non userei mai, non fosse che qualcuno ha deciso che sono parole da usare, qui e oggi. Rosicare è una di quelle. Dal suono orribile, e dal significato altrettanto orribile. Figlia dei nostri tempi, in cui, da Berlusconi in poi, qualcuno ha deciso che avere successo, essere belli, essere ricchi, fosse qualcosa di prestigioso, da perseguire, e, di conseguenza, da invidiare, nel caso tutto questo non ci toccasse in sorte.

Comunque sia, dando per inevitabile usare questa orribile parola, resta il fatto che io non rosico. E non rosico per un semplice motivo, sono più che soddisfatto di quel che sono e di quel che faccio.

Ho invidiato, con quel tipo di sana invidia che si prova nei confronti di chi si ammira profondamente, le capacità scrittorie di gente come John Barth o David Foster Wallace, in parte anche di Douglas Coupland, di Hunter Thompson e di Tom Wolfe, ma era qualcosa di sano, che non mi ha mai indotto a sentimenti negativi. Avrei voluto aver scritto alcuni dei loro libri, ma li ho tanto amati da averli consumati, non è che son stato lì a parlare male di loro.

Non ho mai rosicato nei confronti di chi ha fatto il mio mestiere, figuriamoci nei confronti di chi fa un altro mestiere. Non sono un cantante. Non vedo perché dovrei rosicare per il successo di un cantante. Ho una vita affettiva e sessuale risolta, direi, quindi non è neanche il non essere un sex symbol che potrebbe indurmi a questo atteggiamento. Più in generale, però, è proprio l'idea di successo che mi interessa relativamente. Nel mio campo ce l'ho, nel senso che scrivo da anni con buoni risultati, e sono riconosciuto come una firma autorevole e influente in questo ambiente, ciò nonostante me ne sto in disparte, perché essere circondato da gente che prenderei a sputi in faccia non mi esalta particolarmente. Che mai dovrei invidiare a chi per ottenere la stessa visibilità che ho io si deve sbattere molto più di me. Ecco, se fossi un cantante, mettiamola così, sarei un cantante di successo, quindi parlando di cantanti di successo non ho proprio un cazzo da invidiare loro. Anzi, mi capita spesso di avere più successo nel mio campo dei cantanti che intervisto, volessimo tirare fuori righello o regolo.

Chiarito questo veniamo all'argomento di questo scritto, in realtà assai meno interessante, i Maneskin.

In queste ultime settimane sono successe almeno tre cose che, mi occupassi di notiziole musicali, mi avrebbero fatto parlare della band di pischelli romani.

È uscito il loro nuovo singolo, *Morirò da re*.

Sono uscite nuove date del tour, dopo quelle di queste settimane, spesso sold out, e subito buona parte dei biglietti sono stati bruciati in prevendita.

I quattro, anzi i tre, visto che uno, il batterista, non apre bocca, anzi i due, visto che anche il chitarrista parla poco e male, hanno fatto un tot di dichiarazioni per cui, se davvero esiste la tanto sbandierata democrazia diretta, qualcuno dovrebbe prenderli a frustate con legacci di cuoio passati sulla pece sulla schiena nuda in pubblico e poi pisciare sulle ferite, per disinfettarle.

Partiamo appunto da qui. Hai avuto un buon successo mediatico prevalentemente perché hai leccato un palo mentre eri vestito in shorts alla Daisy di Hazard e avevi i capezzoli coperti da due X di nastro isolante, cosa che ha smosso gli ormoni di un gruppo di milf in carenza pesante di cazzo. Buon per te e per i tuoi tre amici, il cui talento è sembra solo quello di essere stati al posto giusto nel momento giusto, e la cui pecca è invece quella evidente di non sapere suonare, non saper parlare e, evidentemente, non avere neanche la capacità di farti notare che certe cose, anche se pensi di essere una rockstar, non le puoi dire. E le cose che dici, nello specifico, sono che le prossime date del tour, a novembre, vi vedranno impegnati in locali più grossi, vero, ma che queste vi hanno visto in locali medio piccoli, roba di grandissimo prestigio come il Locomotiv di Bologna, il Viper di Firenze, il Vox di Nonantola, il Santeria Social Club di Milano, l'Hiroshima Mon Amour di Torino, ma ai tuoi occhi piccoli, solo perché volevate fare la gavetta. Mentre ci sono fior di musicisti veri, per intendersi gente che se sale su un palco sa suonare, e non deve ricorrere alle basi, e che non deve ricorrere a leccare pali, magari lo fa pure, ma per fare spettacolo intorno alla musica, non per fare spettacolo al posto della musica, ecco, c'è gente, fior di artisti, che in quei locali ci arrivano dopo aver fatto anni di gavetta, come punto di arrivo. E fa così perché i biglietti dei loro concerti non sono comprati da ragazzini che di musica non capiscono un cazzo ma ti hanno visto dire quattro cazzate in tv, o vecchie tardone che ti vorrebbero infilare cinquanta euro nelle mutande alla prossima festa delle Donne, salvo poi dare del pedofilo al marito se dice che Rihanna è una figa. In genere funziona così, ti fai un mestiere e poi raccogli i risultati. E se invece non hai un mestiere e neanche il talento, ma solo hai leccato un palo della lap dance di fronte a un pubblico lobotomizzato, quantomeno hai il pudore di startene zitto, senza fare il cazzone. Invece tu, Damiano, parli. E parli male, perché non hai studiato. E dici cose imbarazzanti, purtroppo coadiuvato in questo da Manuel Agnelli, che poi spera di salvarsi il culo invitando Emidio Clementi o Ben Harper, ma resta uno che fa delle marchette che in confronto le Olgettine levate. Se suoni negli stessi locali dove suona un Paul Weller, per dire, o Steve Wynn, abbi il pudore di ringraziare il tuo Dio e di non fare dichiarazioni a effetto, perché stai camminando sulla lama di un rasoio e coi tacchi a spillo è facile che tu cada.

Ma non basta. Perché poi tiri fuori una canzone nuova, in italiano, e forse era meglio se non lo facevi, perché sulle prime uno sarebbe portato a pensare che sia la versione tradotta del primo singolo, *Chosen*, tanto suonano uguale. Ma quando poi quell'uno capisce che è un'altra canzone, e ti sente pure dire che ti ispiri ai Fleetwood Mac, beh, allora gli iniziano a sanguinare gli occhi, nella speranza che tutto finisca presto, come per le cazzo di lucertole del Texas. Perché in realtà sembra una brutta versione di un brano mai inciso dei primi Negrita, che copiavano i Red Hot Chili Peppers, con la piccola differenza che Pau sapeva cantare, mentre tu, speriamo, non arrivi ai venti anni prima che una mattina ti svegli e hai la stessa voce di Dean Martin la mattina di un qualsiasi capodanno, e che la band non sa suonare manco in playback, mente i Negrita almeno erano bravi.

Morirò da re è una canzone che grida vendetta da parte di chiunque ami la musica, una roba che purtroppo non ti fa sanguinare gli occhi, ma le orecchie, col vantaggio di non poterti più sentire torturare le tue povere corde vocali coi tuoi suoni gutturali, ma vedendoti ancora una volta a torso nudo e in mutande. Pio e Amedeo, salvatemi voi.

MANNARINO E LA NECESSITÀ DI FAR CROLLARE L'IMPERO

Siamo in un'epoca di piena decadenza. Non è certo la prima volta che lo racconto. Per dirla con Fusaro, e dirlo online è già di per sé un paradosso, i barbari sono alle porte, l'Impero sta per crollare. Ecco, ieri sera ho assistito alla plastica messa in scena del momento in cui l'impero crollerà definitivamente, e l'ho visto con una prospettiva privilegiata, dal basso, cioè lì dove l'impero è già crollato da tempo, o forse, intendendo con l'impero in questo caso i privilegi e gli optional che una situazione di comando e di benessere comporta, conscio che l'impero è in realtà anche molto altro, non c'è proprio mai stato. Ieri sera sono andato al Teatro degli Arcimboldi di Milano per vedere il concerto *L'impero crollerà* di Mannarino. Con lo zaino, simbolico, pieno di pregiudizi. O magari di giudizi di parte, quelli dati da chi affronta una situazione analizzandone solo una prospettiva, la propria, guardando quindi da vicino dei dettagli che però non ci mostrano in panoramica il complesso, come fossimo in dotazione invece di un drone.

Quando un anno e mezzo fa, circa, è uscito il suo quarto album, *Apriti cielo*, non ne ho scritto. E non ne ho scritto perché nutro grande stima verso questo cantautore e quell'album non l'ho capito appieno, scegliendo quindi di non scriverne per non doverne scrivere non bene.

Mi spiego, considero Mannarino una voce unica nel panorama italiano. Con una poetica molto precisa, una lingua molto precisa, riconoscibile, tanto quanto il suo profilo, baffi e cappello. Ecco, *Apriti cielo* abbandonava il cappello, ieri in qualche modo lo ha anche detto dal palco degli Arcimboldi, pur facendo riferimento a questo tour teatrale più che all'uscita del suo ultimo lavoro di studio, e io ho fatico a capire la mossa. Perché di colpo lui, così carnalmente legato alle strade, ma anche agli scantinati, alle catacombe, alle cantine, ai vicoli della sua città, eretta a monumento di quegli ultimi che, appunto, dell'Impero sono al limite pubblico e vittime, non certo attori, si era affacciato al resto del mondo. Intendiamoci, musicalmente Mannarino è sempre stato attento al resto del mondo, specie a quei luoghi che, immaginificamente, possano essere ricollegati a questo paesaggio di baracche, barconi sul Tevere, taverne e osterie, celle di Rebibbia che è stato il suo mondo. Quindi il sud del mondo, con la sua scrittura così potentemente romana, lo stornello a fare da faro, contaminata in qualche modo, che si trattasse di rumba o del rock operaio del Boss, polaroid di quella porzione del sud del mondo che abita il nord. Ma stavolta era l'attenzione a chi è in viaggio per il mondo, in cerca di fortuna, in cerca di quel che la propria terra non gli ha dato, o semplicemente in cerca di una idea di libertà che può costare ferite e rivoluzioni, a fare da filo rosso. E io non l'ho capito. Perché, pensavo, dopo la tripletta di *Bar della Rabbia*, *Supersantos* e *Al monte*, praticamente impeccabile nel presentarci canzone dopo canzone una poetica e una lingua, ripeto, uniche, *Apriti cielo* mi sembrava un passo indietro, un volersi in qualche modo normalizzare, diventare più fruibile per un pubblico che non lo conoscesse. Ieri sera, però, ho capito.

Ho capito che Mannarino sta semplicemente provando, con la fatica di chi si mette costantemente in discussione, certo, ma anche con il supporto del talento, della fantasia, e anche del mestiere, a raccontare l'oggi, la decadenza, appunto, regalandoci la prospettiva di chi non ha paura di sporcarsi le mani e le scarpe pur di stare nel mondo. Con un andamento a onde, inizio molto lento, teatrale, senza parole di supporto, svolta world, ritmata e ottimamente supportata da una band di sette elementi che riempie il palco e il teatro di suoni, poi ancora storie e suoni lenti, con un finale che è una vera e propria sferzata di energia che lascia spazio ai suoi amati classici, voce e chitarra fuori dal sipario, in mezzo al suo pubblico, *L'impero crollerà* è una perfetta fotografia del 2018, e di come nel 2018 l'impero potrà anche crollare, ma tra le macerie a salvarsi saranno solo quelli che sono abituati a vivere di vita, e non di cose, e a vivere aiutandosi a vicenda, avidi di emozioni più che di potere. Anzi, saranno proprio loro, la base, a farlo crollare, 'sto impero. Gli ultimi. Gli ultimi, appunto, che si tratti di una puttana del porto come di un migrante che probabilmente potrebbe non arrivare in nessun porto. Mannarino si muove sempre su un filo, funambolo senza rete, da una parte la retorica, quella delle parole recitate a rischio di sfociare nella poeticità ostentata, dall'altra lo stomaco, la pelle, i piedi stretti dentro scarpe sporche di fango, le braccia martoriate di ferite, le nocche sbucciate di chi non ha lesinato cazzotti, ma che in fondo di cazzotti ne ha anche presi parecchi.

Se dovessimo azzardare, come già non lo avessimo fatto fin qui, paragoni, verrebbe da dire che Mannarino prova con le sue canzoni a mettere in musica un romanzo classico come *Diario dell'anno della peste* di Daniel Defoe, o *Il popolo degli abissi* di Jack London, a volte andando a pascolare nel prato dove Hugo ha fatto mangiare i personaggi dei *Miserabili*, altre volte nelle strade sporche di fuligine di Charles Dickens. Il tutto, però, con una lingua popolana, più che popolare, la voce roca di chi ha fumato troppo, bevuto troppi bicchieri di vino rosso, tenuto un cappello troppo a lungo calcato sulla testa.

Se, come si diceva pochi giorni fa, Motta è la dimostrazione che esiste una nuova via al cantautorato politico, ed è quello che sposta sui sentimenti l'attenzione che un tempo era rivolta solo al sociale, non con la superficiale volontà di concentrare l'attenzione sull'apparentemente futile, ma con l'onestà intellettuale di avere coscienza che l'esibizione della propria felicità può essere un atto politico, Mannarino, quasi quarant'anni, è la prova provata che esiste anche una via più diretta, che tiene insieme lo sguardo agli altri linguaggi musicali di Enzo Avitabile con l'attenzione alle piccole/grandi storie, aneddoti e leggende, di un Vinicio Capossela.

Su tutto una notazione sorprendente, oltre che un plauso alla band, Puccio Panettieri alla batteria, Alessandro Chimienti alle chitarre, Renato Vecchio ai fiati e Seby Burgio a pianoforte e tastiere, la prodigiosa Lavinia Mancusi, cori, violino e tamburi, Nicolò Pagani al contrabbasso e al basso, e infine Daniele Leucci a percussioni, vibrafono e suoni, il Teatro degli Arcimboldi, pieno in ogni ordine di posti, ha accompagnato il concerto/recital, perché anche se di parlato c'è stato poco è evidente che *L'impero crollerà* è qualcosa di più di un concerto, cantando tutte le canzoni, inneggiando come si fa di fronte a un Dio Pagano, applaudendo e avvolgendo Mannarino con un calore sulla carta poco milanese. Qualcosa di spiazzante, non ci avessero già pensato le canzoni a spiazzare. Perché messe lì, mischiate a quelle dei tre album precedenti, anche le canzoni di *Apriti Cielo*, che sulla carta mi erano sembrate furbette, o semplicemente un passo indietro rispetto a un percorso che leggevo come deciso e ammirevole, acquistano un significato altro che mi ha lasciato a bocca aperta. Capitoli di un grande romanzo popolare, corale, con la sua voce roca, seppur meno tirata di quanto ci si sarebbe potuti aspettare, a fare da narratore.

Un grande spettacolo, questo. Che ci mostra come i suoni del mondo, quelli confluiti nel repertorio del nostro ultimo stornellatore, a metà strada tra uno Stefano Rosso e un Compay Segundo di borgata, abbiano non solo un senso, ma una necessaria urgenza di esserci. Perché solo dando vita al suono che attraversa quelle baracche, quei barconi, quelle cantine, quei vicoli, quelle taverne l'impero lo vedremo finalmente crollare.

MARIA ANTONIETTA
E LA NECESSITÀ DI DELUDERE LE ASPETTATIVE

"Penso che sia un po' come è stato per San Francesco. Lui che voleva riformare la Chiesa, non si è limitato a vivere in povertà evidenziando con ogni suo gesto le incongruenze delle istituzioni cristiane, criticando la corruzione del papato, ma si è recato a Roma e ha giurato fedeltà di fronte al Pontefice. Si può cambiare, quindi, ma stando dal di dentro, non limitandosi a lamentarsi di tutto da fuori. Esserci e essere rivoluzionari proprio col nostro esserci."

Iniziamo da San Francesco d'Assisi, quindi. Il che, in effetti, potrebbe non fare una piega con altri passaggi di questa intervista, tipo quando Maria Antonietta, al secolo Letizia Cesarini da Pesaro, è lei che sto intervistando, parla della sua scelta di vivere in campagna.

"Credo che tutta questa natura abbia contribuito a farmi intraprendere un cammino di meditazione. Quattro anni di pausa, in effetti, sono davvero tanti, normale che io mi sia in qualche modo concentrata su altro, in questo lungo lasso di tempo. Certo ho scritto le canzoni, le ho incise, le ho lavorate con cura, ma ne ho anche approfittato per laurearmi in Storia dell'Arte a Urbino, ho passato mesi a collaborare con un centro di Senigallia dove hanno messo in piedi un laboratorio d'arte per disabili che soffrono in modo particolare di disabilità mentali, e che hanno proprio nell'arte la possibilità di esprimere la loro complessità, che a noi magari potrebbe erroneamente apparire infantile, ma che in realtà è molto sfaccettata, come quella di ognuno di noi. Una complessità che semplicemente non trova modo di uscire all'esterno. Un'esperienza incredibile, perché in fondo credo che l'arte serva proprio a lasciare segni nelle nostre vite, e lì questa cosa era tangibile, evidente."

Un'intervista complessa questa, usiamo una sua parola.

Non tanto per le mie domande, fare le interviste non è esattamente la cosa che mi viene più naturale, abituato come sono a analizzare il lavoro degli altri in solitudine, quanto per quello che Maria Antonietta mi ha detto riguardo il suo ritorno con l'album *Deluderti*, riguardo la sua prolungata assenza, come abbiamo già cominciato a tratteggiare più che giustificata, e anche riguardo il tema centrale dell'album, le aspettative e l'idea di deludere le aspettative, le proprie e quelle degli altri.

"Viviamo in un'epoca strana, in cui si tende costantemente a voler incontrare il consenso degli altri, si pensi alla logica dei Like. Ci ho molto ragionato su, in questi anni, anche per questo mio essermi accostata a altre situazioni, per aver in qualche modo tergiversato. E sono giunta alle conclusioni che sia necessario fare i conti proprio con le aspettative, e che deludere le aspettative, le nostre come quelle che gli altri hanno su di noi, sia basilare. Perché, se ci pensi, proprio nel deludere le aspettative si trova l'opportunità di fare qualcosa di sorprendente, di meraviglioso."

Quattro anni, tanti sono passati dalla pubblicazione di *Sassi*, che in questa epoca superveloce sembra quasi un'era geologica. Quattro anni fa, del resto, Maria Antonietta era uno dei nomi di punta della scena indie, e oggi quella stessa scena è tutt'altra, con altri nomi e anche con un'altra attitudine, un altro spirito.

"In effetti sembra siano passati decenni. Mi riaffaccio ora e tutto è cambiato. Cioè tutto, io fondamentalmente porto avanti sempre lo stesso spirito. Ho sempre guardato allo scrivere e cantare le mie canzoni come un gesto politico, etico, e in questo non penso di essere diversa da prima. Per questo non credo che avrei difficoltà a suonare in contesti in cui si trovino a suonare anche i nomi che in genere oggi vengono associati alla scena indie. Io non ho mai realmente fatto parte di una scena. Mica è un caso che mi sia spostata da Pesaro verso la campagna di Senigallia, circondata da piante."

Una scelta radicale, anche quella, anche perché la scena pesarese, almeno nelle Marche, che è la tua regione, ma è anche la mia regione, è negli ultimi stati la più compatta. Di più, la sola a aver in qualche modo catalizzato l'attenzione nazionale.

"Credo quello dipenda proprio dallo spirito vagamente milanese dei pesaresi. Gente in genere concreta, che pensa a fare impresa. Gente che guarda al mercato."

Mercato nel quale oggi ti presenti con un lavoro che mostra chiaramente la tua cifra, riconoscibile, caratteristica questa piuttosto rara in un mondo che tende un po' tanto all'omologazione, agli stessi suoni messi sulle stesse canzoni, e in cui la forte componente di contemporaneità non è data dai suoni, fortunatamente, ma dai contenuti dei tuoi testi, da quello che racconti, dal tuo esserci francescanamente rivendicando il diritto di essere altro.

"Come ti dicevo prima, vedo allo scrivere canzoni come a qualcosa di politico, quindi non riuscirei a scrivere qualcosa che non parlasse in maniera onesta di me, oggi. Non saprei dirti se le mie canzoni siano o meno contemporanee, ma sono sicuramente vere. Chiaro che la mia attitudine, mutata dalla scena delle riot girl, dalle Bikini Kill alle L7 in poi, continua a essere la medesima, anche se oggi posso sembrare più meditativa, forse pure più solare. Sarà anche che ho passato gli ultimi anni a divorare libri di poesia. Una vera full immersion nella poesia. E nei collage, adoro fare i collage. Quelli facevo fare nel centro per disabili di cui ti parlavo prima. Deluderti arriva da tutto questo, più che dall'aver guardato cosa stava succedendo nel mentre in campo musicale. Il mio essere indie, oggi, sta proprio e solo nell'essere indipendente da quel che mi gira intorno."

Maria Antonietta è una anomalia.

Una bellissima anomalia.

Una cantautrice indie, così suppongo verrà ancora catalogata per pigrizia, ma che da anni percorre una sua strada personale, senza star troppo a farsi influenzare dal mondo circostante, dal mondo musicale circostante. Con una attitudine punk, chiaro, anche oggi che appare, musicalmente e personalmente, più sorridente, più meditativa, meno spigolosa.

Ma spigolosa, in fondo, Maria Antonietta lo è per questa sua radicalità etica, questo suo mettersi costantemente a nudo davanti a tutti, nelle parole e nelle note delle sue canzoni. Maria Antonietta conosce bene la forma canzone, le tracce del suo nuovo lavoro, a tratti in apparenza rassicurante ce lo confermano in maniera lampante, e proprio per questa presa di coscienza di saper maneggiare la forma canzone si può permettere di attraversare l'oggi con uno sguardo lieve, poco impegnata a piacere e quindi a compiacere gli altri, e proprio per questo capace di piacere. Si chiama carisma, credo. Non stessi parlando di musica, direi fascino. E come chi naturalmente è capace di affascinare, Maria Antonietta usa questo suo talento per scardinare alcune nostre certezze, come quella che sia nell'essere uguali agli altri il segreto della felicità. Interpretazione larga delle sue canzoni, forse, ma un paesaggio mosso, fatto di colline, di valli, da scogliere come di spiagge, esattamente come quello delle Marche, sicuramente è più interessante di uno piatto, uniforme, magari più rassicurante, ma meno capace di dirci qualcosa.

Ecco, Maria Antonietta è mossa. Maria Antonietta è diversa. Dolcemente complicata, verrebbe da dire, non fosse ormai diventato uno slogan da spot per le collant, povero Ruggeri. Dolcemente disturbante, piuttosto, come una punk rocker che cita San Francesco e che legge libri di poesia.

MAX, NEK E RENGA, LA RIVINCITA DELLA LEGGEREZZA

Nella vita ci sono momenti in cui ti capita di fare qualcosa che, a freddo, mai avresti pensato di fare. Momenti, per questo, indimenticabili. Momenti, in genere, da vivere in solitaria, che da vecchio, se diventi vecchio, ci pensi e puoi solo ricorrere alla tua memoria. Quindi, con buona probabilità, momenti che tenderai a ritoccare, riscritti dal tempo e da quella innata tendenza a rendere tutto un po' epico, enfatico, e qui sto ovviamente parlando di me, non dell'essere umano in generale.

Ieri è successo uno di quei momenti. E è successo in mezzo a un sacco di gente.

Di più, in mezzo a un sacco di gente accalcata in pochi metri quadri, gomito a gomito, qualcosa che, non fossimo stati in un backstage di un concerto, avrei anche potuto definire intimo, tanta era la parte di me in contatto con altri esseri umani.

Per mia fortuna, si scherza, c'è stato almeno un testimone di questo momento, per cui da vecchi, potremo scherzarci su, ricordarlo e, Dio volendo, interrogarci se di miraggio collettivo, sempre che in due si possa parlare di collettività, si è trattato, o di vero e proprio accadimento.

Ieri sera ho stretto la mano a Ferdinando Salzano di Friends & Partners, nel backstage del concerto di Nek, Francesco Renga e Max Pezzali, ancora non ho capito esattamente l'ordine in cui i nomi vadano messi, per cui tenderò a confondervi nel seguito dell'articolo, al Forum di Assago. Quel mio stringergli la mano, lì in mezzo alla calca del backstage, tra un Ron e un Claudio Cecchetto, tra un Virginio e una Annalisa, tra una Paola Iezzi e amici e partenti vari, non voleva essere altro che un onore della armi nei confronti di qualcuno con cui non sono mai stato tenero, anzi, con cui sono sempre entrato a gamba tesa, alla Tony Adams. Il mio dire: "Complimenti, Ferdinando, stavolta avete fatto davvero uno spettacolo con controcazzi".

Ovviamente tutto questo non l'ho detto, mi sono limitato a stringergli la mano, come se ci si salutasse e basta. Ma il senso era questo, e ora, se legge queste parole, lo sa. Roberto Fagioli della Warner, lui era il testimone, sarà chiamato negli anni a ricordare quel momento, in assenza di telecamere e di telefonini.

Perché, cazzo, il concerto di Francesco Renga, Max Pezzali e Nek è davvero qualcosa di spettacolare, una grandissima festa in musica. Qualcosa, e mi ritrovo di nuovo a usare la parola collettiva a distanza di poche righe, io che ho sempre avuto poca stima di tutto quel che piace alla massa, che si avvicina all'idea di orgasmo collettivo. Intendiamoci, non stiamo parlando dei Pink Floyd a Venezia, e lo sappiamo tutti, Max Pezzali, Nek e Francesco Renga compresi, ma in effetti tanta e tale è stata la gioia che i tre hanno saputo infondere nei tanti, tantissimi spettatori presenti, che dovessi ipotizzare la metafora di un'orgia, ma un'orgia innocente, senza malizia, lo farei pure. Sulla carta, ne avevo parlato quando i tre hanno lanciato l'iniziativa, avevo dei dubbi sull'amalgama. Perché sono amico da una vita di Francesco, e conosco penso abbastanza bene Max da sapere che questa era un'iniziativa raccontataci come spontanea ma nasceva, e ci mancherebbe pure altro, da una intuizione di un promoter, da chi, cioè, questo fa per lavoro, idea eventi. Non capivo, infatti, a parte l'età quasi comune, tra Max, il più grande, e Nek, vi sono credo cinque anni di differenza. I repertori dei tre, infatti, mi sembravano davvero troppo distanti tra loro, con Max a farla da padrone, unico dei tre a avere canzoni che hanno letteralmente formato più generazioni, e gli altri invece titolari di una buona serie di hit, ma un po' meno trasversali. Invece, questo ho capito ieri, la potenza del trio, che non citerò perché continuare a incrociare i nomi nelle varie combinazioni mi è venuto a noia, sta proprio nel loro essere tre maschi di mezza età. C'è una sorta di cameratismo, di complicità da spogliatoio, da serata al bar a bere birra a parlare di calcio, una complicità talmente forte da superare le differenze di repertorio, da creare una vera e propria magia chimica capace di trasformare di volta in volta ognuno dei tre nel perfetto partner dell'altro. Durante il concerto, infatti, Nek, Renga e Pezzali, faccio il professionista e uso i cognomi, si scambiano i repertori, intervenendo nelle canzoni degli altri con estrema naturalezza, nonostante chiare differenze stilistiche, tutte ancora lì, e nonostante, forse, anche differenze di tonalità. Tutto suona vero, e questo è sì un miracolo che va tributato a Ferdinando Salzano, che ha messo in piedi questa nuova formula chimica. Qualcosa, citando il Cecchetto nel backstage, che all'estero magari succede anche con frequenza, artisti diversi ma in sintonia che si ritrovano sul palco, si divertono, fanno divertire, danno vita a un grande show e poi tornano a fare il proprio, con una bella esperienza alle spalle, ma da noi non capita quasi mai, incastrati in mille dinamiche sbagliate e strategie.

Vedere Renga e Nek agiarsi come pazzi sul palco, saltare in continuazione, fare i gigioni, ammiccare, divertirsi, e vedere Max indossare i panni di quello più calmo e saggio, complici delle canzoni che quando arrivano immediatamente accendono l'atmosfera, è un vero spettacolo per l'anima. Poco importa che magari qualche canzone ci piaccia meno delle altre, vi garantisco che lì i tre repertori stanno talmente bene l'uno affianco all'altro, comprese le incursioni dei tre nelle canzoni altrui, da farti piacere e cantare anche le canzoni sulla carta a te meno distanti. Canzoni che mi guarderò bene dal citare, perché questo è un concerto, una festa in musica, ripeto, da dieci e lode, e voler sottolineare qualcosa che piaccia meno sarebbe proprio da stronzi.

Qui lo scrivo e qui lo riscrivo, onore a Ferdinando Salzano di Friends & Partners che ha regalato, metaforicamente, al pubblico italiano questo grande spettacolo, e un vero grande applauso a Max Pezzali, Francesco Renga e Nek che, con le loro diversità, ma anche col loro essere tre uomini di musica che amano stare sul palco e interagire tra loro e col pubblico, tutto questo hanno realizzato.

Tutti i presenti al Forum, ieri, si sono divertiti. Tutti hanno cantato ogni canzone. Hanno riso alle gag dei tre, ai salti di Renga e Nek e al malcelato imbarazzo di Max nel riconoscersi un po' meno istrione dei suoi compagni di viaggio.

Ce ne fossero di spettacoli così. Con oltretutto una mega band, frutto della fusione delle tre band dei singoli, a spingere di brutto dal primo all'ultimo minuto. Le tre chitarre di Chicco Gussoni, Stefano Brando Brandoni e Davide Ferrario, altra rockstar sul palco, col suo saltare e suonare la chitarra "lenta", come fosse il basso di Paul Simonon, per intenderci, le tastiere di Enzo Messina e Ernesto Ghezzi, il basso di Fabio Poli e la batteria di Luciano Galloni, gli interventi alle macchine e ai piatti di Dj Zac e le chitarre e le tastiere del direttore artistico Fulvio Arnoldi hanno contribuito parecchio a creare una amalgama sulla carta difficile da pensare. Un grande applauso anche a loro.

Ma soprattutto un grazie a Francesco, Max e Nek per essersi messi davvero in gioco, non tanto nell'accettare l'idea di portare avanti questa avventura, questo è mestiere, mica una missione, ma per averci creduto fino in fondo e nell'essersi dati senza remore, con generosità e leggerezza.

La musica può essere emozione, divertimento e condivisione. Stasera è stato tutto questo. Comunque tranquilli tutti, promoter e artisti, da domani tornerò a rompervi il cazzo come sempre. Oggi mi sono goduto due ore e mezzo di spensieratezza.

MEGLIO 'NA TAMMURRIATA NERA CA 'NA GUERRA

Meglio 'na Tammurriata ca 'na guerra.
Vagli a dare torto.
Meglio 'na parola doce, sotto 'e stelle.
Invece siamo da tutt'altra parte.
Siamo al prima gli italiani.
All'aiutiamoli a casa loro.
Al fuori dall'Europa.
All'illusione, per altro malriposta, del popolo sovrano.

Ti fai un giro per i programmi televisivi dedicati alla politica e ne esci con davanti agli occhi una panoramica a dir poco agghiacciante. Populismo spiccio, retorica dell'anticultura sbandierata come fosse un vanto, slogan pret-a-porter che farebbero ridere, li trovassimo in un meme, ma messi in bocca a chi in teoria dovrebbe guidare il paese nei prossimi anni fanno solo piangere. Fascismi, neocolonialismi, un'idea di mondo fatto di etnie e di steccati come, si sperava, non ne avremmo più sentiti.

Il tutto in un'atmosfera di rabbia che non sfocia, non sa e non può sfociare, in una rivoluzione. Non dico una rivoluzione violenta, ci mancherebbe solo questa, ma una rivoluzione culturale, appunto. Solo indignazione da touch screen. Vaffanculo da tastiera.

Niente scintille. Niente luce all'orizzonte. Solo buio.

Un tempo era la musica a accendere scintille. O a fare da colonna sonora all'accensione di quel motore. Oggi sembra tutto silenzioso. Come di un mutismo rassegnato, basito.

In realtà si dovrebbe guardare proprio alla musica, per trovare la risposta, quella che la politica non sembra essere in grado di dare. O non sembra essere intenzionata a dare, vai a capire.

La storia musicale, almeno nella forma canzone, di Enzo Avitabile, a guardarla bene, contiene già tutte queste risposte. Stanno lì, sotto gli occhi e le orecchie di tutti, solo a aver voglia di avvicinarcisi.

Partito al fianco di Pino Daniele e Edoardo Bennato sul volgere degli anni Settanta, con l'inizio del nuovo decennio Avitabile mette la propria bandierina nella mappa del new soul napoletano. Una manciata di album che ha il suo apice in *S.O.S. Brothers*, del 1986, trainata dalla hit *Soul Express* e che lo vede collaborare con giganti come Richie Havens o Afrika Bambaataa, incontro che, come vedremo, gli regalerà una credibilità successiva per la comunità del nuovo rap italiano. Ma guardando a quel decennio, già appare evidente un percorso, l'inizio di un percorso, musicale ma al tempo stesso teoretico, a suo modo ideologico, dando all'ideologia una valenza più che positiva.

Enzo Avitabile ha cominciato, come molti suoi concittadini, a fare i conti con una forma canzone di importazione, quella afroamericana del soul e del funky, arrivando, appunto, a confrontarsi con un genere, il rap, ancora da noi considerato alieno. E lo ha fatto anche molto bene, finendo, così doveva essere, per incrociare la sua voce e il suo sassofono con quella dei più grandi nomi del panorama mondiale, James Brown su tutti. Riconosciuto come un talento puro non poteva che essere così, la musica non ha quegli steccati che invece, a sentire i proclami dei politici di oggi, qualcuno vorrebbe di nuovo ergere, non solo metaforicamente. Ma appreso e fatto proprio quel linguaggio che non ci appartiene per DNA, sorta di colonialismo culturale di cui noi italiani siamo ovviamente oggetto non solo in ambito musicale, Avitabile ha deciso di intraprendere un percorso di studio e di approfondimento di quelle che sono le nostre radici musicali e culturali.

Messe da parte, momentaneamente, le scale blues, ecco che il cantautore e musicista napoletano ha cominciato a studiare le scale di origine greca, ovviamente tenendo ben in mente le scale napoletane, patrimonio della nostra tradizione musicale. Contiguamente Avitabile ha cominciato a frequentare anche altri ritmi, più orientati al sud del mondo, a partire ovviamente dal mediterraneo, ma poi guardando con sempre più interesse all'Africa. Aiutateci a casa vostra, verrebbe da dire, parafrasando uno di quegli agghiaccianti slogan che abbiamo sentito così tante volte negli ultimi tempi.

La chiamano giustamente world music, anche se forse sarebbe più sensato chiamarla semplicemente musica. Una commistione di linguaggi, di scale, appunto, di ritmi, di suoni, che proveniendo da parti anche distanti del mondo, si incontrano su un terreno comune, quello della forma canzone, della performance, e danno vita a un linguaggio universale. Un linguaggio veramente universale, versione riuscita del fallimentare Esperanto.

Dopo essere stato, quindi, uno degli alfieri del new soul partenopeo, ecco che Avitabile diventa uno dei massimi rappresentati di world music. Anche qui le sue collaborazioni non si contano, da Khaled a Mory Kante, passando per Manu Dibang, Toumani Diabatè e tanti altri. Al fianco di questi studi, nella forma canzone, Avitabile porta avanti una seconda vita musicale, dedicata alla composizione sinfonica. Su tutte le musiche per orchestra del *Vangelo* di Pippo Delbono, ma questo è un discorso troppo complesso da affrontare così en passant.

Questo non è un biopic in lettere di Enzo Avitabile. Come non è un suo biopic il film *Enzo Avitabile Music Life* che gli dedica il regista da Oscar Janathan Demme, più concentrato a raccontarci del suo percorso musicale che della sua biografia. Perché il modo in cui Avitabile ha affrontato e affronta la musica è fondamentale per cercare oggi un'ancora di salvezza, un appiglio in attesa, si spera, che passi la tempesta.

Un modo, il suo, di cercare costantemente un dialogo capace di arricchire, un dialogo inteso proprio come strumento di comunicazione tra chi magari non ha altra lingua comune che la musica, ma che non per questo non riesce a tramandare storie, non suggestioni ma storie. Un modo che ci fa vedere come, a latitudini e longitudini diverse si è trovata, magari, una soluzione simile, come le scale del mondo, lui che le ha sostanzialmente mappate tutte, scale che addirittura non possono essere eseguite con gli stessi strumenti, concepiti, magari, solo per eseguire quelle occidentali, finiscono comunque per dar vita a suoni comprensibili a ogni latitudine e longitudine, senza quei famosi steccati che finiscono spesso per essere fortezze mentali difficili da espugnare.

Tutto questo appare evidente ascoltando i suoi lavori di studio nel corso degli anni, parliamo sempre delle sua forma canzone, e oggi la pubblicazione di *Pelle differente*, una sorta di best of ragionato uscito a compendio della sua partecipazione al Festival della Canzone Italiana di Sanremo col brano *Il coraggio di ogni giorno*, eseguito in compagnia di Peppe Servillo, ci può agevolare in tal senso. Qui ritroviamo alcune delle sue canzoni più importanti, anche quelle della sua prima fase, la new soul, spesso in compagnia di alcuni degli importanti artisti internazionali e nazionali con cui ha incrociato il proprio percorso.

Mancano, legittimamente, alcuni degli incontri più recenti,come quelli con De Gregori o Caparezza, avvenuti per l'ultimo recentissimo album *Lotto infinito*, da cui per altro arriva l'incipit di questo articolo, tratto da *Napoli nord*, come manca la collaborazione con Pino Daniele, frutto di una promessa fatta al compianto collega.

Ecco, magari qualcuno dei più giovani si sarà imbattuto in questo piccolo grande genio della nostra musica così detta leggera proprio grazie a Caparezza. O grazie a Guè Pequeno, col quale ha duettato ne *La maleducazione*, tanto quanto quelli della mia generazione si sono imbattuti su di lui vedendolo ospite a DOC di Renzo Arbore. Bene così, la musica, soprattutto la musica alta e bellissima di Enzo Avitabile parte proprio dall'idea di incontro, di condivisione di linguaggi, di creazione di nuovi linguaggi, come dovrebbe essere in fondo la vita stessa.

Una visione ideologica della musica, lo dicevamo prima, fatta di presa di distanza dal colonialismo culturale, e al tempo stesso di continua ricerca di un linguaggio comune in grado di abbattere barriere. Condivisione, altro che prima gli italiani. Dialogo che parte del basso. E a vederlo suonare e cantare dal vivo, i pochi invitati al suo show case in Sony, major che si è presa carico non solo di pubblicare gli ultimi lavori, notevolissimi, ma di ristampare tutta l'opera del maestro napoletano, hanno potuto vedere come la musica sia davvero in grado di unire. Sentire una accolita di milanesi, sempre che i milanesi esistano davvero, ripetere con Avitabile e il suo ospite Diaby Tourè il suo slang fatto di "in coppa 'o groove" e "meglio 'na tammurriata ca 'na guerra" avrebbe dovuto commuoverci, non fossimo tutti troppo presi a ballare, appunto, in coppa 'o groove. Sentirlo raccontare di come il brano di Sanremo sia nato unendo una scala napoletana di origine greca al ritmo della marcia funebre ideata per Masaniello commuove, ma sentirlo passare dal napoletano allo swaili mentre canta dal vivo è un'esperienza addirittura unica.

Enzo Avitabile è un rivoluzionario.

Magari non lo è esplicitamente, come lo era un Fela Kuti, ma lo è per il messaggio che la sua musica veicola esplicitamente e implicitamente. Non possiamo che fidarci della musica, linguaggio universale che ci parla anche se non vogliamo starlo a sentire.

Per dirla con George Clinton, muovete il culo, che la mente lo seguirà.

Gli steccati, Salvini e amici della Lega, Di Stefano e amici di Casapound, Fiore e amici di Forza Nuova, Meloni e amici di Fratelli d'Italia, ficcateveli nel culo.

MENGONI LIVE, CHE SUPPLIZIO

C'è da scrivere la recensione del nuovo album di Marco Mengoni.
Un nuovo album di Marco Mengoni? Un altro?
C'è da scrivere la recensione del nuovo album di Marco Mengoni.
Ok, capito. Allora giochiamoci la carta di quello che a ogni autunno torna fuori con il solito album, spinto, si fa per dire, dal solito singolo.
Già fatto, neanche un mese fa. C'è da scrivere la recensione del nuovo album di Marco Mengoni.
Ok, capito. Allora buttiamola sul fatto che Marco Mengoni non esiste, è tutta un'invenzione del suo social media manager, che campa più sui social che nel mondo reale, per questo se ne esce ogni due per tre con un nuovo lavoro, così ha qualcosa da pubblicizzare in rete, almeno poi può costruirci su un nuovo tour e via discorrendo.
Già fatto, neanche due mesi fa. C'è da scrivere la recensione del nuovo album di Marco Mengoni.
Ok, capito. Allora giochiamoci la carta dei talent, che in realtà non tirano fuori talenti. E che se anche volessimo far rientrare Marco Mengoni nella categoria talenti, e non vogliamo far rientrare Marco Mengoni nella categoria talenti, perché non consideriamo Marco Mengoni uno che debba essere incluso nella categoria talenti, ecco, se anche noi volessimo far rientrare Marco Mengoni nella categoria talenti dovremmo farlo dal momento in cui si è scrollato di dosso il talent, *X Factor* nello specifico, prima con *Sanremo* e *L'essenziale* e poi con l'invenzione di Roberto De Luca, proprio quel Roberto De Luca lì, che se l'è inventato capace di riempire palasport. Magari buttiamola pure un po' in vacca citando il post con cui lui, Marco Mengoni, ha goffamente preso le distanze da De Luca, come se lo conoscesse appena di vista, di sfuggita.
Già fatto, neanche un mese fa. C'è da scrivere la recensione del nuovo album di Marco Mengoni.
Ok, capito. Allora sottolineiamo come lui, che fa sempre il figo, quello cool, con la barba ben curata, lo sguardo scuro contornato da mascara, gli abiti eleganti (eccezion fatta per il passaggio in stile Decathlon a *X Factor* di un paio di settimane fa), parli in realtà con un improbabile accento che lo fa assomigliare al Nino Manfredi che faceva il contandino ciociaro, creando un contrasto davvero paradossale, il tutto, ovviamente, citando ogni tre righe Ronciglione, il paese da cui arriva, ecco, potremmo chiamarlo in continuazione "il cantante di Ronciglione", col che sottolineeremmo anche che lui, in realtà, non è un cantautore, come tenderebbe a far passare, ma un cantante, per di più non di Chelsea, ma di Ronciglione.
Già fatto, neanche un mese fa. C'è da scrivere la recensione del nuovo album di Marco Mengoni.
Ok, capito. Tocca proprio ascoltare il nuovo lavoro di Marco Mengoni. Non ci sono altre scelte. Allora ci armiamo di caffeina. Ma la caffeina non

basta. Ci armiamo di taurina, la misteriosa sostanza contenuta nella RedBull. Non basta neanche quella. Passeremmo alle amfetamine, ma sono illegali. Quindi optiamo per sciogliere in un thermos di caffè tre o quattro pasticche di viagra, shakeriamo con un po' di Ovomaltina e preghiamo il Signore che ce la mandi buona.

Ma il Signore tutto può, anche fare i miracoli, ma giustamente opta per fare miracoli un po' più socialmente utili, perché il nuovo lavoro di Marco Mengoni consta in trenta canzoni di Marco Mengoni, e anche il beverone che abbiamo ingerito non basta.

Perché questa è una prova cui Nostro Signore non avrebbe sottoposto nessuno, davvero troppo.

Non è tanto per una questione di estrema bruttezza delle canzoni, perché alcune potrebbero anche non rientrare nella categoria, ma proprio perché trenta canzoni di Marco Mengoni sono qualcosa che esula l'umano. Trenta canzoni. Cioè, se Marco Mengoni pubblica un album dal vivo che propone trenta canzoni, per dire, uno come Baglioni cosa dovrebbe fare, pubblicare un album ventuplo (che è una parola che non esiste, lo so, ma sono sotto gli effetti di caffè, viagra e Ovomaltina, abbiate pazienza, stavo cercando il termine per indicare un album composto di venti cd)? E un Luca Carboni? O un Eros Ramazzotti?

Ma lui, Marco Mengoni, se ne frega, e ci sottopone al supplizio delle trenta canzoni, tutte uguali a loro stesse, e più che altro tutte incapaci di lasciare traccia dentro noi stessi, un po' come per quelle figure mitologiche greche, l'effetto del beverone ci impedisce di ricordarne il nome, che mangiava continuamente ma avendo le budella lacerate tutto quel che mangiava finiva direttamente in terra, lasciandolo affamato.

Uno dice, ok, ma Mengoni ha fatto anche belle canzoni. Meritevoli. E uno gli chiede, sì? Quali? E uno dice, *Guerriero*, sì, ha fatto *Guerriero*. E uno risponde, ok, *Guerriero* va bene. Poi? Uno dice, quell'altra, che assomiglia a *Guerriero*, TI ho voluto bene veramente. Ok, e fanno due. Poi? Facile, *L'essenziale*. *L'essenziale* è bella. Parliamone, uno potrebbe rispondere. Ma uno non è cha ha voglia sempre di spaccare il capello in quattro, quindi da per buona pure *L'essenziale*. Ma Cristo Santo fanno tre canzoni, e qui ce ne sono trenta. Dico, trenta. E di queste trenta ci sono anche cinque inediti. O meglio, quattro inediti più il nuovo singolo, uguale a *Guerriero*, a sua volta. Tutta musica che passa senza lasciare traccia, compresa la canzone che porta la firma di Niccolò Contessa de I Cani. Uno dice, va bene, ma non sei concreto, non vai nello specifico. Ok. Aspettate. Mi scolo una bottiglia di Sambuca e ve li descrivo. Non basta. Ci aggiungo una di Caffesport Borghetti. Così, a digiuno. Allora. Tolto *Sai che*, di cui ho già scritto, ci sono quattro inediti. Tutti brutti. C'è *Se imparassimo*, una mid-tempo a firma Mengoni e Fabio Ilacqua (autore di *Amen* di Gabbani) prescindibilissima con delle pretese sul fronte testuale, ma che usa parole che risultano poco credibili in bocca a uno che vuole passare per cantautore. Per la cronaca, ci viene detto che in questo brano il cantante di Ronciglione (Oops) suona la batteria, ma non è che siamo di fronte a niente di eclatante. *Onde* è appunto il brano scritto con Niccolò Contessa de I Cani. Questa dovrebbe essere la *Io ti aspetto* di questo lavoro, brano destinato a far ballare la gente. Dance, quindi, e ovviamente elettronica, essendo della partita Contessa. In realtà, proprio come *Io ti aspetto*, è una brutta canzone con brutti suoni. E per quanto riguarda il ballare, beh, chiunque viva a nord di Copenaghen vi potrebbe spiegare che no, questa roba non è affatto ballabile, fatevene una ragione. *Proteggiti da me* suona, già dal titolo, come una indicazione precisa. E in effetti così dovremmo fare. L'ha scritta uno degli autori che più danni ha fatto recentemente, Daniele Magro, già al lavoro per Emma e Chiara Galiazzo. Evidentemente non contento ci vuole ammorbare anche con Mengoni, in un altro brano che vorrebbe essere introspettivo ma che risulta semplicemente stucchevole. Chiude il gruppetto degli inediti *Power*, una sorta di viaggio negli anni Ottanta a firma di Alexandra Vickery. Una specie di blues, Robert Johnson mi perdoni, se può, che ci presenta per la prima volta Mengoni in inglese. Meglio, perché almeno se si è distratti non si capiscono le parole, ma per il resto niente di che. Questo è quanto, se non si vuole considerare inedita la nuova versione di *A occhi chiusi*, già contenuta in *Le cose che non ho*. Al suo fianco la popstar inglese Paloma Faith. Diciamo niente per cui correre fuori di casa alla ricerca di un negozio di dischi.

Noia totale. E non parliamo di noia perché molte canzoni, almeno le più famose, sono lente. No. Parliamo di noia perché son tutte invisibili, inascoltabili, inconsistenti. Un po' come lui, Marco Mengoni. Uno con una bella voce, eh. Pure simpatico, ma che non lascia traccia. Ma nonostante questo pubblica un album dal vivo con trenta canzoni, cazzo. E ci fa pure sapere che sta già lavorando al prossimo album.

Perché non ha pietà, lui, di noi.

Speriamo che almeno il beverone faccia effetto.

MMMH DI JAKE LA FURIA

Lo confesso, ai tempi in cui scrivevo per il "Fatto Quotidiano" un giorno mi sono voluto divertire. Ho preso una di quelle fake news che girano insistentemente sui social, tipo "se mangi molti dolci sei più intelligente", "se sei disordinato sei un genio", "se hai il sedere grosso sei da Nobel" e ci ho costruito su un articolo che faceva il verso a una fake news. Una fake fake news, in pratica, che però partiva da una verità. L'articolo si intitolava "Gli uomini intelligenti guardano le donne col culo grosso", e l'assunto che conteneva, sempre partendo da una fantomatica ricerca fatta da una Università americana, era che non erano le donne col culo grosso a essere intelligenti, ma gli uomini che le guardavano. Il tutto, ovviamente scherzosamente, giocava sulla sincerità del culo. Un omaggio un po' alla Tinto Brass. Omaggio che ovviamente è stato preso per articolo serio, ripreso da quasi tutti i quotidiani, spesso nelle pagine dedicate alla Salute.

Questo non per dirvi di come il mondo dell'informazione oggi stia versando in condizioni non sanissime, ma per dire che, in fondo, e questa era la verità contenuta nell'articolo, a me guardare un bel culo piace. Il che non attesta che io sia intelligente, chiaro, anche se in fondo un po' lo credo.

Figuratevi, quindi, se ho storto il naso quando ho visto la copertina del nuovo singolo di Jake La Furia, *Mmmh*. La potete vedere qui, non credo sia necessario io mi addentri in spinose descrizioni (spinose per me, che verrei immediatamente accusato di sessismo). Un culo poco vestito, e non solo un culo, a dirla tutta. Anzi, un culo per niente vestito. Un gran bel culo per niente vestito.

In verità, lo confesso, e siamo a due confessioni nello stesso articolo, il titolo mi ha subito fatto inarcare un sopracciglio, chiara dimostrazione di un sospetto, forse figlio del pregiudizio che evidentemente nutro nei confronti del rapper milanese. Pregiudizio, mi sento di aggiungere, motivato, un po' perché sono intelligente, e onestamente le canzoni tirate fuori dalla metà oversize dei Club Dogo nella sua carriera solista indurrebbero a imporre una vasectomia artistica a chiunque si accinga a incidere un brano come i suoi, un po' perché, diciamolo apertamente, avere un talento nel rimare e mandarlo a puttane come stanno facendo lui e Guè è uno spreco che andrebbe punito con una di quelle torture a base di spazi molto angusti e animali particolarmente voraci.

Prima di proseguire, però, dopo avervi detto del mio amore per il culo femminile, mi sembra doveroso spezzare una lancia a mio favore, son pur sempre nato nell'Italia cattolica, e sono pure figlio di un diacono, che diamine. Sono infatti anni che mi sbatto riguardo all'uso distorto del corpo femminile. Non intendendo con questo dire che un culo femminile in copertina non ci dovrebbe finire, intendiamoci, tutt'altro. Intendendo con questo il sacrosanto diritto di chiunque faccia musica e sia donna, di raccontare come gli pare la propria fisicità, e anche la propria sessualità, e di esibire il proprio corpo come e quando vuole, in barba ai bigotti e anche a un certo femminismo peloso (so che questa non me la faranno passare lisci, ma tant'è). Questo sempre per dire che, vedendo la copertina di *Do What U Want* di Lady Gaga, che mostrava appunto un primo piano stretto del suo culo, non solo non ho avuto nulla da ridire, ma conoscendo il portentoso modo di comunicare della popstar americana di origini italiane ho plaudito. Un discorso lungo, quello del rapporto di Lady Gaga col proprio culo, figlio dei film di Richard Kern con Lydia Lunch, figlio dell'attivismo di quest'ultima nel campo dell'hardcore, non solo musicale. Sia come sia, e gusti personali a parte, vedere un culo, per altro non rispondente appieno ai canoni di bellezza in vigore, mi era parso un gran gesto di rivendicazione, come da titolo del pezzo medesimo. In quel mondo ideale lì, ovviamente, col corpo liberato da gabbie che partono dalle nostre teste e lì dovrebbero rimanere, non ci vedrei niente di strano se un artista maschio omaggiasse il corpo femminile. Tenderei proprio a togliere il corpo dall'ambito dei tabù, dei problemi semantici, per essere chiari. In un mondo ideale, però.

Torniamo a *Mmmh* e al culo, perfetto secondo quei canoni di cui sopra, che si trova in copertina. Vedi quella copertina e, onestamente, la noti. Poi noti il nome del rapper che ha dato alle stampe, simboliche, il singolo, e cominci a dubitare. Poi leggi il titolo del brano, *Mmmh*, e a questo punto crolli.

Perché ti si para davanti uno scenario possibile di quelli che toglierebbero la voglia di vivere anche a Jovanotti alla conclusione del dodicesimo Sold Out al Forum di Assago.

Non sarà mica una canzone sulle gioie del sesso in cui il nostro, anzi, il suo, Jake La Furia, insomma, gioca sulla carta dell'ironia? O, peggio, non sarà una canzone in cui Jake La Furia si vanta delle sue conquiste femminili, sempre col tocco di ironia che lo ha fatto stare in tv al fianco di Drusilla e Elio a Strafactor?

Mentre fai partire la canzone ti ripeti queste domande come un mantra, sperando nella famosa sorpresa che ti spiazza, che ti fa dire: hai visto Jake La Furia come ti ha fatto saltare sulla sedia?

Poi la canzone parte. E il fatto che anche per oggi tu non sia morto ti appare un po' meno una buona notizia.

Perché la canzone in questione, culo o non culo in copertina, sarebbe già di suo una cagata delle dimensioni del suo autore, ma il fatto che a accompagnarla l'autore in questione abbia deciso fosse un culo femminile, beh, rende il tutto ancora più raccapricciante.

Nel senso, capisco che Marco Giusti e la sua rivalutazione del cinema di Serie Z, coadiuvato, sia chiaro, da autori come Quentin Tarantino o Robert Rodriguez, ci abbia spinto a rivalutare certe soluzioni che andavano abbondantemente oltre il confine del trash. Capisco che le immagini di Gloria Guida vista mentre si fa la doccia attraverso la fessura della serratura, o quelle di Edwige Fenech che tenta di coprirsi con un asciugamano da bidet di fronte a un Renzo Montagnani o a un Lando Buzzanca siano da tempo divenute cult (o stracult), seppur prive di quell'aura intellettuale che Marco Giusti, ben più di Tarantino o Rodriguez, che sono americani e dell'aura intellettuale non gliene frega niente, è riuscito a donare loro, vuoi perché lui è un ottimo comunicatore, vuoi perché di fronte a una proposta del genere uno rimane più che altro senza parole, dando per scontato si tratti di qualcosa di altissimo che ci sfugge. Capisco tutto, ma come cazzo si fa a mettere sul mercato una roba del genere? Una sorta di cover di Papi Chulo, per altro citato esplicitamente, il brano è una serie ininterrotta di frasi che nascondono la parola "culo" con il sussurrio "mmmh", con un uso dell'autotune che almeno non ti fa sentire quello strazio della sua voce dal vivo.

Ovviamente nel brano, oltre che di culi, si parla di codeina nei beveroni e affini, perché visto mai che un ragazzino non avesse voglia di farsi un giro in farmacia.

Il videoclip del brano, del resto, è anche peggio: una specie di carrellata infinita di culi, senza nessuna poesia, senza nessuna ricerca della bellezza, così, uno dietro l'altro. Anche bei culi, intendiamoci, tutti, ma con un grande difetto di fondo: mentre scorrono si ascolta la canzone di Jake La Furia.

Anche riguardo all'idea che la canzone sia ironica, lo confesso, e tre, tocca aprire una parentesi: questa si tratta di una mia generosa interpretazione, perché di ironia, nella canzone, non ce n'è manco una traccia.

Solo una musica tamarra e volgare, con un testo se possibile ancora più tamarro e volgare sopra. Con venature fantascientifiche, va detto, spero omaggio a George Clinton nella fase Parliament, o forse a Sun Ra e la sua Arkestra, perché l'idea che Jake La Furia se ne faccia ogni volta una meglio di prima, suppongo, sia da iscrivere nel campo delle Utopie. La canzone, invece, potrebbe essere la colonna sonora di una Distopia, e se Jake ha problemi a capire di cosa sto parlando, ricorra pure serenamente a Google, uscendo però dalla sezione Immagini.

Per il futuro, è un auspicio, spero in un mondo pieno di immagini di culi. Anche nelle copertine dei singoli e degli album. Ma auspico che le canzoni che questi culi accompagneranno saranno degni di essere ascoltati, non che utilizzano quei culi per spingere qualcuno a cliccare sull'immagine e finire nelle visualizzazioni di Youtube o quel che è.

Mmmh è una canzone veramente brutta, tanto quanto il culo in copertina è un culo veramente bello.

Jake, è direttamente a te che parlo ora, la prossima volta, se proprio vuoi usare una immagine del genere per promuovere una tua canzone, fai una cover di 4:33 di John Cage. Ci goderemo il culo, evviva, e anche un po' di sano silenzio.

MODÀ, MALEDETTA PASSIONE

Uno dice, vabbe', prendersela coi Modà è esercizio sterile, se ascolti i Modà mica pretendi di coniugare intrattenimento con qualità, le canzoni le scrive un essere umano adulto che non ha vergogna di farsi chiamare Kekko, con tre kappa.

Uno dice, vabbe', però, in fondo, se i Modà vendono così tanto, e vendono così tanto, allora potrebbe anche essere che qualcosa da dire, sotto quegli strati di banalità, di note scontate, di testi sempre simili a loro stessi, ci sia.

Uno dice, vabbe', però in fondo Kekko, sì lui, ha imposto il suo nome nello show business come non capitava da un sacco di tempo, quindi vorrà pur dire qualcosa (decidete voi cosa, che a noi solo l'idea fa venire il mal di testa).

Uno dice, vabbe', ma magari stavolta Passione maledetta, questo il titolo del nuovo lavoro dei Modà, è davvero un bel disco, ché non si può mica sempre procedere per preconcetti e pregiudizi, e anche se il titolo è oggettivamente annichilente, il singolo meriterebbe punizioni corporali (niente di pesante, andrebbe bene anche qualche ora inginocchiati sui ceci, alla vecchia maniera) e le premesse "questo è il nostro disco migliore, 100% Modà", magari Kekko, sì lui, ha tirato fuori il jolly dalla manica e ci stende tutti.

Uno dice, vabbe', ma il fatto che la produzione stavolta sia differente, perché dietro le macchine ci sta Diego Calvetti, che in sostanza è quello che sta dietro a un po' tutte le produzioni del giro RTL 102.5 non è che sia esattamente una garanzia di qualità, cioè non è che hanno chiamato Brian Eno, ma Diego Calvetti, Santo Iddio.

Uno dice, vabbe', ma intendi tirarla ancora parecchio per le lunghe con questa faccenda del "uno dice, vabbe'", perché in genere alla terza ripetizione subentra la noia, e mentre lo dice, così, inspiegabilmente, intuisce che se la terza ripetizione equivale con la noia, forse, magari, potrebbe darsi, ci si augura, si auspica, che tutto questo è atto a ricreare sulla carta, o meglio, sul virtuale dei quotidiani online, la noia devastante che la musica e le parole che Kekko ha amorevolmente creato per la sua band, alla terza canzone, e parliamo quindi di anni fa, ha già abbondantemente devastato quel che c'era da devastare, e che dopo un po' tutto questo si chiama accanimento, ti prego, Kekko, abbi pietà di noi.

Uno dice, vabbe', ma mica ho capito, le canzoni di Passione maledetta, le dieci che compongono il nuovo attesissimo album dei Modà, quelle che sono i Modà al 100%, al punto che Kekko compare coperto, e lascia spazio ai suoi compari, cioè, a tizio, a coso, a quell'altro, insomma, agli altri Modà, quelle prodotte da Diego Calvetti, un nome una garanzia, quelle che se passano in radio un motivo ci dovrà pur essere, esatto, il fatto che le produca la radio stessa, insomma, queste benedette canzoni sono belle o non sono belle?, uno si chiede, e la risposta è lì, già dentro la domanda, e la risposta è ovviamente no.

Uno dice, vabbe', ma almeno stavolta Kekko è riuscito a trovare uno spray nasale valido, qualcosa che gli faccia superare questo problema di dover cantare sempre raffreddato che lo attanaglia da sempre? E la risposta è no, Santo Iddio, sarà per questo che poi è così fissato con il meteo, che basta che cambi un po' il tempo e si raffredda, e poi a pagare siamo sempre solo noi.

Uno dice, vabbe', ma Kekko è riuscito a uscire dall'impasse di scrivere canzoni in cui le donne, un po' come nella prima strofa di Teorema di Ferradini, le devi trattare male, troppo distratto, Kekko, per sentire anche le altre due strofe e scoprire, scusaci Kekko se ti spoileriamo il finale, che non esistono leggi in amore e puoi anche finire di scrivere canzoni in cui le donne uno le tratta male, a volte anche con una certa violenza non detta, perché, sai, poi magari qualcuno ti ascolta e ti prende sul serio (no, scusa, scherzavo, non credo ci possa essere qualcuno che ti prenda sul serio).

Uno dice, vabbe', ma allora Bianca Atzei.
Uno dice, vabbe', ma Suraci.
Uno dice, vabbe', scusa, mi sono sbagliato, brava la Atzei.

Uno dice, vabbe', ma poteva andare peggio, potevano arrivare le cavallette, ma poi, uno pensa, a me delle cavallette che me ne frega, che quelle mica mi cantano dentro l'autoradio tutto il santo giorno.

Uno dice, vabbe', ma almeno le previsioni del tempo, a 'sto giro, non ci sono, Kekko l'ha smessa di citare vento, aria, pioggia, nuvole, cirri, cumulonembi, tramontana e via discorrendo?, e la risposta, come nel caso del "prendi una donna, trattala male, lascia che ti aspetti per ore" è no, ci dispiace, la fissa per il meteo è ancora lì.

Uno dice, vabbe', però in fondo l'album è schizzato primo su iTunes, e vabbe', se uno dice 'sta cosa qui, in fondo, si merita di ascoltare i Modà, non è che ci possiamo proprio prendere il compito di salvare il mondo, che mica siamo stati inventati da Stan Lee.

Uno dice, vabbe', ma almeno i titoli delle canzoni li vuoi citare, perché se no sembra che stai facendo una recensione al buio, e la risposta è, no, i titoli non li citiamo, perché le canzoni dei Modà, comprese queste dieci canzoni qui sono intercambiabili, come certe puntate dei serial tv per bambini, che i canali tematici mandano in continuazione, senza seguire un filo logico, e magari ti ritrovi a vedere per una intera settimana sempre la stessa puntata, poi ne arriva una di due stagioni dopo, e poi si torna indietro, tanto il risultato è lo stesso (divertimento, se si è bambini e si guardano le puntate dei serial tv, noia mortale, a volte anche fastidio, se si ascoltano queste canzoni qui).

Uno dice, vabbe', ma mica ho capito, il nuovo album dei Modà, alla fine ti è piaciuto?
Fai un po' te.

MOSEECA DI PAPI, IL MALE

Bruciare tutto. Partiamo da qui. No, non nel senso di dare fuoco a tutto quanto, anche se visto l'argomento che finiremo per trattare la tentazione sarebbe proprio quella di bruciare tutto, ma nel senso del romanzo *Bruciare tutto* di Walter Siti. Se n'è parlato molto, nei giorni scorsi, a proposito di una presunta querelle tra lo scrittore e la filosofa Michela Marzano, avvenuta prima sulle pagine dei quotidiani nazionali, poi a Tempo di libri, dal vivo. Il punto era semplice, Siti ha pubblicato un libro in cui si raccontano le turpi gesta di un prete pedofilo, finendo per, in qualche modo, tenere le parti del protagonista del suo libro. La Marzano, che non è un critico letterario, ma si è lo stesso sentita di parlare, ha accusato Siti di aver toccato con troppa bonarietà temi così scottanti, rischiando di giustificare l'ingiustificabile. Il tema è ovviamente diventato: può la letteratura mostrare il male facendolo sembrare affascinante? La risposta, ovviamente, non è quella data dalla Marzano, ma è sì. La letteratura può tutto, anche far parlare un prete pedofilo e spingere il lettore a simpatizzare per lui. Non è la letteratura a dover esprimere un giudizio, ma chi legge. O chi ascolta. E qui arriviamo a noi. Bruciare tutto. Ma bruciare tutto davvero, perché se è vero, ed è vero, che la letteratura può tutto, anche farci flirtare col male, la musica non deve, non può, specie la musica di merda. Non può, quindi, abusare di noi, né può la critica permettere alla musica di far passare per legittimo tutto quanto, a volte deve prendere una posizione radicale, netta.

Succede che Enrico Papi, non soddisfatto di averci ammorbato per decenni dentro la televisione, tornato momentaneamente in auge per le sue partecipazioni a programmi come *Tale e Quale Show* e *Ballando con le stelle*, e per aver partecipato, lui che tanti danni ha fatto con *Sarabanda*, al video di Rovazzi. Tutto molto interessante, decida di mettersi a fare musica in proprio. Bruciare tutto, già è chiaro. Non basta, succede che Enrico Papi decida di farlo cantando, si fa per dire, una canzone proprio alla Rovazzi, dance ma dance davvero brutta, in cui, per di più, con l'intento di apparire simpatico e ironico, finisce quasi per essere serio, e prendersi sul serio. Succede che, ascoltandola, l'ascoltatore comune, ma anche il critico musicale, come in una pagina di *Cuore di tenebra* di Conrad, abbia un confronto diretto con l'abisso, col male. Succede che il male, incarnato in questa canzoncina davvero orribile, si propaghi, attraverso la rete, attraverso le radio. Succede che il male, rivenduto come qualcosa di simpatico, volendo anche di divertente, diventi qualcosa di POIUfamiliare, da prendere alla leggera, naturale. Così non può essere. Moseca, questo il titolo della canzone, è il male. Enrico Papi, a discapito del nome, è il male. Non contento di averci devastato con la televisione ora ci devasta con la musica. Bruciare tutto, questa la soluzione. E in assenza del fuoco va bene anche rispondere colpo su colpo, tu mi fai sentire Moseca? Bene, io verrò a leggerti passi di Walter Siti al citofono, tanto so dove abiti. Chiodo schiaccia chiodo, non c'è altra soluzione.

MOTTA HA SCELTO DI VIVERE

"Scegliete la vita. Scegliete un lavoro. Scegliete una carriera. Scegliete la famiglia. Scegliete un maxi televisore del cazzo. Scegliete lavatrici, macchine, lettori cd e apriscatole elettrici. Scegliete la buona salute, il colesterolo basso e la polizza vita. Scegliete un mutuo ad interessi fissi. Scegliete una prima casa. Scegliete gli amici. Scegliete una moda casual e le valigie in tinta. Scegliete un salotto di tre pezzi a rate e ricopritelo con una stoffa del cazzo. Scegliete il fai-da-te e chiedetevi chi cazzo siete la domenica mattina. Scegliete di sedervi sul divano a spappolarvi il cervello e lo spirito con i quiz mentre vi ingozzate di schifezze da mangiare. Alla fine scegliete di marcire, di tirare le cuoia in uno squallido ospizio ridotti a motivo di imbarazzo per gli stronzetti viziati ed egoisti che avete figliato per rimpiazzarvi. Scegliete un futuro. Scegliete la vita.

Ma perché dovrei far cose come queste? Io ho scelto di non scegliere la vita."

Irvine Welsh

"Scrivere mi angoscia, per questo coprodurre *Vivere o morire* con Taketo è stato un vero miracolo."

Fermi tutti. Abbiamo un problema.

Milano, una delle prime giornate di primavera. Siamo seduti al tavolo del bar divenuto il centro del romanzo *Le mie amiche* di Silvia Ballestra, di fianco a un parco giochi animato da decine di bambini, appena usciti dalla limitrofa scuola elementare. Siamo qui perché finita questa intervista dovrò andare a recuperare i miei figli gemelli, e gentilmente Motta, è lui che sto intervistando e quindi è lui a parlarmi di angoscia, mi è venuto incontro.

Gli sto per dire che il suo nuovo lavoro, *Vivere o morire*, mi sembra una perfetta fotografia di lui che sta invecchiando, anche se ho deciso, visto che siamo all'inizio di questa intervista ed è la prima volta che ci incontriamo, di usare il verbo "maturare", come capita a chi in effetti viene immortalato a distanza di qualche tempo dalla foto precedente, e mette in mostra delle rughe che prima non c'erano, qualche capello grigio, magari abbozza anche un sorriso. Come un La fine dei vent'anni più risolto, non che quel lavoro già non lo fosse. "Ritratto dell'artista da adulto", così avrei intitolato questo articolo, citando Joyce, che fa sempre un po' figo. Questo sto per dirgli, ma Motta mi dice quella faccenda dell'angoscia, e mi si strozzano le parole in gola.

Stiamo parlando del suo nuovo lavoro, dal sintomatico titolo *Vivere o morire*, un album importante, per Motta e per la musica italiana tutta, maturo, appunto, che palesa la sua scelta di vivere, evviva.

"La foto in copertina, mossa, voleva rappresentare appunto questa duplice possibilità. E se la vedi si capisce che ho optato per la vita, per la parte illuminata".

Fa caldo, ma non lo sapevo.

Quindi sono uscito con la giacca a vento, creando quello strano corto circuito tipico di Milano, per cui capita di vedere nello stesso posto gente vestita come se fossimo a caccia di orsi bianchi e altri che se ne vanno in giro in infradito e pareo, manco fossi alle Maldive. Io ho la giacca a vento, lui, Motta, veste di nero. L'ho sempre visto vestito di nero, del resto, come neri sono i suoi capelli. La faccenda dei capelli grigi e delle rughe era metaforica. Non ce ne sono traccia. Mentre di sorrisi, confesso, Motta ne dispensa parecchi, così come palesa una solarità che, dalle sue canzoni, potrebbe non trapelare.

Almeno a un ascolto superficiale. Perché in realtà *Vivere o morire* è un album di grandi aperture, non solo musicali. È un album di speranza.

"In fondo anche *La fine dei vent'anni* era un lavoro ottimista, di speranza. Solo che nell'insieme lo si notava meno."

Ok. Però torniamo all'angoscia. E alla scelta di Taketo Gohara.

"Con Daniele, Daniele Sinigallia, la faccenda era andata diversamente. Siamo molto più simili come attitudine. Se io mi incartavo su qualche suono, o se una canzone non mi piaceva più, dopo che cinque minuti prima mi sembrava perfetta, lui la viveva esattamente come me. Taketo è stato completamente diverso. Sorrideva sempre. E mi ha anche spinto a osare, a viaggiare, a muovermi. Insieme siamo andati a New York, perché stavolta ne avevamo la possibilità. Coprodurre l'album con lui è stato splendido."

Ok, la faccenda dell'angoscia era un becero pretesto per dar vita a un incipit a effetto. Chiedo scusa. So come funziona la rete. E mettere la parola angoscia a inizio articolo, lasciando intendere che è di angoscia che si parlerà, so che attira ben più che se avessi subito parlato di serenità, di solarità, di voglia di vivere.

Il fatto è che Motta è cresciuto. Ha tirato fuori un lavoro, il precedente, giunto dopo anni di gavetta e di punk. Dopo qualcosa di ben più clamoroso di un divorzio, per dirla con parole sue, "Non mi sono semplicemente lasciato da una fidanzata, ma essendo in tre, con la fine dei Criminal Jokers è come se di colpo fosse finita un'orgia. Qualcosa di doloroso, di spiazzante." La fine dei vent'anni ha convinto tutti, critica e pubblico, al punto che Motta ha dato vita a un tour interminabile, cento concerti, conclusosi in maniera molto emotiva all'Alcatraz di Milano, e si è anche tolto la soddisfazione di portare a casa la Targa Tenco come Migliore Opera Prima. Non solo, di lui si è accorto Caterina Caselli, che lo ha ingaggiato per la Sugar, l'etichetta indipendente più grande del nostro paese. "Firmare con la Caselli è stato un altro passo importante. Perché lei è un'artista, di partenza. Quindi non solo non tende a prevaricare i propri artisti, come invece vedo capita in altri contesti, ma li supporta con tutta se stessa. Mette a disposizioni grandi risorse, ci crede e difende i propri artisti."

Facciamo un attimo il punto.

Incontro con Riccardo Sinigallia, al primo album, azzeccato. Incontro con la Caselli azzeccato. Incontro con Taketo Gohara, con lui alla produzione di *Vivere o morire*, azzeccato. Tutto molto bene, alla faccia dell'angoscia da cui eravamo partiti.

Ma non basta.

"Avevo necessità di fare un passo avanti. Di ripartire da dove finiva l'album precedente, e cercare di decidere dove andare, da che parte. Per questo, sempre su intuizione della Caselli, sono andato a Parigi, da Gino Pacifico, che fondamentalmente si è trasformato nel mio psicanalista. Gli ho raccontato tutta la mia vita, ora è a conoscenza di aspetti coi quali potrebbe tranquillamente sputtanarmi, non lo avessi già fatto io nelle canzoni. Però io non posso non cantare di me. E per farlo sono davvero dovuto andare a fondo.

Ho anche parlato coi miei genitori, per chiedere di alcuni passaggi del mio passato che dovevo sbrogliare, proprio come dopo che si va in psicanalisi."

Anche l'incontro con Pacifico, quindi, risulta azzeccato.

Tutto molto bello.

E in effetti, lo dico senza se e senza ma, *Vivere o morire* è molto bello. Un album a suo modo politico, perché parlare in maniera matura e risolta di amore, oggi, è un gesto politico. Rivolgersi ai sentimenti, guardarsi dentro, oggi, è politico, e in questo, anche in questo, Motta è il vero alfiere di questa nuova generazione di cantautori. Fanculo la parola indie.

"Io credo che noi cantautori dovremmo in qualche modo esporci di più. Se ci pensi nessuno di noi parla più di sociale, almeno direttamente. Io cerco di espormi raccontandomi senza filtri, senza pudori. Oggi è praticamente impossibile raccontare la politica vera e propria nelle canzoni, perché chi la politica la fa non è in grado di suscitare emozioni, come invece succedeva in passato. Per questo ho deciso di esporre me stesso. Di parlare delle mie emozioni."

Non avere paura di dirsi felici è un gesto forte, oggi. So che sembra forse un'ovvietà. Ma non lo è.

"In me rimane sempre la solita vecchia attitudine punk. Quella che ammiravo nei Violent Femmes, solo che adesso cerco di canalizzarla in qualcosa di meno irruento. Guardo a Nick Cave, che sul palco sta lì, anche con una sua eleganza, e cerco di tentare lo stesso approccio."

Io avrei scommesso sui miei amati Hüsker Dü, perché in Motta riconosco, più in questo lavoro che nel precedente, forse più urgente ma anche per questo meno dosato, una carica di struggente malinconia che però cerca di farsi ottimismo, superando la voglia di autodistruzione. Vorrei paragonarlo a Grant Hart, ma so che certe enfasi, in positivo come in negativo, non sempre vengono recepite per quel che intendo.

Anzi. Forse è il caso che io faccia una breve pausa. Dia una spiegazione.

Ho molto apprezzato l'esordio di Motta. L'ho anche scritto, inserendolo in un elenco di quindici artisti che, a mio avviso, sarebbero rimasti nel tempo. Poi il suo lavoro, ma forse più quel che il suo lavoro ha cominciato a rappresentare, mi ha infastidito. Mi è venuto a noia. Ho faticato a assistere all'invasione dell'indie, non per colpe di Motta, che di quella scena, sempre che di scena si tratti, è eccellenza. Ho faticato perché da una parte la terza generazione, quella arrivata dopo Motta, mi risulta difficile da decifrare, per linguaggio (non linguaggio musicale, quello lo capisco assai bene) e perché ha un'attitudine troppo distante da quella che avevo all'età di chi li ascolta. Andare a un concerto senza pogare, senza abbracciarmi, senza sudare e cantare fino a diventare afono mi risulta difficile da capire, ma tant'è.

Motta è stato il cantautore di quella scena a aver più degli altri incontrato il successo, si veda il lungo tour, e anche il plauso della critica, me compreso. La Targa Tenco sta lì a dimostrarlo. Per questo, per quello che Motta ha rappresentato, ho cominciato a provare antipatia non tanto per lui, che non conoscevo, ma per il cono d'ombra che la sua figura emanava. Di qui quel

"Senti gli Ex-Otago cantare 'i giovani d'oggi non valgono un cazzo' e ti viene da dar loro ragione, a partire dalla musica di merda che hanno portato a Roma. Anche qui, azzeccare ogni tanto una nota, sappiatelo, non è un peccato mortale. Provateci. Del resto, il ritornello degli Ex-Otago va benissimo per Motta, uno dei casi di sopravvalutazione più clamorosa degli ultimi anni (anche lui stona come una campana, va detto)." contenuto in un articolo relativo al Concertone del Primo Maggio dell'anno scorso. Articolo dal titolo: "Concerto primo maggio 2017, musica di una tale bruttezza da restare abbacinati. E un livello tecnico che nemmeno alla sagra del Bombarello". Tecnicamente si dice: colpito dal fuoco amico. Perché anche in quell'occasione, lo confesso, Motta mi era sembrato quel che è, un artista che ha molto da dire, ma essere lì era un errore che andava lavato col sangue. Il suo.

Ma siccome sono un uomo di mezza età, che si trova davanti alla scuola dove a breve devo andare a prendere i miei figli, so riconoscere i miei errori, di qui la voglia di incontrare Motta, di scambiarci quattro chiacchiere, in qualche modo anche di chiedergli scusa per quelle ingenerose parole.

Di più, per questo, e anche per quella forma di curiosità che quel che non capisco fino in fondo genera in me, quest'anno seguirò il Concertone in una maniera che vi spiegherò più avanti, conscio che il chiamare su quel palco artisti come Maria Antonietta, evviva, Frah Quintale, Willie Peyote, Cosmo, Galeffi, Mirkoeilcane, i Ministri, Wrongonyou, Dardust, Canova e Nitro sia una mossa decisamente coraggiosa da parte di Massimo Bonelli e della sua iCompany.

Tornando però a *Vivere o morire*: Motta è spiazzante. Perché è un cantautore cantautore, ma con quella voglia di mettersi a nudo, a torso nudo come a anima nuda, che il punk, quello dei Violent Femmes come degli Hüsker Dü, ha sempre fatto. Un giovane adulto che non ha paura di raccontarsi, di svelarsi, e di farlo in canzoni che ambiscono a rimanere, in qualche modo fuori dalla moda passeggera del rifarsi agli anni Ottanta così in voga nei suoi coetanei.

In poche parole, Motta c'è, e è esattamente per quel che ci canta, senza sovrastrutture. Sicuramente non mosso come nella foto di copertina, ma messo bene a fuoco. Mi faccio i complimenti da solo, in effetti Francesco Motta è uno dei nomi destinati a rimanere, ascoltate *Vivere o morire* per credere.

MR FADE OUT

Funzionava così. Le canzoni si incidevano in studi di registrazione, su registratori a più tracce. Si tendeva a incidere molta più musica di quanta poi se ne sarebbe utilizzata, lasciando che i musicisti, perché un tempo c'erano pure i musicisti, sì, seguissero la loro ispirazione, o quella di chi era lì per occuparsi del vestito da dare alle canzoni, il produttore artistico, l'arrangiatore. Alcune idee venivano fuori direttamente in studio, molte rimanevano lì dentro, a beneficio solo di chi era presente e aveva avuto la fortuna di ascoltare qualcosa che da lì non sarebbe mai uscito. Comunque la durata di una canzone era dettata, prevalentemente dalla canzone stessa. Anche nel pop, che partiva per sua stessa natura come un genere commerciale poteva capitare di ascoltare una canzone più lunga del previsto. O più corta. Figuriamoci nel rock o in altri generi che non partivano da gabbie o canoni fissi. Una canzone, in studio, poteva anche durare sette, otto minuti. Tanto poi sarebbe arrivato lui a aggiustare le cose. Il lui in questione aveva un ruolo specifico e di conseguenza un nome specifico. Mr Fade Out. No, non è che si chiamasse realmente Mr Fade Out. Ma il suo ruolo, in fase di missaggio, cioè in quella fase successiva alla registrazione in cui i suoni vanno equilibrati, amalgamati, in cui la canzone diventa appunto canzone, scusate la semplificazione estrema, era quello di occuparsi del Fade Out. Lui, Mr Fade Out, si occupava solo di questo. Arrivava a missaggio praticamente finito, e lavorava al Fade Out, sfumava la canzone. Sì, se siete donne e uomini del Novecento sapete bene di cosa sto parlando, perché un tempo le canzoni sfumavano, non finivano in maniera netta. O almeno non sempre. Ricorderete, si partiva con un assolo, spesso, o con un giro di cori che riprendevano il ritornello, e la canzone cominciava a sfumare, i volumi si abbassavano, lentamente. Ma non a caso. Lo scopo del Fade Out, infatti, non era quello di trovare un finale che al momento mancava, anche perché poi quelle stesse canzoni, dal vivo, un finale lo avevano. No, lo scopo era sfumarle per farle rimanere in testa il più a lungo possibile, anche dopo che la canzone era in effetti finita. Per questo c'era qualcuno specializzato solo in questo. Perché quella specializzazione era preziosa, al pari di molte altre tra quanti operavano in studio di registrazione, musicisti in testa.

Poi, un bel giorno, e si leggano queste parole con sarcasmo, qualcosa è cambiato. Le radio hanno cominciato a diventare sincronizzate, con tempi ingabbiati in meccanismi ben precisi, e le canzoni hanno cominciato un po' tutte a seguire quei canoni. Almeno quelle che a finire in radio ambivano. Tre minuti e mezzo, prima. Tre minuti e quindici, poi. Senza sfumati, ma con finale netti. Tanto i dj, o gli speaker che dir si voglia, avrebbero parlato sul finale, fornendo una sfumatura personale, anche non richiesta.

In molti hanno guardato a questa nuova usanza con sospetto, inizialmente, non sgomento poi. Ignorando che il futuro ci avrebbe risultato qualcosa si assai più orribile. Perché se da una parte le radio hanno iniziato a dettare delle regole, dalla durata, appunto, ai BPM, traduciamolo sommariamente Battiti per minuto, cioè il ritmo a cui le canzoni devono suonare, stabilendo una soglia minima, la stessa soglia che ha portato i lenti, così si chiamavano un tempo, le ballad a uscire quasi totalmente di scena, dall'altra è stata proprio la maniera di fruire la musica che è radicalmente cambiata. Sapete tutti cosa è successo, riassumerlo in un articolo sarebbe ingeneroso nei confronti dell'orrore della storia. Prima si è passati dall'analogico al digitale. Poi è arrivata la musica liquida. L'MP3 da condividere, più o meno legalmente. La morte del cd. Lenta ma inesorabile, come solo la morte sa essere. L'arrivo quindi dello streaming. Spotify, ma anche tutto il resto. La morte del download, altrettanto inesorabile, anche se non ancora del tutto avvenuta. Che messa così sembra la scena del video di *Right Here Right Now* di Fatboy Slim in cui l'uomo passa da scimmia a homo sapiens via via fino a oggi. Questi cambiamenti, proprio come per l'uomo del video, non sono stati semplici, hanno comportato modifiche genetiche della musica, soprattutto di quella che ambisce a essere contemporanea, e di essere supportata in tutti quei mezzi che oggi vengono prevalentemente utilizzati per l'ascolto. Cioè, se un tempo qualcuno è caduto dalla sedia di fronte alla stereofonia, quella diavoleria per cui ascoltando una canzone con due casse davanti, alcuni suoni uscivano da una cassa, altri dall'altra, figuriamoci di fronte a quei suoni che si spostavano da una cassa all'altra, poi ci si è visti costretti a ragionare su musica che avesse senso dentro uno walkman, da alta a bassa fedeltà, senza però necessità punk o minimaliste, solo una mera faccenda di supporti. Oggi siamo di fronte a musica pensata per essere suonata da uno smartphone. Per essere ascoltata con le cuffiette da cinque euro comprate in un emporio cinese. Un percorso, questo, parallelo a quello imposto dalle radio. Non necessariamente il medesimo percorso, perché spesso la musica nata per lo streaming arriva alle radio dopo aver già fatto strage sui canali in rete, ma che comunque guarda alla stessa meta. Per altro, fanno sorridere le radio che adesso ricorrono alle classifiche di Spotify per fare le loro playlist, perché in questi giorni dovrebbero passare Meno male che Silvio c'è, balzato in vetta alla classifica Viral Italia.

Comunque, c'è musica pensata per la radio e musica pensata per lo streaming. A volte diventano la stessa musica. In tutti i casi musica che tende a essere compressa, schiacciata. Tutta giocata sulle stesse frequenze, dall'inizio alla fine. Quindi priva di quella che in musica viene chiamata dinamica, quella sensazione di cambio di intensità sonora all'interno di un brano. Ma non solo, siccome le frequenze riproducibili con gli smartphone o altri supporti digitali, ma più che altro replicabili in streaming, sono piuttosto limitate, ecco che dalle canzoni sono scomparsi gli acuti, che distorcono, e i bassi, che diventano impercettibili. Sentite le canzoni trap, parlo della trap italiana, e pensate che quel suono sia frutto di una scelta estetica, invece è semplicemente l'adeguarsi a una necessità, fatta da chi non è abbastanza geniale da poter forzare la tecnologia al proprio servizio. Sentiamo la musica d'oggi e abbiamo la sensazione che sia una evoluzione, mentre in realtà si tratta semplicemente della cristallizzazione di un impoverimento, come per le ricette di Benedetta Parodi, fare nouvelle cousin con gli avanzi del frigo.

Se chiedessero a Mr Fade Out di sfumare una di queste canzoni, sono pronto a scommetterci, si mangerebbe le mani pur di negarsi, un po' come fanno le donnole quando rimangono incastrate nelle tagliole dei bracconieri, che si mangiano le zampe da sole al fine di scappare.

In questi giorni escono articoli che parlano della chiusura dell'ultima fabbrica di CD negli Stati Uniti, del rischio di chiusura della Gibson, una delle più importanti fabbriche di chitarre al mondo, dell'ipotesi che Apple chiuda iTunes, lasciando allo streaming il compito di veicolare tutta la musica. Notizie che sarebbero potute essere serenamente l'incipit di questo articolo.

Oppure, pensandoci come a una sorta di resistenza, tipo Morpheus e Neo in *Matrix*, avremmo potuto parlare di chi oggi fa musica alla vecchia maniera, resistendo appunto, dai Decibel che si presentano a Sanremo con un album tutto suonato senza plug-in e sequenze a Ron che porta sul palco una canzone senza click, o, uscendo dall'Italia, da Kendrick Lamar che appunto sui bassi sta basando buona parte del suo mondo musicale, o di un Frank Ocean che ha posto la chitarra, sì proprio la vecchia chitarra, al centro del suo universo musicale oggi. Ma la musica non è una guerra, e neanche una sfida sportiva. Non ci sono buoni o cattivi. Solo buona e cattiva musica, o per dirla con le parole di oggi, la bella musica e la musica demmerda.

Una musica che non faccia di necessità virtù, come magari può essere in passato accaduto al blues, suonato con primordiali strumenti a corde e percussioni dagli afroamericani, ma che si adegui a una povertà sonora senza provare a forzarla è una musica agonizzante, col respiro affannato, destinata a morte certa. Senza voler fare di tutta l'erba un fascio, che i fasci li si vede bene solo a Piazzale Loreto, penso che questo momento di decadenza non possa che rappresentare il punto più basso di una caduta, dal quale non ci si può che rialzare. Magari ipotizzando una musica non fatta per essere incisa, ma solo suonata dal vivo. Come del resto è stato per buona parte del transito terrestre del genere umano (cit.). O per un doppio binario che proceda parallelamente, da una parte musica demmerda fatta per supporti demmerda, dall'altra musica ambiziosa, non necessariamente in alta fedeltà, ma comunque non schiava dei supporti con cui andrà riprodotta, che provi a aggirare il problema di una congiuntura astrale che da una parte ha reso tutta la musica ascoltabile con un click e dall'altra ha reso la qualità di questi ascolti misera e miserevole, e provi, di conseguenza a rimanere fino a dopodomani. Perché dal supporto fisico al supporto liquido al supporto gassoso il passo è stato breve, ma dopo la vaporizzazione, temo, rimane la non materia.

Nell'incertezza la resistenza si sta organizzando: chitarre lasciate agli angoli della strada, sui gradini dei palazzi, alle fermate della metro, come il Book Crossing ha fatto coi libri. Ecco, abbia inizio il Guitar Crossing, e che lo spirito di George Harrison non ci abbandoni.

NATALE ROSSO SANGUE, SANREMO HA GIÀ FATTO I PRIMI MORTI

Sembra proprio che questa Santo Natale vestirà i tradizionali colori, con tutte le sfumature di rosso.

No, tranquilli. Non sono impazzito. Non mi sono svegliato stamattina con l'improvvisa voglia di parlare di moda e tendenze.

Il rosso cui faccio riferimento, quello che sembra caratterizzerà queste feste, è il rosso acceso del sangue. Quello che sta per scorrere a ettolitri (cit.), anzi, che ha già cominciato a scorrere, con Babbo Natale a vestire gli inediti panni orrorifici di Pennywise.

Proviamo a raccontare i fatti dall'inizio.

Già a settembre si è iniziato a vociferare che il capodanno Mediaset di quest'anno non avrebbe seguito il trend degli anni precedenti. Niente più Gigi D'Alessio & Friends, quindi, il tutto al fine di lanciare in maniera strutturata le radio da poco entrate nel gruppo, con un megaevento che avesse, appunto, Rete 105, R 101 e Radio Subasio al centro. Iedentificato in Bologna e nella sua Unicredit Arena la location adatta al caso, ecco che a novembre è stato annunciato il tutto in una conferenza stampa che vedeva affiancati l'AD delle Radio Mediaset Salvaderi, il direttore di Canale 5 Scheri e Federica Panicucci, chiamata a presentare l'evento (e presto blastata da Carmelina D'Urso, che ci ha tenuto a sottolineare come la serata fosse stata inizialmente proposta a lei). Un programma a reti unificate, sia in tv, con Canale 5, Rete 4 e Italia 1, sia in radio, coi marchi di cui sopra. A cantare, perché sempre di concerto si tratta, un parterre denso, anche se non proprio di nomi pesanti. A fianco di gente di mestiere come Enrico Ruggeri, Ron, Marco Masini, Michele Zarrillo, Nesli, Gabry Ponte, Alex Britti, Mario Venuti, Noemi, Annalisa, Fabrizio Moro e Ermal Meta,ancora non identificati come una coppia artistica, come avverrà prossimamente all'Ariston, L'Aura, Anna Tatangelo, nome qualcuno magari un po' meno attivo ultimamente come Alexia, con guest star Francesco Gabbani, vincitore dell'ultima edizione del Festival, alcuni degli artisti giovani del momento, quasi tutti frutto dei talent, da Michele Bravi al bel Riki, passando per Sergio Sylvestre, Federica Carta, Thomas, Benji e Fede, la tipa che faceva tempo la fa lo spot della TIM, Elodie, Fred De Palma. Nel mezzo, si suppone, frizzi, lazzi e tanti auguri, al cospetto dei 18mila che accorreranno a Casalecchio di Reno, a due passi da Bologna, e dei milioni che distrattamente seguiranno il tutto dalla radio o dalla televisione.

Un evento, mi era capitato di chiedere durante la conferenza stampa, che a differenza di quanto era capitato l'anno scorso per espressa volontà di Gigi D'Alessio, che aveva identificato in Civitanova Marche la città ospite, proprio per portare un primo aiuto morale e benefico alle zone colpite dal terremoto di qualche settimana prima, non ha quest'anno nessuna deriva sociale. Niente beneficienza. Niente solidarietà. In barba alla presenza tra gli attori di Radio Subasio, che è proprio delle zone colpite dal sisma.

Questi i fatti.

Fino a ieri.

O meglio, fino a quando dalla prestigiosa sede di Villa Ormond i nomi dei venti, facciamo anche trenta se ci mettiamo gli ospiti, concorrenti del prossimo Festival di Sanremo sono diventati di dominio pubblico.

Nomi di cui si è già parlato e che non saranno oggetto di questo scritto. Nomi che però, come si è già scritto, mostrano non poche sorprese.

Una, magari non la più eclatante del caso, la totale assenza dei ragazzi dei talent nel cast, volendo affrancare da questa nomea gente come Annalisa, Noemi o The Kolors. A scorrere i tanti nomi delle liste baglioniane, età media quarantotto anni, dettaglio non insignificante, Maria De Filippi è clamorosamente assente. Proprio colei che l'anno scorso ha affiancato Carlo Conti sul palco e dentro le televisioni italiane, colei che negli ultimi dieci anni ha in qualche modo segnato il corso del Festival, quest'anno non ha dentro il cast nessuno. Chiaro, ci sono Annalisa e Giovanni Caccamo, che fanno parte del cast di *Amici* in veste di tutor, ma sono assenti i vari Riki, le Federica Carta, data sin da subito presente in accoppiata con un'altra creatura amiciana, gli ascolani La Rua. Sono assenti anche le Emme, le Alessandre Amoroso, i Marco Carta e tutti gli altri nomi che, se avete seguito il talent targato Fascino ben conoscerete. Un fatto abbastanza clamoroso, appena stemperato dal fatto che, anche in casa Rtl 102,5, notoriamente in rotta con l'universo defilippiano, le cose non vadano meglio, con dentro solo i The Kolors, e con altri nomi che gravitano intorno a loro, da L'Aura a Davide Petrella, New Hit da settimane presso la radio di Cologno, passando per l'inedita coppia Il Cile feat Bianca Atzei, lasciati al palo.

Chiunque si muova nel mondo della musica aveva avuto più o meno conferme, nelle ore precedenti a Sarà Sanremo, evento Rai durante il quale Claudia Gerini e Federico Russo hanno svelato i nomi, delle presenze anche di nomi come Elorie e Lele, tanto per farne altri due, anche loro assenti nelle ormai celebri cinque buste.

Sui motivi per cui Baglioni e la sua commissione, e in qualche modo, quindi, il deus ex machina di questo Sanremo, Ferdinando Salzano, abbiano lasciato fuori tutti i ragazzi dei talent ci si sta interrogando, anche perché alcuni sono nel roster Friends & Partners, ma del resto sono rimasti fuori anche gli ambiti indie, rappresentati dai soli Lo stato sociale, e il mondo del rap e della trap, decisamente meno influenti da un punto di vista di poteri forti, ma portatori di un pubblico che, a questo punto, si suppone diserterà clamorosamente il Festival.

Interrogativi o non interrogativi a parte, però, ecco che oggi comincia a circolare una voce che, se dovesse trovare conferma, avrebbe veramente del clamoroso. La RAI avrebbe fatto sapere agli artisti in gara al prossimo Festival della Canzone Italiana di Sanremo di voler apportare una modifica al regolamento, anticipando al 25 dicembre l'embargo riguardo alle partecipazioni televisive e radiofoniche dei concorrenti in gara, data precedentemente fissata al 22 gennaio.

Dopo aver quindi decapitato gli artisti in quota Mediaset dal cast di Sanremo ecco la seconda mossa, estromettere tutti i partecipanti al prossimo Festival dal Capodanno Mediaset. Buona fine e buon inizio a tutti.

Come dire, con una sola mossa Mediaset sarà costretta a dire bye bye a

Enrico Ruggeri, in scena a Sanremo coi suoi Decibel, bye bye a Ron, bye bye a Annalisa, bye bye a Ermal Meta e Fabrizio Moro, bye bye a Noemi.

Una bella falcidiata a un cast già piuttosto squilibrato verso il bimbominkismo, con tutti quei ragazzini sul palco.

Una emorragia artistica mica da ridere, molto più impressionante se si pensa che, con ogni probabilità, questa è la seconda mossa di quella che a questo punto potrebbe rivelarsi come una vera e propria guerra.

Addio pax sanremese.

Quella pax che aveva visto gente come Paolo Bonolis o, appunto, Maria De Filippi calcare le assi dell'Ariston come presentatori, e che aveva visto parecchi reduci dal talent di Maria imperversare al Festival, a volte anche andando a vincere, si vedano i vari Marco Carta, primo figlio di un talent a portare a casa il Leone con palme, Valerio Scanu, Emma Marrone.

Addio alla pax sanremese per volontà della RAI, oltretutto.

Tutto finito, quindi.

Niente ragazzi di *Amici* nel cast.

Niente artisti del cast di Sanremo nel Capodanno Mediaset.

Ovviamente Mediaset sta preparando le contromosse, e siccome c'è gente che ha comprato il biglietto per essere presente all'Unicredit Arena, onde evitare una class action con relativa richiesta di rimborso, ecco che scatta l'ipotesi di artisti presenti dal vivo ma oscurati sulle reti televisive e radiofoniche.

Un vero delirio.

Poi magari il tutto rientrerà, ragionevolmente, non fosse altro perché ci sono contratti firmati con un regolamento differente, e il tutto sarebbe un danno sì per Mediaset, ma anche per chi di musica campa, come gli artisti in questione. Ma il segnale resta chiaro.

È scoppiata la guerra.

Ma guerra davvero.

Non troppo diversa, si suppone, a quella che sta animando i corridoi della Universal, uscita a pezzi dalle nomine baglioniane. Se infatti, la Sony ha come al solito fatto la parte del leone, con un parterre nutritissimo, da Facchinetti & Fogli a Mario Biondi, da Ornella Vanoni, con Toni Bungaro e Pacifico, a Fabrizio Moro, in coppia con Ermal Meta, da Ron ai Decibel, senza contare i giovani, la major di Maciacchini quest'anno sarà rappresentata solo da tre nomi, non esattamente pesantissimi. Nina Zilli, Max Gazzè e Lo Stato Sociale.

Un po' pochino, si direbbe, per la più grande casa discografica italiana (per fatturato). Anche perché, guardando al resto del cast, la situazione appare ancora più singolare. Quanto ai tre artisti, ci sarebbe pure da fare dei distinguo. Su Max Gazzè gira voce nei corridoi RAI che sia finito grazie a un brano potente portato a Baglioni dal suo manager Francesco Barbaro, brano subito preso come già era successo per la canzone di Luca Barbarossa, della medesima scuderia, brano in romanesco sul quale ci sono grandi aspettative.

Su Nina Zilli gira voce che sia lì perché ha un brano scritto da Giordana Angi, che è sotto l'ala di Tiziano Ferro, probabilmente superospite italiano della kermesse. E quanto a Lo Stato Sociale, beh, appare chiaro che non era quello il cavallo di punta di Alessandro Massara e Jacopo Pesce, rispettivamente Presidente e Head of A&R della Universal Italia.

Dei tanti nomi che giravano nei listoni pre-Sanremo, infatti, nessuno è finito nel cast, da Emma a Elodie, passando per Federica Carta, i Negrita, Dolcenera, Il Cile, nell'improbabile connubio con la Atzei, i Boom Da Bash, dati praticamente per certi in compagnia di Loredana Bertè, e probabili traghettatori della stessa presso la major francese, Santiago e Josè Nunes, tra i giovani, nessuna traccia. Chiaro, nel caso di Josè Nunes anche loro l'avranno vissuta con sollievo, ma nei fatti tanti nomi e poi niente, tutti a casa.

Però c'è Nina Zilli, va-va-boom.

Per contro, queste sempre le voci, si dice che saranno presenti come ospiti almeno un paio di mega-nomi del carniere della major in questione, dagli U2 a Lady Gaga, passando per Coldplay, 30 Seconds to Mars di Jared Leto, Noel Gallagher e via discorrendo. Insomma, due superospiti internazionali e uno italiano, Tiziano Ferro. In pratica un superospite in cambio di ogni concorrente in gara. Niente male...

Scherzi a parte, uno smacco, si pensa, che verrà internamente lavato col sangue, visto il caso specifico, sangue freddo come quello dei pesci.

Insomma, siamo ancora a dicembre e già si comincia a ridere parecchio.

E ancora non sappiamo neanche chi è il famosissimo cantante del servizio in stile Brizzi delle Iene.

Tanto sangue, quindi. Ma proprio tanto tanto. E siamo solo all'inizio.

Come si dice in questi casi, Buon Natale e salutate a casa.

NOI NON SIAMO MEZZOSANGUE

Ci ho provato. Giuro che ci ho provato. Ma non ci sono riuscito. Ho fatto ricerche su ricerche. Ho guardato non so quanti video su Youtube, sfogliato pagine del National Geographic, visto documentari. Ma non ci sono riuscito. Stavo cercando un animale specifico. Ultimamente l'ho fatto spesso, quello di cercare animali con caratteristiche particolari. Si trattasse di cavalli che affogano imbarcando acqua dal culo, di zebre che si mordono le palle, di otarie che stuprano pinguini, di lucertole che schizzano sangue dagli occhi. Oggi cercavo animali che respirassero dalle ferite. Una immagine, questa, che a me personalmente, lo confesso, è arrivata nei primi anni Novanta da una canzone di Claudio Baglioni, *Qui Dio non c'è*, contenuta nel doppio album *Oltre*.

Ora, lo so che citare una canzone di Baglioni, seppur tratto dall'album universalmente riconosciuto come il più importante del cantautore romano, non è esattamente la mossa giusta, andando a parlare di rap e andando a parlare del rap di Mezzosangue nello specifico.

Almeno in apparenza.

Ma in realtà, pensateci bene, ve l'ho proprio messa in culo. Perché è vero che ascoltare il disco di cui sto per parlarvi ti fa chiedere se si respira anche dalle ferite, come è anche vero che ho usato una mossa spiazzante per parlare di un rapper spiazzante, attuando una sorta di mimesi con l'artista che intendo raccontare, costringendovi a pensare a Claudio Baglioni, per voi, presumibilmente, quello di "Quella tua maglietta fina" o di "Questa storia va a puttane sapessi andarci io", se siete arrivati a questo articolo inseguendo in rete il nome Mezzosangue, ma ora vi trovate invischiati in un racconto che, quantomeno, vi ha messo di fronte a una sorta di lieve disagio, disturbante, per quanto possa essere disturbante il conoscere le canzoni di qualcuno che mai dichiareremmo in pubblico di conoscere, in campo musicale.

Il fatto è che Mezzosangue è spiazzante, parecchio, e per più di un valido motivo. Lo è perché, in un'epoca in cui il rap ha abdicato per la trap, prendendo quindi l'idea di veicolare un messaggio attraverso un genere musicale che ha posto la parola al suo centro più di qualsiasi altro e buttandola nel cesso, lui, Mezzosangue, ha violentemente riposto il messaggio e la parola al centro delle sue canzoni. Lo è perché nel riporre le parole al centro della scena, Mezzosangue, non a caso uno che ha collaborato con Enigma e Rancore, opta per farlo portando l'ascoltatore a fondo, intendendo con questo non solo e non tanto l'idea di chi ci trascina a fondo in alto mare, che voglia farci vedere le bellezze dei fondali quanto voglia farci affogare, ma anche solo intendendo l'andare sotto la superficie, in profondità.

Fa rap, Mezzosangue, questo sembra una ovvietà ma ovvio non è affatto.

Fa rap e lo fa come lo si può e lo si dovrebbe fare oggi, ma tenendo bene a mente la lezione dei suoi predecessori, soprattutto di quelli che hanno operato nella sua Roma. Ascoltando il suo nuovo lavoro, il mastodontico Tree Roots & Crown, con la produzione dello stesso Mezzosangue e di quel mostro di bravura di Manuele Fusaroli, in arte Max Stirner, uno che in passato è stato capace di regalare suoni e immaginari a gente come i Tre allegri ragazzi morti, gli Zen Circus, Il teatro degli orrori, Le luci della Centrale Elettrica, Management del Dolore Post-Operatorio e, più recentemente, Andrea Mirò, ascoltando il suo nuovo lavoro, il doppio e mastodontico Tree Roots & Crown, non si può che rimanere spiazzati, direi piacevolmente spiazzati, non fosse che l'idea di piacevolezza non è esattamente quella che accompagna l'ascolto delle diciotto tracce. Perché è come se i primi lavori di gente come Danno e Masito Fresco, di Primo e Grandi Numeri, di Militant A, tornassero di colpo sotto forma nuova, dotati di nuova linfa vitale e nuova vita. Un po' come succede per i cantautori romani, che si rifanno anche involontariamente a un modo di cantare che risale indietro nel tempo, agli stornelli, i rapper sembrano essere accomunati da una medesima matrice, almeno questi citati qui.

In passato ho scritto, e lo confermo, che trovo Rancore il più importante rapper che la nostra scena abbia oggi attivo, caratteristica che potrebbe forse condividere con Neffa, tornasse a fare quel che faceva ai tempi dei Sangue Misto e con i Messaggeri della Dopa. Bene, credo che con questo doppio lavoro Mezzosangue vada a affiancarlo in questa incombente ruolo, quello di rapper più importante del panorama italiano. Uno che porta avanti la tradizione, ma che lo fa tenendo al centro delle sue canzoni la parola, e quindi il messaggio, ma anche la musica.

L'album, ripetiamo, mastodontico, si divide anche visivamente, in due parti distinte, *Roots*, cioè Radici, e *Crown*, cioè Chioma. Nella prima, con basi più votate all'elettronica, con largo uso di synth e di samples, Mezzosangue prende di petto il se stesso artista, e il suo rapporto con l'essere artista e con chi lo ascolta, nella seconda, più vicina al rock, suonata e con l'utilizzo di strumenti anche desueti per canzoni rap, come i violini e sax, Mezzosangue si guarda più dentro, sempre che non l'abbia già fatto nella prima parte. Due parti speculari, quindi, e che insieme vanno a formare un unicum complesso e sfaccettato.

Una sorta di operazione massimalista, la sua, di quelle che in letteratura ci fanno gridare al miracolo, quando riescono alla perfezione, o allo scandalo, quando scivolano nel troppo.

Mezzosangue ha urgenza di dire, quindi riesce nell'impresa impossibile di non esagerare, e in questo l'opera di Fusaroli, al suo fianco, appare fondamentale, proprio per quella sua capacità di regalare una poetica sonora a tutti gli artisti con cui ha lavorato, si trattasse di rock, indie o pop.

Se a questo, e a una penna capace di creare sulla traccia quello che i letterati veri, gli intellettuali, qualsiasi valenza positiva si voglia dare a questa accezione, riescono a dare sulla pagina, aggiungiamo una estetica praticamente perfetta, oggi, con una identità volatile, un passamontagna nero da Subcomandante Marcos a accompagnare le sue tracce, in bilico tra rock cupo e hip-hop, sorta di reincarnazione contemporanea di quello che sarebbero potuti essere i Body Count di Ice-T, non fossero finiti schiacciati dall'immagine ingombrante del rapper californiano, direi che siamo di fronte a qualcosa di miracoloso. Un miracolo doloroso, stando a quel che le canzoni di Mezzosangue ci raccontano. Doloroso e violento. Comunque vivo, vivissimo. Talmente vivo da non poter far altro che gridare. Si ascolti la lancinante *Destro Sinistro Montante* (anzi, fatene un singolo, mi raccomando, dopo Ned Kelly, perfetta per riportare l'attenzione sul nostro, ma sicuramente meno mezzosanguiana di questa), la malinconica *Wonderland*, con un sax a fare da base che lascia il segno, o l'intima e al tempo stesso epica Io e te, morriconiana nell'incedere, e impietosa nel testo, per credere.

Non so chi sia Mezzosangue, ma dopo aver ascoltato le diciotto tracce di questo lavoro credo di saperne più di quanto una nota biografica ricca e una bella foto in copertina avrebbero potuto dirmi. Un cuore che pulsa in mano, nella mia mano, questo è Mezzosangue durante l'ascolto delle canzoni, tutte importanti, monolitiche, da ascoltare in apnea, proprio come quando si è sott'acqua.

Lo dico, Mezzosangue è il nome da tenere d'occhio con Rancore, seppur distantissimi tra loro per stile e flow, con Enigma a fare da terzo comodo. Poi, chiaro, Nitro e Salmo stanno lì, a fare altro, specie il secondo, ma con grande classe e iconoclastia, ma Mezzosangue fa davvero paura per la sua capacità di comunicare, tanto quanto Rancore lo fa per la sua capacità di infilare una quantità incredibile di parole alte e basse una dietro l'altra, barra dopo barra.

I testi di Mezzosangue, hardcore nell'impostazione, anche se decisamente originali nella cifra, unici nello sviluppo, sono intrisi di riferimenti alti, a volte altissimi, dalla mitologia alla numerologia, passando per le citazioni parascientifiche, fatto questo, che lo fa ulteriormente accomunare a Rancore.

In conclusione, prendete tutta la trap, quindi, datele serenamente fuoco. Hanno le ore contante, e se non sono ore saranno giorni, settimane, mesi e anche anni. Ma di loro non resterà traccia, viva Dio, Mezzosangue lascia ferite talmente profonde che ci si può respirare, aveva ragione Baglioni

NON SI CRITICA LA CRITICA

Anche il mondo dei social, seppur giovane, ha già generato dei canoni. Canoni che, non pretendendo certo di avere sott'occhio tutta la panoramica che questo mondo apparentemente virtuale ci pone d'innanzi, trovano una loro precisa declinazione in un settore già di suo piuttosto canonizzato come la critica musicale. O meglio, come la percezione comune della critica musicale, perché i social servono sì a chi scrive di musica per far sapere di questo o quello scritto pubblicato, ma servono più che altro a quelli che di musica leggono e spesso vorrebbero anche scrivere, per dire la propria, spesso a sproposito. Perché diciamolo apertamente, ripetendoci, l'idea che essendo su un social ci sia un uditorio ha spesso portato i commentatori a ritenersi in diritto di autocollocarsi in un contesto nel quale, a ben vedere, non hanno non solo residenza ma men che meno diritto di parola. L'idea che democraticamente si possa dire la propria ha quindi spesso portato i laureati all'Università della vita a credersi stocazzo, vanificando, almeno ai loro occhi, anni e anni di studio, di lavoro, con un commento tranchant, a volte anche solo con un insulto. Discorso, ovviamente, valido anche nei confronti degli artisti e delle opere d'arte, spesso sbolognati con poche battute dal primo coglione che passa, senza una adeguata credibilità, conquistata, si suppone, da una parte dal riconoscimento da parte della comunità artistica, quella musicale nello specifico, e poi certificata da un editore, da un direttore editoriale, da chi, in pratica, ha il compito di distinguere tra professionismo e amatorialità.

Chiunque si trovi a svolgere lavoro di critica, nello specifico di critica musicale, si sarà visto ripetere dal solito coglione che passa, "Ma come, un critico che non accetta le critiche?", nel momento in cui, con più o meno proverbiale amabilità, avrà invitato il commentatore intervenuto a sproposito ad andare a fare in culo. Esatto, un critico non deve accettare le critiche.

Quantomeno non deve accettarle dal primo coglione che passa, ruolo che spesso è ricoperto dagli stessi artisti di cui ha scritto, anche loro in diritto, si direbbe, in virtù del loro essere sui social, di poter dire la propria, spostando su un piano dialettico quello che invece dovrebbe vivere solo e esclusivamente sul piano critico. Un critico non deve accettare le critiche. Mai. Neanche quelle degli artisti. Non deve accettarle, se non da parte di colleghi, che non dovrebbero, stiamo sempre nel campo delle teorie, limitarsi a commenti tranchant, da bar, ma a analisi approfondite, in grado di confutare altre analisi, di rovesciarne la lettura, di aprire nuovi scenari.

Poi, è chiaro, ci sono ambiti nel quale l'approfondimento diventa non solo inutile, ma addirittura impossibile, perché non ha alcun senso spendere parole serie per musiche che serie non sono, ma anche in quel caso, a rispondere non dovrebbero essere i coglioni di passaggio, e neanche gli artisti, ma la comunità dei critici. Si auspica ridendoci su.

So che questo discorso risulta decisamente elitario, ma tant'è, la critica anche di canzonette è una faccenda seria, al pari delle canzonette stesse. E il fatto che ci sia uno stuolo di critici improvvisati, spesso mascherati da giornalisti musicali, non deve acquisire un significato altro da quel che ha, in un'epoca di cialtroni vale tutto.

Torniamo al discorso iniziale, la critica è tale se riconosciuta come tale dalla comunità artistica di riferimento, e se nello specifico è riconosciuta come tale anche da chi, suo malgrado, oggi ha ancora il compito di distinguere tra professionisti e non professionisti, gli editori.

Una comunità, quella di riferimento, che difficilmente se ne uscirebbe con frasi del cazzo come quella su citata, e men che meno con altre facezie tipo: "Prova a scriverla tu, una canzone, poi vediamo..."

Pensare che per poter concepire una critica seria tocchi essere artisti è una idiozia che non meriterebbe nessun tipo di considerazione, non fosse che in genere chi dice queste cazzate le correda con frasi tipo quella attribuita storicamente a Frank Zappa, "La critica è fatta da gente che non sa scrive che intervista gente che non sa parlare per gente che non sa leggere" o anche "Parlare di musica è come ballare di architettura."

Tutte belle cazzate.

Come cazzata è quella secondo la quale il critico vive come un parassita dell'arte di qualcun altro.

Perché, fino a prova contraria, il critico vive delle proprie analisi, e sono semmai gli artisti a ricorrere ai critici, spesso per trovare rifugio nel momento in cui non sia il pubblico a riconoscerne l'arte, altre volte semplicemente per cristallizzare un successo che, senza il plauso della critica, apparirebbe anche ai loro occhi monco, zoppo, nano. Qualcosa da relegare nell'ambito del commerciale, e si sa, commerciale è parola volgare, bassa, di cui non fare vanto. Quando scrivo un libro, recentemente capita meno spesso, ma in passato è capitato sovente, mi trovo a essere oggetto di critiche da pare di chi questo fa per mestiere. Mai mi è passato per la mente di rispondere a una critica, fosse anche una violenta stroncatura. Mai mi è passato per la mente neanche di fare mia una critica positiva, come una coccarda da portare appuntata al petto, perché quando scrivo libri vesto i panni dello scrittore, e i panni dello scrittore, a mio avviso, non contemplano anche l'opzione di interagire coi critici. Non che abbia sempre accettato tutto quel che mi è stato detto, o che abbia finito per tenerne conto, ma a ognuno il suo.

Chiaro, nella critica letteraria l'accademia ha ancora un peso che, nell'ambito della musica leggera, per sua stessa estroflessione dal consesso professionale, non ha. Un critico che si voglia cimentare con l'ambito musicale mainstream, so che la cosa può suonare come una abnormità, dovrà se possibile sottacere le proprie competenze reali, celare gli studi classici, laddove ci siano, assumere piuttosto un'attitudine quasi da pari a pari, andando quindi a finire sotto il cono di luce che, in natura, dovrebbero spettare solo ai musicisti. La possibilità di non esserci, o di starsene appartati viene vista con sospetto, come di chi se la tira, fa lo snob, anche per chi decide di occuparsi di musica che non preveda la possibilità di tirarsela per la sua natura popolare. Ma queste sembrano oggi le regole di ingaggio, basta prenderne atto e cercare di vivere il proprio mestiere con onestà intellettuale e cercando di arginare le interferenze, non dovendo più raccontare la musica, oggi ascoltabile da chiunque nel momento stesso in cui viene pubblicata, ma fornendo, se possibile, gli strumenti per decodificarla a chi, per sua formazione, non è necessariamente tenuto a avere quegli strumenti. Di più, ma questa è una libera interpretazione di chi scrive, essendo appunto accettato come attore da un contesto artistico, il critico musicale può anche addentrarsi in analisi del sistema, fornendo al lettore una panoramica che gli sarebbe preclusa, quindi contribuendo ulteriormente a fornire strumenti per analizzare la musica che da questi contesti esce e che in questi contesti prolifica.

Una sorta di critica musicale che diventa analisi di un sistema artistico e industriale. Il tutto dentro precise regole d'ingaggio, che partono appunto dal riconoscimento del proprio ruolo da parte di quell'ambito.

A ognuno il suo.

E il mio, oggi, è quello di essere criticato dai coglioni di passaggio, commentatori da social col peso specifico del vento. A volte anche di essere criticato dagli artisti di cui scrivo, pronti a aizzare i propri fan, mai capaci, però, di instaurare un dialogo che porti da qualche parte. Non perché la critica debba essere costruttiva, questa è una cazzata messa in piedi dal mondo che ruota attorno ai talent, dove a parlare sono in genere non critici musicali, ma quotidianisti arrivati a parlare di musica per sostituzioni di maternità, o per altri equilibri redazionali che nulla hanno a che fare con la competenza e la preparazione. No, niente critica costruttiva, ma perché la lingua usata dagli artisti sui social è giocoforza una lingua tranchant, spiccia, incapace per sua natura a prevedere approfondimenti. Al punto che anche quando sono critici musicali, sedicenti o reali, a commentare una critica sui social, novantanove volte su cento il tutto finisce in un commento degno di un coglione che passa, frutto spesso, se non sempre, del tentativo del commentatore di mettersi in evidenza, di trovare un nuovo uditorio, di ritagliarsi cinque minuti di notorietà in un momento particolarmente opaco.

Canoni da social, quindi, che si intrecciano ai canoni della critica musicale.

Ora, forse, avete di fronte agli occhi un quadro un po' meno vago. Pensateci la prossima volta che verrete a commentare un articolo con una di quelle frasette lì. Ci pensino anche gli artisti, se possibile. Un critico non si critica. Anche perché potrebbe saper suonare molto meglio di voi. E sicuramente è capace di mangiarsi il vostro cuore a colazione.

NON SPARATE SUL GIORNALISTA, O FORSE SÌ

Raramente è capitato, come in questa epoca decadente e buia, che la classe dei giornalisti fosse così bistrattata. Non solo e non tanto dalla classe dirigente, sempre pronta a stigmatizzare chi, in teoria, avrebbe il compito di raccontare le cose come stanno, senza lasciarsi influenzare da pressioni o regalie, quanto dal popolo dei lettori, e non si legga la parola popolo con non chalanche. Se dire intellettuale è oggi una offesa, al pari di, che so?, testa di cazzo, dire giornalista corre il rischio di essere offesa anche peggiore, perché giustamente privata di quell'aura di superiorità che l'essere intellettuale ancora porta con sé (e vera causa di tanto odio).

Odio, quello nei confronti dei giornalisti, che si è diffuso a macchia d'olio, lasciatemi evocare un mesto giochino di parole. Un po' perché la democrazia dei social ha indotto il lettore a credere di essere a sua volta veicolatore di notizie, un po' perché, in effetti, da tempo buona parte della categoria dei giornalisti ha abdicato a favore dei social media manager, più interessati a essere riconosciuti per strada che a dare un seguito all'aver aderito a un codice deontologico.

Basterebbe, a tal proposito, vedere quanti giornalisti politici, poi giuro che passo a parlare di musica, argomento per il quale, in teoria, sarei specializzato e per il quale mi pagano per scrivere, passano dall'altra parte della barricata candidandosi per quegli stessi partiti di cui, in teoria, avrebbero dovuto scrivere fino a poco prima, dalla Barra a Carelli, passando per Cerno, l'elenco è davvero troppo lungo per essere riportato in un articolo che, a ben vedere, vuole affrontare l'annoso tema dei giornalisti musicali.

E allora eccoci arrivati al dunque, la categoria dei giornalisti musicali.

Categoria che, per un bug di quelli che appassionerebbero nerd e geek, comprende anche i critici musicali, come fossero un tutt'uno. Per capirsi, i primi sono colori i quali dovrebbero, per loro natura, riportare notizie, dall'uscita di un album alla cronaca di un concerto, passando per la morte di Tizio e Caio o il passaggio di Sempronio da questa a quella band, i secondi coloro che dovrebbero contribuire con le loro analisi a rendere l'ascolto della musica, qualsiasi tipo di musica, più semplice e piacevole. Con tutte le variabili del caso, vedi il fatto che oggi ci sono molte probabilità che una determinata opera venga ascoltata da un comune fruitore in contemporanea se non addirittura prima di un critico, fatto che ha resto il mondo delle recensioni un terreno tutto nuovo da architettare.

Recensioni e interviste, del resto, sono diventate il core business del giornalismo musicale, contese tra redazioni e uffici stampa manco fossero la mappa segreta per raggiungere Atlantide o l'Eldorado. E qui già abbiamo buttato sul piatto un primo indizio che ci aiuterà a sbrogliare la situazione: redazioni e uffici stampa.

Tutto si più dire tranne che gli uffici stampa non tendano a dare al lavoro del giornalista musicali un peso d'altri tempi, come se nel mentre, appunto, il popolo sovrano non avesse decretato la morte della categoria, con buona pace di chi ancora ci crede davvero (non è il caso di chi scrive, da venti e passa anni volontariamente fuori da albi e redazioni).

In verità, ma questo è un giochino che chiunque di voi potrebbe fare serenamente, anche solo passando qualche minuto in rete, tranne rari, rarissimi casi, sono assai poche le firme dotate di un peso specifico reale, capaci, cioè, di incidere sul mercato, oltre che sugli ego degli artisti, aspetto da tenere in conto non fosse altro perché sono gli artisti, in effetti, a tenere in piedi la coreografia degli uffici stampa.

Non capita cioè mai, a guardare i fatti, o quasi mai, e chi scrive si guarda bene dal fare esempi che potrebbero vederlo coinvolto in prima persona, che un pezzo particolarmente positivo spinga qualche artista a impennare le proprie vendite, come per dire è successo nel mondo dei libri ormai tanti anni fa con la famosa recensione di D'Orrico che indicava Giorgio Faletti, neoscrittore con *Io uccido*, come il più importante autore italiano vivente. Idem si dica per le stroncature. Rari sono i casi, e qui permettetemi un sorrisino di circostanza sulle labbra mentre scrivo, in cui una stroncatura particolarmente pepata, e quindi anche per questo facilmente in balia delle viralizzazioni della rete, induca il pubblico a tenersi alla larga da una canzone, che so?, indicata come una cover non dichiarata, o addirittura ne decreti la fine prematura. Può semmai capitare che chi decide di passare o non passare un determinato brano in radio decida, sull'onda di una eccessiva critica nata in seguito a una stroncatura e presto diventata di pubblico dominio e ludibrio, opti per togliere una determinata canzone dall'airplay, decretandone, quindi, più che una prematura fine una sorta di oblio spesso definitivo. A questo, anche a questo, in teoria, serviva un tempo la critica, a dare indicazioni di massima. Con buona pace dell'ego dei cantanti, spesso tirato in mezzo anche indebitamente, perché un conto è una recensione negativa, un conto è diventare lo zimbello della rete.

In verità, oggi, a fianco all'ego dei cantanti trova ampio spazio l'ego dei giornalisti musicali, da tempo assurti al ruolo di comparse parlanti nei programmi televisivi, e quindi ovviamente finiti nella logica dell'esserci per esserci. Idea, questa, da addebitare a Maria De Filippi, che nel suo *Amici* ha capito che donare un riflesso dei riflettori a gente che di suo al massimo dovrebbe essere riconoscibile come firma avrebbe comportato una bonarietà altrimenti impensabile, vista la qualità della musica ospitata nei suoi programmi. Così di colpo abbiamo assistito all'impiattamento, lasciatemi usare un bruttissimo termine televisivo, di giornalisti che hanno deciso di cedere il culo in cambio di un tweet di complimenti per un maglioncino o di un autografo richiesto in aeroporto. Poco importa se, oltre al culo, di cui onestamente ognuno può fare l'uso che ritiene, detti giornalisti abbiano ceduto con altrettanta velocità anche quel residuo di credibilità, perché a furia di dire che tutto è bello, specie quel che passa da certi talent o che comporta una determinata condivisione sui social da parte degli artisti cui si rivolgono i complimenti, di colpo niente è davvero bello. Della serie: chi ti crederà mai se ti spertichi in lodi incredibili sempre e comunque?

Stesso discorso, dirà qualcuno, lo si potrebbe applicare su chi stronca sempre e soltanto. Tutto vero. Non fosse che in effetti in questa epoca di musica demmerda stroncare diventa un filo più necessario, perché oggettivamente la qualità della musica che circola è davvero ai minimi storici. E non fosse che anche chi stronca sempre, calcando sui toni scuri, privando quindi la propria penna dei grigi, tende poi a enfatizzare anche la bella musica, sempre giocando sullo stesso stile, andando quindi sì forzatamente a dividere il mondo tra buoni e cattivi, senza prevedere i prigionieri, ma altrettanto sicuramente lasciando che il bello emerga, laddove presente. Si legga pure questo capoverso come qualcosa che ha a che fare direttamente con l'autore di questo articolo, cioè con me.

Un discorso a parte, per altro, andrebbe riservato ai giovanissimi, spesso attivi in rete. Gente che avrebbe dalla propria l'impeto anagrafico per fare la rivoluzione, ma che spesso, vuoi per la precarietà in cui gli si dice sin da piccoli andranno a vivere vita natural durante, vuoi per la mancanza di spalle larghe, si ritrova a fare marchette senza neanche il vantaggio di ricevere i benefici che i marchettari più anziani almeno hanno, si tratti di regali, di viaggi premio, da quelli a bordo piscina, ormai diventati leggendari, a quelli a Disney World o a bordo di un Boeing, tanto per rimanere in tema, via via fino alla vicinanza social degli artisti, sempre che essere un giornalista musicale e avere l'amicizia di coloro a cui regali parole eccessivamente bonarie e quindi vacue abbia un qualche valore.

C'è poi, e giuro che sto arrivando alla fine di questa lunga, triste carrellata, chi crede, e magari ci crede veramente, senza doppi fini, che essere compiacente con gli artisti, con i discografici, coi promoter, sia parte integrante di questo lavoro. Perché poi, magari, una casa discografica aumenterà le pagine pubblicitarie in una determinata rivista, perché un artista, qui siamo nel magico mondo della fantascienza, sia chiaro, se gli sei amico si concederà più che una firma che dalla sua abbia solo la credibilità data dalla schiena dritta, perché se parli sempre bene di tutti avrai accrediti ai concerti, dischi quando escono, e tutto quel che questo simpatico ambientino mette a disposizione oltre allo stipendio. Un'idea idiota, è evidente. Perché se una firma è credibile lo è a prescindere dal fatto che vada a prendere l'aperitivo con un cantante o con un discografico. Anzi, credo lo sia molto di più se, anche in presenza di amicizie con addetti lavori, amicizie naturali, perché tutti tendono a avere amici tra i colleghi, non faccia favoritismi o sconti, rendendo una stroncatura più pesante, ma anche una recensione positiva, dando alle parole di una intervista, alle domande di una intervista, un valore e un peso che, di fronte alla piaggeria, sicuramente non avrebbero. Pensare, in sostanza, che a parlar male di Tizio si finisca per non avere modo di intervistare Tizio è una sciocchezza, ma chi guarda a Tizio solo come a qualcuno da tenersi buono, probabilmente, questo non lo capirà mai.

A conclusione di questo pezzo che ai più potrebbe suonare strampalato, viene da auspicare che, in presenza di un mercato claudicante, per non dire agonizzante, la critica musicale, quella che al momento si divide tra i pochi hobbisti che se la tirano perché si ritengono intestatari di una verità di cui quelli che operano nel mainstream non sono a conoscenza, e appunto tutti gli altri, destinati a una estinzione imperitura e definitiva, e i giornalisti musicali, dall'esercito dei selfie fino a quelli che operano nei blog, tornino a interpretare il proprio ruolo con serietà, senza lasciare che a muovere le loro parole siano strategie e teorizzazioni degne di una puntata di X Files. Mi guaderò bene dal chiudere citando Sono solo canzonette di Bennato, perché uno non dedica la vita al culto di qualcosa che ritiene una cazzata, ma un po' di leggerezza mista a onestà non ha mai ucciso nessuno. Al massimo, infatti, sparano al pianista.

PASSA LA BELLEZZA, FIGURIAMOCI LA BELLANZA

Tendiamo per nostra natura a credere a quel che ci viene detto, se a farlo è qualcuno che riteniamo autorevole o credibile. La pubblicità, che non reputiamo, se sufficientemente razionali né credibile né autorevole, ma essendo dentro il nostro televisore ci è quantomeno familiare, fa spesso leva su questa fiducia, chiedendoci di credere all'incredibile. Il dentifricio che rende bianchi i denti, la crema che cancella le rughe, il cibo preconfezionato che sa di buono ed è sano. Tutto incredibile, se non dichiaratamente falso, ma siccome ce lo dice la pubblicità, di colpo, vero o quantomeno verosimile, quindi con ragion d'essere. Ecco, se quindi una storia ci viene raccontata come emozionante, se si fa leva su una storia triste, se si usa un linguaggio emotivo è naturale che ci si emozioni. Una sorta di empatia indotta. Lo chiamano sotrytelling, e oggi sta diventando una sorta di must, di quelli che fanno impazzire i comunicatori. Al punto che a volte, non spesso ma abbastanza spesso, la faccenda sfugge di mano, diventando la storia raccontata quasi più importante del prodotto, si vedano le ultime pubblicità "sociali" della Dove.

Lo stesso, e non può che essere così, succede nei programmi televisivi, dove a scrivere le storie sono spesso gli autori, non solo incaricati di trovarle, le trame avvincenti, ma quando serve di enfatizzarle, se non addirittura correggerle a beneficio di scaletta e di copione. Se si decide che serve puntare sull'empatia, sulla compassione, si fanno leva sugli aspetti tristi delle vite dei protagonisti, le si racconta evidenziando un percorso doloroso, si mostra anche la commozione di chi, in prima battuta, questa storia la viene a conoscere, prima anche dello spettatore, e il gioco è fatto. Usando appunto una brutta parola molto di moda, si empatizza. Questo però non ha necessariamente a che fare con il talento e la capacità di emozionare dell'attore (non nel senso di attore cinematografico), quanto più nella bravura di chi ci racconta la storia o nella potenza di fuoco di chi la racconta. Funziona così, in genere, se leggendo un libro ci piace un personaggio, o lo odiamo, il merito è dell'autore, non certo del personaggio stesso.

Lo è talmente tanto che, in novantanove casi su cento, gli stessi personaggi che ci commuovono dentro certi contenitori, una volta usciti di lì, sfilati da quel contesto, diventano dozzinali. O meglio, tornano a essere quel che sono sempre stati, non artisti, appunto, ma al massimo mediocri esecutori.

Del resto, se buona parte dei giudici e dei coach pascolano nella mediocrità e non hanno certo percorsi da discografici degni di quei ruoli, perché dovremmo aspettarci altro da questo? Non è mica un caso che spesso si nascondano dietro quel nome, televisione, usandolo come scudo non tanto per coprire il cuore, ma meno romanticamente per pararsi il culo. Sono attori in balia di sceneggiatori, dubitate in chi cerca di parlarvi di verità.

Traduco.

Non parliamo, non parlate di grandi artisti perché avete avuto i lucciconi sentendo qualcuno cantate in tv dopo che vi hanno raccontato del suo tragico passato o dopo che avete trovato il video su un colonnino di giornale online che grida al miracolo. Quella crema toglie le rughe solo negli spot.

E, per essere sul pezzo, sappiate chevnon c'è empatia che un bravo foniatra non possa curare, prima che sia troppo tardi.

PERCHÉ NON MI PIACE NIENTE

Prologo

Quando lavoravo in Mondadori, anni fa, coi colleghi dell'area libri, al quarto piano del palazzo disegnato da Oscar Niemeyer, si scherzava parecchio su chi lavorava al terzo piano, in amministrazione. Noi si andava al lavoro vestiti casual, qualcuno anche più che casual, mentre lì, a terzo piano, era in vigore il completo grigio con camicia celeste. Vestivano tutti così. Al punto che quando l'ascensore si fermava al terzo piano noi, gettandoci lo sguardo dicevamo sempre: "Sembra di essere nel mondo di Matrix, abitato da tanti Mr Smith". Ecco, provate a pensare a un ufficio come il terzo piano della Mondadori. O provate a pensare a un qualsiasi ufficio in campo amministrativo. Ci sono una decina di persone, tutte vestite uguali, giacca e pantaloni grigi, camicia celeste chiara, niente cravatta. Ora concentratevi su uomo vestito in maniera assolutamente normale. L'uomo, come i suoi colleghi, indossa un completo di non eccelsa fattura. Giacca e pantaloni grigi, camicia celeste chiaro, niente cravatta. Niente di particolare, quindi. Anche il viso non mostra segni evidenti, qualcosa che rimanga impresso nella memoria. Lineamenti regolari, niente barba né baffi, capelli lisci, corti, senza la riga da una parte. Come tutti gli altri.

Ecco, pensate a questo uomo, di mezza età, in mezzo a altri uomini di mezza età vestiti come lui. E ora immaginatevi che nella sua camicia, proprio al centro della camicia, all'altezza dello sterno, ci sia una macchia di sangue fresco, rosso acceso. Una macchia evidente, abbastanza grande da finire sotto la giacca. Rosso acceso, ripeto, che spicchi sul celeste della camicia.

Ora, siamo sempre sul piano teorico, vi chiedo: cosa mai vi resterebbe impresso, guardando questo ufficio e chi ci si trova?

Secondo prologo

Entrate in un ristorante. Un ristorante nel quale non siete mai stati. Leggete il menu, e a prima vista non c'è niente che riteniate particolarmente invitante. Ma avete fame, e volete assolutamente mangiare, qui e adesso. Allora ordinate, un po' a caso, un primo e un secondo, che stiano bene insieme, almeno sulla carta. Arrivano i piatti, e già alla vista sono sgradevoli. Al gusto anche peggio, una vera fetecchia. Li rimandate indietro. La cameriera ci tiene a farvi sapere che dalla cucina si scusano, e che non vi faranno pagare quei pasti, anzi, che siete ospiti del ristorante. Accettate le scuse, anche perché in giro non ci sono altri ristoranti, e avete davvero fame. Ordinate un altro primo e un altro secondo. Stesso risultato della volta precedente. Forse anche peggio. Sicuramente peggio va la terza volta. La quarta è una specie di catastrofe. Nell'insieme il cibo che vi è stato offerto è di pessima qualità, cucinato malissimo e presentato peggio. Spesso avete anche l'impressione che quello che vi è stato servito fossero avanzi di piatti già serviti a altri, neanche in giornata. Qualcosa, supponete, era pure scaduto.

Ora, sempre di teoria si parla, vi chiedo: se andrete in giro a dire che tutto quello che avete mangiato faceva schifo il problema sta nel vostro essere incontentabili o nella scarsissima qualità di quel che vi è arrivato in tavola?

Svolgimento
Potrei anche fermarmi qui, dando vita all'articolo il cui corpo centrale entrerebbe nel Guiness dei primati come il più breve della storia del giornalismo. Ma in realtà l'argomento mi risulta interessante, quindi provo a andare oltre quanto già espresso nei due prologhi.

Scrivo di musica quasi tutti i giorni, da circa venti anni. A volte ne scrivo anche più volte al giorno. Scrivo molto spesso di quello che mi piace, perché ho avuto il privilegio di andare a fare un mestiere per cui molta musica mi arriva addirittura prima che venga pubblicata, in qualche triste caso anche quando poi non verrà pubblicata, e questo mi ha permesso e mi permette di andare a fare in qualche modo da mentore di artisti che ancora non si sono affacciati al mondo, o di accompagnarli nei primi anni della loro carriera, come fossi la maestra di un asilo nido cui il sistema musicale ha affidato il benessere di progetti in partenza piccini, ma destinati a diventare maturi.

Siccome, come detto, questo avviene da vent'anni e più, e siccome alcuni di quei progetti piccini sono in effetti diventati adulti, succede anche che artisti già affermati mi rendano partecipe dei loro lavori in fieri, anche artisti che non ho incrociato all'inizio della loro carriera, perché più grandi di me o perché, magari, non ho colto inizialmente la loro arte. Insomma, passo le giornate nella fortunata condizione di condividere l'arte con gli artisti, a volte un po' prima degli altri, comunque mai troppo dopo. E di questo scrivo, quotidianamente. Sono un grande appassionato di cantautorato femminile, per dire, e in qualche modo per questo ambito sono diventato una sorta di punto di riferimento nella critica musicale. Ma non è di questo che si sta parlando, il titolo serve pure a qualcosa. Perché oltre a scrivere di questo succede che, non altrettanto spesso, ma abbastanza di frequente, io mi debba occupare anche di musica che in un mondo non dico giusto, ma anche solo decente, non dovrei dover ascoltare per lavoro. Musica davvero scadente, per la scrittura, per la composizione, per la produzione, per l'interpretazione. A volte per tutte queste quattro ragioni contemporaneamente. Quasi sempre per tutte queste quattro ragioni contemporaneamente.

Esce un determinato album di un cantante, non fatemi usare la parola artista a sproposito, piuttosto affermato, o di moda, o anche semplicemente pompato dalla discografia per uno dei tanti motivi sbagliati, e mi viene chiesto di scriverne. A volte neanche serve che mi venga chiesto, perché trovandomi quasi sempre a scrivere per riviste o quotidiani in veste di critico musicale è normale che io ne scriva, perché posso giocare la carta di quello che, una tantum, decide proprio di non scrivere del cantante X, dando a mio modo un giudizio tranchant a riguardo proprio col mio non parlarne, ma non posso applicare sempre questa regola, un po' per non depotenziarla, un po' perché, e torniamo al primo prologo, lo so bene anche io che il sangue si nota molto di più del candore. A volte, quindi, ne scrivo e di solito il risultato è tipo la scena di *Shining* in cui il corridoio dell'Overlock Hotel è inondato da uno trunami rosso sangue. Non tendo a fare prigionieri, un po' per stile, un po' perché, e presto vi spiegherò perché, non è possibile fare prigionieri.

Potrei portarvi degli esempi, ma non credo sia poi così importante, una stroncatura è una stroncatura. Ecco, vabbeh, diciamo che alcune stroncature sono più stroncature di altre, ma la rete sta lì per quello, se uno è curioso cerca e trova.

A ogni stroncatura, e ripeto la percentuale rispetto ai pezzi positivi è piuttosto bassa, succede il finimondo. Per motivi che mi sono ben evidenti, non faccio mica quello che si meraviglia. Non faccio neanche però quello che ci gioca, e qui arriviamo al nocciolo della questione. Io stronco il disco di qualcuno, prendiamo un nome a caso Laura Pausini. Lo faccio seguendo il mio stile, quindi dando una determinata forma alle mie analisi. Il tempo di pubblicarlo e succede l'inferno. I fan si scatenano, coprendomi di insulti in tutti i social. A volte mi coprono di insulti anche gli artisti, nel caso della Pausini è successo più di una volta. Altre volte mi attaccano i discografici, gli uffici stampa, i parenti. Insomma, il delirio. Tutti a cercare di colpire il mio amor proprio, chi parlando di rosicamenti vari (come se io fossi una cantante), chi tirando il ballo una vita privata mia inesistente, e mentre lo scrivo mia moglie sta postando le foto dei nostri quattro figli per farmi gli auguri per la Festa del Papà, chi semplicemente dicendo che non ho i titoli per farlo. Ma qualsiasi sia il tipo di attacco cui vengo sottoposto, e vi giuro che ne ho viste davvero tante che voi umani non potete immaginare, non manca mai qualcuno, spesso più di qualcuno, che dice qualcosa che suona come: "Esiste qualcosa che ti piace?". Sottintendendo, con questo, che mi fa schifo tutto, e che quindi il mio giudizio negativo altro non sia che una semplice conseguenza di un gusto troppo bizzarro, o di una malformazione congenita per cui non riesco a provare piacere, tipo la protagonista di *Gola profonda*.

Esiste qualcosa che ti piace?

Risposta contenuta nella domanda: no.

In effetti è così.

Non c'è niente che mi piace.

Di più, non c'è niente che trovi decente, accettabile, non dico buono ma di anche vagamente vicino alla sufficienza. Mi fa tutto davvero schifo. Ascolto e mi viene voglia di estirparmi i timpani da solo con un ferro da lana, un po' come si faceva in passato con gli aborti. Mi viene voglia di infilare la testa dentro un sacchetto, come Spud in *Trainspotting 2*, e prima di esalare l'ultimo respiro mi viene da vomitare, potete ben immaginare la scena.

Provo solo disprezzo per quello che altri considerano arte, e al solo pensiero che altri trovino quello che io disprezzo arte provo anche disprezzo per questi ultimi.

Sto ovviamente praticando un paradosso, alla Jonathan Swift. Una provocazione, direbbe qualcuno, cercando di relegarmi nel ruolo di polemista, come se questo potesse svilire il mio ruolo di critico musicale.

Il fatto è che le frasi feroci che avete letto qui sopra non sono rivolte nei confronti della musica tutta, ma della musica che oggi passa il convento. Ecco, il disprezzo parte proprio nei confronti del convento, per poi toccare la musica e chi la musica la pratica.

Trovo che quello che il sistema musicale italiano ha fatto alla musica sia abominevole. Nel corso di una trentina d'anni, forse un po' meno, hanno preso un terreno variegato, dove chiaramente c'era sia il bosco fitto che il prato all'inglese, e non poteva mancare ila roccia incapace di dare frutti o fiori, e lo hano inaridito, reso deserto. Da una parte non capendo che l'arrivo di internet e della musica liquida avrebbe cambiato per sempre il mercato, dall'altro cercando, una volta che i buoi erano scappati dalla stalla, di mettere un recinto che non serviva a altro che a fare da promemoria della loro stupidità, ma soprattutto aspettando che fosse sempre qualcun altro a prendere le decisioni importanti, quelle che un tempo avrebbero determinato generi e anche mode. Le radio decidono di passare solo un certo tipo di canzoni, con un determinato BPM, un minutaggio prestabilito, addirittura stabilendo quali brani sarebbero diventati singoli (quindi non dando più modo a un album di essere tale)? Bene, i dischi hanno iniziato a avere singoli che facessero seguito a questi paletti, BPM, minutaggio, sound. Il download ha appiattito il suono delle canzoni, anche quelle non pensate per essere scaricate? Bene, le canzoni devono tutte suonare schiacciate, come il download prevede. Lo streaming toglie i bassi alle canzoni, comprime le frequenze, distorce gli alti? Bene, si proceda in questa maniera, e chi se ne frega dei dettagli, delle sfumature, della dinamica.

Potrei andare avanti per ore, non credo sia il caso. Anche perché siamo in Italia, e oltre tutto questo c'è pure che abbiamo deciso, non so esattamente come e quando, di non dare più nulla di nuovo alla musica. Cioè, un tempo erano gli altri che dovevano scegliere generi che dovessero fare i conti con l'incapacità degli altri popoli di fare i conti con la melodia, cultura appartenente al nostro DNA, e via col rock'n'roll, tutto basato sul ritmo, via con il rap. Oggi siamo noi a rincorrere quegli stessi generi nati occupando le caselle che non fossero già coperte da noi, con il triste risultato di essere ultimi in ordine di arrivo, oltre che di qualità.

Come potrebbero mai piacermi canzoni che partono da imitazioni di brani che all'estero hanno spopolato anni fa? E perché dovrebbero piacermi canzoni del genere?

Le ascolto e perdo fiducia nel domani. Lo scrivo e aspetto che arrivi il primo coglione a chiedermi se c'è almeno qualcosa che mi piaccia.

Poi, fortunatamente, arriva una Carlotta a mandarmi il suo album nuovo, *Murmure*. O arriva Beatrice Antolini col suo *L'AB*. O Maria Antonietta col suo Deluderti. Li ascolto e torno a pensare che il domani sarà un giorno migliore, non solo un altro giorno come diceva Rossella O'Hara.

Epilogo triste

Anche di questi dischi che mi piacciono poi scrivo. Dico cose bellissime, enfatiche, ma una camicia pulita in mezzo a altre camice pulite si nota di meno di una camicia insanguinata. Lo so bene. E allora tenetevi il sangue.

PIÙ ELECTROPOP PER TUTTI

Il 25 luglio di quest'anno si terrà all'Arena di Verona un evento importante, unico. Il concerto dei Kraftwerk col loro spettacolo 3D, ovviamente un mix di musica e arti visive, il tutto giocato sull'elettronica e la multimedialità. La band che vede oggi il solo Ralf Hütter alla guida, dopo l'abbandono del 2008 di Florian Schneider è attivo dal 1970, anno in cui venne fondata a Dusseldorf, contribuendo a dar vita e sviluppo al cosiddetto krautrock, mix di elettronica e rock, appunto, che ha fatto il giro del mondo. Non è un mistero per nessuno, per dire, che i Daft Punk anche nell'immaginario sia andato a pescare a casa dei Kraftwerk, così come non è un segreto che, a distanza di quasi cinquant'anni, la band resti un punto fermo della scena elettronica mondiale. Scena davvero viva e multiforme, difficile da raccontare in un unico articolo, ma che vede da una parte personaggi come Brian Eno, creatore dell'ambient music, sempre negli anni settanta, dall'altra il dub, i soundsystem giamaicani, via via fino al rap e a tutta la musica che dall'hip-hop ha contaminato il pop. Nel mezzo la dance, che senza sintetizzatori e sequencer non sarebbe esistita, così come l'industrial, genere decisamente più ostico all'ascolto, ma anche il pop anni Ottanta, la house, la techno, la drum-n-bass, il trip-hop, la trance. Insomma, da che l'elettronica entrò in collisione con la musica, diciamo a metà dell'Ottocento, mai come negli ultimi decenni la sua presenza nel mondo delle sette note si è fatta letteralmente sentire.

Fin qui, direte voi, niente di nuovo. Tutto vero. Solo che questa faccenda dell'elettronica, diciamocelo apertamente, è davvero sfuggita di mano a tutti. Oggi, anno del Signore 2016, non c'è artista che non flirti con l'elettronica, anche in assenza di una valida motivazione, perché i suoni che si scelgono per un determinato brano, per un album, un senso ce lo dovrebbero avere. L'ultimo album di Richard Ashcroft potrebbe benissimo essere preso a esempio, e come quello una buona quantità di altri album di star internazionali, ma anche solo a voler guardare in casa nostra sembra evidente che l'electropop, così lo chiamano giustamente, è diventato talmente comune da aver attuato una vera e propria invasione pari a quella degli alieni in qualsiasi B Movie del periodo della Guerra Fredda, quando dietro gli alieni cattivi si nascondevano in realtà i russi.

Diamo uno sguardo alle ultime uscite, mettetevi pure comodi.

Sono finiti in maniera piuttosto clamorosa in ambito electropop tutti. Ma proprio tutti tutti. C'è finito Francesco Renga, che ha abbandonato l'idea sempre inseguita del bel canto per finire a giocare con suoni elettronici e ritmi moderni. È della partita Giorgia, ormai da tempo, anche lei finita per abbandonare certi virtuosismi vocali diventati veri e propri cliché per inseguire suoni che, altrove, stanno già passando di moda. Idem per Jovanotti. Anzi, Lorenzo Cherubini è stato uno dei primi a flirtare col genere, sempre attento a quel che suona intorno, spingendo poi gli altri a seguire le sue orme. E le sue orme le ha sicuramente seguite Marco Mengoni, che ha tirato fuori due album in cui scivola addirittura nell'EDM, manco fosse una Ellie Goulding qualsiasi. Ovviamente l'ha seguito a ruota Francesca Michielin, che sembra ricalcare pedissequamente ogni passo del cantautore di Ronciglione, tranne che nel successo di pubblico, e poco dopo anche Lorenzo Fragola, forse quello che ha giocato con quei suoni con più consapevolezza, per scelta, non per moda, ma sicuramente con meno successo. Idem per Emma, che però si è affidata a se stessa e al suo fonico, nel farlo, quindi ha prodotto un album a dir poco prescindibile. Ovviamente, se Emma si vota al genere, figuriamoci la sua amica del cuore Elisa, che con l'ultimo *On*, detto l'album del gattino puccioso, ha dimostrato come si possa prendere una carriera e buttarla nel cesso. Electropop a gogo, avanti si vada. Nek è rinato? Sì, è rinato. Ed è rinato grazie al suo ultimo album, *Prima di parlare*, presentato fortunatamente al Festival della Canzone Italiana di Sanremo 2015, con *Fatti avanti amore*, piazzatasi al secondo posto ma poi campione in radio e ai botteghini, e con la cover di *Se telefonando*, entrambe in chiave electropop, entrambe prodotte, come il resto del lavoro, dal maestro Luca Chiaravalli, uno che della materia ne mastica e si sente. Electropop in grado di ridare vita a una carriera apparentemente spenta, quindi. E non solo. È electropop anche l'ultimo di Annalisa, da poco uscita con *Se avessi un cuore*, sua prima esperienza in questo ambito, portato a casa con eleganza e competenza. Addirittura Luca Carboni, mica il primo che passa, si è votato all'electropop, con Pop-up, suo ultimo lavoro, traineto dalla hit *Luca lo stesso*. Grande electropop, nel suo caso, ma pur sempre electropop. Poi, vabbeh, ci sono i vari Alessio Bernabei, Madh e compagnia cantante, gente di cui, si auspica, non avremo più memoria a breve. Anche a guardare al famigerato mondo indie la situazione appare molto simile, con tutte le variabili del caso, leggi alla voce sciatteria, I Cani, Lo Stato Sociale, Thegiornalisti, tutti lì, a fare quella roba lì, male, ma pur sempre quella.

In realtà, però, tutto questo, almeno da noi, è partito da Tiziano Ferro, e dal suo produttore Michele Canova. È stato lui a portare in Italia, copiato di sana pianta dagli USA, l'electropop di chiara matrice black, e da lì è cominciato tutto. Anche perché, a ben vedere, dietro molte, se non tutte queste produzioni c'è proprio lo zampino fatto con lo stampino del buon Canova, che ha messo mano ai lavori dei vari Renga, Giorgia, Jovanotti, Mengoni, Michielin, Carboni. Il tutto proprio mentre Ferro, probabilmente pentito del danno fatto, si dice stia passando allo swing, con un album di standard che è uno dei rumors più in voga di questi tempi. Insomma, tutti vogliono suonare elettronici. Tutti vogliono suonare contemporanei. Tutti finiscono per suonare uguali.

Tutti suonano uguali a come all'estero suonavano un paio di anni fa, su tutti basti l'esempio Lorde, per altro nata a novembre 1996, e la Michielin, nata a febbraio del 1995, strano caso di giovane emulo più vecchio della ancor più giovane matrice.

A questo punto, si suppone, chi imbracciasse una chitarra acustica e sfornasse un album, che so, alla Carmen Consoli prima maniera, vincerebbe tutta la posta. Bingo.

Chi si affidasse a un pianoforte, a una batteria esile, rullante e cassa, a un basso elettrico, suonerebbe talmente diverso dal resto da risultare originale, manco fosse una tendenza nuova, ancora da venire.

Anzi, magari ci sarà qualcuno che penserà di suonare in acustico le tante canzoni electropop uscite negli ultimi tempi, come fece Johnny Cash con la Hurt dei Nine Inch Nails nella prodigiosa esperienza di American Recordings. Ecco, basta solo che qualcuno dei tanti nomi citati sforni una bella canzone, non dico un capolavoro come Hurt, ma almeno qualcosa che ci arrivi anche un minimo vicino e ci siamo, l'idea è lì, pronta da essere sfruttata.

POLAROID DELLA MUSICA DEMMERDA

Fa caldo. È luglio. Vivo in una città senza mare. Ce ne sarebbe abbastanza per sclerare alla Morrissey, non fosse che non sono uso andare contromano e soprattutto che qualcuno si è premurato di ricordarmi che siamo nel 2017 e che vivere nella nostalgia del passato è più triste di una canzone triste degli Smiths.

Comunque fa caldo. È luglio. E vivo sempre in una città senza mare. Per cui mettermi a parlare di classifiche, di streaming, di taroccamenti e di guasconate che finiranno per ammazzare quel refolo di novità, Dio mi scampi dal considerare novità certa merda, che si intravedeva all'orizzonte è impresa improba, che neanche vivere in simbiosi con un condizionatore d'aria potrebbe consentirmi. Mi limiterò, quindi, come di consueto, a buttare lì qualche appunto, che poi qualche collega più strutturato e volenteroso potrà far sviluppare e spacciare per proprio.

Partiamo da qualche notiziola sparsa.

Dal 7 luglio, cioè da venerdì scorso, la classifica degli Album più venduti della FIMI conteggia anche gli streaming. In sostanza dal 7 luglio scorso, considerando che la stragrande maggioranza della musica in streaming è in

Italia a uso gratuito, la classifica degli Album più venduti non si può più chiamare la classifica degli Album più venduti, perché non esiste di fatto la vendita.

Prova ne è, per ora, considerando che la classifica uscita il 7 luglio è la prima che conteggia gli streaming, il ritorno in zone alte della classifica di masterpiece come quelli di Sfera Ebbasta e Coez, per fare due nomi, che risalgono rispettivamente dalla sessantatré alla diciasstte e dalla quarantasei alla quindici. Miracolosamente. Prova ne è anche la scivolata repentiva verso il basso di album che hanno a lungo militato in top 10, come *Le migliori* del duo Mina-Celentano, sciovolato alla cinquantacinque dalla ventinove. Uno può dire, e chi se ne frega? Legittimo atteggiamento. Del resto lo streaming è da tempo il metodo con il quale la gente, specie i giovani, ascoltano musica, perché non tenerne conto?

Magari, però, si potrebbe disquisire sul modo in cui se ne tiene conto, differente in Italia rispetto al resto del mondo. Onde evitare che brani specifici influenzino le classifiche degli album, portando a certificazioni, Disco d'oro e di Platino, per lavori che esistono solo nella fantasia dei compilatori, in genere si tende a non tenere conto, nel monitorare gli streaming, del brano più ascoltato e di quello meno ascoltato. Facciamo un caso specifico. Esce il cd di Pinco Pallino. Ha dieci canzoni, tante ne vengono prese in considerazione, canzoni che superino almeno i trenta secondi, perché lo streaming è tale solo se si supera quella soglia di tempo. Bene, per conteggiare gli streaming, posto un tetto di dieci ascolti personali al giorno, si tiene in genere conto degli otto brani medi, cioè senza considerare quello più ascoltato e quello meno ascoltato. Quello più ascoltato, si suppone, sarà certificato come singolo, l'altro amen. Quindi si prendono gli otto brani intermedi, si considera una soglia di dieci ascolto a brano giornaliero e, raggiunta quota milletrecento ascolti si conteggia come se fosse un album venduto. Questo anche se di album venduto non ce n'è neanche una copia, nel mentre. Chiamalo, se vuoi, tempo moderno, progresso, regresso, o come cazzo ti pare.

Da noi no. Da noi si considerano i dieci brani più ascoltati, e la hit, chiamiamola così, può pesare fino al 70% del totale. Piccola differenza non da poco.

Anche perché c'è un dettagliuccio da tenere a mente, essendo i canali di streaming, quasi nella loro totalità, utilizzati solo gratuitamente, spesso e volentieri chi vi accede lo fa con la stessa attitudine che si ha nei confronti delle radio, passivamente, magari affidandosi alle Playlist, e qui arriva la seconda notiziola.

In vetta alle classifiche Viral di Spotify, il canale streaming per antonomasia (da noi c'è anche quello legato a un noto operatore telefonico, ma una cosa alla volta), c'è un brano trap di tale OEL dal titolo *Le focaccine dell'Esselunga*. Un brano che, fosse roba seria, dovrebbe indurre la popolazione a cercare tale OEL come nella scena culmine di *Elephant Man*, quella in cui si pensa che il povero protagonista del film di David Lynch abbia volontariamente fatto male a una bambina, e la folla, giustamente, lo vuole linciare. Il problema per OEL è che lui, a differenza del protagonista di *Elephant Man*, non può dire, la voce stentata, "Non sono un mostro". Lui un mostro lo è. Ed è un mostro creato da Spotify, fuor di dubbio. Anche in questo arriviamo buoni ultimi, perché è almeno un anno che viene denunciato all'estero un utilizzo piuttosto spericolato delle playlist e delle classifiche VIRAL, quelle in cui a incidere non è tanto l'ascolto spontaneo, quanto l'essere trendy, vale a dire l'essere stocazzo. Per intendersi, Spotify decide che un brano è trendy, e quindi lo piazza nella classifica VIRAL, che ha la sua playlist, per cui la gente, pigra, si trova il brano trendy lì, lo ascolta e il brano diventa a sua volta una hit, nel magico mondo dello streaming, scalando anche le classifiche di ascolti, in streaming. Chi ne guadagna? Presumibilmente Spotify, che ha creato un fake cui non dovrà pagare royalties. O magari anche Spotify, che avrà concordato col fake un 50/50 o roba del genere. Il tutto mentre ci sono artisti, Dio mi perdoni per aver usato questa parola, che fanno girare la loro musica davvero, tipo i Thegiornalisti, che seppur facendo cagare stanno piazzando *Riccione* lì dove hanno già piazzato *Pamplona* con Fabri Fibra. Chiaro, si potrebbe aprire dibattito riguardo il motivo per cui questi brani siano così passati in radio, specie in certi network, ma fa caldo, è luglio e vivo in una cazzo di città senza mare, abbiate pietà di me.

Questo aspetto, cioè del come le classifiche, specie la VIRAL, la nuova classifica FIMI di non vendita, e le playlist dei canali di streaming potrebbero influenzare il sistema musica è al vaglio degli addetti ai lavori.

Per dire, il noto operatore telefonico che gestisce il canale di streaming più gettonato in Italia con Spotify, canale streaming compreso nelle tariffe, quindi a gratis, ha chiaramente un accordo con una delle tre multinazionali del disco, basta guardare la homepage e vedere di chi sono tutti gli artisti presenti per farsene un'idea. Non influisce questo nelle classifiche e certificazioni?

Non basta.

Chi stabilisce i brani che finiscono nelle varie playlist? E in base a cosa lo stabilisce?

Perché se OEL è il re del VIRAL, magari, qualche domandina ce la dovremmo fare.

Cioè, dopo aver assistito al doping delle classifiche fisiche, a suon di firmacopie, fatto che ha sostanzialmente inculato i priccoli e validi discografici, quelli che ci credono davvero, che fanno scouting, che se la sudano. Adesso arrivano le classifiche e le playlist tarocche, col placet della FIMI, ente che ha del resto nel suo direttivo i presidenti delle major, mica Red Ronnie.

Insomma, un bel casino.

Uno, però, potrebbe sempre dire, ma che cazzo te ne frega delle classifiche e delle certificazioni, la musica è musica, se uno vuole se la ascolta per i fatti suoi, magari invece che su Spotify, su Youtube, che da questo giro è tagliato fuori.

Vero. Verissimo. Uno, addirittura, se la può ascoltare addirittura dal vivo, al musica, pensa te.

Peccato che, però, l'omologazione e omogeniezzazione del sistema musica sta portando a un circolo invirtuoso per cui a tutti i festival partecipano gli stessi artisti, Dio mio condanni a bruciare all'inferno per aver usato questa parola, che poi sono gli stessi che circolano in televisione e anche in radio. Sempre quelli, senza lasciare spazio ai pochi validi in circolazione (per noi dire ai tanti validi neanche in circolazione). Il che porta le major e i canali di streaming, cioè a coloro che gestiscono la faccenda, ad avere un potere eccessivo, fatto che indurrà i piccoli a scendere a patti col diavolo, a vendersi al diavolo o, peggio, a smettere di far musica. E siamo solo all'inizio.

Perché se è vero che le prossime settimane, i prossimi mesi potrebbero presentarci classifiche in cui sono presenti solo i trapper alla Dark Polo Gang o Sfera Ebbasta, senza più artisti alla Roger Waters, che del resto fa un album ogni venticinque anni, ma anche a una nostra Laura Pausini, è anche vero che potremmo ritrovarci in un mercato saturo di Rovazzi e privo di Ivani Fossati, perché la discografia preferirà investire su chi costa poco e fa incassare tanto. Si potrà dire che questi sono i tempi che corrono, che la classifica è una fotografia dell'oggi. Bene, converrete con me che la polaroid di una musica di merda resta la polaroid di una musica di merda, mica dobbiamo per forza considerarla arte.

E converrete anche che guardare al traffico reale generato da certa musica, perché certa musica genera traffico reale e, questa sì, andrebbe monitorata, non è uguale che guardare inebetiti al traffico fasullo generato da colui che il traffico dovrebbe gestirlo, non generarlo.

Io, nell'incertezza, infilo la testa dentro un condizionatore e sparo l'aria fredda a palla. La speranza è di perdere l'udito. Di sicuro non mi perderò niente di così rilevante.

POP VS MUSICA D'AUTORE

Un cubo è un cubo. Come lo giri lo giri, è sempre uguale a se stesso. A meno che non sia il cubo di Rubik, che allora ha colori diversi e quella roba lì, ma per il resto un cubo è un cubo.

Ecco, il rapporto tra musica pop e musica d'autore è un cubo. Se ne può discettare quanto vogliamo, ma sempre uguale a se stesso rimane. Da una parte c'è il pop, il basso che piace alla massa, il basso cui guardano gli intellettuali, perché anche gli intellettuali vogliono sentirsi bassi, a volte, vogliono trovare il plauso delle masse e hanno capito, male, che il pop aiuti in questo. Dall'altra la musica d'autore, che si autoproclama tale, che quindi dice di essere alta, e per farlo si contrappone al pop, che invece è bassa, come quando da piccoli si fanno i segni con la matita sul muro, per capire se si è cresciuti, e la musica pop è lì, ferma sotto il metro, mentre la musica d'autore è alta, ma alta davvero, talmente alta che le masse manco sanno che esiste, vedono questo corpo, ma non vedendone la testa pensano sia una statua, un manichino, in tutti i casi qualcosa di inanimato.

Un cubo, insomma.

In genere, dovendo decidere da che parte stare, la critica, gli intellettuali, stanno dalla parte della musica d'autore, quindi. Sono loro, la critica e gli intellettuali a certificare che la musica d'autore è musica d'autore, del resto, confermando quello che gli autori della musica d'autore già si cantano e si suonano da soli. Decidono, la critica e gli intellettuali, che un certo disco, una certa canzone, ma soprattutto un certo artista, rientra nella categoria, e di colpo questo disco, questa canzone, soprattutto questo artista diventano certificati DOC. Quello che fanno, anche i passaggi minori, diventano oggetto di stima, nel caso neanche troppo raro in cui il pubblico, giustamente, se ne fotta di queste indicazioni, e si bulli bellamente dell'opinione di critica e intellettuali, e releghi il disco, la canone e l'artista in una microscopica nicchia scatta addirittura il certificato di culto, un optional destinato solo ai personaggi più misconosciuti, quelli che in un mondo darwiniano sarebbero destinati all'estinzione, spesso all'estinzione violenta. Nel mentre, il mondo del pop, sforna prodotti destinati alle masse. Prodotti ignorati dalla critica, dagli intellettuali. Con debite eccezioni, ci mancherebbe. Spesso critica e intellettuali, parliamo di quella porzione di critica libera da stipendi, sia chiaro, perché chi prende la paghetta fa categoria a sé e parla bene solo di chi deve parlare bene per contratto, spesso critica e intellettuali, quindi, guardano agli aspetti più infimi del pop con simpatia. Come un tempo la gente guardava ai freak del circo, con quella forma di empatia destinata a coloro che riconosciamo come particolarmente sfigati, destinati a una brutta fine. Per cui, Marco Giusti può benissimo essere preso a modello, anche se si occupa di televisione e cinema, capita che critici e intellettuali sdoganino, termine orribile ma che ben rende l'idea, dischi, canzoni e artisti, chiamiamoli così, assolutamente prescindibili, dando vita a endorsement improbabili, incredibili, appunto, finti. È bello, ogni tanto, tornare bambini, si dicono critica e intellettuali, quindi perché non canticchiare le canzoni di Nino D'Angelo del periodo 'Nu Jeans e 'na maglietta? Perché non esaltare al trash elevandolo a categoria superiore, tanto poi ci si rifà la verginità indicando quel particolare cantautore di ultranicchia destinato a non superare le duecento copie ma a fare incetta di premi al Tenco, al Bindi, al Ciampi e a uno dei tanti altri premi dedicati a cantautori scomparsi da tempo.

Quindi ecco il cubo. La musica d'autore, da una parte, il pop, dall'altra. Punti di congiunzione gli aspetti più aberranti del pop, vezzo di chi può portare luce anche laddove luce non c'è.

Però. Sì, l'avevate capito, a un certo punto sarebbe saltato fuori un però. Non è che un critico musicale, un intellettuale, si perde in considerazioni non esattamente conciliatorie nei confronti dei suoi simili così, gratis. Dietro c'è un tranello, un però, appunto.

E il però è semplice, talmente semplice da sembrare quasi un atto di mimesi col pop di cui, si sarà intuito dai toni scelti, l'autore di questo scritto, che poi sarei io, in qualche modo è grande estimatore. Il però, appunto, apre questo spiraglio: però il pop non sarebbe da prendere così alla leggera. Lo cantava anche Fossati, uno che nei due generi, pop e musica d'autore, ci ha sguazzato magari Iddio, anche se spesso è stato portatore di musica d'autore nel pop.

La questione è semplice. Tutte le canzoni di questo mondo, da *Like a Rolling Stone* a *La Macarena*, da *La costruzione di un amore* a *Brutta*, da *Enter sandman* a *Chandelier* è d'autore. Funziona così, senza possibilità di altra via da percorre: ci sono una o più persone che scrivono la canzone, la depositano in SIAE o nel suo corrispettivo straniero e poi c'è qualcuno, magari lo stesso autore (o uno degli stessi autori) che l'interpreta. In tutti questi casi la canzone, pop o d'autore, ha un autore. Quello che firma il brano. Solo che ci sono autori e autori, e spesso il valore dell'autore, quindi la possibilità di chiamare la canzone canzone d'autore, è inversamente proporzionale al suo successo, più sei di massa meno vali. Quindi chi scrive una canzone pop è basso, chi scrive una canzone cantautorale, usiamo per una volta questo termine tutto italiano, è alto. Chiunque provi a dire che dietro al successo ci deve per forza essere qualità viene bollato di miopia, e, anche chi scrive lo ha fatto, perché in molti casi è plausibile, messo in un angolo al grido di "Mc Donald's ha molti più clienti dei grandi chef stellati". L'equazione messa in campo, in questo caso, è semplice: successo di massa uguale junk food. Però, e ci siamo già giocati il secondo però, succede che senti una canzone di Luca Carboni, cantautore a tutti gli effetti, scuola bolognese in capo a Lucio Dalla, e ti ritrovi a canticchiare una perfetta canzone pop con tanto di doppi ritornello orecchiabile, *Luca lo stesso*. Lo stesso Lucio Dalla, uno che delle regole e dei canoni si faceva con piacere gioco, ha cantato *Attenti al lupo*, non esattamente una canzone d'autore. Ma vado oltre, uno sente *Sei un mito* di Max Pezzali, e nonostante tutte le sovrastrutture che ore e ore a ascoltare i Sigur Ros gli hanno procurato, si ritrova a canticchiare parola per parola, con tanto di dito alzato verso il cielo. E non è un caso che proprio Max Pezzali sia stato oggetto di sdoganamento non tanto della critica, a parte chi scrive queste parole, quanto della scena hip-hop e della scena indie, che si sono ritrovate, qualche tempo fa, a celebrarne il talento con due antologie per certi versi leggendarie (e non è un caso che l'ultimo singolo del nostro, *Due anime*, porti la sua firma a fianco di Niccolò Contessa de I Cani, altro artista indie con una grande allure presso critica e intellettuali). Stesso discorso si potrebbe fare per gli Zero Assoluto, al secolo Matteo Maffucci e Thomas De Gasperi. Senti le loro canzoni, ti viene quasi da prenderli per il culo per la loro leggerezza, per i turututù, per le voci lievi, ma poi te le canti tutte, fino in fondo, e muovi anche il piedino, perché il pop, santo Iddio, quando è ben fatto è inclusivo, non fa distinzioni come certa musica d'autore. Del resto, diciamolo senza se e senza ma, in barba ai tanti autori di musica d'autore, la autrice più rappresentativa degli ultimi anni è senza ombra di dubbio Sia, cantautrice australiana che ha regalato hit a mezzo mondo del pop internazionale, senza esclusioni Il pop è pop, altroché basso. E la musica d'autore, spesso, è una rottura di coglioni che si ritrova a essere di nicchia per necessità, la necessità di chi non sta nella nicchia di sopravvivere. Il problema è che critica e intellettuali affrontano troppo spesso il pop in maniera pretestuale, quindi si sporcano le mani, non lo vivono con leggerezza, e tutto questo si vede, si sente, diventa tarocco. E dire che basterebbe così poco, sfilarsi la scopa dal culo e lasciarsi andare, senza paraocchi e senza la volontà di voler a tutti i costi essere altro da sé. Il giorno in cui Max Manfredi, tanto per fare un nome, tirerà fuori un incipit come "Tappetini nuovi e arbre magique / deodorante appena preso che fa molto chic" saremo pronti a tornare sui nostri passi, ci passeremo uno strato di polvere sopra i vestiti, infileremo occhialini tondi e guarderemo con disprezzo tutto ciò che venda più di centocinquanta copie (come neanche una recensione di "Rockerilla" riuscirebbe a fare), per ora ci limitiamo a sentire canzoni pop perché ci piacciono quelle canzoni pop, canzoni di un determinato cantautore perché ci piace quel determinato cantautore, così, senza costruirci sopra grattacieli. Stiamo parlando di musica, vivaddio, siate un po' meno pesanti.

QUANDO L'INDIE VENDE IL CULO AI TALENT

C'è un po' l'imbarazzo della scelta. E la parola "imbarazzo" non si trova qui per caso. Perché negli ultimi tempi sempre più spesso capita di leggere nomi dell'indie, o di quello che un tempo veniva chiamato underground o alternative, finire in luoghi che sarebbero deputati a artisti mainstream. Un modo anche delicato per dire che sempre più spesso capita di leggere nomi di artisti che magari sulla carta uno sarebbe portato a stimare, perché hanno una storia importante alle spalle, fatta di sudore e dedizione, oltre che di talento e belle canzoni, finire in posti in cui, sulla carta, non augureresti di finire anche al peggiore dei tuoi nemici. Posti, per intendersi, in cui si produce, si ascolta o semplicemente si prova a testare, musica di merda.

Senza girarci troppo intorno, star qui a scegliere da che nome partire sarebbe davvero difficile, per cui partiamo da quello più noto, perché arrivato per primo sulla scena del crimine, e perché tuttora lì, tra i nastri adesivi gialli della scientifica e gli spray fluo. Parlo di Manuel Agnelli, leader storico degli Afterhours e in qualche modo portavoce della scena underground del passaggio tra i due millenni, quella dei Tora! Tora!. Credo che anche i sassi sappiano che Manuel ha deciso di non scatarrare più sui giovani, a meno che non si intenda per giovani quelli che ancora ci credevano nella buona musica, e si sia deciso a fare il grande passo, andando a svolgere il ruolo di giudice a *X Factor*. Una cosa lecita, sia chiaro, ma che inficia quel che Manuel ha fatto negli ultimi trent'anni, specie quando lo si sente dire che Loomy lo commuove o che si trova lì, a fianco di Arisa e Alvaro Soler, per cercare il nuovo Lou Reed (che a occhio, ma solo perché siamo pessimisti, da quelle parti andrebbe solo per farsi saltare in aria con del tritolo, dopo essersi riempito di sacche contenenti liquami nauseabondi). Figuriamoci quando lo vediamo prestare il fianco alla tv, vestito da massone nelle scenette iniziali del programma o dentro un videowall a fare Monna Lisa a beneficio di Luca Tomassini. Di questo si è a lungo parlato, e il vederlo lì non fa che confermare quanto di male si era pregiudizialmente pensato, anche solo un paio di mesi in quel contesto può sputtanare quanto di buono fatto in una carriera lunghissima. Ma Manuel, evidentemente, ancora una volta non è stato il solo a fare certe scelte, semplicemente è stato il primo. Perché neanche il tempo di bestemmiare il Dio del rock che arriva la notizia che Boosta, anima elettronica dei Subsonica, è finito a fare il professore a Amici. Mi rendo conto che questa frase contiene una serie di castronerie per cui, non stessimo parlando di *Amici* di Maria De Filippi, dovrei essere punito corporalmente, tipo come quando nel medioevo ti legavano un sacco di iuta intorno ai genitali, un sacco con dentro un gatto randagio, del tutto intenzionato a liberarsi, a ogni costo. Perché dire che Boosta è l'anima elettronica di qualsiasi cosa è di per sé un'offesa a chi elettronica la fa seriamente da una vita, castroneria, questa, che fa però il paio con il fatto che a *Amici* di Maria De Filippi seriamente diranno che Boosta, insieme a gente del calibro di Rudi Zerbi o Fabrizio Moro, gente che in un mondo normale starebbe ai semafori a consegnarti i giornalini gratuiti che in genere si trovano in metropolitana, sta lì per fare il professore. Ma filologia o non filologia, il dramma non è tanto l'uso spericolato della lingua italiana messo in atto dalla Fascino Srl, quanto il fatto che Boosta sputtani, a sua volta, una lunga carriera andando a mettersi al servizio di un programma che fin qui ha tirato fuori gente come la Amoroso, Emma o i Dear Jack. Vaglielo a spiegare, la prossima volta che cerchi un po' di credibilità, che eri lì perché ci credevi. Spero almeno lo paghino benissimo. Del resto, a voler guardare al passato prossimo, l'uscita del suo ultimo album, il primo veramente solista della sua carriera, La stanza intelligente, anche buono per certi versi, in alcuni casi addirittura ottimo, lasciava intravedere l'abisso tanto caro a Nietzsche, perché vederlo ospitare gente come Briga (Briga, santo Iddio), Nek o Marco Mengoni, lo confessiamo, è roba da far sanguinare gli occhi e gli orecchi. Primo sintomo, quello, di una contaminazione che ora si è palesata in un male conclamato. Anche Boosta è passato al Lato Oscuro della Forza.

Notizia dell'ultima ora, o quantomeno rumor dell'ultima ora. Sembra che *Amici* di Maria De Filippi, nel mentre, oltre ad aver devastato la carriera di alcune icone del nostro pop del passato, da Loredana Bertè a Anna Oxa, dopo aver concesso a Morgan la possibilità di tornare incautamente sui propri passi riguardo ai talent, dopo aver devastato le carriere di gente come Elisa, Nek o Francesco Renga, e aver permesso che qualcuno pensasse che Emma una carriera poteva avercela davvero, ora si appresta, vogliono le voci di corridoio, a colpire anche la carriera di Giorgia, data per quasi certa sostituta di Elisa. La presenza del suo storico compagno Emmanuel Lo tra i professori di ballo sembra conferamare questo rumor.

Noi attendiamo trepidanti quando sarà il momento in cui Maria o chi per lei deciderà di costringere Cristiano Godano dei Marlene Kuntz o Giovanni Lindo Ferretti a prestarsi a una qualche pagliacciata sulla falsa riga dei loro colleghi. Come si dice in questi casi, la speranza è l'ultima a morire. Noi, quindi, moriremo prima e almeno questa ce la risparmieremo.

QUELLI CHE VANNO AL MI AMI

Quelli che partecipano ai festival e più in generale a certi eventi musicali, diciamocelo apertamente, sono per la maggior parte brutte persone. Gente odiosa, addirittura. Perché tu sei lì, che te ne stai a casa intrappolato a gestire la tua triste routine e loro, invece, si stanno divertendo in qualche posto affascinante e esotico. Non basta. Loro te lo fanno sapere in tempo reale, mannaggia ai social e a questa mania di fotografare tutto. Ti fanno sapere chi c'è sul palco, chi c'è tra il pubblico, se sono addetti ai lavori anche chi c'è nel backstage. Postano foto, video e altre amenità. Poi, quando tornano, fanno pure quelli che si lamentano, tipo pubblicità della Costa Crociere, perché il divertimento è finito e loro, esattamente come a voi è capitato durante tutto il periodo di tempo del Festival o dell'evento, adesso sono fermi nel loro luogo di residenza, povere anime. Anche se, ancora mannaggia ai social, è un attimo che non ti esibiscono pure i biglietti per il prossimo evento, ovviamente imminente.

Succede per troppi festival e eventi da citare. Ognuno di voi ha bene in mente di cosa stiamo parlando, che si tratti di Budapest, di Barcellona o dei dintorni di Londra.

Le eccezioni, come il Burning Man Festival che si tiene nel deserto dell'Arizona, è talmente carico di hype da fare categoria a sé, e tutti, ma proprio tutti tutti noi che non ci siamo andati ci auguriamo che faccia ben presto la fine del Coachella, passato da luogo ultra-cool da esibire come i gradi appuntati sulla giacca a luogo talmente banale da essere quasi diventato volgare, buono per la prima Katy Perry o Paris Hilton di turno.

Insomma, da che esiste la rete, e da che i social hanno reso la nostra vita aggiornata riguardo la vita degli altri in tempo reale non passa settimana, o al massimo mese, senza che non incappiamo in qualche frustrazione paragonabile solo a quella provata da chiunque fosse già in grado di votare e abbia mancato il famoso concerto dei Nirvana al Bloom di Mezzago, concerto che, stando a quel che si dice in giro sui social, deve comunque aver avuto un pubblico pari a qualche milione di spettatori, perché tranne noi c'erano praticamente tutti, o l'ultimo dei CCCP al Gratis di Senigallia.

Frustrazione dopo frustrazione, festival dopo festival, così procede la nostra vita di appassionati di musica immobilizzati a casa mentre là fuori scorre la vita e scorrono le note.

Capirete quindi bene come, di fronte all'imminente arrivo sulle sponde dell'Idroscalo di Milano del Mi Ami Festival, un certo sollievo ci colga. Di più, una frenesia e euforia di quelle che diventano addirittura difficili da gestire, al limite del bipolarismo, se paragonate alla cupa depressione che il non essere al Sonar o a Glastonbury ci ha provocato negli anni.

Perché noi, ovviamente, non c'è bisogno di dirlo, non saremo tra il pubblico che si presenterà sulle rive dell'Idroscalo di Milano per assistere al concerto di Tommaso Paradiso dei Thegiornalisti o a quello di Cosmo, non abbiamo i baffi arrotolati all'insù come D'Artagnan, né siamo in possesso ti t-shirt a righe orizzontali, dubito ci lascerebbero entrare. Non siamo tra il pubblico del Mi Ami Festival, ma sicuramente non proveremo quella vertigine di sconcerto nel vedere la selvaggia condivisione di foto e video dei partecipanti all'evento, magicamente targato Rockit. Le previsioni del tempo dicono sarà bel tempo, è vero, ma non sarà certo la bellezza del sole che annega tra le acque dell'Idroscalo a farci struggere, specie al pensiero che nel mentre si sta esibendo Motta, coi suoi andati venti anni, o I Cani, con le loro pianole e la loro (sua, vai a capire) furia punkeggiante. Anche avesse piovuto, lo sappiamo, avremmo visto foto di gente coi baffi arrotolati all'insù sporchi di fango, ma sempre del fango dell'Idroscalo, Segrate, staremmo parlando, mica di quello di Woodstock, anno del Signore 1969. Perché, diciamocelo, non è che tutti i festival siano uguali. Non è che lo Sziget, o il Primavera Sound, o, appunto, il citato e abusato Glastonbury siano esattamente la stessa cosa del Mi Ami Festival. Cioè, uno può darsi tutta l'allure del mondo. Può essere disincantato, parlare come fosse dentro una puntata di Silicon Valley, ostentare il proprio essere non di moda, dopo ore passate davanti allo specchio (provateci voi a farvi crescere la barba lunga senza farvela arricciare, se siete capaci), ma il Mi Ami resta sempre un festival fatto a metà strada tra la Mondadori e l'Ibm e i gonfiabili, giusto a un tiro di schioppo dal Luna Park di Novegro (no, tranquilli, non è quello della scena finale dei *Guerreri della notte* di Walter Hill, è quello del video *Sabato* di Jovanotti, però). Non ci sono Anohni, James Blake, Jean-Michel Jarre o Fatboy Slim, come al Sonar, o Adele, Coldplay, Muse, Beck, Foals e altro mezzo mondo come a Glastonbury, niente Radiohead, Tame Impala, Sigur Ros o Pj Harvey come al Primavera Sound, e neanche Rihanna, David Guetta, The Last Shadow Puppets, Sia e Noel Gallager come allo Sziget Festival. No, niente di tutto questo.

Quindi, amici che accorrerete a ascoltare la bella musica che gira intorno al Mi Ami, vi imploriamo, non lesinate le vostre foto. Fateci sapere chi c'è,

cosa sta facendo, chi è tra il pubblico e postate pure i vostri selfie coi protagonisti, tipo Francesco Mandelli dei Soliti Idioti, selfie in cui, ovviamente,
per dirla con Lo Stato Sociale, fingete tutti di non stare facendo un selfie.
Noi, a casa, ne godremo profondamente, per una volta consci che è vero che
novantanove volte su cento non siamo al posto giusto nel momento giusto,
ma almeno una volta l'anno, invece, siamo esattamente dove dovremmo e
vorremmo essere, altrove.

QUELLO CHE LA MANNOIA NON CANTA

Decidi di scrivere della Mannoia.

Lo senti urgente, perché credi che quello che vuoi scrivere va detto.

Urgente, urgente come lo può essere una critica musicale, non certo la
rivelazione di un verità sopita per anni, uno scoop.

Ma tu sei un critico musicale, uno scrittore, per te scrivere questo è urgente.

Però sei in difficoltà. Perché sai che andrai a intaccare una figura quasi
mitologica, come un piccione che caga su un monumento che se ne sta lì da
millenni. Andrai in qualche modo a criticare, non nel senso di analizzare cri-
ticamente, ma proprio di criticare negativamente, scopriamo subito le carte,
un personaggio che in qualche modo ha scritto pagine importanti della storia
della musica italiana. E già questo fatto di parlare di lei usando la parola
scrivere fa venire meno le tue remore, perché, a dispetto di una credibilità
cantautorale, il personaggio di cui stai per scrivere è una interprete pura.
O almeno lo è stata fino a quando la sua carriera era degna di nota, ti ripeti
come in un mantra. Una che ha interpretato sempre, o quantomeno sempre
fino a quel certo punto della sua carriera, canzoni d'autore, e per questo
è assurta, anche legittimamente, al ruolo di regina della medesima canzone
d'autore, ma che in realtà nel momento in cui ha deciso di scavalcare lo steccato che separa il bello dal brutto, andando a sporcarsi, lasciatemi usare un
verbo che sconfina nel moralistico, le mani nel mondo dei talent.

Fatto, questo, che in qualche modo contamina, seguitemi nel ragionamento, il concetto di interprete puro, perché se ti sporchi non è che sei poi
così puro, sei interprete e basta.

Comunque decidi di scriverne lo stesso, perché non ne puoi più, è un
fatto, che ogni volta che succede qualcosa in ambito sociale o politico, è a lei
che vanno a chiedere a riguardo, come se il fatto di aver cantato determinate
canzoni nel corso della sua carriera la elevassero al ruolo di intellettuale, di
rappresentante di una qualche intellighenzia. Cosa, per altro, che a lungo hai
condiviso, perché se canti certe canzoni significa che quelle certe canzoni le
hai capite, di più, che quelle certe canzoni siano state scritte apposta per te,

che ti rappresentino, che in qualche modo siano le tue parole e le tue note, anche se scritte da altri.

Non è un caso, ti sei detto prima che il progetto venisse alla luce, che il suo ultimo album si intitoli *Combattente*, un modo come un altro di cristallizzare un dato di fatto, di rendere prodotto uno status quo. Magari, ti sei augurato, anche un modo per cancellare gli ultimi tristi anni, per reimpossessarsi della credibilità del passato.

Anche la copertina, ti sei detto dopo averla visto anticipata in rete, guarda in quella direzione, con quell'icona marziale, vagamente sovietica. Del resto lei è la rossa, o almeno lo è sempre stata, quella di sinistra, impegnata. Quella che non a caso ha sempre indicato in Ivano Fossati il suo autore principe, in qualche modo dimenticandosi spesso di citare Enrico Ruggeri nel novero dei suoi autori principali, quell'Enrico Ruggeri le cui idee politiche, o presunte tali, poco si addicono al suo essere la rossa di cui sopra, quell'Enrico Ruggeri la cui *Quello che le donne non dicono* è, fino a prova contraria, la sua canzone simbolo, il manifesto di una interprete che si trova, da poco più che ragazza a cantare un brano senza tempo, capace di diventare bandiera della maturità femminile, argomento, come abbiamo visto, per il resto assente dal nostro panorama musicale.

Combattente, quindi, con quella copertina che ce la mostra come un generale comunista. Poi però la ascolti, la canzone *Combattente*, e ti passa la poesia.

Ti passa del tutto, perché non è un canzone combattente *Combattente*. Anzi, è una canzone soccombente.

Non perché sia brutta, non lo è in termini assoluti, ma perché è un brano ripiegato clamorosamente su questi brutti nostri tempi.

Questo del resto lei sta facendo da tempo, sta rincorrendo una giovinezza che non c'è più. E non è che non ci sia più in lei, anche, ovvio, ma non c'è più in assoluto, perché la gioventù è per sua natura guardare al bello, mentre oggi si sta sempre più rincorrendo il brutto, l'opaco, lo sciatto.

Leggi anche alcune interviste, per cercare di capire, e la senti ripetere che questo suo adeguarsi agli orribili suoni che girano oggi, lei che per anni si è affidata al maestro Piero Fabrizi, sua anima gemella non solo in musica a lungo, capace di costruire quella sua credibilità autoriale cui si faceva riferimento prima, un suono, una scelta dei brani, la creazione di un universo mondo credibile, elevato, a suo modo unico, ecco, questo suo adeguarsi agli orribili suoni di oggi, e ovviamente lei non usa l'aggettivo orribili nelle interviste, è una necessità, un adeguarsi. Cioè, oggi lei che per anni è stata l'interprete della canzone d'autore in Italia si affida a suonini elettronici, come una bimbominkia qualsiasi. Perché, dice nelle interviste, se no ti senti fuori dal tempo, come se fossero i suoni fatti con protools a farti sentire contemporanea, non quello che canti e dici. Del resto, è un fatto, se riesci a passare con la stessa naturalezza dal duettare con lo stesso Fossati o Caetano Veloso al duettare con Moreno a Chiara Grispo, qualcosa deve essersi rotto per sempre.

E proprio questo fatto qui ti fa cadere ogni briciolo di remora. Perché una che ha cantato canzoni come quelle che ha cantato lei, facendosi musa di gente, appunto, come Ruggeri, Fossati, Bubola, De Gregori, Daniele Silvestri, Samuele Bersani, lo stesso Piero Fabrizi, non può duettare con Moreno. No, non può proprio, perché quello non significa essere contemporanei, significa vendere il culo a un sistema che è per sua natura corrotto e corruttibile. Questo sarebbe essere combattente, ti dici, schierarsi dalla parte giusta, rinunciare a passare per certe radio, una mica duetta con Chiara Grispo a caso, essere ospite fissa in certi programmi tv, vedi Moreno, vedi Noemi, prima, vedi l'arroganza di essersi fatta produttrice per Loredana Bertè, senza aver lo sguardo del produttore, il know how del produttore, vedi i duetti, sempre quelli, con gente che in un mondo normale neanche dovrebbe permettersi di definirsi suo collega, ma che invece diventa, rendiamoci conto, suo pari, se non suo superiore. Sì, perché quei duetti le servono, sei deve essere convinta, come cantare canzoni inutili come *Combattente*, scritta da una delle autrici del momento, Federica Abbate, nota per aver regalato al mondo perle come quelle cantate da Giusi Ferreri e Baby K, o dalla Michielin all'ultimo Sanremo.

Cioè, sei stato lì a tentennare se affondare o meno la lama su quella carne che per anni hai amato, da lontano, inconsapevole, il subconscio serve anche a quello, che lei ha sorpassato lo steccato, ha regalato la sua credibilità ai ragazzi dei talent, quelli che hanno fatto assurgere il karaoke al ruolo di presunta arte, quelli che hanno contribuito a abbassare sensibilmente il livello già bassino della nostra canzone d'autore, e non paga si è anche prestata a interpretare in prima persona canzoni che un tempo non avrebbe neanche ascoltato al bar, per di più con quegli orribili suoni electropop, Santo Iddio, affidarsi a Carlo Di Francesco dopo Fabrizi è stato uno suicidio che manco Mishima al parco, roba che solo nella testa di chi cerca di rimanere giovane può essere considerata contemporanea, perché sono suoni di qualche anno fa, e pure suoni brutti. Carlo Di Francesco il professore di *Amici*, tanto per rendere chiara l'idea.

E nel disco in questione, lo ascolti e non ci puoi credere, non paga di aver cantato la canzone della Abbate ha anche cantato brani di Giuliano Sangiorgi, uno che continua a essere considerato un grande autore nonostante non azzecchi un brano decente ormai da anni, e di Fabrizio Moro, che di quel mondo lì, quello dei talent, è ormai ingranaggio perfetto, l'autore fintomaledetto in realtà molto più integrato che apocalittico.

Sentire le tracce di questo lavoro, e poi sentire la conclusiva La terra da lontano, l'orchestra sinfonica a accompagnare la voce nuda, Ivano Fossati alla scrittura, rende tutto questo incomprensibile. Perché non è questione della vita che ti smussa gli angoli, come canta nei primi versi del singolo eponimo, è questione di aver fatto di una carriera una farsa, di essersi inginocchiata di fronte a un sistema che, per di più, non esiste, l'andamento in classifica e i numeri parlano chiari.

Perché se sei Fiorella Mannoia, la rossa, non ha senso compromettersi. Continui a riempire teatri, nonostante le nuove produzione, nonostante abbia a fianco Carlo Di Francesco e ti faccia scrivere i testi da Cheope o Sangiorgi, e nonostante il tuo parlare su tutto stia sminuendo anche il tuo profilo di intellettuale, giovanilistica anche nei commenti da tuttologa, andare a rincorrere Moreno o Emma Marrone non fa di te una artista al passo coi tempi, fa semmai una che vuole rimanere giovane anche se giovane non è. Guarda proprio al Fossati degli ultimi anni della carriera, guarda a Ruggeri, loro non si sono adeguati, perché non ne avevano bisogno.

Non ne avresti avuto bisogno neanche tu cara Fiorella, e, spiace dirlo, non ne avevamo bisogno soprattutto noi, che oggi ci ritroviamo qui a sentire le tue brutte nuove canzoni, tentati di rigare i vecchi cd con un chiodo arrugginito, per non farle stare in uno stesso mondo in cui vivono anche le nuove canzoni. Canzoni che poi, a dirla tutta, non sarebbero neanche così brutte, tutte scritte benino e interpretate benino, ma che messe in bocca a te suonano finte, e che con quei suoni lì, suonano fastidiose, molto fastidiose.

QUELLO CHE LE DONNE DICONO

Quello che le donne dicono. Questo pezzo non può che intitolarsi intitolarsi così. Citazione alta e pop al tempo stesso. Frase che potrebbe diventare, destino già toccato al titolo della canzone che Ruggeri ha donato alla Mannoia da cui evidentemente prende vita, uno slogan per qualche prodotto dedicato al femminile.

Il fatto è che io non ho idea di quello che le donne si dicono. E non ne ha neanche Ruggeri stesso, interpellato a riguardo.

Non ne ho almeno una conoscenza diretta, in quanto uomo. Come molti miei simili ci ho fantasticato da piccolo, quando ho cominciato a farmi una vaghissima idea di quello che l'universo femminile poteva rappresentare, spesso attraverso le finte lettere allo psicologo di Cioè, riguardo quel che capitava negli spogliatoi femminili, ma non erano pensieri che ruotavano molto intorno a quel che le donne, le ragazze nello specifico, dicevano a solleticare la mia fantasia. Da giovane adulto, poi, ho scoperto che esisteva tutto un mondo non troppo diverso da quello maschile, quello degli spogliatoi, appunto, fatto di battute, allusioni, racconti, riferimenti, e questo grazie a serie tv come *Sex and the City* e affini.

Ma resta il fatto che non ho idea di cosa le donne si dicano tra loro. Neanche vaga. Non ho idea di quel che si dicono e men che meno ho idea di che linguaggio utilizzino, che stile narrativo, che riferimenti. Niente di niente.

Non ne ho idea in generale, ma neanche nel settore specifico di cui mi occupo, la musica.

E non ne ho idea perché spesso, non so se anche volentieri, almeno in musica, a cantare l'intimo delle donne sono stati gli uomini. O meglio, sono state le donne, ma usando parole degli uomini. Il loro lessico, le loro immagini, le loro liriche. Ruggeri, appunto, ma anche Fossati e via via tanti altri.

E se non ho idea di quello che le donne dicono, messaggio immagino ormai arrivato a destinazione, ho invece piuttosto chiaro cosa le donne non dicono, e posso anche immaginarmi il perché.

Le donne, almeno le donne nelle canzoni, e le donne che quelle canzoni cantano, nella quasi totalità dei casi non parlano di sesso. Almeno in Italia. Non ne parlano direttamente, e quasi mai alludono al sesso, come se questo argomento non fosse tanto un tabù, a questo servirebbero le allusioni, a dire cose indicibili, quanto, piuttosto, un argomento talmente privo di interesse da non finire nei monitor, al pari, che so?, del curling.

Non mi vengono in mente, in effetti, canzoni femminili che parlino di curling, la disciplina olimpionica che in queste Olimpiadi invernali vede per la prima volta coinvolta anche la nazionale italiana.

Non me ne vengono in mente neanche di canzoni maschili, ma non è di questo che stiamo parlando.

Niente curling, niente sesso.

Il fatto è che, vado a braccio, dubito ci siano molte donne che pratichino il curling. Dubito ce ne siano anche che lo seguano, dal vivo o in tv. Mentre di donne che praticano il sesso, perdonatemi il verbo così asettico scelto per l'occasione, vado sempre a braccio, suppongo ce ne siano parecchie. E suppongo anche che il sesso, per le donne, abbia un po' lo stesso peso che ha per gli uomini, seppur in maniera un filo meno invasiva e ossessiva.

Allora, mi chiedo, perché le canzoni delle nostre cantanti e delle nostre cantautrici sono così prive di racconti, di suggestioni, di immagini legati alla sfera sessuale?

Ora, mi si dirà, non è che i maschietti siano soliti a scrivere chissà quante canzoni a riguardo.

Vero.

Ma gli esempi ci sono, e seppur non sempre edificanti, basterebbe prestare ascolto a un qualsiasi album di un rapper o di un trapper per trovare spiegato fin nei minimi dettagli cosa un giovane adulto farebbe o millanta di aver fatto nella propria camera da letto.

Ma non solo di rap e trap si parla, è chiaro.

Il rock, si sa, è nato proprio da lì. Di questo si parlava quando si rotolava e cullava, vedi alla voce "rock and roll", di questo si parlava, anche in maniera più fisica, nel blues, cioè da dove il rock è nato. Il funk, beh, già da quel ritmo sincopato, da tutte quelle esclamazioni, direi che è chiaro tutto. E si potrebbe andare avanti all'infinito. Anche nella nostra canzone d'autore o nelle nostre canzoni leggere.

Da Cocciante che raccontava di un "viaggio nel tuo corpo" a Venditti che proclamava "scopare bene, scopare bene questa è la prima cosa", via via fino a "l'odore del sesso" di Ligabue e tutti i tanti riferimenti di Vasco, uno che, al pari di Ruggeri e Fossati, poi, ha anche regalato all'universo femminile tante suggestioni, da *Albachiara* a *Sally*. Lo stesso Calcutta, nuovo fenomeno indie, con *Orgasmo*, suo penultimo singolo, ha alzato il livello di guardia, finendo incautamente nel mirino dell'autocensura di alcuni network, incapaci di accettare un linguaggio troppo diretto come "E se mi metto davvero a nudo / Dici che ho sempre voglia di scopare", non comprendendo, per altro, il simpatico mondo delle metafore.

Ecco, questo potrebbe essere un primo indizio.

I grandi network, alle soglie del terzo decennio del terzo millennio non hanno ancora gli anticorpi per accettare che si parli di sesso per bocca di un uomo, a meno che non sia un uomo maturo, vedi Vasco o Ligabue, appunto, figuriamoci se a farlo fosse una donna.

Ma buona parte della musica, oggi, punta su altri media, su altri canali. È noto che le radio, i network radiofonici, servano più a riempire stadi e palasport che quei locali dove, per dire, la scena indie o quella rap e trap imperversa. È la rete il mondo in cui le canzoni di questi giovani artisti si muovono, contando sulla condivisione, sulla viralizzazione. Chi se ne frega delle radio. Perché non parlare di sesso in canzoni che tanto non potrebbero ambire a finire in prima serata su Rai1 o su Rtl 102,5?

La rete.

Ecco l'altro problema, forse.

La reputazione, in rete, è fondamentale. Ovvio che per reputazione non si intende quello che genericamente viene incluso in questo termine. Non si parla di avere un buon nome, ma di essere credibile, attendibile, riconosciuto come tale dalla comunità nella quale ci si muove. Una donna che si trovasse a cantare di sesso, magari mostrandosi anche accattivante nel look, discorso altro che però a questo è correlato, si troverebbe giocoforza a dover fronteggiare eserciti di haters, tanto pronti a passare le giornate su Youporn o Pornhub quanto a offendere senza ritegno chiunque abbia l'ardire di mostrarsi disinibita.

E già solo il fatto che si debba ricorrere a una parola come disinibita per raccontare di una donna che parla di sessualità ci dice come in effetti l'argomento sia davvero tabù, difficile da accettare, quasi impossibile da decifrare per un pubblico distratto ma bacchettone.

Di nuovo, disinibito, bacchettone.

Il sesso, la sessualità, la sfera sessuale, fanno parte delle nostre vite, al pari della sfera dei sentimenti, degli affetti, al pari del lavoro, della cultura, dell'ambientalismo.

Aver caricato il sesso di un significato altro, innaturale, ha in qualche modo da una parte potenziato chi su questo argomento prova a fare mercato, si veda la pornografia, o chi prova a farci leva per giocare sui sensi di colpa, pensiamo alle religioni, dall'altro ha depotenziata ogni possibilità di inserire questa sfera in un immaginario artistico. Se una volta il nudo, per dire, era parte fondante dell'arte classica, oggi il nudo appartiene al voyeurismo o alla pornografia, almeno in soldoni.

Se in Italia, per dire, una cantante avesse l'ardire di usare versi in cui, che so?, parla di un pompino, come in America hanno fatto artiste come Beyoncé o Alanis Morissette, portando quei brani in cima alle classifiche di mezzo mondo, per altro, scoppierebbe un caso che, c'è da scommetterci, finirebbe in Parlamento.

So di ripetermi, avendo affrontato l'argomento, più da un punta di vista estetico e di immaginario, in un libro che mostrava, appunto, una giovane cantante italiana in topless in copertina, Romina Falconi, immagine che richiamava chiaramente alla mente la Venere di Milo, il libro si intitolava *Venere senza pelliccia*, e che i social hanno prontamente rimosso. So di ripetermi, dicevo, ma vi immaginate una donna che osi cantare qualcosa di simile al "ti raserò l'aiuola / quando ritorni da scuola" di grignaniana memoria? Ma senza andare così oltre il buongusto, vi immaginate semplicemente una donna che faccia riferimento al culo o al pacco di un uomo, come il Vasco che sottolineava quanto stessero bene i jeans alla protagonista di *Gioca con me*?

Un tempo avevamo Patty Pravo che raccontava senza indugi di rapporti a tre, Loredana Bertè che faceva vanto di non essere una signora, la Rettore che parlava di cobra o Anna Oxa che cantava di "le tue mani su di me, stanno già forzando la mia serruta". Oggi il grande nulla.

O quasi.

Esistono delle eccezioni, chiaro.

Ma come tutte le eccezioni, appunto, a conferma della regola.

Artiste mainstream come Baby K, per dire, stanno provando a ridisegnare un linguaggio non solo verbale, ma anche estetico. Non a caso la rapper e cantante romana si muove sulla stessa falsariga di una Beyoncé, ricordiamolo, artista che con il suo Lemonade ha posto il suo essere donna, moglie tradita, madre al centro dello storytelling, senza filtri e senza pudori. Anche in ambito indipendente, da non confondere con il sottogenere indie, ci sono artiste che stanno provando a dirci cose apparentemente indicibili. Penso a una Roberta Carrieri con le sue *La mia figa* o *Milf*, a Irene Ghiotto, che sta lavorando sulla propria immagine, sul proprio corpo esposto o da esporre, al pari di quanto non stia facendo sui suoni e le parole delle sue canzoni, rivendicando il diritto di essere donna al pari delle femministe di cinquant'anni fa, o a una Ilaria Porceddu, che partendo da una musica e un lirismo che affondano le radici nella nostra tradizione cantautorale più antica, prova a parlare di corpi come in effetti si dovrebbe sempre poter fare, con naturale confidenza.

Siamo al paradosso che la canzone che meglio ha raccontato la sessualità femminile nel nostro panorama musicale italiano rischia di essere *Essere donna oggi* degli Elio e le Storie Tese con quel "Al grido di 'cazzo subito'" ormai entrato nella storia.

Se il porno si sta interrogando sullo sguardo e il linguaggio femminile, ormai da anni, certo rimanendo a margine del mainstream, ma con la stessa tenace attenzione che si applica ai principi fondamentali, resta da interrogarsi perché le nostre artiste, siano essere interpreti o cantautrici, preferiscono tenere una porzione della propria esistente dentro il cassetto. Perché, cioè, non abbiano pudori a mettere in mostra la propria anima, i propri sentimenti, ma lasciano nell'ombra il proprio corpo, la propria sessualità. In fondo, per dirla con i nostri genitori, le intimità non sono solo quelle che albergano nell'anima, e non è certo nascondendole che ne neghiamo l'esistenza.

SALVIAMO BATTISTI DA CHI VUOLE SALVARE BATTISTI

Succede ciclicamente. Con più o meno eco. Qualcuno si sveglia e si sente in diritto e dovere di reclamare chissà quale eredità morale e artistica nei confronti di Lucio Battisti. E siccome l'eredità artistica sul repertorio, il nome e l'immagine dell'artista che è stato noto col nome di Lucio Battisti appartiene, di diritto, agli eredi reali, si legga al nome Grazia Letizia Veronese, vedova Battisti, la cosa prende sempre la piega di qualcuno che cerca di convincere qualcun altro di avere ragione riguardo faccende, che, tecnicamente, non lo riguardano.

Negli ultimi giorni, forse per noia o per assenza di altri argomenti più interessanti, o ancor meglio, nel tentativo di ricrearsi una verginità intellettuale ceduta in cambio di un po' di riflettori, ben due quotidiani nazionali sono tornati sulla faccenda. C'è addirittura chi ha lancia l'hashtag #salviamoLucioBattisti. Le modalità della preghiera sono state declinate, così non poteva che essere, nelle rispettive maniere delle due firme che hanno lanciato l'appello, Paolo Giordano de "Il Giornale" e Gino Castaldo de "La Repubblica". Da una parte si è prospettato un futuro apocalittico senza più canzoni di Lucio Battisti, il tutto a causa della sua assenza dai siti di streaming e download dove la sua musica, resa liquida, sarebbe potuta arrivare ai più giovani, a rischio di rimanere all'oscuro di quanto di buono fatto dal cantautore di Poggio Bustone nel passato prossimo. Dall'altra si è più spinto sul fronte di recupero filologico dell'opera del cantautore laziale, sottolineando quanto di buono (apparentemente) fatto in tal senso dagli eredi di De Andrè e Gaber con le rispettive Fondazioni.

Ora, facciamo la tara dall'emotività. L'assenza di un gigante come Lucio Battisti dal nostro panorama musicale pesa, è indubbio. Lui che è stato, insieme a Domenico Modugno, il vero rivoluzionario della musica leggera di casa nostra, uno che, a differenza di quanto non abbiano fatto i cantautori tradizionali, compresi quelli indicati appunto più sopra, ha indicato delle strade precise, musicali, a metà strada tra la nostra tradizione e l'America. Uno talmente tanto geniale e straordinario da aver dimostrato, ce ne fosse stato bisogno, che quello che sembrava il suo periodo introspettivo, criptico, cioè il post-Mogol, era in realtà quello più contemporaneo e moderno, attuale oggi come allora. Quindi sì, pesa molto la sua assenza, ma dire che sia a rischio scomparsa perché non lo si trova su Spotify o Youtube (dove per altro, se si cerca, si trova eccome), o che non ne avremo traccia futura perché non gli dedicano serate in televisione o premi, diciamolo a voce alta, è una immane sciocchezza.

I giovani, quelli che starebbero perdendo l'eredità lasciata, perché in effetti l'eredità artistica Battisti l'ha lasciata, eccome, sanno benissimo come cercare quel che c'è da cercare. Sono nati con la rete, quelle che per noi erano ricerche affannate, per loro avvengono a velocità che fatichiamo a registrare, e sentirli cantare a memoria brani come E penso a te o Il mio canto libero, quando a cantarle sono i loro giovanissimi idoli, dimostra come, in effetti, di rischi reali non ne stiamo affatto correndo. Semmai, ma qui è un po' come parlare al vento, dovrebbero questi signori pensarci due, tre, mille volte prima di gridare al miracolo, al capolavoro, al talento, allo straordinario a ogni passaggio tv o radio di uno di questi artistucoli prodotti dalla televisione e dalla radio. Sono loro, in realtà, i programmi tv e radio dove la musica di bassa qualità oggi prospera e si moltiplica, a mettere a duro rischio l'eredità di Battisti, non certo le volontà della vedova di non lasciare che il nome del marito venga usato per Festival o diventi repertorio di tristi cover band. Se è vero che oggi il futuro della musica è stato delegato a qualche talent o a hit radio che proprio al mondo dei talent, quasi sempre, guardano, come si può poi piagnucolare che "i pomeriggi con il pane e Nutella non torneranno mai più?". Si cominciasse a prendere le distanze in maniera netta da quelle realtà, piuttosto, come in effetti Castaldo sembra aver fatto, e a indicare dove si trovano le vere responsabilità di questo scempio. Non si può dire che la Amoroso ha al momento la più bella canzone italiana in circolazione, o che Briga è un genio e al tempo stesso piangere perché la vedova Battisti sta ferma sulle sue legittime posizioni. E del resto non si può neanche pensare che una Fondazione come quelle legittimamente messe in piedi per Gaber e De Andrè dai loro eredi avvicinerebbe Battisti ai giovanissimi, quelli che, appunto, la musica la sentono con gli smartphone e grazie alla rete.

Pensate forse che starebbero a sentire gli aneddoti su Battisti raccontati da Fazio?

O messi in scena da Giletti in prima serata, come a una celebrazione di Padre Pio?

O pensate che i giovanissimi si avvicinerebbero a Battisti perché in un premio, presieduto da quella gente lì, gli stessi che poi vanno da Giletti a parlare di musica, qualche vecchio nome si lancia in filologicamente corrette versioni dei suoi capolavori?

Per non dire delle cover band, che sono uno dei mali dei nostri tempi, uniche tristi realtà a muoversi nel sottobosco dei locali, sorta di imitatori allo sbaraglio che tengono in ostaggio la musica dal vivo dal basso. Pensate che non dar permesso al sorgere di una Lucio Battisti Cover Band impedisca a un ragazzino di incappare nelle meraviglie partorito dal cantautore, magari per averlo ascoltato in casa, dai genitori?

Dai, siamo seri.

Piuttosto, salviamo Lucio Battisti da chi vuole salvare Lucio Battisti, Mogol in testa. Perché se già avevamo vissuto come un pugno nello stomaco il fatto che, nonostante quanto prodotto dopo, Mogol ambisse a fare di se stesso la metà di Battisti (immemore, forse, che Batisti è stato Battisti anche senza di lui), come dimostra la raccolta Le avventure di Lucio Battisti e Mogol, col nome del paroliere lì, nel titolo, alla stregua dell'artista, sicuramente abbiamo vissuto come una bestemmia la sua collaborazione con gli Audio 2, che della mimesi con Battisti hanno fatto brand, e ancor di più le canzoni di Battisti in chiave Rock riproposte dai New Era dello stesso Mogol, roba da far auspicare l'estinzione dell'eredità di Battisti in uno zot.

Ecco, smettiamola di avallare questi orrori. Smettiamola di inchinarci alle radio commerciali che del nostro patrimonio culturale e musicale fanno scempio. Smettiamola di andare in televisione a proclamare talenti e capolavori a comando.

Salviamo Lucio Battisti da chi vuole salvare Lucio Battisti, lanciamo l'hashtag.

SALVIAMO IL POP ITALIANO DA MICHELE CANOVA

Il mondo è davvero un posto strano. Di alcuni personaggi che lo attraversano tendiamo a ricordare solo le gesta eroiche, dimenticando le macchie. Di altri cristallizziamo gli errori, rimuovendo dalla scheda madre i grandi slanci e gli importanti risultati raggiunti. Per dire, di Cassano o Balotelli, come di Gascoigne, tutti sappiamo la marea di cazzate che hanno fatto. Le ricordiamo nei dettagli, entrati nella memoria collettiva. Nessuno si ricorda i dribbling poetici, di quelli su cui poi Baricco farà uno spettacolo teatrale. O i goal anche importanti. Gli errori. Per uscire dal calcio, di un Fabio Fazio in questi giorni tutti hanno presente fino ai centesimi il compenso che andrà a prendere nei prossimi quattro anni, ritenuto genericamente sproporzionato vista l'aria che tira, ma nessuno dice invece... Niente, ho sbagliato esempio. Andiamo al nocciolo, non sono qui per parlare di calcio, anche se vista la musica demmerda che gira sarebbe sicuramente più divertente, ma di musica, o quantomeno di music business. E nello specifico sto per parlarvi del Pippo Inzaghi della discografia, Michele Canova, quello che si limita a non fare altro che finalizzare il gioco fatto da altri, ma a finire poi nella parte alta della classifica dei marcatori.

Fateci caso, sono anni, ormai, che si cantano le lodi del produttore veneto, ormai californiano d'adozione. Diciamo da quando, dopo aver lavorato con

Leandro Barsotti, Mara Maionchi e Alberto Salerno gli affidarono Tiziano Ferro. Ecco, già analizzando il lavoro fatto con Ferro sarebbe dovuto essere evidente a tutti come Canova fosse un bluff, ma, ripeto, siamo un paese strano e quello che era un lavoro al limite del plagio sonoro è stato invece scambiato per l'opera di un genio, finendo per fare la fortuna di Canova e la sfortuna del nostro pop. Perché Canova, sappiatelo, non è Inzaghi. Non è uno che apparentemente non fa nulla, ma che c'è sempre quando serve, pronto a metterla in rete. No, Canova è semmai il tizio che sta nei pressi di piazza Duomo e che è capace col pallone di imitare le azioni dei grandi calciatori. Bravo, bravissimo, quando si tratta di fare il verso a qualcuno, ma evidentemente incapace di fare lo stesso su un vero campo di gioco, altrimenti non starebbe lì col cappello davanti per le offerte ma in una squadra di calcio vera. Ecco, Canova è molto bravo a capire cosa gira nel mondo. La musica del momento. Chiaramente, vivendo prevalentemente copiando i suoni altrui, li offre agli artisti italiani che a lui si rivolgono, con quei mesi, a volte anni di ritardo, che fan sì che il nostro pop sia sempre in ritardo, come se ora vivissimo nel 2015. Prendiamo una delle sue ultime opere, Vulcano di Francesca Michielin. Già al primo ascolto è stato evidente come si trattasse della bruta copia di *Burn* di Ellie Goulding. Intendiamoci, una copia davvero brutta, come paragonare una crosta fatta alla cazzo da un pittore amatoriale con la Monna Lisa, ma pur sempre di copia si tratta. Similissima nel mood e nell'incedere, *Vulcano* ha gli stessi suoni, compresi i vezzi, come quella sorta di singhiozzo fatto con l'autotune. Tutto uguale, solo fatto molto peggio. Del resto la Michielin non è Ellie Goulding. E Dario Faini, che *Vulcano* ha scritto, non è Ryan Tedder o Greg Kurstin. Soprattutto Canova non è quest'ultimo, che del brano in questione era pure produttore. Ecco, Kurstin è uno che crea suoni, Canova uno che prova a imitarli, spesso non riuscendoci. La carriera della Michielin, in questo, è emblematica, un continuo tentare di copiare gli altri, da Elisa a Lorde, fino, appunto, alla Goulding. Nessuno, però, che faccia notare come Canova sia in buona parte responsabile di questo scempio, lui e la scelta autolesionista di usare sempre gli stessi quattro autori. Anzi, sul filotto per cui gli stessi discografici usano gli stessi autori e gli stessi produttori torneremo presto, con più calma. Nei fatti Canova è sicuramente uno che ha firmato album di successo, da Ferro a Jovanotti passando per Mengoni, ma è anche uno che ha lavorato a una serie inenarrabile di dischi brutti e da considerarsi flop senza se e senza ma. Flop di cui, sembra, tutti si scordano, quando si tratta di cantarne le lodi o di affidargli bei gruzzoli per produrre altri artisti. Diciamocelo, fare gol con Jovanotti o Ferro non è esattamente una impresa epica. Sono artisti amati dal pubblico e soprattuto capaci di fare il loro, grazie al cazzo che funzionano. Ciò nonostante, per dire, Canova è riuscito a fare cose brutte anche con Ferro, andatevi a sentire l'ultimo album e poi drogatevi pesante per dimenticare, o almeno a provarci. Diverso sarebbe stato fare gol con personaggi minori, o con personaggi entrati in penombra. Qualche nome? Canova ha prodotto *Loredana Errore*, o ha prodotto gli ultimi due di Francesco Renga. Ecco, è lui il responsabile di *Nuova luce*, già tanto basterebbe a portarlo di fronte al plotone d'esecuzione. Ma non basta. Ha fatto anche di peggio, se possibile. Ha prodotto *Ali e radici* di Eros Ramazzotti, ha prodotto un brano di quella tristezza di *On* di Elisa, ha prodotto A passi piccoli di Michele Bravi, cioè tutti lavori che hanno seriamente compromesso le carriere dei nomi appena fatti. E ha anche prodotto *Una seria* di Baby K, album che ha poi spinto la rapper romana a farsi bionda e a cantare senza vergogna brani come *Roma Bangkok*. Tutti lavori, quelli di Canova, derivativi, uno li ascolta e se ha un minimo di dimestichezza trova in due minuti l'originale. Elencare i brani di Tiziano Ferro che puzzano di plagio è operazione davidfosterwallaciana, imponente, già col primo singolo *Xdono* tutti avevano ravvisato R. Kelly come titolare di suoni e anche del resto, ma Tiziano Ferro è l'indicatore di una modalità, non certo il solo artista di Canova a suonare come qualcun altro. Come dire, nessuno suona originale, poi se sei Jovanotti fai il botto se sei la Errore bye bye. Ultima a rompersi le ossa con Canova, o meglio con questo vizio della nostra discografia di voler affidare al nome di grido della produzione una artista che invece avrebbe avuto bisogno semplicemente di un vero produttore, cioè di uno capace di scegliere i brani giusti e di rivestirli dei suoni giusti, è Nina Zilli. Appena tornata al disco dopo aver passato buona parte del passato prossimo in televisione, giudice di *Italia's Got Talent*, la Zilli ha lavorato con Canova. In molti aspettavano questo ritorno alla musica, devono aver pensato in Universal, visto che Canova è sicuramente un investimento importante, economicamente parlando. In realtà, stando a quel che è successo dopo l'uscita di *Modern Art*, anticipato dal singolo estivo firmato dai soliti Dario Faini/ Tommaso Paradiso/Calcutta, sembra che non lo stesse aspettando nessuno. Un vero bagno di sangue. L'album è entrato al diciassettesimo posto, passando la seconda settimana al trentaseiesimo e alla terza al settantaseiesimo. A occhio avrà venduto meno di mille copie. Già la scelta di far uscire una trentasettenne con un singolo che si intitola *Mi hai fatto fare tardi*, manco si trattasse di una quindicenne, tradisce una miopia di fondo, ma è tutta l'operazione, l'uso d suoni che altrove fanno girare decisamente meglio, e anche la scelta scellerata di usare le stesse firme di tutti gli altri brani estivi, da *Pamplona* a *L'esercito dei selfie*, passando per *Pezzo di me* e *Riccione* la dice lunga su come Canova stia al ruolo di produttore quanto Preziosi del Genoa a quello di presidente di una squadra di calcio (lo dice un genoano). Fossi in una Giorgia, per dire, o in un Mengoni, lo manderei a cagare subito, reo di non essere stato in grado in tanti anni di costruire un mondo poetico su due voci così distinte e uniche. Fossi invece in Luca Carboni, per dire, gli righerei proprio la macchina, perché Pop-Up in altre mani sarebbe stato un classico della nostra discografia.

Il mondo è davvero strano, perché di Roberto Baggio si tende a ricordare il rigore sbagliato ai mondiali o il codino più che i numeri da artista del pallone, mentre di Canova si ricordano solo i pochi successi e non i tanti flop. Noi stiamo ovviamente dalla parte di chi sbaglia i rigori.

SANREMO 2018,
COMPLIMENTI E FIGLI RIGOROSAMENTE MASCHI

Claudio Baglioni me l'ha messa in quel posto.

No, tranquilli, nessuno scoop. Parlo per metafore.

Sì, perché ero qui, con tutte le lame disposte sul tavolo, un ninja pronto a analizzare i venti nomi dei BIG, pronto a delineare equilibri e dinamiche, pronto anche a schifarmi di certe scelte che davo per scontate.

Ero pronto anche a sottopormi a uno spettacolo televisivo discutibile, nonostante il solito buon Federico Russo.

Poi ho sentito i nomi, che con tutti quei duetti sono più di venti, ma Claudio e la commissione mi hanno spiazzato, stupito, in qualche caso inorridito, ovvio, ma per la maggior parte colpito positivamente.

Perché equilibri e dinamiche ci sono, anche piuttosto chiare, ci sono un bel gruppetto di artisti Friends & Partners, ci sono quelli in quota Rai, almeno uno del team Rtl 102,5, per dire, ma nell'insieme il parterre è quantomeno spiazzante, e già mi sembra qualcosa.

C'è un errore clamoroso di principio, una cosa che spicca come una bestemmia in chiesta, ma nell'insieme il parterre è quantomeno spiazzante.

C'è un altro aspetto che potrebbe indurre qualcuno a azzardare critiche, se non fosse che in genere sono io a azzardare critiche e non intendo azzardarle a riguardo, ma nell'insieme il parterre è spiazzante.

Ci sono nomi che si sapevano, anche piuttosto inutili, ma anche parecchie sorprese. E ci sono nomi che mi fa assai piacere vedere lì, e ancora più piacere mi farà vederli sopra le assi dell'Ariston.

Non ci sono altri nomi che invece si davano per certi, anche nelle ore precedenti alla diretta tv, e questo pure fa parte del giochino di Sanremo. Alcuni così certi che vi potrei canticchiare pure la loro canzone, ascoltata nei giorni precedenti (sì, sono tra quelli cui gli artisti fanno sentire le loro canzoni), e su questo suppongo si apriranno dibattiti.

C'è almeno una assenza secondo me imperdonabile, perché avrebbe in un colpo risolto tre problemi, ma ci arrivo.

Ma andiamo con ordine.

Ieri a Sanremo si è svolto Sarà Sanremo. E fin qui niente di strano. Sarà Sanremo è un programma di Rai 1 nel corso del quale gareggiano i giovani che ambiscono a finire in gara a Sanremo Giovani, appunto, quelli che ambiscono a finire in gara a Sanremo Giovani tra gli otto di Area Sanremo e, soprattutto, il programma di Rai 1 durante il quale Claudio Baglioni, direttore artistico e condottiero del prossimo Festival della Canzone Italiana, per bocca di Claudia Gerini e di Federico Russo ha annunciato i venti concorrenti in gara.

Venti si fa per dire, perché tra duetti e duetti i concorrenti in gara, lo vedremo a breve, sono molti di più. Tutti o quasi uomini, per altro, salvo pochissime eccezioni.

E qui è il primo problema.

Partiamo da una premessa.

Che quest'anno si era di fronte a una grande possibilità ce lo siamo detti un po' tutti, appena è saltato fuori il nome di Claudio Baglioni.

Che quella grande possibilità era incappata in una deludente brutta piega l'avevo detto solo io, ma questo ruolo di Cassandra ormai me lo vivo pure bene.

Che un refolo di speranza ci fosse ci era parso plausibile quando avevamo cominciato a sentire nomi come quello di Vittorio De Scalzi, Avion Travel, Enzo Avitabile.

Della serie, vuoi vedere che Claudio se ne fotte delle pressione del suo promoter Ferdinando Salzano, degli uomini e donne salzaniani che per settimane, per mesi hanno mediato per lui con discografici e artisti, e alla fine ci regala la sorpresa di un cast stellare, di quelli che ci riconciliano non solo e non tanto con Sanremo quanto proprio con il mondo della musica?

Così sembra essere stato.

Con i distinguo cui si accennava prima e che a breve andrò a spiegare.

Diciamo che è stato anche così.

Ci sono grandi nomi e i soliti nomi e nomi che non potevano che esserci.

Mancano clamorosamente le donne, e questa è una faccenda grave, non poco in un mondo, quello dello spettacolo, decisamente maschile. Mancano anche praticamente tutti i giovani, i giovani musicalmente parlando intendo, e anche questa è una scelta che lascia perplessi.

Manca quasi totalmente il mondo dei talent, se non per alcuni nomi che dai talent sono usciti ormai anni fa, e questa invece sembra una indicazione di intenti condivisibile.

Insomma, parlando sempre di figurine disposte sul tavolo, il lavoro di un bravo architetto, in effetti.

Da dove cominciare?

Volessimo seguire l'iter dovremmo andare di cinque nomi in cinque nomi, per quel che riguarda i Big, alternando il tutto alla gara tra i giovani. Ma di seguire l'iter, in tutta onestà, non me ne frega un cazzo. Per cui procedo random, che dove peschi peschi bene.

Partiamo dai BIG, quindi, questi, in ordine di comparizione:

1) Roby Facchinetti e Riccardo Fogli, *Il segreto del tempo* (Friends & Partners)

2) Nina Zilli, *Senza appartenere*

3) The Kolors, *Frida* (Friends & Partners)

4) Diodato e Roy Paci, *Adesso*

5) Mario Biondi, *Riaverti* (Friends & Partners)

6) Luca Barbarossa, *Passame er sale*

7) Lo Stato Sociale, *Una vita in vacanza*

8) Annalisa, *Il mondo prima di te* (Friends & Partners)

9) Giovanni Caccamo, *Eterno*

10) Enzo Avitabile e Peppe Servillo, *Il coraggio di ogni giorno*

11) Ornella Vanoni con Bungaro e Pacifico, *Imparare ad amarsi*

12) Renzo Rubino, *Custodire*

13) Noemi, *Non smettere mai di cercarmi*

14) Ermal Meta e Fabrizio Moro, *Non mi avete fatto niente* (Friends & Partners)

15) Le Vibrazioni, *Così sbagliato*

16) Ron, *Almeno pensami* (Friends & Partners)

17) Max Gazzè, *La leggenda di Cristalda e Pizzomunno*

18) Decibel, *Lettera dal duca*

19) Red Canzian, *Ognuno ha il suo racconto* (Friends & Partners)

20) Elio e le Storie Tese, *Arrivederci*

Abbiamo indicato direttamente chi è in capo al promoter del promoter, così non ci torniamo più sopra, che avremo modo di approfondire ulteriormente più avanti. Chiaramente, nessuno viene dalla montagna, mancano gli artisti che calcheranno il palco nella serata dei duetti, e immaginiamo che lì ci saranno molti altri pronti a soddisfare necessità promozionali di scuderia, e mancano i superospiti, per cui diciamo che la base di partenza è questa.

Che dire?

Sono nomi ondivaghi.

Ce ne sono di notevoli, in accoppiate che potrebbero regalare gioielli o essere semplicemente frutto del tentativo, riuscito, di accontentare più gente possibile. C'è la presenza felice de Lo Stato Sociale, che degli indie è la realtà assolutamente più interessante. Nonché l'unica presente quest'anno. Nella gestione Conti questa casella è rimasta costantemente vuota, quindi sembra già un passo avanti. Qualcosa, mi sbilancio, che potrebbe avere lo stesso effetto dei Subsonica, nei primi anni zero. Perché Lo Stato Sociale hanno un potenziale mainstream incredibile.

Non ci sono invece rapper e trapper, il che connota Sanremo ancora una volta come qualcosa distantissimo dal paese reale, per vecchi (e in questo l'età media dei concorrenti fa il resto).

Chi scrive è però piuttosto felice di questa scelta, perché di vedere rapper scimmiottare i popper si era rotto le palle, e i trapper italiani proprio non li capisce.

Ci sono poi grandi nomi. Alcuni grandissimi.

I Decibel di Enrico Ruggeri, Ron, si mormora con una canzone inedita di Lucio Dalla, e Ornella Vanoni in compagnia di due giganti come Toni Bungaro e Gino Pacifico. Loro innalzeranno, con sfumature diverse che andranno dal rock bowieano, se il titolo non tradisce, del trio milanese, alla nostalgica grandezza del cantautore bolognese, per arrivare a un inedito trio che non può che regalarci meraviglie.

Ci sono Ermal Meta e Fabrizio Moro, coppia già annunciata, che se riesce a superare quella patina di depressione che a volte accompagna la loro musica e la loro immagine, patina, solo patina, potrebbe far bene.

C'è Renzo Rubino, a mio avviso uno dei più compiuti cantautori degli ultimi trent'anni.

C'è Max Gazzè con la canzone col titolo più bizzarro, e già sappiamo che sarà lui a coprire la quota dell'eccentricità.

C'è lo scontro fratricida tra Roby Facchinetti e Riccardo Fogli vs Red Canzian, in pratica i Pooh che, dopo aver annunciato l'addio, averlo anche portato in scena sul palco dell'Ariston come superospiti, tornano in scena come solisti.

Ecco, questo scontro è forse più interessante televisivamente che musicalmente, ma Sanremo è anche e soprattutto un programma televisivo per il pubblico di Rai 1, non esattamente fatto da sbarbini (uso questo termine che mi colloca immediatamente tra i fruitori tipo del canale, anche se, giuro, non lo guardo se non a Sanremo, dove non lo guardo dalla televisione).

C'è poi la bomba inaspettata di Elio e le Storie Tese che annuncia l'addio alle scene e va al Festival con un brano, non come superospiti, un brano che si intitola *Arrivedorci*.

C'è la bombetta delle rinate Vibrazioni, appena riformatisi, sembra apposta per l'occasione. Lo spazio lasciato dal suicidio dei Modà potrebbe consentire loro di riprendere una carriera che aveva fatto belle cose.

Poi ci sono loro, Diodato e Roy Paci e Enzo Avitabile e Peppe Servillo, con questi ultimi che sicuramente vinceranno il premio della critica regalandoci, si suppone, gran bella musica e i primi che mettendo insieme penne molto interessanti e presenze sceniche così in apparenza distanti tra loro non possono che stupire.

Sì, la parola che più mi rappresenta al momento, rispetto al cast, è questa. Non sempre e solo in positivo, ma stupire.

Annalisa, si sa, è una mia passione personale, per cui spero porti un brano a fuoco, più a fuoco di quanto ci ha fatto sentire con Benji e Fede e anche ultimamente da sola. Lei è una bella voce in cerca d'autore, non può permettersi di fare male.

C'è pure Noemi, che all'ultimo Festival si era mossa bene. Per lei, come per Annalisa, sarebbe forse il caso di ragionare su una carriera che prescinda da Sanremo, magari a partire da questo Sanremo. Come dire, ok, saltate ma poi statene alla larga.

Poi ci sono i The Kolors, per la prima volta in italiano, che devono davvero dimostrare qualcosa dopo il risultato negativo del loro ultimo album. Loro vivono sicuramente male l'essere usciti da *Amici* e l'essere finiti sotto l'ala iperprotettiva di Rtl 102,5, ma hanno delle potenzialità interessanti. Staremo a sentire.

Se i The Kolors devono dimostrare qualcosa, impresa ancora più infida è quella di Nina Zilli, forse all'ultima spiaggia dopo la manciata di copie messe insieme con l'ultimo prescindibilissimo lavoro targato Canova. Lei è la dimostrazione, ce ne fosse bisogno, di come la tv può fare danni.

Mario Biondi, Giovanni Caccamo e Luca Barbarossa, presumibilmente in romanesco, chiudono il cerchio. Per Barbarossa potremmo anche essere contenti, gli altri due, detto con voce neutra da navigatore satellitare, ne potevamo serenamente fare a meno.

Insomma, sulla carta un grande cast.

In cui spiccano appunto le assenza di cui sopra.

Quelle dei rapper, quelle dei trapper, quelle dei cantautori indie, quelli dei cantautorini indie diventati pop, alla Calcutta o Paradiso, per intenderci, quelli dei fuoriusciti dalle ultime edizioni dei talent, da Riki a uno di quelli usciti da X Factor. Assenza che ci sollevano dal dover dire, ma perché?

Ci sono anche assenza che invece ci fanno sanguinare, metaforicamente, il cuore.

Non voglio fare nomi, perché parlare di trombati non fa bene, ma alcune canzoni che erano date per certe avrebbero anche meritato.

Uno solo mi sento di farlo, Loredana Bertè, che è pure nel roster Friends & Partners, la sua assenza all'ultimo è un vero mistero.

Claudio Baglioni l'ha proprio messa in quel posto, non solo a me, evidentemente.

Ci sono le band, assenti nell'ultima edizione. Ce ne sono addirittura cinque, dagli storici Decibel, forse il nome che più mi rende felice, a Elio e le Storie Tese, passando per Lo Stato Sociale, che rende felicissima mia figlia Lucia, i The Kolors e le rinate Vibrazioni.

Il neo di questa edizione sono però le donne. O meglio, l'assenza delle donne.

Ci sono, tra concorrenti e duetti, quasi trenta nomi, e solo quattro sono femminili. Anche senza tirare in ballo le quote rosa, davvero troppo poche.

Un nome in particolare mi spiace non leggere nel cast, quello de Le Deva. Il quartetto vocale che vede allineate Verdiana, Greta, Laura Bono e Roberta Pompa ha tirato fuori uno degli album pop più interessanti in circolazione e ha presentato al Festival una gran bella canzone su un tema importante. Avrebbe decisamente meritato spazio, e con una sola mossa Baglioni avrebbe portato su quel palco, sia un gruppo seguito da giovani che quattro nomi femminili, ma sicuramente essere indipendenti in un mondo di major non ha giovato loro.

Peccato davvero.

Nell'insieme comunque, sulla carta, siamo abbondantemente sopra la sufficienza. Non fosse per la faccenda dell'assenza femminile il cast migliore degli ultimi anni, forse degli ultimi quindici anni.

Fortuna che poi arrivano i giovani, e posso ritirare fuori le lame. Perché qui la faccenda va decisamente peggio.

Li guardi, li ascolti e pensi: Madonna, se questi sono i giovani, vien da dire, l'umanità non ha speranza. Poi uno pensa che no, non stiamo parlando del futuro dell'umanità, ma di Sanremo, e allora quell'uno alza le spalle e dice: chi se li è mai cagati i giovani di Sanremo?

Discorso Sanremo Giovani. Baglioni ha portato da dodici a sedici i ragazzi che si contenderanno i sei posti per l'Ariston. A sentirli viene da chiedersi perché.

Primo gruppo in gara, Santiago, con un reggaeton che lascia il tempo che trova, Lorenzo Baglioni che porta il cabarert in gara, carino e tutto, ma che due coglioni 'sti calembour, Dave Monaco non pervenuto, Nyvinne avrebbe potuto vincere, Alica Keys de noantri dotata però di un tocco personale. Non a caso non arriverà al Festival.

Nel secondo gruppo, con il candidato alla vittoria Mirkoeilcane, ci sono Luchi, Eva e Iosonoaria. Porca della puttana, la più originale, Iosonoaria, non prende neanche un voto dalla giuria, passa ovviamente Mirkoeilcane con una canzone alla Minchia signor tenente di Faletti sui barconi dei migranti e Eva, che ha un look pazzesco. E basta. Iosonoaria, prodotta da Ferdinando Arnò, era aria pura e classe.

Terzo gruppo, c'è Giulia Casieri, la sosia di Giulia Bevilacqua, che canta un funky-rap con un buon ritornello ma senza nerbo, Davide Petrella, candidato alla vittoria finale, ma clamorosamente trombato, forse perché ha presentato una canzone che ha la base fatta con le suonerie di un vecchio Nokia, lo stonatissimo José Nunes da Pioltello con una canzone che ridefinisce, almeno in attesa del prossimo Festival, il concetto di imbarazzo (by the way, avendo così a lungo parlato di Pioltello, gli sconsigliamo di tornare in città, perché dopo questa figura di merda potrebbe girargli male da quelle parti), e Antonia Laganà, inutile come chi provi a fare new-soul con venature jazz senza essere Erykah Badu, che ovviamente passa, con Giulia Bevilacqua Casieri.

Quarto gruppo. Mudimbi segue il trend di Gabbani con molto più stile di Lorenzo Baglioni, ha un gran flow e padronanza di palco, una scrittura originale e una buona canzone, Il Mago, ma è di San Benedetto del Tronto, quindi è una merda. La diciottenne Carol Beria è la più giovane in gara, e a parte questo non ha detto altro, sembra mia nonna per attitidine e modernità, e mia nonna è morta nel 1987. Ultimo è un rapper, credo, che poi canta come un Zarrillo. Che paura. Aprile & Mangiaracina sono le ostinate di Sanremo, ci riprovano in tutte le salse tutti gli anni. Che due coglioni.

Vanno a Sanremo Mudimbi, Eva, Mirkoeilcane, Lorenzo Baglioni, Giulia Casieri e Ultimo. Nyvinne avrebbe meritato più di buona parte dei passati. Pazienza.

L'impressione è che, come al solito, abbiano messo prodotti scadenti di fianco a chi vincerà per rendere la vittoria più agevole.

Impressione che con i due nomi di Area Sanremo diventa realtà.

Dal Buco Nero del Festival arrivano infatti i due più scarsi, Leonardo Monteiro e Alice Caioli. Nomi che erano stati già oggetto di una soffiata, e intorno ai quali girano voci non piacevolissime, al punto che la commissione di Area Sanremo aveva fatto un comunicato in cui prendeva le distanze dalla scelta. Un po' come dire, non siamo d'accordo che abbiate scelto quei due nomi che però noi abbiamo messo nella lista. Non metterli? Far passare invece qualcuno di meritevole, che so?, Roberta Giallo? Andate a cagare, dai.

Area Sanremo ha ormai chiuso la sua stagione, e l'ha chiusa malissimo, l'unica sarebbe chiuderla con quest'anno, con buona pace dei tantissimi giovani cantanti che ci hanno buttato sopra soldi e speranze. E soprattutto con buona pace di chi l'ha gestita nel tempo.

So di aver occupato militarmente un buon lungo lasso di tempo, ma di cose da dire ce n'erano parecchie.

Della giuria preposta a votare i giovani, composta da Gabriele Salvatores, Ambra Angiolini, Irene Grandi, Francesco Facchinetti e Piero Pelù preferirei non parlare, che ci sono almeno un paio di amici che vorrei mantenere come tali.

Della giuria che invece ha portato a Villa Ormond questi sedici cantanti, composta da Claudio Baglioni, Massimo Giuliano, Claudio Fasulo, Duccio Forzano, Massimo Martelli e Geoff Westley, nessuno dei quali è invece mio amico, né credo lo diventerà mai, posso dire che sulla carta ha fatto scelte che apprezzo, più di quante, sulla carta, non apprezzi. Il fatto che siano tutti uomini, e tutti uomini di una certa età li ha forse distratti nel lasciare fuori donne e giovani. Toccherà farsi un giro al porticciolo turistico, dove sono gli Yacht per sentire un motto sempre in voga: w la figa.

SERGIO CAPUTO E RADIOPOLI

La storia ormai la conoscete già tutti, il che dimostra come oggi come oggi la rete sia davvero il luogo dove succedono le cose e dove le notizie passano più velocemente. Sergio Caputo, autore di alcuni dei classici della nostra musica leggera che più hanno avuto successo negli anni Ottanta, da *Sabato italiano* a *Bimba se sapessi*, con una lunga parentesi americana dedicata alla sua grande passione, il jazz, torna con un album di inediti, *Pop Jazz and Love*, suo primo album di canzoni inedite in venti anni. Una notizia, insomma. Di quelle che non possono che far piacere a chi ha amato e ama la musica italiana. Ma non è questa la storia che già conoscete. La storia è che Sergio Caputo torna, con le sue nuove canzoni, in lingua inglese, lanciate da un singolo in italiano, *A bazzicare il lungomare*. Sergio Caputo torna, e i network radiofonici non lo passano e non passano la notizia del suo ritorno. Quegli stessi network che in passato lo hanno ospitato decine, centinaia di volte, lo snobbano. "Non rientra nei nostri piani editoriali", si sente rispondere da solerti redattori. Allora Sergio Caputo si arrabbia, e prima ne scrive su Facebook, con un post che viene condiviso centinaia di migliaia di volte sui social, poi ci torna su in maniera più articolata, andando a scrivere un post al vetriolo intitolato Radiopoli. Ovviamente, visto anche l'interesse che da sempre l'autore di questo libro dedica ai meccanismi della discografia contemporanea, lo abbiamo incontrato, e quel che ne è venuto fuori è un quadro dalle tinte fosche. Lasciando da parte i toni pungenti del suo post, legittimi da parte di chi si è visto boicottato non tanto per questioni meramente artistiche, nessuno gli ha infatti detto che il suo disco non piace, ma per questioni legate a scelte editoriali da parte di chi, in effetti, oltre che radio è anche editore musicale, discografico e promotore di eventi, sorta di potenza autarchica che rischia di far scricchiolare il concetto di conflitto di interessi, il cantautore ci racconta delle difficoltà del voler percorrere in totale libertà la propria strada, senza scendere a compromessi con altri che non sia la propria arte. La libertà di non avere pressioni e imposizioni, ci dice, si paga. Non far parte di correnti implica, infatti, il non essere incluso in un mondo, quello della comunicazione radiofonica e televisiva che, forse il "Caso Caputo" ci aiuterà a dimostrare il contrario, sembra il solo in grado di attestare l'esistenza di un artista. Non ti ho sentito in radio, non ti ho visto in tv, non stai facendo più niente, questo il concetto. Pensiero condiviso anche da altri colleghi di Caputo, vien da pensare, ma non espresso pubblicamente proprio per paura di essere ulteriormente ostracizzati o accusati, e qui siamo alle comiche, di essere non dei boicottati ma addirittura dei boicottatori, come se un post su Facebook o sul proprio blog potesse avere la potenza di fuoco di un network con milioni di ascoltatori ogni giorno.

Ecco, forse il "Caso Caputo" dimostra che un po' di visibilità, grazie ai social, è possibile anche senza passare da quei network. Senza avere le scarpe dentro una major, che poi ti lascia una minima parte di quel che guadagni, continuando a pubblicare compilation con le tue vecchie canzoni a ogni nuova uscita, limitandosi giusto a cambiare la foto e il titolo. Non che la cosa fosse stata pensata ad arte, ci tiene a precisare il cantautore, e se così anche fosse stato il tutto meriterebbe un plauso, perché "break the internet", per dirla con gli americani, non è cosa facile (almeno se non hai il didietro della Kardashan).

Ma di fatto oggi un po' tutti, sia gli addetti ai lavori che il pubblico attivo sui social e in rete sanno che Sergio Caputo è tornato con un album di inediti, *Pop Jazz & Love*, per altro di notevole fattura, con brani che ci riconciliano con la parola musica d'autore.

Grazie a questa chiacchierata quella parte di tutti che siete voi sapete che Caputo, recentemente, ha prodotto un album di un giovane cantautore, Fraska, delle mie parti. Un autore e interprete raffinato, amante della bella musica melodica di casa nostra, che però è incappato esattamente nello stesso muro di gomma che è toccato a Caputo stavolta: non ti passiamo perché non fai parte del nostro piano editoriale. Andatevelo a recuperare, Fraska, poi mi saprete dire. Oggi sapete.

Tutti sanno che oggi, 25 marzo, Sergio Caputo suonerà in club, situazione che nel tempo ha sostituito i teatri nell'idea di location ideale per i concerti del nostro, La salumeria della Musica, a Milano, e che il 15 maggio si esibirà al Teatro OBIHall di Firenze. Sanno che Sergio Caputo è tornato, o che per meglio dire non se n'è mai andato, ma ha semplicemente cominciato a percorrere strade un po' meno affollate e illuminate.

Tutti sanno che il sistema delle radio, di cui ci siamo già cominciati a occupare in precedenza, non è esattamente mosso da meccanismi cristallini, un po' come tutto lo show business, e che se anche magari non si può parlare di Radiopoli, perché tutto quello che avviene avviene alla luce del sole, di sicuro si può ambire a qualcosa di meglio, in cui le radio passino anche artisti italiani indipendenti, senza tornaconti personali.

Sergio Caputo sa fare bella musica, network o non network sta lì, basta andarla a cercare e ascoltarla.

SI PUO' USCIRE VIVI DAGLI ANNI OTTANTA

"Umberto, sono tanti anni che sei sulla scena, ormai. Ma continui sempre a fare il vigile del fuoco?"

"Sì, quello è il mio lavoro. Quello che mi concede sufficiente tranquillità per poter coltivare poi quello che realmente mi piace nella vita, la mia passione..."

"La musica..."

"No, macché musica. Il Subbuteo."

Potremmo iniziare da qui. Da questo dialogo che sintetizza una poetica. Letterarietà, ironia, spiazzamento, poesia che apre a immagini inusuali, criptiche.

Oppure potremmo iniziare da altrove.

Dalla rete.

Qualche mese fa, due giganti della musica inglese hanno dato vita su Twitter a una simpatica polemica, presto diventata virale. Anche perché i due artisti in questione, Morrissey e Robert Smith, già dai tempi in cui entrambi capitanavano due band, The Smiths e The Cure, se ne sono spesso date verbalmente di santa ragione.

Bene, sul volgere del 2017 Morrissey, da poco tornato sul social dell'uccellino scrive un tweet in linea col suo pensiero vegano, pensiero che ultimamente gli ha fatto assumere posizioni assai radicali, imponendo, per dire, che nei luoghi in cui tiene concerti non si possa vendere o mangiare cibo derivato da animali. "Le mucche sono nostre amiche non cibo". Questo il testo del suo tweet. Niente di strano, per il titolare dell'album Meat is murder, uscito nel 1985 a marchio The Smiths. Un post della PETA, in realtà, presto ripreso dal cantante inglese.

"Dicci il nome di una mucca con cui sei amico". Questa la risposta di

Robert Smith, leader dei The Cure, altra band che ha segnato, per nostra fortuna, gli anni Ottanta e anche i decenni a venire.

Morrissey e Robert Smith.

Due modi diversi di raccontare la vita, a partire dal silenzio della propria camera da letto, guardando all'adolescenza, per poi passare al silenzio della propria anima, da adulti. Due modi di innalzare l'esistenzialismo a mirino con cui puntare il corpo grosso della vita. Due modi di sdoganare il sentimentalismo in ambito rock.

Ecco, è da qui che dobbiamo partire.

Non solo da qui, ma anche da qui.

Sempre sul volgere del 2017 è uscito un album di cui poco si è parlato, ma di cui andrebbe imposto l'ascolto forzato stile Metodo Ludovico, specie a tutta quella generazione di giovanissimi disabituati a un lessico sentimentale, e conseguentemente a un atteggiamento sentimentale, anaffettivi più che disaffettivi. Un album che molto ha a che fare coi nomi dei due artisti che si sono allegramente mandati a cagare sui social, Morrissey e Robert Smith, di quel sentimentalismo disperato a loro modo alfieri.

L'album si intitola *Stella Maris*, dell'omonima band. Una specie di supergruppo dell'underground, se il termine underground avesse ancora un senso nell'Italia di oggi.

Alla voce e alla scrittura dei testi, infatti, c'è un gigantesco Umberto Maria Giardini, già Moltheni. Alle chitarre ci sono Ugo Cappadonna, anche alla composizione musicale, e Gianluca Bartolo dei Pan del Diavolo. Al basso Paolo Narduzzo degli Universal Sex Arena e alla batteria Emanuele Alosi, dei La banda del Pozzo.

Una band che affonda il suo suono e la sua poetica nei migliori anni 80 inglesi, mettendo in primo piano le chitarre "johnnymarriane" ma volendo anche Housemartinsiane, sicuramente con attitudine radicalmente vicina a quella post-new-wave che così tanto ci ha fatto godere all'epoca. Godimento malinconico, certo, visti i riferimenti, ma godimento puro.

Perché le dieci canzoni degli Stella Maris, come già era successo nelle precedenti vite artistiche di Umberto Maria Giardini, si trattasse di quella del passaggi di millennio a nome Moltheni, quella fugace dei Pineda e quella recente col proprio nome anagrafico, sono piccoli gioielli che meriterebbero tutta l'attenzione di cui abbiamo disposizione.

In un periodo che sta andando a saccheggiare quanto di peggio la decade della Milano da bere ci ha regalato, con un ritorno imperante di suoni sintetici e una vacuità compiaciuta nei testi, ecco che Giardini e Cappadonna decidono di rimettere al centro della scena le chitarre e testi che affrontano con solo apparente leggerezza il mondo dei sentimenti e dei turbamenti dell'anima, tipici della giovinezza, ma sempre validi anche in età adulta, regalandoci non solo canzoni perfette, ma anche parole che andrebbero scritte da qualche parte solo per il gusto, poi, di rileggersele prima di andare a dormire, tanto per poterci affacciare al mondo dei sogni forti di immagini auliche.

Prendete l'introduttiva L'umanità indotta, che già dal titolo esprime una letterarietà altra rispetto alla tipica produzione italica. Quando su un tappeto di chitarre albioniche, sicuramente debitrici anche nei confronti di Norman Black e Raymond McGinlay, vedi alla voce Teenage Fanclub, e su una ritmica compatta e martellante arriva la voce melanconica e cristallina di Giardini a cantarci "Che vuoi che me ne importi della vitamina C / I miei vent'anni hanno un grande panorama / Non prendo l'ascensore / Nemmeno quando scendo all'interrato del tuo cuore" per poi proseguire con un morrisseyano "Non mi diverte andare bene a scuola / Non mi disturba la tua eterosessualità / Eppure cerco quello che chiamano amore / Lo intravedo dentro all'officina dell'umanità" ci si scioglie il cuore. Un cuore che, probabilmente, neanche ricordavamo più di avere, o che quantomeno non era da tempo stimolato da canzoni.

Come del resto succede in tutte le tracce di questo lavoro praticamente perfetto, con picchi altissimi come la ballata Quella primavera silenziosa, forte di versi come "E arrivò maggio mentre eravamo bloccati / Sulla via Emilia Levante coi piedi sudati / La primavera baciandoci il collo capovolse le sorti del mondo / E ci ingannò con il cambio dell'ora legale".

Lirismo che Giardini già ci ha donato nel corso di una quasi ventennale carriera, spesso gestita sottotraccia, magari per un carattere difficile, ostile e antisistemico (si vedano tanto la sua querelle con J-Ax e il mondo dei talent quanto la netta presa di distanze dal mondo dell'underground ai tempi dell'abbandono delle scene come Moltheni). O semplicemente per quell'essere anarchico così tipicamente marchigiano (verso come "Nella vendetta provo piacere / come nel bere", contenute sempre in *Quella primavera silenziosa* andrebbero assurte a slogan della regione).

Lirismo che lo pone, con artisti quali Paolo Benvegnù, già leader degli Scisma, e Francesco Di Bella, un tempo coi 24 Grana, in una sorta di empireo del cantautorato indipendente, artisti che andrebbero tutelati come i panda da chiunque abbia a cuore il futuro della musica d'autore.

Perché in questi quasi venti anni di musica, quantomeno di musica pubblicata, Umberto Maria Giardini ha dato alla nostra cultura popolare ben più di quanto non abbia ricevuto.

L'esordio come Moltheni con l'album *Natura in replay*, era già di grandissimo spessore. Brani come *Circuito affascinante*, *In centro all'orgoglio*, *Magnete* e *Argento e piombo* ce lo mostrarono subito come una voce originale e importante, sia da un punto di vista puramente vocale che da quello della scrittura. Chiaramente la miopia della critica di casa nostra, essendo lui stato scoperto e pubblicato da Francesco Virlinzi, creò questo stupido parallelo con la giovane Carmen Consoli, a sua volta scoperta e prodotta dal talent scout siciliano, dando vita a un antipatico dualismo che nulla di buono ha portato a entrambi.

Dopo buoni risultati di critica e di vendita, con tanto di passaggio al Festival di Sanremo con *Nutriente*, accompagnato da Manuel Agnelli ed Emidio Clementi dei Massimo Volume, Moltheni dal vivo dimostra di avere nella sua faretra frecce decisamente più rock, presentando anche primizie come Marilena, mai incise in seguito. E decisamente più rock è in effetti la seconda prova su disco, Fiducia nel nulla migliore. Le chitarre si ispessiscono, la penna risulta sempre ispirata anche se in alcuni brani risulta racchiusa in se stessa, in posizione fetale. Brani come *Curami Deus, Zona monumentale, Il bowling o il sesso?* e *E poi vienimi a dire che questo amore non è grande come tutto il cielo sopra di noi* (titolo che da solo vale l'acquisto del cd) attestano, sempre che ce ne fosse bisogno, uno stato di grazia che però al momento non trova adeguato riscontro di pubblico né di critica. Moltheni non assomiglia più alla cantantessa, ma a certo rock alla Afterhours. Poco conta che all'epoca sia Agnelli a essersi trasferito a Bologna in cerca di ispirazione, non viceversa.

Moltheni è Moltheni, un cantautore prestato al rock, allora come oggi, anche se lui negherebbe a gran voce.

Le storie che racconta hanno cittadinanza letteraria, allora come oggi.

Versi come questi non necessitano didascalie: "E non c'è più volontà nel ritornare leali / Come quando eravamo bambini / Ti giuro io sono ancora uguale / E non c'è più volontà, dammi da bere / Come quando eravamo a Milano a guardarci le vene".

Letteratura, appunto.

Nel mentre Francesco Virlinzi muore, lasciando orfano di sé la discografia tutta, e Moltheni nello specifico. Per poter riascoltare il cantautore toccherà aspettare quattro anni, il tempo di rescindere il contratto con la major.

A ripresentarcelo è un'opera ancora più ostica della precedente, *Splendore terrore,* uscito per l'etichetta dei *Tre Allegri Ragazzi Morti,* La Tempesta Dischi. L'album è volutamente difficile, in parte strumentale, introspettivo, quasi autistico. Al suo interno, però, una delle più belle canzoni di Moltheni/Umberto Maria Giardini: In porpora, non a caso ripresa in seguito nell'ultimo album di inediti di questa prima fase della sua carriera.

"Demone io, demone tu / Quale virtù ci tocca / Grazia e lealtà marcite che produrrò oro / Continua scegliendoti un Dio / Nel danno che cancellò il mio / Perché quello che fai non basta mai a me".

Moltheni lascia momentaneamente le sonorità spigolose della precedente prova, guardando a certo cantautorato acustico di matrice scandinava, che nell'opera successiva trova la sua compiuta epifania. Toilette memoria è un album decisamente maturo, sicuramente meno ansiogeno dei precedenti, sia nei testi che nei suoni. Ospite d'eccezione Franco Battiato, che a sua volta l'ha voluto nel suo film *Perdutoamor,* sia in veste di attore che di cantante per la colonna sonora.

Nel 2007 esce l'Ep *Io non sono come te,* altro passo deciso verso i suoni acustici e nordici e l'anno successivo *I segreti del corallo,* ultimo album di inediti a nome Moltheni.

Vita rubina, Gli anni del malto e *Corallo,* oltre a una versione meno minimale di *In porpora* sono i picchi verso l'alto di un lavoro che è praticamente sempre alto.

Ma qualcosa si rompe. Moltheni decide di non voler più avere a che fare con il mondo nel quale si è mosso per un decennio, dopo che già aveva rotto col mainstream. Così con una intervista ruvidissima prende le distanze dall'underground, e dopo la pubblicazione di Ingrediente novus lascia le scene, almeno in apparenza. Nonostante la presenza al suo fianco di Vasco Brondi de Le luci della centrale elettrica Moltheni, ancora si chiama così, dichiara: "La scena indipendente non è migliore della sinistra italiana. Rivendica di stare dalla parte dei giusti, ma nella realtà non è cosi. Tutti gli artisti della scena alternativa italiana che credono di essere immacolati sono gonfi di narcisismo e pochezza..."

Bye bye tristezza. Addio underground.

Da qui comincia la breve parentesi Pineda, in cui il nostro siede dietro i tamburi e le pelli. Ma Umberto Maria Giardini è un cantante, e cantare nonostante sia il Subbuteo la sua vera passione, è una urgenza cui non sa resistere. Così tempo un anno ed ecco che, sempre per La Tempesta Dischi esce l'esordio a nome Umberto Maria Giardini, *La dieta dell'imperatrice*. Neanche tre anni dall'abbandono come solista e ritroviamo l'artista marchigiano, bolognese d'adozione, mettere in mostra la sua malinconica poesia in una serie di ballate intrise, però, di tic elettrici pronti a esplodere. Titoli come *Il desiderio preso per la coda, L'ultimo venerdì dell'umanità, Genesi e mail* nascondono a stento una vena letteraria che torna a farsi sentire forte, nonostante il nostro rivendichi una primogenitura della musica sulle parole. Del resto i titoli sono sempre stati un punto di forza del nostro, anche quando si firmava Moltheni.

Il circuito affascinante, Preponderante ma del tutto inefficace, In centro all'orgoglio, Flagello e amore, Fiducia in un nulla migliore, Il bowling o il sesso?, E poi vienimi a dire che questo amore non è grande come tutto il cielo sopra di noi, Gli occhi di Mara Cagol, Tutta la bellezza dell'istinto materno degli animali, L'amore d'alloro, Vita rubina, Che il destino possa riunire ciò che il mare ha separato, La fine della discografia italiana, nell'illusione di te, Pregando gli alberi in un ottobre da non dimenticare, A volte le cose vanno in una direzione opposta a quella che pensavi. Uno li legge e prova un senso di vertigine, come di fronte a chi ci mostra la bellezza.

Bellezza che in effetti è presente in tutta la nuova carriera giardiniana, quindi nel successivo EP *Ognuno di noi è un po' Anticristo* come nel successivo *Protestantesima*. Ecco, la canzone eponima del secondo album a nome Umberto Maria Giardini è una sorta di svisata sulla poetica dell'artista marchigiano. Brano dall'incedere epico, qui le chitarre si sposano perfettamente col pianoforte, lasciando poi il campo di gioco a quest'ultimo in quasi la totalità del nuovo lavoro, a volte aprendo alle tastiere, o agli archi, ma quasi mai appoggiando sulle sei corde. Resta invariato, invece, lo stile lirico, con una narrazione che procede per immagini, a volte anche immagini particolarmente criptiche seppur suggestive. Il romanticismo di fondo dell'artista, quello stesso romanticismo che ha fatto da fil rouge di tutta la produzione accompagnandone la crescita e la maturità, si è sempre sposato con le sue sperimentazioni musicali, da quelle più altpop degli esordi a quelle più dure della seconda prova, via via, passando per le fasi acustiche e quelle equilibrate delle ultime prove. Fino a trovare, oggi, una maturità pacifica e in parte rassicurante. La doppietta sparata nel 2017, *Futuro proximo*, a nome proprio, e *Stella Maris*, con la band, ci mostrano uno stato di grazia raro nella nostra discografia, e una poesia in grado di guarda agli anni della maturità come alla passata adolescenza con empatia, senza indugiare nella sdolcinatezza ma certamente senza nascondere i sentimenti.

Umberto Maria Giardini è un bene da preservare. Uno in grado di reggere il confronto con un Morrissey o un Robert Smith, ascoltate i testi di *Stella Maris* o della recentissima *Il giorno che muore* per credere.

Uscire dagli anni '80 è quindi possibile, e soprattutto è possibile uscirne vivi e vegeti.

Visto che a lungo si è parlato di liriche, chiudiamo citando i primi versi di *Vita rubina*: "L'altra notte mentre uscivo fuori dalla discoteca / mi è passata a quattro metri la mia vita / Camminava col bicchiere e un vestito nero / mi ha guardato, ma non mi ha cagato / La conosco bene è in collera con me / mi rimprovera le cose che non ho potuto fare / Mi rimprovera parole che non ho potuto dire / che mi avrebbero cambiato in meglio insieme a lei". Adesso provate a fare a meno di tanta bellezza, se potete.

SPOTIFY E LA VITTORIA DEI CATTIVI

È che a noi ci ha fregato l'epica. O meglio, ci ha fregato l'epica dei cattivi, quella che va così tanto in voga ultimamente, che fa inneggiare per i protagonisti di *Gomorra*, come fossero eroi e non antieroi. Uno si è visto non so quante volte il *Batman cavaliere oscuro* di Christopher Nolan e si è convinto che i cattivi, in fondo, sono meglio dei buoni, e tende a fare incondizionatamente il tifo per loro. Anche se i cattivi, alla fine, fanno del male a noi stessi, danneggiano noi, ce la mettano in culo.

È dalla metà degli anni Ottanta, circa, forse anche un po' prima, che l'idea che il male potesse vincere ha iniziato a farsi largo nel nostro immaginario, cominciando a abitare le stanze del manistream, diventandoci familiare. Chiunque di noi c'era prima ricorderà come un tempo, nei film come nei telefilm, che poi sarebbero il corrispettivo di quelle che oggi chiamiamo serie tv, la nuova letteratura, ricordate, c'era una netta distinzione tra bene e male, e di come, anche erroneamente, noi fossimo portati naturalmente per fare il tifo per i buoni, per immedesimarci coi buoni, anche quando in fondo buoni non erano. Era una questione di narrazione, ci raccontavano una storia in un determinato modo e di colpo gli indiani, cioè i nativi americani, quelli le cui terre erano state depredate e colonizzate dai bianchi, dai cowboy, diventavano i cattivi, e noi lì a fare il tifo per questi ultimi. Poi c'è stato *Hill Street giorno e notte*, una serie poliziesca ambientata a Los Angeles, nel distretto di polizia che prende il nome da questa strada, e di colpo abbiamo iniziato a familiarizzare con l'idea che i buoni non sempre avrebbero vinto. Anzi, lì erano quasi sempre i cattivi a vincere. Una costante che ha iniziato a farci vedere le cose con una prospettiva diversa. Nel mentre è arrivato George Lucas, con quel delirio del *Lato Oscuro della Forza*, e da allora nulla è stato come prima.

Insomma, un bel casino. Perché se il male poteva avere lo stesso fascino del bene, anzi, un fascino decisamente più potente, conoscete bene la storia del rock'n'roll e anche la faccenda delle cattive ragazze che non vanno in paradiso ma si divertono di più, facile che ogniqualvolta ci sia capitato, negli ultimi anni, di assistere a una situazione in cui qualcuno si è dimostrato più furbo delle regole, capace non solo di aggirarle, ma di sopraffarle, di piegarle al proprio volere, di mangiarsele e cagarle poi sul tavolo, in fondo abbiamo provato ammirazione per lui, anche se il tavolo su cui stava cagando era il nostro, in senso lato o in senso letterale.

Anche noi, del resto, vorremmo avere le palle per infrangere certe leggi che consideriamo stupide o ingiuste. Anche noi vorremmo essere sfrontati e spavaldi. Del resto siamo quelli che parcheggiano in seconda fila se non troviamo un posto, ma solo per cinque minuti, e ci incazziamo pure se ci fanno la multa.

Così quando sul volgere degli anni Novanta è arrivata questa diavoleria, così la definirono parecchi discografici dallo sguardo miope, chiamata Napster, in molti gridammo al miracolo. I cd stavano aumentando di prezzo, vuoi per il svorappezzo per la Pubblicità Televisiva, vuoi per l'ingordigia dei discografici stessi, l'idea che un ragazzino americano avesse trovato un modo di poter far viaggiare le musica gratuitamente da computer a computer ci è sembrata assai affascinante. Anche se in realtà, l'Italia è sempre stato un paese arretrato riguardo la rete, quasi nessuno da noi ne poteva usufruire, perché si navigava a pochi k col filo del telefono. Era un po' come se ci fosse un Robin Hood che rubava ai ricchi e dava ai poveri, poco importa se non eravamo noi i poveri di turno. Poi è arrivato Emule, è arrivato Torrent, e è arrivato tutto quel che ha fatto seguito a quella che, legittimamente, veniva chiamata pirateria musicale. Mai come in quel momento abbiamo tutti fatto il tifo per i pirati, gente dotata del fascino di Kabir Bedi e poi di Johnny Depp, mica per caso. Ci siamo abituati a non pagare la musica, e la musica è diventata giocoforza qualcosa di cui poter disporre gratuitamente, almeno quella incisa e da ascoltare in remoto. Le vendite dei cd sono iniziate a crollare, fino a che i cd non sono quasi scomparsi. Il download a pagamento ha superato le vendite del supporto fisico, con numeri che comunque sono cominciati a scendere sensibilmente. L'idea di pagare un file quando lo stesso file potevamo averlo gratuitamente è cominciata a diventarci naturale, perché, diciamocelo, un file mica è un oggetto, qualcosa per cui ci possono chiedere soldi.

Chiaro, questo è un ragionamento che hanno fatto coloro che sono arrivati a questo partendo dal vinile, o quantomeno dal cd. Cioè quelli che hanno visto la musica transitare da un supporto fisico a qualcosa di immateriale, perché le nuove generazioni non si sono mai affezionate a un supporto stupido e di così scarso valore (qualsiasi ingegnere del suono vi racconterà di come il cd è un supporto con cui ascoltare la musica peggiore anche dello streaming peggiore, e voi sapete bene quanto si ascolti di merda la musica con lo streaming, figuriamoci con lo streaming peggiore), per cui hanno iniziato a maturare l'idea che la musica fosse in effetti liquida. Lì, a disposizione, senza bisogno di possederla, di farne un oggetto. Lo streaming è arrivato quando già aveva attechito, filosoficamente, almeno in una intera generazione. Una generazione, quella degli adolescenti di oggi, che del resto si è sin da subito abituata all'idea di ascoltare la musica male, con le cuffiette, con lo smartphone, di merda.

Per questo quando poi lo streaming è in effetti arrivato, è sembrata una via di salvezza. Anche perché, rispetto alla pirateria, quantomeno lo streaming era legale. Una cosa che le società di streaming, Spotify in testa, avevano concordato con le etichette discografiche che, a loro volta, avevano concordato con gli artisti. Insomma, una nuova formula adottata dalla discografia.

Poco conta che, in realtà, Spotify, è di lei che vogliamo parlare, anche se poteva sembrare il contrario, abbia letteralmente inculato i cantanti, avendo concordato con le case discografiche delle royalities talmente esigue da essere calcolate in numeri decifrabili solo da supercalcolatori (come gli ultrasuoni che possono ascoltare solo gli animali). Poco conta che le case discografiche, gestite da manager che preferiscono l'uovo oggi che la gallina domani, abbiano sostanzialmente svenduto il loro catalogo passato e presente per un pugno di lenticchie, finendo per favorire un sistema che ha finito per uccidere definitivamente il supporto fisico, già agonizzante, e che ha messo in agonia anche il download, la cui uscita dal mercato è prevista in tempi molto brevi. Poco importa anche che lo streaming abbia sostanzialmente ucciso la musica stessa, perché la modalità di ascolto di merda che ci consente è talmente di merda da aver spinto produttori e discografici, a volte anche artisti assai poco interessati all'arte, a mettere in giro musica che per questa modalità di merda fosse pensata. Come se di colpo la contemporaneità non equivalesse a una sonorità appoggiata su stilemi odierni, sia tecnologicamente parlando che per questioni di gusti e linguaggi, ma equivalesse semplicemente a quel che gira meglio in streaming, modo agghiacciante di adeguarsi alla bassa fedeltà laddove in passato si era cercato in tutti i modi di fare delle necessità virtù.

Poco importa tutto questo, un quadro che ci fa sembrare plausibile il vetraio che ci prende a mattonate le finestre di casa per poi venderci i vetri nuovi. Oggi Spotify si quota in borsa, a fronte di un buco gigantesco, impressionante, quello sì epico. Qualcosa vicino al miliardo e mezzo di rosso, che uno ci pensa e gli viene una sincope, perché già se andiamo sotto di venti euro, a noi comuni mortali, il direttore di banca si premura di romperci il cazzo. Non potrebbe che essere così, visto che chi paga per usufruire della piattaforma Premium, quella a pagamento appunto, è una percentuale risibile, in Italia neanche duecentomila persone, per dire, e di queste duecentomila non ci è neanche stato detto quanti fossero quelli che ne hanno usufruito con la app craccata (per la cronaca, per altro, ne esiste già una nuova versione crackata, con buona pace di Spotify e della Fimi, che si ostina a tenere conto dello streaming per le classifiche e le certificazioni). Oggi Spotify si quota in borsa, dicevamo, e sicuramente andrà a fare il botto. Un successone annunciato e prevedibilissimo. E noi, come per i protagonisti di *Gomorra*, o i cattivi che vincono alla fine dei telefilm, saremo contenti per loro.

Perché Spotify ha ucciso la discografia, ha ucciso gli artisti, ha ucciso la musica, ma il Lato Oscuro della Forza vince sul bene, guardate che fine del cazzo ha fatto Ian Solo e adeguatevi.

STRAVINSKIJ CI DICE CHE LA TRAP FA CAGARE

Ah, la contemporaneità. Viviamo da sempre nell'oggi, non essendo datati di una Delorean o del Tardis, e tendiamo a considerare l'oggi il tutto. Anche chi si orienta al passato, simonreynoldosianamente nostalgico, o al futuro, non fa che partire dall'oggi. Non se ne esce. Ma forse sarebbe il caso di provare a usare un drone, volare alto, e cercare di guardare con una prospettiva più ampia quel che sta succedendo.

Si sta parlando di musica, chiariamoci, e parlando di musica affrontare il tema della contemporaneità è sempre rischioso. Perché ci siamo dentro fino al collo, e anche oltre. In primis. E perché, per nostra natura, tendiamo a usare noi stessi come parametro per giudicare quel che ci circonda, ah i vecchi tempi andati, ah, che nostalgia, ma anche, ah i vecchi tempi andati, che due palle.

Qualsiasi movimento, qualsiasi cambiamento, qualsiasi suono viene, automaticamente, inserito dentro un contesto spesso limitato dall'ansgrafe, da una parte con lo spauracchio del "trombonismo luddista" dall'altra con quello di un "giovanilismo al limite del bimbominkismo". Della serie, o è tutto brutto quello che non abbia data anteriore agli anni '70, o è tutto stupendo quel che è arrivato negli ultimi mesi.

La faccenda non può certo essere risolta così. La contemporaneità, in arte, non ce la siamo inventata noi. Non ne siamo noi detentori.

Esistono però dei paradigmi che ci possono venire in soccorso. Dentro i quali possiamo immettere i dati, sperando siano corretti e cercando di dar vita a una mappa decifrabile a occhio nudo.

Credo non esista essere umano che non abbia sentito dire una scempiaggine tipo "le note sono sette, è impossibile arrivati a questo punto scrivere qualcosa che sia originale", dove per "a questo punto" si intende dopo circa sessanta, settant'anni di musica leggera, intendendo con questo quella musica popolare rivolta soprattutto a un pubblico giovane (identificato dalla nascita del rock in poi come un vero target, si legga Jon Savage a riguardo). Ora, a prescindere che le note, anche solo continuando stupidamente a prendere in considerazione la nostra metodologia di codifica, ideata mille anni fa da Guido d'Arezzo, sarebbero dodici e non sette, non è certo il limitato numero di abbinamenti tra le suddette a determinare la possibilità a meno di scrivere qualcosa di originale. La musica non è fatta solo di note, non dico niente di originale.

Solo che, e qui credo si possano serenamente tirare in ballo i corsi e ricorsi storici, anche in arte succede che a volte si colmi la misura, si cominci quindi a cercare vie di fuga dalla ripetitività che spesso sfociano in sperimentalismi estremi, finendo per porre la sperimentazione al centro della scena, se non addirittura per lasciare che sia solo questa a occuparla militarmente, la scena. Così poi capita che la contemporaneità diventi solo sperimentazione, suono attuale, finendo per essere qualcosa di poco plausibile, poco interessante, addirittura irrilevante. Niente capace di fermarsi nel tempo. Di superare non dico le generazioni, concetto che anch'esso sta incappando nel medesimo meccanismo. Guardiamo alla musica classica, per dire. Siamo nel 2018, ma quasi tutto quel che è successo nella classica nel corso dell'ultimo secolo, diciamo da dopo i tre balletti di Igor Stravinskij, ha finito per avere più che altro un seguito teorico, concettuale, puramente intellettuale. Come accadde all'epoca dei preraffaelliti, in arte, si è cominciato a guardare indietro nel tempo, allontanandosi via via proprio dalla contemporaneità, vista non tanto con sospetto quanto con disgusto.

Ora, sarebbe interessante identificare chi è stato lo Stravinskij della musica leggera. O se magari al compositore russo, poi divenuto francese e poi americano non sia corrisposto un genere, che so?, il grunge, il rap, la Drum'n bass. Sia come sia, a dare uno sguardo leggero a quel che sta succedendo oggi, la sensazione è proprio di essere a inizio novecento. Si è cominciato a riscrivere il passato recente, non tanto lasciandoci andare al revivalismo, quanto proprio destrutturando e riscrivendo le opere del passato neanche troppo remoto. Il suono si è fatto sempre meno suono, secondo i canoni cui eravamo abituati, a ragione. Oggi, guardiamo solo al nostro piccolo giardino, va per la maggiore la trap, che nella versione italiana è una forma sciatta di quella nata nel sud degli Stati Uniti ormai un'era (musicale) geologica fa. Ben lo ha capito Salmo, che ne ha scritto il requiem nella splendida *Perdonami*. Va per la maggiore anche l'indie, che è la forma trap del cantautorato. Anche qui, sciatteria, zero stile, tecnica assente non per urgenza o necessità artistica, ma per mancanza di studio e, si suppone, di talento (o mezzi). Ascolti questa musica e ti senti figlio dei tuoi tempi, vero, ma non è un bel sentire, e soprattutto , la sensazione è che non siano grandi tempi. Come se quanto scaturito nel nuovo millennio non fosse che il corrispettivo, Dio mi perdoni, di quanto la musica classica ha fatto nei tre quarti del Novecento, quelli giunti dopo la prima guerra mondiale. Ghali come il nuovo Berg? Per certi versi, e so che la mia è una forzatura che farà incazzare sia i trapper, che con buona probabilità ignoreranno che sia Berg, sia i classicisti, che ignoreranno chi sia Ghali e se non lo dovessero ignorare si incazzerebbero anche di più.

Facendo un salto in avanti, diciamo verso la metà di questo secolo, se mai le cose saranno ancora come oggi, fatto che vista la vita breve del cd e del download, presto seppelliti dallo streaming e di conseguenza dalla musica che lo streaming impone, sembra piuttosto improbabile, ci possiamo immaginare un paesaggio popolato da gente che ascolta i Pink Floyd e i Rolling Stones, passando per Beatles e Radiohead, i corrispettivi di Mozart, Bach o Haydn. La trap sarà il corrispettivo della musica dodecafonica. Scusate la bestemmia, Schoemberg abbia pietà di me. L'indie, l'odierna musica atonale. Il tutto senza apparati teorici di supporto, solo link in rete che, si suppone, in futuro saranno obsoleti come audiocassette smagnetizzate.

La musica leggera, per sua stessa definizione, non pretende troppi ragionamenti, o non dovrebbe pretendere. Non fossero così brutte, le canzoni che girano oggi, verrebbe da ascoltarle e basta. Il subconscio ci spinge a teorizzarle, perché almeno siamo distratti e non possono che fare da sottofondo fastidioso, come il ronzio di una zanzara in una notte d'estate senza Autan e senza Limoncello.

SULLA SOPRAVVALUTAZIONE DEI CONCERTI

Dice: che bello, arriva l'estate, comincia la stagione dei megaconcerti all'aperto. Mega, mega per la capienza delle location in cui questi concerti si tengono, non necessariamente per la grandiosità degli artisti che li animano, né per la partecipazione del pubblico. Comunque, siccome arriva l'estate, siamo solari e concentriamoci sugli aspetti positivi. Dice: che bello, arriva l'estate, allo stadio ci saranno Laura Pausini, Vasco Rossi, i Pooh, i Modà, Bruce Springsteen. Ecco, uno dice che a questo punto si ferma, e cerca un modo per ricominciare. Un modo un po' meno imbarazzante. Perché la faccenda dei concerti, forse, è stata un filo sopravvalutata, dice uno. Cioè, oggi c'è la crisi della discografia, non stiamo qui a scoprire niente. L'Mp3, Napster, Youtube, Torrent, Spotify, insomma, conosciamo tutta la faccenda per cui, oggi, i dischi, continuiamo a chiamarli così tanto per fare i naif, quelli che hanno ancora migliaia di vinili, anche se li tengono in cantina, a fare muffa, perché a casa la discoteca se la sono fatta in un hard-disc, i dischi, dice uno, non li vende più nessuno e di conseguenza non li compra più nessuno. Tutto vero. Ma uno dice, oggi il mondo della musica campa tutto coi live, perché è nei live che si vede chi è artista e chi no. Prima falla nel ragionamento. Perché prima, quando si vendevano i dischi, a venderne a carrettate erano gli artisti veri? Quelli che, secondo un ragionamento dettato non si sa esattamente da quale Dio del discernimento, dal vivo dimostrerebbe chissà cosa? Perché, a occhio, si ha memoria di milioni e milioni di dischi venduti da gente che, a essere ottimisti, in studio di registrazione ci ha messo piede più che altro per vedere come era fatto, o per farsi fare due foto mentre tiene in mano una chitarra, senza neanche aver infilato il jack. Quindi, dice uno, perché mai adesso il mondo della musica avrebbe dovuto spostare il suo claudicante equilibro sul live? Nel senso, se prima vendevi milioni di dischi perché eri carino/carina, perché facevi musica monnezzona che però piaceva ai teen-ager, o perché piaceva alle masse, o per questo o quel motivo che non ha neanche senso affrontare così, di sfuggita, perché adesso dovresti trovare le porte degli stadi chiusi o perché dovresti vedere nella porta degli stadi aperti una soluzione alla pirateria più o meno legalizzata di chi ti carica le canzoni su Youtube o su Spotify? Ma non è neanche solo questo il problema, e sia chiaro, uno dice la parola problema con la stessa leggerezza con cui si addentra a parlare di calvinismo nel momento in cui prova a spiegare al bar a quello che gli sta seduto di fianco perché la zona ha sostituito la marcatura a uomo, ettolitri di birra non bevuti invano, siamo sicuri che i concerti, specie i mega-eventi di cui sopra, quelli che si tengono negli stadi, di fronte a platee sterminate più o meno paganti, e di questo parleremo a breve, vengano fatti solo ed esclusivamente per sostituire le entrate che un tempo erano garantite dalla vendita dei dischi? Anche qui, presumibilmente a chi va a un concerto, di tutto questo interessa poco o niente, ma si presume che se state leggendo queste righe non siate a un concerto, o che se invece siete a un concerto il concerto a cui siete deve essere una bella cagata, perché invece di concentrarvi sul cantante che si dibatte sul palco state qui a leggere queste considerazioni fugaci, quindi proseguiamo. A volte, neanche troppo raramente, i Live sono un modo per riposizionare questo o quell'artista su un fantomatico mercato, e si dice fantomatico proprio perché al momento di mercato non se ne può parlare se non usando le terminologie tipiche del fantasy o della fantascienza, roba affascinante e tutto ma che sempre nel campo della fiction rimane. Tizia o Caio sta vedendo la propria carriera andare letteralmente a puttane, ecco che si prova a puntare su una alternativa per rivitalizzarla, corrispettivo un filo dispendioso di una puntura di dopamina o di una scarica di defibrillatore. Per dire, se non schiodi dischi nonostante battage pubblicitari imponenti, nonostante occupazione militare di programmi televisivi e di passaggi radiofonici, se non riesci a dimostrare che sei sempre te stesso/a, o, nel caso di artista su cui si sta puntando per costruire una carriera, di essere qualcosa di più di quel che eri, ecco che puntare su Live imponenti può essere una buona mossa, anche a costo di rimetterci sul momento dei soldi. Avete presente quei film in cui c'è una vecchia volpe, uno di quei piccoli truffatori, simpatici ma pur sempre manigoldi, che per andare a soffiare i soldi a chi ce li ha veramente si traveste a sua volta da ricco e nobile? Ecco, andare a mettere in piedi tour trionfalistici in arene, stadi, palasport (non d'estate, sia chiaro, che si muore di caldo), può essere un modo per far vedere che si è qualcosa di più di quel che si è. Ho una casa in centro, anche se è in affitto e neanche pago la pigione, perché quando sarà il momento si vedrà che non ho abbastanza soldi per potermela permettere. Per dire, Rihanna o Beyoncé fanno gli stadi? Ovvio, sono popstar che hanno un seguito di decine di milioni di persone in tutto il mondo, sfornano hit che vengono ascoltate e viste, le due azioni ormai vanno di pari passo, in ogni angolo del paese, dove dovrebbero mai andare a suonare, al pub sotto casa? Ecco allora che, se c'è una popstar o aspirante tale o un tempo tale, che vuole posizionarsi su quella medesima posizione è negli stadi che deve suonare, per far vedere di essere in grado di tenere quel passo, anche in assenza di un reale riscontro di pubblico, sia quando si tratta di tirare fuori i dischi e le hit, sia quando si tratta di riempire poi i medesimi luoghi. Uno dice, va beh, ma uno si mette a organizzare un concerto in uno stadio senza poi andare realmente a riempire quel posto? Non è un autogoal, dice sempre uno, far vedere uno stadio mezzo vuoto, o, peggio, rimetterci tutti quei soldi? Un passo alla volta. Primo, di trucchetti per far sembrare un grande spazio più pieno di quanto in realtà non sia ce ne sono parecchi, e chi organizza concerti ne conosce sicuramente di più di chi scrive. Qualche esempio? Dove metti il palco. Perché, prendiamo come esempio San Siro, se posizioni un palco sotto una curva, lasciando tutto o quasi il terreno di gioco a disposizione del pubblico in piedi, hai una disponibilità di posti altissima. Praticamente ti bruci, usiamo questa brutta parola, solo la parte di stadio che è alle spalle del palco, una curva, appunto. Se invece lo stadio lo poni in orizzontale, sotto una tribuna, e lo fai anche bello spazioso, ecco che ti sei giocato molti più posti, tutta la tribuna alle spalle, e ti sei mangiato anche parecchi posti in piedi, quelli che sarebbero potuti stare sul terreno di gioco. Poi, per dire, basta coprire gli anelli vuoti, convogliando i biglietti negli anelli inferiori. Oppure si possono prevedere sedie anche sul terreno di gioco, così da relegare sul prato molti meno spettatori. E poi si possono mettere a disposizione di aziende e soprattutto network radiofonici, lungi da me, a questo punto, citare la radio che più delle altre investe nelle media-partnership con artisti e promoter per i concerti, migliaia, a volte anche parecchie migliaia di biglietti, così di posti se ne occupano molti anche senza averli venduti (chiaro, se i biglietti a una azienda glieli dai a fronte di una sponsorizzazione si potrebbe parlare di biglietti in qualche modo venduti, ma un tempo le cose stavano diversamente, le aziende non pagavano per avere biglietti in cambio, ma per avere il proprio nome visibile da qualche parte). Poi, e qui arriviamo a un altro aspetto che coi live ha molto a che fare, quando si parla di polemiche, ma noi fuggiremo dalle polemiche come dai genitori petulanti dei compagni di classe dei nostri figli, c'è la faccenda dei secondary ticket (quella del caro biglietti no, non la affronteremo, perché uno dice che parlare di cose ovvie e scontate, oggi, non ne abbiamo proprio voglia). Cos'è il secondary ticket? Semplice, esce la notizia che oggi, alle 9 verranno messi in vendita i biglietti di Tizia o Caio. Alle 9 e cinque minuti finalmente, dopo cinque minuti che sacramenti, riesci a accedere alla pagina del sito che vende i biglietti dove poterli acquistare. Accedi e ti senti dire, leggi in pratica, che i biglietti sono già tutti esauriti. Sacramenti di nuovo. Poco dopo leggi sui siti musicali che è stato un successo clamoroso, perché i biglietti sono andati venduti tutti subito. In realtà, questo non succede quasi più. Il fatto che si parli, sui siti musicali, di grande successo, di sold-out, non succede quasi più. Perché ormai da tempo si conosce tutta la trafila. Trafila che comprende che, pochi giorni, al limite, poche settimane dopo la data X in cui i biglietti sono stati messi in vendita, ecco che i medesimi biglietti tornano disponibili in altri siti, diversamente specializzati, i siti di secondary ticketing, tipo StubHub, tanto per fare un nome. Cosa sono, in sostanza di siti che rivendono biglietti di seconda mano, come moderni bagarini o, per non essere offensivi, come siti che facciano da bacheca in cui chi ha comprato un biglietto per un determinato concerto e poi a quel determinato concerto non può andare riesce a venderlo a qualcuno che a quel determinato concerto voleva andare ma non ha trovato il biglietto. Bagarinaggio, in realtà, si tratta di bagarinaggio. Anche perché questo avviene sempre, con migliaia, decine di migliaia di biglietti, nel caso degli stadi, e con prezzi altissimi, spesso al limite dell'usura. Roba contro cui, gente come Claudio Trotta, storico promoter italiano che negli stadi ci porta da sempre gente come il Boss, uno che problemi a riempire le grandi arene non ne ha e non ne ha mai avuti, si scaglia da sempre. Esiste, però, chi ha capito che questo è un buon modo per riempire stadi senza necessariamente aver venduto i biglietti, e senza passare per quello che i biglietti li regala. Per cui, sempre senza fare nomi, succede che Tizia, che vuole fare concerti negli stadi anche senza avere le capacità di riempire i medesimi stadi, perché da tempo non ha il seguito che dice di avere, faccia ritirare i biglietti dopo un secondo che li ha messi in vendita, il fatidico giorno X, e poi li rimette fuori, alla spicciolata, per tutti i giorni dei mesi a seguire, a pochi euro, a volte anche a un solo euro. Così da riempire uno stadio senza aver in realtà fatto cassa. Chi paga? Il promoter? La casa discografica? Il management? Tizia o Caio? Tutti, come se quello fosse una sorta di investimento per riposizionare l'artista, per metterlo allo stesso livello di colleghi che magari quegli stadi, quei palasport, quelle arene (e chiaramente a seconda della capienza il conseguente bagno di sangue cambia) li ha riempiti davvero. Come se davvero fare concerti avesse una qualche attinenza con l'arte.

Perché, e questo è forse il vero motivo per cui il Live è assolutamente sopravvalutato, la faccenda che i concerti siano la vera espressione dell'arte di un determinato artista, è una sciocchezza senza pari. Almeno come valore assoluto. Ci sono grandissimi nomi, specie del passato, che solo nei live si sono espressi al loro massimo, tipo i Grateful Dead, che di grandi dischi ne hanno fatti pochini, ma sono stati protagonisti di tour incredibili, e ci sono grandissimi artisti, giganteschi, che di live non ne hanno proprio fatti, o quasi, inutile star qui a citare Battisti o l'ultima Mina (ultima da quasi quarant'anni). La musica non sempre è stata scritta e suonata per essere eseguita dal vivo, e in certi casi sentirla dal vivo è uno spettacolo indegno (si pensi al rap, in quasi la sua totalità dei casi, o si pensi anche a musica che dal vivo non è proprio riproducibile). Di più, in alcuni casi, specie nel caso di certo pop americano, l'idea di esecuzione dal vivo non viene presa in considerazione perché è nel lavoro di studio che sta il segreto di tale successo, quindi, anche nel momento in cui si va a un concerto, ci si ritrova a vedere uno spettacolo hollywoodiano, di quelli impeccabili, con la musica, rigorosamente in playback, a fare da sfondo.

Quindi, che si tratti di stadi, di arene, di palasport, Dio non voglia, o anche più semplicemente di piazze, perché d'estate è soprattutto nelle piazze dei paesi che si sente musica dal vivo, godetevi quel che passa il convento, rilassatevi, non pensate a quanto letto sopra, ma soprattutto non cullate più di tanto l'idea (certezza o speranza che sia) di aver assistito a un momento d'arte, tipo quello immortalato da Geoff Dyer nel suo *Natura morta con custodia di sax*, non è importante, avete assistito a un concerto, sappiatevi accontentare.

SULL'INUTILITÀ DEI TALENT, ELODIE DOCET

La notizia è in apparenza semplice, Il concerto di Elodie previsto per il 26 aprile all'Alcatraz di Milano è stato cancellato per motivi tecnici e organizzativi. Lo dichiara il sito di Friends and Partenrs, che lo organizzava.

Per i più distretti, Elodie è la ragazza coi capelli rosa che l'anno scorso è arrivata seconda a *Amici*, dietro il gigante di colore Sergio Sylvestre, e che quest'anno, insieme al gigante in questione, ha calcato il palco dell'Ariston tra i Big del Festival della Canzone Italiana di Sanremo.

Il gigante in questione, pochi mesi fa, aveva visto annullare le sue date live per presunti impegni di lavoro, per altro.

Ecco. Veniamo alla vera notizia, i talent sono morti. Ora del decesso, etc etc. Lo sono da tempo, in realtà, ma oggi lo sono in maniera acclarata. Perché dai talent, a parte share televisiva, almeno nel caso di Amici, in partenza proprio questa settimana, non arriva più nulla. Non intendiamo nulla di interessante artisticamente, perché su questo forte, a dire il vero, si è sempre visto pochino, ma anche da un punto di vista discografico.

Servono prove?

Eccole.

L'ultima edizione di Amici è stata vinta da Sergione. Bene. Due album tirati fuori in pochi mesi, una manciata di copie vendute. Succede così anche agli altri artisti, dirà qualcuno. Vero. Però a parte finire di diritto, vai a capire perché, tra i Big di Sanremo, Sergio non ha neanche attività live. Zero concerti con biglietti venduti. Tradotto, nessuno pagherebbe per andarla a sentire cantare in un locale, figuriamoci in un palasport. Idem Elodie, che per di più, scopriamo, ha rotto anche con la sua manager, Francesca Savini, a sua volta manager di Emma. Emma, è noto a chi segue questo mondo, ha adottato Elodie, ha prodotto i suoi due album col suo produttore di fiducia Luca Mattioni. Ora, si suppone, bye bye. Del resto non è che le cose alla bionda vincitrice di *Amici* e *Sanremo* siano andate tanto meglio, album e tour che non hanno appagato le aspettative, e ora che è fuori dal cast di *Amici*, si suppone, potrebbe proprio scomparire. Lele, arrivato terzo, ha vinto *Sanremo Giovani*, ma il suo album è già da una settimana fuori dalla Top 100. Classifica dove son ancora presenti album di quarant'anni fa dei Pink Floyd. È stato bello conoscerti, Lele, addio.

Guardando alle ultime edizioni, poi, pure peggio. La Iurato è finita a fare le imitazioni a *Tale e Quale*. I Dear Jack credo si siano persi per sempre, mentre il loro ex front leader, Alessio Bernabei, miracolato da Carlo Conti che lo ha voluto tre volte di fila al Festival, ha racimolato il più alto numero di stroncature della storia della musica leggera, tutte meritate. I Kolors, che vendere hanno pure venduto, sono rimasti incastrati nel refrain della loro sola canzone, e sputi sulle telecamere a parte non hanno fatto altro di significativo. Poi ci sono gli altri, più indietro nel tempo, Moreno all'*Isola dei Famosi*, Scanu a leggere i tweet a *Ballando con le stelle*, Marco Carta scomparso nel nulla. Si salvano i soliti nomi, Emma, finché dura, la Amoroso, Annalisa. Stop.

Sul fronte *X Factor*, se possibile, è anche peggio.

Vediamo le ultime edizioni. I quattro finalisti del 2016 sono giustamente scomparsi. I Soul System, vincitori, sono finiti a Sanremo ospiti di Sergio e hanno messo insieme la più misera figura di merda della storia, andando fuori tempo in un brano che parlava di come gli artisti di colore hanno il ritmo nel sangue. Roshelle, Gaia e Eva non pervenute, e probabilmente faticherete anche a ricordarvi le loro facce. Gio Sada, vincitore dell'edizione 2015 è finito a doppiare un cane in un cartoon. Fragola è sparito nel nulla.

Quest'anno, Sanremo, doveva sancire il ritorno di Giusy Ferreri, reduce dalla mega hit *Roma-Bangkok* e la messa a fuoco di Chiara, la tipa goffa che ha vinto anni fa ma poi è finita a fare la pubblicità della Tim. Entrambe hanno toppato. Giusy è stata eliminata dal Festival e il suo album non è entrato in Top 10 e sta già scivolando verso il basso. Chiara, prodotta da Mauro Pagani, ha tentato la carta Arisa, fallendo. Singolo sanremese già uscito dalla Top10, al j, entrato al decimo posto e dopo due settimane già verso la quarantesima posizione. Ci si vede alla sagra della porchetta a Ariccia, forse.

Unico dei talent a aver azzeccato un lavoro Michele Bravi, cioè quello che il mondo dei talent aveva dato per morto e che per tornare a fare musica si è dovuto reinventare come Youtuber.

Tutta gente, questa citata, che non riempie un locale a pagamento manco se viene giù la Madonna e duetta con loro, per altro. Gente viva solo per poterne parlare quando sta per partire una nuova edizione di un talent.

Così è per Amici, con un cast nuovo di zecca, direttori nuovi, almeno in parte, con Elisa da sola da una parte, senza più Emma, e Morgan a sostituire Nek e J Ax, giudici nuovi, Ambra, Ermal Meta, Daniele Liotti e Eleonora Abbagnato, media partner nuovo, con le radio Mediaset, 105 in testa, al posto di Rtl 102.5. Anche questo cambio non sembra stia per ora funzionando a dovere, dicono i rumors. Perché le radio Mediaset fanno sì numeri importanti, ma hanno più teste pensanti, quindi non agiscono di concerto, il che si traduce con una copertura assai minore e meno minuziosa di quanto la radio di Suraci non facesse in passato. Sembra che Maria De Filippi, cui questo turn over è stato imposto dall'alto, non abbia gradito, perché le radio, almeno durante la messa in onda del programma, servono a tenere in vita la fuffa che passa dalla televisione.

Sicuramente il cambio di media partnership non ha giovato a Elodie, nei cui manifesti campeggiava il marchio di Radio 105. Di lei, con buone probabilità, sentiremo parlare alla prossima edizione di *Tale e Quale Show*, parrucche per coprire i suoi caratterizzanti capelli rosa ne hanno parecchie.

SUPEROSPITE DE CHE?

Ci risiamo. Si avvicina il Festival di Sanremo, al via dal 7 febbraio 2017, e come ogni anno in questo periodo cominciano a saltare fuori i primi nomi dei superospiti che saliranno sul palco dell'Ariston per deliziare i telespettatori con la propria musica. Sin qui niente di nuovo. Solo che, esattamente come tutti gli anni da un po' a questa parte, leggendo i nomi che vengono comunicati dall'Ufficio Stampa Rai, e leggendo le dichiarazioni di Carlo Conti, direttore artistico e conduttore della manifestazione canora, sorgono delle perplessità sicuramente altrettanto super. Il primo nome per questa edizione è italiano, anche se tutti ci aspettavamo fosse sparato per primo quello degli U2, si tratta di Tiziano Ferro, già superospite della prima edizione contiana, quella vinta da Il Volo. La perplessità è semplice da spiegare: perché mai un cantante come Tiziano Ferro va identificato come superospite? Seguitemi nel ragionamento. Tiziano Ferro è un artista apprezzato e apprezzabile, siamo tutti d'accordo, uno che ha venduto un buon numero di album, uno che riempie le grandi arene, addirittura gli stadi. Ma è italiano, e soprattutto queste caratteristiche sono proprie anche di cantanti che, a sua differenza, hanno deciso di mettersi in gioco e partecipare al Festival come concorrenti. Per dire, perché Gigi D'Alessio è uno dei 22 Big e Tiziano Ferro è un superospite? Vendere vendono molto entrambi. Riempire gli stadi idem. Volendola dire tutta, Gigi D'Alessio ha alle spalle anche una carriera più importante, a livello di anni, quindi potrebbe ambire a quel ruolo con maggiori pretese. Qualcuno potrebbe dire: "va bene, dai, ma Gigi D'Alessio è Gigi D'Alessio, Tiziano Ferro mette d'accordo pubblico e critica". Ora, sorvolando sull'ultima uscita discografica del nostro, se vogliamo davvero concentrarci sul plauso della critica, cioè se vogliamo provare a affrontare Tiziano Ferro come un grande per le canzoni che ha fatto, per la qualità delle canzoni che ha fatto, viene da chiedersi, perché Tiziano Ferro è un superospite e Fiorella Mannoia è una dei 22 Big? Perché l'anno scorso erano in gara Enrico Ruggeri e Patti Pravo, perché qualche anno fa si è messo in gioco, per altro vincendo, Roberto Vecchioni, e Tiziano Ferro è un superospite? Non è questo un modo per svilire la gara canora? Non è come dire che se sei un cantante di un certo livello non partecipi alla gara ma arrivi comunque a farti promozione passando dalla finestra? Allora, a questo punto, proviamo a ipotizzare una situazione come a Cannes, o a Venezia, coi film in concorso e quelli fuori concorso. Dove però chi arriva in Laguna o in Costa Azzurra fuori concorso si deve comunque presentare con qualcosa di inedito e sottostare al vaglio della critica, esattamente come chi è in gara. Perché abbiamo tutti un bel lamentarci della presenza in gara di nomi che non ci dicono nulla, ma proprio nulla nulla, ma è anche normale che sia così, se un artista medio come Ferro può ambire al ruolo di superospite. Perché, andiamo oltre, se Tiziano Ferro è un superospite, allora se decidesse di presentarsi all'Ariston un Vasco Rossi, un Ligabue, uno Zucchero, loro cosa sarebbero? Supersuperospiti? Quanto al riempire gli stadi e al vendere dischi, che si suppone saranno le armi spuntate che utilizzeranno i fan del nostro e di Carlo Conti per provare a difendere questa scelta che appare più ridicola che altro, se il principio è: se vendi tanto e riempi gli stadi sei un superospite, ci aspettiamo che il prossimo nome fatto sia quello dei Modà, gruppo capace di fare due San Siro di fila e titolari dell'unico album di diamante degli ultimi anni, con Viva i romantici.

L'auspicio, in realtà, è ben altro, che chi arriverà a sostituie Carlo Conti al comando del vascello Sanremo decida, una volta per tutte, di fare la voce grande e aprire l'accesso al palco dell'Ariston solo a chi deciderà di partecipare al Festival come concorrente, relegando al ruolo di ospiti solo gli stranieri. Tiziano Ferro avrà tutto il tempo per farsi una carriera che giustifichi questo ruolo, tanto anche fra dieci anni Sanremo sarà Sanremo.

TANA PER TOMMASO PARADISO

C'eravamo cascati come dei babbaloni (cit.)
C'eravamo cascati e c'eravamo anche rimasti male.
Non malissimo, per intendersi, perché non è che stessimo parlando di cadere chissà da quale altezza, niente uomo che cade da un palazzo di cinquanta piani e dice "fino a qui tutto bene", ovvio, ma comunque in qualche modo c'eravamo rimasti male.

Tutti, per di più, senza eccezioni. Come fossimo oggetto di una allucinazione collettiva, di quelle che ti fanno vedere il sole girare al contrario (provate a fissarlo a lungo e non sarà solo il sole che gira al contrario), o che ti fa credere che il tofu sia buono quanto la carne.

Solo che non era una allucinazione collettiva, perché quel che stava accadendo stava accadendo davvero sotto i nostri occhi. Era visibile, palpabile, e addirittura fisicamente riscontrabile.

Ma era uno scherzo.

Uno scherzo bellissimo, ben architettato, portato anche abbastanza alla lunga, al punto che, forse, alla fine lo stesso autore dello scherzo ha rischiato di crederci, come succede con certi aneddoti che raccontiamo gonfiando certi dettagli e alla fine sono proprio quei dettagli gonfiati, inventati di sana pianta allo scopo di rendere l'aneddoto più clamoroso e al tempo stesso più credibile, i soli che ci ricordiamo, in sostituzione della verità. Uno scherzo bellissimo cui avevamo creduto tutti.

Un po' come quando Orson Welles, citando il suo quasi omonimo Wells, fece il famoso scherzo alla radio di stato americana, andando a raccontare in diretta l'invasione dei marziani. Uno scherzo talmente ben riuscito, quello, che ci furono reali scene di panico, terrore nelle case e nelle strade.

Qui nessuna scena di terrore, ovviamente, se non di quel tipo di terrore che ti coglie quando capisci, ma ripetiamolo era una scherzo, che un artista cui tenevi almeno un po', di colpo, non solo ha perso completamente il talento, ma anche il senso del pudore. Perché c'è stato un momento, probabilmente lui potrebbe dirci anche il giorno e l'ora, in cui di colpo Tommaso Paradiso, è di lui e dei suoi TheGiornalisti che stiamo parlando, ha deciso che doveva prenderci tutti per il culo, ordendo quello che, probabilmente, verrà ricordato come il più bello scherzo della storia della musica leggera italiana. Anche meglio di Edoardo Bennato e Gianna Nannini che cantano *Notti magiche*, per capirsi, o di Piero Pelù che si mette a fare i birignao in *Il mio nome è mai più* con Jovanotti e Ligabue. Perché quelli sono stati scherzi durati poco, e talmente evidenti che non ci ha davvero creduto nessuno, qui la cosa è stata organizzata meglio, con una partenza in sordina, una progressione importante e ben scandita, un crescendo quasi wagneriano e poi l'apoteosi. Apoteosi arrivata da poche ore, che però ha sostanzialmente reso evidente che di un grande scherzo si trattava. Che ci ha fatto dire: tana per Tommaso Paradiso, ti abbiamo scoperto.

Perché se ascoltando le canzoni di Completamente sold out, al momento ultimo lavoro della band romana, ci era passato per la mente il dubbio che sotto potesse esserci qualcosa, perché la voce così palesemente stonata del nostro, quei messaggi in segreteria telefonica così barocchi, qualche passaggio eccessivamente vendittiano di troppo, insomma, alcuni dettagli stonavano (proprio come Paradiso), coi brani a sua firma arrivati la scorsa estate le cose hanno iniziato a farsi eccessive, quasi imbarazzanti.

Capiamo (poco) *Riccione*, non fosse altro perché la versione delle Coliche ce l'ha resa simpatica, e l'altra sera vedere Pio e Amedeo nella prima puntata della terza serie di *Emigratis* cantare "Sotto il sole c'è un ricchione, quasi quasi lo prendo" è stato impagabile.

Capiamo *Pamplona*, perché in fondo l'estate è spensieratezza, effimera superficialità, a volte anche rincoglionimento senza remore, e allora ci sta pure che per una volta a fare il tormentone vacuo siano personaggi che in teoria dovrebbero avere qualcosa da dire, l'uno proveniente dal rap e gli altri dall'indie.

Potremmo, forse, capire anche le varie hit regalate agli altri, da *Partiti adesso* per Giusy Ferreri a *Mi hai fatto fare tardi* per Nina Zilli, passando per *L'esercito dei selfie*, del duo di producers Takagi & Ketra e cantato da Fragola e Arisa, canzoni che ridisegnano la mappa dell'orrore, stabilendo in qualche modo che se si possono incidere e fare come hit canzoni come quelle, beh, allora gente come Bello Figo o Truce Baldazzi dovrebbero fare il loro ingresso imperioso nella Rock And Roll Hall of Fame di Cleveland, senza se e senza ma.

Capiamo e potremmo capire tutto questo, ma quando poi abbiamo ascoltato e visto *Da sola / In the Night*, sempre del duo Takagi & Ketra, canzone che intendeva rivalutare, certo con ironia, la dance italiana degli anni Ottanta, lì abbiamo vacillato. Abbiamo vacillato e abbiamo dato Paradiso per perso.

Come se di colpo il successo, la figa o quel che è gli avesse dato alla testa e si fosse in qualche modo incartato in un mondo che sta esattamente a metà strada tra l'Umberto Tozzi minore di *Gli altri siamo noi* e il Venditti di *Cuore*, stessi suoni, stesse melodiette orecchiabili, senza però il contesto idoneo, quell'epoca, e soprattutto con tutto quel che c'è stato dopo preso e buttato nel cesso.

Come dire: passi le foto con Jerry Calà, passi l'ostentazione della panzetta con quelle maglie a righe orizzontali, passi l'ambizione a musicare un cinepanettone, ambizione impattata nello scandalo Brizzi, passi tutto, ma e che cazzo, noi credevamo un po' in te, mica ci puoi proprio devastare così.

Ieri però è arrivata la nuova canzone dei TheGiornalisti, Questa nostra stupida canzone d'amore e di colpo tutto ci è stato chiaro. Come quando a *Scherzi a parte* arriva il cartellone con la scritta "Sei su *Scherzi a parte*", con tutti dietro a ridere e battere le mani, e il malcapitato oggetto dello scherzo lì a ridere, piangere e mandare a quel paese complici e Marco Balestri.

Ecco, Questa nostra stupida canzone d'amore è esattamente quel momento lì. Lo scherzo che si svela. Il troll che, per una volta, si dichiara come tale.

Cioè, Tommà, non puoi cantare "E chiudendo gli occhi immagino... immagino Fiumicino / Tu parti per un viaggio io chi innaffio le piante aspettando il tuo ritorno" senza farci capire che era tutto uno scherzo. Per di più con quella musica a fare da base. Roba che neanche il Venditti in balìa dell'idea che la sua Simona Izzo lo avesse mollato per andare con Maurizio Costanzo, avrebbe potuto pensare.

Cioè, "neanche la Corea del Nord potrà fermare tutto questo", dai, è troppo anche per dei babbaloni come noi che hanno abboccato a *Riccione, Pamplona, L'esercito dei selfie*, Jerry Calà, Brizzi e il cinepanettone, te che balli vestito da Panatta in *Da sola / In the Night*. Davvero troppo. Uno la ascolta e lo capisce.

Vede il video, con te vestito da barista e il tipo di *Suburra*, e scoppia a ridere, perché si immagina da un momento all'altro il cartello "Sei su *Scherzi a parte*". Cartello che ovviamente non arriva, perché questo non è uno scherzo ordito per il programma Mediaset, ma una roba che si è diffusa ovunque, come una infiltrazione dell'acqua.

T'abbiamo beccato, Tomma'. Hai davvero esagerato.

Ora però, stai all'occhio, perché se è vero che come dicevano i latini "chi fa la guardia ai guardiani", oggi vale il "chi trolla i troll".

La prossima volta tocca a te, sorridi, sei su *Scherzi a parte*.

TIDAL

Neanche il tempo di scambiarsi i convenevoli che sono già partiti i titoli di coda. Tanto è durata la favola di Tidal, l'avventura voluta da Jay Z e che, sulla carta, avrebbe dovuto mettere nel sacco Spotify e riportare la musica ai musicisti. Mai, a memoria d'uomo tecnologico, si era vista una bolla sgonfiarsi tanto velocemente, neanche ai tempi di Pono, cioè pochi mesi fa, quando a mettersi sul mercato dei supporti per ascoltare musica si era buttato nientemeno che Neil Young, l'uomo che ha insegnato come accendere un distorsore alla scena grunge.

Andiamo con ordine. Poche settimane fa, il 30 marzo, Jay Z e un numero impressionante di suoi colleghi, tutta gente di prestigio, da dischi di platino e vette delle classifiche conquistate a ogni uscita, si sono presentati al mondo con un nuovo progetto per ascoltare musica in streaming, Tidal. O meglio, hanno ripresentato al mondo Tidal, che già esisteva, sotto altra forma. Il tutto in un evento, ripreso in video e spammato in tutti i siti del pianeta terra, in cui si vedeva tutti questi artisti riuniti non per promuovere una qualche raccolta benefica, alla USA for Africa o Band Aid, ma loro stessi. Tidal, infatti, è un progetto che, partendo dagli artisti, questo ripetevano non certo senza enfasi tutti gli attori in scena, avrebbe tagliato alcuni passaggi della filiera, consentendo ai musicisti di guadagnare più che con Spotify e Youtube (che non è un canale che offre un servizio di streaming, lo sappiamo, ma svolge suppergiù la medesima funzione, sempre regalando quattro spicci a autori e cantanti). Chi c'era al fianco del noto rapper e produttore americano? Davvero un sacco di gente, da Nicki Minaj a Beyoncé, che per la cronaca di Jay Z è anche moglie, passando per Jack White, Kanye West, Daft Punk, Arcade

Fire, Rihanna, Usher, Calvin Harris, Chris Martin dei Coldplay Deadmau5, Madonna, J.Cole e una più volte evocata Alicia Keys. Insomma, fosse stato un album avrebbe davvero fatto il botto. Invece.

Tutto era cominciato a febbraio, quando Jay Z ha tirato fuori cinquatasei milioni di dollari per comprare la compagnia svedese Aspiro, fornitrice dei servizi di streaming musicale WiMP e Tidal. Scopo di quest'ultima, sin dal suo nascere, proporre un servizio di streaming musicale con una qualità superiore alla concorrenza. In sostanza, invece che basarsi solo sugli MP3, come Deezer o Spotify, tanto per citare i diretti concorrenti, Tidal avrebbe offerto file FLAC, decisamente migliori in quanto a resa. Oltre a questo, ovviamente, essendo in questa avventura coinvolti così tanti artisti, presenti come azionisti, non solo come testimonial, ci sarebbero stati, questo promettevano durante l'evento di lancio, anche tutta una serie di esclusive rivolte agli abbonati. Sì, perché a differenza di Spotify, per dire, Tidal non prevede una versione free. Per accedere ai servizi di streaming ci si deve per forza abbondare, con due possibilità, quella basic, a 9 dollari e 90, vera novità della gestione Jay Z, e quella già presente in Aspiro detta premium, a 19 e 90. La versione basic, e qui già in molti hanno alzato il sopracciglio, è praticamente identica, anche come resa qualitativa a quella gratuita offerta da Spotify, mentre in quella premium subentra l'utilizzo dei FLAC e i benefits di cui sopra.

Subito, però, in molti si sono posti dei quesiti non certo filosofici.

Oggi come oggi, è un fatto, la musica viene ascoltata prevalentemente con supporti non nati per questo scopo, dagli smartphone ai pc, passando per i tablet. Tutti supporti non muniti, in genere, di casse adeguate, e tendenti a comprimere la musica. Ha quindi senso fornire un supporto migliore i cui effetti, a ben vedere, si perdono una volta acquistati?

Altra domanda che in molti tra gli addetti ai lavori si sono posti è, ha senso in un momento come questo, in cui la gratuità della musica, e non solo della musica, è considerato un dato di fatto, chiedere un abbonamento per avere quel che in altri modi è possibile avere senza sganciare un dollaro?

Ancora un'ultima domanda, forse una penultima, il fatto che gli artisti arrivino a guadagnare fino al doppio che con Spotify e affini interessa anche minimamente il pubblico?

Nei fatti sul momento tutti hanno dato grande rilievo al rilancio di Tidal. In Italia, per dire, si è cominciato a parlare insistentemente di chi avrebbe mai potuto guidare gli artisti di casa nostra in una iniziativa del genere, indicando in Jovanotti il nostro ipotetico Jay Z. Poi, però, i primi giorni sul mercato hanno sancito per Tidal un flop senza precedenti. I tanti nomi coinvolti non hanno fatto da volano all'operazione, anzi, in molti hanno guardato a tutti quei milionari come a chi non vuole far altro che trovare un modo per guadagnare dalla musica senza passare dalle case discografiche (per altro verità a metà, poco generosa nei confronti di chi, in realtà, è decisamente penalizzato dall'idea stessa di streaming musicale).

Segno del declino, veloce e irreversibile, l'abbandono della nave da parte el CEO, Andy Chen, già il 19 aprile, dopo pochi giorni dal lancio dell'operazione. Chiaramente, nell'annunciare l'avvicendamento con il nuovo CEO, Peter Tonstad, ex amministratore delegato di Aspiro, il portavoce ufficiale di Tidal ha sottolineato come di cambio in meglio si tratta, ma un così repentino passaggio di consegne non lascia presagire niente di buono in nessun tipo di azienda.

Ma la vera domanda che si sarebbero dovuti porre diretti interessati, investitori e anche semplice pubblico da casa è: potrà mai avere successo un servizio di streaming che non veda tra i suoi promotori Taylor Swift?

Lei, che in maniera eclatante ha lasciato Spotify, e nonostante questo ha portato a casa il record di album venduti nel 2014 col suo 1989, sembra davvero avere un fiuto unico per gli affari e avere una capacità tutta unica di gestire i metodi di fruizione del suo catalogo. Il fatto che se ne sia tenuta a debita distanza avrà pur voluto dire qualcosa, no?

TRAP-CONTO DI NATALE, TRA DICKENS E TAVECCHIO

Questa è una storia triste. Una storia triste che si svolge a ridosso del Natale, manco fosse un racconto di Dickens. La differenza è che questa è una storia triste, molto triste, ma è anche una storia vera. O almeno verosimile.

C'è un ragazzo, età imprecisata tra i venti e i ventisei. È lui il protagonista di questo racconto natalizio. Si muove per Milano, questa la città di questo racconto natalizio. Si muove per un quartiere periferico, a voi la scelta: Calvairate? Baggio? Lambrate? Decidete voi, è uguale. Il ragazzo si muove a bordo di una Fiat Panda, questo è un dettaglio importante, fermatevelo nella memoria. Non una Fiat Panda di quelle nuove, magari disegnate da un amico di Lapo Elkann. Una vecchia Fiat Panda, di quelle con la targa che comincia con le due lettere della provincia, non classificata ancora con un qualche tipo di Euro. Una macchina che non può accedere nell'Area C, ma che probabilmente non potrebbe circolare neanche in periferia, se solo qualcuno avesse tempo e pazienza per fare un controllo. La periferia è però periferia, ci sono ben altri cazzi da tenere a bada che una macchina che inquina. Perché inquina la Fiat Panda del ragazzo, e cammina a strappi, perché la Fiat Panda in questione non riesce a mettere la quarta. Le rare volte che in uno dei vialoni che portano verso il semicentro è libero dal traffico si può sentire anche da lontano lo sforzo del motore, il sudigiri per quella macchina lasciata in terza.

Ma anche se la Fiat Panda è un dettaglio importante non è di macchine che si parla in questo racconto natalizio.

Si parla del ragazzo. Il ragazzo che se ne va in giro per il suo quartiere, perché quello è e rimane il suo quartiere, a bordo di una vecchia Fiat Panda.

La gente lo guarda, li guarda, il ragazzo e la sua vecchia carretta. Lo riconosce, la gente, a partire dalla macchina, certo, per loro familiare, e anche per la faccia, che hanno imparato a vedere anche dentro uno schermo, si tratti di quello grande della tv al plasma o di quello del tablet. Lo guardano, lo riconoscono e lo salutano, tutti alla stessa maniera: "E la villa?"

Sembra quasi una gag, qualcosa di preparato. Di più, sembra la scena iniziale di *Cosmopolis*, il libro di De Lillo o il film di Cronenberg, fate voi. Una macchina che attraversa le strade, lenta, inesorabile. Per certi versi anche stavolta c'è di mezzo un funerale, anche se non di una persona.

"E la villa?"

Il ragazzo nella macchina muove la testa a tempo con la musica che esce dall'autodario, di quelle vecchie, come la macchina, che si possono ancora portare via, che si possono rubare. È una musica di merda, ma questo il ragazzo non lo pensa. Perché è lui quello che ci rappa sopra, è la sua musica, quella.

La musica con la quale, si ripete, sarebbe dovuto finire nella villa, in un quartiere buono, magari a bordo di una Lamborghini. Mentre sta ancora lì, a Baggio come a Calvairate, sulla sua vecchia Fiat Panda. Del resto è meglio andare in giro che starsene a casa, sempre che si possa continuare a chiamare casa quei trentacinque metri quadri nei quali ha vissuto tutta la vita con la sua famiglia. Perché lì è un continuo citofonare. Non passano dieci minuti che non arriva qualcuno. Amici, parenti, anche gente che in realtà non ricorda di aver mai conosciuto, ma che lo chiama per nome, gli da il cinque, gli passa una canna. Tutti a fare la stessa domanda, sempre quella: "E la villa?"

Non lo sanno, loro, che una villa non arriverà. Non lo sapeva neanche lui, il ragazzo, che la villa non sarebbe arrivata. Ancora non ci crede, a dire il vero. Gliel'hanno dovuto spiegare con calma, scandendo bene le parole, una alla volta. Lui era lì, nell'ufficio dei suoi discografici, sulla scrivani di fronte a lui una cornice in vetro dei suoi tre dischi d'oro e del disco di platino, e di fronte un signore di mezza età che, con tono da laureato, gli ripeteva che sì, c'erano stati i premi, ma la situazione non era esattamente come poteva sembrare. Poi gli aveva passato un foglio con su scritto tre righe. Un foglio A4 con solo tre righe scritte. In una c'era un numero, nella riga successiva ce n'era un altro, e nell'ultima c'era la differenza tra i due. Il risultato era una cifra piccola, molto piccola. Certo, rispetto a quello che portava a casa suo padre poteva anche andar bene, quasi due suoi stipendi, ma il padre faceva il carrozziere in nero in un'officina del quartiere, non esattamente un metro di paragone corretto, se si vuole diventare una popstar. Se lo era ripetuto per tutta l'adolescenza, e ora era divenuto una popstar. La gente lo riconosceva, aveva milioni di followers, milioni di gente che lo andava a vedere su Youtube, o a ascoltare su Spotify. Tre dischi d'oro per i singoli, uno di platino per l'album. Uno spot, pure, che aveva reso la sua faccia ancora più popolare. Ma niente cash. Niente soldi. Niente villa.

Quando, finalmente, il signore di mezza età dall'altra parte della scrivania aveva smesso di parlare, imbarazzato, il ragazzo si era alzato, cercando di ricordare dove aveva parcheggiato la Panda.

Uscito dalla casa discografica, dopo aver messo il foglio con le tre righe nella tasca interna del giubbotto, si era fermato al bar dei cinesi dall'altra parte della strada. Voleva mettere del tempo prima del suo ritorno a casa, sempre che si possa chiamare casa quei trentacinque metri quadri nei quali ha vissuto tutta la vita con la sua famiglia. Voleva mettere del tempo prima di incontrare lo sguardo di suo padre, quello di sua madre, prima di dover dire loro che no, non è vero che li avrebbe portati via di lì, non è vero che il miracolo era accaduto. Tutto finto. Tutto finito.

Voleva mettere del tempo prima di tutto questo. Possibilmente anche due o tre vodke lisce.

Entrato nel bar del cinese non l'ha riconosciuto nessuno, forse perché dentro c'erano solo vecchi e cinesi. I cinesi se ne stavano dietro il bancone, a parlare cinese. I vecchi a tre tavoli quadrati, guardando verso un angolo della sala, la testa rivolta in alto. Lì c'era la televisione, sintonizzata su un canale sportivo. Sicuramente lì non avrebbero passato lo spot con la sua musica, con la sua faccia. Sicuramente lì, almeno per qualche minuto, nessuno gli avrebbe chiesto della villa.

I vecchi seduti ai tavoli sono piuttosto alterati, guardano e urlano, parlandosi l'uno sull'altro.

Il ragazzo non capisce di cosa stiano parlando, e neanche gli interessa molto. Capisce che c'è un tizio, un signore pelato, anziano, che sta parlando dentro la televisione, che deve aver fatto dei grossi danni. Capisce che quel tizio ha fatto danni proprio a loro, ai vecchi del bar dei cinesi, questo gli dice l'odio delle loro urla. Il ragazzo capisce che in qualche modo quell'uomo pelato li ha privati di quel che loro ritenevano un loro diritto. Non sa di che stanno parlano, ma è ovvio che è colpa sua, dell'uomo pelato dentro la televisione.

Già alla seconda vodka il ragazzo si disinteressa di tutto quel ciarlare, ciarlare che quantomeno gli ha impedito di pensare a quello che l'uomo di mezza età dall'altra parte della scrivani, dentro la casa discografica, ha faticato a fargli capire, scandendo bene le parole. Con la terza vodka, a stomaco vuoto, la faccia dell'uomo dall'altra parte della scrivania, quello che prima gli ha dato i tre dischi d'oro e il disco di platino, poi il foglio con le tre cifre ridicole, si confonde con quella dell'uomo pelato dentro la televisione.

Tavecchio. Così gli hanno urlato per tutto il tempo i vecchi dentro il bar. Da principio pensava dicessero proprio vecchio, dando vita a un bel paradosso, essendo anche loro vecchi. Poi ha capito che Tavecchio era un cognome, il cognome dell'uomo pelato dentro la televisione. E ha capito che era tutta colpa di Tavecchio.

Ora che l'effetto delle tre vodke è praticamente finito, e che anche la benzina dentro la Fiat Panda sta per finire, la luce della riserva che lampeggia da troppi minuti, quel nome gli torna in mente con tutta la sua potenza.

Tavecchio.

"È tutta colpa di Tavecchio," comincia a urlare, sovrastando la musica e la sua stessa voce che esce dalla vecchia autoradio della sua vecchia Fiat Panda.

"Se non compro la villa è tutta colpa di Tavecchio! Tavecchio dimettiti!" "E da quand'è che ti occupi di calcio?" urla qualcuno al ragazzo, mentre la Fiat Panda da gli ultimi strappi prima di spegnersi a secco. Domanda lecita, magari.

"Calcio?," chiede il ragazzo. "Cosa c'entra il calcio. Tavecchio dimettiti! Non capisci una Mazza. Ridatemi quello che è mio."

Questa è una storia triste. Una storia triste che si svolge a ridosso del Natale, manco fosse un racconto di Dickens. La differenza è che questa è una storia triste, molto triste, ma è anche una storia vera. O almeno verosimile.

C'è un ragazzo, età imprecisata tra i venti e i ventisei. È lui il protagonista di questo racconto natalizio. Si muove per Milano, questa la città di questo racconto natalizio. Si muove per un quartiere periferico, a voi la scelta: Calvairate? Baggio? Lambrate? Decidete voi, è uguale.

Il ragazzo non si muove più a bordo di una Fiat Panda, perché a finito la benzina e non ha soldi per fare il pieno. Non si comprerà una villa, perché non ha soldi per farsi il pieno, figuriamoci per comprasi la villa.

Continua a non capire nulla di calcio, con o senza vodka a stomaco vuoto.

Tavecchio si è dimesso, ma la cosa non lo consola affatto. Ognuno ha il proprio Tavecchio che non si vuole dimettere, neanche a Natale.

TRILOGIA DI MARCO MENGONI

Il giorno della marmotta

Tana per Marco Mengoni. Abbiamo finalmente capito, amico nostro, adesso puoi anche iniziare a fare sul serio.

Abbiamo capito tutto.

C'è un film molto spassoso dei primi anni Novanta con Bill Murray che si intitola *Il giorno della marmotta (Ricomincio da capo)*. Un film spassoso in cui al protagonista succede di rivivere continuamente lo stesso giorno. Ecco, Marco Mengoni ha deciso di utilizzare il leit motiv di questo giorno come fil rouge della sua carriera discografica.

Proviamo a analizzare i fatti.

Siamo a metà ottobre. Ma potrebbe essere un qualsiasi altro mese dell'anno, poco cambia. L'importante è che sia passato qualche mese dall'ultima uscita discografica del cantante di Ronciglione. Siamo quindi a metà ottobre. Esce un nuovo singolo di Marco Mengoni, *Sai che*. Un singolo che, ci tiene a dire il cantante di Ronciglione, chiude la playlist in divenire iniziata Guerriero, uscito a novembre 2014, anticipatore di *Parole in circolo*, primo step di questa avventura discografica, poi uscito a gennaio 2015, e poi proseguito con *Ti ho voluto bene veramente*, uscito l'11 ottobre 2015, anticipatore di *Le cose che non ho*, uscito il 4 dicembre dello stesso anno. Stavolta si tratta di *Sai che*, anticipatore di Marco Mengoni Live, che contiene, appunto i due album precedenti, un Live e cinque inediti, atti a chiudere questa playlist in divenire. Playlist in divenire che, a questo punto, potrebbe anche non chiudersi mai, se l'idea è che, a ogni nuovo singolo o Ep o album che esce ci viene presentato in questa maniera.

Ogni tot mesi esce un singolo, poi un album, e tutto fa parte di un progetto più ampio, 'sta benedetta playlist in divenire cui il cantante di Ronciglione, prodigiosamente definito in alcuni luoghi e laghi cantautore, nonostante si faccia scrivere le canzoni da autori terzi, parla manco fosse il romanzo in divenire di Jack Kerouac. A seguire, ovviamente, un mega tour, che probabilmente sta alla base di questo continuo ritorno sui mercati, e una campagna marketing sui social che, lo diciamo senza se e senza ma, meriterebbe il Grammy.

Ma poi, il nuovo singolo di Mengoni, il cantante di Ronciglione, com'è?

E qui torniamo a Il giorno della marmotta. Perché in questo piano diabolico ordito da un'entità superiore che sta gestendo tutto questo, di cui ignoriamo il nome ma a cui va tutta la nostra ammirazione, la stessa ammirazione che proviamo per chiunque riesca a organizzare scherzi così ben congegnati e portati avanti nel tempo, Sai che è esattamente quella storia lì, il solito singolo di Marco Mengoni che esce in autunno. Una ballad cupa, una black ballad o come la vogliamo chiamare, con gli arrangiamenti nervosi e vuoti di Michele Canova, sempre lui, Dio santo, sempre lui, un testo ritenuto inspiegabilmente importante che Mengoni declama, più che canta, manco fosse un inedito di Dante Alighieri ritrovato a casa del Premier Renzi, loop che si fanno tappeto, bassi e chitarre. *Guerriero? Ti ho voluto bene veramente?* Esatto. Da oggi, *Guerriero*, *Ti ho voluto bene veramente* e *Sai che*. In mezzo, ovviamente ci si può infilare tutto quel che questa consuetudine, premiata da acquirente e followers e pubblico ai concerti, ha creato, dai tanti piccoli cloni che sono finiti nelle olaylist non in divenire di colleghi e colleghe, senza star qui a fare nomi.

Non che dal cantante di Ronciglione ci si dovesse aspettare un pezzo punk, o una canzone rap, ma magari una variazione sul tema. Del resto Bill Murray, incastrato nel giorno della marmotta nell'ominimo film, qualcosa provava a cambiare, ci si impegnava, ci metteva del suo. Nel senso, visto che sta per partire un nuovo importante e imponente tour, capiamo la necessità di tornare a mettere qualcosa sul piatto, perché non si vive di soli social (quasi, diciamolo). Ma azzardare qualcosina che suoni non dico originale, ma almeno di non identico?

Poi, ma qui siamo nel campo dei consigli, che è quello che la critica musicale in teoria era un tempo preposta a fare, dopo aver svolto la parte di analisi, provare a spostare l'attenzione da Il giorno della mormotta, che so?, a Sliding doors non sarebbe male. Lì un cambiamento anche involontario nel percorso di una vita apriva strade completamente diverse, svolte, appunto. Vuoi vedere che Marco Mengoni tira fuori finalmente qualcosa di originale e non è costretto a raccontarci la favola della playlist in divenire e la smette di incupirci con 'ste ballate oscure. Come direbbe Gianluca Vacchi, Enjoy, o almeno provaci.

UN GIORNO ALL'INFERNO, LE RADIO

Il concetto di espiazione è tipicamente delle culture cattoliche, figlio dell'ancor più caratterizzante concetto di colpa. Conoscete il meccanismo, siamo esseri umani fallaci, commettiamo errori, per riparare a queste colpe arriva l'espiazione.

Ora, non so esattamente quali colpe abbiano portati a un simile carico di espiazione, ma ho fatto un esperimento e ho passato una giornata facendo zapping per le radio nazionali. Arrivato di sera credo che potrei serenamente entrare in una chiesa bestemmiando dopo aver picchiato bambini e torturato animali sicuro di essere ancora in credito con Nostro Signore.

Perché passare il tempo ascoltando radio, in Italia, è davvero una pena estrema, di quelle che, fosse ancora vivo Dante, affibbierebbe a peccatori particolarmente odiosi, tipo gli ignavi o gli incestuosi.

Andiamo con ordine. Cosa si intende per radio nazionali. Siccome non voglio fingere di essere stato lì a sintonizzare solo i principali network sul mio apparecchio radiofonico, perché va bene sottoporsi a supplizi indicibili, ma farlo pure dopo aver perso tempo prezioso a smanettare con un apparecchio che, altrimenti, se ne sta giustamente spento e riposto in apposito scaffale mi sembra troppo. Quindi mi sono limitato a fare zapping tra i canali che si ricevono a Milano, nel quartiere dove io abito, canali che comprendono tutte le principali radio nazionali, più uno sparuto numero di radio il cui nome, viva Dio, ignoravo fino a oggi e che, voglia Dio, spero di dimenticare già a partire da domani.

Il mio zapping è stato, inizialmente, una sorta di strategia della fuga. Mi spiego, siccome la musica che ascoltavo era tutta catalogabile come orribile, continuavo a correre da una frequenza all'altra, sperando in un miracolo. Miracolo che però non arrivava, tranne un raro momento in cui vai a sapere chi ha passato Hotel California degli Eagles. Per cui, dopo circa un'ora di fuga scomposta mi sono arreso, e ho deciso di essere più pragmatico e in qualche modo fedele al mio autoimposto ruolo di esploratore dell'etere. Perché questa, in fondo, era l'idea, fare un reportage su quel che succede quotidianamente in radio, a partire ovviamente dalla musica. E di musica, in effetti, in radio ne passa, ma molto meno di quel che pensavo (o speravo). Diciamo che a grandi linee di canzoni ne passano poco più di una trentina, spalmate su tutte le radio. Sempre quelle, come se una forza superiore, di quelle che non si dovrebbero neanche rappresentare con una parola, troppo potenti e altissime da poter essere intrappolate in un nome, avesse deciso per una selezione naturale, voi sì e tutte le altre no. Il problema è che questa forza naturale, salvo rarissime eccezioni, ha deciso di andare in culo a Darwin, lasciando passare lo strettissimo setaccio solo al peggio del peggio. Attenzione, non scambiate queste parole come frutto dell'atteggiamento snob di chi guarda a tutto ciò che riscuote un certo successo, per dirla con una parola tanto idiota quanto quel che dovrebbe rappresentare, commerciale, ma proprio come il trasparente giudizio che non si può che decretare dopo aver passato ore e ore a sentire sempre la solita brutta musica. Qualche titolo? Ve li faccio solo nella speranza che voi, appunto, non ascoltiate la radio, e che quindi in qualche maniera ne siate salvi. Perché, ma qui scivoleremmo in un altro territorio, che non voglio né posso esplorare oggi, è evidente che oggi le radio nazionali si stiano tutte contaminando tra loro, lasciando che anche le oasi di bellezza in qualche modo siano corrotte dalle vaste praterie del brutto. Qualche titolo, si diceva. Quella che mi è capitata di ascoltare più spesso, e qui giustamente vi farete di me l'immagine di un peccatore davvero imperdonabile, è *G come Giungla* di Ligabue. Alla faccia che le radio italiano privilegiano le canzoni straniere, concetto spesso usato come cavallo di battaglia da chi vorrebbe anche in Italia una regolamentazione alla francese, che impone un tot di canzoni nazionali ogni tot di canzoni straniere. A seguire, va detto, la bella *Lost on you* di LP, che di origine è sì italiana, ma americana di nascita e anche musicalmente parlando. Uno a uno, verrebbe da dire, ma è solo l'inizio di un viaggio nel brutto che è proseguito tra ascolti multipli di gente come Alvaro Soler, passatissimo sia in solitario, con Sofia, che in coppia con Emma, poi Elisa, con la sua *Bruciare per te*, Raphael Gualazzi con la cover di *Con un deca* degli 883, stranamente intitolata *L'estate di John Wayne*, e *Perfect Illusion* di Lady Gaga, ai miei orecchi unico momento di beatitudine in una giornata da dimenticare, e i Major Lazer di *Cold Water*, bella canzone, ma minore, e poi *Unici* di Nek, *Used to You* di Annalisa, *Tra di noi* dei Tiromancino, e *Combattente* di Fiorella Mannoia. Ogni tanto, random, Jovanotti, con *Ragazza magica* ma anche con *L'estate addosso*, e altra robaccia.

E già ce ne sarebbe abbastanza per porre fine alla propria esistenza senza rimpianti né rimorsi. Invece, e qui viene forse la parte peggiore, la radio italiana non è fatta solo di brutta musica, ma anche di brutte parole. Perché, vai a capire per colpa di chi, probabilmente di Linus e di Radio Deejay che ha lanciato la moda, la radio è fatta molto anche di gente che parla. Gente con belle voci, va detto, ma che dice una immensità di cazzate. Capisco che riempire una, due, tre ore di programma sia operazione complicata. Capisco che ci dovrebbero essere decine di autori per ogni programma, gente capace non solo di sfogliare i blog e i siti più importanti, ma magari di produrre uno straccio di idea originale una volta ogni tanto. Capisco anche che se ti capita un ospite, ed è lo stesso ospite che si sta facendo il giro di tutte le radio, probabilmente fagli dire qualcosa di originale sarà più complicato che far uscire un pensiero di senso compiuto dalla testa dell'onorevole Gasparri. Capisco tutto, ma Benedetto Iddio, se a fare da interpunzione tra una canzone dei Modà, fortunatamente passati solo da una radio, Rtl 102.5, seppur con frequenza oraria, e una di Raige non c'è altro che una serie di parole vacue, dette da voci compiaciute che ripropongono la versione orale dei social, cioè parlano della notizia del giorno senza nulla di originale aggiungere, forse sarebbe il caso di rilanciare il caro vecchio segnale muto delle televisioni, quello che andava di notte negli anni Settanta, prima della ripresa delle trasmissioni la mattina. Cioè, ok, oggi è uscita la notizia che Tiziano Ferro farà un tour negli stadi nel 2017, figlio del lancio del suo nuovo album, in uscita a inizio dicembre, ma non è che me lo potete dire in tutte le radio, in tutti i programmi, per tutto il giorno. Lo avete detto alle 10 di mattina, bene, lo abbiamo capito, grazie, passiamo a altro. Anche perché, suvvia, tutti abbiamo uno smartphone, lo sapevamo anche prima di voi. Idem per il nuovo singolo di Benji & Fede, il cui titolo non vi ripropongo per un senso di amorevole affetto nei vostri confronti. Ok, è uscito, ma non è che se mi ripetete ossessivamente che lunedì uscirà anche il nuovo video mi state fornendo una notizia di prima necessità. Anzi, visto che siete delle radio, io eviterei di parlare di video, perché, in qualche modo, vi state pure dando la zappa sui piedi.

Poi, anche qui, ci sono sacche di ossigeno in mezzo ai miasmi. Se capitate su Virgin Radio, per dire, seppur con un palinsesto che si sta un po' sporcando, troverete roba decente. Idem su Radio Montecarlo e su Radio Capital. Ma nell'insieme quel che resta, dopo una giornata di ascolti random, è una sensazione davvero brutta sulla pelle.

Una giornata che mi fa porre una domanda, a me stesso e magari anche a Alessandro Massara, Andrea Rosi e Marco Alboni, rispettivamente presidenti di Universal, Sony e Warner. Questa domanda: perché? Nel senso. Col vostro lavoro, parlo della musica italiana, ovviamente, fornite quotidianamente materiale alle radio nazionali. Materiale di cui loro, le radio nazionali, fanno un po' quel che vogliono. Decidono se vanno bene o meno, vi prendono le edizioni, impongono imbarazzanti featuring e connessioni. Alla fine, magari, voi avete investito decine di migliaia di euro per un singolo, seguendo quelle che sono le indicazioni dei direttori artistici delle radio e loro, le radio, decidono di non passarlo. Ecco, questa è la domanda: perché? Siete o non siete voi a fornire la materia prima alle radio? Lo siete, allora iniziate a trattarli come gente che necessita della vostra materia prima, smettetela di seguire i loro diktat. Tanto poi alla fine non succede niente di rilevante, e come risultato avete solo prodotto brutta musica.

Tornando alla mia giornata di supplizio, una sola notazione positiva, in mezzo a notizie di cui non ci interessa niente e a canzoni che fanno letteralmente cagare, non mi è capitato neanche una volta di sentire Andiamo a comandare di Rovazzi. Neanche per sbaglio. Chiaro, fra un po' uscirà il nuovo singolo e la festa finirà, ma la speranza è che nel mentre arrivino gli alieni, o la peste o un asteroide, tanto le nostre colpe le abbiamo espiate e finiremo dritti in Paradiso.

UNICI **DI NEK,** *ROBA DA VERGINE* **DI FERRO**

Esce *Unici*, tredicesimo album di studio di Nek. Lo produce colui che già si trovava dietro il banco la volta scorsa, quando Nek è tornato a vivere dopo un momento di morte apparente, con *Prima di parlare*, album particolarmente fortunato, lanciato al Festival della Canzone Italian di Sanremo dal singolone *Fatti avanti amore*. Il nome del produttore, segnatevelo, è Luca Chiaravalli, uomo di lungo corso della discografia italiana, già a fianco di Renga, Anna Tatangelo e tanti altri artisti, e co-autore del brano che è valso la vittoria sempre al Festival degli Stadio, l'anno scorso. Un ottimo autore, e un bravo produttore, il lavoro fatto con Eros Ramazzotti per *Noi* e con i Tiromancino per *Nel respiro del mondo* lo dimostra, ce ne fosse bisogno. Proprio parlando con lui, recentemente, con Luca Chiaravalli, mi faceva notare come, per uno strano caso del destino, fosse passato indenne sotto la mia penna tante e tante volte, sorte non così comune. "Qualcuno penserà che con me fai favoritismi," mi ha detto, ridendo.

Ecco. Credo che finalmente sia arrivato il momento di fugare questi cattivi pensieri.

Perché trovo che *Unici* di Nek sia uno dei dischi più brutti che io abbia ascoltato negli ultimi anni. Vorrei esagerare, e dire che trovo *Unici* uno dei dischi più brutti che io abbia ascoltato in assoluto, ma non vorrei far passare questa stroncatura, di questo si tratta, come qualcosa atto a dimostrare una mia presunta imparzialità. No. Il punto non è se io sia o meno imparziale. Il punto è che *Unici* è un album che, non l'avesse fatto Nek, probabilmente non sarebbe neanche arrivato nei negozi di dischi, sempre che ancora ne esistano. Invece è qui, in tutta la sua bruttezza. Nek, tutti mi dicono persona piacevole, simpatico, ha una bella voce, la conosciamo, vagamente stinghiana, gradevole, ma è anche un cantante che è sempre suonato vecchio, sin dal suo esordio, giovanissimo. Sentirlo cantare melodie banalotte su basi electropop, santo Dio basta con questo electropop, proprio non si può. Quando sentiamo dire nei talent a concorrenti giovanissimi che non sono credibili mentre interpretano canzoni che presuppongano un certo vissuto andrebbe applicato anche ai Big. Nek non è credibile su queste canzoncine con ambizioni dance. Sentire *Il giardino dell'eden*, per dire. Una canzone dance che segue le orme del disco precedente, ma che. Chi ha avuto questa idea? Maria De Filippi in un impeto di megalomania? Si tratta di uno spin-off di *Amici*? Perché questa canzone, esistessero pene corporali per le brutte canzoni, meriterebbe qualcosa di estremo, tipo quelle che nel medioevo prevedevano che il prigioniero fosse legato a due ruote giganti che gli staccavano ossa e muscoli dal resto del corpo, con dolori lancinanti prolungati nel tempo.

Cavoli, ragazzi, io vi voglio bene, davvero, ma andatevi a sentire cosa produce oggi un The Weekend, ascoltatevi Halsey coi The Chainsmokers, fatevi overdose di Dj Snake, di Major Lazer. Sembra che qui qualcosa si sia fermato a un paio di anni fa, mentre il resto del mondo continuava a produrre musica.

Uno sente Uno di questi giorni e si pone delle domande profonde sul senso della vita, ma lo fa più che altro per distrarsi di fronte a questa roba che per Nek è credibile come per Valentina Nappi un duetto con Suor Cristina. Forse un po' meno.

Filippo, fidati di un pirla, imbraccia di nuovo il tuo basso, circondati di una band che suona, magari rimettiti a scimmiottare Sting, che mica ci offendiamo, ma lascia perdere sta roba. E soprattutto torna a scrivere senza voler correre dietro a un pubblico che non è il tuo, si suppone quello di *Amici*. Quel pubblico, te lo diciamo in confidenza, non esiste, e anche esistesse non sarebbe il tuo. Già hanno ammazzato Elisa, salvati almeno tu.

PS
Luca, hai visto, alla fine è toccato pure a te, ce l'abbiamo fatta...

UNO NON VALE UNO, SPECIE NELLA MUSICA

La democrazia ha rotto il cazzo.

Niente di più lontano da un mondo ideale, checché se ne dica. Perché l'idea che tutti siamo uguali, e soprattutto che tutti abbiamo diritto/dovere di dire la nostra su tutto non solo non risponde al vero, ma sta generando più mostri che le lingue biforcute in The Strain 4. Ecco, diciamo che se volessimo farci un'idea apocalittica sull'oggi non sarebbe necessario spararsi una dei nuovi episodi di *Black Mirror*, basterebbe farsi un giro sui social e leggere come chicchessia si senta di colpo esperto di vaccini quanto di politica internazionale, per non dire di quegli argomenti così poco scientifici e scientificizzabili come le varie forme d'arte.

Se tutti siamo stati (o siamo) allenatori, medici, esperti di politica, figuriamoci se non siamo anche critici musicali, televisivi, letterari o critici d'arte. No, scusate, dell'arte, sia pittura, scultura o arti figurative in genere non frega niente a nessuno, ed è almeno dai tempi della famosa scena in cui Alberto Sordi e sua moglie Erminia si siedono in un museo di arte contemporanea e vengono confusi per un'opera d'arte che ridacchiare della incomprensibilità di detta arte è diventato fuori moda, superato a sinistra dal situazionismo dell'arte contemporanea stessa.

La democrazia ha rotto il cazzo, quindi.

Su questo siamo tutti d'accordo. Soprattutto nel mondo delle arti, dove la percezione che "uno vale uno" si trova spesso a cozzare con il narcisismo di quell'uno che poi, magicamente, si trova a considerarsi molto più degli altri, sostenuto dall'amore incondizionato dei suoi fan, che invece, si ritengono di valere esattamente come chi ha attaccato il loro idolo. Ma il discorso è molto più complesso. Non riguarda solo artisti e critici, ci mancherebbe altro. L'uno vale uno è come l'infiltrazione dell'acqua, non lo fermi e ti accorgi della sua presenza troppo tardi, quando una mattina scendi dal letto e ti ritrovi con le ciabatte intrise d'acqua.

Andiamo con ordine. O quantomeno proviamoci.

Sono ormai diversi anni che l'idea di professione è tragicamente venuto meno. Un tempo c'erano le specializzazioni. Prendiamo il mondo della musica, che è quello dove chi scrive, specializzandosi, si è fatto un nome, andando a confrontarsi negli anni con altre professioni, costruendo una credibilità e ottenendo un riconoscimento fondato sul rispetto da parte della comunità degli addetti ai lavori, a partire dagli editori per arrivare agli artisti e ai discografici. C'erano i cantanti, ovviamente. Spesso erano interpreti, per cui al lavoro con loro e per loro c'erano degli autori, compositori e parolieri. A lavorare con gli interpreti nella scelta delle canzoni c'erano i discografici, nelle figure degli A&R, che starebbe per Artistico & Repertorio, come dire, coloro che si occupano delle nuove canzoni e anche del repertorio. Questo per quel che riguarda la parte del mercato, per quel che riguarda l'artista, quindi diciamo serenamente la parte che punta più verso l'alto, o che verso l'alto dovrebbe guardare (ma si parla di artisti, quindi diamo per scontato che sia così), magari non necessariamente pensando solo alle vendite, ci sono i produttori artistici, i manager, i consiglieri.

Una volta identificati i brani subentrano altre figure, ad affiancare cantanti e produttori artistici, nello specifico gli arrangiatori, che sono coloro che rivestono di suoni i brani e gli regalano un mondo sonoro, quindi i musicisti, e per la parte relativa all'incisione, gli ingegneri del suono, i fonici. Una volta incisa la canzone la palla passa alla casa discografica, che si trova in necessità di rendere le canzoni fruibili, magari sincronizzandole con qualche pubblicità o qualche film, così da renderle non solo più familiari per gli ascoltatori, ma anche per fare cassa. Poi ci sono gli uffici stampa, che devono agevolare il rapporto tra gli artisti e la stampa.

E poi arrivano i promoter, coloro che organizzano i tour, interagendo con gli impresari geolocalizzati in giro per l'Italia. I promoter interagiscono con lo staff degli artisti, manager in testa, e spesso si coordinano con i discografici, perché avere singoli in rotazione radiofonica mentre c'è un tour in corso, per dire, aiuta non poco.

Insomma, c'erano mestieri vari. Parecchi. E c'erano specializzazioni. Tante.

La gente studiava per arrivare ad avere una professionalità chiara, e faceva la gavetta, affiancando professionisti affermati prima di potersi permettere in prima persona di svolgere una determinata mansione.

Poi, suppongo, qualcuno ha frainteso la lezione del punk, magari traviato dall'arrivo e dall'attecchimento del rap, e ha pensato che certi passaggi della filiera si potevano pure saltare.

Lo sapete, tagliando con la falce, ché questo non è un saggio sulla storia della musica contemporanea, ma un articolo contro la democrazia, i punk erano artisti che si vedevano in necessità di approcciare la musica anche senza avere le capacità tecniche per farlo, stando almeno ai canoni preesistenti, nello specifico quelli ultratecnici del progressive rock. L'urgenza batteva la perizia, e in alcuni casi anche il talento, di qui l'esplosione del punk, capace come pochi altri generi prima di intercettare un malessere diffuso tra certe classi sociali. Che poi il punk sia in realtà stata, almeno in una sua certa deriva, un puro caso di marketing cinico e chirurgico è altra faccenda, perché la percezione della stragrande maggioranza del suo pubblico, così come degli stessi artefici del fenomeno, ci credettero senza se e senza ma.

Il problema sta però tutto in quell'urgenza, e anche nel fatto che certi miracoli non possono (né dovrebbero necessariamente) ripetersi. Però col punk, e poi col rap, che del punk poteva forse essere parente stretto per l'approccio da non musicisti degli attori in campo, ma non lo è affatto stato per quel che riguarda il rifiuto del talento (anzi, il rap è sostanzialmente nato proprio sulla voglia dei protagonisti di rimarcare il proprio talento contrapponendolo a quello degli altri), si è ingenerata questa errata credenza che chiunque avesse qualcosa da dire poteva prendere un microfono o uno strumento e dirlo. Di pari passo, dalle fanzine per i critici musicali, alle neonate label indipendenti per la discografia, si sono cominciate a mescolare le carte anche per le altre figure, del resto Malcolm McLaren, che del punk inglese è stato decisamente attore principale, nasceva come commesso di un negozio di vestiti stravaganti di King's Road, non certo come discografico o artista.

Arrivando all'oggi, saltando quindi a grandi falcate il passato remoto e quello prossimo, la rete ha decisamente contribuito a peggiorare la situazione. Attenzione, non si leggano queste parole con intendo antriprogresso. Non parlo della rete in sé, dove del resto mi state leggendo, Dio la preservi e la faccia espandere, parlo della rete in te, che per il solo fatto di avere modo di dire qualcosa automaticamente pensi che il tuo dire abbia necessariamente un valore assoluto e che il tuo poterlo dire faccia di te un commentatore autorevole, al pari di chi, magari, per poter dire la propria con competenza ha studiato, e anche parecchio.

Uno vale uno, come slogan, non l'hanno inventato gli UK Subs, né tanto meno io.

Uno non vale uno, mi spiace. Non sappiamo tutti fare tutto. Tu che stai per commentare risentito questo articolo, avendo riconosciuto in uno dei personaggi qui descritto il tuo idolo, poi, non sai davvero fare un cazzo, rassegnati. Uno non vale uno.

Un interprete non deve necessariamente saper scrivere e comporre. Un fonico non deve necessariamente saper fare il produttore, o l'arrangiatore, figuriamoci un cantante. E via discorrendo. Se chiami tuo fratello, la tua fidanzata o il tipo che vendeva le caldarroste all'angolo sotto casa tua, non è detto che questi sappiano fare i vostri manager, i vostri promoter o i vostri uffici stampa. Anzi, ci sono ottime probabilità che, qualsiasi incarico gli affidiate, lo faccia male, molto male, perché da una parte c'è il vostro affetto che vi impedirà di dirgli che la scelta fatta di ingaggiarlo/a è stato un errore gravissimo, dall'altro la troppa vicinanza da parte di lui/lei che gli/le impedirà di dirvi che siete voi a fare una cagata dietro l'altra. Se la figura dello Yes Man ha fatto danni epocali, non solo nel campo della musica, gli Yes Man legati in qualche modo da vincoli di parentela, amicizia o amore sono la vera Apocalisse, quella con cavalieri, le schiere con le trombe e la Madonna che schiaccia la testa del serpente.

Cioè, potrà mai qualcuno che va a letto con qualcun altro avere una qualche obiettività sul suo lavoro?

Dai, non scherziamo.

E potrà mai uno che ha un talento artistico, e che non sia un Prince, saper fare tutto ma proprio tutto, manco fosse l'incarnazione dello spirito di FICO?

Se sei un cantante, rilassati e canta. Lascia che a scrivere e comporre sia chi lo sa fare, ha studiato per farlo, ha visto tante canzoni finire nel cestino prima di vederle timidamente pubblicare. Lascia che sia un produttore a produrre, uno che ci capisce di musica e di mercato, perché non è che saper cantare significhi anche diventare geni del mercato. Lascia che sia un manager a lavorare per te. Non la tua fidanzata, tuo fratello o quello con cui andavi a giocare a calcio da piccolo. Insomma, fai il tuo e non allargarti. Per contro, se sei un artista sarai sensibile a questo, a criticarti non sarà il macellaio del supermercato, ma un critico musicale che avrà studiato per farlo, non necessariamente all'Università della Vita, sia bene inteso, e che pubblichi per un editore che gli riconoscerà la sua professionalità e contribuirà a renderla credibile.

Poi, chiaro, siamo nel 2018, tu che sei un artista contemporaneo lo manderai a cagare in un nanosecondo su tutti i social, aizzandogli contro i tuoi fan che tenderanno a sminuirne il mestiere al grido di "se sei un critico devi accettare le critiche". Per non dire di chi ti chiederà perché se un cantante non ti piace lo ascolti e lo critichi invece di ascoltare qualcun altro e fare critiche costruttive.

Ecco, se la democrazia ha rotto il cazzo, le critiche costruttive e la pretesa che le critiche lo siano hanno preso i cocci del cazzo e ne hanno fatto poltiglia, spargendone i resti nel deserto. Non provate a reclamarla con chi ha scritto questo articolo o essere paragonati a un cavallo che affoga imbarcando acqua dal buco del culo vi sembrerà una fine auspicabile. Parola di lupetto.

WIND MUSIC AWARD,
LA MUSICA (DEMMERDA) CHE GIRA INTORNO

Generalizzare è sempre sbagliato. Questa frase tradisce un equivoco, perché generalizza spiegando che farlo è sbagliato. Ma siccome non siamo sofisti, prendiamo per buono che generalizzare sia sbagliato, e proviamo a applicare questo semplice concetto alla musica leggera italiana. Uno si fa un giro sulle frequenze dei network radiofonici e prova la sgradevole sensazione di sentire solo brutta musica. Forse anche qualcosa di più che brutta. Talmente brutta da provare l'impulso di prendere un ferro da lana e infilarselo nei timpani, per spostare l'attenzione su un dolore più gestibile, fisico. Però, appunto, uno poi si dice che sta generalizzando, che mica può essere che tutta la musica leggera che gira adesso in Italia è così brutta. Allora prova a dare un'occhiata alle classifiche di vendite. Guarda, e quando gli cominciano a sanguinare gli occhi, tipo una qualsiasi statua della Madonna, capisce che non è neanche quella la scelta giusta, che anche in quel caso sta generalizzando, che la vendita, quindi l'incontro della musica con la massa, col mercato, non è certo indice di qualità, non lo è quantomeno in automatico, e che quindi, magari, la qualità c'è, ma è altrove, basta solo cercarla. Però, siccome non è che uno non c'ha un cazzo da fare, allora si dice, diamoci un'ultima possibilità, proviamo a vedere se almeno dentro la televisione un po' di sana e bella musica si trova. E nel farlo, uno mica è proprio l'ultimo degli scemi, evita i tanto giustamente vituperati talent, ricettacolo di interpreti da karaoke senza arte né parte, nel farlo, si dice, deve cercare un programma che sia un contenitore il più ampio possibile, come un tempo era il Festivalbar, dove capitava sì di ascoltare roba tipo i Via Verdi o Baltimora, ma capitava pure di ascoltare Battiato o i Talk Talk. E siccome il Festivalbar non c'è più da circa dieci anni, uno si deve accontentare di quel che passa il convento, e il convento passa gli Wind Music Award, arrivati alla decima edizione, su RAI1. Un programma griffato Wind, quindi, ma in realtà griffato Friends & Partners, questo il nome dell'agenzia di promoting che produce il programma in questione e praticamente fornisce la quasi totalità degli ospiti (come spesso capita nei programmi Rai, da Sanremo, dove ha portato tutti i superospiti tranne Eros Ramazzotti, agli show del sabato sera) di questa sorta di Oscar delle vendite. Oscar delle vendite, parliamone, perché, permettetemi, ma se uno passa due serate due a guardarsi questa roba in televisione, poi, un po' diritto di dire la propria ce l'ha, e anche un po' di dire che certi modi di dire, seppur equivoci, hanno ben più di un fondamento di verità: la musica pop italiana fa tutta abbastanza cagare. Allora, gli Wind Music Award, si diceva. In teoria dovrebbero transitare dall'Arena di Verona, questa la locatino del programma, solo chi è stato certificato platino. Però c'è un però. Alcuni dei certificati platino neanche ci pensano di andare in televisione a farsi fare qualche battuta da Carlo Conti e Vanessa Incontrada, ma soprattutto a mettere la propria faccia sotto il brand Wind e ancora più soprattutto a farsi vedere nella stessa città in cui si muove gente come Benji e Fede. Come non capirli? Così succede che gli Wind Music Award dovrebbero premiare gente come Vasco Rossi, Jovanotti, Tiziano Ferro, Cesare Cremonini, ma questa gente manco di pensa di farsi vedere, quindi ecco che la parata diventa una paratina, con nomi ben meno altisonanti che si susseguono sul palco dell'Arena e dentro il nostro televisore. Ma se per essere invitati devi ricevere un premio e i quelli che quel premio dovrebbero ricevere il premio non si presentano ecco che Ferdinando Salzano, patron di Friends and Partners e eminenza grigia di questa manifestazione deve ogni anno arrampicarsi sugli specchi per trovare un qualche nuovo premio per far arrivare almeno le seconde file, quelli che non vendono abbastanza da meritare un platino ma che comunque un po' vendicchiano. Così ecco il premio per chi ha toccato più città al mondo con un tour, il premio per chi ha pubblicato dieci anni fa un album importante, il premio per chi ha avuto più canzoni eseguite all'estero nell'ultimo anno. Insomma, come fosse Antani tutta la vita. Ecco infatti susseguirsi sul palco gente come Laura Pausini, che non paga di aver fatto i famosi due San Siro, quelli del dito medio, si presenta all'Arena sapendo che poi correrà in piazza Duomo a Milano per non mancare manco al concertone di Radio Italia, copia pari pari dell'evento di casa Rai, stessi nomi (unici artisti assenti all'Arena ma presenti a Milano Enrico Ruggeri, Zero Assoluto, Noemi e Malika Ayane), stesse canzoni, solo location diversa. Del resto la Pausini ha da cercare di riempire i concerti di Roma e Bari, fa bene a occupare militarmente la tv come sta facendo negli ultimi tempi, almeno dopo il mezzo flop dell'album Simili si rifà coi live. Ecco Zucchero. Ecco Marco Mengoni, che Carlo Conti presenta dicendo che dopo aver conquistato l'Italia sta conquistando anche l'Europa e il mondo (l'Universo ancora no, perché purtroppo a tanto non arriva neanche la fantasia del conduttore fiorentino). In mezzo i Modà, tra i pochi a cantare dal vivo, e purtroppo la cosa non è che sia necessariamente da considerare un pregio vista la estrema bruttezza della canzone eseguita, i The Kolors, o megli Stash dei The Kolors, talmente effettato che si faticava a capire se cantasse in playback o dal vivo (ma sembra fosse in playback), e tutta un'altra serie di personaggi davvero imbarazzanti. Benji e Fede, per dire, di cui si favoleggia una partecipazione internazionale ai Billboard Music Awards di Miami (chiedo scusa ai miei tre colleghi ormai noti universalmente come Pool Guys se nomino la città della Florida senza poter esibire una foto a bordo piscina, ci stiamo attrezzando per sopperire a questa mancanza) che in realtà li ha visti prendere parte con un ruolo poco sopra quello degli spettatori, a esibirsi in un hotel nella stessa città che ospitava l'evento (un po' come dire che si prende parte agli Wind Music Awards, ma in realtà si canta in strada davanti all'Arena di Verona, il cappello in terra a raccogliere quattro euro). Francesca Michielin, un caso che prima o poi qualcuno dovrebbe studiare seriamente di doping discografico, perché nonostante non schiodi una copia sta sempre lì, nel mezzo. E poi tanti altri, da Biagio Antonacci a Elisa e i gattini pucciosi, da Chiara (in realtà non è Chiara Galiazzo, la tizia della Tim che ha vinto X Factor salvo poi scomparire nel nulla che l'aveva prodotta, ma Chiara Grispo di *Amici* 15, fresce di pubblicazione con Baraonda, etichetta di Lorenzo Suraci patron di RTL102.5, sponsor degli Wind Music Awards, quindi si suppone invitata a ragione veduta) a Giovanni Caccamo, che è un po' come dire chiamare a cantare il primo che passa in strada, dicendogli che non si è presentato Vasco e tocca fare massa, come le comparse nei pemplum alla Ben Hur, e Paolo Simoni e Antonino, che se non li conoscete non state lì a farvi troppe domande, perché, a ben vedere non li conosce nessuno, manco i loro parenti stretti. E Baby K, Giusy Ferreri, Alessio Bernabei, Loredana Bertè e la Mannoia, spero presto denunciate da Enrico Ruggeri per il grave danno arrecato alla sua immagine, Antonello Venditti, reo di aver fatto da cavallo di Troia al già menzionato Antonino (se non ve ne ricordate è citato poche righe sopra, ma non state neanche a andare a rileggerlo, non ne vale la pena). E poi, siamo in un'Arena, non vuoi far posto anche ai saltimbanchi?, ecco Fedez e Jax, il primo convinto di essere un metre a penser, il secondo a quarant'anni suonati lì a parlare come un bimbominkia, e il loro corrispettivo più sporco e cattivo, Guè Pequeno e Marracash, la dimostrazione che se è vero, come sostengono i tipi degli Wind Music Awards che l'hip-hop in Italia ce l'ha portato Fabri Fibra (in realtà c'è arrivato vent'anni prima, e si chiama rap, non hip-hop, capre), forse sarebbe stato meglio non portarcelo, perché sentire le loro canzoni è un'esperienza da cui difficilmente ci si può riprendere senza ricorrere a bravi professionisti. Rapper in playback, dico io, ma forse non sono rapper, e allora vale tutto, anche proporre quella roba lì. Almeno Fibra, Clementino e Gemitaiz hanno rappato dal vivo, Santo Iddio. Non mancano i vari Briga, uno che si è fatto notare per quanto era antipatico a Amici e una volta uscito da Amici non si è fatto notare per altro, Mario Biondi, Alessandra Amoroso e Urban Strangers, che stanno a uno show che premia chi vende molto come Rino Gattuso poteva stare a una partita in cui giocava solo chi sapesse palleggiare di tacco per almeno un'ora di fila. C'è Emma, un'altra che sta tentando di rianimare il suo album Adesso come neanche in una puntata di *Grey's Anatomy*, defibrillatore in mano e venti cc di dopamina in vena. Stavolta è presente in tutte due le sere, prima da sola e poi con Alvaro Soler, a presentare in anteprima il brano Libre, una canzone che in tre minuti scarsi riesce nell'impresa epica di far rivalutare tutti in una volta la Lambada, la Macarena, Asereje e tutte quelle tamarrate spagnoleggianti lì. C'è Nek, che dopo Sassuolo/Palm Springs, forse, dovrebbe ambire a un ruolo in Tale e quale show, e nomi che, per stima nei loro confronti, non citiamo. Nell'insieme, però, il programma è di una tale nullità musicale, quasi tutto registrato e soprattutto carrellata di canzoni talmente brutte, da far rimpiangere la musica sperimentale fine a se stessa, non atta a cercare strade che poi percorreranno altri, ma proprio autoreferenziale e rivolta a un pubblico sofisticato e privo di volontà di condividere la cultura con gli altri. Per dire, come si fa a aprire la seconda serata con Il Volo e pensare di non avere responsabilità quando, poi, qualcuno ti accuserà di averlo indotto a fare uso reiterato di sostanze stupefacenti additabili alle droghe pesanti? Anche loro cantano dal vivo, in un programma quasi tutto in playback, ma non per questo uno li rivaluta. Mentre vedere gente come il grande Luca Carboni, i Pooh o Max Pezzali, per altro accompagnato da due grandi musicisti come Davide Ferrario e Sergio Carnevale, provare a cantare in playback senza riuscirci, quando magari dal vivo avrebbero potuto regalare belle trovate inedite, confesso, mette più tristezza di un carnevale passato a Milano per un calciatore brasiliano.

Noccioline, comunque, rispetto alla musica sentita nel complesso. Se quella che è passata in queste due serate è il massimo che il pop italiano riesce a produrre, benedetto Iddio, forse è il caso di chiudere tutto e passare a altro. Benji e Fede, dice uno. Urban Strangers. The Kolors. Emma. Amoroso. Bang. Titoli di coda.

Semmai, ma qui si parla di musica, mica si fanno inchieste, sarebbe da chiedersi come è possibile che l'azienda pubblica si presti a fare da vetrina a un'agenzia di promozione come la Friends and Partners in prima serata, per due sere di fila. Questo l'elenco degli artisti dell'agenzia di Ferdinando Salzano di scena agli Wind Music Awards: Ligabue, Il Volo, Laura Pausini, Francesco Renga, Pooh, Modà, Claudio Baglioni con Gianni Morandi, Zucchero, Alessandra Amoroso, Emma, Elisa, Biagio Antonacci, Antonello Venditti, Gianna Nannini, Fabri Fibra, Guè Pequeno, Marracash, Clementino, Francesco De Gregori, Fiorella Mannoia, Giusy Ferreri, Luca Carboni, Mario Biondi, Renato Zero, The Kolors, Paolo Simoni, Antonino. Tutti presenti, dal primo all'ultimo. Ah, dimenticavo, il presentatore è Carlo Conti, il cui tour con Panariello e Pieraccioni è seguito da Friends and Partners, chi l'avrebbe mai detto...

WIND MUSIC AWARDS,
UNA CONVENTION AZIENDALE IN ONDA SU RAI1

Una convention aziendale. Ieri e l'altro ieri sera, su Rai 1, è andata in scena una convention aziendale. In genere, se uno si vuole vedere un programma strano, che parli, che so?, di malattie bizzarre, che ci spieghi di certa gente che accumula immondizia in casa, che si fa asportare i genitali e impiantare corna e denti da vampiro, o anche solo che adora farsi trattare male dal datore di lavoro deve ricorrere a canali specializzati in stramberie, roba che si trova oltre il numero venti del telecomando.

Stavolta, invece, la stramberia è andata in scena nella rete ammiraglia della televisione di stato, quella, per dirla coi populisti, che paghiamo tutti noi., col canone.

Perché lunedì 5 e martedì 6 giugno 2017, su Rai 1, è andata di scena la convention aziendale di Friends & Partners di Ferdinando Salzano, il tutto mascherato da premio televisivo dedicato al mondo della musica.

Come altro chiamare, altrimenti, questa imbarazzante e sfacciata sfilata di artisti di quella scuderia, lì a ricevere premi posticci, assegnati dalla stessa Friends & Partners, organizzatori insieme a Bibi Ballandi del programma, col placet dell'azienda telefonica che proprio con Friends & Partners lavora, e presentato da quel Carlo Conti, padre e padrino della musica in tv, che della Wind era testimonial e che di Friends & Partners è artista, in trio con Panariello e Pieraccioni. Trio, per altro, a sua volta premiato da Friends & Partners per un tour organizzato da se medesimo. Insomma, un incastro che neanche una versione estrema di Shangai. Tutti che si promuovono, a cascata.

Sì, avete capito bene. Per due giorni il direttore Andrea Fabiano ha permesso che la televisione di stato diventasse la finestra sui prodotti della Friends & Partners, con tutte le date degli artisti della scuderia di una azienda privata, spiattellati una dietro l'altra.

Non basta. Perché, Caligola ce l'ha detto nella storia, avere un pizzico di potere porta a volte a essere un filo arroganti. Così, oltre ad aver messo in passerella per due sere Ligabue, Zucchero, Elisa, Renato Zero, Fiorella Mannoia, Il Volo, Gianna Nannini, Francesco Renga, Nek, i Litfiba, Fabri Fibra, Riki di Amici, Marracash e Guè Pequeno, Mario Biondi, Emma, Alessandra Amoroso, Biagio Antonacci, Modà, Elodie, Francesco De Gregori fino agli ormai disciolti Pooh e al redivivo Umberto Tozzi (Loredana Bertè, anche lei di F&P ha dato buca, ma solo per infortunio), tutti insigniti dei premi più fantasiosi, abbiamo avuto modo di assistere a delle chicche davvero meritevoli di attenzione.

Per dire, presentando con la giusta enfasi dedicata a un proprio compagno di scuderia, Carlo Conti ha detto che Riki, neo vincitore di Amici nella categoria canto, sta collezionando sold out ovunque. Peccato non abbia fatto neanche un concerto, ancora, e che le date dei suoi primi due concerti, due, non cinquanta, siano state annunciate giusto l'altro ieri, e non siano ancora in prevendita. Sold out un cazzo, tanto per citarsi. Del resto, l'enfasi è enfasi, mica deve necessariamente tenere conto dei dati di fatto. Per questo, per dire, va bene vedere lì, premiata, gente come Mario Biondi o Briga, non esattamente blokbuster, o sentire un liturgico Carlo Conti chiudere la prima serata dicendo, parola più parola meno, "hanno vinto premi tanti artisti che non sono potuti essere qui a ritirare i premi per impegni personali come Mina e Celentano, per le Migliori, Tiziano Ferro, Vasco Rossi e Calcutta". Ora, a parte il giochino del momento, trova l'intruso, fa un filo sorridere pensare che Mina non sia andata per impegni personali a ritirare un premio, visto che sono giusto trentanove anni che si è ritirata dalla tv.

Non basta, però, perché oltre ai vari premi per dischi d'oro e di platino regalati manco fossimo sotto Natale, con passaggi improbabili dei vari Rocco Hunt, Raphael Gualazzi, Sergio Sylvestre o Il Pagante, abbiamo visto sfilare, premiati ad minchiam, Eros Ramazzotti, cui hanno dato una piastrellona in formica che riportava il suo primo testo del 1980, dopo avergli fatto cantare una canzone del 1996, o Rovazzi e Gianni Morandi, peccato che nessuno avesse detto a Morandi di imparare la canzone che doveva far finta di cantare. Sì, perché il tutto si è svolto in half-playback o in total playback, col risultato di vedere, che so?, tre simil tenori far finta di cantare Nessun dorma, o Gianna Nannini, per una volta, beccarle tutte (anche lei era in total playback).

Uno spettacolo davvero miserevole, specie se paragonato al concerto andato in onda solo il giorno prima, domenica, da Manchester, quel One Love Manchester di Ariana Grande. Un concerto tirato su in fretta e furia in sole due settimane, tutto suonato e cantato dal vivo. Chiaro, lì c'erano grandi artisti pop, qui il semi-peggio del panorama italiano, salvo debite eccezione, da Giorgia a Zucchero, ma il paragone tra i due eventi è davvero una cosa che ti devasta la psiche, altro che la musica è amore. C'è musica e musica.

Ora, togliendo la stranezza del servizio pubblico che si fa per due prime serate servizio privato, per altro di un'azienda che viene addirittura pagata per fare questo programma, resta uno spettacolo orribile nella sua quasi totalità. Una cosa da togliere la gioia di vivere.

E restano due perle degne di essere ricordate.

Prima, involontaria. Circa nove mesi fa abbiamo pubblicato, qui, un pezzo sul tour di Emma. Nello scriverlo, sottolineavamo come i numeri sbandierati dalla cantante e proprio da Friends & Partners, sempre loro, apparissero molto gonfiati. Si parlava di ventitré date, di cui due al Forum di Assago e al Palalottomatica di Roma, tutte e quattro sold out. Io, perché io ho scritto quel pezzo, spiegavo quel che poi avrei spiegato meglio nel corso dei mesi, di come si potessero saggiamente spacciare per successi anche tour che successi non erano. A quel mio articolo seguì uno shit storming sui social da parte di alcuni, molti, fan di Emma. Tutti sbandierarono numeri, figli di quegli strombazzati successi. Si parlava di oltre duecentomila biglietti venduti. Bene. Da quest'anno agli Wind Music Award Friends & Partners premia anche i live, cioè si premiano da soli. Su base dei biglietti strappati da Saie (che ovviamente comprendono anche i biglietti promozionali, ma non stiamo a sottilizzare). Emma ha vinto il premio per i centomila spettatori del suo tour. Centomila, non duecentomila. Manca circa metà del pubblico sbandierato. Alla faccia del successone (il tour precedente ne aveva contati centosessantamila, vedete voi). E se lo sono detti da soli.

Del resto Fedez ha detto che lui e J-Ax dominano il mercato discografico, grazie a loro e Rovazzi. Il diversamente alto Fedez e quella specie di fumettone che un tempo stava negli Articolo 31 dominano il mercato discografico, forse per questo a loro è stato concesso di fare due sere di fila la medesima orrenda canzone. Direi che vale davvero tutto.

Altra chicca, stavolta di Carlo Conti, sempre lui.

Passi che il lunedì abbia spoilerato il concerto di Vasco da Modena trasmesso da Rai1 proprio nel giorno in cui l'entourage annunciava l'arrivo in 140 sale cinematografiche del concerto. Lui è Carlo Conti della Rai, non pensa certo alle logiche promozionali (a meno che non si tratti di promuovere suoi compagni di scuderia). Ma la seconda sera, nel presentare Ligabue, artista di punta della medesima Friends & Partners, Conti, della medesima scuderia, prima lo ha definito il "re del live", proprio a poche settimane dal concerto record dei record di Vasco a Modena, duecentoventimila biglietti venduti , mai successo prima al mondo da un singolo artista, poi ha sottolineato come il Liga abbia già venduto proprio duecentoventimila biglietti del suo futuro tour nei palasport. Guarda te, proprio lo stesso numero. A volte, il destino. Come dire, Vasco è Vasco, ma Liga è Liga. Contento lui, che Vasco agli Wind Music Award non l'ha visto neanche col canocchiale. Io, fossi in Ligabue, mi terrei alla larga da questi eventi. Perché vedere Marracash e Guè Pequeno o Sfera Ebbasta che prendono cinque, sei improbabili premi a testa e lui che ne prende giusto un paio non è un bello spettacolo, e perché stare in posti dove si sentono canzoni su basi sparate, con le terze che coprono le voci principali, gli alti e i medi che, in assenza di bassi, sempre out in tv, distorcono tutto, è ancora di più un brutto spettacolo.

Liga, guardati da chi ti sta intorno.

Tornando a quanto successo, non tutto il male viene comunque per nuocere. Durante la seconda serata, infatti, Kekko dei Modà ha annunciato una pausa, per dedicarsi alla scrittura e regia di un film. Almeno per un po' possiamo tirare il fiato. Peccato, per contro, che Biagio Antonacci abbia annunciato il suo ritorno. Due miracoli in una sera sono davvero troppi.

Insomma, in conclusione sarebbe bello sapere dal direttore Andrea Fabiano come giustificherà questa convention aziendale di una azienda privata in prima serata su Rai1.

O magari sarebbe bello anche solo essere invasi dall'Inghilterra, altro che Brexit, visto mai che l'anno prossimo a organizzare il tutto non arrivi chi ha messo su One Love Manchester e finalmente dopo il Concertone del Primo Maggio e gli Wind Award si potrà sentire un po' di musica che non suoni di merda.

WIND SUMMER FESTIVAL, L'APPETITO VIEN MANGIANDO

L'appetito vien mangiando. Quanta banalità in certi detti popolari un po' abusati. Ma quanta verità in certi detti popolari un po' abusati.

L'appetito vien mangiando.

Questo da oggi lo slogan di Maximo Ibarra, amministratore delegato di Wind Tre Spa.

Perché dopo essersi letteralmente pappate tre prime serate (quella del 5 e del 6 di giugno, e la prossima del 23, in differita) su Rai 1, coi Wind Music Awards, in collaborazione di Friends & Partners e di Bibi Ballandi, ecco che la Wind approda in prima serata su Canale 5, per quattro prime serate in luglio, con gli Wind Summer Festival.

Un piccolo passo indietro, negli anni passati a organizzare e tirare le fila del Summer Festival era la Coca Cola come main sponsor, infatti si chiamavano Coca Cola Summer Festival. Per la parte produttiva e organizzativa c'erano la Fascino di Maria De Filippi, già dietro i successi tv di Amici, C'è Posta per te, Uomini e donne e via discorrendo, e la Friends & Partners di Ferdinando Salzano. Sempre loro. Come media partner c'era Rtl 102.5 di Lorenzo Suraci, non a caso all'interno della kermesse c'era l'Rtl 102.5 Award e a condurre c'era, insieme alla Marcuzzi, Angelo Baiguini, direttore e voce storica della radio di Cologno.

Oggi le cose sembrano un filo cambiate.

Giusto un filo, eh.

Rtl 102.5 è uscita dai giochi. I motivi sono noti, Mediaset, già titolare di Radio 101, si è comprata le radio del gruppo Fineco, da Hazan, diventando una sorta di megapolo dell'etere. Normale che Piersilvio abbia chiesto di far fuori la principale radio italiana, a beneficio della più piccola Rete 105. Ci sta.

Ci sta meno, o quantomeno, sorprende di più, che Mediaset abbia accettato come main sponsor la Wind, già titolare degli Wind Awards su Rai 1. Ma si sa, a caval donato non si guarda in bocca, e se un colosso porta un buon programma tv e bei soldi, ben venga.

A questo punto, arriva la notizia bomba.

Perché se fino all'anno scorso a organizzare il Festivalbar de noantri erano Maria, Suraci e Salzano, quest'anno ne rimane solo uno, come il Conor McLeod di Highlander.

Maria e la sua Fascino, infatti, si fanno da parte. Niente più produzione affidata alla macchina da guerra che porta in casa Mediaset qualcosa come diciotto produzioni. Niente più, soprattutto, Maria che ci mette la firma, lei che quel che tocca è solitamente oro.

Sui motivi circolano voci vaghe, che in quanto tali ci guardiamo bene dal riportare. Ci piace sognare, perché siamo appassionati di letteratura, in un ravvedimento tardivo, un pentimento di quelli che spinge, in genere, i protagonisti di certi romanzi del passato a ritirarsi dalla vita dissipata e darsi a opere di bene, che si tratti di beneficenza o di volontariato.

Salzano e Wind, sponsor che gestisce televisivimante da tempo, prova ne è il ruolo da testimonial affidato a più riprese a Panariello, di cui lo stesso Salzano è il manager, la nuova coppia d'oro della musica in tv.

Ora, senza voler tornare nell'amena gestione degli Wind Award, convention aziendale portata in prima serata degli italiani, chez Rai 1, non osiamo pensare cosa accadrà per queste altre quattro prime serate. Si suppone che la scuderia di Friends & Partners avrà un ruolo di primissimo piano nella scaletta. E siccome gira voce che Wind non sia affatto interessata alla media partnership con Rete 105, del resto meno presente sul territorio italiano di Rtl 102.5, ci si chiede anche quale sarà la specifica per cui verrà alla fine premiato il brano dell'estate.

Sì, perché questo tassello mancava al racconto, a Ibarra, gira voce, di Rete 105, e quindi della radio principale del polo Mediaset, non frega nulla. Vuole solo la tv. Vuole tutta la tv.

Vuole tutto, per essere precisi.

Sette prime serate, tre su Rai 1 e quattro su Canale 5, gestite con un solo partner, privato e esterno alle due reti, Friends & Partners.

Via Suraci, rimasto sugli Wind Awards ma fuori dal Summer Festival.

Via Maria, uscita di scena, almeno quest'anno, dal Summer Festival.

Una piccola rivoluzione.

Salzano & Ibarra über alles.

Savateri go home.

A rimetterci, se vogliamo usare paroloni, noi, che verremo ammorbati da canzoni piuttosto bruttine eseguite, se gli Wind Awards possono essere un parametro, molto alla cazzo di cane.

La musica, beh, quella con tutto questo discorso non c'entra nulla, beata lei.

Indice

Finito di stampare
nel mese di novembre 2018
per conto della Casa editrice Italic